2025
공무원
전 직렬 시험대비

써니 행정법총론
실전동형
모의고사

공단기

이 책에 앞서서 PREFACE

오랫동안 '동형 모의고사'는 회차별 유인물을 강의자료로 제공해 왔습니다만, 계속되는 출간 요청에 2020년에 이르러서 『2020 써니 행정법총론 실전동형 모의고사』라는 이름의 교재로 첫선을 보였습니다.

그동안 많은 수험생들의 선택을 받았던 기대에 부응하고자 한층 업그레이드된 『2025 써니 행정법총론 실전동형 모의고사』를 출간합니다. 시험 전 꼭 확인해야 할 키워드들로 모의 문제를 구성하고, 낯선 지문도 함께 훈련할 수 있도록 문제를 안배함으로써 실전 적응 능력을 극대화하는 것이 이 책의 가장 큰 역할이라 하겠습니다.

기본서와 기출문제집을 학습한 다음 전 범위 모의 문제를 실전처럼 풀어보기 바라며, 이 책이 합격으로 가는 여러분의 길에 조금이나마 도움이 되기를 바랍니다.

이 책의 특징과 짜임새는 다음과 같습니다.

1 총 8회분, 160문제의 필수 모의 문제 구성

시험을 앞둔 수험생들의 입장을 십분 고려하여 지나치게 많은 문제 수로 부담을 주기보다는 출제가능성 높은 모의 문제를 총 8회분, 160문항으로 엄선하여 수록함으로써 수험생들이 효율적으로 학습할 수 있도록 극대화하였습니다. 또한 최근 출제경향과 난이도를 고려하여 실제 시험에서 꼭 만날 수 있는 문제들과 자칫 당황하게 할 수 있는 문제들을 적절하게 배치함으로써 수험 적합성을 제고하였습니다.

2 중복 지문을 최대한 없앤 알찬 구성

수차례의 전수 검토를 통해 중복 지문은 최소화하되, 꼭 알아야 할 행정법의 중요 논점은 모두 다룰 수 있도록 구성하였습니다. 따라서 이 한 권의 문제집을 완전히 소화할 수 있다면 실전에서도 고득점을 할 수 있을 것이라고 생각합니다.

3 상세하면서도 명쾌한 해설

지문(선택지) 하나하나에도 이해하는 데 부족함이 없도록 충실한 해설을 달았습니다. 때로는 문제와 직접 관련된 해설에 그치지 않고 관련판례와 비교판례 등을 제시하여 지식의 확장을 도모했습니다. 사례 문제의 경우도 일반론의 소개에 그치지 않고 사안 포섭까지 해줌으로써 객관식 문제풀이의 전범(典範)을 보여주고자 했습니다. 한편 해설을 상세히 하면서도 중요 포인트(키워드)는 색 글자와 밑줄로 강조하고, 틀린 지문은 어느 부분이 틀렸는지를 부각시킴으로써 불필요한 시간 낭비는 줄이고 보다 직관적인 학습이 가능하도록 구성하였습니다.

2025 써니 행정법총론 실전동형 모의고사

4 관련 기출지문(문제)을 통한 학습 효과의 극대화

문항별 해설 마지막 부분에는 각 지문과 관련된 대표적인 기출지문(문제)을 함께 제시함으로써 주요 기출지문을 한 번 더 회독하고 자신의 약점을 보완할 수 있도록 구성하였습니다. 관련 기출지문의 선정 기준도 최신 기출지문 및 묻는 포인트가 다른 지문 위주로 엄선하였으므로 시간 투자 대비 학습 효과를 높일 수 있습니다.

5 최신 개정법령과 판례, 출제경향의 완전 반영

2024년에 실시된 모든 공무원 관련 시험들과 2025년 변호사 시험 및 소방간부후보생 시험까지 최신 기출문제를 면밀히 분석하여 지문 하나하나에 녹여냄으로써 최근의 출제경향을 반영하였습니다. 나아가 행정기본법, 개인정보보호법, 행정심판법, 「공공기관의 정보공개에 관한 법률」, 행정조사기본법, 국세기본법, 「공익사업을 위한 토지 등의 취득 및 보상에 관한 법률」 등의 개정 내용도 촘촘하게 검토하여 반영함으로써 개정법령을 완벽하게 대비할 수 있도록 주의를 기울였습니다. 또한 수험생들이 소홀히 하기 쉽지만 실전에는 출제가능성 높은 최신 중요 판례도 반영하여 올해의 시험 문제를 미리 풀어 보는 효과를 거둘 수 있도록 하였습니다.

6 고득점을 위한 사례형 문제 및 고난도 문항 수록

실제 시험과 유사한 출제경향 및 난이도로 문제를 구성하면서도 최근 출제빈도가 높아지는 사례형 문제를 충분히 수록함으로써 행정법 과목에서 고득점을 노리는 학생들의 수요에도 부응할 수 있도록 하였습니다.

7 옳은 지문 워크북을 통한 최종 마무리 정리

이 책은 〈문제〉와 〈해설〉로 분리되어 있습니다. 〈문제〉에는 오로지 문제만을 수록하여 실전처럼 시간을 재고 풀 수 있도록 배치하였습니다. 〈해설〉은 문제를 푼 이후 상세한 해설을 통해 충실한 이해를 도모하고, 관련 기출을 통해 다시 한번 자신의 약점과 중요 논점을 점검한 다음, 마지막에는 문제의 모든 선택지들을 옳은 지문화한 '옳은 지문 워크북'을 통해 핵심 내용을 집약하여 정리할 수 있도록 구성하였습니다. 이로써 모의고사 문제집에 그치지 않고 기출 회독과 핵심 정리까지 한 권으로 활용할 수 있도록 하였습니다.

현 수험 단계에서 반드시 풀어 보아야 할 문제들을 정선하여 출제한 만큼 이 책이 합격이라는 결실을 맺는 데 마중물의 역할을 할 수 있기를 기대합니다. 끝으로 수험생 여러분의 합격을 진심으로 기원합니다.

2025년 3월
편저자 **박준철** 씀

이 책의 차례 CONTENTS

문제

제1회	실전동형 모의고사	8
제2회	실전동형 모의고사	14
제3회	실전동형 모의고사	20
제4회	실전동형 모의고사	26
제5회	실전동형 모의고사	32
제6회	실전동형 모의고사	38
제7회	실전동형 모의고사	44
제8회	실전동형 모의고사	50

해설

제1회	실전동형 모의고사 해설	58
제2회	실전동형 모의고사 해설	80
제3회	실전동형 모의고사 해설	102
제4회	실전동형 모의고사 해설	122
제5회	실전동형 모의고사 해설	145
제6회	실전동형 모의고사 해설	168
제7회	실전동형 모의고사 해설	189
제8회	실전동형 모의고사 해설	214

옳은 지문 워크북

제1회	옳은 지문	238
제2회	옳은 지문	243
제3회	옳은 지문	247
제4회	옳은 지문	252
제5회	옳은 지문	256
제6회	옳은 지문	261
제7회	옳은 지문	265
제8회	옳은 지문	270

OMR 답안지 ··· 275
한눈에 보는 빠른 정답 ··· 277

2025 써니 행정법총론 실전동형 모의고사

문제

실전동형 모의고사
제1~8회

제1회 | 실전동형 모의고사

제한시간 /20분
나의 점수 /100점

해설 p.58 | 옳은 지문 워크북 p.238

지문의 내용에 대해 학설의 대립 등 다툼이 있는 경우 판례에 의함

01

통치행위에 대한 설명으로 옳은 것은?

① 대통령의 개성공단 운영 전면중단 조치는 국가안보와 관련된 대통령의 의사결정을 포함하고, 그러한 의사결정은 고도의 정치적 결단을 요하는 문제이므로 사법심사의 대상이 될 수 없다.
② 대통령의 비상계엄의 선포나 확대행위는 고도의 정치적·군사적 성격을 지니고 있는 행위라 할 것이나, 계엄선포나 확대가 국헌문란의 목적을 달성하기 위해 행해진 경우에는 법원은 그 자체가 범죄행위에 해당하는지 여부에 대해서 심사할 수 있다.
③ 남북정상회담 개최는 고도의 정치적 성격을 지니고 있는 행위이므로, 그 과정에서 재정경제부장관(현 기획재정부장관)에게 신고하지 아니하거나 통일부장관의 협력사업 승인을 얻지 아니한 채 대북송금한 행위는 사법심사의 대상이 되지 아니한다.
④ 서훈취소행위는 대통령이 국가원수로서 행하는 행위이므로, 사법심사를 자제하여야 할 고도의 정치성을 띤 것으로서 통치행위에 해당한다.

02

행정입법에 대한 설명으로 옳지 않은 것은?

① 법령의 위임이 있더라도 위임의 근거인 산업재해보상보험법 시행령 [별표 3] '업무상 질병에 대한 구체적인 인정기준'은 예시적 규정에 불과한 이상 그 위임에 따른 고용노동부 고시가 대외적으로 국민과 법원을 구속하는 효력이 있는 규범이라고 볼 수 없다.
② 특정 사안과 관련하여 법률에서 하위법령에 위임을 한 경우에 하위법령이 위임의 한계를 준수하고 있는지 여부를 판단할 때에는, 하위법령이 규정한 내용이 입법자가 형식적 법률로 스스로 규율하여야 하는 본질적 사항으로서 의회유보의 원칙이 지켜져야 할 영역인지를 고려하여야 한다.
③ 위임명령이 수권규정에서 사용하고 있는 용어의 의미를 넘어 위임내용을 구체화하는 단계를 벗어나 새로운 입법을 한 것으로 평가할 수 있는 경우라면, 이는 위임의 한계를 일탈한 것으로서 허용되지 않는다.
④ 위임명령이 위법한 경우, 그 위법성이 중대·명백한 경우에는 당연무효이지만, 그렇지 않은 경우에는 그 위임명령은 취소할 수 있는 명령에 불과하므로 취소되기 전까지는 유효한 법령이라는 것이 일반적 견해이다.

03

공정력에 대한 설명으로 옳지 않은 것은?

① 연령미달의 결격자 甲이 자신의 형의 이름으로 운전면허시험에 응시·합격하여 교부받은 운전면허로 운전을 하다 적발된 경우, 甲의 운전행위는 무면허운전죄에 해당하지 않는다.
② 행정청의 위법한 시정명령을 이행하지 아니한 자에 대하여 행정청이 시정명령위반죄로 형사재판을 청구한 경우, 형사법원은 행정행위에 관해 선결문제로 심사하여 무죄판결을 할 수 있다.
③ 소하천정비법에 따라 행정청으로부터 시정명령을 받은 사람이 이를 위반한 경우, 그로 인하여 같은 법에서 정한 처벌을 하기 위해서는 그 시정명령이 반드시 적법한 것이어야 하고, 시정명령이 당연무효가 아니더라도 위법하다고 인정되는 한 그 위반죄가 성립될 수 없다.
④ 국세 등의 부과 및 징수처분 등과 같은 행정처분이 당연무효임을 전제로 하여 부당이득반환소송을 제기한 경우, 법원은 행정소송에서 처분의 무효가 확정되기 전에는 이를 전제로 하여 판단할 수 없다.

04

신뢰보호의 원칙에 대한 설명으로 옳은 것은?

① 토지거래계약의 허가과정에서 토지형질변경이 가능하다는 피고 측의 견해표명이 있었더라도 토지거래계약허가의 요건과 토지형질변경허가의 요건은 서로 다르므로, 도시계획구역 내 생산녹지로 답(畓)인 토지에 대하여 종교회관 건립을 이용목적으로 하는 토지거래계약의 허가를 받으면서 담당공무원이 관련법규상 허용된다 하여 이를 신뢰하고 건축준비를 하였으나, 그 후 토지형질변경허가신청을 불허가한 것은 신뢰보호원칙에 위반된다고 볼 수 없다.
② 국가가 공무원임용결격사유가 있는 자에 대하여 결격사유가 있는 것을 알지 못하고 공무원으로 임용하였다가 사후에 결격사유가 있는 자임을 발견하고 공무원임용행위를 취소하는 것은 상대방의 신뢰를 침해하는 것이므로 신뢰보호원칙과 법률적합성원칙 사이에서 이익형량을 하여야 한다.
③ 입법예고를 통해 법령안의 내용을 국민에게 예고한 적이 있다면, 그것이 법령으로 확정되지 아니하더라도 국가가 이해관계자들에게 어떠한 신뢰를 부여하였다고 볼 수 있다.
④ 행정청이 상대방에게 장차 어떤 처분을 하겠다고 확약 또는 공적인 의사표명을 하였다고 하더라도, 그 자체에서 상대방으로 하여금 언제까지 처분의 발령을 신청하도록 유효기간을 두었는데도 그 기간 내에 상대방의 신청이 없었다거나 확약 또는 공적인 의사표명이 있은 후에 사실적·법률적 상태가 변경되었다면, 그와 같은 확약 또는 공적인 의사표명은 행정청의 별다른 의사표시를 기다리지 않고 실효된다.

05

행정상 정보공개에 대한 설명으로 옳지 않은 것은?

① 정보공개를 청구하는 자가 공공기관에 대해 정보의 사본 또는 출력물의 교부방법으로 공개방법을 선택하여 정보공개청구를 하였다면 공공기관은 공개의 방법을 선택할 재량권이 없다.
② 교육공무원의 근무성적평정의 결과를 공개하지 아니한다고 규정하고 있는 교육공무원승진규정을 들어 정보공개청구를 거부하는 것은 위법하다.
③ 사면대상자들의 사면실시건의서와 그와 관련된 국무회의안건자료에 대한 정보는 「공공기관의 정보공개에 관한 법률」상의 비공개사유에 해당한다.
④ 정보의 공개 및 우송 등에 소요되는 비용은 실비의 범위 안에서 청구인의 부담으로 하되, 공개를 청구하는 정보의 사용목적이 공공복리의 유지·증진을 위하여 필요하다고 인정되는 경우에는 비용을 감면할 수 있다.

06

다음 사례에 대한 설명으로 옳은 것만을 모두 고르면?

> 甲은 평소 결핵으로 고통을 받던 중 보건소에서 의사 乙에게서 결핵약인 A를 처방받아 복용하였다. 그런데 甲이 약을 복용하는 중 시력이 급격히 떨어졌는데 이는 결핵약 A 때문인 것으로 밝혀졌다. 한편, 乙은 결핵약 A가 시력 약화 등 중대한 부작용을 초래할 우려가 있는 이상 이를 투약함에 있어서 부작용의 발생가능성 및 구체적 증상과 대처방안을 甲에게 설명하여 줄 의료상의 주의의무가 있으나 이를 이행하지 않은 중대한 과실이 있다. 이에 甲은 국가를 상대로 손해배상청구소송을 제기하였다.

> ㉮ 국가배상청구소송을 제기하기 위해서는 법무부 소속의 배상심의회에 배상신청을 먼저 하여야 하며, 이 경우 이러한 배상심의회의 결정은 항고소송의 대상이 되는 행정처분이다.
> ㉯ 사안의 경우 甲은 乙을 상대로 민사상 손해배상을 청구할 수 있다.
> ㉰ 사안과 달리 乙에게 경과실만 있는 경우임에도 乙이 甲에게 손해를 배상하였다면 乙은 甲에게 반환을 요구할 수 있다.
> ㉱ 사안과 달리 乙에게 경과실만 있는 경우임에도 乙이 甲에게 손해를 배상하였다면 乙은 국가에 대해 구상권을 행사할 수 없다.
> ㉲ 甲의 채권자인 丙은 甲의 손해배상청구권을 압류하여 자신의 권리를 보전할 수 있다.

① ㉯
② ㉯, ㉰
③ ㉮, ㉰, ㉲
④ ㉯, ㉱, ㉲

07

소송의 형식에 대한 설명으로 옳은 것은?

① 「민주화운동 관련자 명예회복 및 보상 등에 관한 법률」에 따라 보상금 등의 지급신청을 한 자가 '민주화운동 관련자 명예회복 및 보상심의위원회'의 보상금 등 지급에 관한 결정을 다투고자 하는 경우, 곧바로 보상금 등의 지급을 구하는 소송을 당사자소송의 형식으로 제기할 수 있다.
② 국가의 부가가치세 환급세액 지급의무는 정의와 공평의 관념에서 수익자와 손실자 사이의 재산상태조정을 위해 인정되는 부당이득반환의무이므로 국가에 대한 납세의무자의 부가가치세 환급세액 지급청구는 민사소송에 의한다.
③ 구 「도시 및 주거환경정비법」상 재개발조합과 조합장 또는 조합임원 사이의 선임·해임 등을 둘러싼 법률관계는 사법상의 법률관계이므로, 그 조합장 또는 조합임원의 지위를 다투는 소송은 민사소송에 의하여야 한다.
④ 공무원연금공단의 인정에 의해 퇴직연금을 지급받아오던 중 공무원연금법령 개정 등으로 공무원연금공단이 퇴직연금 중 일부 금액에 대하여 지급거부의 의사표시를 한 경우, 그 의사표시는 행정처분에 해당하므로 취소소송으로 지급거부를 다투어야 한다.

08

무효등확인소송과 부작위위법확인소송에 대한 설명으로 옳은 것은?

① 처분의 위법 정도가 취소사유에 불과한 경우 처분의 상대방이 쟁송기간이 경과한 후에 그러한 처분에 대해 무효확인소송을 제기한 경우라면 법원은 부적법 각하판결을 한다.
② 사업의 양도행위가 무효라고 주장하는 양도자는, 양도·양수행위의 무효를 구함이 없이 사업양도·양수에 따른 허가관청의 지위승계신고수리처분의 무효확인을 구할 법률상 이익이 있다.
③ 부작위위법확인의 소는 원칙적으로 제소기간의 제한을 받지 않으므로, 행정심판 등 전심절차를 거친 경우라도 행정소송법 제20조가 정한 제소기간 내에 부작위위법확인의 소를 제기하여야 하는 것은 아니다.
④ 동일한 행정처분에 대하여 무효확인소송을 제기하였다가 그 후 그 처분에 대한 취소소송을 추가적으로 병합한 경우, 무효확인소송이 취소소송의 제소기간 내에 제기되었더라도 제소기간 도과 후 병합된 취소소송이 적법하게 제기된 것으로 볼 수는 없다.

09

행정상 즉시강제에 대한 설명으로 옳지 않은 것은?

① 행정상 즉시강제는 법치국가의 요청인 예측가능성과 법적 안정성에 반하고 기본권침해의 소지가 큰 권력작용이므로, 행정강제는 행정상 강제집행을 원칙으로 하고 행정상 즉시강제는 예외적으로 인정되어야 한다.
② 즉시강제는 다른 수단으로 행정목적을 달성할 수 있는 경우에는 허용될 수 없고, 허용되는 경우에도 행정목적 달성을 위해 필요한 최소한으로만 실시하여야 한다.
③ 등급분류를 받지 아니하거나 등급분류를 받은 게임물과 다른 내용의 게임물을 발견한 경우 관계공무원으로 하여금 이를 수거·폐기하게 할 수 있도록 한 구 「음반·비디오물 및 게임물에 관한 법률」 조항은 급박한 상황에 대처하기 위한 것으로서 그 불가피성과 정당성이 충분히 인정되는 경우이므로, 헌법상 영장주의에 위배되지 않는다.
④ 식품위생법상 영업소 폐쇄명령을 받은 후에도 계속하여 영업을 하는 경우 해당 영업소를 폐쇄하는 조치는 행정상 즉시강제의 예에 해당한다.

10

처분사유의 추가·변경에 대한 설명으로 옳지 않은 것은?

① 추가 또는 변경된 사유가 당초의 처분시 그 사유를 명기하지 않았을 뿐 처분시에 이미 존재하고 있었고 당사자도 그 사실을 알고 있었다면 당초의 처분사유와 동일성이 있는 것이라고 할 수 있다.
② 외국인 甲이 법무부장관에게 귀화신청을 하였으나 법무부장관이 '품행 미단정'을 불허사유로 국적법상의 요건을 갖추지 못하였다며 신청을 받아들이지 않는 처분을 하였는데, 법무부장관이 甲을 '품행 미단정'이라고 판단한 이유에 대하여 제1심 변론절차에서 자동차관리법위반죄로 기소유예를 받은 전력 등을 고려하였다고 주장한 후, 제2심 변론절차에서 불법체류전력 등의 제반 사정을 추가로 주장할 수 있다.
③ 행정청 乙이 甲에게 건축허가를 받지 않고 건축하였다는 이유로 원상복구명령 및 계고처분을 하였는데, 甲이 이에 대해 취소소송을 제기한 경우, 乙은 '甲의 건축물은 신고를 하지 않은 가설건축물'이라는 처분사유를 추가할 수는 없다.
④ 행정청은 기본적 사실관계의 동일성이 있다고 인정되는 한도 내에서만 다른 처분사유를 추가·변경할 수 있다고 할 것이나, 이는 사실심변론종결시까지만 허용된다.

11

판례의 입장으로 옳은 것은?

① 구 「화물자동차 운수사업법 시행령」 제5조 제1항 [별표 1]의 '위반행위 횟수에 따른 가중처분기준'이 적용되려면 실제 선행 위반행위가 있고 그에 대하여 유효한 제재처분이 이루어졌음에도 그 제재처분일로부터 1년 이내에 다시 같은 내용의 위반행위가 적발된 경우이면 족하다.
② 회사가 분할된 경우 기존회사의 책임은 신설회사에 승계되므로, 원칙적으로 분할하는 회사의 분할 전 법위반행위를 이유로 신설회사에 대하여 과징금을 부과할 수 있다.
③ 영업자지위승계신고를 수리하는 처분은 양수인의 권익을 제한하는 처분이므로, 행정청은 양수인에 대하여 사전통지 등 행정절차를 실시하여야 한다.
④ 구 공중위생관리법령에 따라 공중위생영업이 양도·양수된 후 양수인이 행정청에 새로운 영업소개설통보를 하였다면, 양도인에 관한 공중위생업 영업정지의 위법사유로 양수인에게 영업정지처분을 할 수 없다.

12

행정계획에 대한 설명으로 옳지 않은 것은?

① 권한 없는 행정청이 수립한 후행 도시계획에 선행 도시계획과 서로 양립할 수 없는 내용이 포함되어 있다면, 후행 도시계획은 무효가 된다.
② 구 도시계획법령에 따르면 도시계획의 입안에 있어 해당 도시계획안의 내용을 공고 및 공람하여야 하는데, 이러한 공고 및 공람절차에 하자가 있다면 도시계획결정은 위법하다.
③ 도시계획구역 내 토지 등을 소유하고 있는 사람과 같이 당해 도시계획시설결정에 이해관계가 있는 주민에게는 도시시설계획의 입안 내지 변경을 요구할 수 있는 법규상 또는 조리상의 신청권이 인정되고, 이러한 신청에 대한 거부행위는 항고소송의 대상이 되는 행정처분에 해당한다.
④ 국토이용계획변경신청을 거부하는 것이 실질적으로 당해 행정처분 자체를 거부하는 결과가 되는 경우라고 하더라도, 주민이 국토이용계획의 변경을 신청할 수 있다는 규정이 없는 이상 국토이용계획변경을 신청할 권리가 인정된다고 볼 수 없다.

13

처분에 대한 설명으로 옳은 것은?

① 신청에 대하여 일단 거부처분이 행해지면 그 거부처분이 적법한 절차에 의하여 취소되지 않는 한, 사유를 추가하여 거부처분을 반복하는 것은 존재하지도 않는 신청에 대한 거부처분으로서 당연무효이다.
② 행정심판위원회가 행정심판청구사건을 재결이 있을 때까지 처분의 집행을 정지한다고 결정한 경우에는, 재결서 정본이 송달된 날이 아니라 재결이 선고된 날 그때 집행정지결정효력이 소멸함과 동시에 처분의 효력이 부활한다.
③ 효력기간이 정해져 있는 제재적 처분에 대한 취소소송에서 법원이 본안소송의 판결선고시까지 집행정지결정을 하면, 처분에서 정해 둔 효력기간은 판결선고시까지 진행하지 않다가 판결이 선고되면 처분에서 정한 효력기간이 다시 진행한다. 다만, 이는 처분에서 효력기간의 시기와 종기를 정해 두었는데 그 시기와 종기가 집행정지기간 중에 모두 경과한 경우라면 그렇지 않다.
④ 효력기간이 정해져 있는 제재적 처분의 효력이 발생한 이후에도 행정청은 특별한 사정이 없는 한 상대방에 대한 별도의 처분으로써 효력기간을 시기와 종기를 다시 정할 수 있는데, 이러한 권한은 특별한 사정이 없는 한 당초의 제재적 행정처분의 효력기간이 경과한 후에도 인정된다.

14

항고소송의 대상에 대한 설명으로 옳은 것은?

① 행정심판청구가 부적법하지 않음에도 각하한 재결은 심판청구인의 실체심리를 받을 권리를 박탈한 것으로서 원처분에 없는 고유한 하자가 있는 경우에 해당하므로, 그 재결은 취소소송의 대상이 된다.
② 증액경정처분이 있는 경우, 원칙적으로는 당초 신고나 결정에 대한 불복기간의 경과 여부 등에 관계없이 증액경정처분만이 항고소송의 대상이 되므로 납세의무자는 그 항고소송에서 당초 신고나 결정에 대한 위법사유를 주장할 수 없다.
③ 과세표준과 세액을 감액하는 감액경정처분으로도 아직 취소되지 아니하고 남아 있는 부분을 다투는 경우, 적법한 전심절차를 거쳤는지 여부, 제소기간의 준수 여부는 경정처분을 기준으로 판단하여야 한다.
④ 과세관청이 법인세법령에 따라 원천징수의무자인 법인에 대하여 한 소득금액변동통지는 항고소송의 대상이 되는 처분이라고 볼 수 없다.

15

다음은 행정의 실효성 확보수단에 관한 대화내용이다. 이에 대한 설명으로 옳은 것만을 모두 고르면?

> 甲 : 행정대집행은 부작위의무 위반에 대해서는 작위의무로 전환된 이후에만 가능하고 전환을 위해서는 별도의 법적 근거가 있는 경우에만 가능하다는 점은 법치행정의 측면에서 타당한 것 같아. 그런데 이러한 의무의 범위를 법령에 근거한 행정행위에 의한 것만 포함시키고 법령에서 직접 명해지는 의무를 제외한 것은 문제가 있어.
> 乙 : 그것보다 불가쟁력의 발생을 대집행의 요건으로 보는 통설은 대집행의 요건을 너무 엄격하게 보는 것이 아닐까?
> 丙 : 요건의 엄격성이라는 측면에서는 타당성이 있어. 다만, 대체적 작위의무에 대해 직접강제는 가능하나 이행강제금의 부과는 불가능하다는 헌법재판소의 태도는 문제가 있다고 보여.
> 丁 : 이행강제금은 반복부과할 수 있다는 점에서 과태료보다 실효적인 수단은 될 수 있는 것 같아. 다만, 이행강제금과 형벌 또는 과태료를 병과할 수 없다는 판례는 실효성 면에서 문제가 있는 것 같아.

① 甲, 丙
② 乙, 丙, 丁
③ 甲, 乙, 丙, 丁
④ 없음

16

행정상 손실보상에 대한 설명으로 옳지 않은 것은?

① 하천법 부칙에 따른 손실보상청구권은 공권이므로 이에 대해 손실보상금의 지급을 구하는 소송은 행정소송 중 당사자소송으로 제기하여야 한다.
② 토지수용으로 인한 손실보상액을 산정함에 있어서 당해 사업으로 인한 개발이익을 배제하는 것은 정당하지만, 당해 공공사업의 시행과 관련이 없는 다른 사업으로 인한 개발이익을 배제하여서는 안 된다.
③ 토지의 문화적·학술적 가치는 그 토지의 경제적·재산적 가치를 높여주는 것이 아니므로 특별한 사정이 없다면 손실보상의 대상이 될 수 없다.
④ 「산업입지 및 개발에 관한 법률」에서 민간기업이 산업단지개발사업에 필요한 토지 등을 수용할 수 있도록 규정한 조항은 헌법 제23조 제3항에 위반된다.

17

행정행위의 부관에 대한 설명으로 옳지 않은 것은?

① 건축허가를 하면서 일정 토지를 기부채납하도록 한 허가조건은 기속행위 내지 기속적 재량행위인 건축허가에 붙인 부담이거나 또는 법령상 아무런 근거가 없는 부관이므로 무효로 보아야 한다.
② 행정처분에 붙인 부담인 부관이 무효가 되는 경우, 그 부담의 이행으로 한 사법상 법률행위도 당연히 무효가 된다.
③ 수익적 행정처분에 있어서는 법령에 특별한 근거규정이 없다고 하더라도 그 부관으로서 부담을 붙일 수 있고, 부담을 부가하기 이전에 상대방과 협의하여 부담의 내용을 협약의 형식으로 미리 정한 다음 행정처분을 하면서 이를 부가할 수 있다.
④ 부관의 사후변경은 법률에 근거가 있는 경우, 당사자의 동의가 있는 경우뿐만 아니라 사정변경으로 당초에 부담을 부가한 목적을 달성할 수 없게 된 경우에도 행해질 수 있다.

18

행정작용에 대한 설명으로 옳지 않은 것은?

① 과학기술기본법령상 사업협약의 해지통보는 행정청이 우월적 지위에서 연구개발비의 회수 및 관련자에 대한 국가연구개발사업 참여제한 등의 법률상 효과를 발생시키는 행정처분이 아니라 대등당사자의 지위에서 형성된 공법상 계약을 계약당사자와의 지위에서 종료시키는 의사표시에 해당한다.
② 행정청은 처분에 재량이 있는 경우에는 법률로 정하는 바에 따라 완전히 자동화된 시스템(인공지능기술을 적용한 시스템을 포함한다)으로 처분을 할 수 없다.
③ 공정거래위원회가 부당한 공동행위를 한 사업자에게 과징금 부과처분(선행처분)을 한 뒤, 다시 자진신고 등을 이유로 과징금 감면처분(후행처분)을 한 경우, 선행처분의 취소를 구하는 소는 부적법하다.
④ 위법한 관행에 따른 허위신고행위가 행정청의 행정지도에 따른 것이라도, 그 허위신고행위는 사회상규에 위배되지 않는 정당한 행위라고 볼 수 없다.

19

국가배상책임에 대한 설명으로 옳은 것은?

① 국가배상법 제2조 제1항의 '직무를 집행함에 당하여'를 판단함에 있어 실질적으로 직무행위가 아니거나 또는 행위자로서는 주관적으로 공무집행의 의사가 없었다면 그 행위는 공무원이 '직무를 집행함에 당하여' 한 것으로 볼 수 없다.
② 공법인인 대한변호사협회의 장은 국가로부터 위탁받은 공행정사무인 변호사등록에 관한 사무를 수행하는 범위 내에서는 국가배상법 제2조에서 정한 공무원에 해당하는 것이 아니라 행정주체에 해당한다.
③ 공무원에게 부과된 직무상 의무의 내용이 단순히 공공일반의 이익을 위한 것이거나 행정기관 내부의 질서를 규율하기 위한 것이라 하더라도, 공무원이 그와 같은 직무상 의무를 위반한 것을 계기로 하여 제3자가 손해를 입었다면 피해자가 입은 그 손해에 대한 국가의 배상책임이 인정된다.
④ 어떠한 행정처분이 위법하다고 할지라도 그 자체만으로 곧바로 그 행정처분이 공무원의 고의 또는 과실로 인한 불법행위를 구성한다고 단정할 수는 없고, 공무원의 고의 또는 과실의 유무에 대하여는 별도의 판단을 요한다.

20

행정심판에 대한 설명으로 옳지 않은 것은?

① 법인이 아닌 사단 또는 재단으로서 대표자나 관리인이 정하여져 있는 경우, 그 사단이나 재단의 이름으로 심판청구를 할 수 있다.
② 국가인권위원회의 처분 또는 부작위에 대한 행정심판의 청구는 중앙행정심판위원회에서 심리·재결한다.
③ 행정심판위원회는 처분이행명령재결이 있음에도 피청구인이 처분을 하지 않은 경우 당사자의 신청에 의해 기간을 정하여 서면으로 시정을 명하고 그 기간 안에 이행하지 않으면 원칙적으로 직접처분을 할 수 있다.
④ 행정심판위원회가 직접처분을 하였을 때에는 그 사실을 해당 행정청에 통보하여야 하며, 그 통보를 받은 행정청은 행정심판위원회가 한 처분을 자기가 한 처분으로 보아 관계법령에 따라 관리·감독 등 필요한 조치를 하여야 한다.

제2회 | 실전동형 모의고사

제한시간 /20분 나의 점수 /100점

해설 p.80 | 옳은 지문 워크북 p.243

지문의 내용에 대해 학설의 대립 등 다툼이 있는 경우 판례에 의함

01 ☐☐☐

법치행정에 대한 설명으로 옳지 않은 것은?

① 개인택시운송사업자에게 운전면허취소사유가 있으나 그에 따른 운전면허취소처분이 이루어지지 않은 경우 관할관청은 개인택시운송사업면허를 취소할 수 없다.
② 납세의무자에게 조세의 납부의무뿐만 아니라 스스로 과세표준과 세액을 계산하여 신고하여야 하는 의무까지 부과하는 경우, 신고의무불이행에 따른 불이익 등은 납세의무를 구성하는 기본적·본질적 내용으로서 법률로 정하여야 한다.
③ 토지 등 소유자가 도시환경정비사업을 시행하는 경우 사업시행인가 신청시 요구되는 토지 등 소유자의 동의정족수를 정하는 것은 국민의 권리와 의무의 형성에 관한 기본적이고 본질적인 사항이므로, 이를 토지 등 소유자가 자치적으로 정하여 운영하는 규약에 정하도록 한 것은 법률유보원칙에 위반된다.
④ 지방의회의원에 대하여 유급보좌인력을 두는 것은 지방자치권과 관련된 것이므로 이는 개별지방의회의 조례로써 규정할 사항에 해당하며 국회의 법률로써 규정하여야 할 입법사항이라고 볼 수는 없다.

02 ☐☐☐

개인적 공권에 대한 설명으로 옳지 않은 것은?

① 일반적인 시민생활에 있어 도로를 이용만 하는 사람은 도로용도폐지를 다툴 법률상 이익이 없으나, 도로의 용도폐지처분에 관하여 직접적인 이해관계를 가지는 사람이 개별적이고 구체적인 이익을 현실적으로 침해당한 경우에는 그 취소를 구할 법률상의 이익이 있다.
② 경원관계에서 허가 등 처분을 받지 못한 사람은 허가 등 처분의 취소를 구하는 소송을 제기할 수 있으며, 자신에 대한 거부처분의 취소를 직접 소송으로 구할 수도 있다.
③ 헌법 제32조 제1항이 규정하는 근로의 권리는 고용증진을 위한 사회적·경제적 정책을 요구할 수 있는 권리에 그치는 것으로, 근로의 권리로부터 국가에 대한 직접적인 직장존속청구권이 도출되는 것은 아니다.
④ 공무원연금수급권은 헌법규정만으로 이를 실현할 수 있으며, 구체적인 내용으로서의 수급요건, 수급권자의 범위 및 급여금액 등이 법률에 의하여 비로소 확정되어야 하는 것은 아니다.

03 ☐☐☐

행정입법에 대한 설명으로 옳지 않은 것은?

① 형벌법규의 위임입법은 특히 긴급한 필요가 있거나 미리 법률로써 자세히 정할 수 없는 부득이한 사정이 있는 경우에 한하여 수권법률이 처벌대상인 행위를 예측할 수 있을 정도로 구체적으로 정하고, 형벌의 종류 및 그 상한과 폭을 명확히 규정하는 것을 조건으로 허용된다.
② 법률이 공법적 단체 등의 정관에 자치법적 사항을 위임한 경우 포괄적인 위임입법의 금지는 원칙적으로 적용되지 않는다고 하더라도, 국민의 권리·의무에 관련되는 기본적이고 본질적인 사항은 반드시 국회가 정하여야 한다는 법률유보 내지 의회유보의 원칙은 지켜져야 한다.
③ 헌법이 인정하고 있는 위임입법의 형식은 예시적인 것으로 보아야 하므로 고시와 같은 형식으로 입법위임을 하는 것도 가능하며, 이 경우 위임의 대상이 반드시 전문적·기술적 사항이나 경미한 사항으로서 업무의 성질상 위임이 불가피한 사항에 한정된다고 볼 수는 없다.
④ 포괄위임금지와 관련하여 위임의 구체성의 정도는 규율대상의 성격에 따라 달라질 수 있는바, 기본권침해영역에서는 구체성의 요구가 강화되고 급부영역에서는 구체성의 요구가 완화될 수 있다.

04 ☐☐☐

행정행위의 부관에 대한 설명으로 옳지 않은 것은?

① 해당 처분의 목적을 달성하기 위하여 필요한 최소한의 범위 내라고 하더라도, 해당 처분과 실질적인 관련이 없다면 부관을 붙일 수 없다.
② 행정청이 특정 개발사업의 시행자를 지정하는 처분을 하면서 상대방에게 지정처분의 취소에 대한 소권을 포기하도록 하는 내용의 부관을 붙였다면, 이는 개인적 공권인 소권을 당사자의 합의로 포기하는 것으로서 허용될 수 없다.
③ 행정처분과 실제적 관련성이 없어 부관으로 붙일 수 없는 부담을 사법상 계약의 형식으로 행정처분의 상대방에게 부과하였다면, 이는 법치행정의 원리에 반하는 것으로서 위법하다.
④ 행정청이 수익적 행정처분을 하면서 사전에 상대방과 체결한 협약상의 의무를 부담으로 부가한 경우, 부담의 전제가 된 주된 행정처분의 근거법령이 개정되어 부관을 붙일 수 없게 되었다면 부담의 효력도 곧바로 소멸하게 된다.

05

행정작용에 대한 설명으로 옳은 것은?

① 행정기본법은 어업권 우선순위결정과 같은 행정작용에 대하여 명문의 규정을 두고 있는바, 이러한 행정작용은 문서로 하여야 한다.
② 어업권 우선순위결정에 공정력이나 불가쟁력과 같은 효력은 인정되지 아니하며, 따라서 우선순위결정이 잘못되었다는 이유로 종전의 어업권면허처분이 취소되면 행정청은 종전의 우선순위결정을 무시하고 다시 우선순위를 결정한 다음 새로운 우선순위결정에 기하여 새로운 어업권면허처분을 할 수 있다.
③ 구 「민원사무처리에 관한 법률」 제19조 제1항에서 정한 사전심사결과 통보는 항고소송의 대상이 되는 행정처분에 해당한다.
④ 확약은 장래에 어떠한 처분을 하거나 하지 아니할 것을 내용으로 하는 의사표시로서 비록 확약이 위법한 경우라도 특별한 사정이 없는 한 상대방의 신뢰보호를 위해 행정청은 확약에 기속된다.

06

행정의 실효성 확보수단에 대한 설명으로 옳은 것은?

① 과징금 부과처분은 원칙적으로 위반자의 고의·과실을 요하지 아니하나, 위반자의 의무해태를 탓할 수 없는 정당한 사유가 있는 등의 특별한 사정이 있는 경우에는 이를 부과할 수 없다.
② 법인의 대표자, 법인 또는 개인의 대리인·사용인 및 그 밖의 종업원이 업무에 관하여 법인 또는 그 개인에게 부과된 법률상의 의무를 위반한 때에는 행위자인 대표자, 대리인·사용인 등에게 과태료를 부과한다.
③ 과징금 부과처분은 행정법규위반이라는 객관적 사실에 착안하여 가하는 제재이므로, 반드시 현실적인 행위자에게 부과되어야 하고 법령상 책임자로 규정된 자에게 부과할 수 없다.
④ 과징금 납부의무는 일신전속적 의무이므로 과징금을 부과받은 자가 사망한 경우 그 상속인에게 승계되지 아니한다.

07

다음 사례에 대한 설명으로 옳지 않은 것은?

> 甲은 해외여행 중 고가의 명품 가방을 구매하여 소지한 채 귀국하였으나, 이를 세관에 신고하지 않은 사실이 적발되었다(甲의 행위는 관련법에 따르면 형사처벌의 대상이다). 이에 인천공항세관장은 甲에게 100만원의 통고처분을 하였다.

> 관세법 제311조【통고처분】① 관세청장이나 세관장은 관세범을 조사한 결과 범죄의 확증을 얻었을 때에는 그 이유를 구체적으로 밝히고 다음 각 호에 해당하는 금액이나 물품을 납부할 것을 통고할 수 있다.
> 1. 벌금에 상당하는 금액
> 2. 몰수에 해당하는 물품
> 3. 추징금에 해당하는 금액

① 관세법상 통고처분을 할 것인지는 관세청장 또는 세관장의 재량에 맡겨져 있으므로, 만일 인천공항세관장이 통고처분을 하지 아니한 채 곧바로 검찰에 고발하였다고 하더라도 그러한 사실만으로 그 고발 및 이에 기초한 공소의 제기가 부적법한 것은 아니다.
② 만약 인천공항세관장이 통고처분을 거치지 아니하고 즉시 고발하여 형사사건절차로 이행된 경우라도, 인천공항세관장은 甲의 행위에 대하여 통고처분을 할 권한을 잃지 않는다.
③ 만약 인천공항세관장이 甲의 행위에 대하여 형사고발을 한 후에 다시 통고처분을 하였다면, 이는 법적 권한 소멸 후에 이루어진 것으로서 특별한 사정이 없는 한 효력이 없다.
④ 甲이 통고처분에 따라 그 금액을 납부하였다면, 검사는 甲의 행위에 대하여 다시 형사소추를 할 수 없다.

08

다음 사례에 대한 설명으로 옳지 않은 것만을 모두 고르면?

> 甲은 개발제한구역 내에서 건축허가를 받아 공사를 진행하던 중, 도로변에 무단으로 공사자재를 쌓아 놓은 채 방치하였다. 관할행정청은 甲에게 원상복구를 명하는 시정명령을 하였으나 甲은 이를 이행하지 않았다. 이에 관할행정청은 甲의 시정명령불이행에 대하여 근거법령을 토대로 이행강제금을 부과하였으며, 그와 더불어 甲은 관련법령 위반으로 기소되어 벌금형을 부과받았다.

㉮ 만약 관할행정청이 甲에게 이행강제금을 부과하기 전에 甲이 시정명령을 이행하였다면, 시정명령에서 정한 기간을 지나서 이행한 경우라고 하더라도 관할행정청은 이행강제금을 부과할 수 없다.
㉯ 만약 甲이 장기간 시정명령을 이행하지 아니하였으나 그 기간 중에 시정명령의 이행기회가 제공되지 아니하다가 뒤늦게 이행기회가 제공된 경우라면, 관할행정청은 이행기회가 제공되지 아니한 과거의 기간에 대한 이행강제금까지 한꺼번에 부과할 수는 없으며, 이에 위반하여 이루어진 이행강제금 부과처분은 무효이다.
㉰ 위 사례에서 甲의 원상복구의무는 대체적 작위의무로서 행정대집행을 통해서도 이행이 가능하므로 관할행정청의 이행강제금 부과는 위법하다.
㉱ 이행강제금 부과처분에 대하여 비송사건절차법에 의한 특별한 불복절차가 마련되어 있는 경우라고 하더라도, 관할행정청이 이행강제금을 부과하면서 행정소송을 제기할 수 있다고 잘못 안내하였다면 甲은 항고소송으로 이행강제금 부과처분을 다툴 수 있다.

① ㉮, ㉯
② ㉮, ㉱
③ ㉯, ㉰
④ ㉰, ㉱

09

다음 사례에 대한 설명으로 옳은 것은?

> 甲은 관할행정청 A에게 「국토의 계획 및 이용에 관한 법률」에 따른 토지형질변경허가를 신청하였으나 A가 거부처분을 하자 행정심판위원회에 의무이행심판을 청구하였다.

① 거부처분에 대한 의무이행심판에는 심판청구기간의 제한이 없으므로, 만약 甲의 의무이행심판이 거부처분이 있음을 알게 된 날부터 90일이 지나서 청구된 것이라도 행정심판위원회가 각하재결을 하여야 하는 것은 아니다.
② 행정심판위원회는 A가 의무이행재결의 취지에 따른 처분을 하지 아니하면, 청구인의 신청이나 직권에 의하여 결정으로 상당한 기간을 정하고 A가 그 기간 내에 이행하지 아니하는 경우에는 그 지연기간에 따라 일정한 배상을 하도록 명하거나 즉시 배상을 할 것을 명할 수 있다.
③ 만약 사안과 달리 甲이 거부처분에 대하여 취소심판을 제기하여 인용재결이 내려졌다면, 거부처분에 대한 의무이행심판에서 인용재결이 있는 경우와 마찬가지로 A는 그 재결의 취지에 따라 다시 이전의 신청에 대한 처분을 하여야 한다.
④ 만약 甲이 거부처분에 대하여 취소심판을 제기하여 거부처분의 취소재결이 있었음에도 불구하고 A가 다시 처분을 하지 아니하는 경우에는, 甲이 신청하면 기간을 정하여 서면으로 시정을 명하고 그 기간에 이행하지 아니하면 직접처분을 할 수 있다. 다만, 그 처분의 성질이나 그 밖의 불가피한 사유로 행정심판위원회가 직접처분을 할 수 없는 경우에는 그러하지 아니하다.

10

행정소송상 가구제제도에 대한 설명으로 옳은 것은?

① 행정소송법은 취소소송의 경우에 집행정지뿐만 아니라 임시처분에 관하여도 규정하고 있다.
② 집행정지결정을 한 후에 본안소송이 취하되어 그 소송이 계속하지 아니한 것으로 되는 경우, 집행정지결정의 효력이 당연히 소멸된다고 볼 수는 없으므로 별도의 취소조치가 필요하다.
③ 행정소송법은 민사소송법의 규정을 준용하도록 되어 있으므로 취소소송을 제기한 경우 법원은 당사자의 신청이나 직권으로 민사집행법상의 가처분결정을 할 수 있다.
④ 제재처분에 대한 행정쟁송절차에서 집행정지결정이 이루어졌더라도 본안에서 해당 처분이 최종적으로 적법한 것으로 확정되어 집행정지결정이 실효되고 해당 처분을 다시 집행할 수 있게 되면, 처분청으로서는 당초 집행정지결정이 없던 경우와 동등한 수준으로 해당 처분이 집행되도록 필요한 조치를 취하여야 한다.

11

행정소송에 대한 설명으로 옳지 않은 것은?

① 행정처분의 근거법률에 의하여 보호되는 직접적이고 구체적인 이익이 있는 경우에는 무효확인을 구할 법률상 이익이 있다고 보아야 하므로, 이와 별도로 무효확인소송의 보충성이 요구되는 것은 아니다.
② 경상남도지사의 진주의료원 폐업결정은 행정청이 행하는 구체적 사실에 관한 법집행으로서의 공권력의 행사로 보기 어려우므로 항고소송의 대상이 되지 않는다.
③ 행정청이 당사자의 신청에 대하여 거부처분을 한 경우 항고소송의 대상인 위법한 부작위가 있다고 볼 수 없으므로, 거부처분에 대한 부작위위법확인소송은 부적법하다.
④ 부작위위법확인소송 진행 중 행정청이 처분을 함으로써 부작위 상태가 해소된 경우, 부작위위법확인소송은 소의 이익이 상실되어 각하된다.

12

행정법의 일반원칙에 대한 설명으로 옳지 않은 것은?

① 법적으로 혼인한 상태가 아닌 대한민국 국적인 부와 중화인민공화국 국적인 모 사이에서 출생한 자에 대해 행정청이 공신력 있는 주민등록번호와 이에 따른 주민등록증을 부여한 행위는 대한민국 국적을 취득하였다는 공적인 견해의 표명을 한 것이라고 볼 수 있다.
② 폐기물처리업 사업계획에 대하여 적정통보를 하였다면 그 사업부지 토지에 대한 국토이용계획변경신청을 승인하여 주겠다는 취지의 공적인 견해표명을 한 것으로 볼 수 있다.
③ 위법한 행정처분이 수차례에 걸쳐 반복적으로 행하여졌더라도 행정청에 대하여 자기구속력을 갖게 된다고 볼 수 없다.
④ 주택사업계획승인에 붙여진 그 주택사업과는 아무런 관련이 없는 토지를 기부채납하도록 하는 부관은 위법하지만 당연무효라고 볼 수는 없다.

13

결과제거청구권에 대한 설명으로 옳은 것은?

① 공법상 결과제거청구권은 위법한 공행정작용으로 인한 직접적 결과의 제거뿐만 아니라 인과관계가 있는 간접적인 결과의 제거까지 그 내용으로 한다.
② 결과제거청구권의 대상은 가해행위와 상당인과관계가 있는 손해이며, 원상회복이 행정주체에게 기대 가능한 것이어야 한다.
③ 결과제거청구권이 인정되기 위해서는 공행정작용으로 인한 위법한 상태로 인하여 타인의 권리 또는 법적 이익이 침해되고 있어야 하며, 이러한 권리 또는 이익에는 재산상의 것 이외에 명예, 신용 등 정신적인 것은 포함되지 않는다.
④ 결과제거청구권을 소송상 주장하는 경우, 당사자소송을 제기해야 한다는 것이 일반적 견해이다.

14

행정상 손해배상에 대한 설명으로 옳지 않은 것은?

① 피해자인 국민의 권익을 두텁게 보호하기 위하여 불법행위를 이유로 배상하여야 할 손해는 현실로 입은 확실한 손해에 한하는 것은 아니라고 보아야 한다.
② 과실의 객관화 경향에 따라 과실 여부는 당해 직무를 담당하는 평균적 공무원의 주의능력을 기준으로 판단하며, 과실 여부가 다투어지는 경우 그 입증책임은 피해자인 원고가 진다.
③ 공무원 개인이 지는 손해배상책임에서 중과실이란 공무원에게 통상 요구되는 정도의 상당한 주의를 하지 않더라도 약간의 주의를 한다면 손쉽게 위법·유해한 결과를 예견할 수 있는 경우임에도 만연히 이를 간과한 경우와 같이, 거의 고의에 가까운 현저한 주의를 결여한 상태를 의미한다.
④ 행정청이 관계법령의 해석이 확립되기 전에 어느 한 설을 취하여 업무를 처리한 것이 결과적으로 위법하게 되어 그 법령의 부당집행이라는 결과를 빚었다고 하더라도, 처분 당시 그와 같은 처리방법 이상의 것을 성실한 평균적 공무원에게 기대하기 어려웠던 경우라면 특별한 사정이 없는 한 공무원의 과실로 인한 것이라고 볼 수는 없다.

15

대집행의 요건에 대한 설명으로 옳은 것만을 모두 고르면?

㉮ 「공익사업을 위한 토지 등의 취득 및 보상에 관한 법률」에 의한 협의취득시 건물소유자가 협의취득대상 건물에 대하여 약정을 하고서 불이행한 경우, 그 건물의 강제철거에 대해서는 행정대집행법이 적용된다.
㉯ 행정대집행의 대상이 되는 작위의무는 행정청의 명령에 의한 것뿐만 아니라 법령에 의해 직접 부과될 수도 있으며, 동 법령에는 조례도 포함된다.
㉰ 부작위의무의 근거규정인 금지규정으로부터 그 의무를 위반함으로써 생긴 결과를 시정할 작위의무나 위반결과의 시정을 명할 행정청의 권한이 당연히 추론되는 것은 아니며, 작위의무로 전환하기 위해서는 별도의 명문규정이 있어야 한다.
㉱ 관계법령에 위반하여 장례식장 영업을 한 사람이 행정청으로부터 장례식장 사용중지명령을 받고도 이에 따르지 않은 경우, 그 사용중지의무 불이행은 대집행의 대상이 된다.
㉲ 위법건축물에 대해 계고처분을 하려면 다른 방법으로는 이행의 확보가 어려운 사정만 있으면 충분하고, 이러한 사정이 없다는 주장·입증책임은 건물의 소유자가 부담한다.

① ㉮, ㉯
② ㉯, ㉰
③ ㉮, ㉰, ㉲
④ ㉯, ㉰, ㉱

16

행정절차법상 당사자 등에 대한 설명으로 옳은 것은?

① 헌법재판소에 따르면 헌법 제12조 제3항 및 제16조의 영장주의는 형사절차와 관련하여 규정하고 있지만, 형사절차가 아닌 징계절차에도 영장주의원칙은 그대로 적용되어야 한다.
② 다수의 당사자 등이 선정한 대표자는 각자 그를 대표자로 선정한 당사자 등을 위하여 행정절차에 관한 모든 행위를 할 수 있으므로, 행정절차를 끝맺는 행위를 할 때에도 당사자의 동의는 필요하지 않다.
③ 다수의 당사자 등이 공동으로 행정절차에 관한 행위를 하는 경우 행정청의 대표자 선정요청에 당사자 등이 응하지 아니한 때에는 행정청이 직접 대표자를 선정할 수 있다.
④ 다수의 대표자가 있는 경우 그중 1인에 대한 행정청의 행위는 모든 당사자 등에게 효력이 있으므로, 다수의 대표자 중 1인에 대한 행정청의 통지는 모든 당사자 등에게 효력이 있다.

17

행정행위의 하자에 대한 설명으로 옳은 것은?

① 여러 처분사유에 관하여 하나의 제재처분을 하였을 때 그 처분사유 중 일부가 인정되지 않는 경우에는 나머지 처분사유들만으로 처분의 정당성이 인정된다 하더라도 그 처분은 위법하여 취소를 면하지 못한다.
② 징계처분의 하자가 중대하고 명백하기 때문에 당연무효라고 하더라도, 징계처분을 받은 자가 이를 용인하였다면 그 흠은 치유된다.
③ 입지선정위원회의 구성방법과 절차가 주민대표나 주민대표 추천에 의한 전문가의 참여 없이 이루어지는 등 위법한 경우, 입지선정위원회의 의결에 터잡아 이루어진 폐기물처리시설 입지결정처분의 하자는 중대하나 객관적으로 명백하다고 할 수 없으므로, 그러한 하자는 취소사유에 해당한다.
④ 구 학교보건법상 학교환경위생정화구역의 금지행위 및 시설의 해제 여부에 관한 행정처분을 함에 있어 학교환경위생정화위원회의 심의를 누락한 행정처분은 취소사유가 있다.

18

재량행위와 기속행위에 대한 설명으로 옳지 않은 것은?

① 처분의 근거법령이 행정청에 처분의 요건과 효과 판단에 일정한 재량을 부여하였는데도, 행정청이 자신에게 재량권이 없다고 오인하여 처분으로 달성하려는 공익과 그로써 처분 상대방이 입게 되는 불이익의 내용과 정도를 전혀 비교·형량하지 않은 채 처분을 하였다면, 이는 재량권 불행사로서 그 자체로 재량권 일탈·남용에 해당한다.
② 기속행위의 경우 법원이 사실인정과 관련법규의 해석·적용을 통하여 일정한 결론을 도출한 후 그 결론에 비추어 행정청이 한 판단의 적법 여부를 독자의 입장에서 판정한다.
③ 처분 상대방에게 법령에서 정한 임의적 감경사유가 있는 경우, 행정청이 감경사유까지 고려하고도 감경하지 않은 채 개별처분기준에서 정한 상한으로 처분을 하였다면 재량권을 일탈·남용하였다고 보아야 한다.
④ 「여객자동차 운수사업법」에 의한 마을버스운송사업면허와 개인택시운송사업면허는 재량행위이므로 마을버스 한정면허시 확정되는 마을버스노선을 정함에 있어서 기존 일반노선버스의 노선과의 중복 허용 정도에 대한 판단과 개인택시운송사업면허의 면허기준 설정행위는 모두 행정청의 재량에 속한다.

19

다음 사례에 대한 설명으로 옳지 않은 것은?

> 감사업무를 담당하는 공무원 A는 다른 공무원 甲에 대한 비리를 조사하던 중, 甲에게 먼저 사직하지 않으면 징계파면을 당하여 퇴직금 지급상 불이익을 당할 것을 강조하면서 사직을 권고·종용하였다. 이에 甲은 비리로 인한 징계파면시 퇴직금 지급상의 불이익 등을 고려하여 사직서를 제출하였고, 이에 따라 의원면직처분이 이루어졌다.

① 甲에 의해 제출된 사직서는 그에 터잡은 의원면직처분이 있을 때까지 철회될 수 있고, 일단 면직처분이 있고 난 이후에는 자유로이 취소되거나 철회될 수 없다.
② 甲의 사직서 제출이 A의 강박에 의한 것이므로, 그 정도가 甲의 의사결정의 자유를 제한하는 정도에 그친다고 하더라도 甲의 의사표시의 효력 여부를 따질 것도 없이 의원면직처분은 무효이다.
③ 만약 甲의 내심의 의사가 사직할 뜻이 없었더라도 민법상 비진의의사표시의 무효에 관한 규정이 적용되지 않으므로 그 사직원을 받아들인 의원면직처분을 당연무효라 볼 수는 없다.
④ 甲이 한 사직의 의사표시에는 조건과 같은 부관을 붙일 수 없다는 것이 일반적인 견해이다.

20

행정상 법률관계에 대한 설명으로 옳지 않은 것은?

① 구 예산회계법상 입찰보증금의 국고귀속조치는 국가가 사법상 재산권의 주체로서 행위하는 것이므로 이에 관한 분쟁은 민사소송의 대상이 된다.
② 지방자치단체가 사인과 체결한 자원회수시설 위탁운영협약은 상호 대등한 입장에서 당사자의 합의에 따라 체결한 사법상 계약에 해당한다.
③ 구 한국공항공단법에 의하여 한국공항공단이 정부로부터 무상사용허가를 받은 행정재산을 전대(轉貸)하는 행위는 통상의 사인 간의 임대차와 다를 바 없는 사법상의 행위이다.
④ 공유재산의 관리청이 행하는 행정재산의 사용·수익에 대한 허가는 순전히 사경제주체로서 행하는 사법상의 행위에 해당하며, 행정재산의 사용·수익에 대한 허가신청을 거부한 행위 역시 사법상 법률행위에 해당한다.

제 3 회 | 실전동형 모의고사

지문의 내용에 대해 학설의 대립 등 다툼이 있는 경우 판례에 의함

01 ☐☐☐

법률유보원칙에 대한 설명으로 옳지 않은 것은?

① 법률유보원칙에서 법률의 유보라고 하는 경우의 법률은 국회에서 법률제정의 절차에 따라 만들어진 형식적 의미의 법률을 말하는 것이므로, 국회의 의결을 거치지 않은 명령이나 불문법원으로서의 관습법이나 판례법은 포함되지 않는다.
② 법률유보원칙을 논의할 때의 법률은 작용규범을 말하며, 원칙적으로 개별적 근거를 의미한다.
③ 오늘날 법률유보원칙은 단순히 행정작용이 법률에 근거를 두기만 하면 충분한 것이 아니라, 국가공동체와 그 구성원에게 기본적이고도 중요한 의미를 갖는 영역, 특히 국민의 기본권실현과 관련된 영역에 있어서는 국민의 대표자인 입법자가 그 본질적 사항에 대해서 스스로 결정하여야 한다는 요구까지 내포하고 있다.
④ 법률유보원칙은 '법률에 근거한' 규율을 의미하는 것이 아니라 '법률에 의한' 규율을 요청하는 것이므로 기본권제한의 형식은 반드시 법률의 형식이어야 하고, 위임의 구체성과 명확성을 구비하더라도 위임입법에 의한 기본권제한은 허용되지 않는다.

02 ☐☐☐

이의신청에 대한 설명으로 옳지 않은 것은?

① 어떠한 처분이 수익적 행정처분을 구하는 신청에 대한 거부처분이 아니라고 하더라도 해당 처분에 대한 이의신청에 대한 내용이 새로운 신청을 하는 취지로 볼 수 있는 경우에는 그 이의신청에 대한 결정의 통보를 새로운 처분으로 볼 수 있다.
② 산업재해보상보험법상 심사청구에 관한 절차는 보험급여 등에 관한 처분을 한 근로복지공단이 스스로의 심사를 통하여 당해 처분의 적법성과 합목적성을 확보하도록 하는 내부의 시정절차에 해당하므로, 이와 같은 절차에서는 기본적 사실관계의 동일성이 인정되지 않는 사유를 처분사유로 추가·변경하는 것도 허용된다.
③ 행정기본법상 이의신청에 대한 결과를 통지받은 후 행정심판 또는 행정소송을 제기하려는 자는 처분이 있음을 안 날로부터 90일 이내에 행정심판 또는 행정소송을 제기하여야 한다.
④ 행정청의 부작위는 행정기본법 제36조 제1항에 따른 이의신청의 대상이 되지 않는다.

03 ☐☐☐

법규명령의 효력에 대한 설명으로 옳지 않은 것은?

① 구법의 위임에 근거한 유효한 법규명령이 법개정으로 위임의 근거가 없어지게 되면 그때부터 무효인 법규명령이 된다.
② 법규명령의 위임근거가 되는 법률에 대하여 위헌결정이 선고되면 그 위임에 근거하여 제정된 법규명령도 원칙적으로 효력을 상실한다.
③ 시행령의 내용이 모법의 입법취지와 관련조항 전체를 유기적·체계적으로 보아 모법 조항의 취지에 근거하여 이를 구체화하는 것이라면, 모법에 직접 위임하는 규정이 없다고 하여 무효라고 볼 수는 없다.
④ 상위법령의 시행을 위하여 제정한 집행명령은 그 상위법령이 개정되었다면 개정법령과 성질상 모순·저촉되지 않더라도 특별한 규정이 없는 한 실효된다.

04

행정행위의 효력발생요건으로서 송달에 대한 설명으로 옳지 않은 것은?

① 문서를 송달받을 자 또는 그 사무원 등이 정당한 사유 없이 송달받기를 거부하는 때에는 그 사실을 수령확인서에 적고, 문서를 송달할 장소에 놓아둘 수 있다.
② 송달받을 자의 주소 등을 통상의 방법으로 확인할 수 없거나 송달이 불가능한 경우에는 송달받을 자가 알기 쉽도록 관보·공보·게시판·일간신문·인터넷 중 하나 이상에 공고하여야 한다.
③ 망인에 대한 서훈취소는 처분권자의 의사에 따라 상당한 방법으로 대외적으로 표시됨으로써 행정행위로서 성립하여 효력이 발생한다.
④ 상대방 있는 행정처분은 원칙적으로 상대방에게 고지되어야 효력이 발생하므로, 상대방이 다른 경로를 통해 행정처분의 내용을 알게 된 경우라도 행정처분의 효력이 발생한다고 볼 수 없다.

05

행정처분의 근거가 된 법률에 대하여 위헌결정이 내려진 경우에 대한 설명으로 옳지 않은 것은?

① 과세처분의 근거가 되었던 법률규정에 대해 위헌결정이 내려진 후에 위헌결정의 효력에 위배하여 체납처분이 이루어진 경우, 그 체납처분은 당연무효이다.
② 처분이 있은 날로부터 1년이 도과한 처분으로서 당연무효에 해당하는 하자가 없는 경우, 그 처분의 근거법령이 위헌결정되었더라도 위헌결정의 소급효가 미치지 않는다.
③ 헌법재판소는 위헌법률에 근거한 행정처분의 효력과 관련하여, 그 행정처분을 무효로 하더라도 법적 안정성을 크게 해치지 않는 반면에 그 하자가 중대하여 그 구제가 필요한 경우에 대해서는 예외적으로 당연무효사유로 보아야 한다는 입장을 취하고 있다.
④ 과세처분의 근거법령에 대하여 위헌결정이 내려졌으나 그 전에 이미 세금을 납부하였고 과세처분에 불가쟁력이 발생하였다면, 그 조세의 납부는 부당이득에 해당하여 납부한 조세액의 반환을 청구할 수 있다.

06

다음 사례에 대한 설명으로 옳지 않은 것은?

> 甲은 A종교 신도로서 현역입영 또는 소집통지를 받고도 입영하지 아니하였다. 이에 관할 지방병무청장은 병역의무기피공개심의위원회의 심의 및 재심의를 거쳐 甲을 병역의무 기피자 인적사항 등의 공개대상자로 결정하였고, 이후 병무청장은 甲에 대한 인적 사항 등을 병무청 홈페이지에 게시하였다.

① 행정절차법에 따르면 행정청은 위반사실 등의 공표를 할 때에는 특별한 사정이 없는 한 미리 당사자에게 그 사실을 통지하고 의견제출의 기회를 주어야 하며, 의견제출의 기회를 받은 당사자는 공표 전에 관할행정청에 서면이나 말 또는 정보통신망을 이용하여 의견을 제출할 수 있다.
② 위 사례에서 병무청장이 甲의 인적 사항 등을 인터넷 홈페이지에 게시하는 등의 방법으로 공개하기로 한 결정에 대하여 甲은 항고소송으로 다툴 수 있다.
③ 위 사례에서 관할 지방병무청장의 공개대상자 결정은 병무청장의 최종적인 결정에 앞서 이루어지는 행정기관 내부의 중간적 결정에 불과하므로 병무청장의 공개결정과는 별도로 항고소송의 대상이 될 수 없다.
④ 국가배상법 제2조의 직무행위에는 국가나 지방자치단체의 비권력적 작용은 포함되지 않으므로, 병무청장의 위 행위는 직무행위에 해당하지 않는다.

07

행정상 즉시강제에 대한 설명으로 옳지 않은 것은?

① 행정상 즉시강제는 의무의 존재 및 그의 불이행을 전제로 하지 않는다는 점에서 행정상 강제집행과 구별된다.
② 행정상 즉시강제는 엄격한 실정법상의 근거를 필요로 할 뿐만 아니라, 필요 최소한도에 그쳐야 함을 내용으로 하는 조리상의 한계에도 기속된다.
③ 손실발생의 원인에 대하여 책임이 있는 자가 자신의 책임에 상응하는 정도를 초과하는 생명·신체 또는 재산상의 손실을 입은 경우, 국가는 그 손실을 보상할 의무가 없다.
④ 사전영장주의원칙은 인신보호를 위한 헌법상의 기속원리이므로 인신의 자유를 제한하는 행정상 즉시강제에서도 존중되어야 하지만, 사전영장주의를 고수하다가는 도저히 그 목적을 달성할 수 없는 지극히 예외적인 경우에만 형사절차에서와 같은 예외가 인정된다.

08

국가배상법상 책임에 대한 설명으로 옳은 것은?

① 국가나 지방자치단체가 행정절차를 진행하는 과정에서 주민들의 의견제출 등 절차적 권리를 보장하지 않은 위법이 있어서 그 후 이를 시정하여 절차를 다시 진행한 경우, 이러한 조치로도 주민들의 절차적 권리침해로 인한 정신적 고통이 여전히 남아 있다고 볼 특별한 사정이 있다면 국가나 지방자치단체는 그 정신적 고통으로 인한 손해를 배상할 책임이 있고, 이때 특별한 사정이 있다는 사실에 대한 주장·증명책임은 이를 청구하는 주민들에게 있다.
② 옹벽이 공사 중이고 아직 완성되지 아니하여 일반공중의 이용에 제공되지 않았다고 하더라도, 지방자치단체가 옹벽시설공사를 업체에게 주어 공사를 시행하다가 사고가 일어난 경우라면 국가배상법 제5조 소정의 영조물에 해당한다고 할 수 있다.
③ 영조물이 그 용도에 따라 갖추어야 할 안전성을 갖추지 못한 상태의 의미에, 영조물이 공공의 목적에 이용됨에 있어 그 이용상태 및 정도가 일정한 한도를 초과하여 제3자에게 사회통념상 수인할 것이 기대되는 한도를 넘는 피해를 입히는 경우까지 포함된다고 할 수는 없다.
④ 소음 등의 공해로 인한 법적 쟁송이 제기되거나 그 피해에 대한 보상이 실시되는 등 피해지역임이 구체적으로 드러나고 이러한 사실이 그 지역에 널리 알려진 이후에 이주하여 오는 경우라도 가해자의 면책 여부를 적극적으로 인정할 여지가 있는 것은 아니다.

09

행정심판에 대한 설명으로 옳은 것은?

① 중앙행정심판위원회의 위원장은 국민권익위원회의 부위원장 중 1명이 되며, 위원장이 부득이한 사유로 직무를 수행할 수 없거나 위원장이 필요하다고 인정하는 경우에는 상임위원이 직무를 대행한다.
② 재결의 기속력은 재결의 주문에만 미친다고 할 것이므로 종전 처분이 재결에 의하여 취소되었다 하더라도 종전 처분시와는 다른 사유를 들어 처분을 하는 것은 기속력에 저촉되지 않는다.
③ 재결에는 판결에서와 같은 기판력이 인정되는 것이므로 재결이 확정된 경우라면 처분의 기초가 된 사실관계나 법률적 판단이 확정되고 당사자들이나 법원이 이에 기속되어 모순되는 주장이나 판단을 할 수 없게 된다.
④ 관계행정기관의 장이 특별행정심판 또는 행정심판법에 따른 행정심판절차에 대한 특례를 신설하거나 변경하는 법령을 제정·개정할 때에는 미리 법무부장관과 협의하여야 한다.

10

행정소송에 대한 설명으로 옳지 않은 것은?

① 당사자소송에 대해서는 행정소송법 제23조 제2항의 집행정지에 관한 규정이 준용되지 아니하므로, 민사집행법상의 가처분에 관한 규정 역시 준용되지 아니한다.
② 신축건물의 준공처분을 하여서는 아니 된다는 내용의 부작위를 청구하는 행정소송은 허용되지 않는다.
③ 현행 행정소송법상 행정청의 부작위에 대하여 일정한 처분을 하도록 하는 의무이행소송은 허용되지 않으므로, 검사에게 압수물 환부를 이행하라는 청구는 허용되지 아니한다.
④ 공법상 계약의 무효확인을 구하는 당사자소송의 청구는 즉시확정의 이익을 요하므로, 소송에서 추구하는 권리구제를 위한 다른 직접적인 구제방법이 있는 이상 소송요건을 구비하지 못한 위법한 청구이다.

11

취소소송의 심리 등에 대한 설명으로 옳은 것은?

① 당사자가 확정된 취소판결의 존재를 사실심변론종결시까지 주장하지 아니하였다면, 상고심에서 새로이 이를 주장·입증할 수 없다.
② 행정처분의 위법 여부는 행정처분이 있을 때의 법령과 사실상태를 기준으로 판단하여야 하므로, 법원은 행정처분 당시 행정청이 알고 있었던 자료만을 근거로 하여 처분 당시 존재하였던 객관적 사실을 확정하고 그 사실에 기초하여 처분의 위법 여부를 판단할 수 있다.
③ 취소소송의 직권심리주의를 규정하고 있는 행정소송법 제26조의 규정을 고려할 때, 소송에 있어서 처분권주의에도 불구하고 행정소송에 있어서 법원은 원고의 청구범위를 초월하여 그 이상의 청구를 인용할 수 있다.
④ 어떠한 처분에 법령상 근거가 있는지, 행정절차법에서 정한 처분절차를 준수하였는지는 소송요건심사단계에서 고려할 요소는 아니며 본안심리단계에서 고려할 사항이다.

12

항고소송의 대상에 대한 설명으로 옳지 않은 것만을 모두 고르면?

> ㉮ 행정청의 행위가 항고소송의 대상이 되는 처분에 해당하는지가 불분명한 경우에는 그에 대한 불복방법 선택에 중대한 이해관계를 가지는 상대방의 인식가능성과 예측가능성을 중요하게 고려하여 규범적으로 판단하여야 한다.
> ㉯ 행정청 또는 그 소속 기관이나 권한을 위임받은 공공단체 등의 행위가 아니라고 하더라도, 그것이 상대방의 권리를 제한하는 행위라면 행정처분이라고 할 수 있다.
> ㉰ 국민이 어떤 신청을 한 경우에 그 신청의 근거가 된 조항의 해석상 행정발동에 대한 개인의 신청권을 인정하고 있다고 보여지면 그 거부행위는 항고소송의 대상이 되는 처분으로 보아야 할 것이고, 구체적으로 그 신청이 인용될 수 있는가 하는 점은 본안에서 판단하여야 할 사항이다.
> ㉱ 교도소장이 특정 수형자를 '접견내용 녹음·녹화 및 접견시 교도관 참여대상자'로 지정한 행위는 교도소장이 그 우월적 지위에서 수형자에게 일방적으로 강제하는 성격을 가진 공권력적 사실행위의 성격을 갖는 점 등을 고려하면, 항고소송의 대상이 되는 처분에 해당한다.
> ㉲ 어떠한 처분의 근거가 행정규칙에 규정되어 있다고 하더라도, 상대방의 권리·의무에 직접 영향을 미치는 행위라면 항고소송의 대상이 되는 행정처분에 해당한다.

① ㉯
② ㉯, ㉰
③ ㉯, ㉱
④ ㉮, ㉰, ㉲

13

행정상 손실보상에 대한 설명으로 옳지 않은 것은?

① 토지수용위원회의 수용재결에 대해 이의신청을 거쳐 취소소송을 제기하는 경우, 이의재결에 고유한 위법이 있는 때에는 이의재결의 취소를 구할 수 있다.
② 구 하천법 제50조에 의한 하천수 사용권은 「공익사업을 위한 토지 등의 취득 및 보상에 관한 법률」이 손실보상의 대상으로 규정하고 있는 '물의 사용에 관한 권리'에 해당한다.
③ 보상액의 산정은 협의에 의한 경우에는 협의성립 당시의 가격을, 재결에 의한 경우에는 수용 또는 사용의 재결 당시의 가격을 기준으로 하며, 해당 공익사업으로 인하여 토지 등의 가격이 변동되었을 때에는 이를 고려하지 아니한다.
④ 적법한 개발행위로 인해 공공용물에 대한 일반사용이 제한됨으로써 입는 불이익은 특별한 사정이 없는 한 손실보상의 대상이 되는 특별한 손실에 해당한다.

14

행정상 손해배상에 대한 설명으로 옳지 않은 것은?

① 법령의 해석이 복잡·미묘하여 어렵고 학설·판례가 통일되지 않을 때에 공무원이 신중을 기해 그중 어느 한 설을 취하여 처리한 경우라도, 그 해석이 결과적으로 위법한 것이었다면 국가배상법상 공무원의 과실을 인정할 수 있다.
② 국가배상책임에 있어서 공무원의 행위는 '법령에 위반한 것'이어야 하는데, 법령위반이라 함은 엄격한 의미의 법령위반뿐만 아니라 인권존중, 권력남용금지, 신의성실 등의 위반도 포함하여 그 행위가 객관적인 정당성을 결여하고 있음을 의미한다고 보아야 한다.
③ 공무원이 그 권한을 행사하지 아니한 것이 직무상 의무를 위반하여 위법한 것으로 되는 경우에는 특별한 사정이 없는 한 과실도 인정된다고 본다.
④ 구 군법무관임용법 제5조 제3항과 「군법무관임용 등에 관한 법률」 제6조에서 군법무관의 보수의 구체적 내용을 시행령에 위임했음에도 불구하고 행정부가 정당한 이유 없이 시행령을 제정하지 않은 경우, 법규명령을 제정하지 않은 부작위에 대해 국가배상법상의 손해배상청구를 할 수 있다.

15

처분의 신청에 대한 설명으로 옳지 않은 것은?

① 행정청에 처분을 구하는 신청은 문서로 함이 원칙이지만, 다른 법령 등에 특별한 규정이 있는 경우와 행정청이 미리 다른 방법을 정하여 공시한 경우에는 그러하지 아니하다.
② 행정청은 신청에 구비서류의 미비 등 흠이 있는 경우에는 그 이유를 구체적으로 밝혀 접수를 거부하여야 한다.
③ 행정청은 신청인의 편의를 위하여 다른 행정청에 신청을 접수하게 할 수 있고, 이 경우 다른 행정청에 접수할 수 있는 신청의 종류를 미리 정하여 공시하여야 한다.
④ 허가업무담당자에게 신청에 앞서 신청서의 내용에 대한 검토를 요청하였다면, 다른 특별한 사정이 없는 한 명시적이고 확정적인 신청의 의사표시가 있었다고 볼 수 없다.

16

다음 사례에 대한 설명으로 옳은 것만을 모두 고르면?

甲은 동작구에서 생활폐기물처리업허가를 받아 영업을 하고 있는 자인데 처리시설이 법이 정한 기준에 미달한다는 이유로 개선명령을 받았으나, 甲이 이에 불응하자 폐기물처리시설에 대해 2025년 5월 11일 폐쇄명령이 발령되었다(한편 폐기물처리시설에 대한 폐쇄명령에 관한 권한은 환경부장관에게 있으나, 동 권한은 서울특별시장에게 적법하게 위임되었으며 다시 동작구청장에게 내부위임된 상태이다). 이에 甲은 폐쇄명령이 위법하다고 생각하여 폐쇄명령을 다투려고 한다.

㉮ 사안의 경우 처분은 서울특별시장 명의로 행해져야 하며 취소소송의 피고도 서울특별시장이 됨이 원칙이다.
㉯ 만약 甲이 폐쇄명령에 대해 취소심판을 청구하여 취소재결이 내려진 경우라면 이러한 재결의 결과통보는 항고소송의 대상이 되는 행정처분이다.
㉰ 甲이 피고를 잘못 지정한 경우 피고경정을 할 수 있는바, 이러한 피고경정은 1심까지만 허용된다.
㉱ ㉰의 경정은 원고의 신청 또는 법원의 직권에 의해 인정된다.
㉲ 만약 권한위임이 아니라 환경부장관이 서울특별시장에게 대리권한을 수여하였고, 이에 서울특별시장이 대리관계를 표시하여 처분을 하였다면 피고는 환경부장관이 된다.

① ㉮, ㉲
② ㉯, ㉱
③ ㉮, ㉰, ㉲
④ ㉮, ㉱, ㉲

17

행정행위에 대한 설명으로 옳지 않은 것은?

① 횡단보도를 설치하여 보행자의 통행방법 등을 규제하는 것은, 행정청이 특정 사항에 대하여 의무의 부담을 명하는 행위이고 이는 국민의 권리·의무에 직접 관계가 있는 행위로서 행정처분이다.
② 구 공무원법에 의해 건설부장관(현 국토교통부장관)이 행한 국립공원지정처분에 따라 공원관리청이 행한 경계측량 및 표지의 설치는 이미 확정된 경계를 인식·파악하는 사실상의 행위로 행정처분이 아니다.
③ 근로복지공단이 사업종류 변경결정을 하면서 개별사업주에 대하여 사전통지 및 의견청취, 이유제시 및 불복방법 고지가 포함된 처분서를 작성하여 교부하는 등 실질적으로 행정절차법에서 정한 처분절차를 준수함으로써 사업주에게 방어권 행사 및 불복의 기회가 보장된 경우에는 그 사업종류 변경결정은 소위 '실체법적 처분'이 아니라 '쟁송법적 처분'이라고 보아야 한다.
④ 행정행위가 공법상의 행위라는 것은 그 행위의 근거가 공법적이라는 것이지, 행위의 효과까지 공법적이라는 것을 의미하는 것은 아니므로, 행정청이 특정인에게 어업권과 같은 사권의 성질을 가지는 권리를 설정하는 행위도 행정행위에 해당한다.

18

판례의 입장으로 옳은 것만을 모두 고르면?

㉮ 제재적 처분기준의 형식이 대통령령인 경우에는 대외적으로 국민이나 법원을 구속하는 것과는 달리, 부령인 경우에는 행정조직 내부에 있어서의 행정명령에 지나지 않는다.

㉯ 과징금 부과처분의 기준을 규정하고 있는 구 청소년보호법 시행령 제40조 [별표 6]은 법규명령이나, 처분기준에 규정된 금액은 정액이 아닌 최고한도액이다.

㉰ 「공익사업을 위한 토지 등의 취득 및 보상에 관한 법률」은 협의취득의 보상액 산정에 관한 구체적 기준을 시행규칙에 위임하고 있고, 그 위임범위 내에서 해당 시행규칙은 토지에 건축물 등이 있는 경우에는 건축물 등이 없는 상태를 상정하여 토지를 평가하도록 규정하고 있는데, 그 시행규칙은 대외적인 구속력이 없다.

㉱ 「여객자동차 운수사업법」의 위임에 따른 시외버스운송사업의 사업계획변경기준 등에 관한 「여객자동차 운수사업법 시행규칙」의 관련규정은 시외버스운송사업의 사업계획변경에 관한 절차, 인가기준 등을 구체적으로 규정한 것으로서 행정규칙에 불과하다고 할 수는 없다.

㉲ 어떠한 고시가 일반적·추상적 성격을 가질 때에는 법규명령 또는 행정규칙에 해당할 것이지만, 다른 집행행위의 매개 없이 그 자체로서 직접 국민의 구체적인 권리·의무나 법률관계를 규율하는 성격을 가질 때에는 항고소송의 대상이 되는 행정처분에 해당한다.

① ㉮, ㉯
② ㉮, ㉰, ㉱
③ ㉰, ㉱, ㉲
④ ㉮, ㉯, ㉱, ㉲

19

공법관계와 사법관계에 대한 설명으로 옳지 않은 것은?

① 행정관청이 국유재산을 매각하는 것은 사법상의 매매계약일 수 있으나, 귀속재산처리법에 의하여 귀속재산을 매각하는 것은 행정처분이지 사법상의 매매가 아니다.

② 국유재산의 무단점유자에 대한 변상금 부과처분에 의한 변상금 징수권은 공법상의 권리인 반면, 민사상 부당이득반환청구권은 사법상의 채권이다.

③ 「국가를 당사자로 하는 계약에 관한 법률」에 따라 지방자치단체가 시행한 입찰절차에서의 낙찰자 결정은 예비결정 또는 사전결정으로서 행정처분에 해당한다.

④ 개발부담금 부과처분이 취소된 후의 부당이득으로서의 과오납금 반환에 관한 법률관계는 사법상 법률관계이다.

20

신뢰보호원칙에 대한 설명으로 옳은 것은?

① 행정기본법에 따르면, 행정청은 공익 또는 제3자의 이익을 현저히 해칠 우려가 있는 경우를 제외하고는 행정에 대한 국민의 정당하고 합리적인 신뢰를 보호하여야 한다.

② 헌법재판소의 위헌결정은 행정청이 개인에 대하여 신뢰의 대상이 되는 공적인 견해를 표명한 것이라고 할 수 있으므로, 그 결정에 관련한 개인의 행위에 대하여는 신뢰보호의 원칙이 적용된다.

③ 행정청 내부의 사무처리준칙에 해당하는 농림사업시행지침서가 공표되었다면, 사업자로 선정되기를 희망하는 자가 당해 지침에 명시된 요건을 충족할 경우 사업자로 선정되어 사업자금 지원 등의 혜택을 받을 수 있다는 보호가치 있는 신뢰를 가지게 되었다고 볼 수 있다.

④ 법적으로 혼인한 상태가 아닌 대한민국 국적인 부와 중화인민공화국 국적인 모 사이에 출생한 자녀에게 출생신고에 따라 행정청에 의해 주민등록번호와 이에 따른 주민등록증이 부여되었더라도, 행정청에 의해 '외국인 모와의 혼인외자 출생신고'라며 가족관계등록부가 말소된 이상, 법무부장관이 대한민국 국적 보유자가 아니라는 이유로 자녀에게 국적비보유 판정을 한 것은 정당화될 수 있다.

제4회 | 실전동형 모의고사

> 지문의 내용에 대해 학설의 대립 등 다툼이 있는 경우 판례에 의함

01 ☐☐☐

행정법상의 일반원칙에 대한 설명으로 옳지 않은 것은?

① 재량준칙이 공표된 것만으로는 행정의 자기구속원칙이 적용될 수 없고, 재량준칙이 되풀이 시행되어 행정관행이 성립한 경우에 행정의 자기구속원칙이 적용될 수 있다.
② 군사기밀 누설로 징계처분을 받은 피징계자가 징계처분에 중대하고 명백한 흠이 있음을 알면서도 퇴직시에 지급되는 퇴직금 등 급여를 지급받은 후 5년이 지나 비위사실에 대한 공소시효가 완성되어 더 이상 형사소추를 당할 우려가 없게 되자 그 징계처분의 무효확인을 구하는 소는 신의칙에 반한다.
③ 국세기본법의 취지에 따르면 과세관청이 비과세대상에 해당하는 것으로 잘못 알고 일단 비과세결정을 하였다면 그 후 과세표준과 세액의 탈루 또는 오류가 있는 것을 발견한 때라도, 이를 조사하여 과세결정하는 것은 신뢰보호원칙에 위반된다.
④ 신뢰가 보호할 만한 것인가는 정당한 이익형량에 의하는데 사후에 선행조치가 변경될 것을 사인이 예상하였거나 중대한 과실로 알지 못한 경우에는 보호가치가 있는 신뢰라고 보기 어렵다.

02 ☐☐☐

「공공기관의 정보공개에 관한 법률」에 대한 설명으로 옳지 않은 것은?

① 국내에 일정한 주소를 두고 거주하는 외국인과 학술·연구를 위하여 일시적으로 체류하는 외국인은 정보공개청구를 할 수 있다.
② 사회복지사업법에 따라 국가나 지방자치단체로부터 보조금을 받는 사회복지법인과 사회복지사업을 하는 비영리법인은 공개대상이 되는 공공기관에 포함된다.
③ 공개대상정보의 양이 너무 많아 정상적인 업무수행에 현저한 지장을 초래할 우려가 있는 경우에는 해당 정보를 일정 기간별로 나누어 제공하거나 사본·복제물의 교부 또는 열람과 병행하여 제공할 수 있다.
④ 외국 또는 외국기관으로부터 비공개를 전제로 입수한 정보는 비공개를 전제로 하였다는 이유만으로 비공개대상정보에 해당한다.

03 ☐☐☐

행정법관계에 대한 설명으로 옳지 않은 것은?

① 국가재정법의 소멸시효 규정은 금전급부의 발생원인에 관하여는 아무런 제한을 두지 않으므로, 국가의 국민에 대한 금전채권은 물론이고 국민의 국가에 대한 금전채권에도 5년의 소멸시효가 적용된다.
② 행정에 관한 기간의 계산에 관하여는 행정기본법 또는 다른 법령 등에 특별한 규정이 있는 경우를 제외하고는 민법을 준용하며, 원칙적으로 초일은 산입하지 아니한다.
③ 법령 등에서 국민의 권익을 제한하는 경우, 권익이 제한되거나 의무가 지속되는 기간의 말일이 토요일 또는 공휴일인 경우에는 국민에게 불리한 경우가 아니라면 기간은 그 날로 만료한다.
④ 제3자가 체납자가 납부하여야 할 체납액을 체납자의 명의로 납부한 경우, 국가가 체납액을 납부받은 것에는 법률상 원인이 없다고 할 수 있으므로 제3자는 국가에 대하여 부당이득반환을 청구할 수 있다.

04 ☐☐☐

대집행에 대한 설명으로 옳지 않은 것은?

① 아무런 권원 없이 국유재산에 설치한 시설물에 대하여 관계법령상 행정대집행의 절차가 인정되어 행정청이 행정대집행의 방법으로 대체적 작위의무의 이행을 실현할 수 있는 경우, 민사소송의 방법으로 그 시설물의 철거를 구하는 것은 허용되지 않는다.
② 아무런 권원 없이 국유재산에 설치한 시설물에 대하여 행정청이 행정대집행을 실시하지 않는 경우, 해당 국유재산에 대한 사용청구권을 가진 사인은 국가를 대위하여 민사소송으로 해당 시설물의 철거를 구할 수 있다.
③ 대한주택공사(현 한국주택토지공사)가 대집행권한을 위탁받아 공무인 대집행을 실시하기 위하여 지출한 비용은, 행정대집행법 절차에 따라 국세징수법의 예에 의하여 징수할 수 있을 뿐만 아니라 민사소송절차에 의하여 그 비용의 상환을 청구할 수도 있다.
④ 비상시 또는 위험이 절박한 경우에 있어서 당해 행위의 급속한 실시를 요하여 대집행영장에 의한 통지절차를 취할 여유가 없을 때에는 그 절차를 거치지 아니하고 대집행을 할 수 있다.

05

행정행위에 대한 설명으로 옳지 않은 것은?

① 허가의 대상은 법률행위에 한정된다는 점에서 인가의 대상이 법률행위뿐만 아니라 사실행위도 될 수 있다는 점과 구별된다.
② 토지거래허가는 허가 전의 유동적 무효상태에 있는 법률행위의 효력을 완성시켜 주는 인가적 성질을 띤 것이다.
③ 개발제한구역 안에서는 건축물의 건축 등의 개발행위는 원칙적으로 금지되고 예외적으로 허가에 의하여 그러한 행위를 할 수 있는 것이므로, 개발제한구역 안의 건축허가는 재량행위 내지 자유재량행위에 속한다.
④ 건축허가는 일반적으로 기속행위이지만, 「국토의 계획 및 이용에 관한 법률」상 용도지역 안에서 토지의 형질변경행위를 수반하는 건축허가와 같이 재량행위인 허가를 포함하는 경우에는 그 한도 내에서는 재량이 인정된다.

06

행정벌에 대한 설명으로 옳지 않은 것은?

① 고의 또는 과실이 없는 질서위반행위는 과태료를 부과하지 아니한다.
② 법령에서 과실행위를 벌한다는 명문의 규정이 없는 경우에는 과실행위에 행정형벌을 부과할 수 없으므로, 구 대기환경보전법에 따라 배출허용기준을 초과하는 배출가스를 배출하는 자동차를 운행하는 행위를 처벌하는 규정은 과실범의 경우에 적용할 수 없다.
③ 양벌규정에 의한 영업주의 처벌은 금지위반행위자인 종업원의 처벌에 종속되는 것이 아니라 영업주 자신의 종업원에 대한 선임·감독상의 과실로 인하여 받게 되는 것이므로, 종업원의 범죄성립이나 처벌이 영업주 처벌의 전제조건이 될 필요는 없다.
④ 과태료의 부과처분과 형사처벌은 그 성질이나 목적을 달리하는 별개의 것이므로, 행정법상의 질서벌인 과태료를 납부한 후에 형사처벌을 하더라도 이는 일사부재리의 원칙에 위반하지 않는다.

07

행정행위의 하자에 대한 설명으로 옳지 않은 것은?

① 환경영향평가를 거쳐야 할 대상사업에 대하여 환경영향평가를 거치지 아니하였음에도 불구하고 승인 등 처분이 이루어진 경우, 이러한 행정처분의 하자는 중대한 것이고 객관적으로도 명백한 것이므로 그와 같은 처분은 당연무효이다.
② 환경영향평가법령에서 정한 환경영향평가절차를 거쳤으나 그 환경영향평가의 내용이 부실한 경우, 그 부실의 정도가 환경영향평가를 하지 아니한 것과 다를 바 없는 정도의 것이 아닌 이상 그 부실로 인하여 당연히 당해 승인 등 처분이 위법하게 되는 것은 아니다.
③ 공매처분을 하면서 체납자에게 공매통지를 하지 않았거나 적법하지 않은 공매통지를 한 경우 그 공매처분은 위법하여 당연무효가 된다.
④ 과세관청이 과세예고통지 후 과세전적부심사청구나 그에 대한 결정이 있기도 전에 과세처분을 하는 것은 특별한 사정이 없는 한 무효이다.

08

행정상 손해전보에 대한 설명으로 옳은 것은?

① 영업허가취소처분이 당시 시행되던 공중위생법 시행규칙에 정하여진 행정처분의 기준에 따른 것이라고 하더라도, 나중에 행정심판에 의하여 재량권을 일탈한 위법한 처분임이 판명되어 취소되었다면 그 처분을 한 공무원에게 직무집행상의 과실이 있다고 할 수 있다.
② 공무원의 불법행위로 손해를 입은 피해자의 국가배상청구권의 소멸시효기간이 지났으나 국가가 소멸시효 완성을 주장하는 것이 신의성실의 원칙에 반하는 권리남용으로 허용될 수 없어 배상책임을 이행한 경우에는, 그 소멸시효 완성 주장이 권리남용에 해당하게 된 원인행위와 관련하여 해당 공무원이 그 원인이 되는 행위를 적극적으로 주도하였다는 등의 특별한 사정이 없는 한, 국가가 해당 공무원에게 구상권을 행사하는 것은 신의칙상 허용되지 않는다고 봄이 상당하다.
③ 위탁판매수수료 수입손실과 같은 간접손실은 비록 헌법 제23조 제3항이 규정한 손실보상의 대상이 되지는 아니하지만, 그 손실에 관하여 법령에 직접적인 보상규정이 없더라도 관련 규정을 유추적용하여 그에 관한 보상을 인정하는 것이 타당하다.
④ 공익사업의 시행으로 토석채취허가를 연장받지 못한 경우 그로 인한 손실과 공익사업 사이에는 상당인과관계가 인정되며 그 손실은 적법한 공권력의 행사로 가하여진 재산상의 특별한 희생으로서 손실보상의 대상이 된다.

09

행정절차법상 처분기준의 설정·공표에 대한 설명으로 옳지 않은 것은?

① 처분기준을 공표하는 것이 해당 처분의 성질상 현저히 곤란하거나 공공의 안전 또는 복리를 현저히 해치는 것으로 인정될 만한 상당한 이유가 있는 경우에는 처분기준을 공표하지 아니할 수 있다.
② 행정절차법 제20조 제1항에 따라 정하여 공표한 처분기준은 특별한 사정이 없는 한 원칙적으로 대외적 구속력이 있는 법규명령에 해당한다.
③ 사전에 공표한 심사기준을 심사대상기간이 이미 경과하였거나 상당 부분 경과한 시점에서 처분 상대방의 갱신 여부를 좌우할 정도로 중대하게 변경하는 것은 사전에 공표된 심사기준에 따라 공정한 심사가 이루어져야 한다는 요청에 정면으로 위배되는 것이므로, 특별한 사정이 없는 한 허용되지 않는다.
④ 행정청이 처분기준 사전공표의무를 위반하여 미리 공표하지 아니한 기준을 적용하여 처분을 하였다는 것만으로 곧바로 처분에 취소사유에 해당하는 흠이 있다고 볼 수는 없다.

10

행정심판에 대한 설명으로 옳지 않은 것은?

① 행정심판청구는 엄격한 형식을 요하지 않는 서면행위로 해석되므로 진정이라는 표현을 사용하더라도 그것이 실제로 행정심판의 실체를 가진다면 행정심판으로 다룰 수 있다.
② 행정처분의 직접 상대방이 아닌 제3자는 특별한 사정이 없는 한 180일 기간 적용을 배제할 정당한 사유가 있는 경우에 해당한다고 보아 180일이 경과한 뒤에도 심판청구를 제기할 수 있다.
③ 행정심판의 재결은 피청구인 또는 행정심판위원회가 심판청구서를 받은 날부터 90일 이내에 하여야 하나, 다만 부득이한 사정이 있는 경우에는 위원장이 직권으로 30일을 연장할 수 있다.
④ 행정심판위원회는 피청구인이 의무이행재결의 취지에 따른 처분을 하지 아니하면 청구인의 신청에 의하여 결정으로 상당한 기간을 정하고 피청구인이 그 기간 내에 이행하지 아니하는 경우에는 그 지연기간에 따라 일정한 배상을 하도록 명하거나 즉시 배상을 할 것을 명할 수 있다. 이러한 간접강제결정의 효력은 피청구인인 행정청이 소속된 국가·지방자치단체 또는 공공단체에 미치며, 결정서 정본은 민사집행법에 따른 강제집행에 관하여는 집행권원과 같은 효력을 가진다.

11

다음 사례에 대한 설명으로 옳지 않은 것만을 모두 고르면?

> 甲은 입시제도의 투명성을 제고하기 위하여 활동하는 시민단체로서 사립대학교인 A대학교총장에게 A대학교의 체육특기생 입시과정과 출석 및 학점관리에 관한 자료에 대하여 정보공개청구를 하였으나, A대학교총장은 그 공개를 거부하였다.

㉮ 사립대학교는 국비의 지원을 받는 범위 내에서만 공공기관의 성격을 가지므로, 甲이 공개청구한 정보가 그 범위에 해당하지 않는 경우에는 공개청구의 대상이 되지 아니한다.
㉯ A대학교총장은 정보공개청구를 거부함에 있어서 개괄적인 사유만을 들어 공개를 거부할 수 있고, 반드시 공개청구한 정보의 어느 부분이 어떠한 법익 또는 기본권과 충돌되어 비공개사유에 해당하는지를 주장·증명하여야 하는 것은 아니다.
㉰ A대학교가 해당 정보를 보유·관리하고 있는 이상 공개청구된 공개대상정보의 전부 또는 일부에 대하여 당사자인 체육특기생의 비공개요청이 있었다는 사유만으로 해당 정보를 비공개정보라고 할 수는 없다.
㉱ 만약 甲이 실제로는 해당 정보를 취득 또는 활용할 의사가 전혀 없이 정보공개제도를 이용하여 사회통념상 용인될 수 없는 부당한 이득을 얻으려 하거나, 오로지 공공기관의 담당공무원을 괴롭힐 목적으로 정보공개청구를 하는 것이라면, 정보공개청구권 행사 자체를 권리남용으로 볼 수 있다.
㉲ 甲이 공개청구한 정보와 아무런 법률상 이해관계가 없어서 개별적·구체적 이익이 없다고 할지라도, 정보공개를 청구하였다가 거부처분을 받은 것 자체가 법률상 이익의 침해에 해당하므로 A대학교총장의 정보공개거부에 대해 취소소송으로 다툴 수 있다.

① ㉮, ㉯
② ㉮, ㉱
③ ㉮, ㉯, ㉰
④ ㉰, ㉱, ㉲

12

항고소송에서의 원고적격이 인정되는 경우만을 모두 고르면?

㉮ 개발제한구역 중 일부취락을 개발제한구역에서 해제하는 내용의 도시관리계획변경결정에 대하여, 개발제한구역 해제대상에서 누락된 토지의 소유자가 그 결정의 취소를 구하는 경우
㉯ 상수원에서 급수를 받고 있는 지역주민들이 상수원보호구역변경처분의 취소를 구하는 경우
㉰ 제약회사가 보건복지부 고시인 「약제급여·비급여목록 및 급여상한금액표」 중 그 제약회사가 제조·공급하는 약제의 상한금액 인하 부분의 취소를 구하는 경우
㉱ 국민권익위원회가 소방청장에게 인사와 관련하여 부당한 지시를 한 사실이 인정된다며 이를 취소할 것을 요구하기로 의결하고 그 내용을 통지하자, 소방청장이 국민권익위원회 조치요구의 취소를 구하는 소송을 제기한 경우
㉲ 환경부장관이 생태·자연도 1등급으로 지정되었던 지역을 2등급 또는 3등급으로 변경하는 내용의 생태·자연도 수정·보완을 고시하자, 인근주민이 생태·자연도 등급을 변경한 결정의 무효확인을 구하는 경우

① ㉮, ㉯
② ㉰, ㉱
③ ㉯, ㉰, ㉲
④ ㉰, ㉱, ㉲

13

행정행위의 폐지에 대한 설명으로 옳지 않은 것은?

① 행정처분을 한 처분청은 그 행위에 하자가 있는 경우에는 원칙적으로 별도의 법적 근거가 없더라도 스스로 이를 취소할 수 있으나, 수익적 행정처분의 경우에는 취소에 관한 별도의 법적 근거가 요구된다.
② 당사자의 신뢰를 보호할 가치가 있는 등 정당한 사유가 있는 경우, 행정청은 위법 또는 부당한 처분의 전부나 일부를 장래를 향하여 취소할 수 있다.
③ 행정청은 적법한 처분이 법률에서 정한 철회사유에 해당하게 된 경우, 법령 또는 사정의 변경으로 처분을 더 이상 존속시킬 필요가 없게 된 경우, 중대한 공익을 위하여 필요한 경우에는 그 처분의 전부 또는 일부를 장래를 향하여 철회할 수 있다.
④ 변상금 부과처분에 대한 취소소송이 진행 중이라도 그 부과권자로서는 위법한 처분을 스스로 취소하고 그 하자를 보완하여 다시 적법한 부과처분을 할 수도 있다.

14 ☐☐☐

다음 사례에 대한 설명으로 옳은 것은?

> 甲은 포항시에서 불석(怫石)을 채굴하고자 행정청인 乙에게 A광구에 대해 광업권설정을 출원하였다. 이에 대해 乙은 이러한 불석채굴이 공익을 해친다는 이유로 거부처분을 하였다. 甲은 이러한 거부처분에 불석채굴이 공익을 해치지 않는다는 이유로 취소소송을 제기하였는데 소송계속 중 乙은 동일 광구에 이미 고령토광업권을 받은 丙이 채굴 중이라는 이유를 처분사유로 추가하였다(㉠ 같은 구역에는 원칙적으로 둘 이상의 광업권을 설정할 수 없다는 것을 전제로 할 것, ㉡ 甲은 추가·변경된 사유에 대해 명시적으로 동의한 바는 없음).

① 만약 처분사유의 추가·변경이 허용된다면 원고는 처분변경으로 인한 소변경을 신청하여야 한다.
② 판례의 취지에 따르면, 사안과 달리 만약 甲이 추가·변경된 처분사유의 실체적 당부에 관하여 해당 소송과정에서 심리·판단하는 것에 명시적으로 동의하는 경우라면 법원으로서는 예외적으로 처분사유의 추가·변경을 허용할 수 있다.
③ 법원이 불석채굴은 공익을 해치지 않는다는 이유로 거부처분에 대해 취소판결을 확정하였다면 乙은 원고가 신청한 내용대로 재처분을 하여야 한다.
④ 법원이 불석채굴은 공익을 해치지 않는다는 이유로 거부처분에 대해 취소판결을 확정한 경우, 乙이 동일 광구에 이미 고령토광업권을 받은 丙이 채굴 중이라는 이유로 거부처분을 하였다면 이러한 처분은 판결의 기속력에 저촉된다.

15 ☐☐☐

행정법령의 적용문제에 대한 설명으로 옳지 않은 것은?

① 당사자의 신청에 따른 처분은 법령 등에 특별한 규정이 있거나 처분 당시의 법령 등을 적용하기 곤란한 특별한 사정이 있는 경우를 제외하고는 처분 당시의 법령 등에 따른다.
② 경과규정 등의 특별규정 없이 법령이 변경되었다면, 그 법령 등의 효력발생 전에 완성되거나 종결된 사실관계 또는 법률관계에 대하여 적용할 법령은 개정 전의 구 법령이다.
③ 법령위반행위가 있은 후 법령이 개정되어 그 위반행위에 대한 제재처분기준이 감경된 경우, 특별한 규정이 없다면 해당 제재처분에 대해서는 변경 이전의 법령을 적용한다.
④ 법령 등을 위반한 행위의 성립과 이에 대한 제재처분은 법령 등에 특별한 규정이 있는 경우를 제외하고는 법령 등을 위반한 행위 당시의 법령 등에 따른다.

16 ☐☐☐

행정소송의 관할에 대한 설명으로 옳지 않은 것은?

① 중앙행정기관, 중앙행정기관의 부속기관과 합의제 행정기관 또는 그 장에 대하여 취소소송을 제기하는 경우에는 대법원 소재지를 관할하는 행정법원에 제기할 수 있다.
② 토지의 수용 기타 부동산 또는 특정 장소에 관계되는 처분 등에 대한 취소소송은 그 부동산 또는 장소의 소재지를 관할하는 행정법원에 이를 제기할 수 있다.
③ 행정소송법상 당사자소송에 해당하는 소송을 민사소송으로 제기한 경우 그러한 소송은 행정법원의 전속관할에 속하므로 관할법원에 이송하여야 한다.
④ 민사소송인 소가 서울행정법원에 제기되었는데도 피고가 관할 위반이라고 항변하지 아니하고 본안에 대하여 변론을 한 경우라도 행정법원에 관할권이 생기는 것은 아니다.

17 ☐☐☐

사인의 공법행위에 대한 설명으로 옳지 않은 것은?

① 체육시설의 회원을 모집하고자 하는 자의 '회원모집계획서 제출'은 수리를 요하는 신고이며, 이에 대한 시·도지사 등의 검토결과 통보는 수리행위로서 행정처분에 해당한다.
② 수리를 요하지 아니한 신고에 있어서 적법한 요건을 갖춘 신고의 경우에는 신고서가 접수기관에 도달된 때에 신고의무가 이행된 것이므로, 행정청이 그 신고에 대한 수리를 거부하더라도 신고 후의 영업이 무신고영업이 되는 것은 아니다.
③ 구 유통산업발전법상 대규모점포의 개설 등록 및 구 재래시장법에 따른 시장관리자 지정은 행정청이 그 실체적 요건에 관한 심사를 한 후 수리하여야 하는 '수리를 요하는 신고'로서, 그 수리는 행정처분에 해당한다.
④ 건축법상 신고는 적법한 신고행위가 있는 경우 그 효력이 발생하는 자기완결적 신고이며, 따라서 건축신고 반려행위는 항고소송의 대상이 되지 않는다.

18

취소소송의 제소기간에 대한 설명으로 옳지 않은 것은?

① '처분 등이 있음을 안 날'이란 행정처분이 상대방에게 고지되어 상대방이 이러한 사실을 인식함으로써 행정처분이 있다는 사실을 현실적으로 알았을 때를 의미한다.
② 상대방이 있는 행정처분의 경우 '처분이 있은 날'이라 함은 특별한 규정이 없는 한 행정처분이 상대방에게 고지되어 효력이 발생한 날을 말한다.
③ 통상 고시 또는 공고에 의하여 행정처분을 하는 경우에는 행정처분에 이해관계를 갖는 자가 고시 또는 공고가 있었다는 사실을 현실적으로 알았는지 여부에 관계없이 고시가 효력을 발생하는 날에 행정처분이 있음을 알았다고 보아야 한다.
④ 변경명령재결에 따른 변경처분의 경우에 취소소송의 대상은 변경처분이며 제소기간은 변경처분이 있음을 안 날로부터 90일 이내가 된다.

19

다음 사례에 대한 설명으로 옳은 것은?

> 甲은 제30회 사법시험에 합격하여 사법연수원 제20기로 그 연수과정을 수료하고, 다른 지원자들과 함께 검사임용신청을 하였으나 대통령은 임용대상으로 선정한 자에게만 임용의 의사표시를 하여 이를 대외적으로 공표하고, 甲을 비롯한 임용대상에서 제외된 자에 대해서는 아무런 의사표시를 하지 않았다. 이에 甲은 아무런 의사표시를 하지 않은 것에 대해 이를 임용거부처분으로 보고 그 거부처분에 대해 재량권을 남용한 위법한 처분이라며 취소소송을 제기하였다.

① 검사지원자 중 한정된 수의 임용대상자에 대한 임용결정은 한편으로는 임용대상에서 제외한 자에 대한 임용거부결정이라는 양면성을 지니는 것이다.
② 법령상 검사임용신청 및 그 처리의 제도에 관한 명문의 규정이 없다면 조리상 임용권자는 임용신청자들에게 임용 여부의 응답을 해 줄 의무는 없다.
③ 검사임용 여부는 임용권자의 자유재량에 속하므로 재량권의 한계일탈이나 남용이 없는 위법하지 않은 응답을 할 의무는 임용권자에게 없다.
④ 검사임용에 있어서 임용권자가 임용 여부에 관하여 어떠한 내용의 응답을 할 것인지는 임용권자의 자유재량에 속하므로 일단 임용거부라는 응답을 한 이상 설사 그 응답내용이 위법하다고 하여도 사법심사의 대상으로 삼을 수 없는 것이 원칙이다.

20

판결의 효력에 대한 설명으로 옳은 것은?

① 여러 개의 상이에 대한 국가유공자 요건 비해당처분에 대한 취소소송에서 일부 상이만이 국가유공자 요건이 인정되는 상이에 해당하는 경우에도 국가유공자 요건 비해당처분 전부를 취소하여야 한다.
② 처분 등을 취소하는 확정판결은 당사자에 대해서만 효력이 있을 뿐, 제3자에 대하여는 효력이 미치지 않는다.
③ 행정처분을 취소한다는 확정판결이 있는 경우, 처분청은 처분의 효력을 소멸시키기 위하여 행정처분의 취소나 취소통지 등 별도의 절차로서 처분을 취소하여야 한다.
④ 취소판결이 확정된 과세처분에 대하여 과세관청이 이를 경정하는 처분을 하였다면, 그러한 처분은 존재하지 않는 과세처분을 경정한 것으로서 당연무효이다.

제5회 | 실전동형 모의고사

제한시간 /20분 나의 점수 /100점

해설 p.145 | 옳은 지문 워크북 p.256

지문의 내용에 대해 학설의 대립 등 다툼이 있는 경우 판례에 의함

01 □□□

형식적 의미의 행정·사법·입법과 실질적 의미의 행정·사법·입법을 올바르게 연결한 것만을 모두 고르면?

		형식적 의미	실질적 의미
㉮	통고처분	사법	행정
㉯	시행령의 제정	입법	행정
㉰	집회의 금지통지	행정	행정
㉱	행정심판의 재결	사법	행정
㉲	일반법관의 임명	사법	행정
㉳	지방공무원의 임명	행정	행정

① ㉯, ㉲
② ㉱, ㉳
③ ㉮, ㉲, ㉳
④ ㉰, ㉲, ㉳

02 □□□

다음 사례에 대한 설명으로 옳지 않은 것만을 모두 고르면?

甲은 관할 A행정청에 주택건설사업계획의 승인을 신청하였다. A행정청은 관계행정기관의 장과 협의 후 甲의 주택건설사업계획을 승인하였다.

주택법 제19조【다른 법률에 따른 인가·허가 등의 의제 등】① 사업계획승인권자가 제15조에 따라 사업계획을 승인 또는 변경승인할 때 다음 각 호의 허가·인가·결정·승인 또는 신고 등(이하 '인·허가 등'이라 한다)에 관하여 제3항에 따른 관계행정기관의 장과 협의한 사항에 대하여는 해당 인·허가 등을 받은 것으로 보며, 사업계획의 승인고시가 있은 때에는 다음 각 호의 관계법률에 따른 고시가 있은 것으로 본다.
14. 산지관리법 제14조·제15조에 따른 산지전용허가 및 산지전용신고, 같은 법 제15조의2에 따른 산지일시사용허가·신고

㉮ 행정기본법에 따르면 주된 인·허가 행정청은 주된 인·허가를 하기 전에 관련 인·허가에 관하여 미리 관련 인·허가 행정청과 협의하여야 하며, 협의가 된 사항에 대해서는 주된 인·허가를 받았을 때 관련 인·허가를 받은 것으로 본다.
㉯ 주택건설사업계획의 승인신청을 받은 A행정청은 주택법상 허가요건뿐만 아니라 산지관리법상 산지전용허가요건도 충족하는 경우에 한하여 주택건설사업계획을 승인할 수 있다.
㉰ A행정청이 甲의 주택건설사업계획을 승인하였으므로, 산지전용허가를 받았음을 전제로 하는 산지관리법상의 다른 모든 규정들까지 적용된다.
㉱ 만약 A행정청이 산지전용불허가사유가 존재함을 이유로 甲의 주택건설사업계획승인신청을 거부하였다면, 주택건설사업계획불승인처분과는 별개로 산지전용불허가처분이 존재하는 것으로 보아야 한다.
㉲ 만약 A행정청이 산지관리법상 산지전용허가요건을 구비하지 못하였다는 이유로 甲의 주택건설사업계획승인신청을 거부하였다면, 甲은 산지관리법상의 산지전용허가거부처분에 대하여 취소소송을 제기하여 다툴 수 있다.

① ㉮, ㉯
② ㉰, ㉲
③ ㉯, ㉱, ㉲
④ ㉰, ㉱, ㉲

03

공법상 계약에 대한 설명으로 옳지 않은 것은?

① 지방계약직 공무원의 경우, 채용계약상 특별한 약정이 없는 한 지방공무원법,「지방공무원 징계 및 소청규정」에 정한 징계절차에 의하지 않고서는 보수를 삭감할 수 없다.
② 중소기업 정보화지원사업에 따른 지원금 출연을 위하여 중소기업청장(현 중소벤처기업부장관)이 체결하는 협약은 공법상 계약에 해당하므로, 그 협약의 해지 및 그에 따른 환수통보는 공법상 계약에 따라 행정청이 대등한 당사자의 지위에서 하는 의사표시이다.
③ 관리권자인 행정청으로부터 관리업무를 위탁받은 한국산업단지공단이 우월적 지위에서 일정한 법률상 효과를 발생하게 하는 공단입주변경계약은 항고소송의 대상이 되는 행정처분에 해당한다.
④ 국가연구개발사업규정에 근거하여 국가 산하 중앙행정기관의 장과 참여기업이 체결한 '한국형 헬기 민군 겸용 핵심구성품 개발협약'의 이행과정에서 환율변동 및 물가상승 등 외부적 요인 때문에 협약금액을 초과하는 비용이 발생한 경우, 그 초과비용의 지급을 구하는 소송은 민사소송이다.

04

행정조사에 대한 설명으로 옳은 것은?

① 조세·형사·행형 및 보안처분에 관한 사항에는 행정조사기본법이 적용되지 않으므로, 행정조사기본법 제4조의 행정조사의 기본원칙도 적용될 수 없다.
② 조사대상자가 자발적으로 협조하는 경우, 개별법령 등에서 행정조사를 규정하고 있지 않더라도 행정조사를 실시할 수 있다.
③ 조사대상자의 자발적인 협조를 얻어 행정조사를 실시하고자 하는 경우 조사대상자는 문서·전화·구두 등의 방법으로 당해 행정조사를 거부할 수 있고, 조사대상자가 조사에 응할 것인지에 대한 응답을 하지 아니하는 경우에는 그 조사에 동의한 것으로 본다.
④ 행정청의 세무조사결정이 납세의무자의 권리·의무에 직접 영향을 미치는 공권력의 행사라고 보기는 어려우므로, 세무조사결정이 위법하더라도 이에 대해서는 항고소송을 제기할 수 없다.

05

신뢰보호원칙에 대한 설명으로 옳지 않은 것은?

① 신뢰보호원칙의 적용요건인 행정청의 공적 견해표명이 있었는지를 판단할 때 반드시 행정조직상의 형식적인 권한분장에 구애될 것은 아니다.
② 신뢰보호원칙이 적용되기 위해서는 견해표명에 따른 행정처분을 할 경우 이로 인하여 공익 또는 제3자의 정당한 이익을 현저히 해할 우려가 없어야 하며, 신뢰보호의 이익과 공익이 충돌하는 경우 양자의 이익을 비교·형량하여야 한다.
③ 신뢰보호원칙의 요건 중 귀책사유라 함은 행정청의 견해표명의 하자가 상대방 등 관계자의 사실은폐나 기타 사위의 방법에 의한 신청행위 등 부정행위만을 의미하는 것이고, 하자가 있음을 알았거나 알지 못한 경우 등은 포함되지 않는다.
④ 신뢰보호원칙의 적용요건 중 하나인 '행정청의 견해표명이 정당하다고 신뢰한 데에 대하여 그 개인에게 귀책사유가 없을 것'을 판단할 때, 귀책사유의 유무는 상대방과 그로부터 신청행위를 위임받은 수임인 등 관계자 모두를 기준으로 판단하여야 한다.

06

행정행위의 부관에 대한 설명으로 옳지 않은 것은?

① 주택재건축사업시행의 인가는 수익적 행정처분으로서 행정청의 재량행위에 속하므로, 법령상의 제한에 근거한 것이 아니라 하더라도 공익상 필요 등에 의하여 필요한 범위 내에서 부담을 부과할 수 있다.
② 사도개설허가를 하면서 '공사기간을 준수할 것을 명'한 경우, 그 공사기간은 사도개설허가 자체의 존속기간을 정한 것이라 볼 수 있으므로 정해진 공사기간 내에 사도로 준공검사를 받지 못하였다면 사도개설허가는 당연히 실효된다.
③ 객관적으로 처분 상대방이 이행할 가능성이 없는 조건을 붙여 행정처분을 하는 것은 법치행정의 원칙상 허용될 수 없으므로, 토지분할이 관계법령상 제한에 해당되어 명백히 불가능하다고 판단되는 경우, 건축행정청은 토지분할 조건부 건축허가를 거부하여야 한다.
④ 부관은 그 성질상 허가된 행정행위의 본질적 효력을 해하지 않는 한도의 것이어야 하므로, 기선선망어업의 허가를 하면서 운반선, 등선 등 부속선을 사용할 수 없도록 제한한 부관은 위법한 것이다.

07

행정절차법의 적용범위에 대한 설명으로 옳지 않은 것만을 모두 고르면?

㉮ 국가에 대한 행정처분도 가능하며, 이때에도 사전통지, 의견청취, 이유제시와 관련한 행정절차법 규정이 그대로 적용된다.

㉯ 행정절차법 시행령 제2조 제8호는 '학교·연수원 등에서 교육·훈련의 목적을 달성하기 위하여 학생·연수생들을 대상으로 하는 사항'을 행정절차법의 적용이 제외되는 경우로 규정하고 있으므로 육군3사관학교의 사관생도에 대한 퇴학처분을 하는 경우 행정절차법의 적용이 배제된다.

㉰ 공무원 인사관계법령에 따른 징계와 그 밖의 처분 중 행정절차를 거치기 곤란하거나 불필요하다고 인정되는 사항 또는 행정절차에 준하는 절차를 거친 사항에 대하여는 행정절차법의 적용이 배제되므로, 군인사법령에 의하여 진급예정자 명단에 포함된 자에 대하여 의견제출의 기회를 부여하지 아니한 채 진급선발을 취소한 것은 적법한 처분이다.

㉱ 구 군인사법상 보직해임처분은 행정절차를 거치기 곤란하거나 불필요하다고 인정되는 사항 또는 행정절차에 준하는 절차를 거친 사항에 해당하므로, 행정절차법의 규정이 별도로 적용되지 아니한다.

㉲ 공정거래위원회의 의결·결정을 거쳐 행하는 사항에 대하여는 행정절차법의 적용이 제외되므로, 공정거래위원회의 시정조치 및 과징금 납부명령에 행정절차법 소정의 의견청취절차 생략사유가 존재한다고 하더라도 행정절차법을 적용하여 의견청취절차를 생략할 수는 없다.

① ㉮, ㉲
② ㉯, ㉰
③ ㉮, ㉯, ㉰
④ ㉯, ㉱, ㉲

08

행정상 손해배상에 대한 설명으로 옳은 것은?

① 헌법재판소 재판관이 잘못된 각하결정을 하여 청구인으로 하여금 본안판단을 받을 기회를 상실하게 한 경우, 설령 본안판단을 하였더라도 어차피 청구가 기각되었을 것이라는 사정이 있다면 국가배상책임이 인정될 수 없다.

② 경찰관의 주취운전자에 대한 권한행사가 관계법률의 규정형식상 경찰관의 재량에 맡겨져 있는 경우라면, 그러한 권한을 행사하지 아니한 것이 구체적 상황에서 현저히 합리성을 잃은 것이라 하더라도 경찰관의 직무상 의무를 위배한 것으로 볼 수 없다.

③ 공무원에 대한 전보인사가 법령이 정한 기준과 원칙에 위배되거나 인사권을 다소 부적절하게 행사한 것으로 보인다면 그러한 사유만으로 그 전보인사는 당연히 불법행위를 구성한다.

④ 금융기관에 대한 검사·감독의무를 금융감독원에 부과한 법령의 목적이 금융상품에 투자한 투자자 개인의 이익을 직접 보호하기 위한 것이라고 할 수 없으므로, 금융감독원 및 그 직원들의 위법한 직무집행과 저축은행의 후순위사채에 투자한 투자자들이 입은 손해 사이에 상당인과관계가 있다고 볼 수 없다.

09

판례상 원고적격이 부정된 것만을 모두 고르면?

㉮ 법률상 보호되는 환경상 이익의 침해를 이유로 공유수면매립목적 변경승인처분의 취소를 구하는 재단법인 수녀원

㉯ 건축물의 하자를 이유로 그 건축물에 대한 사용검사처분의 취소를 구하는 구 주택법상 입주자나 입주예정자

㉰ 지방법무사회가 법무사의 사무원 채용승인신청을 거부한 경우 이를 다투는 채용승인을 신청한 법무사가 아닌 사무원

㉱ 대한민국에 입국하지 않은 상태에서 사증발급 거부처분의 취소를 구하는 중국 국적자인 외국인

㉲ 개발제한구역 안에서의 공장설립을 승인한 처분이 위법하다는 이유로 쟁송취소되었으나 그 승인처분에 기초한 공장건축허가처분이 잔존하는 경우, 공장건축허가처분의 취소를 구하는 인근주민

① ㉮, ㉯
② ㉯, ㉱
③ ㉮, ㉯, ㉰
④ ㉰, ㉱, ㉲

10

다음 사례에 대한 설명으로 옳은 것만을 모두 고르면?

> 甲은 허가사업인 A사업을 하기 위하여 관할 乙행정청에 허가신청을 하였으나, 乙행정청은 허가기준을 충족하지 못하였다는 이유로 거부처분을 하였다. 이에 甲은 취소소송을 제기하여 인용판결이 확정되었다.

㉮ 만약 乙이 재처분을 하였다 하더라도 확정판결의 기속력에 반하는 등 당연무효라면 간접강제신청에 필요한 요건을 갖춘 것으로 보아야 한다.
㉯ 乙이 판결의 취지에 따른 재처분의무를 이행하지 않는 경우, 제1심 수소법원은 甲의 신청에 의하여 결정으로써 상당한 기간을 정하고 행정청이 그 기간 내에 이행하지 아니하는 때에는 그 지연기간에 따라 일정한 배상을 할 것을 명할 수 있으나 즉시 손해배상을 할 것을 명할 수는 없다.
㉰ 간접강제결정에 기한 배상금의 성질은 재처분의 지연에 대한 제재나 손해배상이 아니고 재처분의 이행에 관한 심리적 강제수단에 불과하다.
㉱ 만약 乙이 간접강제결정에서 정한 의무이행기한이 경과한 후에 확정판결의 취지에 따른 재처분을 하였다면, 간접강제결정에 기한 배상금의 추심은 허용되지 않는다.
㉲ 만약 甲이 거부처분에 대하여 무효확인소송을 제기하여 무효확인판결이 확정되었다면, 행정청에 대해 판결의 취지에 따른 재처분의무가 인정될 뿐 그에 대하여 간접강제까지 허용되는 것은 아니다.

① ㉮, ㉯, ㉰
② ㉯, ㉱, ㉲
③ ㉮, ㉰, ㉱, ㉲
④ ㉮, ㉯, ㉰, ㉱, ㉲

11

사인의 공법행위로서의 신고에 대한 설명으로 옳은 것은?

① 주민등록의 신고는 행정청이 수리한 경우에 비로소 신고의 효력이 발생하며, 전입신고를 수리함으로써 당해 지방자치단체에 미치는 영향 등과 같은 사유는 주민등록전입신고의 수리 여부를 심사하는 단계에서는 고려대상이 될 수 없다.
② 건축신고가 관계법령에서 정하는 명시적인 제한에 배치되지 않는다면, 건축을 허용하지 않아야 할 중대한 공익상 필요가 있는 경우에도 건축신고의 수리를 거부할 수 없다.
③ 건축신고는 건축을 하고자 하는 자가 적법한 요건을 갖춘 신고만 하면 건축을 할 수 있는 것이므로, 「국토의 계획 및 이용에 관한 법률」상의 개발행위허가가 의제되는 건축신고가 개발행위허가의 기준을 갖추지 못한 경우에도 행정청은 수리를 거부할 수 없다.
④ 사인의 신청에 흠이 있는 경우 신청인에게 보완을 요구하여야 하는바, 보완의 대상이 되는 흠은 원칙적으로 보완이 가능하여야 함은 물론이고 그 내용 또한 형식적·절차적인 요건이어야 하므로, 실질적인 요건에 관한 흠이 있는 경우에는 민원인의 단순한 착오나 일시적인 사정 등에 기한 것이라 하더라도 보완을 요구하지 아니한 채 곧바로 신청을 거부할 수 있다.

12

행정행위의 불가변력과 불가쟁력에 대한 설명으로 옳은 것은?

① 불가쟁력은 실체법적 효력으로서 상대방 및 이해관계인이 대상이고, 불가변력은 절차법적 효력으로서 처분청 등 행정기관이 대상이라는 점에서 양자는 구별된다.
② 불가변력은 당해 행정행위에 대하여 인정될 뿐만 아니라, 그 대상을 달리하더라도 동종의 행정행위라면 이를 인정할 수 있다.
③ 행정처분이나 행정심판재결이 불복기간의 경과로 인하여 확정될 경우 그 확정력에는 판결에 있어서와 같은 기판력이 인정되므로 그 처분의 기초가 된 사실관계나 법률적 판단이 확정되고 당사자들이나 법원이 이에 기속되어 모순되는 주장이나 판단을 할 수 없게 된다.
④ 제소기간이 이미 도과하여 불가쟁력이 생긴 행정처분에 대하여는 개별법규에서 그 변경을 요구할 신청권을 규정하고 있거나 관계법령의 해석상 그러한 신청권이 인정될 수 있는 등 특별한 사정이 없는 한 국민에게 그 행정처분의 변경을 구할 신청권이 있다 할 수 없다.

13

행정절차에 대한 설명으로 옳지 않은 것은?

① '법원의 재판 또는 준사법적 절차를 거치는 행정기관의 결정 등에 따라 처분의 전제가 되는 사실이 객관적으로 증명되어 처분에 따른 의견청취가 불필요하다고 인정되는 경우'는 법원의 재판 등에 따라 처분의 전제가 되는 사실이 객관적으로 증명되면 행정청이 반드시 일정한 처분을 해야 하는 경우 등 의견청취가 행정청의 처분 여부나 그 수위 결정에 영향을 미치지 못하는 경우를 의미한다.
② 행정청이 침익적 처분을 하면서 당사자에게 행정절차법상의 사전통지를 하드거나 의견제출의 기회를 주지 않았다면, 행정절차법상 예외에 속하는 경우가 아닌 한 독립적 취소사유가 된다.
③ 행정청은 당사자에게 의무를 부과하거나 권익을 제한하는 처분을 하는 경우, 의견제출에 필요한 기간을 14일 이상으로 고려하여 정하여야 한다.
④ 처분서에 기재된 내용과 관계법령 및 당해 처분에 이르기까지 전체적인 과정 등을 종합적으로 고려하여, 처분 당시 당사자가 어떠한 근거와 이유로 처분이 이루어진 것인지를 충분히 알 수 있어서 행정구제절차로 나아가는 데에 별다른 지장이 없는 경우라면 처분서에 처분의 근거와 이유가 구체적으로 명시되어 있지 않았더라도 절차상 위법하지 않다.

14

「공익사업을 위한 토지 등의 취득 및 보상에 관한 법률」상 손실보상의 원칙에 대한 설명으로 옳은 것은?

① 어떤 보상항목이 공익사업을 위한 토지 등의 취득 및 보상에 관한 법령상 손실보상대상에 해당함에도 관할 토지수용위원회가 손실보상대상에 해당하지 않는다고 잘못된 내용의 재결을 한 경우, 피보상자는 관할 토지수용위원회를 상대로 재결취소소송을 제기하여야 한다.
② 손실보상은 토지소유자나 관계인에게 물건별로 하여야 하며, 물건별로 보상액을 산정할 수 없을 때에는 개인별로 하여야 한다.
③ 사업시행자는 동일한 사업지역에 보상시기를 달리하는 동일인 소유의 토지 등이 여러 개 있는 경우 토지소유자나 관계인이 요구하더라도 한꺼번에 보상금을 지급할 수는 없다.
④ 사업시행자는 동일한 소유자에게 속하는 일단의 토지의 일부를 취득하거나 사용하는 경우 해당 공익사업의 시행으로 인하여 잔여지의 가격이 증가하거나 그 밖의 이익이 발생한 경우에도 그 이익을 그 취득 또는 사용으로 인한 손실과 상계할 수 없다.

15

항고소송의 대상에 대한 설명으로 옳지 않은 것은?

① 폐기물처리업 허가 전의 사업계획에 대한 부적정통보는 개인의 권리 내지 법률상의 이익을 개별적이고 구체적으로 규제하고 있어 행정처분에 해당한다.
② 「하도급거래 공정화에 관한 법률」상 벌점 부과행위는 입찰참가자격의 제한요청 등의 기초자료로서 사업자의 권리·의무에 직접 영향을 미치는 행위라고 볼 수 있으므로 항고소송의 대상이 되는 행정처분에 해당한다.
③ 시험승진후보자명부에서의 삭제행위는 결국 그 명부에 등재된 자에 대한 승진 여부를 결정하기 위한 행정청 내부의 준비과정에 불과하고 항고소송의 대상이 되는 행정처분이 된다고 할 수 없다.
④ 지목이 토지소유권을 제대로 행사하기 위한 전제요건이라는 점에 비추어 볼 때, 지적공부 소관청의 지목변경신청 반려행위는 항고소송의 대상이 되는 행정처분이다.

16

행정입법에 대한 설명으로 옳은 것은?

① 상위법령의 위임이 없음에도 상위법령에 규정된 처분요건에 해당하는 사항을 부령에서 변경하여 규정한 경우 처분의 적법 여부는 그러한 부령에서 정한 요건을 기준으로 판단하여야 한다.
② 「국토의 계획 및 이용에 관한 법률 시행령」 제56조 제4항에 따라 국토교통부장관이 국토교통부 훈령으로 정한 '개발행위허가 운영지침'은 대외적 구속력이 있다.
③ 삼권분립의 원칙, 법치행정의 원칙을 당연한 전제로 하고 있는 우리 헌법하에서 행정권의 행정입법 등 법집행의무는 헌법적 의무라고 보아야 한다.
④ 일반적·추상적 법령은 행정소송의 대상이 될 수 없으므로, 법규명령이 처분성을 가지는 경우에도 그러한 명령의 취소를 법원에 청구할 수 없다.

17

행정행위의 취소와 철회에 대한 설명으로 옳지 않은 것은?

① 과세관청은 부과의 취소를 다시 취소함으로써 원부과처분을 소생시킬 수는 없고, 다시 법률에서 정한 부과절차에 좇아 동일한 내용의 새로운 처분을 하여야 한다.
② 수익적 행정처분의 취소 제한에 관한 법리는 처분청이 수익적 행정처분을 직권으로 취소하는 경우에 적용되는 법리일 뿐 쟁송취소의 경우에는 적용되지 않는다.
③ 취소권 등의 행사는 기득권의 침해를 정당화할 만한 중대한 공익상의 필요 또는 제3자의 이익보호의 필요가 있는 때에 한하여 상대방이 받는 불이익과 비교·교량하여 결정하여야 하고, 공익상의 필요보다 상대방이 받게 되는 불이익 등이 막대한 경우에는 재량권의 한계를 일탈한 것이 된다.
④ 처분의 상대방이 처분의 위법성을 알고 있었거나 중대한 과실로 알지 못한 경우에도, 그 처분이 수익적 처분이라면 취소로 인하여 처분의 상대방이 입게 될 불이익과 취소로 달성되는 공익을 비교·형량하여야 한다.

18

「공공기관의 정보공개에 관한 법률」상 정보공개에 대한 설명으로 옳지 않은 것은?

① 정보의 공개에 관하여는 다른 법률에 특별한 규정이 있는 경우에는 「공공기관의 정보공개에 관한 법률」의 적용이 배제되는 바, 형사재판확정기록의 공개에 관하여는 「공공기관의 정보공개에 관한 법률」에 의한 공개청구가 허용되지 아니한다.
② 「공공기관의 정보공개에 관한 법률」 제9조 제1항 제1호 소정의 '법률에 의한 명령'은 법률의 위임규정에 의하여 제정된 대통령령, 총리령, 부령 전부를 의미한다.
③ 학교폭력대책자치위원회의 회의록은 「공공기관의 정보공개에 관한 법률」 제9조 제1항 제5호의 '공개될 경우 업무의 공정한 수행에 현저한 지장을 초래한다고 인정할 만한 상당한 이유가 있는 정보'에 해당한다.
④ 교육공무원승진규정은 「공공기관의 정보공개에 관한 법률」 제9조 제1항 제1호에서 말하는 법률이 위임한 명령에 해당하지 아니하므로 위 규정을 근거로 정보공개청구를 거부할 수 없다.

19

행정심판의 심리와 재결에 대한 설명으로 옳지 않은 것은?

① 행정심판은 당사자주의를 원칙으로 하지만, 행정심판위원회는 필요하면 당사자가 주장하지 아니한 사실에 대하여도 심리할 수 있다고 규정하여 직권심리주의를 인정하고 있다.
② 행정심판법에 따르면 행정심판위원회는 심판청구의 대상이 되는 처분 또는 부작위 외의 사항에 대하여는 재결하지 못한다.
③ 행정심판의 재결에는 불이익변경금지의 원칙이 적용되지 않으므로, 행정심판위원회는 심판청구의 대상이 되는 처분보다 청구인에게 불리한 재결을 할 수 있다.
④ 행정심판위원회는 취소심판의 청구가 이유가 있다고 인정하면 처분을 취소 또는 다른 처분으로 변경하거나 처분을 다른 처분으로 변경할 것을 피청구인에게 명한다.

20

행정소송에 대한 설명으로 옳지 않은 것은?

① 후소의 소송물이 전소의 소송물과 동일하지는 않더라도 전소의 소송물에 관한 판단이 후소의 선결문제가 되거나 모순관계에 있을 때에는 후소에서 전소 판결의 판단과 다른 주장을 하는 것은 허용되지 않는다.
② 행정청이 처분 등을 취소 또는 변경함으로 인하여 취소청구가 각하 또는 기각된 경우, 소송비용은 피고의 부담이 된다.
③ 공사중지명령의 상대방이 제기한 공사중지명령 취소소송에서 기각판결이 확정된 경우, 특별한 사정변경이 없더라도 그 후 공사중지명령의 해제를 신청한 후 해제신청 거부처분 취소소송에서 다시 그 공사중지명령의 적법성을 다툴 수 있다.
④ 종전 처분이 판결에 의하여 취소된 경우, 취소된 처분의 사유와 기본적 사실관계에서 동일하지 않은 다른 사유를 들어 취소된 처분과 같은 내용의 처분을 하는 것은 기속력에 반하지 않는다.

제6회 | 실전동형 모의고사

지문의 내용에 대해 학설의 대립 등 다툼이 있는 경우 판례에 의함

01
신뢰보호원칙에 대한 설명으로 옳지 않은 것은?

① 행정청이 민원예비심사에 대하여 관련부서 의견으로 「개발이익환수에 관한 법률」에 '저촉사항 없음'이라고 기재한 것만으로, 이후의 개발부담금 부과처분에 관하여 신뢰보호의 원칙을 적용하기 위한 요건인 공적인 견해표명에 해당한다고 볼 수 없다.
② 과세관청이 납세의무자에게 부가가치세 면세사업자용 사업자등록증을 교부하거나 고유번호를 부여하였다면, 이는 부가가치세를 과세하지 아니함을 시사하는 언동이나 공적인 견해를 표명한 것으로 볼 수 있다.
③ 국세기본법 제18조 제3항에서 말하는 비과세관행이 성립하려면 상당한 기간에 걸쳐 과세를 하지 아니한 객관적 사실이 존재할 뿐만 아니라 과세관청 자신이 그 사항에 관하여 과세할 수 있음을 알면서도 어떤 특별한 사정 때문에 과세하지 않는다는 의사가 있어야 한다.
④ 당초 정구장시설을 설치한다는 도시계획결정을 하였다가 정구장 대신 청소년수련시설을 설치한다는 도시계획변경결정 및 지적승인을 한 경우, 정구장시설의 도시계획사업시행자로 지정받을 것을 예상하고 정구장 설계비용 등을 지출한 자의 신뢰이익을 침해한 것으로 볼 수 없다.

02
판례의 입장으로 옳지 않은 것은?

① 법령의 위임이 없음에도 법령에 규정된 처분요건에 해당하는 사항을 부령에서 변경하여 규정한 경우에는 그 부령의 규정은 행정청 내부의 사무처리기준 등을 정한 것으로서 행정조직 내에서 적용되는 행정명령의 성격을 지닐 뿐 국민에 대한 대외적 구속력은 없다.
② 법령에 반하는 위법한 행정규칙은 무효이므로 위법한 행정규칙을 위반한 것은 징계사유가 되지 않는다.
③ 법률이 해당 법률의 집행에 관한 특정한 사항을 부령에 위임하고 있음에도 관계행정기관이 그에 따른 부령을 제정하지 않는 경우, 관계행정기관의 입법부작위에 대해 행정소송법상 부작위위법확인소송으로 다툴 수 있다.
④ 행정규칙이 법령의 규정에 의하여 행정관청에 법령의 구체적 내용을 보충할 권한을 부여한 경우나 재량권행사의 준칙인 규칙이 그 정한 바에 따라 되풀이 시행되어 행정관행이 이룩되게 되면, 평등의 원칙이나 신뢰보호의 원칙에 따라 행정기관은 그 상대방에 대한 관계에서 그 규칙에 따라야 할 자기구속을 당하게 되는 경우에는 대외적인 구속력을 가지게 되는바, 이러한 경우에는 헌법소원의 대상이 될 수도 있다.

03

행정행위에 대한 설명으로 옳지 않은 것은?

① 허가의 효과는 허가를 한 행정청의 관할구역 내에서만 미치는 것이 원칙이지만 허가의 성질상 관할구역 외에까지 그 효과가 미치는 경우도 있다.
② 법령이 규정하는 산림훼손 금지 또는 제한지역에 해당하는 경우는 물론 금지 또는 제한지역에 해당하지 않더라도 허가관청은 산림훼손허가신청 대상토지의 현상과 위치 및 주위의 상황 등을 고려하여 국토 및 자연의 유지와 환경의 보전 등 중대한 공익상 필요가 있다고 인정될 때에는 허가를 거부할 수 있다.
③ 건축허가권자는 건축허가신청이 건축법 등 관계법규에서 정하는 어떠한 제한에 배치되지 않는 이상 당연히 같은 법조에서 정하는 건축허가를 하여야 하고, 중대한 공익상의 필요가 없는데도 관계법령에서 정하는 제한사유 이외의 사유를 들어 요건을 갖춘 자에 대한 허가를 거부할 수는 없다.
④ 관련법령을 종합하여 보면 난민인정에 관한 신청을 받은 행정청은 법령이 정한 난민요건에 해당하는지를 심사하여 난민인정 여부를 결정할 수 있음은 물론, 법령이 정한 난민요건과 무관한 공익상의 다른 사유를 들어 난민인정을 거부할 수도 있다.

04

행정계획에 대한 설명으로 옳은 것은?

① 권한 있는 행정청이 정당하게 도시계획결정 등의 처분을 하였다면 이를 관보에 게재하여 고시하였는지 여부와는 관계없이 대외적 효력이 발생한다.
② 행정주체가 구체적인 행정계획을 입안·결정할 때와는 달리, 주민의 입안 제안 또는 변경신청을 받아들여 도시관리계획결정을 하거나 도시계획시설을 변경할 것인지를 결정할 때에는 형성의 자유의 한계에 관한 법리인 형량명령은 적용되지 않는다.
③ 국민의 기본권에 직접적으로 영향을 끼치고, 앞으로 법령의 뒷받침에 의하여 그대로 실시될 것이 틀림없을 것으로 예상될 수 있을 때에는, 비구속적 행정계획안이나 행정지침이라 할지라도 공권력행위로서 예외적으로 헌법소원의 대상이 될 수 있다.
④ 산업단지개발계획상 산업단지 안의 토지소유자로서 산업단지개발계획에 적합한 시설을 설치하여 입주하려는 자가 산업단지 지정권자 또는 그로부터 권한을 위임받은 기관에 대하여 산업단지개발계획의 변경을 요청한 경우, 이에 대한 거부행위는 항고소송의 대상이 되는 행정처분에 해당하지 않는다.

05

판례의 입장으로 옳은 것은?

① 시장으로부터 압류처분권한을 내부위임받은 데 불과한 구청장이 자신의 명의로 압류처분을 한 경우, 그 처분은 위법하지만 무효라고 볼 수는 없다.
② 적법한 권한위임 없이 세관출장소장이 한 관세부과처분은 그 하자가 중대하기는 하지만 객관적으로 명백하다고 할 수는 없어 당연무효는 아니다.
③ 행정청이 사전환경성검토협의를 거쳐야 할 대상사업에 관하여 법의 해석을 잘못한 나머지 세부용도지역이 지정되지 않은 개발사업부지에 대하여 사전환경성검토협의를 할지 여부를 결정하는 절차를 생략한 채 승인 등의 처분을 한 경우, 그 행정처분은 당연무효이다.
④ 국토의 계획 및 이용에 관한 법령이 정한 도시계획시설사업의 대상토지의 소유와 동의요건을 갖추지 못하였는데도 사업시행자로 지정한 경우, 그러한 지정처분에는 취소사유가 있다.

06

행정기본법상 제재에 대한 설명으로 옳지 않은 것은?

① 제재상대방에게 제재처분사유에 대해 제재처분을 할 수 없는 정당한 사유가 있으면 제재처분을 할 수 없다고 보아야 하는바, 여기서 '의무위반을 탓할 수 없는 정당한 사유'가 있는지를 판단할 때에는 본인이나 그 대표자의 주관적인 인식을 기준으로 하는 것이 아니라 그의 가족, 대리인, 피용인 등과 같이 본인에게 책임을 객관적으로 기속시킬 수 있는 관계자 모두를 기준으로 판단하여야 한다.
② 행정청이 여러 개의 위반행위에 대하여 하나의 제재처분을 하였다면 위반행위별로 제재처분의 내용을 구분하는 것이 가능하고, 여러 개의 위반행위 중 일부의 위반행위에 대한 제재처분 부분만이 위법하더라도 법원은 제재처분 중 위법성이 인정되는 부분만 취소할 수는 없고 제재처분 전부를 취소하여야 한다.
③ 제재처분의 근거가 되는 법률에는 제재처분의 주체, 사유, 유형 및 상한을 명확하게 규정하여야 하며, 제재처분의 유형 및 상한을 정할 때에는 해당 위반행위의 특수성 및 유사한 위반행위와의 형평성 등을 종합적으로 고려하여야 한다.
④ 행정청은 원칙적으로 법령 등의 위반행위가 종료된 날부터 5년이 지나면 해당 위반행위에 대하여 제재처분을 할 수 없다.

07

국가배상법에 대한 설명으로 옳은 것은?

① 법관의 재판에 법령의 규정을 따르지 아니한 잘못이 있는 경우에는 곧바로 국가의 손해배상책임이 발생하는 것이지, 당해 법관이 위법 또는 부당한 목적을 가지고 재판하는 등 법관에게 부여된 권한의 취지에 명백히 어긋나게 이를 행사하였다고 인정할 특별한 사정이 있어야만 하는 것은 아니다.
② 장관으로부터 도지사를 거쳐 군수에게 재위임된 국가사무인 기관위임사무를 처리함에 있어서 군수가 고의 또는 과실로 타인에게 손해를 가한 경우, 그 사무의 귀속주체인 국가가 손해배상책임을 지며 군은 손해배상책임을 부담하지 않는다.
③ 어떠한 행정처분이 후에 항고소송에서 취소된 사실이 있다면 당해 처분은 곧바로 공무원을 고의 또는 과실로 인한 것으로써 불법행위를 구성한다고 단정할 수 있다.
④ 위헌·무효임이 명백한 긴급조치 제9호의 발령부터 적용·집행에 이르는 수사, 재판 등 일련의 국가작용은 전체적으로 보아 그 직무행위가 객관적 정당성을 상실한 것으로서 위법하다고 평가되므로 긴급조치 제9호의 적용·집행으로 유죄판결을 선고받고 복역함으로써 개별국민이 입은 손해에 대해 국가배상책임이 인정된다.

08

행정심판에 대한 설명으로 옳은 것은?

① 허가취소처분을 영업정지처분으로 변경하거나 변경을 명령하는 경우 등과 같은 적극적 변경은 행정심판에서 허용되지 않는다.
② 시·도행정심판위원회는 심판청구를 심리·재결할 때에 처분 또는 부작위의 근거가 되는 명령 등이 법령에 근거가 없거나 상위법령에 위배되거나 국민에게 과도한 부담을 주는 등 크게 불합리하면 관계행정기관에 그 명령 등을 개정·폐지하는 등 적절한 시정조치를 요청할 수 있다.
③ 임시처분은 집행정지로 목적을 달성할 수 있는 경우에도 긴급한 필요가 있다면 허용될 수 있다.
④ 처분청이 심판청구기간을 고지하지 아니한 때의 심판청구기간은 처분의 상대방이 처분이 있음을 안 경우에도 당해 처분이 있었던 날부터 180일이 된다.

09

항고소송의 대상인 처분에 해당하지 않는 것은?

① 보건복지부 고시인 약제급여·비급여목록 및 급여상한금액표
② 방위사업법령 및 국방전력발전업무훈령에 따른 연구개발확인서 발급 및 그 거부
③ 근로복지공단이 사업주에 대하여 하는 개별사업장의 사업종류변경결정
④ 각 군 참모총장이 수당지급대상자 결정절차에 대하여 수당지급대상자를 추천하거나 신청자 중 일부를 추천하지 아니하는 행위

10

필요적(예외적) 행정심판전치주의가 적용되는 경우에 대한 설명으로 옳지 않은 것만을 모두 고르면?

㉮ 개별법에서 필요적(예외적) 행정심판전치주의를 규정하고 있는 경우에는 무효등확인소송을 제기할 때에도 행정심판을 반드시 거쳐야 한다.
㉯ 행정처분의 상대방에게 행정심판전치주의가 적용되는 경우에는 제3자가 행정소송을 제기하더라도 행정심판전치주의가 적용된다.
㉰ 필요적 행정심판전치주의가 적용되는 경우, 행정심판을 거치지 않고 소제기를 하였다면 사실심변론종결 전까지 행정심판을 거쳤다 하더라도 그 하자는 치유되지 않는다.
㉱ 행정심판의 필요적 전치주의가 적용되는 경우에 취소심판청구가 행정심판청구기간의 도과로 인하여 부적법하다면, 제기기간을 도과한 행정심판청구의 부적법을 간과한 채 실질적 재결을 하였다 하더라도 행정소송의 전치요건은 충족되지 않는다.
㉲ 필요적 행정심판전치주의가 적용되는 경우, 원고가 전심절차에서 주장하지 아니한 처분의 위법사유를 소송절차에서 새롭게 주장하였다고 하여 다시 그 처분에 대하여 별도의 전심절차를 거쳐야 하는 것은 아니다.

① ㉮, ㉯
② ㉮, ㉰
③ ㉮, ㉱, ㉲
④ ㉯, ㉰, ㉱

11

다음 사례에 대한 설명으로 옳은 것은?

> A시는 대리운전 사업이 급속히 증가하는 과정에서 대리운전으로 인한 각종 사고발생 등이 문제되어 대리운전업에 대한 규제를 하기로 하고 대리운전업에 보험가입을 의무화하며, 만약 이를 위반하는 경우 과징금을 부과하는 것을 내용으로 하는 대리운전업에 관한 조례를 제정하였다. 그 후 A시에서 대리운전업에 종사하던 甲은 보험가입을 하지 않은 채 대리운전업을 하였다는 이유로 동 조례에 의해 A시장으로부터 과징금 부과처분을 받았다. 이에 甲은 과징금을 납부하였다(사안과 관련하여 대리운전규제에 관해서는 법률의 근거가 없다는 것을 전제할 것).

> 지방자치법 제28조【조례】① 지방자치단체는 법령의 범위에서 그 사무에 관하여 조례를 제정할 수 있다. 다만, 주민의 권리 제한 또는 의무부과에 관한 사항이나 벌칙을 정할 때에는 법률의 위임이 있어야 한다.

① 동 조례는 하자 있는 것으로 법규범인 조례에는 공정력이 인정되지 않는 결과, 행정행위의 하자와 달리 위법한 조례는 무효가 된다고 보아야 한다.
② 甲이 과징금 부과처분 취소소송을 제기하면서 근거조례의 위헌 여부를 다투는 경우에는 법원은 조례의 위헌 여부에 대해 헌법재판소에 제청하여 그 심판에 따라 재판을 하여야 한다.
③ 甲이 과징금 부과처분이 있은 후 1년이 지난 후에 A시를 상대로 부당이득반환청구를 한 경우 관할법원은 그 조례의 위법성을 이유로 甲의 청구를 인용할 것이다.
④ 헌법 제107조 제2항에서는 명령·규칙에 대한 심사권을 규정하고 있는바, 여기의 규칙에는 조례가 포함되지 않는다.

12

사정판결에 대한 설명으로 옳지 않은 것은?

① 법원은 원고의 청구가 이유 있다고 인정하는 경우에도 처분 등을 취소하는 것이 현저히 공공복리에 적합하지 아니하다고 인정하는 때에는 사정판결을 할 수 있는데, 이때 법원의 사정판결은 기각판결이다.
② 당연무효인 행정처분을 소송목적물로 하는 행정소송에서는 부작위의 위법을 확인하는 행정소송과 달리 사정판결이 허용된다.
③ 법원이 사정판결을 함에 있어서 처분의 위법성을 판단하는 기준시점은 처분시이나, 사정판결의 필요성을 판단하는 기준시점은 판결시이다.
④ 법원이 사정판결을 하는 경우, 판결의 주문에서 처분의 위법함을 명시하여야 하며, 그 처분의 위법성에 대하여 기판력이 미친다.

13

소송의 형식에 대한 설명으로 옳지 않은 것은?

①「광주민주화운동 관련자 보상 등에 관한 법률」에 의거하여 관련자 및 유족들이 갖게 되는 보상 등에 관한 권리는 보상심의위원회의 결정에 의해 비로소 성립하는 것이 아니라 법률이 특별히 인정하고 있는 공법상의 권리라고 할 것이므로 그에 관한 소송은 당사자소송에 의하여야 한다.
② 조세부과처분이 당연무효임을 전제로 하여 이미 납부한 세금의 반환을 청구하는 것은 민사상의 부당이득반환청구로서 민사소송절차에 따라야 한다.
③ 지방전문직 공무원 채용계약해지의 의사표시는 일방적인 의사표시에 의하여 그 신분을 박탈하는 불이익처분에 해당하므로 항고소송의 대상이 된다.
④「공익사업을 위한 토지 등의 취득 및 보상에 관한 법률」상 환매권의 존부에 관한 확인을 구하는 소송 또는 환매금액의 증감을 구하는 소송은 민사소송에 해당한다.

14

손실보상에 대한 설명으로 옳은 것은?

① 헌법 제23조 제3항의 규정은 보상청구권의 근거에 관하여만 법률의 규정에 유보하고 있으므로, 보상의 기준과 방법에 관한 내용까지 법률의 규정에 유보하고 있다고 볼 수 없다.
② 개발제한구역지정으로 인하여 토지의 이용가능성이 배제되거나 토지를 종래 허용된 용도로도 사용할 수 없기 때문에 이로 말미암아 현저한 재산적 손실이 발생하는 경우, 이는 원칙적으로 토지소유자가 수인해야 할 사회적 제약의 한계를 넘는 것으로 국가나 지방자치단체는 이에 대한 보상을 해야 한다.
③ 개발제한구역지정으로 인한 개발가능성의 소멸과 그에 따른 지가의 하락이나 지가상승률의 상대적 감소는 토지소유자가 감수해야 하는 사회적 제약의 범위를 넘는 것으로 보아야 한다.
④ 국토교통부가 2008. 8. 26. 언론을 통해 전국 5곳에 국가산업단지를 새로 조성한다는 내용을 발표한 것은「공익사업을 위한 토지 등의 취득 및 보상에 관한 법률」제70조 제5항에서 정한 '공익사업의 계획 또는 시행의 공고·고시'에 해당한다.

15

행정조사에 대한 설명으로 옳은 것은?

① 비록 이미 조사를 받은 조사대상자에 대하여 위법행위가 의심되는 새로운 증거를 확보한 경우에도 정기조사 또는 수시조사를 실시한 행정기관의 장은 동일한 사안에 대하여 동일한 조사대상자를 재조사하여서는 아니 된다.
② 조사대상자의 자발적인 협조를 얻어 실시하는 행정조사의 경우에도 행정조사의 목적 등은 조사대상자에게 서면으로 통지하여야 한다.
③ 음주운전 여부에 대한 조사과정에서 운전자 본인의 동의를 받지 아니하고 법원의 영장도 없이 채혈조사를 한 결과를 근거로 운전면허정지·취소처분을 하였다면, 그 처분은 특별한 사정이 없는 한 위법한 처분이다.
④ 우편물 통관검사절차에서 압수·수색영장 없이 우편물의 개봉, 시료채취, 성분분석 등 검사가 진행되었다면, 그 통관검사절차는 특별한 사정이 없는 한 위법하다고 볼 수 있다.

16

행정절차법상 처분절차에 대한 설명으로 옳지 않은 것은?

① 당사자 등은 처분 전에 그 처분의 관할행정청에 서면이나 말로 또는 정보통신망을 이용하여 의견제출을 할 수 있고, 당사자 등이 정당한 이유 없이 의견제출기한까지 의견제출을 하지 아니한 경우에는 의견이 없는 것으로 본다.
② 행정절차법에 따르면 행정청은 신청인의 편의를 위하여 처분의 처리기간을 종류별로 미리 정하여 공표하여야 하는데, 그 처리기간에 관한 규정은 강행규정에 해당하므로 행정청이 처리기간이 지나 처분을 하였다면 처분을 취소할 절차상 하자로 볼 수 있다.
③ 행정청은 처분을 할 때에 당사자 등이 제출한 의견이 상당한 이유가 있다고 인정하는 경우에는 이를 반영하여야 하지만, 제출된 의견이 법적으로 행정청을 기속하지는 않는다.
④ 행정청이 문서에 의하여 처분을 한 경우 원칙적으로 그 처분서의 문언에 따라 어떤 처분을 하였는지를 확정하여야 하나, 처분서의 문언만으로는 행정청이 어떤 처분을 하였는지 불분명하다는 등 특별한 사정이 있는 때에는 다른 사정을 고려하여 처분서의 문언과 달리 그 처분의 내용을 해석할 수 있다.

17

다음 사례에 대한 설명으로 옳은 것만을 모두 고르면?

> 숙박업영업허가를 받은 A는 윤락행위를 알선하였다는 이유로 1차 적발되어 2025년 2월 1일부터 6개월의 영업정지를 당하였다. A는 손님의 강력한 요구가 있었고 단 1회에 그쳤다는 이유로 본 처분이 위법하다고 하여 2월 5일 취소소송을 제기하였다. 그런데 공중위생관리법에는 성매매알선의 경우 6월 이내의 영업정지를 할 수 있으며 공중위생관리법 시행규칙 제19조(행정처분기준)에 따르면 성매매알선행위의 1차 위반시 영업정지 2월을 하도록 되어 있으며 2차 위반시 3월, 3차 위반시 영업소폐쇄를 하도록 되어 있다.

> ㉮ 공중위생관리법 시행규칙 제19조의 처분기준은 판례에 따르면 법규성을 가진다.
> ㉯ 판례의 취지에 따르면 동 처분의 위법성 심사는 법원이 독자적 결론을 도출한 후 이와 행정청의 처분을 비교하는 방식에 의한다.
> ㉰ 만약 공중위생관리법 시행규칙상의 처분기준에 따라 행해진 선례가 있었다면 사례의 처분은 자기구속의 원칙 등을 매개로 위법성이 인정될 수 있다.
> ㉱ 만약 2개월의 영업정지를 당한 상태에서 취소소송을 진행하던 중 현재 9월 1일이라면 소의 이익은 부정된다.
> ㉲ 만약 A가 취소심판을 제기했을 경우, 동 처분이 위법이 아니라 부당함에 불과하다면 취소심판에 의하여 구제받을 수는 없다.

① ㉰
② ㉮, ㉯
③ ㉱, ㉲
④ ㉯, ㉰, ㉱

18

행정행위의 효력에 대한 설명으로 옳지 않은 것은?

① 행정행위의 자력집행력은 상대방에게 어떤 의무를 부과하는 하명행위에 인정되는 것으로, 하명에 관한 법률적 근거 외에 별도의 법률적 근거를 필요로 한다.
② 운전면허취소처분을 받은 후 자동차를 운전하였으나 그 취소처분이 행정쟁송절차에 의하여 취소된 경우 무면허운전은 성립되지 아니한다.
③ 요양기관의 요양급여비용 수령의 법률상 원인에 해당하는 요양급여비용 지급결정이 취소되지 않았다면, 요양급여비용 지급결정이 당연무효라는 등의 특별한 사정이 없는 한 그 결정에 따라 지급된 요양급여비용이 법률상 원인 없는 이득이라고 할 수 없고, 국민건강보험공단의 요양기관에 대한 요양급여비용 상당 부당이득반환청구권도 성립하지 않는다.
④ 산업재해요양보상급여취소처분이 쟁송기간의 경과로 더 이상 다툴 수 없게 되었다면, 요양급여청구권의 부존재가 확정된 것이므로 다시 요양급여청구를 할 수 없다.

19

다음 설명 중 옳지 않은 것은?

① 재량과 판단여지를 구별하는 견해에 따르면 재량은 법률효과의 결정 및 선택에서, 판단여지는 법률요건의 포섭단계에서 문제가 된다는 점에서 구별된다.
② 국가공무원법상 복직명령은 재량행위이므로, 국가공무원이 육아휴직사유가 소멸하였음을 이유로 복직신청을 한 경우 임용권자는 양육을 위하여 휴직할 필요가 없는 사유가 발생하였는지 여부를 심사하여 복직명령 여부를 결정할 수 있다.
③ 공무원 임용을 위한 면접전형에서 임용신청자의 능력이나 적격성 등에 관한 판단은 면접위원의 자유재량에 속하므로, 그와 같은 판단이 현저하게 재량권을 일탈 내지 남용한 것이 아니라면 위법하다고 할 수 없다.
④ 행정청의 전문적인 정성적 평가 결과는 그 판단의 기초가 된 사실인정에 중대한 오류가 있거나 그 판단이 사회통념상 현저하게 타당성을 잃어 객관적으로 불합리하다는 등의 특별한 사정이 없는 한 존중되어야 한다.

20

행정상 법률관계에 대한 설명으로 옳지 않은 것은?

① 지방자치단체가 일방 당사자가 되는 이른바 '공공계약'이 사경제의 주체로서 상대방과 대등한 위치에서 체결하는 사법상 계약에 해당하는 경우, 그에 관한 법령에 특별한 정함이 없다면 사적 자치와 계약자유의 원칙 등 사법의 원리가 그대로 적용된다.
② 지방자치단체가 학교법인이 설립한 사립중학교에 의무교육대상자에 대한 교육을 위탁한 경우, 학교법인과 해당 사립중학교에 재학 중인 학생의 재학관계는 사법상 계약에 따른 법률관계이다.
③ 지방자치단체인 수도사업자가 수돗물의 공급을 받는 자에게 수도료를 부과·징수하고 이에 따라 수도료를 납부하는 것은 사법상 수도공급계약에 관한 권리·의무관계이므로, 이에 대한 분쟁은 민사소송에 의한다.
④ 서울특별시립무용단 단원의 위촉은 공법상의 계약이므로, 그 단원의 해촉에 대하여는 공법상의 당사자소송으로 그 무효확인을 청구할 수 있다.

제 7 회 | 실전동형 모의고사

지문의 내용에 대해 학설의 대립 등 다툼이 있는 경우 판례에 의함

01

행정법관계의 당사자에 대한 설명으로 옳은 것만을 모두 고르면?

㉮ 공무수탁사인은 수탁받은 공무를 수행하는 범위에서는 행정주체이자 행정청에 해당하므로, 항고소송의 피고가 될 수도 있다.
㉯ 행정청이 사인에게 공무를 위탁함에 있어서 별도의 법적 근거는 필요하지 않다.
㉰ 「도시 및 주거환경정비법」상의 주택재건축정비사업조합은 주택재건축사업을 시행하는 공법인으로서 행정주체의 지위를 갖는다.
㉱ 경찰과의 용역계약에 의해 주차위반차량을 견인하는 민간사업자는 사법상의 계약에 의하여 단순히 경영위탁을 받은 사인으로 공무수탁사인이 아니다.
㉲ 공립교육기관의 장에 의하여 공립유치원의 임용기간을 정한 전임강사로 임용된 자는 사법관계의 당사자이므로, 그 해임처분의 시정 및 수령지체된 보수의 지급을 구하는 소송은 민사소송의 대상이다.

① ㉮, ㉱   ② ㉯, ㉲
③ ㉮, ㉰, ㉱   ④ ㉮, ㉰, ㉲

02

판결문의 일부이다. 괄호 A, B 안에 들어갈 판결의 효력에 대한 설명으로 옳은 것은?

취소확정판결의 (A)은 취소청구가 인용된 판결에서 인정되는 것으로서 당사자인 행정청과 그 밖의 관계행정청에게 확정판결의 취지에 따라 행동하여야 할 의무를 지우는 작용을 한다. 이에 비하여 행정소송법 제8조 제2항에 의하여 행정소송에 준용되는 민사소송법 제216조, 제218조가 규정하고 있는 (B)이란 (B) 있는 전소 판결의 소송물과 동일한 후소를 허용하지 않음과 동시에, 후소의 소송물이 전소의 소송물과 동일하지는 않더라도 전소의 소송물에 관한 판단이 후소의 선결문제가 되거나 모순관계에 있을 때에는 후소에서 전소 판결의 판단과 다른 주장을 하는 것을 허용하지 않는 작용을 한다.

① A의 실효성 확보를 위해 이른바 간접강제제도를 두고 있는데 이러한 간접강제결정에 기한 배상금은 판결의 취지에 따른 재처분의 지연에 대한 손해배상이라는 것이 판례의 입장이다.
② A는 판결의 주문에만 인정되는 효력이라는 점에서 B가 판결의 주문 및 판결의 이유 중 그 전제가 되는 법률요건사실에도 미치는 것과 구별된다.
③ B는 처분청과 그 밖의 관계행정청에는 미치나 처분의 효과가 처분청이 속하는 국가 또는 공공단체에는 미치지 않는다.
④ 취소소송에서 청구가 기각된 확정판결의 B는 그 처분의 무효확인을 구하는 소송에도 미치며 B는 인용판결뿐만 아니라 기각판결 그리고 소송판결인 각하판결에도 미친다.

03

다음 사례에 대한 설명으로 옳지 않은 것은?

> 甲은 식품위생법상 유흥주점 영업허가를 받아 영업에 종사하고 있다. 甲과 乙은 甲의 영업을 乙에게 양도하기로 합의하고 사업 양도·양수계약을 체결한 후, 관련법령에 따라 乙이 관할행정청 A에 지위승계신고를 하였고, A는 이를 수리하였다.

① 관할행정청 A가 사업양수에 의한 지위승계신고를 수리하거나 거부하는 행위는 사업허가자의 변경이라는 법률효과를 발생시키므로, 항고소송의 대상인 행정처분에 해당한다.
② 만약 甲과 乙의 사업양도·양수가 존재하지 않거나 무효라면, A가 지위승계신고를 수리하였다 하더라도 그 수리는 당연히 무효이다.
③ 甲과 乙의 사업양도·양수가 무효인 경우, 甲은 기본행위인 사업양도·양수행위의 무효를 구함이 없이 곧바로 영업자지위승계신고수리처분에 대한 무효확인소송을 제기할 법률상 이익이 없다.
④ 관할행정청 A는 명시적인 규정이 없는 경우에도 양도 전에 존재하는 영업정지사유를 이유로 양수인 乙에게 영업정지처분을 할 수 있다.

04

국가배상에 대한 설명으로 옳은 것은?

① 군복무 중 사망한 사람의 유족이 국가배상을 받은 경우, 관할행정청 등은 군인연금법상 사망보상금에서 소극적 손해배상금 상당액을 공제할 수 있을 뿐만 아니라, 이를 넘어 정신적 손해배상금까지 공제할 수도 있다.
② 헌법상 국회는 광범위한 입법형성의 자유를 가지므로 입법내용이 헌법의 문언에 명백히 위배됨에도 불구하고 국회가 굳이 당해 입법을 한 경우라도 국가배상책임은 인정될 수 없다.
③ 국가배상청구권은 피해자나 그 법정대리인이 그 손해 및 가해자를 안 날로부터 3년간 이를 행사하지 아니하면 시효로 인하여 소멸한다.
④ 공무원의 가해행위에 대해 형사상 무죄판결이 있었다면 그 가해행위를 이유로 한 국가배상책임 또한 부정될 수밖에 없다.

05

행정행위의 부관에 대한 설명으로 옳지 않은 것은?

① 재량행위에는 법령상 근거가 있는 경우에 한하여, 그 내용이 적법하고 이행 가능하며 비례의 원칙 및 평등의 원칙에 적합하고 행정처분의 본질적 효력을 해하지 아니하는 한도 내에서 부관을 붙일 수 있다.
② 어업면허처분을 하면서 그 면허의 유효기간을 1년으로 정한 경우, 그 면허유효기간만의 취소를 구하는 행정소송은 허용될 수 없다.
③ 부담 아닌 부관이 붙은 행정행위 전체를 취소소송의 대상으로 하면서 실질적으로는 그 부관만의 취소를 구하는 것은 허용되지 않는다.
④ 토지형질변경행위허가에 붙은 기부채납의 부관에 따라 토지를 기부채납한 경우, 기부채납의 부관이 당연무효이거나 취소되지 않은 상태에서 그 부관으로 인하여 증여계약의 중요부분에 착오가 있음을 이유로 증여계약을 취소할 수는 없다.

06

판례의 입장으로 옳지 않은 것은?

① 훈련으로 공상을 입은 군인 등이 국가배상법에 따라 손해배상금을 지급받은 다음 「보훈보상대상자 지원에 관한 법률」이 정한 보훈급여금의 지급을 청구하는 경우, 국가배상법에 따라 손해배상을 받았다는 이유로 그 지급을 거부할 수 없다.
② 군복무 중 사망한 망인의 유족이 국가배상법에 따른 손해배상금을 받았다면, 군인연금법에서 정한 사망보상금을 지급받을 수 없다.
③ 이중배상금지에 관한 규정은 다른 법령에 규정된 요건에 해당되어 그 권리가 발생한 이상 실제로 그 권리를 행사하였는지 또는 그 권리를 행사하고 있는지 여부에 관계없이 적용되므로, 다른 법률에 의한 보상금청구권이 시효로 소멸되었다 하여 이중배상금지에 관한 규정이 적용되지 않는다고 할 수는 없다.
④ 국가배상법 제2조 제1항 단서 중 군인에 관련되는 부분을, 민간인인 공동불법행위자가 다른 공동불법행위자인 군인의 부담부분에 대해 국가에 대하여 구상권을 행사하는 것을 허용하지 않는다고 해석하더라도, 합리적인 이유 없이 일반국민을 국가에 대하여 지나치게 차별하는 것으로 볼 수는 없다는 것이 헌법재판소의 입장이다.

07

행정행위의 공정력과 선결문제에 대한 설명으로 옳은 것은?

① 민사소송에서 어느 행정처분의 당연무효 여부가 선결문제로 되는 경우 수소법원은 이를 판단하여 당연무효임을 전제로 판결할 수는 없고, 반드시 행정소송 등의 절차에 의하여 처분의 무효확인을 받아야 한다.
② 과세처분에 하자가 있는 경우 그 하자가 취소사유에 불과한 때에는 처분이 당연무효이거나 행정소송을 통해 먼저 취소되기 전에는 그로 인한 이득을 법률상 원인 없는 이득이라고 말할 수 없다.
③ 사위(詐僞) 기타 부정한 방법으로 수입면허를 받고 물품을 통관하였다면, 당해 수입면허가 당연무효가 아니라고 하더라도 관세법 소정의 무면허수입죄가 성립된다.
④ 행정처분이 위법임을 이유로 손해배상청구를 하기 위해서는 행정처분의 취소판결 등으로 그 효력이 상실되어야만 한다.

08

행정상 손실보상에 대한 설명으로 옳은 것은?

① 정당한 보상이란 완전보상을 뜻하는 것으로서 보상금액뿐만 아니라 보상의 시기나 방법 등에 있어서도 어떠한 제한을 두어서는 아니 된다는 것을 의미하므로, 공익사업시행으로 인한 개발이익도 완전보상의 범위에 포함되는 피수용토지의 객관적 가치 내지 피수용자의 손실이라고 보아야 한다.
② 공유수면매립면허의 고시가 있다고 하여 반드시 그 사업이 시행되고 그로 인하여 손실이 발생한다고 할 수 없으므로, 고시 이후 매립공사가 실행되어 관행어업권자에게 실질적이고 현실적인 피해가 발생한 경우에만 손실보상청구권이 발생한다.
③ 하나의 재결에서 피보상자별로 여러 가지의 토지, 물건, 권리 또는 영업의 손실에 관하여 심리·판단이 이루어진 경우, 여러 보상항목들 중 일부에 관해서만 개별적으로 불복의 사유를 주장하여 행정소송을 제기할 수는 없다.
④ 잔여지수용청구의 의사표시는 관할 토지수용위원회에 하여야 하는 것이지만, 사업시행자에게 한 잔여지매수청구의 의사표시는 관할 토지수용위원회에 한 잔여지수용청구의 의사표시로 볼 수 있다.

09

다음 사례에 대한 설명으로 옳은 것만을 모두 고르면?

> 甲은 국토교통부에 근무하는 국가공무원으로서 자녀들의 해외유학비를 마련하고자 세종특별자치시에서 유흥음식점을 경영하려고 한다. 한편, 乙은 김포시에 1,000여 평의 농지를 소유하고 있는 자로서 여러 사정으로 농사를 짓기 곤란하여 그 토지에 주유소를 설치하려고 한다.

> **식품위생법 제37조【영업허가 등】** ① 제36조 제1항 각 호에 따른 영업 중 대통령령으로 정하는 영업을 하려는 자는 대통령령으로 정하는 바에 따라 영업종류별 또는 영업소별로 식품의약품안전처장 또는 특별자치시장·특별자치도지사·시장·군수·구청장의 허가를 받아야 한다. 허가받은 사항 중 대통령령으로 정하는 중요한 사항을 변경할 때에도 또한 같다.
>
> **국가공무원법 제64조【영리 업무 및 겸직 금지】** ① 공무원은 공무 외에 영리를 목적으로 하는 업무에 종사하지 못하며 소속 기관장의 허가 없이 다른 직무를 겸할 수 없다.
>
> **건축법 제11조【건축허가】** ⑤ 제1항에 따른 건축허가를 받으면 다음 각 호의 허가 등을 받거나 신고를 한 것으로 보며, …… 본다.
> 7. 농지법 제34조, 제35조 및 제43조에 따른 농지전용허가·신고 및 협의

㉮ 甲이 식품위생법상 적법하게 유흥주점허가를 받은 경우라면 국가공무원법 위반의 문제는 발생하지 않는다.
㉯ 乙의 허가와 관련된 제도가 이른바 인·허가 의제제도로서 행정의 간소화에 기여하는 바가 크므로 행정규제 완화 차원에서 이러한 제도는 법률의 명시적 근거와 무관하게 허용될 수 있다.
㉰ 乙이 건축을 하기 위해서는 건축법상의 건축허가권자인 김포시장에게 신청만 하면 되고 농지법상의 허가권자에게 별도로 허가신청을 할 필요는 없다.
㉱ 김포시장은 건축법상 요건을 구비하였는지만 검토하여 허가 여부를 결정하면 족하고 별도로 농지법상의 실체적 요건을 구비하였는지 여부는 검토할 필요가 없다.
㉲ 김포시장이 농지법상의 요건을 구비하지 못하였다는 이유로 건축허가신청을 거부한 경우 乙은 농지법상의 농지전용허가거부처분 취소소송을 제기하여야 한다.

① ㉰
② ㉮, ㉯
③ ㉱, ㉲
④ ㉯, ㉰, ㉱

10

행정심판에 대한 설명으로 옳지 않은 것은?

① 행정심판위원회의 인용재결이 있는 경우, 처분청은 이에 불복하여 취소소송을 제기할 수 없다.
② 행정심판법에 따르면 당사자가 구술심리를 신청한 경우에는 서면심리만으로 결정할 수 있다고 인정되는 경우 외에는 구술심리를 하여야 하며, 그와 같은 경우가 아니라면 행정심판의 심리는 서면심리를 원칙으로 하고 있다.
③ 항고소송에서 처분청은 당초 처분의 근거로 삼은 사유와 기본적 사실관계가 동일성이 있다고 인정되는 한도 내에서만 다른 사유를 추가 또는 변경할 수 있고, 이러한 법리는 행정심판단계에서도 그대로 적용된다.
④ 행정심판청구에 대한 재결이 있으면 그 재결 및 같은 처분 또는 부작위에 대하여 다시 행정심판을 청구할 수 없다.

11

행정행위의 취소 · 철회에 대한 설명으로 옳지 않은 것은?

① 건축주가 토지소유자로부터 토지사용승낙서를 받아 그 토지 위에 건축물을 건축하는 건축허가를 받았다가 착공하기 전에 건축주의 귀책사유로 그 토지사용권을 상실한 경우, 토지소유자는 건축허가의 철회를 신청할 수 있고 토지소유자의 건축허가 철회신청을 거부한 행위는 항고소송의 대상이 된다.
② 보조금이 가분적 평가에 의하여 산정 · 결정된 것이 아니어서 보조금 중 '거짓이나 부정한 방법으로 지급받은 부분'과 '정상적으로 지급받은 부분'을 구분할 수 없고, 보조금이 거짓이나 부정한 방법에 의하여 일체로서 지급된 것이라고 판단할 수 있는 경우, 보조금 전액의 환수를 명한 처분이 위법하다고 할 수 없다.
③ 행정청이 영유아보육법에 따른 평가인증이 이루어진 이후에 새로이 발생한 사유를 들어 평가인증을 철회하는 처분을 하는 경우, 특별한 사정이 없는 한 별도의 법적 근거 없이도 평가인증의 효력을 과거로 소급하여 상실시킬 수 있다.
④ 토지의 일부를 기부채납하는 부담부 행정처분의 경우, 처분의 상대방이 기부채납을 이행하지 아니한 때에는 처분행정청은 부담불이행을 이유로 당해 처분을 철회할 수 있다.

12

행정소송에 대한 설명으로 옳지 않은 것은?

① 구 도시재개발법에 의한 재개발조합은 특정한 공공사무를 행하고 있다고 볼 수 있는 범위 내에서는 공법상의 권리 · 의무관계에 서 있으므로, 조합원의 자격 인정 여부에 관하여 다툼이 있는 경우 당사자소송에 의하여 그 조합원자격의 확인을 구할 수 있다.
② 근로복지공단이 처분 당시에 시행되던 고용노동부 고시 '뇌혈관 질병 또는 심장 질병 및 근골격계 질병의 업무상 질병 인정 여부 결정에 필요한 사항'을 적용하여 한 산재요양 불승인처분에 대한 항고소송에서 법원은 해당 불승인처분 후 개정된 고용노동부 고시의 규정내용과 개정취지를 참작하여 상당인과관계 존부를 판단할 수 있다.
③ 읍 · 면장에 의한 이장의 임명 및 면직은 행정처분이 아니라 공법상 계약 및 그 계약을 해지하는 의사표시이다.
④ 「도시 및 주거환경정비법」 등 관련법령에 의한 조합설립인가처분이 있은 후에도 특별한 사정이 없는 한 기본행위인 총회결의 부분만의 효력 유무를 다투는 확인의 소를 제기할 수 있다.

13

처분절차에 대한 설명으로 옳지 않은 것은?

① 행정청이 당사자에게 의무를 부과하거나 권익을 제한하는 처분을 할 때, 청문을 하거나 공청회를 개최하는 경우 외에는 의견제출의 기회를 주어야 하지만, 당사자가 의견진술의 기회를 포기한다는 뜻을 명백히 표시한 경우에는 의견청취를 하지 아니할 수 있다.
② 행정청이 처분을 하는 때에는 다른 법령 등에 특별한 규정이 있는 경우를 제외하고는 문서로 하여야 하는 것이 원칙이지만, 당사자 등의 동의가 있거나 당사자가 전자문서로 처분을 신청한 경우에는 전자문서로 할 수 있다.
③ 처분 당시 당사자가 어떠한 근거와 이유로 처분이 이루어진 것인지를 충분히 알 수 있어서 그에 불복하여 행정구제절차로 나아가는 데에 별다른 지장이 없었던 것으로 인정되는 경우라도 처분서에 처분의 근거와 이유가 구체적으로 명시되어 있지 않았다면 그로 말미암아 그 처분은 위법한 것이 된다.
④ 특별한 사정이 없는 한 신청에 대한 거부처분은 직접 당사자의 권익을 제한하는 것은 아니어서 처분의 사전통지대상이 된다고 할 수 없다.

14

판례상 소의 이익을 부정한 것은?

① 징계처분을 받은 자가 징계위원의 성명과 직위에 대한 공개를 청구하였으나 징계처분에 대한 항고절차에서 징계처분이 취소된 경우, 정보공개거부처분에 대한 취소소송
② 학교법인의 임시이사선임처분에 대한 취소소송 제기 후 소송계속 중 임시이사가 교체되어 새로운 임시이사가 선임된 후, 당초의 임시이사선임처분의 취소를 구하는 경우
③ 현역병입영대상자로 병역처분을 받은 자가 그 병역처분에 대한 취소소송을 제기하여 소송계속 중 모병에 응하여 현역병으로 자진입대한 경우
④ 한국방송공사 사장에 대한 해임처분 무효확인 또는 취소소송 계속 중 임기가 만료되어 지위를 회복할 수는 없으나, 해임처분일부터 임기만료일까지 기간에 대한 보수지급을 구할 수 있는 경우

15

정보공개소송에 대한 설명으로 옳은 것은?

① 공개를 거부한 정보가 비공개사유에 해당하는 부분과 그렇지 않은 부분이 혼합되어 있고 공개청구의 취지상 두 부분을 분리할 수 있다 하더라도, 법원은 공개 가능한 정보에 관한 부분만의 일부취소를 명할 수는 없다.
② 이미 다른 사람에게 공개되어 널리 알려져 있거나 인터넷을 통해 공개되어 인터넷 검색 등을 통하여 쉽게 검색할 수 있다는 사정이 있다면 비공개결정은 정당화될 수 있다.
③ 전자적 형태로 보유·관리되는 정보의 경우에 그 정보가 청구인이 구하는 대로 되어 있지 않아서 공공기관이 그 기초자료를 검색하여 청구인이 구하는 대로 편집하여야 하는 경우, 그 작업이 당해 기관의 업무수행에 별다른 지장을 초래하지 않는다 하더라도 그러한 행위는 새로운 정보의 생산 또는 가공에 해당하므로 공공기관이 공개청구대상정보를 보유·관리하고 있는 것으로 볼 수 없다.
④ 정보비공개결정 취소소송에서 공공기관이 청구정보를 증거로 법원에 제출하여 법원을 통하여 그 사본을 청구인에게 교부되게 하여 정보를 공개하게 된 경우에도 당해 정보의 비공개결정의 취소를 구할 소의 이익은 소멸되지 않는다.

16

판례상 처분성이 인정되는 것만으로 올바르게 연결한 것은?

① ⓐ 구 국세징수법상 가산금 또는 중가산금의 고지 - ⓑ 공정거래위원회의 표준약관 사용권장행위 - ⓒ 공정거래위원회의 검찰에 대한 고발조치
② ⓐ 국가인권위원회의 진정 신청에 대한 각하 및 기각결정 - ⓑ 「진실·화해를 위한 과거사정리 기본법」에 따른 진실·화해를 위한 과거사정리위원회의 진실규명결정 - ⓒ 구 「하도급거래 공정화에 관한 법률」 제26조 제2항에 따른 공정거래위원회의 관계행정기관의 장에게 한 입찰참가자격제한 등 요청결정
③ ⓐ 장관의 소속 공무원에 대한 서면에 의한 경고 - ⓑ 교육부장관이 내신성적산정기준의 통일을 기하기 위해 시·도교육감에게 통보한 대학입시기본계획 내의 내신성적산정지침 - ⓒ 보건복지부 고시인 「약제급여·비급여목록 및 급여상한금액표」
④ ⓐ 공법인인 총포·화약안전기술협회의 '회비납부통지' - ⓑ 한국마사회가 조교사 및 기수의 면허를 부여하거나 취소하는 것 - ⓒ 법률에 의하여 당연퇴직된 공무원의 복직 또는 재임용신청에 대한 행정청의 거부행위

17

행정의 실효성 확보수단에 대한 설명으로 옳은 것은?

① 건물의 소유자에게 위법건축물을 일정 기간까지 철거할 것을 명함과 아울러 불이행할 때에는 대집행한다는 내용의 철거대집행 계고처분을 고지하였으나 이에 불응하자 제2차로 계고처분을 행한 경우, 행정대집행법상 건물철거의무는 제2차 계고처분으로 인하여 발생한다.
② 도시공원시설 점유자의 퇴거 및 명도의무는 대체적 작위의무에 해당하는 것은 아니어서 직접강제의 방법에 의하는 것은 별론으로 하고 행정대집행법에 의한 대집행의 대상이 되는 것은 아니다.
③ 계고시 상당한 기간을 부여하지 않았으나 대집행영장으로 대집행의 시기를 늦추었다면, 대집행계고처분은 상당한 이행기한을 부여한 것이므로 위법한 처분이라고 할 수 없다.
④ 계고를 함에 있어서 그 행위의 내용과 범위는 반드시 시정명령서나 대집행계고서에 의하여서만 특정되어야 하는 것이므로, 처분 전후에 송달된 문서나 기타 사정을 종합하여 이를 특정할 수 있다 하더라도 그 계고처분이 적법하다고 할 수는 없다.

18

행정소송의 심리에 대한 설명으로 옳지 않은 것은?

① 결혼이민[F-6 (다)목] 체류자격을 신청한 외국인에 대하여 행정청이 그 요건을 충족하지 못하였다는 이유로 거부처분을 하는 경우, 그 체류자격 거부처분 취소소송에서 처분사유에 관한 증명책임은 피고 행정청에 있다.
② 일정한 행정처분으로 국민이 일정한 이익과 권리를 취득하였을 경우에 종전 행정처분을 취소하기 위하여는 행정처분에 하자 또는 취소해야 할 공공의 필요가 있어야 하고, 그 하자나 취소해야 할 필요성에 관한 증명책임은 행정청에 있다.
③ 행정처분의 당연무효를 주장하여 그 무효확인을 구하는 행정소송에 있어서는 피고인 행정청에게 그 행정처분에 존재하는 하자가 중대하고 명백하지 않다는 것을 주장·입증할 책임이 있다.
④ 행정청이 현장조사과정에서 조사상대방으로부터 구체적인 위반사실을 자인하는 내용의 확인서를 작성받았다면, 의사에 반하여 강제로 작성되었거나 증명자료로 삼기 어렵다는 등의 특별한 사정이 없는 한 그 증거가치를 쉽게 부정할 수 없다.

19

행정조사에 대한 설명으로 옳은 것은?

① 국세청 공무원이 세무조사를 통하여 민사분쟁의 반대 당사자를 압박하려는 목적으로 타인 명의로 직접 탈세제보를 하고 세무조사과정에도 지속적으로 개입하였다면, 이러한 세무조사는 세무공무원이 그 권한을 남용한 것으로서 위법하므로 이에 기하여 이루어진 과세처분 역시 위법하다.
② 납세자에 대한 부가가치세 부과처분이 종전의 부가가치세 경정조사와 같은 세목 및 같은 과세기간에 대하여 중복하여 실시되었다 하더라도, 그러한 사정만으로 그 과세처분이 위법하게 되는 것은 아니다.
③ 행정조사기본법상 중복조사는 제한되므로, 이미 조사를 받은 조사대상자에 대하여 위법행위가 의심되는 새로운 증거를 확보한 경우에도 동일한 사안에 대하여 동일한 조사대상자를 재조사할 수는 없다.
④ 조사대상자의 신상이나 사업비밀 등이 유출될 우려가 있으므로, 행정기관의 장은 조사대상자로 하여금 인터넷 등 정보통신망을 통하여 자료의 제출 등을 하게 할 수는 없다.

20

항고소송의 제소기간에 대한 설명으로 옳지 않은 것은?

① 행정처분의 당연무효를 선언하는 의미에서 취소를 구하는 행정소송을 제기한 경우에는 취소소송의 제소요건의 제한을 받는다.
② 행정심판을 청구하였으나 심판청구기간을 도과하여 각하된 후, 그 재결서를 송달받은 날부터 90일 이내에 원래의 처분에 대하여 취소소송을 제기하면 제소기간을 준수한 것으로 본다.
③ 원고가 민사소송으로 잘못 제기하였다가, 이송결정에 따라 관할법원으로 이송된 뒤 항고소송으로 소변경한 사안에서 제소기간 준수 여부는 처음에 소를 제기한 때를 기준으로 판단하여야 한다.
④ 부작위위법확인의 소는 부작위상태가 계속되는 한 그 위법의 확인을 구할 이익이 있는 것이므로 원칙적으로 제소기간의 제한을 받지 않지만, 행정심판 등 전심절차를 거친 경우에는 행정소송법 제20조 제소기간의 규정이 적용된다.

제 8 회 | 실전동형 모의고사

지문의 내용에 대해 학설의 대립 등 다툼이 있는 경우 판례에 의함

01 ☐☐☐

판례의 입장으로 옳은 것은?

① 관할 교육지원청 교육장이 교육환경평가승인신청에 대한 보완요청서에 "휴양콘도미니엄업이 「교육환경 보호에 관한 법률」에 따른 금지행위 및 시설로 규정되어 있지 않다."는 의견을 밝힌 것은 교육장이 최종적으로 교육환경평가를 승인하겠다는 취지의 공적 견해를 표명한 것이라고 볼 수 있다.
② 납세자에게 신뢰의 대상이 되는 공적인 견해가 표명되었다는 사실은 과세처분의 적법성에 대한 증명책임이 있는 과세관청이 주장·입증하여야 한다.
③ 근로복지공단의 요양불승인처분에 대한 취소소송을 제기하여 승소확정판결을 받은 근로자가 요양으로 인하여 취업하지 못한 기간의 휴업급여를 청구한 경우, 그 휴업급여청구권이 시효완성으로 소멸하였다는 근로복지공단의 항변은 신의성실의 원칙에 반한다.
④ 동사무소 직원이 행정상 착오로 국적이탈을 사유로 주민등록을 말소한 것을 신뢰하여 만 18세가 될 때까지 별도로 국적이탈신고를 하지 않았던 사람이, 만 18세가 넘은 후 동사무소의 주민등록 직권 재등록사실을 알고 국적이탈신고를 하자 "병역을 필하였거나 면제받았다는 증명서가 첨부되지 않았다."라는 이유로 반려한 처분은 신뢰보호의 원칙에 반하지 않는다.

02 ☐☐☐

다음 사례에 대한 설명으로 옳은 것만을 모두 고르면?

> 서울특별시장은 동작구에서 유흥주점을 경영하는 甲이 청소년을 고용하였다는 이유로 2025년 3월 26일 서면으로 甲에 대해 5개월의 영업정지처분을 하였다. 甲은 이에 대해 취소심판을 청구하였는데 이에 담당 행정심판기관이 "5개월의 영업정지처분을 3개월의 영업정지처분에 갈음하는 과징금 부과처분으로 변경하라."는 일부인용재결을 하였다. 한편 이러한 재결서의 정본은 2025년 4월 23일에 甲에게 송달되었다. 그 후 서울특별시장은 甲에게 5월 20일 3개월의 영업정지에 해당하는 900만원의 과징금 부과처분을 하였다. 甲은 동작구청장을 상대로 7월 10일 과징금 부과처분 취소소송을 제기하였다.

㉮ 사안의 경우 처분이 900만원의 과징금 부과처분으로 변경되었으므로 甲은 5월 20일자 과징금 부과처분을 상대로 취소소송을 제기하여야 한다.
㉯ 만약 甲이 7월 10일 과징금 부과에 대해 취소소송을 제기한 경우 제소기간이 경과한 것이므로 법원은 소를 각하하여야 한다.
㉰ 甲이 피고를 잘못 지정한 경우 피고경정을 할 수 있는바, 이러한 피고경정은 1심까지만 허용된다.
㉱ 위 ㉰의 피고경정은 원고의 신청 또는 법원의 직권에 의해서 인정된다.
㉲ 만일 甲이 9월 30일 피고경정을 신청하였으며, 이에 대해 법원은 10월 15일 피고를 서울특별시장으로 경정한다는 결정을 하였다면, 서울특별시장에 대한 소는 10월 15일에 제기된 것으로 본다.

① ㉯, ㉱
② ㉮, ㉯, ㉲
③ ㉮, ㉰, ㉲
④ 없음

03

다음 사례에 대한 설명으로 옳은 것만을 모두 고르면?

> 주택건설사업자인 甲건설주식회사는 1,000세대분의 A아파트를 신축하여 일반인들에게 분양하였다. 그런데 이 아파트의 80세대분에 하자가 있어 입주자대표회의에서 하자보수를 요구하였으나 보수가 이루어지지 않자 입주자대표회의는 甲을 관할행정청에 고발하였고 이에 관할행정청은 4개월의 기간을 정하여 하자보수를 명하였으나 일부에 대해서만 보수가 되었을 뿐 하자보수가 되지 않고 있었다. 이에 관할행정청은 甲에 대해 <u>주택건설촉진법 시행령에 의거하여 6개월의 영업정지처분</u>을 하였다.
> ※ <u>주택건설촉진법에 따르면 행정청의 명령에 위반한 자에 대해서는 주택건설사업의 등록을 말소하거나 1년 이내의 기간을 정하여 영업의 정지를 명할 수 있으며</u>, <u>주택건설촉진법 시행령상의 처분기준에 따르면 하자보수명령에 따르지 아니한 경우에는 6개월의 영업정지를 하도록 규정하고 있다.</u>

> ㉮ 甲은 6개월 영업정지처분 취소소송을 제기하면서 주택건설촉진법 시행령의 처분기준을 다툴 수 있는바, 이 경우 제1심 수소법원도 시행령의 위헌 · 위법 여부를 심사할 수 있다.
> ㉯ 한편, 헌법 제107조 제2항의 구체적 규범통제를 통해 위헌 · 위법으로 선언할 심판대상은 해당 규정의 전부가 불가분적으로 결합되어 있어 일부를 무효로 하는 경우 나머지 부분이 유지될 수 없는 결과를 가져오는 등 특별한 사정이 없는 한, 원칙적으로 해당 규정 중 재판의 전제성이 인정되는 조항에 한정된다.
> ㉰ 만약, 대법원판결에 의하여 동 시행령이 헌법 또는 법률에 위반된다는 것이 확정된 경우에 대법원은 지체 없이 그 사유를 행정안전부장관에게 통보하여야 하고, 그 통보를 받은 행정안전부장관은 지체 없이 이를 관보에 게재하여야 한다.
> ㉱ 한편, 법규명령의 심사권한은 대법원에 최종적으로 부여되어 있으므로 헌법재판소는 법규명령 그 자체에 의하여 직접 기본권이 침해된 경우에도 위헌심사권을 행사할 수 없다.
> ㉲ 시행령이 헌법이나 법률에 위반된다는 사정이 있다면 그 시행령의 규정을 위헌 또는 위법하여 무효라고 선언한 대법원의 판결이 선고되지 아니한 상태라도 이러한 시행령에 근거한 행정처분의 하자는 중대하고 명백한 것으로 무효가 된다.

① ㉮, ㉯, ㉰
② ㉮, ㉯, ㉱
③ ㉯, ㉰, ㉲
④ ㉰, ㉱, ㉲

04

「공공기관의 정보공개에 관한 법률」상 비공개정보에 대한 설명으로 옳지 않은 것은?

① 의사결정과정에 제공된 회의 관련 자료나 의사결정과정이 기록된 회의록은 의사가 결정되거나 의사가 집행된 경우에는 비공개대상정보에 포함될 수 없다.
② 불기소처분기록 중 피의자신문조서 등에 기재된 피의자 등의 인적 사항 이외의 진술내용이 개인의 사생활의 비밀 또는 자유를 침해할 우려가 인정된다면 비공개대상에 해당한다.
③ 도시공원위원회의 회의 관련 자료 및 회의록은 시장 등의 결정의 대외적 공표행위가 있은 후에는 이를 의사결정과정이나 내부검토과정에 있는 사항이라고 할 수 없고 위 도시공원위원회의 회의 관련 자료 및 회의록을 공개하더라도 업무의 공정한 수행에 지장을 초래할 염려가 없으므로 공개대상이 된다.
④ 공개하는 것이 공익을 위하여 필요한 경우로서 법령에 따라 국가가 업무의 일부를 위탁 또는 위촉한 개인의 성명 · 직업은, 공개되면 사생활의 비밀 또는 자유가 침해될 우려가 있다고 인정되더라도 공개대상정보에 해당한다.

05

과태료에 대한 설명으로 옳지 않은 것만을 모두 고르면?

> ㉮ 과태료는 행정상의 질서유지를 위한 행정질서벌에 해당할 뿐이므로 죄형법정주의의 규율대상이 아니다.
> ㉯ 질서위반행위규제법에서 말하는 질서위반행위에는 소송법상 의무를 위반하여 과태료를 부과하는 행위도 포함된다.
> ㉰ 다수인이 질서위반행위에 가담한 경우에 최종행위가 종료된 날로부터 5년이 경과한 경우에는 해당 질서위반행위에 대하여 과태료를 부과할 수 없다.
> ㉱ 과태료재판의 경우, 법원으로서는 기록상 현출되어 있는 사항에 관하여 직권으로 증거조사를 하고 이를 기초로 하여 판단할 수 있는 것이나, 그 경우 행정청의 과태료 부과처분사유와 기본적 사실관계에서 동일성이 인정되는 한도 내에서만 과태료를 부과할 수 있다.
> ㉲ 신분에 의하여 성립하는 질서위반행위에 신분이 없는 자가 가담한 경우 신분이 없는 자에 대하여는 질서위반행위가 성립하지 아니한다.

① ㉯, ㉲
② ㉮, ㉯, ㉰
③ ㉯, ㉱, ㉲
④ ㉰, ㉱, ㉲

06

행정상 법률관계에 대한 설명으로 옳은 것은?

① 국유재산법의 규정에 의하여 총괄청 또는 그 권한을 위임받은 기관이 국유재산을 매각하는 행위는 취소소송의 대상이 되는 처분에 해당한다.
② 농지개량조합과 그 직원의 관계는 사법관계로서 그 직원의 징계처분에 대한 다툼은 민사소송에 의한다.
③ 사립학교법인에 대한 중학교 의무교육의 위탁관계는 사법관계에 속한다.
④ 지방자치단체가 일반재산을 입찰이나 수의계약을 통해 매각하는 것은 사경제주체의 지위에서 하는 행위이므로 원칙적으로 계약자유의 원칙이 적용된다.

07

재량행위와 기속행위에 대한 설명으로 옳지 않은 것은?

① 귀화신청인이 구 국적법 제5조 각 호에서 정한 귀화요건을 갖추지 못한 경우, 법무부장관은 귀화 허부에 관한 재량권을 행사할 여지 없이 귀화불허처분을 하여야 한다.
② 재량권의 일탈이란 재량권의 외적 한계를 벗어난 것을 말하고, 재량권의 남용이란 재량권의 내적 한계를 벗어난 것을 말하는 바, 재량행위에 대한 법원의 심사는 재량권의 일탈 또는 남용을 대상으로 하고 재량권의 한계 내에서의 행정청의 합목적성 판단은 법원의 심사대상이 되지 않는다.
③ 「가축분뇨의 관리 및 이용에 관한 법률」에 따른 가축분뇨 처리방법 변경허가는 재량행위에 해당하므로 허가권자는 「가축분뇨의 관리 및 이용에 관한 법률」에서 정한 처리시설의 설치기준과 정화시설의 방류수 수질기준을 충족하는 경우에도 자연과 주변환경에 미칠 수 있는 영향 등을 고려하여 허가 여부를 결정할 수 있다.
④ 재외동포에 대한 사증발급은 행정청의 기속행위에 속하는 것으로서, 재외동포가 사증발급을 신청한 경우에 출입국관리법 시행령 [별표 1의2]에서 정한 재외동포체류자격의 요건을 갖추었다면 사증을 발급해야 한다.

08

행정행위의 하자치유에 대한 설명으로 옳은 것만을 모두 고르면?

㉮ 노선여객자동차운송사업의 사업계획변경인가처분에 관한 하자가 행정처분의 내용에 관한 것인 경우에도 하자의 치유는 인정될 수 있다.
㉯ 행정행위의 하자가 치유되면 당해 행정행위는 치유시부터가 아니라 처분 당시부터 하자가 없는 적법한 행정행위로 효력을 발생한다.
㉰ 세액산출근거가 기재되지 아니한 납세고지서에 의한 부과처분은 강행법규에 위반하여 취소대상이 된다 할 것이며, 이와 같은 하자는 납세의무자가 전심절차에서 이를 주장하지 아니하였거나, 그 후 부과된 세금을 자진납부하였다거나, 또는 조세채권의 소멸시효기간이 만료되었다 하여 치유되는 것이라고는 할 수 없다.
㉱ 행정청이 식품위생법상 청문절차를 이행함에 있어 청문서 도달기간을 다소라도 어겼다면, 영업자가 이의를 제기하지 아니한 채 청문일에 출석하여 의견을 진술하고 변명하는 등 방어의 기회를 충분히 가졌더라도 이는 절차상 하자가 있는 것으로 그 처분은 위법하다.
㉲ 재건축주택조합설립인가처분 당시 동의율을 충족하지 못한 하자는 후에 추가동의서가 제출되었다는 사정만으로 치유될 수 없다.

① ㉮, ㉰, ㉱
② ㉮, ㉰, ㉲
③ ㉯, ㉰, ㉲
④ ㉯, ㉱, ㉲

09

행정의 실효성 확보수단에 대한 설명으로 옳은 것은?

① 가산세는 세법에서 규정하는 의무의 성실한 이행을 확보하기 위하여 세법에 따라 산출한 본세액에 가산하여 징수하는 독립된 조세이기는 하나, 본세에 감면사유가 인정된다면 가산세도 감면대상에 포함된다.
② 가산세를 부과함에 있어서 납세자의 의무불이행에 대한 고의·과실은 고려되지 않으나, 납세의무자에게 그 의무해태를 탓할 수 없는 정당한 사유가 있는 경우에는 이를 부과할 수 없다.
③ 체납자 등은 다른 권리자에 대한 공매통지의 하자를 들어 자신에 대한 공매처분의 위법사유로 주장할 수 있다.
④ 관할행정청이 체납자인 부동산소유자에게 한국자산관리공사의 공매대행사실을 통지하지 않았다거나 공매예고통지가 없었다면 매각처분은 위법하게 된다.

10

국가배상법에 대한 설명으로 옳지 않은 것은?

① 법관의 재판에 법령규정을 따르지 않은 잘못이 있더라도 이로써 바로 재판상 직무행위가 국가배상법 제2조 제1항에서 말하는 위법한 행위로 되어 국가의 손해배상책임이 발생하는 것은 아니다.
② 도지사에 의한 지방의료원의 폐업결정과 관련하여 국가배상책임이 성립하기 위하여서는 공무원의 직무집행이 위법하다는 점만으로는 부족하고 공무원의 위법한 직무집행으로 인하여 타인의 권리·이익이 침해되어 구체적 손해가 발생하여야 한다.
③ 미군부대 소속의 선임하사관이 공무차 개인소유차를 운전하고 출장을 갔다가 퇴근하기 위하여 집으로 운행하던 중 사고가 발생한 경우, 그 차량의 운전행위는 국가배상법 제2조 소정의 직무집행행위에 속한다.
④ 국가배상법상의 직무행위인지 여부는 당해 행위가 현실적으로 정당한 권한 내의 것인지를 일차적 기준으로 하므로 인사업무 담당공무원이 다른 공무원의 공무원증 등을 위조한 행위는 국가배상법상의 직무집행에 해당하지 않는다.

11

허가에 대한 설명으로 옳지 않은 것은?

① 허가 등의 행정처분은 원칙적으로 처분시의 법령과 허가기준에 의하여 처리되어야 하므로 허가신청 후 허가기준이 변경되었다면 변경된 허가기준에 따라서 처분을 하여야 하며, 이는 허가관청이 허가신청을 수리하고도 정당한 이유 없이 그 처리를 늦추어 그 사이에 허가기준이 변경된 경우에도 마찬가지이다.
② 담배 일반소매인으로 지정되어 영업을 하고 있는 기존업자의 신규 구내소매인에 대한 이익은 법률상 보호되는 이익으로 보기 어려우므로, 기존 일반소매인은 신규 구내소매인 지정처분의 취소를 구할 원고적격이 없다.
③ 한의사면허는 허가에 해당하므로, 한약조제시험을 통해 약사에게 한약조제권을 인정함으로써 한의사들의 영업이익이 감소되었다고 하더라도 이는 법률상 이익의 침해라고 할 수 없다.
④ 허가관청은 법령이 규정하는 토사채취의 제한지역에 해당하는 경우는 물론, 법령상 토사채취가 제한되지 않는 산림 내에서의 토사채취에 대하여도 국토와 자연의 유지, 환경보전 등 중대한 공익상 필요를 이유로 허가를 거부할 수 있다.

12

사인의 공법행위에 대한 설명으로 옳은 것만을 모두 고르면?

㉮ 의료법에 따른 정신과의원 개설신고는 수리를 요하는 신고로서 의료법에 따라 정신과의원을 개설하려는 자가 법령에 규정되어 있는 요건을 갖추어 개설신고를 한 경우 행정청은 법령에서 정한 요건 이외의 사유를 들어 의원급 의료기관 개설신고의 수리를 거부할 수는 없다.
㉯ 구「체육시설의 설치·이용에 관한 법률」제18조에 의한 변경신고서는 그 신고 자체가 위법하거나 그 신고에 무효사유가 없는 한 이것이 도지사에게 제출하여 접수된 때에 신고가 있었다고 볼 것이고, 도지사의 수리행위가 있어야만 신고가 있었다고 볼 것은 아니다.
㉰ 통신매체를 이용하여 학습비를 받고 불특정 다수인에게 원격평생교육을 실시하기 위해 구 평생교육법 제22조 등에서 정한 형식적 요건을 모두 갖추어 신고한 경우라고 하더라도, 행정청은 실체적 사유를 들어 신고수리를 거부할 수 있다.
㉱ 장기요양기관의 폐업신고와 노인의료복지시설의 폐지신고는 수리를 필요로 하는 신고로서 행정청이 그 신고를 수리하였더라도 위조 등의 사유가 있어 신고행위 자체가 효력이 없다면, 그 수리행위는 당연히 무효이다.
㉲ 법령 등에서 행정청에 대하여 일정한 사항을 통지함으로써 의무가 끝나는 신고는 그 기재사항에 흠이 없고, 필요한 구비서류가 첨부되어 있으며, 그 밖에 법령 등에 규정된 형식상의 요건에 적합할 때에는 신고서가 접수기관에 발송된 때에 신고의 의무가 이행된 것으로 본다.

① ㉮, ㉯, ㉱
② ㉮, ㉯, ㉲
③ ㉮, ㉰, ㉲
④ ㉯, ㉰, ㉱

13

행정지도에 대한 설명으로 옳지 않은 것은?

① 교육인적자원부장관(현 교육부장관)의 학칙시정요구는 대학총장의 임의적인 협력을 통하여 사실상의 효과를 발생시키는 행정지도의 일종이지만, 단순한 행정지도로서의 한계를 넘어 규제적·구속적 성격을 갖는 것으로 공권력의 행사로 볼 수 있다.
② 행정관청이 구 국토이용관리법 소정의 토지거래계약신고에 관하여 공시된 기준시가를 기준으로 매매가격을 신고하도록 행정지도를 하여 그에 따라 허위신고를 한 것이라 하더라도 이와 같은 행정지도는 법에 어긋나는 것으로서 그 범법행위가 정당화될 수 없다.
③ 노동부장관(현 고용노동부장관)이 공공기관 단체협약내용을 분석하여 불합리한 요소를 개선하라고 요구한 행위는 행정지도로서의 한계를 넘어 규제적·구속적 성격을 강하게 갖는다고 할 수 없어 헌법소원의 대상이 되는 공권력의 행사에 해당한다고 볼 수 없다.
④ 행정지도가 강제성을 띠지 않은 비권력적 작용으로서 행정지도의 한계를 일탈하지 아니하였더라도 그로 인하여 국민에게 어떠한 손해가 발생하였다면 국가배상책임은 성립한다.

14

대집행에 대한 설명으로 옳지 않은 것은?

① 대집행비용은 의무자가 부담하며, 행정청은 그 비용액과 납기일을 정하여 의무자에게 문서로써 납부를 명하여야 한다.
② 후행처분인 대집행비용납부명령 취소청구소송에서 선행처분인 계고처분이 위법하다는 이유로 대집행비용납부명령의 취소를 구할 수 있다.
③ 공유재산 대부계약의 해지에 따른 원상회복으로 행정대집행의 방법에 의하여 그 지상물을 철거시킬 수 있다.
④ 대집행계고처분 취소소송의 변론이 종결되기 전에 대집행영장에 의한 통지절차를 거쳐 사실행위로서 대집행의 실행이 완료된 경우에도 계고처분의 취소를 구할 법률상의 이익이 소멸하지 않는다.

15

취소소송의 원고적격 또는 소의 이익에 대한 설명으로 옳지 않은 것은?

① 소송계속 중 해당 처분이 기간의 경과로 그 효과가 소멸하더라도 예외적으로 그 처분의 취소를 구할 소의 이익을 인정할 수 있는 '행정처분과 동일한 사유로 위법한 처분이 반복될 위험성이 있는 경우'란 '해당 사건의 동일한 소송당사자 사이에서' 반복될 위험이 있는 경우만을 의미하는 것이다.
② 행정처분의 근거법규 또는 관련법규에 그 처분으로써 이루어지는 행위 등 사업으로 인하여 환경상 침해를 받으리라고 예상되는 영향권의 범위가 구체적으로 규정되어 있는 경우에는, 그 영향권 내의 주민들에 대하여는 특단의 사정이 없는 한 환경상 이익에 대한 침해 또는 침해우려가 있는 것으로 사실상 추정된다.
③ 경기도선거관리위원회 위원장은 국민권익위원회가 그에게 소속 직원에 대한 중징계요구를 취소하라는 등의 조치요구를 한 것에 대해서 취소소송을 제기하여 다툴 수 있다.
④ 지방자치단체가 건축물을 건축하기 위해 건축물 소재지 관할 허가권자인 지방자치단체의 장과 건축협의를 하였는데 허가권자인 지방자치단체의 장이 그 협의를 취소한 경우, 지방자치단체는 건축협의취소의 취소를 구할 원고적격이 있다.

16

행정입법에 대한 설명으로 옳은 것은?

① 다양한 사실관계를 규율하거나 사실관계가 수시로 변화될 것이 예상될 때에는 위임의 명확성의 요건이 강화된다.
② 고시가 법령에 근거를 둔 것이라면 비록 규정내용이 법령의 위임범위를 벗어난 것이라 할지라도 법규명령으로서의 대외적 구속력을 인정할 수 있다.
③ 조례가 집행행위의 개입 없이도 그 자체로서 직접 국민의 구체적인 권리·의무나 법적 이익에 영향을 미치는 등의 법률상 효과를 발생시키는 경우에는 조례 그 자체에 대해서도 항고소송을 제기할 수 있다.
④ 법규명령 중 위임명령은 새로운 법규사항을 정할 수 있는 반면 집행명령은 새로운 법규사항을 규정할 수 없다는 점에서 차이가 있지만, 양자 모두 그 제정을 위해서는 개별법률에 수권규정이 있어야 한다는 점에서는 공통점이 있다.

17

부관에 대한 설명으로 옳지 않은 것은?

① 취소(철회)권을 유보한 경우에 있어서도 무조건적으로 취소권을 행사할 수 있는 것이 아니고, 취소를 필요로 할 만한 공익상의 필요가 있는 경우에 한하여 취소권을 행사할 수 있다.
② 매립지 일부에 대해 국가에 소유권을 귀속시킨 처분은 법률효과의 일부배제라는 부관을 붙인 것이므로 이러한 행정행위의 부관에 대하여는 독립하여 행정소송의 대상으로 삼을 수 없다.
③ 건축허가를 하면서 일정 토지를 기부채납하도록 한 허가조건은 기속행위 내지 기속적 재량행위인 건축허가에 붙인 부담이거나 또는 법령상 아무런 근거가 없는 부관이어서 위법이나 무효는 아니다.
④ 공무원이 공법상의 제한을 회피할 목적으로 행정처분의 상대방과 사이에 사법상 계약을 체결하는 형식을 취하였다면 이는 법치행정의 원리에 반하는 것으로서 위법하다.

18

행정절차법에 대한 설명으로 옳은 것은?

① 긴급을 요하는 처분이나 신청내용을 모두 그대로 인정하는 처분인 경우 처분의 이유제시를 하지 않아도 되며 처분 후 당사자가 요청하는 경우라도 그 근거와 이유를 제시하여야 하는 것은 아니다.
② 퇴직연금의 환수결정은 당사자에게 의무를 과하는 처분이므로 비록 관련법령에 따라 당연히 환수금액이 정하여 지는 것이라 하더라도 퇴직연금의 환수결정에 앞서 당사자에게 의견진술의 기회를 주지 아니하였다면 행정절차법을 위반하여 위법하다.
③ 비록 행정청이 침해적 행정처분을 하면서 사전통지와 의견청취절차를 거치지 아니하였더라도 그 처분이 실체법적 사유를 갖추고 있는 등 내용상 옳다면 원칙적으로 그 처분을 위법하다고 할 수는 없다.
④ 교육부장관이 관련법령에 따른 부적격사유가 없는 A와 B 총장후보자 가운데 A후보자가 상대적으로 더욱 적합하다고 판단하여 대통령에게 총장으로 A후보자를 임용제청을 하였다면, 그러한 임용제청행위 자체로서 이유제시의무를 다한 것이다.

19

행정조사에 대한 설명으로 옳지 않은 것은?

① 행정기관의 장은 법령 등에 특별한 규정이 있는 경우를 제외하고는 행정조사의 결과를 확정한 날부터 10일 이내에 그 결과를 조사대상자에게 통지하여야 한다.
② 다른 법률에 따르지 아니하고는 행정조사의 대상자 또는 행정조사의 내용을 공표하거나 직무상 알게 된 비밀을 누설하여서는 아니 된다.
③ 조사원이 현장조사 중에 자료ㆍ서류ㆍ물건 등을 영치하는 경우에 조사대상자의 생활이나 영업이 사실상 불가능하게 될 우려가 있는 때에는 조사원은 증거인멸의 우려가 있는 경우가 아니라면 사진촬영 등의 방법으로 영치에 갈음할 수 있다.
④ 출석한 조사대상자가 출석요구서에 기재된 내용을 이행하지 아니하여 행정조사의 목적을 달성할 수 없는 경우를 제외하고는 조사원은 조사대상자의 1회 출석으로 당해 조사를 종결하여야 한다.

20

다른 법률에 당해 처분에 대한 행정심판의 재결을 거치지 아니하면 취소소송을 제기할 수 없다는 규정이 있는 경우, 행정심판과 취소소송의 관계에 대한 설명으로 옳은 것만을 모두 고르면?

> ㉮ 당해 처분에 대한 행정심판을 청구하였으나, 행정심판청구가 있은 날로부터 60일이 지나도 재결이 없는 때에는 행정심판의 재결을 거치지 아니하고 취소소송을 제기할 수 있다.
> ㉯ 동종사건에 관하여 이미 행정심판의 기각재결이 있은 때에는 당해 처분에 대한 행정심판은 청구하여야 하나 행정심판의 재결을 거치지 아니하고 취소소송을 제기할 수 있다.
> ㉰ 처분의 집행 또는 절차의 속행으로 생길 중대한 손해를 예방하여야 할 긴급한 필요가 있는 때에는 당해 처분에 대한 행정심판은 청구하여야 하나 행정심판의 재결을 거치지 아니하고 취소소송을 제기할 수 있다.
> ㉱ 법령의 규정에 의한 행정심판기관의 의결 또는 재결을 하지 못할 사유가 있는 때에는 행정심판을 제기함이 없이 취소소송을 제기할 수 있다.
> ㉲ 서로 내용상 관련되는 처분 또는 같은 목적을 위하여 단계적으로 진행되는 처분 중 어느 하나가 이미 행정심판의 재결을 거친 때에는 행정심판을 제기함이 없이 취소소송을 제기할 수 있다.

① ㉮, ㉱
② ㉰, ㉱
③ ㉮, ㉯, ㉲
④ ㉮, ㉰, ㉲

해설

2025 써니 행정법총론 실전동형 모의고사

실전동형 모의고사
제1~8회

제1회 | 실전동형 모의고사 해설

01	02	03	04	05	06	07	08	09	10
②	④	④	④	③	③	②	②	④	①
11	12	13	14	15	16	17	18	19	20
①	④	①	①	④	④	②	①	④	②

01
정답 ②

① ✕
> 개성공단 전면중단 조치가 고도의 정치적 결단을 요하는 문제이기는 하나, 조치 결과 개성공단 투자기업인 청구인들에게 기본권제한이 발생하였고, 국민의 기본권제한과 직접 관련된 공권력의 행사는 고도의 정치적 고려가 필요한 행위라도 헌법과 법률에 따라 결정하고 집행하도록 견제하는 것이 헌법재판소 본연의 임무이므로, 그 한도에서 헌법소원심판의 대상이 될 수 있다(헌재 2022. 1. 27, 2016헌마364).

② ○
> 대통령의 비상계엄의 선포나 확대행위는 고도의 정치적·군사적 성격을 지니고 있는 행위라 할 것이므로, 그것이 누구에게도 일견하여 헌법이나 법률에 위반되는 것으로서 명백하게 인정될 수 있는 등 특별한 사정이 있는 경우라면 몰라도, 그러하지 아니한 이상 그 계엄선포의 요건 구비 여부나 선포의 당·부당을 판단할 권한이 사법부에는 없다고 할 것이나, 비상계엄의 선포나 확대가 국헌문란의 목적을 달성하기 위해 행해진 경우에는 법원은 그 자체가 범죄행위에 해당하는지 여부에 대해 심사할 수 있다(대판 1997. 4. 17, 96도3376).

③ ✕
> 1. 남북정상회담 개최는 고도의 정치적 성격을 지니고 있는 행위로서 그 당부를 심판하는 것은 사법권의 내재적·본질적 한계를 넘어서는 것이 된다.
> 2. 남북정상회담의 개최과정에서 북한 측에 사업권의 대가 명목으로 송금(대북송금)한 행위는 사법심사의 대상이 된다.
> 남북정상회담의 개최과정에서 재정경제부장관(현 기획재정부장관)에게 신고하지 아니하거나 통일부장관의 협력사업 승인을 얻지 아니한 채 북한 측에 사업권의 대가 명목으로 송금한 행위 자체는 헌법상 법치국가의 원리와 법 앞에 평등원칙 등에 비추어 볼 때 사법심사의 대상이 된다(대판 2004. 3. 26, 2003도7878).

④ ✕ 학설상 서훈의 수여(영전의 수여)는 통치행위로 본다. 그러나 서훈의 취소는 통치행위가 아니라는 것이 판례의 입장이다.
> 서훈취소가 대통령이 국가원수로서 행하는 행위라고 하더라도 법원이 사법심사를 자제하여야 할 고도의 정치성을 띤 행위라고 볼 수는 없다(대판 2015. 4. 23, 2012두26920).

✔ 기출체크

② 관련 기출
1. 비상계엄의 선포와 그 확대행위가 국헌문란의 목적을 달성하기 위하여 행하여진 경우에는 법원은 그 자체가 범죄행위에 해당하는지의 여부에 관하여 심사할 수 있다. (○ | ✕)
2015 국가직 9급

2. 비상계엄의 선포(는 실질적 의미의 행정에 해당한다) (○ | ✕)
2015 지방직 7급

3. 대법원은 대통령의 비상계엄선포 및 그 확대행위는 고도의 정치적·군사적 판단에서 나온 것이므로 계엄선포 자체가 범죄에 해당하는지 여부에 관하여도 판단할 수 없다고 하였다. (○ | ✕)
2009 관세사

4. 대통령의 비상계엄의 선포나 확대행위는 고도의 정치적·군사적 성격을 지니고 있는 행위라 할 것이므로, 그 계엄선포의 요건 구비 여부나 선포의 당·부당을 판단할 권한이 사법부에는 없다고 할 것이고, 비상계엄의 선포나 확대가 국헌문란의 목적을 달성하기 위하여 행하여진 경우에라도 법원은 그 자체가 범죄행위에 해당하는지의 여부에 관하여 심사할 수 없다. (○ | ✕)
2008 중앙선관위 9급

③ 관련 기출
5. 남북정상회담의 개최과정에서 재정경제부장관(현 기획재정부장관)에게 신고하지 아니하거나 통일부장관의 협력사업 승인을 얻지 아니한 채 북한 측에 사업권의 대가 명목으로 송금한 행위는 사법심사의 대상이 되지 아니한다. (○ | ✕)
2022 군무원 9급

6. 남북정상회담의 개최과정에서 재정경제부장관(현 기획재정부장관)에게 신고하지 아니하고 북한 측에 사업권의 대가 명목으로 송금한 행위는 남북정상회담에 도움을 주기 위한 통치행위로서 사법심사의 대상이 되지 아니한다. (○ | ✕)
2022 군무원 7급

7. 남북정상회담의 개최과정에서 재정경제부장관(현 기획재정부장관)에게 신고하지 아니하거나 통일부장관의 협력사업 승인을 얻지 아니한 채 북한 측에 사업권의 대가 명목으로 송금한 행위 자체는 헌법상 법치국가의 원리와 법 앞에 평등원칙 등에 비추어 볼 때 사법심사의 대상이 된다. (○ | ✕)
2020·2017 경행경채, 2018 경행경채 3차

8. 남북정상회담의 개최(는 통치행위이다) (○ | ✕) 2016 교육행정직 9급

④ 관련 기출
9. 서훈취소는 대통령이 국가원수로서 행하는 행위이지만 통치행위는 아니다. (○ | ✕)
2023 국가직 9급

10. 비록 서훈취소가 대통령이 국가원수로서 행하는 행위라고 하더라도 법원이 사법심사를 자제하여야 할 고도의 정치성을 띤 행위라고 볼 수는 없다. (○ | ✕)
2022 군무원 9급

11. 대법원은 대통령의 서훈취소행위를 통치행위로 보고 있다. (○ | ✕)
2020 경행경채, 2016 교육행정직 9급

정답 1. ○ 2. ✕ 3. ✕ 4. ✕ 5. ✕ 6. ✕ 7. ○ 8. ○ 9. ○ 10. ○ 11. ✕

02

정답 ④

① ○

> 산업재해보상보험법 시행령 [별표 3] '업무상 질병에 대한 구체적인 인정기준'은 '뇌혈관 질병 또는 심장 질병', '근골격계 질병'의 업무상 질병 인정 여부 결정에 필요한 사항은 고용노동부장관이 정하여 고시하도록 위임하고 있음(제1호 (다)목, 제2호 (마)목). 위임근거인 산업재해보상보험법 시행령 [별표 3] '업무상 질병에 대한 구체적인 인정기준'이 예시적 규정에 불과한 이상, 그 위임에 따른 고용노동부 고시가 대외적으로 국민과 법원을 구속하는 효력이 있는 규범이라고 볼 수는 없고, 상급행정기관이자 감독기관인 고용노동부장관이 그 지도·감독 아래 있는 근로복지공단에 대하여 행정내부적으로 업무처리지침이나 법령의 해석·적용기준을 정해주는 '행정규칙'이라고 보아야 한다(대판 2020. 12. 24, 2020두39297).

② ○

> 특정 사안과 관련하여 법률에서 하위법령에 위임을 한 경우에 모법의 위임범위를 확정하거나 하위법령이 위임의 한계를 준수하고 있는지 여부를 판단할 때에는, 하위법령이 규정한 내용이 입법자가 형식적 법률로 스스로 규율하여야 하는 본질적 사항으로서 의회유보의 원칙이 지켜져야 할 영역인지, 당해 법률규정의 입법목적과 규정내용, 규정의 체계, 다른 규정과의 관계 등을 종합적으로 고려하여야 하고, 위임규정 자체에서 의미내용을 정확하게 알 수 있는 용어를 사용하여 위임의 한계를 분명히 하고 있는데도 문언적 의미의 한계를 벗어났는지나, 하위법령의 내용이 모법 자체로부터 위임된 내용의 대강을 예측할 수 있는 범위 내에 속한 것인지, 수권규정에서 사용하고 있는 용어의 의미를 넘어 범위를 확장하거나 축소하여서 위임내용을 구체화하는 단계를 벗어나 새로운 입법을 한 것으로 평가할 수 있는지 등을 구체적으로 따져보아야 한다(대판 2015. 8. 20, 2012두23808 전합).

③ ○

> **위임명령이 위임내용을 구체화하는 단계를 벗어나 새로운 입법을 한 것으로 평가할 수 있다면, 이는 위임의 한계를 일탈한 것으로서 허용되지 않는다.**
> 법률이 특정 사안과 관련하여 시행령에 위임을 한 경우 시행령이 위임의 한계를 준수하고 있는지를 판단할 때는 당해 법률규정의 입법목적과 규정내용, 규정의 체계, 다른 규정과의 관계 등을 종합적으로 살펴야 한다. 법률의 위임규정 자체가 그 의미내용을 정확하게 알 수 있는 용어를 사용하여 위임의 한계를 분명히 하고 있는데도 시행령이 그 문언적 의미의 한계를 벗어났다든지, 위임규정에서 사용하고 있는 용어의 의미를 넘어 그 범위를 확장하거나 축소함으로써 위임내용을 구체화하는 단계를 벗어나 새로운 입법을 한 것으로 평가할 수 있다면, 이는 위임의 한계를 일탈한 것으로서 허용되지 않는다(대판 2012. 12. 20, 2011두30878 전합).

④ × 하자 있는 행정행위가 무효 또는 취소할 수 있는 행위가 되는 것과 달리, 하자 있는 법규명령은 무효가 된다는 것이 통설의 입장이다.

✓ 기출체크

① 관련 기출

1. 위임근거인 산업재해보상보험법 시행령 [별표 3] '업무상 질병에 대한 구체적인 인정기준'이 예시적 규정에 불과한 이상, 그 위임에 따른 고용노동부 고시는 대외적으로 국민과 법원을 구속하는 효력이 있는 규범이라고 볼 수 없다. (○ | ×)   2025 변호사

② 관련 기출

2. 법률에서 하위법령에 위임을 한 경우에 하위법령이 위임의 한계를 준수하고 있는지 여부의 판단은 일반적으로 의회유보의 원칙과 무관하다. (○ | ×)   2019 사회복지직 9급

③ 관련 기출

3. 위임명령이 위임내용을 구체화하는 단계를 벗어나 새로운 입법을 한 것으로 평가할 수 있다면 이는 위임의 한계를 일탈한 것으로서 허용되지 않는다. (○ | ×)   2024 지방직·서울시 9급

4. 수권규정에서 사용하고 있는 용어의 의미를 넘어 위임내용을 구체화하는 단계를 벗어나 새로운 입법을 한 것으로 볼 수 있다면 위임의 한계를 넘은 것이다. (○ | ×)   2022 경찰간부

5. 위임명령이 위임내용을 구체화하는 단계를 벗어나 새로운 입법을 한 것으로 평가할 수 있다면, 위임의 한계를 벗어난 것으로서 허용되지 않는다. (○ | ×)   2020 소방직 9급

6. 법률의 위임규정 자체가 그 의미내용을 정확하게 알 수 있는 용어를 사용하여 위임의 한계를 분명히 하고 있는데도 시행령이 위임규정에서 사용하고 있는 용어의 의미를 넘어 그 범위를 확장하거나 축소함으로써 위임내용을 구체화하는 단계를 벗어나 새로운 입법을 한 것으로 평가할 수 있는 경우라도 이를 위임의 한계를 일탈한 것으로 보기는 어렵다. (○ | ×)   2017 국가직(하) 7급

7. 위임명령이 위임내용을 구체화하는 단계를 벗어나 새로운 입법을 한 것으로 평가할 수 있다고 하더라도 이는 위임의 한계를 일탈한 것이 아니다. (○ | ×)   2016 국가직 7급

④ 관련 기출

8. 위법한 법규명령은 무효가 된다. (○ | ×)   2016 교육행정직 9급

9. "국민의 권리를 제한하는 내용의 법규명령(X)이 법률의 위임 없이 위법하게 제정되었다. 장차 X법령의 적용을 받게 될 A는 당해 법령의 집행을 통한 자신의 권리침해를 우려하고 있다." 이 경우, X법령의 위법성이 중대·명백한 경우에는 X법령은 당연무효이지만, 그렇지 않은 경우 X법령은 취소되기 전까지는 유효한 법령이다. (○ | ×)   2008 국회직 8급

정답 1. ○ 2. × 3. ○ 4. ○ 5. ○ 6. × 7. × 8. ○ 9. ×

03
정답 ④

① ○ 행정행위의 효력을 부인하는 것이 형사소송에서 선결문제가 된 경우 행정행위가 당연무효가 아닌 한 형사법원은 공정력으로 인해 행정행위의 효력을 부인할 수 없다.

> 운전면허에 취소사유가 있다 하더라도 취소되지 않는 한 효력이 있으므로 무면허운전죄가 성립하는 것은 아니다(처분이 취소사유인 경우). 연령미달의 결격자인 피고인이 소외인(자신의 형)의 이름으로 운전면허시험에 응시·합격하여 교부받은 운전면허는 당연무효가 아니고 도로교통법 제65조 제3호의 사유에 해당함에 불과하여 취소되지 않는 한 유효하므로 피고인의 운전행위는 무면허운전에 해당하지 아니한다 (대판 1982. 6. 8, 80도2646).

②③ ○ 위법성 확인이 선결문제인 경우, 형사법원은 행정행위의 위법성에 대해서는 심사할 수 있다. 그런데 시정명령위반죄는 적법한 시정명령을 위반한 경우에 성립하는 것이고 위법한 시정명령을 따르지 않았다고 하여 범죄가 성립하는 것은 아니다. 위법한 명령에 따르지 않았다고 하여 처벌하는 것은 법치주의의 원칙 및 기본권보장규정을 위반하는 것이기 때문이다.

> 1-1. 도시계획구역 안에서 허가 없이 토지의 형질을 변경한 경우 행정청이 도시계획법 제78조 제1항에 의하여 행하는 처분이나 원상회복 등 조치명령의 대상자는 그 토지의 형질을 변경한 자이며 토지의 형질을 변경하지 않은 자에 대하여 한 원상복구의 시정명령은 위법하다.
> 1-2. 도시계획법 제78조 제1항에 정한 처분이나 조치명령을 받은 자가 이에 위반한 경우 같은 법 제92조에 정한 처벌을 하기 위하여는 그 처분이나 조치명령이 적법한 것이라야 하고, 그 처분이 당연무효가 아니라 하더라도 그것이 위법한 처분으로 인정되는 한 같은 법 제92조 위반죄가 성립될 수 없다(대판 1992. 8. 18, 90도1709).
> 2. 소하천정비법 제14조 제5항, 제17조 제5호에 의하여 행정청으로부터 시정명령을 받은 사람이 이를 위반한 경우, 그로 인하여 같은 법 제27조 제4호에 정한 처벌을 하기 위해서는 그 시정명령이 적법해야 한다. 따라서 시정명령이 당연무효가 아니더라도 위법하다고 인정되는 한 같은 법 제27조 제4호의 위반죄가 성립될 수 없고, 시정명령이 절차적 하자로 인하여 위법한 경우에도 마찬가지이다(대판 2020. 5. 14, 2020도2564).

🔍 **관련판례**
1. 「개발제한구역의 지정 및 관리에 관한 특별조치법」(이하 '개발제한구역법'이라 한다) 제30조 제1항에 의하여 행정청으로부터 시정명령을 받은 자가 이를 위반한 경우, 그로 인하여 개발제한구역법 제32조 제2호에 정한 처벌을 하기 위하여는 시정명령이 적법한 것이라야 하고, 시정명령이 당연무효가 아니더라도 위법한 것으로 인정되는 한 개발제한구역법 제32조 제2호 위반죄가 성립될 수 없다(대판 2017. 9. 21, 2017도7321).
2. 「국토의 계획 및 이용에 관한 법률」(이하 '법'이라 한다) 제133조 제1항에 정한 처분이나 조치명령을 받은 자가 이에 위반한 경우 이로 인하여 법 제142조에 정한 처벌을 하기 위하여는 그 처분이나 조치명령이 적법한 것이라야 하고, 그 처분이 당연무효가 아니라 하더라도 그것이 위법한 처분으로 인정되는 한 법 제142조 위반죄가 성립될 수 없다고 할 것이고, 한편 법 제133조 제1항 제1호, 제54조의 각 규정을 종합하면 지구단위계획에 적합하지 않은 건축물을 건축하거나 용도변경한 경우 행정청은 그 건축물을 건축한 자나 용도변경한 자에 대하여서만 법 제133조 제1항에 의하여 처분이나 원상회복 등의 조치명령을 할 수 있고, 명문의 규정이 없는 한 이러한 건축물을 양수한 자에 대하여는 이를 할 수 없다고 할 것이다(대판 2007. 2. 23, 2006도6845).
3. 개발제한구역 안에 건축되어 있던 비닐하우스를 매수한 자에게 구청장이 이를 철거하여 토지를 원상회복하라고 시정지시한 조치는 위법하므로 이러한 시정지시를 따르지 않았다고 하여 구 도시계획법 제92조 제4호에 정한 조치명령 등 위반죄로 처벌할 수는 없다 (대판 2004. 5. 14, 2001도2841).

④ ✕

> 행정행위가 당연무효인 때에는 민사법원도 당연무효를 전제로 하여 판단할 수 있다.
> 국세 등의 부과 및 징수처분 등과 같은 행정처분이 당연무효임을 전제로 하여 민사소송을 제기한 때에는 그 행정처분의 당연무효인지의 여부가 선결문제이므로, 법원은 이를 심사하여 그 행정처분의 하자가 중대하고 명백하여 당연무효라고 인정될 경우에는 이를 전제로 하여 판단할 수 있으나, 그 하자가 단순한 취소사유에 그칠 때에는 법원은 그 효력을 부인할 수 없다(대판 1973. 7. 10, 70다1439).

✓ **기출체크**

① 관련 기출

1. 연령미달의 결격자인 피고인이 소외인의 이름으로 운전면허시험에 응시·합격하여 운전면허를 취득한 후 차를 운전하였다가 무면허운전죄로 기소되었더라도 무면허운전죄가 성립하지 않는다. (○ | ✕) 2024 국회직 8급

2. 연령미달의 결격자인 피고인이 형의 이름으로 운전면허시험에 응시하여 교부받은 운전면허는 당연무효가 아니고 취소되지 않는 한 유효하므로 피고인의 운전행위는 무면허운전에 해당하지 아니한다. (○ | ✕) 2023 소방간부

3. 연령미달 결격자가 다른 사람 이름으로 교부받은 운전면허는 당연무효가 아니고 취소되지 않는 한 유효하므로 그 연령미달 결격자의 운전행위는 무면허운전에 해당하지 아니한다. (○ | ✕) 2022 국가직 9급

4. 연령미달의 결격자 甲이 타인(자신의 형)의 이름으로 운전면허시험에 응시·합격하여 교부받은 운전면허라 하더라도 당연무효는 아니고, 당해 면허가 취소되지 않는 한 유효하므로, 甲의 운전행위는 무면허운전죄에 해당하지 않는다. (○ | ✕) 2019 경행경채 2차

② 관련 기출

5. 「국토의 계획 및 이용에 관한 법률」에 따른 처분이나 조치명령에 따라야 할 의무위반을 이유로 형사처벌을 하기 위해서는 그 처분이나 조치명령이 적법한 것이어야 하므로 형사법원은 해당 조치명령의 위법성을 판단할 수 있다. (○ | ✕) 2023 소방간부

6. 행정행위의 위법 여부가 범죄구성요건의 문제로 된 경우에는 형사법원이 행정행위의 위법성을 인정할 수 있다. (○ | ✕) 2022 군무원 7급

7. 구 도시계획법상 원상회복 등의 조치명령을 받고도 이를 따르지 않은 자에 대해 형사처벌을 하기 위해서는 적법한 조치명령이 전제되어야 하며, 이때 형사법원은 그 적법 여부를 심사할 수 있다. (○ | ✕) 2022 국가직 9급

8. 어떤 법률에 의하여 행정청으로부터 시정명령을 받은 자가 이를 위반한 경우 그 때문에 그 법률에서 정한 처벌을 하기 위하여는 그 시정명령은 적법한 것이라야 한다. (○ | ✕) 2021 군무원 7급

9. 건축법상 위법건축물에 내려진 시정명령을 이행하지 않아 명령위반죄로 기소된 경우 형사법원은 이를 판단할 수 있다. (○ | ✕) 2020 국회직 8급

③ 관련 기출

10. 「개발제한구역의 지정 및 관리에 관한 특별조치법」에 의하여 행정청으로부터 시정명령을 받은 자가 이를 위반한 경우, 그로 인하여 같은 법에서 정한 처벌을 하기 위하여는 시정명령이 적법한 것이어야 한다. (O | X)

2025 소방간부

11. 소하천정비법에 따라 행정청으로부터 시정명령을 받은 사람이 이를 위반한 경우, 그로 인하여 같은 법에서 정한 처벌을 하기 위해서는 그 시정명령이 적법해야 하고, 시정명령이 당연무효가 아니더라도 위법하다고 인정되는 한 그 위반죄가 성립될 수 없다. (O | X)

2022 소방간부

12. 「개발제한구역의 지정 및 관리에 관한 특별조치법」에 따라 행정청으로부터 시정명령을 받은 자가 이를 이행하지 않은 경우, 당해 시정명령이 위법한 것으로 인정되는 한 죄가 성립하지 않는다. (O | X) 2019 경행경채 2차

④ 관련 기출

13. 민사소송에 있어서 행정처분의 당연무효 여부가 선결문제로 되는 때에는 이를 판단하여 당연무효임을 전제로 판결할 수 있고 반드시 행정소송 등의 절차에 의하여 그 취소나 무효확인을 받아야 하는 것은 아니다.
(O | X) 2023 소방간부, 2021 지방직·서울시 9급

14. 민사소송에 있어서 어느 행정처분의 당연무효 여부가 선결문제로 되는 때에는 이를 판단하여 당연무효임을 전제로 판결할 수 있다. (O | X)

2023 소방직 9급

15. 선결문제가 행정행위의 당연무효이면 민사법원이 직접 그 무효를 판단할 수 있다. (O | X) 2022 군무원 7급

16. 행정행위에 중대·명백한 하자가 있는 경우 선결문제에도 불구하고 민사법원 및 형사법원은 제기된 청구에 대하여 판결을 내릴 수 있다. (O | X)

2020 국회직 8급

17. 과·오납세금반환청구소송에서 민사법원은 그 선결문제로서 과세처분의 무효 여부를 판단할 수 있다. (O | X) 2019 국가직 9급

정답 1. O 2. O 3. O 4. O 5. O 6. O 7. O 8. O 9. O 10. O
11. O 12. O 13. O 14. O 15. O 16. O 17. O

04

정답 ④

① ✗

> 도시계획구역 내 생산녹지로 답(畓)인 토지에 대하여 종교회관 건립을 이용목적으로 하는 토지거래계약의 허가를 받으면서 담당공무원이 관련법규상 허용된다 하여 이를 신뢰하고 건축준비를 하였으나, 그 후 토지형질변경허가신청을 불허가한 것은 신뢰보호원칙에 반한다.
> 토지거래계약의 허가과정에서 이 사건 토지형질변경이 가능하다는 피고 측의 견해표명은 원고의 요청에 의하여 우연히 피고의 소속 담당공무원이 은혜적으로 행정청의 단순한 정보제공 내지는 일반적인 법률상담 차원에서 이루어진 것이라고 보이기보다는, 이 사건 토지거래계약의 허가와 같이 그 이용목적이 토지형질변경을 거쳐 건축물을 건축하는 것인 경우 그러한 이용목적이 관계법령상 허용되는 것인지를 개별적·구체적으로 검토하여 그것이 가능할 경우에만 거래계약허가를 하여 주도록 하는 것이 당시 피고 시청의 실무처리관행이거나 내부업무 처리지침이어서 그에 따라 이루어진 것으로 볼 여지가 더 많고, 나아가 위 토지거래허가신청과정에서 그 허가담당공무원으로부터 이용목적대로 토지를 이용하겠다는 각서까지 제출할 것을 요구받아 이를 제출한 원고로서는 피고 측의 위와 같은 견해표명에 대하여 더 고도의 신뢰를 갖게 되었다고 할 것이다(대판 1997. 9. 12, 96누18380).

② ✗

> 공무원임용결격자에 대한 공무원임용행위는 무효이며, 이 경우 임용결격자는 신뢰보호원칙을 주장할 수 없다.
> 국가가 공무원임용결격사유가 있는 자에 대하여 결격사유가 있는 것을 알지 못하고 공무원으로 임용하였다가 사후에 결격사유가 있는 자임을 발견하고 공무원임용행위를 취소하는 것은 당사자에게 원래의 임용행위가 당초부터 당연무효이었음을 통지하여 확인시켜 주는 행위에 지나지 아니하는 것이므로, 그러한 의미에서 당초의 임용처분을 취소함에 있어서는 신의칙 내지 신뢰의 원칙을 적용할 수 없고 또 그러한 의미의 취소권은 시효로 소멸하는 것도 아니다(대판 1987. 4. 14, 86누459).

③ ✗

> 정책의 주무부처인 중앙행정기관이 그 소관 사항에 대하여 입안한 법령안은 법제처 심사 등의 절차를 거쳐 공포함으로써 확정되므로, 법령이 확정되기 이전에는 법적 효과가 발생할 수 없다. 따라서 입법예고를 통해 법령안의 내용을 국민에게 예고한 적이 있다고 하더라도 그것이 법령으로 확정되지 아니한 이상 국가가 이해관계자들에게 위 법령안에 관련된 사항을 약속하였다고 볼 수 없으며, 이러한 사정만으로 어떠한 신뢰를 부여하였다고 볼 수도 없다(대판 2018. 6. 15, 2017다249769).

④ O

> 행정청의 확약 또는 공적인 의사표명이 있은 후 사실적·법률적 상태가 변경되었다면 확약은 행정청의 별다른 의사표시를 기다리지 않고 실효된다.
> 행정청이 상대방에게 장차 어떤 처분을 하겠다고 확약 또는 공적인 의사표명을 하였다고 하더라도, 그 자체에서 상대방으로 하여금 언제까지 처분의 발령을 신청하도록 유효기간을 두었는데도 그 기간 내에 상대방의 신청이 없었다거나 확약 또는 공적인 의사표명이 있은 후에 사실적·법률적 상태가 변경되었다면, 그와 같은 확약 또는 공적인 의사표명은 행정청의 별다른 의사표시를 기다리지 않고 실효된다(대판 1996. 8. 20, 95누10877).

✓ 기출체크

① 관련 기출

1. 도시계획구역 내 생산녹지로 답(畓)인 토지에 대하여 종교회관 건립을 이용목적으로 하는 토지거래계약의 허가를 받으면서 담당공무원이 관련법규상 허용된다 하여 이를 신뢰하고 건축준비를 하였으나, 그 후 토지형질변경허가신청을 불허가한 것은 신뢰보호원칙에 반한다. (O | X)

2018 경행경채 3차, 2016 경행경채, 2013 국가직 9급

2. 토지거래계약의 허가를 통하여서나 그 과정에서 그 소속 공무원들을 통하여 토지형질변경이 가능하다는 견해표명은 건축을 위한 토지의 형질변경이 가능하다는 공적 견해표명을 한 것이라고 볼 여지가 많다. (O | X)

2008 지방직 9급

② 관련 기출

3. 국가가 공무원임용결격사유가 있는 자에 대하여 결격사유가 있는 것을 알지 못하고 공무원으로 임용하였다가 사후에 결격사유가 있는 자임을 발견하고 공무원임용행위를 취소함은 당사자에게 원래의 임용행위가 당초부터 당연무효이었음을 통지하여 확인시켜 주는 행위에 지나지 아니하는 것이므로, 그러한 의미에서 당초의 임용처분을 취소함에 있어서는 신의칙 내지 신뢰의 원칙을 적용할 수 없다. (O | X) 2016 경행경채

4. 우리 판례는 공무원임용결격사유에 해당하는 자를 공무원으로 임명한 행위는 당연무효라고 함으로써 공무원 본인의 신뢰보호보다는 공무원법상의 법률적합성을 우선시키고 있다. (O | X) 2004 관세사

③ 관련 기출

5. 입법예고를 통해 법령안의 내용을 국민에게 예고한 적 있다고 하더라도 그것이 법령으로 확정되지 아니한 이상 국가가 이해관계인들에게 그 법령안에 관련된 사항을 약속하였다고 볼 수 없으며, 이러한 사정만으로 어떠한 신뢰를 부여하였다고 볼 수도 없다. (○ | ×)
   2023 해경간부, 2020 국가직 9급

6. 주무부처인 중앙행정기관이 입법예고를 통해 법령안의 내용을 국민에게 예고한 적이 있다면, 그것이 법령으로 확정되지 아니하였다고 하더라도 국가는 위 법령안에 관련된 사항에 대해 이해관계자들에게 어떠한 신뢰를 부여한 것으로 볼 수 있다. (○ | ×)
   2022 소방직 9급

④ 관련 기출

7. 행정청이 상대방에게 장차 어떤 처분을 하겠다고 확약을 하였더라도, 그 자체에서 상대방으로 하여금 언제까지 처분의 발령을 신청하도록 유효기간을 두었는데도 그 기간 내에 상대방의 신청이 없었다면, 그 확약은 행정청의 별다른 의사표시를 기다리지 않고 실효된다. (○ | ×)
   2023 국가직 7급

8. 행정청의 확약 또는 공적인 의사표명 그 자체에서 처분의 발령을 신청하도록 유효기간을 두었을 경우 그 후에 사실적·법률적 상태가 변경되었더라도 직권취소나 철회로 효력이 소멸되고 당연히 실효되는 것은 아니다. (○ | ×)
   2023 군무원 7급

9. 행정청이 어떤 처분을 하겠다는 확약을 하면서 그 자체에서 상대방에게 일정 기간까지 그 처분의 신청을 하도록 유효기간을 둔 경우, 그 기간 내에 상대방의 신청이 없거나 확약이 있은 후에 사실적·법률적 상태가 변경되었다면 그 확약은 행정청의 별다른 의사표시를 기다리지 않고 실효된다. (○ | ×)
   2023 변호사

10. 행정청이 공적인 의사표명을 하였다면 이후 사실적·법률적 상태의 변경이 있더라도 행정청이 이를 취소하지 않는 한 여전히 공적인 의사표명은 유효하다. (○ | ×)
    2021 지방직·서울시 9급

11. 확약에는 공정력이나 불가쟁력과 같은 효력이 인정되는 것은 아니라고 하더라도, 일단 확약이 있은 후에 사실적·법률적 상태가 변경되었다고 하여 행정청의 별다른 의사표시 없이 확약이 실효된다고 할 수 없다. (○ | ×)
    2019 지방직 7급

정답 1. ○ 2. ○ 3. ○ 4. ○ 5. ○ 6. × 7. ○ 8. × 9. ○ 10. × 11. ×

05
정답 ③

① ○

> 정보공개를 청구하는 자가 공공기관에 대해 정보의 사본 또는 출력물의 교부방법으로 공개방법을 선택하여 정보공개청구를 한 경우, 공개청구를 받은 공공기관은 그 공개방법을 선택할 재량권이 없다.
> 정보공개를 청구하는 자가 공공기관에 대해 정보의 사본 또는 출력물의 교부의 방법으로 공개방법을 선택하여 정보공개청구를 한 경우에 공개청구를 받은 공공기관으로서는 「공공기관의 정보공개에 관한 법률」 제8조(현 제13조) 제2항에서 규정한 정보의 사본 또는 복제물의 교부를 제한할 수 있는 사유에 해당하지 않는 한 정보공개청구자가 선택한 공개방법에 따라 정보를 공개하여야 하므로 그 공개방법을 선택할 재량권이 없다고 해석함이 상당하다(대판 2003. 12. 12, 2003두8050).

② ○

> 교육공무원의 근무성적평정의 결과를 공개하지 아니한다고 규정하고 있는 교육공무원승진규정 제26조를 근거로 정보공개청구를 거부하는 것은 위법이다(공개대상).
> 교육공무원법 제13·14조의 위임에 따라 제정된 교육공무원승진규정은 정보공개에 관한 사항에 관하여 구체적인 법률의 위임에 따라 제정된 명령이라고 할 수 없고, 따라서 교육공무원승진규정 제26조에서 근무성적평정의 결과를 공개하지 아니한다고 규정하고 있다고 하더라도 위 교육공무원승진규정은 「공공기관의 정보공개에 관한 법률」 제9조 제1항 제1호에서 말하는 법률이 위임한 명령에 해당하지 아니하므로 위 규정을 근거로 정보공개청구를 거부하는 것은 잘못이다(대판 2006. 10. 26, 2006두11910).

🔍 참조조문

교육공무원법 제13조【승진】 교육공무원의 승진임용은 같은 종류의 직무에 종사하는 바로 아래 직급의 사람 중에서 대통령령으로 정하는 바에 따라 경력평정, 재교육성적, 근무성적, 그 밖에 실제 증명되는 능력에 의하여 한다.

구 교육공무원승진규정(대통령령) 제26조【평정결과의 비공개】 근무성적평정의 결과는 이를 공개하지 아니한다.

🔍 관련 기출 4번(2010 지방직 9급) 보충 해설

1. 법률이 위임한 명령은 정보의 공개에 관하여 법률의 구체적인 위임 아래 제정된 법규명령(위임명령)을 의미한다.
   「공공기관의 정보공개에 관한 법률」 제1·3조, 헌법 제37조의 각 취지와 행정입법으로는 법률이 구체적으로 범위를 정하여 위임한 범위 안에서만 국민의 자유와 권리에 관련된 규율을 정할 수 있는 점 등을 고려할 때, 「공공기관의 정보공개에 관한 법률」 제7조 제1항 제1호 소정의 '법률에 의한 명령'은 법률의 위임규정에 의하여 제정된 대통령령, 총리령, 부령 전부를 의미한다기보다는 정보의 공개에 관하여 법률의 구체적 위임 아래 제정된 법규명령(위임명령)을 의미한다(대판 2003. 12. 11, 2003두8395).

2. 헬기도입사업에 대한 감사결과보고서가 군사2급비밀에 해당하는 이상, 「공공기관의 정보공개에 관한 법률」 제9조 제1항 제1호에 의하여 공개하지 아니할 수 있는 것임이 분명하다(대판 2006. 11. 10, 2006두9351).

③ ×

> 사면대상자들의 사면실시건의서와 그와 관련된 국무회의 안건자료에 관한 정보는 구 「공공기관의 정보공개에 관한 법률」에서 정한 비공개사유에 해당하지 않는다(공개대상).
> 사면대상자들의 사면실시건의서와 그와 관련된 국무회의 안건자료에 관한 정보는 그 공개로 얻는 이익이 그로 인하여 침해되는 당사자들의 사생활의 비밀에 관한 이익보다 더욱 크므로 구 「공공기관의 정보공개에 관한 법률」 제7조 제1항 제6호에서 정한 비공개사유에 해당하지 않는다(대판 2006. 12. 7, 2005두241).

④ ○

> 「공공기관의 정보공개에 관한 법률」 제17조【비용 부담】① 정보의 공개 및 우송 등에 드는 비용은 실비(實費)의 범위에서 청구인이 부담한다.
> ② 공개를 청구하는 정보의 사용목적이 공공복리의 유지·증진을 위하여 필요하다고 인정되는 경우에는 제1항에 따른 비용을 감면할 수 있다.

✓ 기출체크

① 관련 기출

1. 정보공개를 청구하는 자가 공공기관에 대해 정보의 사본 또는 출력물의 교부방법으로 공개방법을 선택하여 정보공개청구를 한 경우, 공개청구를 받은 공공기관은 「공공기관의 정보공개에 관한 법률」에서 규정한 정보의 사본 또는 복제물의 교부를 제한할 수 있는 사유에 해당하지 않는 한 그 공개방법을 선택할 재량이 없다. (○ | ×) 　　　　　2024 국가직 9급

2. (甲은 행정청 A가 보유·관리하는 정보 중 乙과 관련이 있는 정보를 사본교부의 방법으로 공개하여 줄 것을 청구하였다) A는 甲이 청구한 사본 교부의 방법이 아닌 열람의 방법으로 정보를 공개할 수 있는 재량을 가진다. (○ | ×) 　　　　　2017 국가직(하) 9급

3. 정보공개법 제13조 제2항에서 규정한 정보의 사본 또는 복제물의 교부를 제한할 수 있는 사유에 해당하지 아니하는 한 정보공개청구자가 선택한 공개방법에 따라 공개하여야 하므로 공공기관은 정보공개방법을 선택할 재량권이 없다. (○ | ×) 　　　　　2017 국회직 8급

② 관련 기출

4. 공공기관이 보유·관리하는 정보는 공개하는 것이 원칙이나, 다른 법률 또는 법률이 위임한 명령에 의하여 비밀 또는 비공개사항으로 규정된 정보는 공개하지 아니할 수 있다. 이에 관한 판례의 입장으로 옳은 것은?
　　　　　2010 지방직 9급
   ① 여기서의 법률이 위임한 명령이란 법률의 위임에 의하여 제정된 대통령령, 총리령, 부령 전부를 의미하는 것이 아니라 정보의 공개에 관하여 법률의 구체적 위임에 의하여 제정된 법규명령을 의미한다.
   ② 교육공무원법의 위임에 따라 제정된 교육공무원승진규정은 정보공개에 관한 사항에 관하여 구체적인 법률의 위임에 의하여 제정된 법규명령이라고 할 수 있다.
   ③ 교육공무원승진규정이 근무성적평정결과를 공개하지 아니한다고 규정하고 있는 경우 동 규정을 근거로 정보공개청구를 거부할 수 있다.
   ④ 감사원장의 감사결과가 군사2급비밀에 해당한다고 하여 「공공기관의 정보공개에 관한 법률」 제9조 제1항 제1호에 의하여 공개하지 아니할 수는 없다.

5. 교육공무원에 대한 근무성적평정의 결과(는 대법원 판례에 의할 때 비공개대상정보에 해당한다) (○ | ×) 　　　　　2010 국가직 9급

6. 교육공무원의 근무성적평정의 결과를 공개하지 아니한다고 규정하고 있는 교육공무원승진규정 제26조를 근거로 정보공개청구를 거부하는 것은 타당하지 않다. (○ | ×) 　　　　　2008 지방직 7급

③ 관련 기출

7. 사면대상자들의 사면실시건의서와 그와 관련된 국무회의 안건자료는 공개대상이 되는 정보이다. (○ | ×) 　　　　　2015 사회복지직 9급

8. 대통령의 사면권 행사는 고도의 정치적 행위이므로 그 정보의 공개가 사면권 자체를 부정하게 될 위험이 있고 해당 정보의 당사자들의 사생활의 비밀도 침해할 우려가 있기 때문에 「공공기관의 정보공개에 관한 법률」상의 비공개사유에 해당된다. (○ | ×) 　　　　　2010 국회직 8급

④ 관련 기출

9. (「공공기관의 정보공개에 관한 법률」상) 정보의 공개 및 우송 등에 드는 비용은 정보공개청구를 받은 행정청이 부담한다. (○ | ×) 　　　　　2019 국가직 9급

10. 정보의 공개 및 우송 등에 소요되는 비용은 실비의 범위에서 청구인의 부담으로 한다. 다만, 그 액수가 너무 많아서 청구인에게 과중한 부담을 주는 경우에는 비용을 감면할 수 있다. (○ | ×) 　　　　　2018 서울시 1회 7급

11. 정보의 공개 및 우송 등에 소요되는 비용은 실비의 범위에서 청구인이 부담하나, 공개를 청구하는 정보의 사용목적이 공공복리의 유지·증진을 위하여 필요하다고 인정되는 경우에는 그 비용을 감면할 수 있다. (○ | ×) 　　　　　2015 지방직 9급

정답 1. ○ 2. × 3. ○ 4. ① 5. × 6. ○ 7. ○ 8. × 9. × 10. × 11. ○

06　　　　　　　　　　　　　　　　정답 ①

㉮ ×

> **국가배상법 제9조 【소송과 배상신청의 관계】** 이 법에 따른 손해배상의 소송은 배상심의회(이하 '심의회'라 한다)에 배상신청을 하지 아니하고도 제기할 수 있다.

> 국가배상심의위원회의 결정은 행정처분이 아니다.
> 국가배상법에 의한 배상심의회의 결정은 행정처분이 아니므로 행정소송의 대상이 아니다(대판 1981. 2. 10, 80누317).

㉯ ○ 보건소 의사 乙은 공무원의 신분을 가지므로 경과실인 경우에는 면책되지만, 고의 또는 중과실이 있는 경우에는 민사상 손해배상책임을 지게 된다.

> 1. 공무원이 직무수행 중 불법행위로 타인에게 손해를 입힌 경우에 국가 등이 국가배상책임을 부담하는 외에 공무원 개인도 고의 또는 중과실이 있는 경우에는 불법행위로 인한 민사상 손해배상책임을 진다.
> 2. 그러나 공무원에게 경과실뿐인 경우에는 공무원 개인은 손해배상책임을 부담하지 아니한다(대판 1996. 2. 15, 95다38677 전합).

㉰㉱ ×

> 1. 경과실이 있는 공무원이 피해자에 대하여 손해배상책임을 부담하지 아니함에도 피해자에게 손해를 배상하였다면 그것은 채무자 아닌 사람이 타인의 채무를 변제한 경우에 해당하고, 이는 민법 제469조의 '제3자의 변제' 또는 민법 제744조의 '도의관념에 적합한 비채변제'에 해당하여 피해자는 공무원에 대하여 이를 반환할 의무가 없다.
> 2. 공무원이 직무수행 중 불법행위로 타인에게 손해를 입힌 경우, 피해자에게 손해를 직접 배상한 경과실이 있는 공무원은 원칙적으로 변제한 금액에 관하여 국가에 대하여 구상권을 취득한다(대판 2014. 8. 20, 2012다54478).

㉲ × 甲의 국가배상청구권은 乙의 주의의무 위반으로 인한 시력 약화라는 신체 침해로 인하여 발생한 것이므로 압류의 대상이 될 수 없다.

> **국가배상법 제4조 【양도 등 금지】** 생명·신체의 침해로 인한 국가배상을 받을 권리는 양도하거나 압류하지 못한다.

✓ 기출체크

㉮ 관련 기출

1. 공무원의 불법행위를 이유로 국가배상청구소송을 제기하려면 배상심의회에 배상신청을 먼저 거쳐야 한다. (○ | ×) 　　　　　2025 소방간부

2. 국가배상법에 따른 손해배상의 소송은 배상심의회에 배상신청을 하지 아니하면 제기할 수 없다. (○ | ×) 2024 지방직·서울시 9급, 2013 경행특채

3. 국가배상소송은 배상심의회에 배상신청을 하지 아니하고도 제기할 수 있다. (○ | ×)
2015 사회복지직 9급

4. 판례에 따르면 국가배상법상 배상심의회에 의한 배상결정은 행정처분이 아니다. (○ | ×)
2008 선관위 9급

관련 기출

5. 국가나 지방자치단체가 배상책임을 지는 외에 공무원 개인도 고의 또는 중과실이 있는 경우에는 피해자에 대하여 불법행위로 인한 손해배상책임을 진다. (○ | ×)
2017 국가직(하) 9급

6. 공무원이 고의 또는 중과실로 불법행위를 하여 손해를 입힌 경우 피해자는 공무원 개인에 대하여 손해배상을 청구할 수 있다. (○ | ×)
2016 서울시 9급

7. 공무원의 불법행위에 고의 또는 중과실이 있는 경우 피해자는 국가·지방자치단체나 가해공무원 어느 쪽이든 선택적 청구가 가능하다. (○ | ×)
2016 국회직 8급

관련 기출

8. 경과실로 불법행위를 한 공무원이 피해자에게 손해를 배상하였다면 이는 타인의 채무를 변제한 경우에 해당하므로 피해자는 공무원에게 이를 반환할 의무가 있다. (○ | ×)
2022 지방직·서울시 9급

9. 경과실이 있는 공무원이 피해자에 대하여 손해배상책임을 부담하지 아니함에도 피해자에게 손해를 배상하였다면 이는 법률상 원인이 없는 것으로 피해자는 공무원에 대하여 이를 반환할 의무가 있다. (○ | ×)
2021 국회직 8급

관련 기출

10. 직무수행 중 경과실로 불법행위를 한 국가공무원이 피해자에게 직접 손해를 배상한 경우 그 공무원에게 자신이 변제한 금액에 관하여 국가에 대한 구상권은 인정되지 않는다. (○ | ×)
2025 소방간부

11. 피해자에게 직접 손해를 배상한 경과실이 있는 공무원은 국가에 대해 구상권을 행사할 수 없다. (○ | ×)
2023 군무원 7급

12. 직무수행 중 경과실로 피해자에게 손해를 입힌 공무원이 피해자에게 손해를 배상하였다면, 공무원은 특별한 사정이 없는 한 국가가 피해자에 대하여 부담하는 손해배상책임의 범위 내에서 자신이 변제한 금액에 관하여 구상권을 취득한다. (○ | ×)
2022 국회직 8급

13. 경과실이 있는 공무원이 피해자에게 손해를 배상하였다면 채무자 아닌 사람이 타인의 채무를 변제한 경우에 해당하므로 피해자에게 손해를 직접 배상한 경과실이 있는 공무원은 특별한 사정이 없는 한, 국가의 피해자에 대한 손해배상책임의 범위 내에서 자신이 변제한 금액에 관하여 국가에 대한 구상권을 취득한다. (○ | ×)
2019 국가직 9급, 2015 지방직 9급

관련 기출

14. 생명·신체의 침해로 인한 국가배상을 받을 권리는 양도하거나 압류하지 못한다. (○ | ×)
2013 국가직 9급

15. 국가배상법상 생명·신체의 침해로 인한 국가배상을 받을 권리는 압류하지 못하나 양도할 수는 있다. (○ | ×)
2013 경행특채

16. 신체·생명의 침해로 인한 손해배상청구권은 양도할 수는 있지만 압류하지는 못한다. (○ | ×)
2011 국가직 7급

정답 1. × 2. × 3. ○ 4. ○ 5. ○ 6. ○ 7. ○ 8. × 9. × 10. ×
11. × 12. ○ 13. ○ 14. ○ 15. × 16. ×

07
정답 ③

① ×

> '민주화운동 관련자 명예회복 및 보상심의위원회'의 보상금 등의 지급 대상자에 관한 결정은 행정처분이며, 「민주화운동 관련자 명예회복 및 보상 등에 관한 법률」에 따른 보상금 지급신청을 기각하는 결정에 대한 불복을 구하는 소송은 취소소송이다.

「민주화운동 관련자 명예회복 및 보상 등에 관한 법률」 제2조 제1호, 제2호 본문, 제4조, 제10조, 제11조, 제13조 규정들의 취지와 내용에 비추어 보면, 같은 법 제2조 제2호 각 목은 민주화운동과 관련한 피해 유형을 추상적으로 규정한 것에 불과하여 제2조 제1호에서 정의하고 있는 민주화운동의 내용을 함께 고려하더라도 그 규정들만으로는 바로 법상의 보상금 등의 지급대상자가 확정된다고 볼 수 없고, '민주화운동 관련자 명예회복 및 보상심의위원회'에서 심의·결정을 받아야만 비로소 보상금 등의 지급대상자로 확정될 수 있다. 따라서 그와 같은 심의위원회의 결정은 국민의 권리·의무에 직접 영향을 미치는 행정처분에 해당하므로, …… (대판 2008. 4. 17. 2005두16185 전합)

② ×

> 납세의무자의 부가가치세 환급세액 지급청구는 당사자소송의 절차에 따라야 한다.

이와 같은 부가가치세법령의 내용, 형식 및 입법취지 등에 비추어 보면, 납세의무자에 대한 국가의 부가가치세 환급세액 지급의무는 그 납세의무자로부터 어느 과세기간에 과다하게 거래징수된 세액상당을 국가가 실제로 납부받았는지와 관계없이 부가가치세법령의 규정에 의하여 직접 발생하는 것으로서, 그 법적 성질은 정의와 공평의 관념에서 수익자와 손실자 사이의 재산상태조정을 위해 인정되는 부당이득반환의무가 아니라 부가가치세법령에 의하여 그 존부나 범위가 구체적으로 확정되고 조세정책적 관점에서 특별히 인정되는 공법상 의무라고 봄이 타당하다. 그렇다면 납세의무자에 대한 국가의 부가가치세 환급세액 지급의무에 대응하는 국가에 대한 납세의무자의 부가가치세 환급세액 지급청구는 민사소송이 아니라 행정소송법 제3조 제2호에 규정된 당사자소송의 절차에 따라야 한다(대판 2013. 3. 21, 2011다95564 전합).

③ ○

> 구 「도시 및 주거환경정비법」상 재개발조합과 조합장 또는 조합임원 사이의 선임·해임 등을 둘러싼 법률관계의 성질은 사법(私法)상의 법률관계이다.

재개발조합과 조합장 또는 조합임원 사이의 선임·해임 등을 둘러싼 법률관계는 사법상의 법률관계로서 그 조합장 또는 조합임원의 지위를 다투는 소송은 민사소송에 의하여야 할 것이다(대결 2009. 9. 24, 2009마168·169).

④ ×

1. 공무원연금관리공단(현 공무원연금공단)이 공무원연금법령의 개정사실과 퇴직연금수급자가 퇴직연금 중 일부 금액의 지급정지대상자가 되었다는 사실을 통보한 경우, 위 통보는 항고소송의 대상이 되는 처분이 아니다.

2. 공무원연금관리공단이 퇴직연금 중 일부 금액에 대하여 지급거부의 의사표시를 한 경우, 그 의사표시가 항고소송의 대상이 되는 행정처분이 아니며 이 경우 미지급퇴직연금의 지급을 구하는 소송은 공법상 당사자소송이다(대판 2004. 7. 8, 2004두244).

✔ 기출체크

① 관련 기출

1. 「민주화운동 관련자 명예회복 및 보상 등에 관한 법률」에 의한 보상금 지급신청의 기각결정(은 행정소송법상 당사자소송의 대상이 될 수 없다) (○ | ×)   2024 소방간부

2. 「민주화운동 관련자 명예회복 및 보상 등에 관한 법률」에 따른 보상심의위원회의 결정을 다투는 소송(은 공법상 당사자소송에 해당한다) (○ | ×)   2015 지방직 7급

3. 「민주화운동 관련자 명예회복 및 보상 등에 관한 법률」의 규정들만으로는 바로 법상의 보상금 등의 지급대상자가 확정된다고 볼 수 없고, 심의위원회에서 심의·결정을 받아야만 비로소 보상금 등의 지급대상자로 확정될 수 있는 경우의 보상금 지급을 구하는 소송(은 당사자소송으로 다루어야 한다) (○ | ×)   2014 국회직 8급

4. 「민주화운동 관련자 명예회복 및 보상 등에 관한 법률」상의 보상심의위원회의 보상금 지급결정(은 공법상 당사자소송의 대상이다) (○ | ×)   2011 국회직 8급

② 관련 기출

5. 납세의무자에 대한 국가의 부가가치세 환급세액 지급의무는 부가가치세법령에 의하여 그 존부나 범위가 구체적으로 확정되고 조세정책적 관점에서 특별히 인정되는 공법상 의무이다. (○ | ×)   2025·2024 소방간부

6. 부가가치세 납세의무를 부담하는 사업자가 국가를 상대로 부가가치세 환급세액의 지급을 청구하는 경우(는 행정소송법상 당사자소송으로 다루어야 한다) (○ | ×)   2024 변호사

7. 부가가치세법령에 의하여 환급세액이 정해진 부가가치세 환급세액의 지급청구는 당사자소송이 아니라 민사소송의 대상이다. (○ | ×)   2022 경찰간부

8. 납세의무자에 대한 국가의 부가가치세 환급세액 지급의무는 그 납세의무자로부터 어느 과세기간에 과다하게 거래징수된 세액 상당을 국가가 실제로 납부받았는지와 관계없이 부가가치세법령의 규정에 의하여 직접 발생하는 것으로서, 그 법적 성질은 부당이득반환의무가 아니다. (○ | ×)   2022 국가직 7급

9. 국가에 대한 납세의무자의 부가가치세 환급세액 지급청구는 당사자소송이 아니라 민사소송의 절차에 따라야 한다. (○ | ×)   2021 국가직 7급

③ 관련 기출

10. 재개발조합은 공법인이므로 재개발조합과 조합장 사이의 선임·해임 등을 둘러싼 법률관계는 공법상 법률관계이고 그 조합장의 지위를 다투는 소송은 공법상 당사자소송이다. (○ | ×)   2019 서울시 2회 7급

11. 주택재개발정비사업조합은 공법인에 해당하기 때문에, 조합과 조합장 또는 조합임원 사이의 선임·해임 등을 둘러싼 법률관계는 공법상 법률관계로서 그 조합장 또는 조합임원의 지위를 다투는 소송은 공법상 당사자소송에 의하여야 한다. (○ | ×)   2013 지방직 9급

④ 관련 기출

12. 공무원연금공단의 인정에 의해 퇴직연금을 지급받아오던 중 공무원연금법령 개정 등으로 퇴직연금 중 일부 금액에 대해 지급이 정지된 경우, 미지급퇴직연금에 대한 지급청구권은 공법상 권리로서 그의 지급을 구하는 소송은 항고소송이다. (○ | ×)   2021 지방직·서울시 7급

13. 공무원연금법령 개정으로 퇴직연금 중 일부 금액의 지급이 정지되어서 미지급된 퇴직연금의 지급을 구하는 소송(은 당사자소송에 해당한다) (○ | ×)   2015 국회직 8급

14. 공무원 퇴직자가 미지급퇴직연금에 대한 지급을 구하는 소송(은 당사자소송에 해당한다) (○ | ×)   2015 국가직 9급

15. 공무원연금공단의 법령개정사실 및 퇴직연금수급자가 일부 금액의 지급정지대상자가 되었음을 통보한 사안에서 미지급퇴직연금의 지급을 구하는 소송(은 당사자소송으로 다루어야 한다) (○ | ×)   2014 국회직 8급

16. 미지급된 공무원 퇴직연금의 지급청구(는 공법관계에 속한다) (○ | ×)   2013 국회직 8급

정답 1. ○ 2. × 3. × 4. × 5. ○ 6. ○ 7. × 8. ○ 9. × 10. × 11. × 12. × 13. ○ 14. ○ 15. ○ 16. ○

08

정답 ②

① × 취소소송의 제소기간이 경과한 후에 취소사유에 해당하는 처분에 대해 무효확인소송을 제기한 경우, 통설 및 판례는 <u>청구기각판결</u>을 하여야 한다고 본다.

> 1. 행정처분의 무효확인을 구하는 청구에는 특별한 사정이 없는 한 그 처분의 취소를 구하는 취지까지도 포함되어 있다고 볼 수는 있으나 위와 같은 경우에 취소청구를 인용하려면 먼저 취소를 구하는 항고소송으로서의 제소요건을 구비한 경우에 한한다(대판 1986. 9. 23, 85누838).
> 2. 쟁송기간이 경과하여 확정력이 발생한 행정처분에 대한 무효확인청구는 기각하여야 한다.
> 이미 취소소송의 제기기간을 경과하여 확정력이 발생한 행정처분에는 위헌결정의 소급효가 미치지 않는다고 보아야 할 것이므로 <u>어느 행정처분에 대하여 그 행정처분의 근거가 된 법률이 위헌이라는 이유로 무효확인청구의 소가 제기된 경우에는 다른 특별한 사정이 없는 한 법원으로서는 그 법률이 위헌인지 여부에 대하여는 판단할 필요 없이 위 무효확인청구를 기각하여야 할 것이다</u>(대판 2000. 11. 14, 2000다20144).

② ○

> 사업의 양도행위가 무효라고 주장하는 양도자가 양도·양수행위의 무효를 구함이 없이 사업양도·양수에 따른 허가관청의 지위승계신고수리처분의 무효확인을 구할 법률상 이익이 있다(대판 2005. 12. 23, 2005두3554).

③ × 판례에 따르면 부작위법확인의 소는 원칙적으로 제소기간의 제한을 받지 않으나 행정심판 등 전심절차를 거친 경우에는 행정소송법 제20조가 정한 제소기간 내에 제기하여야 한다.

> 행정심판 등 전심절차를 거친 경우에는 행정소송법 제20조가 정한 제소기간 내에 부작위법확인의 소를 제기하여야 한다.
> <u>부작위법확인의 소는 부작위상태가 계속되는 한 그 위법의 확인을 구할 이익이 있다고 보아야 하므로 원칙적으로 제소기간의 제한을 받지 않는다.</u> 그러나 행정소송법 제38조 제2항이 제소기간을 규정한 같은 법 제20조를 부작위법확인소송에 준용하고 있는 점에 비추어 보면, <u>행정심판 등 전심절차를 거친 경우에는 행정소송법 제20조가 정한 제소기간 내에 부작위법확인의 소를 제기하여야 한다</u>(대판 2009. 7. 23, 2008두10560).

④ × 동일한 처분에 대하여 무효확인의 소를 제기하였다가 취소소송을 추가로 병합하는 경우 비록 취소소송 당시에는 처분에 대한 제소기간이 경과한 후라도 처음에 제기한 무효확인의 소가 적법한 제소기간 내에 제기된 것이라면 (여기서 적법한 제소기간이라고 함은 취소소송의 제소기간을 말함) 추가로 병합된 취소소송도 제소기간을 준수한 것이라고 보는 것이 판례의 입장이다.

> 동일한 행정처분에 대하여 무효확인의 소를 제기하였다가 그 후 그 처분의 취소를 구하는 소를 추가적으로 병합한 경우, 주된 청구인 무효확인의 소가 적법한 제소기간 내에 제기되었다면 추가로 병합된 취소청구의 소도 적법하게 제기된 것으로 볼 수 있다(편저자 주 : 한편, 이러한 병합은 예비적 병합으로만 가능하다. 병합 부분 참조)(대판 2005. 12. 23, 2005두3554).

✓ 기출체크

① 관련 기출

1. 무효확인소송을 제기하였는데 해당 사건에서의 위법이 취소사유에 불과한 때, 법원은 취소소송의 요건을 충족한 경우 취소판결을 내린다. (○ | ×) 2017 국가직(하) 7급

2. 행정행위가 있은 후 그 근거가 된 법률이 헌법재판소에 의해 위헌으로 결정된 경우, ㉠ 당해 행정행위의 하자의 유형과 ㉡ 취소소송의 제소기간이 도과한 후 원고가 무효확인소송으로 이 사안을 다툰다고 할 때 법원은 어떻게 판단해야 하는지 바르게 연결한 것은? (다툼이 있는 경우 대법원 판례에 의함) 2013 지방직 9급

	㉠	㉡
①	무효	각하
②	무효	기각
③	취소	각하
④	취소	기각

② 관련 기출

3. 사업양도·양수에 따른 허가관청의 지위승계신고의 수리가 있는 경우 사업의 양도행위가 무효라고 주장하는 양도자는 민사쟁송으로 양도·양수행위의 무효를 구하여야 하고 막바로 허가관청을 상대로 하여 행정소송으로 신고수리처분의 무효확인을 구할 법률상 이익이 없다. (○ | ×) 2025 소방간부

4. 사업양도·양수에 따른 허가관청의 지위승계신고의 수리에 있어서, 그 수리 대상인 사업양도·양수가 무효임을 이유로 막바로 행정소송으로 그 신고수리처분의 무효확인을 구할 법률상 이익은 없다. (○ | ×) 2017 국가직 7급

5. 사업의 양도행위가 무효라고 주장하는 자가 민사쟁송으로 양도·양수행위의 무효를 구함이 없이 사업양도·양수에 따른 허가관청의 지위승계신고수리처분의 무효확인을 구할 경우, 그 법률상 이익이 있다. (○ | ×) 2017 국가직(하) 7급

6. 사업양도·양수에 따른 지위승계신고가 수리된 경우 사업의 양도·양수가 무효라도 허가관청을 상대로 신고수리처분의 무효확인을 구할 수는 없다. (○ | ×) 2017 사회복지직 9급

③ 관련 기출

7. 부작위위법확인소송을 제기하는 경우에는 행정심판을 거친 경우에도 제소기간의 제한이 없다. (○ | ×) 2025 소방간부

8. 부작위위법확인소송은 행정심판 등 전심절차를 거친 경우라 하더라도 행정소송법 제20조가 정한 제소기간 내에 제기해야 하는 것은 아니다. (○ | ×) 2022 국가직 7급

9. 취소소송의 제소기간에 관한 규정은 부작위위법확인소송에 준용되지 않으므로 행정심판 등 전심절차를 거친 경우에도 부작위위법확인소송에 있어서는 제소기간의 제한을 받지 않는다. (○ | ×) 2020 국가직 9급

10. 행정청의 부작위에 대하여 행정심판을 거치지 않고 부작위위법확인소송을 제기하는 경우에는 제소기간의 제한을 받지 않는다. (○ | ×) 2019 지방직·교육행정직 9급

11. 부작위위법확인의 소는 부작위상태가 계속되는 한 그 위법의 확인을 구할 이익이 있다고 보아야 하므로 제소기간의 제한이 없음이 원칙이나 행정심판 등 전심절차를 거친 경우에는 제소기간의 제한이 있다. (○ | ×) 2019 국회직 8급

12. 행정심판을 거친 후 부작위위법확인소송을 제기하는 경우에는 제소기간이 적용되지 않는다. (○ | ×) 2016 지방직 9급

④ 관련 기출

13. 동일한 행정처분에 대하여 무효확인의 소를 제기하였다가 그 후 그 처분의 취소를 구하는 소를 추가적으로 병합한 경우, 주된 청구인 무효확인의 소가 적법한 제소기간 내에 제기되었다면 추가로 병합된 취소청구의 소도 적법하게 제기된 것으로 볼 수 있다. (○ | ×) 2024 국가직 7급

14. (甲에 대한 과세처분 이후 조세부과의 근거가 되었던 법률에 대해 헌법재판소의 위헌결정이 있었고, 위헌결정 이후에 그 조세채권의 집행을 위해 甲의 재산에 대해 압류처분이 있었다) 甲이 압류처분에 대해 무효확인소송을 제기하였다가 압류처분에 대한 취소소송을 추가로 병합하는 경우, 무효확인의 소가 취소소송 제소기간 내에 제기됐더라도 취소청구의 소의 추가 병합이 제소기간을 도과했다면 병합된 취소청구의 소는 부적법하다. (○ | ×) 2019 국가직 7급

15. (甲은 단순위법인 취소사유가 있는 A처분에 대하여 행정소송법상 무효확인소송을 제기하였다) 무효확인소송이 행정소송법상 취소소송의 적법한 제소기간 안에 제기되었더라도, 적법한 제소기간 이후에는 A처분의 취소를 구하는 소를 추가적·예비적으로 병합하여 제기할 수 없다. (○ | ×) 2019 지방직 7급

16. 동일한 행정처분에 대하여 무효학인소송을 제기하였다가 그 후 그 처분에 대한 취소소송을 추가적으로 병합한 경우, 무효확인소송이 취소소송의 제소기간 내에 제기되었다면 제소기간 도과 후 병합된 취소소송도 적법하게 제기된 것으로 볼 수 있다. (○ | ×) 2017 지방직 7급

정답 1. ○ 2. ④ 3. × 4. × 5. ○ 6. × 7. × 8. × 9. × 10. ○ 11. ○ 12. × 13. ○ 14. × 15. × 16. ○

09

정답 ④

①② ○

> 1. 행정상 즉시강제는 법치국가의 요청인 예측가능성과 법적 안정성에 반하고 기본권침해의 소지가 큰 권력작용이므로 <u>행정강제는 행정상 강제집행을 원칙으로 하고 행정상 즉시강제는 예외적으로 인정되어야 한다</u>(①).
> 2. 행정상 즉시강제는 엄격한 실정법상의 근거를 필요로 할 뿐만 아니라, 그 발동에 있어서는 법규의 범위 안에서도 다시 행정상의 장해가 목전에 급박하고, <u>다른 수단으로는 행정목적을 달성할 수 없는 경우이어야 하며, 이러한 경우에도 그 행사는 필요 최소한도에 그쳐야 함</u>을 내용으로 하는 조리상의 한계에 기속된다(②).
> 3. <u>불법게임물은 불법현장에서 이를 즉시 수거하지 않으면 증거인멸의 가능성이 있고, 그 사행성으로 인한 폐해를 막기 어려우며, 대량으로 복제되어 유통될 가능성이 있어, 불법게임물에 대하여 관계당사자에게 수거ㆍ폐기를 명하고 그 불이행을 기다려 직접강제 등 행정상의 강제집행으로 나아가는 원칙적인 방법으로는 목적 달성이 곤란하다고 할 수 있으므로, 이 사건 법률조항의 설정은 위와 같은 급박한 상황에 대처하기 위한 것으로서 그 불가피성과 정당성이 인정된다.</u> …… 또한 이 사건 법률조항이 불법게임물의 수거ㆍ폐기에 관한 행정상 즉시강제를 허용함으로써 게임제공업주 등이 입게 되는 불이익보다는 이를 허용함으로써 보호되는 공익이 더 크다고 볼 수 있으므로, 법익의 균형성의 원칙에 위배되는 것도 아니다(헌재 2002. 10. 31, 2000헌가12).

> **행정기본법 제33조【즉시강제】** ① 즉시강제는 <u>다른 수단으로는 행정목적을 달성할 수 없는 경우에만</u> 허용되며, 이 경우에도 <u>최소한으로만 실시</u>하여야 한다(②).

③ ○

> 관계행정청이 등급분류를 받지 아니하거나 등급분류를 받은 게임물과 다른 내용의 게임물을 발견한 경우 관계공무원으로 하여금 이를 수거ㆍ폐기하게 할 수 있도록 한 구「음반ㆍ비디오물 및 게임물에 관한 법률」조항은 급박한 상황에 대처하기 위한 것으로서 그 불가피성과 정당성이 충분히 인정되는 경우이므로, 이 사건 법률조항이 비록 영장 없는 수거를 인정한다고 하더라도 이를 두고 헌법상 영장주의에 위배되는 것으로는 볼 수 없다(헌재 2002. 10. 31, 2000헌가12).

④ × 행정상 강제집행 중 식품위생법을 근거로 하는 <u>직접강제</u>에 해당한다.

> **식품위생법 제79조【폐쇄조치 등】** ① 식품의약품안전처장, 시ㆍ도지사 또는 시장ㆍ군수ㆍ구청장은 제37조 제1항, 제4항 또는 제5항을 위반하여 허가받지 아니하거나 신고 또는 등록하지 아니하고 영업을 하는 경우 또는 제75조 제1항 또는 제2항에 따라 허가 또는 등록이 취소되거나 <u>영업소 폐쇄명령을 받은 후에도 계속하여 영업을 하는 경우에는 해당 영업소를 폐쇄하기 위하여</u> 관계공무원에게 다음 각호의 조치를 하게 할 수 있다.
> 1. 해당 영업소의 간판 등 영업 표지물의 제거나 삭제
> 2. 해당 영업소가 적법한 영업소가 아님을 알리는 게시문 등의 부착
> 3. <u>해당 영업소의 시설물과 영업에 사용하는 기구 등을 사용할 수 없게 하는 봉인(封印)</u>

✔ 기출체크

① 관련 기출

1. 행정강제는 행정상 강제집행을 원칙으로 하며, 법치국가적 요청인 예측가능성과 법적 안정성에 반하고 기본권침해의 소지가 큰 권력작용인 행정상 즉시강제는 예외적으로 인정되는 강제수단이다. (○ⅠX) 2023 소방간부

2. 즉시강제는 법치국가의 요청인 예측가능성과 법적 안정성에 반하고 기본권침해의 소지가 큰 권력작용이라는 비판이 존재한다. (○ⅠX) 2019 사회복지직 9급

3. 즉시강제로써 행정상 장해를 제거하여 보호하고자 하는 공익과 즉시강제에 따른 권익침해 사이에는 비례관계가 있어야 한다. (○ⅠX) 2018 교육행정직 9급

② 관련 기출

4. 행정상 즉시강제는 엄격한 실정법상의 근거를 필요로 할 뿐만 아니라 그 발동에 있어서는 법규의 범위 안에서도 다시 행정상의 장해가 목전에 급박하고 다른 수단으로는 행정목적을 달성할 수 없는 경우이어야 한다. (○ⅠX) 2023 소방간부

5. 즉시강제는 다른 수단으로는 행정목적을 달성할 수 없는 경우에만 허용되며, 이 경우에도 최소한으로만 실시하여야 한다. (○ⅠX) 2022 소방직 9급

6. (행정상 즉시강제는) 다른 수단으로는 행정목적을 달성할 수 없는 경우에만 허용되며, 이 경우에도 최소한으로만 실시하여야 한다. (○ⅠX) 2021 국가직 9급

③ 관련 기출

7. 행정상 즉시강제와 관련하여 급박한 상황에 대처하기 위한 것으로 그 불가피성과 정당성이 충분히 인정되는 경우에 헌법상 영장주의에 반하지 않는다고 본 헌법재판소 판례가 있다. (○ⅠX) 2024 소방직 9급

8. (헌법재판소에 따르면) 행정상 즉시강제의 경우 법관의 영장을 기다려서는 그 목적을 달성할 수 없으므로 원칙적으로 영장주의가 적용되지 아니한다. (○ⅠX) 2023 소방간부

9. 불법게임물을 발견한 경우 관계공무원으로 하여금 영장 없이 이를 수거하여 폐기하게 할 수 있도록 규정한 구「음반ㆍ비디오물 및 게임물에 관한 법률」조항은 급박한 상황에 대처하기 위해 행정상 즉시강제를 행할 불가피성과 정당성이 인정되지 않으므로 헌법상 영장주의에 위배된다. (○ⅠX) 2017 국가직(하) 9급

10. 구「음반ㆍ비디오물 및 게임물에 관한 법률」상 등급분류를 받지 아니한 게임물을 발견한 경우 관계행정청이 관계공무원으로 하여금 이를 수거ㆍ폐기하게 할 수 있도록 한 규정은 헌법상 영장주의와 피해최소성의 요건을 위배하는 과도한 입법으로 헌법에 위반된다. (○ⅠX) 2014 지방직 9급

④ 관련 기출

11. 행정의 실효성 확보수단의 예와 그 법적 성질의 연결이 옳지 않은 것은? (다툼이 있는 경우 판례에 의함) 2021 국가직 9급
   ① 건축법에 따른 이행강제금의 부과 - 집행벌
   ② 식품위생법에 따른 영업소폐쇄 - 직접강제
   ③ 「공유재산 및 물품 관리법」에 따른 공유재산 원상복구명령의 강제적 이행 - 즉시강제
   ④ 부동산등기특별조치법에 따른 과태료의 부과 - 행정벌

12. 식품위생법상 영업소 폐쇄명령을 받은 후에도 계속하여 영업을 하는 경우 해당 영업소를 폐쇄하는 조치는 행정상 즉시강제의 수단에 해당한다. (○ⅠX) 2014 지방직 9급

13. 사업장의 폐쇄, 외국인의 강제퇴거는 직접강제의 예에 해당한다. (○ⅠX) 2009 지방직 9급

정답 1. ○ 2. ○ 3. ○ 4. ○ 5. ○ 6. ○ 7. ○ 8. ○ 9. × 10. ×
11. ③ 12. × 13. ○

10

정답 ①

① ✕

> 1. 행정처분의 취소를 구하는 항고소송에 있어서 당초의 처분사유와 기본적 사실관계의 동일성이 없는 별개의 사실을 처분사유로 주장하는 것을 허용하지 아니하는 입법취지는 행정처분의 상대방의 방어권을 보장함으로써 실질적 법치주의를 구현하고 행정처분의 상대방에 대한 신뢰를 보호하고자 함에 있다.
> 2. 추가 또는 변경된 사유가 당초의 처분시 그 사유를 명기하지 않았을 뿐 처분시에 이미 존재하고 있었고 당사자도 그 사실을 알고 있었다 하여 당초의 처분사유와 동일성이 있는 것으로 볼 수는 없다 (대판 2003. 12. 11, 2001두8827).

② ○

> 구 국적법 제5조 각 호 사유 중 일부를 갖추지 못하였다는 이유로 행정청이 귀화신청을 받아들이지 않는 처분을 한 경우, '그 각 호 사유 중 일부를 갖추지 못하였다는 판단' 자체가 처분의 사유이다.
> 외국인 甲이 법무부장관에게 귀화신청을 하였으나 법무부장관이 심사를 거쳐 '품행 미단정'을 불허사유로 국적법상의 요건을 갖추지 못하였다며 신청을 받아들이지 않는 처분을 하였는데, 법무부장관이 甲을 '품행 미단정'이라고 판단한 이유에 대하여 제1심 변론절차에서 자동차관리법위반죄로 기소유예를 받은 전력 등을 고려하였다고 주장하였다가 원심 변론절차에서 불법체류한 전력이 있다는 추가적인 사정까지 고려하였다고 주장한 사안에서, 법무부장관이 원심에서 추가로 제시한 불법체류전력 등의 제반 사정은 처분사유의 근거가 되는 기초사실 내지 평가요소에 지나지 않으므로, 추가로 주장할 수 있다(대판 2018. 12. 13, 2016두31616).

③ ○

> 처분청이 처분 당시에 적시한 구체적 사실을 변경하지 아니하는 범위 내에서 단지 그 처분의 근거법령만을 추가·변경하는 것에 불과한 경우에는 새로운 처분사유의 추가라고 볼 수 없으므로 행정청이 처분 당시에 적시한 구체적 사실에 대하여 처분 후에 추가·변경한 법령을 적용하여 그 처분의 적법 여부를 판단할 수 있다(대판 1987. 12. 8, 87누632 등 참조). 그러나 처분의 근거법령을 변경하는 것이 종전 처분과 동일성을 인정할 수 없는 별개의 처분을 하는 것과 다름없는 경우에는 허용될 수 없다(대판 2021. 7. 29, 2021두34756).

④ ○

> 행정청은 기본적 사실관계의 동일성이 있다고 인정되는 한도 내에서만 다른 처분사유를 추가·변경할 수 있다고 할 것이나, 이는 사실심 변론종결시까지만 허용된다(대판 1999. 8. 20, 98두17043).

✔ 기출체크

① 관련 기출
1. 추가 또는 변경된 사유가 처분 당시에 이미 존재하고 있었다거나 당사자가 그 사실을 알고 있었다면 당초의 처분사유와 동일성이 있다고 할 수 있다. (○ | ✕) 2024 소방직 9급

③ 관련 기출
2. 처분청이 처분 당시에 적시한 구체적 사실을 변경하지 아니하는 범위 내에서 단지 그 처분의 근거법령만을 추가·변경하는 것에 불과한 경우에는 새로운 처분사유의 추가라고 볼 수 없으므로 행정청이 처분 당시에 적시한 구체적 사실에 대하여 처분 후에 추가·변경한 법령을 적용하여 그 처분의 적법 여부를 판단할 수 있다. (○ | ✕) 2024 소방직 9급

④ 관련 기출
3. 처분사유의 추가·변경은 사실심의 확정판결시까지만 허용된다. (○ | ✕) 2019 서울시 2회 7급

4. 처분청은 원고의 권리방어가 침해되지 않는 한도 내에서 당해 취소소송의 대법원 확정판결이 있기 전까지 처분사유의 추가·변경을 할 수 있다. (○ | ✕) 2017 국가직 9급

5.
> 관할행정청은 甲에게 A를 사유로 면허취소처분을 내렸다가 甲이 이를 다투자 소송계속 중에 당해 면허취소처분의 새로운 사유로 B를 주장하였다.

  (1) 이 경우, A사유와 기본적 사실관계가 동일성이 있다고 인정되는 한도 내에서만 B사유로의 추가·변경이 허용된다. (○ | ✕) 2015 사회복지직 9급

  (2) 위와 같은 처분사유의 추가·변경은 사실심변론종결시까지만 허용된다. (○ | ✕) 2015 사회복지직 9급

정답 1. ✕ 2. ○ 3. ✕ 4. ✕ 5. (1) ○ (2) ○

11

정답 ①

① ○

> 구 「화물자동차 운수사업법 시행령」 제5조 제1항 [별표 1]의 '위반행위의 횟수에 따른 가중처분기준'이 적용되려면 실제 선행 위반행위가 있고 그에 대하여 유효한 제재처분이 이루어졌음에도 그 제재처분일로부터 1년 이내에 다시 같은 내용의 위반행위가 적발된 경우이면 족하다고 보아야 한다. 선행 위반행위에 대한 선행 제재처분이 반드시 구 시행령 [별표 1] 제재처분기준 제2호에 명시된 처분내용대로 이루어진 경우이어야 할 필요는 없으며, 선행 제재처분에 처분의 종류를 잘못 선택하거나 처분양정(量定)에서 재량권을 일탈·남용한 하자가 있었던 경우라고 해서 달리 볼 것은 아니다(대판 2020. 5. 28, 2017두73693).

② ✕

> 회사가 분할된 경우, 원칙적으로 신설회사에 대하여 분할하는 회사의 분할 전 법위반행위를 이유로 과징금을 부과할 수는 없다.
> 회사분할시 신설회사 또는 존속회사가 승계하는 것은 분할하는 회사의 권리와 의무이고, 분할하는 회사의 분할 전 법위반행위를 이유로 과징금이 부과되기 전까지는 단순한 사실행위만 존재할 뿐 과징금과 관련하여 분할하는 회사에 승계대상이 되는 어떠한 의무가 있다고 할 수 없으므로, 특별한 규정이 없는 한 신설회사에 대하여 분할하는 회사의 분할 전 법위반행위를 이유로 과징금을 부과하는 것은 허용되지 않는다 (대판 2011. 5. 26, 2008두18335).

③ ✕

> 영업자지위승계신고를 수리하는 처분은 종전 영업자의 권익을 제한하는 처분으로서 종전 영업자에 대해 행정절차법 제21·22조 규정의 행정절차를 실시하고 처분을 하여야 한다.
> 그 영업자의 지위를 승계한 자가 관계행정청에 이를 신고하여 행정청이 이를 수리하는 경우에는 종전의 영업자에 대한 영업허가 등은 그 효력을 잃는다 할 것인데, 위 규정들을 종합하면 위 행정청이 구 식품위생법 규정에 의하여 영업자지위승계신고를 수리하는 처분은 종전의 영업자의 권익을 제한하는 처분이라 할 것이고 따라서 종전의 영업자는 그 처분에 직접 그 상대가 되는 자에 해당한다고 봄이 상당하므로, 행정청

으로서는 위 신고를 수리하는 처분을 함에 있어서 행정절차법 규정 소정의 당사자에 해당하는 종전의 영업자에 대하여 위 규정 소정의 행정절차를 실시하고 처분을 하여야 한다(대판 2003. 2. 14, 2001두7015).

④ ×

공중위생영업에 있어 그 영업을 정지할 위법사유가 있는 경우, 그 영업이 양도·양수되었다 하더라도 양수인에 대하여 영업정지처분을 할 수 있다.
양수인이 그 양수 후 행정청에 새로운 영업소개설통보를 하였다 하더라도, 그로 인하여 영업양도·양수로 영업소에 관한 권리의무가 양수인에게 이전하는 법률효과까지 부정되는 것은 아니라 할 것인바, 만일 어떠한 공중위생영업에 대하여 그 영업을 정지할 위법사유가 있다면, 관할행정청은 그 영업이 양도·양수되었다 하더라도 그 업소의 양수인에 대하여 영업정지처분을 할 수 있다고 봄이 상당하다(대판 2001. 6. 29, 2001두1611).

✔ 기출체크

② 관련 기출

1. 회사분할시 특별한 규정이 없는 한 신설회사에 대하여 분할하는 회사의 분할 전 법위반행위를 이유로 과징금을 부과하는 것은 허용되지 않는다. (○ | ×)   2023 군무원 7급

2. 회사분할시 분할 전 회사에 대한 제재사유가 신설회사에 대하여 승계되지 않으므로 회사의 분할 전 법위반행위를 이유로 과징금을 부과하는 것은 허용되지 않는다. (○ | ×)   2017 서울시 9급

③ 관련 기출

3. 지방세법에 의한 압류재산 매각절차에 따라 영업시설의 전부를 인수한 양수자가 식품위생법상의 영업자지위승계신고를 하는 경우 이를 수리하는 행정청의 처분은 양수자에게 적법히 사업을 할 수 있는 권리를 설정하여 주는 행위이므로 종전의 영업자는 행정절차법상 당사자에 해당되지 않는다. (○ | ×)   2025 소방간부

4. (A구청장으로부터 허가를 받아 유흥주점영업을 해오던 갑(甲)은 해당 영업을 을(乙)에게 양도하기로 하였다. 갑(甲)과 을(乙)은 사업을 양도하기로 하는 계약을 체결하였고, 법령에 따라 을(乙)은 A구청장에게 영업자지위승계신고를 하였다.) A구청장이 영업자지위승계신고를 수리할 경우 그 법적 성격은 처분이므로 행정절차법이 적용된다. (○ | ×)   2023 서울시 지적 7급

5. 행정청은 영업자지위승계의 신고의 수리를 하기 전에 양수인에게 사전통지를 해야 한다. (○ | ×)   2023 군무원 7급

6. 행정청이 근거법률에 의하여 영업자지위승계신고를 수리하는 처분은 종전 영업자의 권익을 제한하는 처분이라 할 것이고 행정청은 종전의 영업자에 대하여 근거법률 소정의 행정절차를 실시하고 처분을 하여야 한다. (○ | ×)   2023 소방간부

7. 허가영업의 양도에 따른 영업자지위승계신고를 수리하는 처분을 할 경우에는 행정청은 종전의 영업자에 대하여 의견청취절차를 거친 후 처분을 하여야 한다. (○ | ×)   2022 국회직 8급

8. 식품위생법상 허가영업자의 지위승계신고수리처분을 하는 경우 행정절차법 규정 소정의 당사자에 해당하는 종전의 영업자에게 행정절차를 실시하여야 한다. (○ | ×)   2022 지방직·서울시 9급

④ 관련 기출

9. 어떠한 공중위생영업에 대하여 그 영업을 정지할 위법사유가 있다면, 관할행정청은 그 영업이 양도·양수되었다 하더라도 그 업소의 양수인에 대하여 영업정지처분을 할 수 있다. (○ | ×)   2024 소방간부, 2021 국가직 9급

정답 1. ○ 2. ○ 3. × 4. ○ 5. × 6. ○ 7. ○ 8. ○ 9. ○

12

① ○

1. '권한 있는' 행정청이 수립한 후행 도시계획에 선행 도시계획과 서로 양립할 수 없는 내용이 포함되어 있다면 특별한 사정이 없는 한 선행 도시계획은 후행 도시계획과 같은 내용으로 변경된 것으로 볼 수 있다.
2. 후행 도시계획의 결정을 하는 행정청이 선행 도시계획의 결정·변경 등에 관한 '권한을 가지고 있지 아니한 경우' 선행 도시계획과 양립할 수 없는 내용이 포함된 후행 도시계획결정은 무효이다(대판 2000. 9. 8, 99두11257).

② ○

도시계획의 입안에 있어 공고 및 공람절차에 하자가 있는 도시계획결정은 위법하다.
도시계획의 입안에 있어 해당 도시계획안의 내용을 공고 및 공람하게 한 것은 다수 이해관계자의 이익을 합리적으로 조정하여 국민의 권리 자유에 대한 부당한 침해를 방지하고 행정의 민주화와 신뢰를 확보하기 위하여 국민의 의사를 그 과정에 반영시키는 데 있는 것이므로 이러한 공고 및 공람절차에 하자가 있는 도시계획결정은 위법하다(대판 2000. 3. 23, 98두2768).

③ ○

「국토의 계획 및 이용에 관한 법률」 규정에 헌법상 개인의 재산권보장의 취지를 더하여 보면, 도시계획구역 내 토지 등을 소유하고 있는 사람과 같이 당해 도시계획시설결정에 이해관계가 있는 주민으로서는 도시시설계획의 입안권자 내지 결정권자에게 도시시설계획의 입안 내지 변경을 요구할 수 있는 법규상 또는 조리상의 신청권이 있고, 이러한 신청에 대한 거부행위는 항고소송의 대상이 되는 행정처분에 해당한다(대판 2015. 3. 26, 2014두42742).

④ ×

(군수로부터 폐기물처리사업계획의 적정통보를 받은 원고가 폐기물처리업허가를 받기 위하여는 문제가 된 부동산에 대한 용도지역을 '농림지역 또는 준농림지역'에서 '준도시지역(시설용지지구)'으로 변경하는 국토이용계획변경이 선행되어야 하는데 피고가 용도지역변경, 즉 국토이용계획변경을 거부하자 이를 다툰 사건에서 처분성을 인정하면서) 일정한 행정처분을 구하는 신청을 할 수 있는 법률상 지위에 있는 자의 국토이용계획변경신청을 거부하는 것이 실질적으로 당해 행정처분 자체를 거부하는 결과가 되는 경우에는 예외적으로 그 신청인에게 국토이용계획변경을 신청할 권리가 인정된다(대판 2003. 9. 23, 2001두10936).

✓ 기출체크

① 관련 기출

1. 도시계획의 결정·변경 등에 관한 권한을 가진 행정청은 이미 도시계획이 결정·고시된 지역에 대하여도 다른 내용의 도시계획을 결정·고시할 수 있고, 이때에 후행 도시계획에 선행 도시계획과 서로 양립할 수 없는 내용이 포함되어 있다면, 특별한 사정이 없는 한 선행 도시계획은 후행 도시계획과 같은 내용으로 변경된다. (○ | ×)   2024 국가직 9급

2. 후행 도시계획결정을 하는 행정청이 선행 도시계획의 결정·변경 등에 관한 권한을 가지고 있지 아니한 경우 선행 도시계획과 양립할 수 없는 내용이 포함된 후행 도시계획결정은 다른 특별한 사정이 없는 한 무효이다. (○ | ×)   2024 지방직·서울시 9급

3. 후행 도시계획의 결정을 하는 행정청이 선행 도시계획의 결정·변경 등에 관한 권한을 가지고 있지 아니한 경우, 선행 도시계획과 양립할 수 없는 내용이 포함된 후행 도시계획결정은 무효이다. (○ | ×)   2020 소방간부

4. 선행 도시계획의 결정·변경 등의 권한이 없는 행정청이 행한 선행 도시계획과 양립할 수 없는 새로운 내용의 후행 도시계획결정은 무효이다. (○ | ×)   2016 지방직 9급

5. (권한 있는 행정청이 수립한) 후행 도시계획에 선행 도시계획과 서로 양립할 수 없는 내용이 포함되어 있다면, 특별한 사정이 없는 한 선행 도시계획은 후행 도시계획과 같은 내용으로 적법하게 변경되었다고 볼 수 있다. (○ | ×)   2009 지방직 9급

② 관련 기출

6. 도시계획의 입안에 있어 해당 도시계획안의 내용을 공고 및 공람하게 한 것은 다수 이해관계자의 이익을 합리적으로 조정하여 국민의 권리자유에 대한 부당한 침해를 방지하고 행정의 민주화와 신뢰를 확보하기 위하여 국민의 의사를 그 과정에 반영시키는 데 있는 것이므로 이러한 공고 및 공람 절차에 하자가 있는 도시계획결정은 위법하다. (○ | ×)   2024 국회직 9급

7. 구 도시계획법령에 따르면 도시계획의 입안에 있어 해당 도시계획안의 내용을 공고 및 공람하여야 하는데, 이러한 공고 및 공람절차에 하자가 있으면 도시계획결정은 위법하다. (○ | ×)   2023 소방직 9급

8. 도시계획의 입안에 있어 공고 및 공람절차에 하자가 있는 도시계획결정은 위법하다. (○ | ×)   2023 소방간부

9. 구 도시계획법령상 도시계획안의 내용에 대한 공고 및 공람절차에 하자가 있는 도시계획결정은 위법하다. (○ | ×)   2022 국가직 7급

10. 도시계획안의 공고 및 공람절차에 하자가 있는 도시계획결정은 내용에 하자가 있는 것이 아니라 단지 절차의 하자에 불과하므로 위법하지 않다. (○ | ×)   2011 지방직 7급

③ 관련 기출

11. 도시계획구역 내 토지 등을 소유하고 있는 주민은 도시시설계획의 입안 내지 변경을 요구할 수 있는 법규상 또는 조리상의 신청권이 있다. (○ | ×)   2024 지방직·서울시 9급

12. 도시계획구역 내에 토지 등을 소유하고 있는 주민이면 도시시설계획의 입안 내지 변경을 신청할 권리가 인정된다. (○ | ×)   2023 서울시 지적 7급

13. 도시계획구역 내 토지 등을 소유하고 있는 주민에게 도시계획 입안을 요구할 수 있는 법규상 또는 조리상의 신청권이 있는 경우 그 신청에 대한 거부행위는 항고소송의 대상이 된다. (○ | ×)   2023 소방간부

14. 도시계획구역 내 토지 등을 소유하고 있는 사람과 같이 당해 도시계획시설결정에 이해관계가 있는 주민은 도시시설계획의 입안권자 내지 결정권자에게 도시시설계획의 입안 내지 변경을 요구할 수 있는 법규상 또는 조리상의 신청권이 있다. (○ | ×)   2020 지방직·서울시 9급

15. 도시계획시설결정에 이해관계가 있는 주민이더라도 도시시설계획의 입안권자에게 도시시설계획의 입안을 요구할 수 있는 법규상 또는 조리상의 신청권을 갖지 않는다. (○ | ×)   2019 경행경채 2차

16. 도시계획시설결정에 이해관계가 있는 주민으로서는 도시시설계획의 입안권자 내지 결정권자에게 도시시설계획의 입안 내지 변경을 요구할 수 있는 법규상 또는 조리상의 신청권이 있고, 이러한 신청에 대한 거부행위는 항고소송의 대상이 되는 행정처분에 해당한다. (○ | ×)   2019 사회복지직 9급

④ 관련 기출

17. 구 국토이용관리법상 장래 일정한 기간 내에 관계법령이 규정하는 시설 등을 갖추어 일정한 행정처분을 구하는 신청을 할 수 있는 법률상 지위에 있는 자의 국토이용계획변경신청을 거부하는 것이 실질적으로 당해 행정처분 자체를 거부하는 결과가 되는 경우 그 신청인에게 국토이용계획변경을 신청할 권리가 인정된다. (○ | ×)   2024 변호사

18. 국토이용계획변경신청을 거부하는 것이 실질적으로 당해 행정처분 자체를 거부하는 결과가 되는 경우에는 그 변경신청을 거부하는 행위는 취소소송의 대상이 된다. (○ | ×)   2023 서울시 지적 7급

19. 국토이용계획변경신청을 거부하는 것이 실질적으로 해당 행정처분 자체를 거부하는 결과가 되는 경우에는 항고소송의 대상이 되는 행정처분에 해당한다. (○ | ×)   2023 소방간부

20. 장래 일정한 기간 내에 관계법령이 규정하는 시설 등을 갖추어 일정한 행정처분을 구하는 신청을 할 수 있는 법률상 지위에 있는 자의 국토이용계획변경신청을 거부하는 것이 실질적으로 당해 행정처분 자체를 거부하는 결과가 되는 경우에는 예외적으로 그 신청인에게 국토이용계획변경을 신청할 권리가 인정된다. (○ | ×)   2022 소방간부, 2020 국가직 9급, 2019 서울시 1회 7급

21. 행정계획변경신청의 거부가 장차 일정한 처분에 대한 신청을 구할 법률상 이익이 있는 자의 처분 자체를 실질적으로 거부하는 경우(는 취소소송의 대상이 되는 처분에 해당한다) (○ | ×)   2022 군무원 9급

정답 1. ○ 2. ○ 3. ○ 4. ○ 5. ○ 6. ○ 7. ○ 8. ○ 9. ○ 10. ×
11. ○ 12. ○ 13. ○ 14. ○ 15. × 16. ○ 17. ○ 18. ○
19. ○ 20. ○ 21. ○

13   정답 ①

① ○

> 행정행위의 취소라 함은 일단 유효하게 성립한 행정처분이 위법 또는 부당함을 이유로 소급하여 그 효력을 소멸시키는 별도의 행정처분을 말하고, 행정청은 종전 처분과 양립할 수 없는 처분을 함으로써 묵시적으로 종전 처분을 취소할 수도 있으나, 행정행위 중 당사자의 신청에 의하여 인·허가 또는 면허 등 이익을 주거나 그 신청을 거부하는 처분을 하는 것을 내용으로 하는 이른바 신청에 의한 처분의 경우에는 신청에 대하여 일단 거부처분이 행해지면 그 거부처분이 적법한 절차에 의하여 취소되지 않는 한, 사유를 추가하여 거부처분을 반복하는 것은 존재하지도 않는 신청에 대한 거부처분으로서 당연무효이다(대판 1999. 12. 28, 98두1895).

②③ ✕

> 행정소송법 제23조에 따른 집행정지결정의 효력은 결정주문에서 정한 종기까지 존속하고, 그 종기가 도래하면 당연히 소멸한다. 따라서 효력기간이 정해져 있는 제재적 행정처분에 대한 취소소송에서 법원이 본안소송의 판결선고시까지 집행정지결정을 하면, 처분에서 정해 둔 효력기간(집행정지결정 당시 이미 일부 집행되었다면 그 나머지 기간)은 판결선고시까지 진행하지 않다가 판결이 선고되면 그때 집행정지결정의 효력이 소멸함과 동시에 처분의 효력이 당연히 부활하여 처분에서 정한 효력기간이 다시 진행한다. 이는 처분에서 효력기간의 시기와 종기를 정해 두었는데, 그 시기와 종기가 집행정지기간 중에 모두 경과한 경우에도 특별한 사정이 없는 한 마찬가지이다(③). 이러한 법리는 행정심판위원회가 행정심판법 제30조에 따라 집행정지결정을 한 경우에도 그대로 적용된다. 행정심판위원회가 행정심판청구사건의 재결이 있을 때까지 처분의 집행을 정지한다고 결정한 경우에는, 재결서 정본이 청구인에게 송달된 때 재결의 효력이 발생하므로(행정심판법 제48조 제2항, 제1항 참조) 그때 집행정지결정의 효력이 소멸함과 동시에 처분의 효력이 부활한다(②)(대판 2022. 2. 11, 2021두40720).

④ ✕

> 효력기간이 정해져 있는 제재적 행정처분의 효력이 발생한 이후에도 행정청은 특별한 사정이 없는 한 상대방에 대한 별도의 처분으로써 효력기간의 시기와 종기를 다시 정할 수 있다. 이는 당초의 제재적 행정처분이 유효함을 전제로 그 구체적인 집행시기만을 변경하는 후속 변경처분(일부 변경처분)이다. 이러한 후속 변경처분도 특별한 규정이 없는 한 의사표시에 관한 일반법리에 따라 상대방에게 고지되어야 효력이 발생한다. 위와 같은 후속 변경처분서에 효력기간의 시기와 종기를 다시 특정하는 대신 당초 제재적 행정처분의 집행을 특정 소송사건의 판결시까지 유예한다고 기재되어 있다면, 처분의 효력기간은 원칙적으로 그 사건의 판결선고시까지 그 진행이 정지되었다가 판결이 선고되면 다시 진행된다고 보는 것이 타당하다. 다만, 이러한 후속 변경처분 권한은 특별한 사정이 없는 한 당초의 제재적 행정처분의 효력이 유지되는 동안에만 인정된다. 당초의 제재적 행정처분에서 정한 효력기간이 경과하면 그로써 처분의 집행은 종료되어 제재처분의 효력이 소멸하는 것이므로(행정소송법 제12조 후문 참조), 그 후 동일한 사유로 다시 제재적 행정처분을 하는 것은 위법한 이중처분에 해당한다(대판 2022. 2. 11, 2021두40720).

✔ 기출체크

① 관련 기출
1. 신청에 의한 처분의 경우에는 신청에 대하여 일단 거부처분이 행해지면 그 거부처분이 적법한 절차에 의하여 취소되지 않는 한, 사유를 추가하여 거부처분을 반복하는 것은 존재하지도 않는 신청에 대한 거부처분으로서 당연무효이다. (○ | ✕)   2023 서울시 지적 7급

②③ 관련 기출
2. 효력기간이 정해져 있는 제재적 행정처분의 효력이 발생한 후에 별도의 처분으로 효력기간의 시기와 종기를 다시 정했다면, 당초의 제재처분은 실효되고 새로운 처분이 있는 것으로 본다. (○ | ✕)   2024 국회직 8급
3. 효력기간이 정해져 있는 제재적 행정처분에 대한 취소소송에서 법원이 본안소송의 판결선고시까지 집행을 정지하는 결정을 한 경우, 해당 처분에서 정해 둔 효력기간의 시기와 종기가 집행정지기간 중에 모두 경과하면, 경과와 동시에 해당 처분은 실효된다. (○ | ✕)   2025 변호사

4. 효력기간이 정해져 있는 제재적 행정처분에 대한 취소소송에서 법원이 본안소송의 판결선고시까지 집행정지결정을 하면, 처분에서 정해 둔 효력기간은 판결선고시까지 진행하지 않다가 판결이 선고되면 그때 집행정지결정의 효력이 소멸함과 동시에 처분의 효력이 당연히 부활하여 처분에서 정한 효력기간이 다시 진행한다. (○ | ✕)   2024 소방직 9급

정답 1. ○ 2. ✕ 3. ✕ 4. ○

14   정답 ①

① ○

> 행정소송법 제19조에 의하면 행정심판에 대한 재결에 대하여도 그 재결 자체에 고유한 위법이 있음을 이유로 하는 경우에는 항고소송을 제기하여 그 취소를 구할 수 있고, 여기에서 말하는 '재결 자체에 고유한 위법'이란 그 재결 자체에 주체, 절차, 형식 또는 내용상의 위법이 있는 경우를 의미하는데, 행정심판청구가 부적법하지 않음에도 각하한 재결은 심판청구인의 실체심리를 받을 권리를 박탈한 것으로서 원처분에 없는 고유한 하자가 있는 경우에 해당하고, 따라서 위 재결은 취소소송의 대상이 된다(대판 2001. 7. 27, 99두2970).

② ✕

> 증액경정처분은 당초 처분과 증액되는 부분을 포함하여 전체로서 하나의 과세표준과 세액을 다시 결정하는 것이어서 당초 처분은 증액경정처분에 흡수되어 독립된 존재가치를 상실하고 오직 증액경정처분만이 쟁송의 대상이 되어 납세의무자로서는 증액된 부분만이 아니라 당초 처분에서 확정된 과세표준과 세액에 대하여도 그 위법 여부를 다툴 수 있는 것이지만, 증액경정처분이 제척기간 도과 후에 이루어진 경우에는 증액부분만이 무효로 되고 제척기간 도과 전에 있었던 당초 처분은 유효한 것이므로, 납세의무자로서는 그와 같은 증액경정처분이 있었다는 이유만으로 당초 처분에 의하여 이미 확정되었던 부분에 대하여 다시 위법 여부를 다툴 수는 없다(대판 2004. 2. 13, 2002두9971).

③ ✕

> 과세표준과 세액을 감액하는 경정처분은 당초의 부과처분과 별개 독립의 과세처분이 아니라 그 실질은 당초의 부과처분의 변경이고, 그에 의하여 세액의 일부취소라는 납세자에게 유리한 효과를 가져오는 처분이므로, 그 경정처분으로도 아직 취소되지 아니하고 남아 있는 부분이 위법하다 하여 다투는 경우, 항고소송의 대상은 당초의 부과처분 중 경정처분에 의하여 아직 취소되지 않고 남은 부분이고, 그 경정처분이 항고소송의 대상이 되는 것은 아니며, 이 경우 적법한 전심절차를 거쳤는지 여부도 당초 처분을 기준으로 판단하여야 한다(대판 2009. 5. 28, 2006두16403).

🔍 관련판례
> 행정청이 과징금 부과처분을 하였다가 감액처분을 한 것에 대하여 그 감액처분으로도 아직 취소되지 않고 남아 있는 부분이 위법하다고 하여 다투는 경우 항고소송의 대상은 처음의 부과처분 중 감액처분에 의하여 취소되지 않고 남은 부분이고 감액처분이 항고소송의 대상이 되는 것은 아니다(대판 2008. 2. 15, 2006두3957).

④ ×

> 과세관청의 원천징수의무자인 법인에 대한 소득금액변동통지는 항고소송의 대상이 되는 행정처분이다.
> 과세관청의 소득처분과 그에 따른 소득금액변동통지가 있는 경우 원천징수의무자인 법인은 소득금액변동통지서를 받은 날에 그 통지서에 기재된 소득의 귀속자에게 당해 소득금액을 지급한 것으로 의제되어 그 때 원천징수하는 소득세의 납세의무가 성립함과 동시에 확정되고, 원천징수의무자인 법인으로서는 소득금액변동통지서에 기재된 소득처분의 내용에 따라 원천징수세액을 그 다음 달 10일까지 관할세무서장 등에게 납부하여야 할 의무를 부담하며, …… (대판 2006. 4. 20, 2002두1878 전합)

🔍 비교판례
> 소득의 귀속자에 대한 소득금액변동통지는 원천납세의무자인 소득귀속자의 법률상 지위에 직접적인 법률적 변동을 가져오는 것이 아니므로, 항고소송의 대상이 되는 행정처분이라고 볼 수 없다(대판 2015. 3. 26, 2013두9267).

✓ 기출체크

① 관련 기출

1. 행정심판청구가 부적법하지 않음에도 각하한 재결은 심판청구인의 실체심리를 받을 권리를 박탈한 것으로서 원처분에 없는 고유한 하자가 있는 경우에 해당한다. (○ | ×) *2024 지방직 · 서울시 7급*

2. 행정심판청구가 부적법하지 않음에도 각하한 재결은 심판청구인의 실체심리를 받을 권리를 박탈한 것으로서 원처분에는 없는 고유한 하자에 해당하고, 따라서 위 재결은 취소소송의 대상이 된다. (○ | ×) *2024 국가직 7급, 2013 서울시 7급*

3. 행정심판청구가 부적법하지 않음에도 각하한 재결은 심판청구인의 실체심리를 받을 권리를 박탈한 것으로서 재결에 고유한 하자가 있는 경우에 해당하여 재결 자체가 취소소송의 대상이 된다. (○ | ×) *2023 군무원 7급, 2021 국가직 7급, 2020 소방간부*

4. 행정심판청구가 부적법하지 않음에도 각하한 재결은 원처분주의에 의해서 취소소송의 대상이 되지 않는다. (○ | ×) *2015 지방직 9급*

5. 적법한 행정심판청구를 각하한 재결은 재결 자체에 고유한 위법이 있는 경우에 해당하므로 재결취소소송을 제기할 수 있다. (○ | ×) *2013 국가직 7급*

② 관련 기출

6. 당초의 조세부과처분의 과세표준과 세액을 증액하는 경정처분이 있으면 당초 처분은 경정처분에 흡수됨으로써 독립한 존재가치를 잃게 된다. (○ | ×) *2024 변호사*

7. 증액경정처분이 있는 경우, 원칙적으로는 당초 신고나 결정에 대한 불복기간의 경과 여부 등에 관계없이 증액경정처분만이 항고소송의 심판대상이 되고, 납세의무자는 그 항고소송에서 당초 신고나 결정에 대한 위법사유도 함께 주장할 수 있다. (○ | ×) *2022 국가직 7급*

8. 증액경정처분이 있는 경우, 원칙적으로는 당초 신고나 결정에 대한 불복기간의 경과 여부 등에 관계없이 증액경정처분만이 항고소송의 대상이 되고 납세의무자는 그 항고소송에서 당초 신고나 결정에 대한 위법사유를 주장할 수 없다. (○ | ×) *2019 지방직 7급*

9. 증액경정처분이 있는 경우 증액경정처분만이 항고소송의 대상이 되고, 납세의무자는 그 항고소송에서 당초 신고나 결정에 대한 위법사유도 함께 주장할 수 있다. (○ | ×) *2014 지방직 7급*

③ 관련 기출

10. 당초의 과징금 부과처분을 한 후 그 과징금 액수를 감액하는 처분을 한 경우, 감액처분은 당초 처분과 별개인 독립의 과징금 부과처분이 아니라 그 실질은 당초 과징금의 일부취소라는 유리한 결과를 가져오는 처분에 불과하므로 독립한 항고소송의 대상이 되지 않는다. (○ | ×) *2024 변호사*

11. 과세표준과 세액을 감액하는 경정처분에 대해서 그 감액경정처분으로도 아직 취소되지 아니하고 남아 있는 부분을 다투는 경우, 적법한 전심절차를 거쳤는지 여부, 제소기간의 준수 여부는 당해 경정처분을 기준으로 판단하여야 한다. (○ | ×) *2022 국가직 7급*

12. 감액경정처분이 있는 경우, 항고소송의 대상은 당초의 부과처분 중 경정처분에 의하여 아직 취소되지 않고 남은 부분이고, 적법한 전심절차를 거쳤는지 여부도 당초 처분을 기준으로 판단하여야 한다. (○ | ×) *2019 지방직 7급*

13. 행정청이 금전부과처분을 한 후 감액처분을 한 경우에 감액되고 남은 부분이 위법하다고 다투고자 할 때에는 감액처분 자체를 항고소송의 대상으로 삼아야 한다. (○ | ×) *2017 국가직(하) 7급*

14. 산업재해보상보험법상 보험급여의 부당이득 징수결정의 하자를 이유로 징수금을 감액하는 경우 감액처분으로도 아직 취소되지 않고 남아 있는 부분이 위법하다 하여 다툴 때에는, 제소기간의 준수 여부는 감액처분을 기준으로 판단해야 한다. (○ | ×) *2017 지방직 9급*

④ 관련 기출

15. 과세관청의 (원천징수의무자인 법인에 대한) 소득처분에 따른 소득금액변동통지(는 취소소송의 대상이 된다) (○ | ×) *2021 지방직 · 서울시 7급*

16. 원천징수의무자인 법인에 대한 소득금액변동통지는 법인의 납세의무에 직접 영향을 미치므로 항고소송의 대상이 되는 처분이다. (○ | ×) *2020 국회직 8급*

17. 구 소득세법 시행령에 따른 소득귀속자에 대한 소득금액변동통지는 원천납세의무자인 소득귀속자의 법률상 지위에 직접적인 법률적 변동을 가져오므로 행정처분이다. (○ | ×) *2017 국회직 8급*

18. 법인세법령에 따른 과세관청의 원천징수의무자인 법인에 대한 소득금액변동통지 및 소득세법 시행령에 따른 소득의 귀속자에 대한 소득금액변동통지는 항고소송의 대상이다. (○ | ×) *2017 서울시 7급*

정답 1. ○ 2. ○ 3. ○ 4. × 5. ○ 6. ○ 7. ○ 8. × 9. ○ 10. ○ 11. × 12. ○ 13. × 14. × 15. ○ 16. ○ 17. × 18. ×

15 정답 ④

甲. × 지문의 전단은 옳지만, 후단이 옳지 않다. 행정대집행의 요건인 공법상의 '대체적 작위의무'의 불이행을 위한 공법상 작위의무는 보통의 경우 행정처분에 의하여 부과되는 것이 원칙이지만, 법령에 의해 직접 부과될 수도 있기 때문이다(아래 행정대집행법 제2조 참조).

> 1. 부작위의무로부터 그 의무를 위반함으로써 생긴 결과를 시정하기 위한 작위의무를 당연히 끌어낼 수는 없으며, 또 위 금지규정으로부터 작위의무, 즉 위반결과의 시정을 명하는 권한이 당연히 추론(推論)되는 것도 아니다.
> 대집행계고처분을 하기 위하여는 법령에 의하여 직접 명령되거나 법령에 근거한 행정청의 명령에 의한 의무자의 대체적 작위의무의 위반행위가 있어야 한다. 따라서 단순한 부작위의무의 위반, 즉 관계 법령에 정하고 있는 절대적 금지나 허가를 유보한 상대적 금지를 위

반한 경우에는 당해 법령에서 그 위반자에 대하여 위반에 의하여 생긴 유형적 결과의 시정을 명하는 행정처분의 권한을 인정하는 규정을 두고 있지 아니한 이상, 법치주의의 원리에 비추어 볼 때 위와 같은 부작위의무로부터 그 의무를 위반함으로써 생긴 결과를 시정하기 위한 작위의무를 당연히 끌어낼 수는 없으며, 또 위 금지규정(특히 허가를 유보한 상대적 금지규정)으로부터 작위의무, 즉 위반결과의 시정을 명하는 권한이 당연히 추론(推論)되는 것도 아니다.

2. **부작위의무 위반의 경우 작위의무를 끌어내기 위해서는(작위의무로 전환하기 위해서는) 별도의 명문규정이 있어야 한다**(대판 1996. 6. 28, 96누4374).

행정대집행법 제2조【대집행과 그 비용징수】 법률(법률의 위임에 의한 명령, 지방자치단체의 조례를 포함한다. 이하 같다)에 의하여 직접 명령되었거나 또는 법률에 의거한 행정청의 명령에 의한 행위로서 타인이 대신하여 행할 수 있는 행위를 의무자가 이행하지 아니하는 경우 다른 수단으로써 그 이행을 확보하기 곤란하고 또한 그 불이행을 방치함이 심히 공익을 해할 것으로 인정될 때에는 당해 행정청은 스스로 의무자가 하여야 할 행위를 하거나 또는 제3자로 하여금 이를 하게 하여 그 비용을 의무자로부터 징수할 수 있다.

乙. × 독일행정법과 달리 우리 행정대집행법은 행정처분의 불가쟁력의 발생을 대집행실행의 전제로 하지 않고 있다. 따라서 우리 행정대집행법하에서는 의무를 명한 행정처분이 아직 다툴 수 있는 상태에 있더라도, 즉 불가쟁력이 발생되기 전이라도 대집행을 할 수 있다.

丙. × 이행강제금은 본래 비대체적 작위의무와 부작위의무의 이행을 강제하기 위한 강제집행수단으로 활용되어 왔다. 그런데 헌법재판소는 현행 건축법상 위반건축물에 대한 이행강제수단으로 대집행(건축법 제85조)과 이행강제금(건축법 제80조)이 인정되고 있는데, 양 제도는 각각의 장단점이 있으므로 행정청은 개별사건에 있어서 위반내용, 위반자의 시정의지 등을 감안하여 대집행과 이행강제금을 선택적으로 활용할 수 있으며, 이처럼 그 합리적인 재량에 의해 선택하여 활용하는 이상 중첩적인 제재에 해당한다고 볼 수 없다고 하였다.

1. 이행강제금은 대체적 작위의무의 위반에 대하여도 부과될 수 있다.
2. 행정청은 대집행과 이행강제금을 선택적으로 활용할 수 있다고 할 것이며, 이처럼 그 합리적인 재량에 의해 선택하여 활용하는 이상 중첩적인 제재에 해당한다고 볼 수 없다(헌재 2004. 2. 26, 2001헌바80 등).

丁. × 이행강제금(집행벌)은 과태료 부과의 경우와 달리 처벌이 아니므로 의무의 이행이 있기까지 반복적으로 부과할 수 있다. 그러나 이행강제금이 행정상 강제집행의 수단으로서 장래를 향한 의무이행을 확보하기 위한 것인 데 반해, 행정벌은 과거의 위반에 대한 제재를 주된 목적으로 한다는 점에서 구별되므로 이행강제금(집행벌)과 행정벌은 그 목적을 달리하여 양자를 병과할 수 있다.

이행강제금(집행벌)과 행정벌은 목적에서 차이가 있으므로 양자를 병과하더라도 헌법에서 금지하는 이중처벌이 아니다.
건축법 제78조에 의한 무허가건축행위에 대한 형사처벌과 건축법 제83조 제1항에 의한 시정명령 위반에 대한 이행강제금의 부과는 그 처벌 내지 제재대상이 되는 기본적 사실관계로서의 행위를 달리하며, 또한 그 보호법익과 목적에서도 차이가 있으므로 헌법 제13조 제1항이 금지하는 이중처벌에 해당한다고 할 수 없다(헌재 2004. 2. 26, 2001헌바80 등).

✔ 기출체크

甲 관련 기출

1. (대집행과 관련하여) 의무자에게 부과된 의무는 행정청에 의해서 행해진 명령에 한하며 법률에 의해 혹은 법률에 근거하여 행해진 명령은 해당되지 않는다. (○ | ×) 2018 서울시 1회 7급

2. 부작위의무의 근거규정인 금지규정으로부터 그 의무를 위반함으로써 생긴 결과를 시정할 작위의무나 위반결과의 시정을 명할 행정청의 권한이 당연히 추론되는 것은 아니다. (○ | ×) 2017 국가직(하) 9급

3. 부작위의무 위반행위에 대하여 법률에 부작위의무를 대체적 작위의무로 전환하는 규정이 있으면 부작위의무를 대체적 작위의무로 전환시켜 대집행할 수 있다. (○ | ×) 2015 사회복지직 9급

乙 관련 기출

4. 의무를 명하는 행정행위가 불가쟁력이 발생하지 않은 경우에는 그 행정행위에 따른 의무의 불이행에 대하여 대집행을 할 수 없다. (○ | ×) 2017 국가직 9급

5. 행정대집행법상 대집행을 위한 요건으로 볼 수 없는 것은? 2014 서울시 9급
   ① 행정대집행의 대상이 되는 의무는 공법상 의무이어야 한다.
   ② 행정대집행의 대상이 되는 의무는 대체성이 있는 의무이어야 한다.
   ③ 불이행된 의무를 다른 수단으로 이행을 확보하기 곤란해야 한다.
   ④ 의무의 불이행을 방치하는 것이 심히 공익을 해한다고 인정되어야 한다.
   ⑤ 의무를 명한 행정처분에 불가쟁력이 발생해야 한다.

丙 관련 기출

6. 이행강제금은 비대체적 작위의무 위반에만 부과될 뿐 대체적 작위의무의 위반에는 부과될 수 없다. (○ | ×) 2015 국가직 9급

7. 건축법상 위반건축물에 대한 행정대집행과 이행강제금은 합리적인 재량에 의해 선택하여 활용하는 이상 중첩적인 제재에 해당한다고 볼 수 없다. (○ | ×) 2014 국가직 9급

8. 행정청은 개별사건에 있어서 위반내용, 위반자의 시정의지 등을 감안하여 대집행을 할 것인지 아니면 이행강제금을 부과할 것인지와 관련하여 양자의 선택에 있어서 재량을 갖는다. (○ | ×) 2017 국가직(하) 7급

丁 관련 기출

9. 형사처벌과 이행강제금의 병과는 이중처벌에 해당하지 않는다. (○ | ×) 2017 교육행정직 9급

10. 건축법에 의한 무허가건축행위에 대한 형사처벌과 건축법 관련조항에 따른 이행강제금의 부과는 그 처벌 내지 제재대상이 되는 기본적 사실관계로서의 행위를 달리하며 또한 그 보호법익과 목적에서도 차이가 있으므로 이중처벌에 해당한다고 할 수 없다. (○ | ×) 2015 경행특채 2차

11. 건축법상 이행강제금은 반복하여 부과할 수 없다. (○ | ×) 2015 경행특채 2차

정답 1. × 2. ○ 3. ○ 4. × 5. ⑤ 6. × 7. ○ 8. ○ 9. ○ 10. ○ 11. ×

16

정답 ④

① ○

> 구 하천법상 하천구역 편입토지 보상에 대한 손실보상청구권의 법적 성질은 공법상 권리로서 이에 따른 손실보상금의 지급을 구하거나 손실보상청구권의 확인을 구하는 소송은 당사자소송이다(대판 2006. 5. 18, 2004다6207).

② ○ 당해 사업으로 인한 개발이익은 배제하는 것이 타당하나, 다른 사업으로 인한 개발이익은 배제하여서는 안 된다.

> 1. 당해 사업으로 인한 개발이익은 피수용자의 객관적 재산가치에 포함되지 아니하므로 개발이익을 배제하는 것은 정당하다(대판 1993. 7. 27, 92누11084).
> 2. 손실보상액 산정에 있어 '당해 공공사업'과는 상관없는 '다른 사업'의 시행으로 인한 개발이익을 배제하여서는 안 된다(대판 1992. 2. 11, 91누7774).

③ ○

> 토지의 문화적·학술적 가치는 특별한 사정이 없는 한 손실보상의 대상이 될 수 없다.
> 문화적·학술적 가치는 특별한 사정이 없는 한 그 토지의 부동산으로서 경제적·재산적 가치를 높여주는 것이 아니므로 토지수용법 제51조 소정의 손실보상의 대상이 될 수 없으니, 이 사건 토지가 철새 도래지로서 자연·문화적인 학술가치를 지녔더라도 손실보상의 대상이 될 수 없다(대판 1989. 9. 12, 88누11216).

④ × 공공의 필요성만 있으면 민간기업도 수용의 주체가 될 수 있다.

> 민간기업을 수용의 주체로 규정한 「산업입지 및 개발에 관한 법률」 제22조 제1항은 공공필요요건을 충족하므로 헌법 제23조 제3항에 위반되지 않는다.
> 헌법 제23조 제3항은 정당한 보상을 전제로 하여 재산권의 수용 등에 관한 가능성을 규정하고 있지만, 재산권 수용의 주체를 한정하지 않고 있다. 이는 재산의 수용과 관련하여 그 수용의 주체가 국가 등에 한정되어야 하는지, 아니면 민간기업에게도 허용될 수 있는지 여부에 대하여 헌법이라는 규범적 층위에서는 구체적으로 결정된 내용이 없다는 점을 의미하는 것이다. 따라서 위 수용 등의 주체를 국가 등의 공적 기관에 한정하여 해석할 이유가 없다(헌재 2009. 9. 24, 2007헌바114).

✔ 기출체크

① 관련 기출

1. 대법원은 구 하천법 부칙 제2조와 이에 따른 특별조치법에 의한 손실보상청구권의 법적 성질을 사법상의 권리로 보아 그에 대한 쟁송은 행정소송이 아닌 민사소송절차에 의하여야 한다고 판시하고 있다. (○ | ×)
   2017 지방직 9급

2. 대법원은 하천구역 편입토지에 대한 손실보상청구권이 공법상의 권리라는 입장이다. (○ | ×)
   2017 경행경채

3. 법률 제3782호 하천법 중 개정법률 부칙 제2조의 규정에 의한 보상청구권의 소멸시효가 만료된 구 「하천구역 편입토지보상에 관한 특별조치법」 제2조에 의한 손실보상청구권은 사법상의 권리이고 그에 관한 쟁송도 민사소송절차에 의하여야 한다. (○ | ×)
   2014 지방직 9급

4. 판례는 구 하천법상 하천구역 편입토지에 대한 손실보상청구를 공법상의 권리라고 보아 항고소송에 의하여야 한다고 보고 있다. (○ | ×)
   2014 서울시 7급

5. 손실보상청구권의 성질에 관하여 대법원은 전통적으로 사권설의 입장에서 민사소송으로 다루어 왔으나, 최근에는 당사자소송으로 보는 판례도 나타나고 있다. (○ | ×)
   2011 국가직 9급

② 관련 기출

6. 토지수용으로 인한 보상액을 산정함에 있어서 당해 공공사업과 관계없는 다른 사업의 시행으로 인한 개발이익은 이를 배제하지 아니한 가격으로 평가하여야 한다. (○ | ×)
   2019 소방직 9급

7. 당해 공익사업으로 인한 개발이익을 손실보상액 산정에서 배제하는 것은 헌법상 정당보상의 원칙에 위배되지 아니한다. (○ | ×)
   2017 국가직(하) 9급

8. 공익사업의 시행으로 인한 개발이익을 손실보상액에서 배제하는 것은 헌법에 위반되지 않는다. (○ | ×)
   2012 국가직 9급

9. 토지수용으로 인한 손실보상액을 산정함에 있어 당해 공공사업의 시행과 관련이 없는 다른 사업으로 인한 개발이익을 배제한 가격으로 평가하여야 한다. (○ | ×)
   2008 지방직 7급

③ 관련 기출

10. 문화적·학술적 가치는 특별한 사정이 없는 한 그 토지의 부동산으로서의 경제적·재산적 가치를 높여주는 것이므로 토지수용법 제51조 소정의 손실보상의 대상이 된다. (○ | ×)
    2016 경행경채

11. 토지의 문화적·학술적 가치는 특별한 사정이 없는 한 손실보상의 대상이 되지 않는다. (○ | ×)
    2012 국가직 9급

12. 문화적·학술적 가치는 특별한 사정이 없는 한 손실보상의 대상이 되지 않는다. (○ | ×)
    2011 지방직 7급

13. 자연적·문화적·학술적 가치도 특별한 사정이 없는 한 손실보상의 대상이 된다고 보는 것이 대법원 판례의 입장이다. (○ | ×)
    2009 관세사

④ 관련 기출

14. 법률이 민간기업을 수용의 주체로 규정한 자체를 두고 위헌이라고 할 수는 없다. (○ | ×)
    2023 경찰간부

15. 판례에 따르면 재산권에 대한 수용은 공공필요가 있는 경우에 한하여 인정되므로 민간기업은 공용수용의 주체가 될 수 없다. (○ | ×)
    2022 경찰간부

16. 공용수용은 공공필요에 부합하여야 하므로, 수용 등의 주체를 국가 등의 공적 기관에 한정하여야 한다. (○ | ×)
    2021 국가직 7급

17. 우리 헌법상 수용의 주체를 국가로 한정하고 있지 않으므로 민간기업도 수용의 주체가 될 수 있다. (○ | ×)
    2019 사회복지직 9급

18. 민간기업을 토지수용의 주체로 정한 법률조항도 헌법 제23조 제3항에서 정한 '공공필요'를 충족하면 헌법에 위반되지 아니한다. (○ | ×)
    2016 서울시 9급

정답 1. × 2. ○ 3. × 4. × 5. ○ 6. ○ 7. ○ 8. ○ 9. × 10. × 11. ○ 12. ○ 13. × 14. ○ 15. × 16. × 17. ○ 18. ○

17

정답 ②

① ○ 행정청은 처분에 재량이 있는 경우(재량행위)에 부관을 붙일 수 있고, 처분에 재량이 없는 경우(기속행위)에는 법률에 근거가 있는 경우에 부관을 붙일 수 있다(행정기본법 제17조 제1·2항).

> 건축허가를 하면서 일정 토지를 기부채납하도록 한 허가조건은 기속행위 내지 기속적 재량행위인 건축허가에 붙인 부담이거나 또는 법령상 아무런 근거가 없는 부관이어서 무효이다(대판 1995. 6. 13, 94다56883).

> **행정기본법 제17조【부관】** ① 행정청은 처분에 재량이 있는 경우에는 부관(조건, 기한, 부담, 철회권의 유보 등을 말한다. 이하 이 조에서 같다)을 붙일 수 있다.
> ② 행정청은 처분에 재량이 없는 경우에는 법률에 근거가 있는 경우에 부관을 붙일 수 있다.

② ✕

> 1. 행정처분에 붙인 부담인 부관이 무효가 되더라도 그 부담의 이행으로 한 사법상 법률행위가 당연히 무효가 되는 것은 아니다.
> 2. 행정처분에 붙인 부담인 부관에 제소기간 도과로 불가쟁력이 생긴 경우에도 그 부담의 이행으로 한 사법상 법률행위의 효력을 다툴 수 있다.
> 행정처분에 부담인 부관을 붙인 경우 부관의 무효화에 의하여 본체인 행정처분 자체의 효력에도 영향이 있게 될 수는 있지만, 그 처분을 받은 사람이 부담의 이행으로 사법상 매매 등의 법률행위를 한 경우에는 그 부관은 특별한 사정이 없는 한 법률행위를 하게 된 동기 내지 연유로 작용하였을 뿐이므로 이는 법률행위의 취소사유가 될 수 있음은 별론으로 하고 그 법률행위 자체를 당연히 무효화하는 것은 아니다. 또한 행정처분에 붙은 부담인 부관이 제소기간의 도과로 확정되어 이미 불가쟁력이 생겼다면 그 하자가 중대하고 명백하여 당연무효로 보아야 할 경우 외에는 누구나 그 효력을 부인할 수 없을 것이지만, 부담의 이행으로서 하게 된 사법상 매매 등의 법률행위는 부담을 붙인 행정처분과는 어디까지나 별개의 법률행위이므로 그 부담의 불가쟁력의 문제와는 별도로 법률행위가 사회질서 위반이나 강행규정에 위반되는지 여부 등을 따져보아 그 법률행위의 유효 여부를 판단하여야 한다(대판 2009. 6. 25, 2006다18174).

③ ○

> 수익적 행정처분에 있어서는 법령에 특별한 근거규정이 없다고 하더라도 그 부관으로서 부담을 붙일 수 있고, 그와 같은 부담은 행정청이 행정처분을 하면서 일방적으로 부가할 수도 있지만 부담을 부가하기 이전에 상대방과 협의하여 부담의 내용을 협약의 형식으로 미리 정한 다음 행정처분을 하면서 이를 부가할 수도 있다(대판 2009. 2. 12, 2005다65500).

④ ○

> ㉠ 법률에 명문의 규정이 있는 경우, ㉡ 변경이 미리 유보된 경우, ㉢ 상대방의 동의가 있는 경우에 허용되는 것이 원칙이지만 ㉣ 사정변경이 있는 경우에도 예외적으로 부관의 사후변경이 허용된다.
> 행정처분에 이미 부담이 부가되어 있는 상태에서 그 의무의 범위 또는 내용 등을 변경하는 부관의 사후변경은, 법률에 명문의 규정이 있거나 그 변경이 미리 유보되어 있는 경우 또는 상대방의 동의가 있는 경우에 한하여 허용되는 것이 원칙이지만, 사정변경으로 인하여 당초에 부담을 부가한 목적을 달성할 수 없게 된 경우에도 그 목적 달성에 필요한 범위 내에서 예외적으로 허용된다(대판 1997. 5. 30, 97누2627).

> **행정기본법 제17조【부관】** ③ 행정청은 부관을 붙일 수 있는 처분이 다음 각 호의 어느 하나에 해당하는 경우에는 그 처분을 한 후에도 부관을 새로 붙이거나 종전의 부관을 변경할 수 있다.
> 1. 법률에 근거가 있는 경우
> 2. 당사자의 동의가 있는 경우
> 3. 사정이 변경되어 부관을 새로 붙이거나 종전의 부관을 변경하지 아니하면 해당 처분의 목적을 달성할 수 없다고 인정되는 경우

✓ 기출체크

① 관련 기출

1. 행정청은 처분에 재량이 없는 경우에는 법률에 근거가 있는 경우에 부관을 붙일 수 있다. (○ | ✕)
   2023 국가직 7급, 2023 군무원 9급, 2023 소방직 9급

2. (甲은 아파트를 건설하고자 乙시장에게 주택법상 사업계획승인신청을 하였는데, 乙시장은 아파트단지 인근에 개설되는 자동차전용도로의 부지로 사용할 목적으로 甲 소유 토지의 일부를 아파트 사용검사시까지 기부채납하도록 하는 부담을 붙여 사업계획을 승인하였다) 만일 甲이 건축법상 기속행위에 해당하는 건축허가를 신청하였고, 乙시장이 건축허가를 하면서 법률의 근거 없이 기부채납 부담을 붙였다면 그 부담은 무효이다. (○ | ✕)
   2022 국회직 8급

3. (A행정청은 甲에게 처분을 하면서 법령에 근거 없이 일정 토지를 기부채납하도록 하는 부담을 붙였다) 처분이 기속행위라면 甲은 기부채납 부담을 이행할 의무가 없다. (○ | ✕)
   2021 국회직 8급

4. 건축허가를 하면서 일정 토지를 기부채납하도록 하는 내용의 허가조건을 붙였다면 원칙상 취소사유로 보아야 한다. (○ | ✕)
   2020 소방직 9급

5. 건축허가를 하면서 일정 토지를 기부채납하도록 하는 내용의 허가조건은 부관을 붙일 수 없는 기속행위 내지 기속적 재량행위인 건축허가에 붙인 부담이거나 또는 법령상 아무런 근거가 없는 부관이어서 무효이다. (○ | ✕)
   2012 국회(속기·경위직) 9급

② 관련 기출

6. 행정처분에 부담인 부관을 붙인 경우 부관의 무효화에 의하여 본체인 행정처분 자체의 효력에도 영향이 있게 될 수 있으며, 그 처분을 받은 사람이 부담의 이행으로 사법상 매매 등의 법률행위를 한 경우 그 법률행위 자체는 당연무효이다. (○ | ✕)
   2024 국가직 9급

7. 행정처분에 부과한 부담이 무효가 된 경우라도, 특별한 사정이 없는 한 부담의 이행으로 행한 사법상 매매 등의 법률행위 자체를 당연히 무효화하는 것은 아니다. (○ | ✕)
   2023 소방직 9급

8. 행정처분에 부과한 부담이 무효인 경우에는 그 부담의 이행으로 이루어진 사법상 법률행위도 무효가 된다. (○ | ✕)
   2022 소방직 9급, 2022 지방직·서울시 9급

9. 기속행위 행정처분에 부담인 부관을 붙인 경우 그 부관은 무효이므로 그 처분을 받은 사람이 그 부담의 이행으로서 하게 된 증여의 의사표시 자체도 당연히 무효가 된다. (○ | ✕)
   2019 서울시 2회 7급

10. 무효인 부담이 붙은 행정행위의 상대방이 그 부담의 이행으로 사법상 법률행위를 한 경우에 그 사법상 법률행위 자체가 당연무효로 되는 것은 아니다. (○ | ✕)
    2017 사회복지직 9급

11. 기부채납인 부담이 위법하면 부담의 이행으로 행해진 사법(私法)상 매매 등도 당연히 위법하게 된다. (○ | ✕)
    2016 교육행정직 9급

③ 관련 기출

12. 수익적 행정처분에 있어서는 법령에 특별한 근거규정이 없다고 하더라도 그 부관으로서 부담을 붙일 수 있고, 그와 같은 부담은 행정청이 행정처분을 하면서 일방적으로 부가할 수 있으나 부담을 부가하기 이전에 상대방과 협의하여 부담의 내용을 협약의 형식으로 미리 정한 다음 행정처분을 하면서 이를 부가할 수는 없다. (○ㅣ×)   2024 지방직·서울시 7급

13. 부담은 행정청이 일방적 의사표시로 붙일 수 있고, 상대방의 동의를 얻거나 상대방과 협의하여 부담의 내용에 대해 협약의 형식으로 미리 정한 다음 행정처분을 하면서 이를 부가할 수도 있다. (○ㅣ×)   2024 국회직 8급

14. 행정청이 수익적 행정처분을 하면서 부담을 부가하는 경우, 행정청은 부담을 일방적으로 부가할 수도 있지만, 부담을 부가하기 이전에 상대방과 협약의 형식으로 부담의 내용을 미리 정한 다음 행정처분을 하면서 이를 부가할 수도 있다. (○ㅣ×)   2024 소방간부

15. 행정청이 수익적 행정처분에 부담을 부가하는 경우 사전에 상대방과 협의하여 부담의 내용을 협약의 형식으로 미리 정한 다음 행정처분을 하면서 이를 부가할 수도 있다. (○ㅣ×)   2023 국회직 8급

16. 부담은 행정청이 행정처분을 하면서 일방적으로 부가할 수도 있지만 부담을 부가하기 이전에 상대방과 협의하여 부담의 내용을 협약의 형식으로 미리 정한 다음 행정처분을 하면서 이를 부가할 수 있다. (○ㅣ×)   2023 소방간부, 2021 소방직 9급

17. 수익적 행정처분에 있어서는 행정청이 행정처분을 하면서 부담을 일방적으로 부가할 수 있을 뿐, 부담을 부가하기 이전에 상대방과 협의하여 부담의 내용을 협약의 형식으로 미리 정한 다음 부가할 수는 없다. (○ㅣ×)   2022 지방직·서울시 7급

18. (甲은 아파트를 건설하고자 乙시장에게 주택법상 사업계획승인 신청을 하였는데, 乙시장은 아파트단지 인근에 개설되는 자동차전용도로의 부지로 사용할 목적으로 甲 소유 토지의 일부를 아파트 사용검사시까지 기부채납하도록 하는 부담을 붙여 사업계획을 승인하였다) 乙시장은 기부채납의 내용을 甲과 사전에 협의하여 협약의 형식으로 미리 정한 다음, 사업계획승인을 하면서 위 부담을 부가할 수도 있다. (○ㅣ×)   2022 국회직 8급

④ 관련 기출

19. 행정청은 부관을 붙일 수 있는 처분에 당사자의 동의가 있는 경우에는 그 처분을 한 후에도 부관을 새로 붙일 수 있다. (○ㅣ×)   2024 국회직 8급

20. 행정처분에 이미 부담이 부가되어 있는 상태에서 그 의무의 범위 또는 내용 등을 변경하는 부관의 사후변경은 법률에 명문의 규정이 있는 경우에도 허용되지 않는다. (○ㅣ×)   2024 국회직 9급

21. 행정청은 부관을 붙일 수 있는 처분이 법률에 근거가 있는 경우, 당사자의 동의가 있는 경우, 사정이 변경되어 부관을 새로 붙이거나 종전의 부관을 변경하지 아니하면 해당 처분의 목적을 달성할 수 없다고 인정되는 경우에는 그 처분을 한 후에도 부관을 새로 붙이거나 종전의 부관을 변경할 수 있다. (○ㅣ×)   2024 소방간부

22. 사정변경이 있어 부관을 새로 붙이거나 종전의 부관을 변경하지 아니하면 해당 행정처분의 목적을 달성할 수 없는 경우라도 당사자의 동의가 없으면 부관을 새로 부가하거나 종전의 부관을 변경하는 것은 허용되지 않는다. (○ㅣ×)   2024 변호사

23. 행정청은 사정이 변경되어 종전의 부관을 변경하지 아니하면 해당 처분의 목적을 달성할 수 없다고 인정되는 경우에도 법률에 근거가 없다면 종전의 부관을 변경할 수 없다. (○ㅣ×)   2023 국가직 7급

24. 행정청은 부관을 붙일 수 있는 처분이 법률에 근거가 있거나, 당사자의 동의가 있는 경우 그 처분을 한 후에도 부관을 새로 붙일 수 있지만, 사정이 변경되어 부관을 새로 붙이지 아니하면 해당 처분의 목적을 달성할 수 없다는 이유로는 처분을 한 후에 부관을 새로 붙일 수 없다. (○ㅣ×)   2023 군무원 5급

25. 행정청은 부관을 붙일 수 있는 처분의 경우 일단 그 처분을 한 후에는 당사자의 동의가 있더라도 부관을 새로 붙일 수 없다. (○ㅣ×)   2023 군무원 9급

정답 1. ○ 2. ○ 3. ○ 4. × 5. ○ 6. × 7. ○ 8. × 9. × 10. ○ 11. × 12. × 13. ○ 14. ○ 15. ○ 16. ○ 17. × 18. ○ 19. ○ 20. × 21. ○ 22. × 23. × 24. × 25. ×

18   정답 ①

① ×

> 〔재단법인 한국연구재단이 A대학교 총장에게 연구개발비의 부당집행을 이유로 '해양생물유래 고부가식품·향장·한약 기초소재 개발 인력양성사업에 대한 2단계 두뇌한국(BK)21 사업'협약을 해지한 사안에서〕 과학기술기본법령상 사업협약의 해지통보는 단순히 대등당사자의 지위에서 형성된 공법상 계약을 계약당사자의 지위에서 종료시키는 의사표시에 불과한 것이 아니라 행정청이 우월적 지위에서 연구개발비의 회수 및 관련자에 대한 국가연구개발사업 참여제한 등의 법률상 효과를 발생시키는 행정처분에 해당한다(대판 2014. 12. 11, 2012두28704).

② ○

> 행정기본법 제20조【자동적 처분】행정청은 법률로 정하는 바에 따라 완전히 자동화된 시스템(인공지능기술을 적용한 시스템을 포함한다)으로 처분을 할 수 있다. 다만, 처분에 재량이 있는 경우는 그러하지 아니하다.

③ ○

> 공정거래위원회가 부당한 공동행위를 행한 사업자로서 구 「독점규제 및 공정거래에 관한 법률」(2013. 7. 16, 법률 제11937호로 개정되기 전의 것) 제22조의2에서 정한 자진신고자나 조사협조자에 대하여 과징금 부과처분(이하 '선행처분'이라 한다)을 한 뒤, 「독점규제 및 공정거래에 관한 법률 시행령」 제35조 제3항에 따라 다시 자진신고자 등에 대한 사건을 분리하여 자진신고 등을 이유로 한 과징금 감면처분(이하 '후행처분'이라 한다)을 하였다면, 후행처분은 자진신고 감면까지 포함하여 처분 상대방이 실제로 납부하여야 할 최종적인 과징금액을 결정하는 종국적 처분이고, 선행처분은 이러한 종국적 처분을 예정하고 있는 일종의 잠정적 처분으로서 후행처분이 있을 경우 선행처분은 후행처분에 흡수되어 소멸한다. 따라서 위와 같은 경우에 선행처분의 취소를 구하는 소는 이미 효력을 잃은 처분의 취소를 구하는 것으로 부적법하다(대판 2015. 2. 12, 2013두987).

④ ○

> 토지거래계약신고에 관한 행정관청의 위법한 관행에 따라 토지의 매매가격을 허위로 신고한 행위라 하더라도 위법성이 조각되지 않아 형사처벌의 대상이 된다.
>
> 행정관청이 토지거래계약신고에 관하여 공시된 기준지가를 기준으로 매매가격을 신고하도록 행정지도하여 왔고 그 기준가격 이상으로 매매

가격을 신고한 경우에는 거래신고서를 접수하지 않고 반려하는 것이 관행화되어 있다 하더라도 이는 법에 어긋나는 관행이라 할 것이므로 그와 같은 위법한 관행에 따라 허위신고행위에 이르렀다고 하여 그 범법행위가 사회상규에 위배되지 않는 정당한 행위라고는 볼 수 없다(대판 1992. 4. 24, 91도1609).

✓ 기출체크

① 관련 기출

1. 재단법인 A연구재단이 B대학교 총장에게 연구개발비의 부당집행을 이유로 국가연구개발사업인 BK21 사업 협약을 해지하고 연구팀장 甲에 대한 국가연구개발사업의 3년간 참여제한 등을 명하는 통보를 한 경우, 甲은 위 협약해지통보의 효력을 다툴 법률상 이익이 있다. (○ | ×) 　2025 변호사

2. 재단법인 한국연구재단이 과학기술기본법령에 따라 체결한 연구개발비 지원사업 협약의 해지통보에 대한 불복의 소〔는 항고소송과 당사자소송 중 ( )의 대상이다〕 　2023 국회직 8급, 2022 서울시 지적 7급

3. 과학기술기본법령상 사업협약의 해지통보는 단순히 대등당사자의 지위에서 형성된 공법상 계약을 계약당사자의 지위에서 종료시키는 의사표시에 불과하여 공법상 당사자소송으로 다투어야 한다. (○ | ×)
　2022 경찰간부

4. 과학기술기본법 및 하위법령상 사업협약의 해지통보는 단순히 대등당사자의 지위에서 형성된 공법상 계약을 계약당사자의 지위에서 종료시키는 의사표시에 불과하다. (○ | ×) 　2021 국회직 8급

5. 과학기술기본법령상 사업협약의 해지통보는 대등당사자의 지위에서 형성된 공법상 계약을 계약당사자의 지위에서 종료시키는 의사표시에 해당한다. (○ | ×) 　2020 지방직·서울시 7급

6. 재단법인 한국연구재단이 A대학교 총장에게 연구개발비의 부당집행을 이유로 과학기술기본법령에 따라 '두뇌한국(BK)21 사업' 협약의 해지를 통보한 것은 공법상 계약을 계약당사자의 지위에서 종료시키는 의사표시에 해당한다. (○ | ×) 　2019 국가직 7급

② 관련 기출

7. 행정청은 재량이 있는 경우에도 완전히 자동화된 시스템으로 처분을 할 수 있다. (○ | ×) 　2024 지방직·서울시 7급

8. 행정기본법은 재량행위에 대해서 자동적 처분을 허용하지 않고 있다. (○ | ×) 　2023 지방직·서울시 9급

9. 행정기본법상 자동적 처분을 할 수 있는 '완전히 자동화된 시스템'에는 '인공지능기술을 적용한 시스템'이 포함되지 않는다. (○ | ×)
　2023 지방직·서울시 9급

10. 행정청은 법률로 정하는 바에 따라 처분에 재량이 있는 경우에도 완전히 자동화된 시스템으로 처분을 할 수 있다. (○ | ×) 　2022 소방직 9급

11. 행정청은 처분에 재량이 있는 경우 법령이나 행정규칙이 정하는 바에 따라 완전히 자동화된 시스템으로 처분할 수 있다. (○ | ×)
　2021 지방직·서울시 7급

③ 관련 기출

12. 공정거래위원회가 부당한 공동행위를 한 사업자에게 과징금 부과처분을 한 뒤 자진신고 등을 이유로 과징금 감면처분을 한 경우, 선행처분은 후행처분에 흡수되어 소멸하므로 선행처분의 취소를 구하는 소는 부적법하다. (○ | ×) 　2022 국가직 9급

13. 공정거래위원회가 부당한 공동행위를 한 사업자들 중 자진신고자에 대하여 구 독점규제 및 공정거래에 관한 법령에 따라 과징금 부과처분(선행처분)을 한 뒤, 다시 자진신고자에 대한 사건을 분리하여 자진신고를 이유로 과징금 감면처분(후행처분)을 한 경우라도 선행처분의 취소를 구하는 소는 적법하다. (○ | ×) 　2021 국가직 9급

14. 가행정행위인 선행처분이 후행처분으로 흡수되어 소멸하는 경우에도 선행처분의 취소를 구하는 소는 가능하다. (○ | ×) 　2019 서울시 2회 7급

15. 공정거래위원회가 부당한 공동행위를 한 사업자에게 과징금 부과처분을 한 뒤 다시 자진신고 등을 이유로 과징금 감면처분을 하였다면, 선행 과징금 부과처분은 일종의 잠정적 처분으로서 후행 과징금 감면처분에 흡수되어 소멸한다. (○ | ×) 　2019 변호사

④ 관련 기출

16. 행정관청이 토지거래계약신고에 관하여 공시된 기준지가를 기준으로 매매가격을 신고하도록 행정지도하여 왔고 그 기준가격 이상으로 매매가격을 신고한 경우에는 거래신고서를 접수하지 않고 반려하는 것이 관행화되어 있더라도 그와 같은 위법한 관행에 따라 허위신고행위에 이르렀다고 하여 그 범법행위가 사회상규에 위배되지 않는 정당한 행위라고 볼 수 없다. (○ | ×) 　2023 국회직 8급

17. 위법한 행정지도에 따라 행한 사인의 행위는 위법성이 조각되어 범법행위가 되지 않는다. (○ | ×) 　2023 지방직·서울시 9급

18. 행정관청이 토지거래계약신고에 관하여 공시된 기준지가를 기준으로 매매가격을 신고하도록 행정지도하여 왔고 그 기준가격 이상으로 매매가격을 신고한 경우에는 거래신고서를 접수하지 않고 반려하는 것이 관행화되어 있다면 이는 사회상규에 위배되지 않는 정당한 행위라고 할 수 있다. (○ | ×) 　2022 경찰간부

19. 위법한 행정지도에 따라 행한 사인의 행위는 법령에 명시적으로 정함이 없는 한 위법성이 조각된다고 할 수 없다. (○ | ×)　2018 서울시 1회 7급

20. 토지거래계약신고에 관한 행정관청의 위법한 관행에 따라 토지의 매매가격을 허위로 신고한 행위라 하더라도 사회상규에 위배되지 않는 정당행위라고 볼 수 없다. (○ | ×) 　2014 경행특채 1차

정답　1. ○　2. 항고소송　3. ×　4. ×　5. ×　6. ×　7. ×　8. ○　9. ×　10. ×　11. ×　12. ×　13. ○　14. ×　15. ×　16. ○　17. ×　18. ×　19. ○　20. ○

19 　　　　　　　　　　　　　　　　　　　정답 ④

① ×

국가배상법 제2조 제1항의 '직무를 집행함에 당하여'라 함은 직접 공무원의 직무집행행위이거나 그와 밀접한 관련이 있는 행위를 포함하고, 이를 판단함에 있어서는 행위 자체의 외관을 객관적으로 관찰하여 공무원의 직무행위로 보여질 때에는 비록 그것이 실질적으로 직무행위가 아니거나 또는 행위자로서는 주관적으로 공무집행의 의사가 없었다고 하더라도 그 행위는 공무원이 '직무를 집행함에 당하여' 한 것으로 보아야 한다(대판 2005. 1. 14, 2004다26805).

② ×

1. 피고 ○○은 피고 대한변호사협회의 장(長)으로서 국가로부터 위탁받은 공행정사무인 '변호사등록에 관한 사무'를 수행하는 범위 내에서는 국가배상법 제2조에서 정한 공무원에 해당한다.

2. 피고 대한변호사협회가 원고에게 아직 처벌받지 않은 여죄가 있을 가능성이 있다는 이유로 등록심사를 약 2개월간 지연하다가 원고의 변호사등록을 해준 것, 즉 피고 대한변호사협회의 변호사등록지연은 불법행위에 해당한다(대판 2021. 1. 28, 2019다260197).

③ ×

1. 공무원에게 직무상 의무를 부과한 법령의 보호목적이 사회구성원 개인의 이익과 안전을 보호하기 위한 것이 아니고 단순히 공공일반의 이익이나 행정기관 내부의 질서를 규율하기 위한 것이라면, 가사 공무원이 그 직무상 의무를 위반한 것을 계기로 하여 제3자가 손해를 입었다 하더라도 공무원이 직무상 의무를 위반한 행위와 제3자가 입은 손해 사이에는 법리상 상당인과관계가 있다고 할 수 없다(대판 2001. 4. 13, 2000다34891).
2. 공무원에게 부과된 직무상 의무의 내용이 단순히 공공일반의 이익을 위한 것이거나 행정기관 내부의 질서를 규율하기 위한 것이 아니고 전적으로 또는 부수적으로 사회구성원 개인의 안전과 이익을 보호하기 위하여 설정된 것이라면, 공무원이 그와 같은 직무상 의무를 위반함으로 인하여 피해자가 입은 손해에 대하여는 상당인과관계가 인정되는 범위 내에서 국가가 배상책임을 지는 것이다(대판 1993. 2. 12, 91다43466).

④ ○

1. 어떠한 행정처분이 후에 항고소송에서 취소된 사실만으로 당해 행정처분이 곧바로 공무원의 고의 또는 과실로 인한 것으로서 불법행위를 구성한다고 단정할 수 없다(대판 2000. 5. 12, 99다70600).
2. 어떠한 행정처분이 위법하다고 할지라도 그 자체만으로 곧바로 그 행정처분이 공무원의 고의 또는 과실로 인한 불법행위를 구성한다고 단정할 수는 없고, 공무원의 고의 또는 과실의 유무에 대하여는 별도의 판단을 요한다(대판 2004. 6. 11, 2002다31018).

✓ 기출체크

① 관련 기출

1. 국가배상법 제2조 제1항 소정의 '직무집행행위' 여부를 판단함에 있어서는 행위 자체의 외관을 객관적으로 관찰하여 공무원의 직무행위로 보여질 때에는 비록 그것이 실질적으로 직무행위에 속하지 않는다 하더라도 그 행위는 공무원이 '직무를 집행함에 당하여' 한 것으로 보아야 한다. (○ | ×)   2022 서울시 지적 7급

2. 국가배상법 제2조 제1항의 '직무를 집행함에 당하여'라 함은 직접 공무원의 직무집행행위이거나 그와 밀접한 관련이 있는 행위를 포함하고, 이를 판단함에 있어서는 행위 자체의 외관을 객관적으로 관찰하여 공무원의 직무행위로 보여질 때에는 비록 그것이 실질적으로 직무행위가 아니거나 또는 행위자로서는 주관적으로 공무집행의 의사가 없었다고 하더라도 그 행위는 공무원이 '직무를 집행함에 당하여' 한 것으로 보아야 한다. (○ | ×)   2017 경행경채

3. 국가배상법 제2조 제1항의 '직무를 집행하면서'라고 할 때 직무집행에 대한 판단기준은 행위 자체의 외관을 객관적으로 관찰하여 판단하여야 하므로 직무행위로 보여질 때에는 공무원의 행위가 실질적으로 직무행위가 아니거나 또는 행위자로서 주관적으로 공무집행의사가 없다고 하여도 '직무를 집행하면서'로 보아야 한다. (○ | ×)   2014 경행특채 2차

4. 행위 자체의 외관이 객관적으로 관찰하여 공무원의 직무행위로 보일 때에는 그것이 실질적으로 직무행위가 아니거나 또는 행위자에게 주관적으로 공무집행의 의사가 없었다고 하더라도 그 행위는 직무행위에 해당한다. (○ | ×)   2014 국가직 7급

③ 관련 기출

5. 직무상 의무를 부과한 법령의 목적이 단순히 공공일반의 이익을 위한 것이라도 공무원이 그 직무상 의무를 위반하여 손해를 입힌 경우 국가배상책임이 인정된다. (○ | ×)   2025 소방간부

6. 공무원에게 부과된 직무상 의무의 내용이 전적으로 또는 부수적으로 사회구성원 개인의 안전과 이익을 보호하기 위하여 설정된 것이라면, 그와 같은 의무를 위반함으로 인하여 피해자가 입은 손해에 대하여는 상당인과관계가 인정되는 범위 내에서 배상책임이 성립한다. (○ | ×)   2023 · 2022 소방직 9급

7. 공무원에게 부과된 직무상 의무의 내용이 전적으로 또는 부수적으로라도 사회구성원 개인의 안전과 이익을 보호하기 위하여 설정된 것이어야 직무상 의무위반과 피해자가 입은 손해 사이에 상당인과관계가 인정될 수 있다. (○ | ×)   2022 지방직 · 서울시 7급

8. 공무원에게 부과된 직무상 의무가 단순히 공공일반의 이익만을 위한 경우라면 그러한 직무상 의무위반에 대해서는 국가배상책임이 인정되지 않는다. (○ | ×)   2022 지방직 · 서울시 9급

9. 공무원이 직무를 수행하면서 그 근거가 되는 법령의 규정에 따라 구체적으로 의무를 부여받았어도 그것이 국민의 이익과 관계없이 순전히 행정기관 내부의 질서를 유지하기 위한 것이라면 그 의무에 위반하여 국민에게 손해를 가하여도 국가 등은 배상책임을 부담하지 않는다. (○ | ×)   2022 국가직 9급

10. 국가배상책임에 있어서 국가는 직무상의 의무위반과 피해자가 입은 손해 사이에 상당인과관계가 인정되는 범위 내에서만 배상책임을 지는 것이고, 이 경우 상당인과관계가 인정되기 위해서는 공무원에게 부과된 직무상 의무의 내용이 전적으로 또는 부수적으로 사회구성원 개인의 안전과 이익을 보호하기 위하여 설정된 것이어야 한다. (○ | ×)   2021 지방직 · 서울시 9급

④ 관련 기출

11. 어떠한 행정처분이 후에 항고소송에서 위법한 것으로서 취소되었다고 하더라도 그로써 곧 당해 행정처분이 공무원의 고의 또는 과실에 의한 불법행위를 구성한다고 단정할 수는 없다. (○ | ×)   2024 지방직 · 서울시 9급

12. 행정처분이 후에 항고소송에서 취소되면 그 기판력에 의하여 당해 행정처분은 공무원의 고의 · 과실 여부와 관계없이 곧바로 불법행위를 구성한다. (○ | ×)   2023 행정사

13. 행정처분이 나중에 항고소송에서 위법하다고 판단되어 취소되더라도 그러한 사실만으로 바로 행정처분이 공무원의 고의나 과실로 인한 불법행위를 구성한다고 할 수 없다. (○ | ×)   2022 지방직 · 서울시 9급

14. 행정처분이 후에 항고소송에서 취소되었다고 할지라도 그 기판력에 의하여 당해 행정처분이 곧바로 공무원의 고의 또는 과실로 인한 것으로서 불법행위를 구성한다고 단정할 수는 없다. (○ | ×)   2022 국가직 9급

15. 어떠한 행정처분이 위법하다고 할지라도 그 자체만으로 곧바로 그 행정처분이 공무원의 고의 또는 과실로 인한 불법행위를 구성한다고 단정할 수는 없고, 공무원의 고의 또는 과실의 유무에 대하여는 별도의 판단을 요한다. (○ | ×)   2022 소방간부

16. 어떠한 행정처분이 항고소송에서 취소되었을지라도 그 기판력에 의하여 당해 행정처분이 곧바로 공무원의 고의 또는 과실로 인한 것으로서 국가배상책임이 성립한다고 단정할 수는 없다. (○ | ×)   2019 국가직 7급

정답 1. ○ 2. ○ 3. ○ 4. ○ 5. × 6. ○ 7. ○ 8. ○ 9. ○ 10. ○ 11. ○ 12. × 13. ○ 14. ○ 15. ○ 16. ○

20   정답 ②

① ○

> 행정심판법 제14조【법인이 아닌 사단 또는 재단의 청구인능력】법인이 아닌 사단 또는 재단으로서 대표자나 관리인이 정하여져 있는 경우에는 그 사단이나 재단의 이름으로 심판청구를 할 수 있다.

② ✕

> 행정심판법 제6조【행정심판위원회의 설치】① 다음 각 호의 행정청 또는 그 소속 행정청(행정기관의 계층구조와 관계없이 그 감독을 받거나 위탁을 받은 모든 행정청을 말하되, 위탁을 받은 행정청은 그 위탁받은 사무에 관하여는 위탁한 행정청의 소속 행정청으로 본다. 이하 같다)의 처분 또는 부작위에 대한 행정심판의 청구(이하 '심판청구'라 한다)에 대하여는 다음 각 호의 행정청에 두는 행정심판위원회에서 심리·재결한다.
> 1. 감사원, 국가정보원장, 그 밖에 대통령령으로 정하는 대통령 소속 기관의 장
> 2. 국회사무총장·법원행정처장·헌법재판소사무처장 및 중앙선거관리위원회사무총장
> 3. 국가인권위원회, 그 밖에 지위·성격의 독립성과 특수성 등이 인정되어 대통령령으로 정하는 행정청
> ② 다음 각 호의 행정청의 처분 또는 부작위에 대한 심판청구에 대하여는 「부패방지 및 국민권익위원회의 설치와 운영에 관한 법률」에 따른 국민권익위원회(이하 '국민권익위원회'라 한다)에 두는 중앙행정심판위원회에서 심리·재결한다.
> 1. 제1항에 따른 행정청 외의 국가행정기관의 장 또는 그 소속 행정청
> 2. 특별시장·광역시장·특별자치시장·도지사·특별자치도지사(특별시·광역시·특별자치시·도 또는 특별자치도의 교육감을 포함한다. 이하 '시·도지사'라 한다) 또는 특별시·광역시·특별자치시·도·특별자치도(이하 '시·도'라 한다)의 의회(의장, 위원회의 위원장, 사무처장 등 의회 소속 모든 행정청을 포함한다)
> 3. 지방자치에 따른 지방자치단체조합 등 관계법률에 따라 국가·지방자치단체·공공법인 등이 공동으로 설립한 행정청. 다만, 제3항 제3호에 해당하는 행정청은 제외한다.

③ ○

> 행정심판법 제49조【재결의 기속력 등】③ 당사자의 신청을 거부하거나 부작위로 방치한 처분의 이행을 명하는 재결이 있으면 행정청은 지체 없이 이전의 신청에 대하여 재결의 취지에 따라 처분을 하여야 한다.
> 제50조【위원회의 직접처분】① 위원회는 피청구인이 제49조 제3항에도 불구하고 처분을 하지 아니하는 경우에는 당사자가 신청하면 기간을 정하여 서면으로 시정을 명하고 그 기간에 이행하지 아니하면 직접 처분을 할 수 있다. 다만, 그 처분의 성질이나 그 밖의 불가피한 사유로 위원회가 직접처분을 할 수 없는 경우에는 그러하지 아니하다.

④ ○

> 행정심판법 제50조【위원회의 직접처분】② 위원회는 제1항 본문에 따라 직접처분을 하였을 때에는 그 사실을 해당 행정청에 통보하여야 하며, 그 통보를 받은 행정청은 위원회가 한 처분을 자기가 한 처분으로 보아 관계법령에 따라 관리·감독 등 필요한 조치를 하여야 한다.

✓ 기출체크

① 관련 기출

1. 종중이나 교회와 같은 비법인사단은 사단 자체의 명의로 행정심판을 청구할 수 없고 대표자가 청구인이 되어 행정심판을 청구하여야 한다. (○ | ✕)
   2018 국가직 9급

2. 법인이 아닌 사단 또는 재단으로서 대표자나 관리인이 정하여져 있는 경우에는 그 대표자나 관리인의 이름으로 심판청구를 할 수 있다. (○ | ✕)
   2018 국회직 8급

3. 법인이 아닌 사단 또는 재단으로서 대표자나 관리인이 정하여져 있는 경우에는 그 사단이나 재단의 이름으로 심판청구를 할 수 있다. (○ | ✕)
   2015 서울시 9급

② 관련 기출

4. 국가인권위원회의 처분 또는 부작위에 대한 행정심판의 청구는 국민권익위원회에 두는 중앙행정심판위원회에서 심리·재결한다. (○ | ✕)
   2018 국회직 8급

5. 법원행정처장의 부당한 처분에 대해서는 중앙행정심판위원회에 행정심판을 제기할 수 있다. (○ | ✕)
   2015 서울시 7급

6. 국민권익위원회에 두는 중앙행정심판위원회가 심리·재결하는 행정처분이 아닌 것은?
   2014 국가직 9급
   ① 국가정보원장의 행정처분
   ② 서울특별시 의회의 행정처분
   ③ 대구광역시 교육감의 행정처분
   ④ 해양경찰청장의 행정처분

③ 관련 기출

7. 피청구인이 처분의 이행을 명하는 재결에도 불구하고 처분을 하지 않는다고 해서 행정심판위원회가 직접처분을 할 수는 없다. (○ | ✕)
   2019 경행경채 2차

8. 처분청이 처분이행명령재결에 따른 처분을 하지 아니한 경우에는 행정심판위원회는 당사자의 신청 여부를 불문하고 직권으로 직접처분을 할 수 있다. (○ | ✕)
   2019 서울시 1회 7급

9. 행정심판위원회는 처분이행명령재결이 있음에도 피청구인이 처분을 하지 않은 경우 당사자의 신청에 의해 기간을 정하여 서면으로 시정을 명하고 그 기간 안에 이행하지 않으면 원칙적으로 직접처분을 할 수 있다. (○ | ✕)
   2017 교육행정직 9급

④ 관련 기출

10. 행정심판위원회가 직접처분을 한 경우에는 그 사실을 해당 행정청에 통보하여야 하며, 통보를 받은 행정청은 행정심판위원회가 한 처분을 자기가 한 처분으로 보아 관계법령에 따라 관리·감독 등 필요한 조치를 하여야 한다. (○ | ✕)
    2015 국회직 8급

11. 행정심판위원회는 직접처분을 하였을 때에는 그 사실을 해당 행정청에 통보하여야 하며, 그 통보를 받은 행정청은 행정심판위원회가 한 처분을 자기가 한 처분으로 보아 관계법령에 따라 관리·감독 등 필요한 조치를 하여야 한다. (○ | ✕)
    2014 지방직 9급

정답 1. ✕ 2. ✕ 3. ○ 4. ✕ 5. ✕ 6. ① 7. ✕ 8. ✕ 9. ○ 10. ○ 11. ○

제 2 회 | 실전동형 모의고사 해설

01	02	03	04	05	06	07	08	09	10
④	④	③	④	②	①	②	④	③	④
11	12	13	14	15	16	17	18	19	20
②	②	④	①	②	③	④	③	②	④

01
정답 ④

① ○
> 1. 개인택시운송사업자에게 운전면허취소사유가 있으나 그에 따른 운전면허취소처분이 이루어지지 않은 경우 관할관청이 개인택시운송사업면허를 취소할 수는 없다.
> 2. 개인택시운송사업자가 음주운전을 하다가 사망한 경우 망인의 운전면허를 취소하는 것은 불가능하고, 음주운전 그 자체는 개인택시운송사업면허의 취소사유가 될 수는 없으므로, 음주운전을 이유로 한 개인택시운송사업면허의 취소처분은 위법하다(대판 2008. 5. 15, 2007두26001).

② ○
> 헌법 제37조 제2항, 제38조, 제59조, 제75조에 비추어 보면, 국민에게 납세의 의무를 부과하기 위해서는 조세의 종목과 세율 등 납세의무에 관한 기본적·본질적 사항은 국민의 대표기관인 국회가 제정한 법률로 규정하여야 하고, 법률의 위임 없이 명령 또는 규칙 등의 행정입법으로 과세요건 등 납세의무에 관한 기본적·본질적 사항을 규정하는 것은 헌법이 정한 조세법률주의 원칙에 위배된다. 특히 법인세, 종합소득세와 같이 납세의무자에게 조세의 납부의무뿐만 아니라 스스로 과세표준과 세액을 계산하여 신고하여야 하는 의무까지 부과하는 경우에는 신고의무이행에 필요한 기본적인 사항과 신고의무불이행시 납세의무자가 입게 될 불이익 등은 납세의무를 구성하는 기본적·본질적 내용으로서 법률로 정하여야 한다(대판 2015. 8. 20, 2012두23808 전합).

③ ○
> 토지 등 소유자가 도시환경정비사업을 시행하는 경우 …… 사업시행인가 신청시 요구되는 토지 등 소유자의 동의정족수를 정하는 것은 국민의 권리와 의무의 형성에 관한 기본적이고 본질적인 사항으로 법률유보 내지 의회유보의 원칙이 지켜져야 할 영역이다(헌재 2011. 8. 30, 2009헌바128).

④ ✕
> 지방의회의원에 대하여 유급보좌인력을 두는 것은 지방의회의원의 신분·지위 및 그 처우에 관한 현행 법령상의 제도에 중대한 변경을 초래하는 것으로서, 이는 개별지방의회의 조례로써 규정할 사항이 아니라 국회의 법률로써 규정하여야 할 입법사항이다(대판 2013. 1. 16, 2012추84).

✓ 기출체크

① 관련 기출
1. 개인택시기사가 음주운전사고로 사망한 경우 음주운전이 운전면허취소사유로만 규정되어 있으므로 관할관청은 당해 음주운전사고를 이유로 개인택시운송사업면허를 바로 취소할 수는 없다. (○ | ✕) 2019 국회직 8급
2. 관할관청은 비록 개인택시운송사업자에게 운전면허취소사유가 있다 하더라도 그로 인하여 운전면허취소처분이 이루어지지 않은 이상 개인택시운송사업면허를 취소할 수 없다. (○ | ✕) 2012 국회(속기·경위직) 9급

② 관련 기출
3. 법인세, 종합소득세와 같이 납세의무자에게 조세의 납부의무뿐만 아니라 스스로 과세표준과 세액을 계산하여 신고하여야 하는 의무까지 부과하는 경우에는 신고의무이행에 필요한 기본적인 사항과 신고의무불이행시 납세의무자가 입게 될 불이익 등은 납세의무를 구성하는 기본적·본질적 내용으로서 법률로 정하여야 한다. (○ | ✕) 2024 변호사
4. 납세의무자에게 조세의 납부의무뿐만 아니라 스스로 과세표준과 세액을 계산하여 신고하여야 하는 의무까지 부과하는 경우에는 신고의무불이행에 따른 불이익의 내용을 법률로 정하여야 한다. (○ | ✕) 2022 소방직 9급, 2017 국가직 7급

③ 관련 기출
5. 토지 등 소유자가 도시환경정비사업을 시행하는 경우 사업시행인가 신청에 필요한 토지 등 소유자의 동의정족수를 토지 등 소유자가 자치적으로 정하여 운영하는 규약에 정하도록 한 것은 법률유보원칙에 위반된다. (○ | ✕) 2022 해경간부
6. 토지 등 소유자가 도시환경정비사업을 시행하는 경우, 도시환경정비사업시행인가 신청시 요구되는 토지 등 소유자의 동의정족수를 정하는 것은 법률유보 내지 의회유보의 원칙이 지켜져야 할 영역이다. (○ | ✕) 2022 국회직 8급 변형
7. 헌법재판소는 토지 등 소유자가 도시환경정비사업을 시행하는 경우, 사업시행인가 신청시 필요한 토지 등 소유자의 동의정족수를 정하는 것은 국민의 권리와 의무의 형성에 관한 기본적이고 본질적인 사항으로 법률유보 내지 의회유보의 원칙이 지켜져야 할 영역이라고 한다. (○ | ✕) 2017 국가직 9급

④ 관련 기출
8. 지방의회의원에 대하여 유급보좌인력을 두는 것은 개별지방의회의 조례로써 규정할 사항이 아니라 국회의 법률로써 규정하여야 할 입법사항이다. (○ | ✕) 2018 서울시 9급
9. 지방의회의원에 대하여 유급보좌인력을 두는 것은 지방의회의 조례로 규정할 사항이다. (○ | ✕) 2018 교육행정직 9급
10. 대법원은 지방의회의원에 대하여 유급보좌인력을 두는 것은 지방의회의원의 신분·지위 및 그 처우에 관한 현행 법령상의 제도에 중대한 변경을 초래하는 것으로서, 이는 개별지방의회의 조례로써 규정할 사항이 아니라 국회의 법률로써 규정하여야 할 입법사항이라고 한다. (○ | ✕) 2017 국가직 9급

정답 1. ○ 2. ○ 3. ○ 4. ○ 5. ○ 6. ○ 7. ○ 8. ○ 9. × 10. ○

02
정답 ④

① ○
> 1. 일반적인 시민생활에 있어 도로를 이용만 하는 사람은 도로용도폐지를 다툴 법률상 이익이 없다.
> 2. 도로의 용도폐지처분에 관하여 직접적인 이해관계를 가지는 사람이 개별적이고 구체적인 이익을 현실적으로 침해당한 경우에는 그 취소를 구할 법률상의 이익이 있다(대판 1992. 9. 22, 91누13212).

② ○ 경원자관계에 있는 경우에는 각 경원자에 대한 인·허가 등이 배타적인 관계에 있으므로 자신의 권익을 구제하기 위해서는 타인에 대한 인·허가 등의 취소를 구할 법률상 이익이 있다고 보아야 한다. 한편, 경원관계에서 경원자에 대한 수익적 처분의 취소를 구하지 않고 자신에 대한 거부처분만의 취소를 구하는 것도 허용된다는 것이 판례의 입장이다.

> 1. (법학전문대학원 설치인가에서 탈락한 대학은 설치인가처분에 대한 취소를 구할 원고적격이 있다고 판시하면서) 경원관계에서 경원자에 대하여 이루어진 허가 등 처분의 상대방이 아닌 자도 원칙적으로 그 처분의 취소를 구할 원고적격이 있다.
> 행정소송법 제12조는 취소소송은 처분 등의 취소를 구할 법률상 이익이 있는 자가 제기할 수 있다고 규정하고 있는바, 인·허가 등의 수익적 행정처분을 신청한 수인이 서로 경쟁관계에 있어서 일방에 대한 허가 등의 처분이 타방에 대한 불허가 등으로 귀결될 수밖에 없는 때(이른바 경원관계에 있는 경우로서 동일대상지역에 대한 공유수면매립면허나 도로점용허가 혹은 일정 지역의 영업허가 등에 관하여 거리제한규정이나 업소개수제한규정 등이 있는 경우를 그 예로 들 수 있다), 허가 등의 처분을 받지 못한 자는 비록 경원자에 대하여 이루어진 허가 등의 처분의 상대방이 아니라 하더라도 당해 처분의 취소를 구할 당사자적격이 있다 할 것이고, 다만 구체적인 경우에서 그 처분이 취소된다 하더라도 허가 등의 처분을 받지 못한 불이익이 회복된다고 볼 수 없을 때에는 당해 처분의 취소를 구할 정당한 이익이 없다고 할 것이다(대판 2009. 12. 10, 2009두8359).
> 2. 인가·허가 등 수익적 행정처분을 신청한 여러 사람이 서로 경원관계에 있는 경우, 허가 등 처분을 받지 못한 사람은 원칙적으로 자신에 대한 거부처분의 취소를 구할 원고적격과 소의 이익이 있다. 인가·허가 등 수익적 행정처분을 신청한 여러 사람이 서로 경원관계에 있어서 한 사람에 대한 허가 등 처분이 다른 사람에 대한 불허가 등으로 귀결될 수밖에 없을 때 허가 등 처분을 받지 못한 사람은 신청에 대한 거부처분의 직접 상대방으로서 원칙적으로 자신에 대한 거부처분의 취소를 구할 원고적격이 있고 …… (대판 2015. 10. 29, 2013두27517)

③ ○
> 1. 헌법 제32조 제1항이 규정하는 근로의 권리는 사회적 기본권으로서 국가에 대하여 직접 일자리를 청구하거나 일자리에 갈음하는 생계비의 지급청구권을 의미하는 것이 아니라 고용증진을 위한 사회적·경제적 정책을 요구할 수 있는 권리에 그치며, 근로의 권리로부터 국가에 대한 직접적인 직장존속청구권이 도출되는 것도 아니다.
> 2. 근로자가 퇴직급여를 청구할 수 있는 권리도 헌법상 바로 도출되는 것이 아니라 법률이 구체적으로 정하는 바에 따라 비로소 인정될 수 있는 것이다(헌재 2011. 7. 28, 2009헌마408).

④ ×
> 사회권적 기본권의 성격을 갖는 공무원연금수급권은 헌법규정만으로는 이를 실현할 수 없고 그 구체적인 내용, 즉 수급요건, 수급권자의 범위 및 급여금액 등은 법률에 의하여 비로소 확정된다.
> 공무원연금수급권과 같은 사회보장수급권은 "모든 국민은 인간다운 생활을 할 권리를 가지고, 국가는 사회보장·사회복지의 증진에 노력할 의무를 진다."라고 규정한 헌법 제34조 제1항 및 제2항으로부터 도출되는 사회적 기본권 중의 하나로서, 이는 국가에 대하여 적극적으로 급부를 요구하는 것이므로 헌법규정만으로는 이를 실현할 수 없어 법률에 의한 형성이 필요하고, 그 구체적인 내용, 즉 수급요건, 수급권자의 범위 및 급여금액 등은 법률에 의하여 비로소 확정된다(헌재 2013. 9. 26, 2011헌바272).

✔ 기출체크

① 관련 기출

1. 도로의 일반사용의 경우 도로사용자가 원칙적으로 도로의 폐지를 다툴 법률상 이익이 있다. (○ | ×) 2016 국회직 8급

2. 도로의 일반사용자가 도로의 용도폐지처분에 관하여 직접적이고 구체적인 이해관계를 가지고 있고 이익을 현실적으로 침해당했다면, 그 취소를 구할 법률상의 이익이 있다. (○ | ×) 2015 서울시 7급

3. 도로는 일반국민이 이를 자유로이 이용할 수 있으므로, 일반적인 시민생활에 있어 도로를 이용만 하는 사람이라도 그 도로의 용도폐지를 다툴 법률상 이익이 있다. (○ | ×) 2009 지방직 7급

② 관련 기출

4. 대법원은 경업자(競業者)에게는 개인적 공권을 인정하면서도, 경원자(競願者)에게는 이를 부인하였다. (○ | ×) 2018 교육행정직 9급

5. 인·허가 등 수익적 처분을 신청한 여러 사람이 상호 경쟁관계에 있다면, 그 처분이 타방에 대한 불허가 등으로 될 수밖에 없는 때에도 수익적 처분을 받지 못한 사람은 처분의 직접 상대방이 아니므로 원칙적으로 당해 수익적 처분의 취소를 구할 수 없다. (○ | ×) 2017 지방직 9급

6. 다음 사례에 대한 설명으로 옳은 것은? (다툼이 있는 경우 판례에 의함) 2017 국가직(하) 9급

> 국토교통부장관은 몰디브 직항 항공노선 1개의 면허를 국내 항공사에 발급하기로 결정하고, 이 사실을 공고하였다. 이에 따라 A항공사와 B항공사는 각각 노선면허취득을 위한 신청을 하였는데, 국토교통부장관은 심사를 거쳐 A항공사에게 노선면허를 발급(이하 '이 사건 노선면허발급처분'이라 한다)하였다.

① B항공사는 이 사건 노선면허발급처분에 대해 취소소송을 제기할 원고적격이 인정되지 않는다.
② B항공사가 자신에 대한 노선면허발급거부처분에 대해 취소소송을 제기하여 인용판결을 받더라도 이 사건 노선면허발급처분이 취소되지 않는 이상 자신이 노선면허를 발급받을 수는 없으므로 B항공사에게는 자신에 대한 노선면허발급거부처분의 취소를 구할 소의 이익이 인정되지 않는다.
③ 만약 B항공사가 이 사건 노선면허발급처분에 대한 행정심판을 청구하여 인용재결을 받는다면, A항공사는 그 인용재결의 취소를 구하는 소송을 제기할 수 있다.
④ 만약 위 사례와 달리 C항공사가 몰디브 직항 항공노선에 관하여 이미 노선면허를 가지고 있었는데, A항공사가 국토교통부장관에게 몰디브 직항 항공노선면허를 신청하였고 이에 대해 국토교통부장관이 A항공사에게도 신규로 노선면허를 발급한 것이라면, C항공사는 A항공사에 대한 노선면허발급처분에 대해 취소소송을 제기할 원고적격이 없다.

7. 경원관계에서 허가처분을 받지 못한 사람은 자신에 대한 거부처분이 취소되더라도, 그 판결의 직접적 효과로 경원자에 대한 허가처분이 취소되거나 효력이 소멸하는 것은 아니므로 자신에 대한 거부처분의 취소를 구할 소의 이익이 없다. (O l X) 〈2016 지방직 7급〉

8. 경원자소송(競願者訴訟)에서는 법적 자격의 흠결로 신청이 인용될 가능성이 없는 경우를 제외하고는 경원관계의 존재만으로 거부된 처분의 취소를 구할 법률상 이익이 있다. (O l X) 〈2008 국회직 8급〉

③ 관련 기출

9. 헌법 제32조 제1항이 규정하는 근로의 권리는 사회적 기본권으로서 국가에 대하여 직접 일자리를 청구하거나 일자리에 갈음하는 생계비의 지급청구권을 의미하는 것이 아니라 고용증진을 위한 사회적·경제적 정책을 요구할 수 있는 권리에 그치며, 근로의 권리로부터 국가에 대한 직접적인 직장존속청구권이 도출되는 것도 아니다. (O l X) 〈2017 경행경채〉

10. 근로자가 퇴직급여를 청구할 수 있는 권리와 같은 이른바 사회적 기본권은 헌법규정에 의하여 바로 도출되는 개인적 공권이라 할 수 없다. (O l X) 〈2012 국가직 9급〉

④ 관련 기출

11. 공무원연금수급권과 같은 사회보장수급권은 헌법규정만으로는 이를 실현할 수 없어 법률에 의한 형성이 필요하고, 그 구체적인 내용 즉 수급요건 등은 법률에 의하여 비로소 확정된다. (O l X) 〈2024 지방직·서울시 9급〉

12. 사회적 기본권의 성격을 가지는 연금수급권은 국가에 대하여 적극적으로 급부를 요하는 것이므로 헌법규정만으로는 이를 실현할 수 없고, 법률에 의한 형성을 필요로 한다. (O l X) 〈2023 군무원 9급〉

13. 헌법상의 모든 기본권은 법률에 의해 구체화되지 않더라도 재판상 주장될 수 있는 구체적 공권이다. (O l X) 〈2022 해경간부, 2015 교육행정직 9급〉

14. 공무원연금수급권은 법률에 의하여 비로소 확정된다. (O l X) 〈2021 군무원 7급〉

15. 사회권적 기본권의 성격을 가지는 연금수급권은 헌법에 근거한 개인적 공권이므로 헌법규정만으로도 실현할 수 있다. (O l X) 〈2017 지방직 9급〉

16. 공무원연금수급권은 국가에 대하여 적극적으로 급부를 요구하는 것이므로 헌법규정만으로는 이를 실현할 수 없어 법률에 의한 형성이 필요하다. (O l X) 〈2018 경행경채〉

정답 1. ✗ 2. ○ 3. ✗ 4. ✗ 5. ✗ 6. ③ 7. ✗ 8. ○ 9. ○ 10. ○ 11. ○ 12. ○ 13. ✗ 14. ○ 15. ✗ 16. ○

03
정답 ③

① ○

> 형벌법규의 경우 보충성(특히 긴급한 필요가 있거나 미리 법률로써 자세히 정할 수 없는 부득이한 사정이 있는 경우), 구성요건의 구체성, 형벌의 종류 및 상한과 폭의 명확성을 조건으로 위임입법이 허용된다. 형벌법규에 대하여도 특히 긴급한 필요가 있거나 미리 법률로써 자세히 정할 수 없는 부득이한 사정이 있는 경우에 한하여 수권법률(위임법률)이 구성요건의 점에서는 처벌대상인 행위가 어떠한 것일 거라고 이를 예측할 수 있을 정도로 구체적으로 정하고, 형벌의 점에서는 형벌의 종류 및 그 상한과 폭을 명확히 규정하는 것을 조건으로 위임입법이 허용되며, 이러한 위임입법은 죄형법정주의에 반하지 않는다(헌재 1996. 2. 29, 94헌마213).

② ○

> 1. 법률이 행정부가 아니거나 행정부에 속하지 않는 공법적 기관의 정관에 특정 사항을 정할 수 있다고 위임하는 경우 포괄적인 위임입법의 금지는 원칙적으로 적용되지 않는다(헌재 2006. 3. 30, 2005헌바31).
> 2-1. 법률이 공법적 단체 등의 정관에 자치법적 사항을 위임한 경우 헌법 제75조가 정하는 포괄위임입법금지원칙은 적용되지 않는다.
> 2-2. 법률이 공법적 단체 등의 정관에 자치법적 사항을 위임한 경우 국민의 권리·의무에 관한 기본적이고 본질적인 사항까지 정관에 위임할 수는 없으며, 국회가 정해야 한다.
> 2-3. 「도시 및 주거환경정비법」 제28조 제4항 본문이 사업시행인가 신청시의 동의요건을 조합의 정관에 포괄적으로 위임하고 있다고 하더라도 헌법 제75조가 정하는 포괄위임입법금지의 원칙이 적용되지 아니하므로 이에 위배된다고 할 수 없다(대판 2007. 10. 12, 2006두14476).
> 3. 법률이 자치적인 사항을 정관에 위임할 경우 원칙적으로 헌법상의 포괄위임입법금지원칙이 적용되지 않는다 하더라도, 그 사항이 국민의 권리·의무에 관련되는 것일 경우에는, 적어도 국민의 권리와 의무의 형성에 관한 사항을 비롯하여 국가의 통치조직과 작용에 관한 기본적이고 본질적인 사항은 반드시 국회가 정하여야 한다는 법률유보 내지 의회유보의 원칙이 지켜져야 한다(헌재 2001. 4. 26, 2000헌마122).

③ ✗

> 1. 국회입법에 의한 수권이 입법기관이 아닌 행정기관에 법률 등으로 구체적인 범위를 정하여 위임한 사항에 관하여는 당해 행정기관에 법정립의 권한을 갖게 되고, 입법자가 규율의 형식도 선택할 수 있다 할 것이다.
> 2. 따라서 헌법이 인정하고 있는 위임입법의 형식은 예시적인 것으로 보아야 할 것이고, 그것은 법률이 행정규칙에 위임하더라도 그 행정규칙은 위임된 사항만을 규율할 수 있으므로, 국회입법의 원칙과 상치되지도 않는다.
> 3. 법률이 입법사항을 대통령령이나 부령이 아닌 고시와 같은 행정규칙의 형식으로 위임하는 것은 헌법 제40조, 제75조, 제95조 등과의 관계에서 일정한 한계 내에서 허용된다.
> 4. 고시와 같은 형식으로 입법위임을 할 때에는 적어도 법령이 전문적·기술적 사항이나 경미한 사항으로서 업무의 성질상 위임이 불가피한 사항에 한정된다 할 것이고, 그러한 사항이라 하더라도 포괄위임금지의 원칙상 법률의 위임은 반드시 구체적·개별적으로 한정된 사항에 대하여 행하여져야 한다(헌재 2006. 12. 28, 2005헌바59).

④ ○

> 1. 처벌법규나 조세법규와 같이 국민의 기본권을 직접적으로 제한하거나 침해할 소지가 있는 영역에서는 일반적인 급부행정의 영역에서보다 위임의 구체성·명확성의 요구가 강화된다(헌재 2002. 8. 29, 2000헌바50 등).
> 2. 보건위생 등 급부행정영역에서는 침해영역보다 구체성 요구가 다소 약화되어도 무방하다(대결 1995. 12. 8, 95카기16).

✔ 기출체크

① 관련 기출

1. 특히 긴급한 필요가 있거나 미리 법률로 자세히 정할 수 없는 부득이한 사정이 있어 법률에 형벌의 종류·상한·폭을 명확히 규정하더라도, 행정형벌에 대한 위임입법은 허용되지 않는다. (○ | ×)　　2019 국가직 9급

2. 형벌규정의 위임은 구성요건을 예측할 수 있도록 구체적으로 정하고 형벌의 종류와 상한과 폭 등을 명확히 규정하는 것을 전제로 위임입법이 허용된다. (○ | ×)　　2014 서울시 9급

3. 근거법률의 벌칙에서 형벌의 종류와 상한을 정하고 그 범위 내에서 구체적인 것을 명령으로 정하게 하는 것은 허용되지 아니한다. (○ | ×)　　2014 지방직 9급

4. 형사처벌에 관한 위임입법의 경우, 수권법률이 구성요건의 점에서는 처벌대상인 행위가 어떠한 것인지 이를 예측할 수 있을 정도로 구체적으로 정하고, 형벌의 점에서는 형벌의 종류 및 그 상한과 폭을 명확히 규정하는 것을 전제로 한다. (○ | ×)　　2013 지방직(하) 7급

5. 처벌규정의 위임은 죄형법정주의로 인하여 어떠한 경우에도 허용되지 않는다. (○ | ×)　　2011 지방직(하) 7급

② 관련 기출

6. 법률이 행정부가 아니거나 행정부에 속하지 않는 공법적 기관의 정관에 자치입법적 사항을 위임하는 경우 헌법에서 정한 포괄적인 위임입법의 금지는 원칙적으로 적용되지 않는다. (○ | ×)　　2024 국가직 7급

7. 법률이 공법적 단체 등의 정관에 자치법적 사항을 위임한 경우에도 원칙적으로 헌법 제75조가 정하는 포괄적인 위임입법금지원칙이 적용되므로 이와 별도로 법률유보 내지 의회유보의 원칙을 적용할 필요는 없다. (○ | ×)　　2022 지방직·서울시 7급

8. 헌법재판소에 따르면 법률이 자치적인 사항을 공법적 단체의 정관으로 정하도록 위임한 경우에는 포괄위임입법금지원칙이 적용되지 않는다. (○ | ×)　　2022 국회직 8급

9. 구 「도시 및 주거환경정비법」에서 주택재개발사업시행인가 신청시 토지 등 소유자의 동의요건을 재개발조합의 정관에 포괄적으로 위임하고 있는 것은 헌법 제75조에서 정하고 있는 포괄위임입법금지원칙에 위배된다. (○ | ×)　　2022 소방간부

10. 법률이 공법적 단체 등의 정관에 자치법적 사항을 위임한 경우에는 헌법 제75조가 정하는 포괄적인 위임입법의 금지는 원칙적으로 적용되지 않지만, 그 사항이 국민의 권리·의무에 관련되는 것일 경우에는 적어도 국민의 권리·의무에 관한 기본적이고 본질적인 사항은 국회가 정하여야 한다. (○ | ×)　　2021 국가직 9급

11. 법률이 행정부가 아니거나 행정부에 속하지 않는 공법적 기관의 정관에 자치법적 사항을 위임한 경우에는 포괄적인 위임입법의 금지는 원칙적으로 적용되지 않는다. (○ | ×)　　2021 변호사

③ 관련 기출

12. 헌법이 규정하고 있는 위임입법의 형식은 예시적인 것으로 보아야 한다. (○ | ×)　　2024 국회직 9급, 2023 행정사, 2019 서울시 9급

13. 헌법 제40조와 헌법 제75조, 제95조의 의미를 살펴보면, 국회입법에 의한 수권이 행정기관에게 법률 등으로 구체적인 범위를 정하여 위임하더라도 당해 행정기관이 독자적인 법정립의 권한을 갖는 것은 아니므로 헌법이 인정하고 있는 위임입법의 형식은 한정적인 것으로 보아야 한다. (○ | ×)　　2024 변호사

14. 법률이 입법사항을 위임할 때 헌법이 명시하고 있는 법규명령의 형식이 아닌 행정규칙에 위임하더라도 국회입법의 원칙과 상치되지 아니한다. (○ | ×)　　2022 경찰간부

15. 헌법이 인정하고 있는 위임입법의 형식은 예시적인 것으로 보아야 할 것이고, 법률이 행정규칙에 위임하더라도 그 행정규칙은 위임된 사항만을 규율할 수 있으므로 국회입법의 원칙과 상치되지 않는다. (○ | ×)　　2021 경행경채, 2020 군무원 9급

16. 위임입법의 형태로 대통령령, 총리령 또는 부령 등을 열거하고 있는 헌법규정은 예시규정이다. (○ | ×)　　2018 교육행정직 9급

④ 관련 기출

17. 처벌법규나 조세법규는 다른 법규보다 구체성과 명확성의 요구가 강화되어야 한다. (○ | ×)　　2014 국가직 9급

18. 일반적인 급부행정법규는 처벌법규나 조세법규의 경우보다 그 위임의 요건과 범위가 더 엄격하게 제한적으로 규정되어야 한다. (○ | ×)　　2011 사회복지직 9급

19. 급부행정영역상의 위임입법에 있어서는 기본권침해영역보다 구체성의 요구가 다소 약화되어도 무방하다. (○ | ×)　　2011 지방직(상) 9급

정답　1. × 2. ○ 3. × 4. ○ 5. × 6. ○ 7. × 8. ○ 9. × 10. ○ 11. ○ 12. ○ 13. × 14. ○ 15. ○ 16. ○ 17. ○ 18. × 19. ○

04　　　　　　　　　　　　　　　　　　　　　　　정답 ④

① ○

> **행정기본법 제17조 【부관】** ④ 부관은 다음 각 호의 요건에 적합하여야 한다.
> 1. 해당 처분의 목적에 위배되지 아니할 것
> 2. 해당 처분과 실질적인 관련이 있을 것
> 3. 해당 처분의 목적을 달성하기 위하여 필요한 최소한의 범위일 것

② ○

> 도매시장법인 지정의 조건으로 소송이나 보상에 관한 부제소특약을 붙인 경우 부제소특약에 관한 부분은 개인적 공권인 소권을 당사자의 합의로 포기하는 것으로서 허용될 수 없다.
> 지방자치단체장이 도매시장법인의 대표이사에 대하여 위 지방자치단체장이 개설한 농수산물도매시장의 도매시장법인으로 다시 지정함에 있어서 그 지정조건으로 "지정기간 중이라도 개설자가 농수산물 유통정책의 방침에 따라 도매시장법인 이전 및 지정취소 또는 폐쇄지시에도 일절 소송이나 손실보상을 청구할 수 없다."라는 부관을 붙였으나, 그중 부제소특약에 관한 부분은 당사자가 임의로 처분할 수 없는 공법상의 권리관계를 대상으로 하여 사인의 국가에 대한 공권인 소권을 당사자의 합의로 포기하는 것으로서 허용될 수 없다(대판 1998. 8. 21, 98두8919).

③ ○

> 1. 행정처분과 실제적 관련성이 없어 부관으로 붙일 수 없는 부담을 사법상 계약의 형식으로 행정처분의 상대방에게 부과할 수는 없다.
> 2. 공무원이 공법상의 제한을 회피할 목적으로 행정처분의 상대방과 사이에 사법상 계약을 체결하는 형식을 취하였다면 이는 법치행정의 원리에 반하는 것으로서 위법하다(대판 2009. 12. 10, 2007다63966).

④ ×

> 1. 행정청이 수익적 행정처분을 하면서 부가한 부담의 위법 여부는 처분 당시 법령을 기준으로 판단하여야 하고, 부담이 처분 당시 법령을 기준으로 적법하다면 처분 후 부담의 전제가 된 주된 행정처분의 근거법령이 개정됨으로써 행정청이 더 이상 부관을 붙일 수 없게 되었다 하더라도 곧바로 위법하게 되거나 그 효력이 소멸하게 되는 것은 아니다.
> 2. 따라서 행정처분의 상대방이 수익적 행정처분을 얻기 위하여 행정청과 사이에 행정처분에 부가할 부담에 관한 협약을 체결하고 행정청이 수익적 행정처분을 하면서 협약상의 의무를 부담으로 부가하였으나 부담의 전제가 된 주된 행정처분의 근거법령이 개정됨으로써 행정청이 더 이상 부관을 붙일 수 없게 된 경우에도 곧바로 협약의 효력이 소멸하는 것은 아니다(대판 2009. 2. 12, 2005다65500).

✓ 기출체크

① 관련 기출

1. 부관은 해당 처분의 목적에 위배되지 아니하여야 하며, 그 처분과 실질적인 관련이 있어야 하고 또한 그 처분의 목적을 달성하기 위하여 필요한 최소한의 범위 내에서 붙여야 한다. (○ | ×) 2023 국가직 7급

2. 철회권의 유보는 해당 처분의 목적을 달성하기 위하여 필요한 최소한의 범위여야 한다. (○ | ×) 2023 군무원 9급

3. 부관이 해당 처분과 실질적인 관련이 없더라도 목적을 달성하기 위하여 필요한 최소한의 범위이면 붙일 수 있다. (○ | ×) 2022 경찰간부

② 관련 기출

4. 처분을 하면서 처분과 관련한 소의 제기를 금지하는 내용의 부제소특약을 부관으로 붙이는 것은 허용되지 않는다. (○ | ×) 2019 서울시 9급

5. 개인적 공권은 사권처럼 자유롭게 포기할 수 있는 것이 원칙이다. (○ | ×) 2017 교육행정직 9급

6. 행정소송에 있어서의 소권은 개인의 국가에 대한 공권이므로 당사자의 합의로써 이를 포기할 수 없다. (○ | ×) 2017 경행경채

7. 행정청이 특정 개발사업의 시행자를 지정하는 처분을 하면서 상대방에게 지정처분의 취소에 대한 소권을 포기하도록 하는 내용의 부관을 붙이는 것은 단지 부제소특약만을 덧붙이는 것이어서 허용된다. (○ | ×) 2017 국회직 8급

8. 행정청이 처분을 하면서 부제소(不提訴)특약의 부관을 붙인 것은 당사자가 임의로 처분할 수 없는 공법상 권리관계를 대상으로 하여 사인의 국가에 대한 소권을 당사자의 합의로 포기하는 것으로 허용될 수 없다. (○ | ×) 2013 지방직(하) 7급

③ 관련 기출

9. 행정처분과 실제적 관련성이 없어 부관을 붙일 수 없는 경우에도 사법상 계약의 형식으로 공법상 제한을 회피할 수 있다. (○ | ×) 2022 지방직·서울시 9급

10. 처분과 실제적 관련성이 없어 부관으로 붙일 수 없는 부담이라도 사법상 계약의 형식으로 처분의 상대방에게 부과할 수 있다. (○ | ×) 2021 지방직·서울시 9급

11. 행정처분과 부관 사이에 실제적 관련성이 있다고 볼 수 없는 경우, 공무원이 공법상의 제한을 회피할 목적으로 행정처분의 상대방과 사이에 사법상 계약을 체결하는 형식을 취하였더라도 법치행정의 원리에 반하는 것으로서 위법하다고 볼 수 없다. (○ | ×) 2021 국가직 9급

12. 행정처분과 실제적 관련성이 없어 부관으로 붙일 수 없는 부담이라고 하더라도 행정처분의 상대방에게 사법상 계약의 형식으로 이를 부과할 수 있다. (○ | ×) 2020 국가직 9급

13. 행정처분과 부관 사이에 실제적 관련성이 있다고 볼 수 없는 경우 공무원이 공법상의 제한을 회피할 목적으로 행정처분의 상대방과 사이에 사법상 계약을 체결하는 형식을 취하였다면 이는 법치행정의 원리에 반하는 것으로서 위법하다. (○ | ×) 2020 경행경채, 2019 국가직 7급

④ 관련 기출

14. 행정청이 수익적 행정처분을 하면서 부가한 부담의 위법 여부는 처분 당시 법령을 기준으로 판단하여야 하고, 부담이 처분 당시 법령을 기준으로 적법하다면 처분 후 부담의 전제가 된 주된 행정처분의 근거법령이 개정됨으로써 행정청이 더 이상 부관을 붙일 수 없게 되었다 하더라도 곧바로 위법하게 되거나 그 효력이 소멸하게 되는 것은 아니다. (○ | ×) 2024 지방직·서울시 7급

15. 부담이 처분 당시 법령을 기준으로 적법하다면 처분 후 부담의 전제가 된 주된 행정처분의 근거법령이 개정됨으로써 행정청이 더 이상 부관을 붙일 수 없게 되었다 하더라도 곧바로 위법하게 되거나 그 효력이 소멸되는 것은 아니다. (○ | ×) 2024 변호사, 2024 지방직·서울시 9급

16. 부담의 전제가 된 주된 처분의 근거법령이 개정됨으로써 행정청이 더 이상 부관을 붙일 수 없게 되었다면, 특별한 사정이 없는 한 그 부담의 효력은 소멸하게 된다. (○ | ×) 2023 소방직 9급

17. 주된 행정처분의 근거법령이 개정됨으로써 행정청이 더 이상 그 부담을 붙일 수 없게 되었다면 그 부담은 당연무효가 된다. (○ | ×) 2023 소방간부

18. 부담이 처분 당시 법령을 기준으로 적법하더라도, 처분 후 부담의 전제가 된 주된 행정처분의 근거법령이 개정됨으로써 행정청이 더 이상 부관을 붙일 수 없게 되었다면 그 부담은 곧바로 위법하게 되거나 그 효력이 소멸한 것으로 보아야 한다. (○ | ×) 2022 지방직·서울시 7급

19. 행정청이 수익적 행정처분을 하면서 부가한 부담의 위법 여부는 처분 당시 법령을 기준으로 판단하여야 한다. (○ | ×) 2021 경행경채

정답 1. ○ 2. ○ 3. × 4. ○ 5. × 6. ○ 7. × 8. ○ 9. × 10. ×
11. × 12. × 13. ○ 14. ○ 15. ○ 16. × 17. × 18. ×
19. ○

05
정답 ②

① ✕ 어업권 우선순위결정은 확약에 해당한다. 다만, 확약에 대해서는 행정기본법이 아니라 행정절차법 제40조의2에서 규정하고 있다(아래 ④ 해설 조문 참조).

② ○

> 어업권면허처분에 선행하는 우선순위결정은 확약에 불과하고 행정처분이 아니므로 공정력, 불가쟁력과 같은 효력은 인정되지 아니한다. 어업권면허에 선행하는 우선순위결정은 행정청이 우선권자로 결정된 자의 신청이 있으면 어업권면허처분을 하겠다는 것을 약속하는 행위로서 강학상 확약에 불과하고 행정처분은 아니므로, 우선순위결정에 공정력이나 불가쟁력과 같은 효력은 인정되지 아니하며, 따라서 우선순위결정이 잘못되었다는 이유로 종전의 어업권면허처분이 취소되면 행정청은 종전의 우선순위결정을 무시하고 다시 우선순위를 결정한 다음 새로운 우선순위결정에 기하여 새로운 어업권면허를 할 수 있다(대판 1995. 1. 20, 94누6529).

③ ✕

> 구 「민원사무처리에 관한 법률」(민원사무처리법) 제19조 제1항에서 정한 사전심사결과 통보는 항고소송의 대상이 되는 행정처분에 해당하지 않는다.
> 행정청은 사전심사결과 가능하다는 통보를 한 때에도 구 민원사무처리법 제19조 제3항에 의한 제약이 따르기는 하나 반드시 민원사항을 인용하는 처분을 해야 하는 것은 아닌 점, 행정청은 사전심사결과 불가능하다고 통보하였더라도 사전심사결과에 구애되지 않고 민원사항을 처리할 수 있으므로 불가능하다는 통보가 민원인의 권리·의무에 직접 영향을 미친다고 볼 수 없다(대판 2014. 4. 24, 2013두7834).

④ ✕

> **행정절차법 제40조의2【확약】** ① 법령 등에서 당사자가 신청할 수 있는 처분을 규정하고 있는 경우 행정청은 당사자의 신청에 따라 장래에 어떤 처분을 하거나 하지 아니할 것을 내용으로 하는 의사표시(이하 '확약'이라 한다)를 할 수 있다(④).
> ② 확약은 문서로 하여야 한다(①).
> ③ 행정청은 다른 행정청과의 협의 등의 절차를 거쳐야 하는 처분에 대하여 확약을 하려는 경우에는 확약을 하기 전에 그 절차를 거쳐야 한다.
> ④ 행정청은 다음 각 호의 어느 하나에 해당하는 경우에는 확약에 기속되지 아니한다(④).
>   1. 확약을 한 후에 확약의 내용을 이행할 수 없을 정도로 법령 등이나 사정이 변경된 경우
>   2. 확약이 위법한 경우
> ⑤ 행정청은 확약이 제4항 각 호의 어느 하나에 해당하여 확약을 이행할 수 없는 경우에는 지체 없이 당사자에게 그 사실을 통지하여야 한다.

✓ 기출체크

① 관련 기출
1. 행정절차법은 확약에 대하여 문서 또는 말로써 할 수 있다는 명문의 규정을 두고 있다. (○ | ✕)   2024 국회직 9급

② 관련 기출
2. 어업권면허에 선행하는 우선순위결정은 행정청이 우선권자로 결정된 자의 신청이 있으면 어업권면허처분을 하겠다는 것을 약속하는 행위로서 행정처분이 아니다. (○ | ✕)   2024 지방직·서울시 9급

3. 어업권면허에 선행하는 우선순위결정은 행정청이 우선권자로 결정된 자의 신청이 있으면 어업권면허처분을 하겠다는 것을 약속하는 행위로서 강학상 확약에 불과하고 행정처분은 아니다. (○ | ✕)   2023 국가직 7급

4. 어업권면허에 선행하는 우선순위결정은 행정청이 우선권자로 결정된 자의 신청이 있으면 어업권면허처분을 하겠다는 것을 약속하는 행위로서 강학상 확약에 불과하다. (○ | ✕)   2020 군무원 7급

5. 어업권면허에 선행하는 우선순위결정은 강학상 확약에 불과하고 행정처분은 아니므로 우선순위결정에 공정력이나 불가쟁력과 같은 효력은 인정되지 아니한다. (○ | ✕)   2015 경행특채 1차, 2010 경행특채

6. 어업권면허에 선행하는 우선순위결정은 강학상 확약으로 행정처분에 해당되어 우선순위결정에 공정력이나 불가쟁력 같은 효력이 인정된다. (○ | ✕)   2015 경행특채 2차, 2007 국가직 7급

③ 관련 기출
7. 甲이 A시 소재 임야에 4층 이하의 공동주택을 건축하기 위하여 A시 시장 乙에게 「민원 처리에 관한 법률」상의 사전심사청구를 하였고, 乙이 이에 대해 사전심사결과 통지를 하였다면, 甲은 이 통지를 항고소송으로 다툴 수 있다. (○ | ✕)   2023 변호사

8. 구 「민원사무처리에 관한 법률」에서 정한 사전심사결과 통보는 항고소송의 대상이 되는 행정처분에 해당하지 않는다. (○ | ✕)   2019 지방직·교육행정직 9급

④ 관련 기출
9. 법령 등에서 당사자가 신청할 수 있는 처분을 규정하고 있는 경우 행정청은 당사자의 신청에 따라 장래에 어떤 처분을 하거나 하지 아니할 것을 내용으로 하는 확약을 할 수 있다. (○ | ✕)   2024 소방직 9급

10. 확약을 한 후에 확약의 내용을 이행할 수 없을 정도로 사정이 변경된 경우, 행정청은 확약에 기속되지 아니한다. (○ | ✕)   2024 소방직 9급

정답 1. ✕ 2. ○ 3. ○ 4. ○ 5. ○ 6. ✕ 7. ✕ 8. ○ 9. ○ 10. ○

06
정답 ①

① ○ ③ ✕

> 과징금은 현실적인 행위자가 아닌 법령상 책임자에게 부과할 수 있으며, 다만 위반자의 의무해태를 탓할 수 없는 정당한 사유가 있는 경우에는 과징금을 부과할 수 없다.
> 과징금 부과처분은 제재적 행정처분으로서 여객자동차 운수사업에 관한 질서를 확립하고 여객의 원활한 운송과 여객자동차 운수사업의 종합적인 발달을 도모하여 공공복리를 증진한다는 행정목적의 달성을 위하여 행정법규위반이라는 객관적 사실에 착안하여 가하는 제재이므로 반드시 현실적인 행위자가 아니라도 법령상 책임자로 규정된 자에게 부과되고(③) 원칙적으로 위반자의 고의·과실을 요하지 아니하나, 위반자의 의무해태를 탓할 수 없는 정당한 사유가 있는 등의 특별한 사정이 있는 경우에는 이를 부과할 수 없다(①)(대판 2014. 10. 15, 2013두5005).

② ✕

> **질서위반행위규제법 제11조【법인의 처리 등】** ① 법인의 대표자, 법인 또는 개인의 대리인·사용인 및 그 밖의 종업원이 업무에 관하여 법인 또는 그 개인에게 부과된 법률상의 의무를 위반한 때에는 법인 또는 그 개인에게 과태료를 부과한다.

④ ✕

「부동산 실권리자명의 등기에 관한 법률」 제5조에 의하여 부과된 과징금채무는 대체적 급부가 가능한 의무이므로 위 과징금을 부과받은 자가 사망한 경우 그 상속인에게 포괄승계된다(대판 1999. 5. 14, 99두35).

✓ 기출체크

① 관련 기출

1. 과징금 부과처분은 원칙적으로 위반자의 고의·과실을 요하지 아니하나, 위반자의 의무해태를 탓할 수 없는 정당한 사유가 있는 등의 특별한 사정이 있는 경우에는 이를 부과할 수 없다. (○ | ✕)
   2025 소방간부, 2022 지방직·서울시 7급, 2022 해경간부

2. (여객자동차운송사업을 하는 甲은 관련법규 위반을 이유로 사업정지처분에 갈음하는 과징금 부과처분을 받았다) 甲에게 고의·과실이 없는 경우에는 과징금을 부과할 수 없다. (○ | ✕)
   2022 지방직·서울시 9급

3. 행정상 의무위반행위자에 대하여 과징금을 부과하기 위해서는 원칙적으로 위반자의 고의 또는 과실이 있어야 한다. (○ | ✕) 2021 국가직 7급

4. 구 「여객자동차 운수사업법」상 과징금 부과처분은 원칙적으로 위반자의 고의·과실을 요하지 아니하나, 위반자의 의무해태를 탓할 수 없는 정당한 사유가 있는 등의 특별한 사정이 있는 경우에는 이를 부과할 수 없다. (○ | ✕) 2020 국가직 7급

5. (「여객자동차 운수사업법」 제88조의 과징금 부과처분과 관련하여) 과징금 부과처분은 제재적 행정처분이므로 현실적인 행위자에 부과하여야 하며 위반자의 고의·과실을 요한다. (○ | ✕) 2019 서울시 9급

② 관련 기출

6. 질서위반행위규제법상 개인의 대리인이 업무에 관하여 그 개인에게 부과된 법률상의 의무를 위반한 때에는 행위자인 대리인에게 과태료를 부과한다. (○ | ✕) 2017 국가직 9급

7. 법인에 대해서는 과태료를 부과할 수 없다. (○ | ✕) 2013 경행특채

③ 관련 기출

8. (여객자동차운송사업을 하는 甲은 관련법규위반을 이유로 사업정지처분에 갈음하는 과징금 부과처분을 받았다) 甲이 현실적인 위반행위자가 아닌 법령상 책임자인 경우에도 甲에게 과징금을 부과할 수 있다. (○ | ✕)
   2022 지방직·서울시 9급

9. (「여객자동차 운수사업법」 제88조의 과징금 부과처분과 관련하여) 과징금은 행정목적 달성을 위하여, 행정법규위반이라는 객관적 사실에 착안하여 부과된다. (○ | ✕) 2019 서울시 9급

10. 현실적 행위자가 아닌 법령상 책임자로 규정된 자에게는 행정법규위반에 대한 제재조치를 부과할 수 없다. (○ | ✕) 2014 지방직 7급

④ 관련 기출

11. 「부동산 실권리자명의 등기에 관한 법률」 제5조에 의하여 부과된 과징금채무는 대체적 급부가 가능한 의무이므로 과징금을 부과받은 자가 사망한 경우 그 상속인에게 포괄승계된다. (○ | ✕)
    2023 국가직 7급, 2014 사회복지직 9급

12. 대법원 판례는 부과된 과징금채무는 일신전속적 의무이므로 위 과징금을 부과받은 자가 사망한 경우 그 상속인에게 승계되지 않는다고 한다. (○ | ✕) 2011 경북교행

정답 1. ○ 2. ✕ 3. ✕ 4. ○ 5. ✕ 6. ✕ 7. ✕ 8. ○ 9. ○ 10. ✕ 11. ○ 12. ✕

07
정답 ②

① ○

> 1. 관세법상 통고처분을 할 것인지는 관세청장 또는 세관장의 재량에 맡겨져 있다.
> 2. 따라서 관세청장 또는 세관장이 관세범에 대하여 통고처분을 하지 아니한 채 고발하였다는 것만으로 그 고발 및 이에 기한 공소의 제기가 부적법하게 되는 것은 아니다(대판 2007. 5. 11, 2006도1993).

② ✕ ③ ○ 인천공항세관장이 형사고발을 하였다면 고발에 의해 형사절차로 이행되므로 더 이상 통고처분을 할 수 없게 되고 고발 후의 통고처분은 무권한자의 행위로서 무효가 된다.

> 통고처분과 고발의 법적 성질 및 효과 등을 조세범칙사건의 처리절차에 관한 「조세범 처벌절차법」 관련규정들의 내용과 취지에 비추어 보면, 지방국세청장 또는 세무서장이 「조세범 처벌절차법」 제17조 제1항에 따라 통고처분을 거치지 아니하고 즉시 고발하였다면 이로써 조세범칙사건에 대한 조사 및 처분절차는 종료되고 형사사건절차로 이행되어 지방국세청장 또는 세무서장으로서는 동일한 조세범칙행위에 대하여 더 이상 통고처분을 할 권한이 없다(②). 따라서 지방국세청장 또는 세무서장이 조세범칙행위에 대하여 고발을 한 후에 동일한 조세범칙행위에 대하여 통고처분을 하였더라도, 이는 법적 권한 소멸 후에 이루어진 것으로서 특별한 사정이 없는 한 효력이 없고(③), 조세범칙행위자가 이러한 통고처분을 이행하였더라도 「조세범 처벌절차법」 제15조 제3항에서 정한 일사부재리의 원칙이 적용될 수 없다(대판 2016. 9. 28, 2014도10748).

④ ○ 통고처분을 받은 자가 통고된 내용에 따라 이행한 경우에는 확정판결과 동일한 효력이 발생하여 처벌절차는 종료되고 일사부재리의 원칙이 적용되어 다시 형사소추를 할 수 없다.

> **관세법 제317조【일사부재리】** 관세범인이 통고의 요지를 이행하였을 때에는 동일사건에 대하여 다시 처벌을 받지 아니한다.

✓ 기출체크

① 관련 기출

1. 관세청장 또는 세관장이 관세범에 대하여 통고처분을 하지 않은 채 고발하였다는 것만으로는 그 고발 및 이에 기한 공소의 제기가 부적법한 것은 아니다. (○ | ✕) 2018 경행경채 3차

2. 법률에 따라 통고처분을 할 수 있으면 행정청은 통고처분을 하여야 하며, 통고처분 이외의 조치를 취할 재량은 없다. (○ | ✕) 2015 지방직 9급

3. 판례에 의하면 통고처분을 할 것인지의 여부는 권한행정청의 재량에 속한다. (○ | ✕) 2014 경행특채 2차

4. 관세법상 통고처분과 관련하여 통고처분을 할 것인지의 여부는 행정청의 재량에 맡겨져 있다는 것이 판례의 입장이다. (○ | ✕) 2012 국가직 9급

5. 통고처분을 할 것인지의 여부는 권한행정청의 재량에 속하지 않는다. (○ | ✕) 2012 지방직(하) 7급

② 관련 기출

6. 지방국세청장이 「조세범 처벌절차법」에 따라 조세범칙행위에 대하여 통고처분을 거치지 아니하고 즉시 고발하였더라도, 지방국세청장으로서는 해당 조세범칙행위에 대하여 통고처분을 할 권한이 있다. (○ | ×)
2024 국회직 9급

7. 지방국세청장 또는 세무서장이 「조세범 처벌절차법」에 따라 통고처분을 거치지 아니하고 즉시 고발하였다면 이로써 조세범칙사건에 대한 조사 및 처분절차는 종료되고 형사사건절차로 이행되어 지방국세청장 또는 세무서장으로서는 동일한 조세범칙행위에 대하여 더 이상 통고처분을 할 권한이 없다. (○ | ×)
2023 국가직 7급

③ 관련 기출

8. 지방국세청장이 조세범칙행위에 대하여 고발을 한 후에 동일한 조세범칙행위에 대하여 통고처분을 하는 경우, 이러한 통고처분은 법적 권한 소멸 후 이루어진 것으로 특별한 사정이 없는 한 효력이 없고 조세범칙행위자가 이를 이행하였더라도 일사부재리의 원칙이 적용될 수 없다. (○ | ×)
2022 소방직 9급

9. 지방국세청장이 조세범칙행위에 대하여 고발을 한 후에 동일한 조세범칙행위에 대하여 통고처분을 하여 조세범칙행위자가 이를 이행하였다면 고발에 따른 형사절차의 이행은 일사부재리의 원칙에 반하여 위법하다. (○ | ×)
2020 군무원 9급

10. 지방국세청장이 조세범칙행위에 대하여 형사고발을 한 후에 동일한 조세범칙행위에 대하여 한 통고처분은 특별한 사정이 없는 한 위법하지만 무효는 아니다. (○ | ×)
2019 국가직 7급, 2018 지방직 7급

④ 관련 기출

11. 통고처분에 따른 범칙금을 납부한 후에 동일한 사건에 대하여 다시 형사처벌을 하는 것이 일사부재리의 원칙에 반하는 것은 아니다. (○ | ×)
2019 국가직 9급

12. 범칙자가 범칙금을 납부하면 과형절차는 종료되고, 범칙자는 다시 형사소추되지 아니한다. (○ | ×)
2018 경행경채, 2008 국가직 9급

13. 행정법규위반자가 통고처분에 의해 부과된 금액을 납부하면 과벌절차가 종료되며 동일한 사건에 대하여 다시 처벌받지 아니한다. (○ | ×)
2015 지방직 9급

14. 통고처분을 이행하면 일사부재리의 원칙이 적용되어 동일사건에 대하여 다시 처벌받지 아니한다. (○ | ×)
2012 국가직 9급

15. 통고처분은 행정질서벌에도 인정된다. (○ | ×) 2011 지방직(하) 7급

정답 1. ○ 2. × 3. ○ 4. ○ 5. × 6. × 7. ○ 8. ○ 9. × 10. ×
11. × 12. ○ 13. ○ 14. ○ 15. ×

08

정답 ④

㉮ ○

> 건축법상의 이행강제금은 시정명령의 불이행이라는 과거의 위반행위에 대한 제재가 아니라, 의무자에게 시정명령을 받은 의무의 이행을 명하고 그 이행기간 안에 의무를 이행하지 않으면 이행강제금이 부과된다는 사실을 고지함으로써 의무자에게 심리적 압박을 주어 의무의 이행을 간접적으로 강제하는 행정상의 간접강제수단에 해당한다. 이러한 <u>이행강제금의 본질상 시정명령을 받은 의무자가 이행강제금이 부과되기 전에 그 의무를 이행한 경우에는 비록 시정명령에서 정한 기간을 지나서 이행한 경우라도 이행강제금을 부과할 수 없다</u>(대판 2018. 1. 25, 2015두35116).

🔍 관련판례

「부동산 실권리자명의 등기에 관한 법률」(이하 '부동산실명법'이라 한다)상 '장기미등기자'에 대하여 부과되는 이행강제금은 소유권이전등기 신청의무 불이행이라는 과거의 사실에 대한 제재인 과징금과 달리, 장기미등기자에게 등기신청의무를 이행하지 아니하면 이행강제금이 부과된다는 심리적 압박을 주어 의무의 이행을 간접적으로 강제하는 행정상의 간접강제수단에 해당한다. 따라서 장기미등기자가 이행강제금 부과 전에 등기신청의무를 이행하였다면 이행강제금의 부과로써 이행을 확보하고자 하는 목적은 이미 실현된 것이므로 부동산실명법 제6조 제2항에 규정된 기간이 지나서 등기신청의무를 이행한 경우라 하더라도 이행강제금을 부과할 수 없다(대판 2016. 6. 23, 2015두36454).

㉯ ○

> 1. 건축주 등이 장기간 시정명령을 이행하지 아니하였으나 그 기간 중에 시정명령의 이행기회가 제공되지 아니하였다가 뒤늦게 이행기회가 제공된 경우, 이행기회가 제공되지 아니한 과거의 기간에 대한 이행강제금까지 한꺼번에 부과할 수는 없다.
> 2. <u>이를 위반하여 이루어진 이행강제금 부과처분의 하자는 중대하고 명백하다</u>(대판 2016. 7. 14, 2015두46598).

㉰ × 이행강제금은 본래 비대체적 작위의무와 부작위의무의 이행을 강제하기 위한 강제집행수단으로 활용되어 왔다. 그런데 헌법재판소는 현행 건축법상 위법건축물에 대한 이행강제수단으로 대집행(건축법 제85조)과 이행강제금(건축법 제80조)이 인정되고 있는데, 양 제도는 각각의 장단점이 있으므로 행정청은 개별사건에 있어서 위반내용, 위반자의 시정의지 등을 감안하여 대집행과 이행강제금을 선택적으로 활용할 수 있으며, 이처럼 그 합리적인 재량에 의해 선택하여 활용하는 이상 중첩적인 제재에 해당한다고 볼 수 없다고 하였다.

> 1. <u>이행강제금은 대체적 작위의무의 위반에 대하여도 부과될 수 있다.</u>
> 2. 행정청은 <u>대집행과 이행강제금을 선택적으로 활용할 수 있다고 할 것이며, 이처럼 그 합리적인 재량에 의해 선택하여 활용하는 이상 중첩적인 제재에 해당한다고 볼 수 없다</u>(헌재 2004. 2. 26, 2001헌바80 등).

㉱ × 이행강제금(집행벌)에 불복하는 자는 이의를 제기할 수 있으며, 이의를 제기한 경우에는 비송사건절차법에 의해 이행강제금(집행벌)을 결정하도록 특별한 규정을 두고 있는 경우가 있다(농지법 제62조). 이 경우에는 특별한 절차에 따라 권리를 구제받을 수 있을 뿐 항고소송을 제기할 수 없다.

> <u>농지법 제62조 제1항에 따른 이행강제금 부과처분에 불복하는 경우에는 비송사건절차법에 따른 재판절차가 적용되어야 하고, 행정소송법상 항고소송의 대상은 될 수 없다. 농지법 제62조 제6항, 제7항이 위와 같이 이행강제금 부과처분에 대한 불복절차를 분명하게 규정하고 있으므로, 이와 다른 불복절차를 허용할 수는 없다. 설령 피고가 이행강제금 부과처분을 하면서 재결청에 행정심판을 청구하거나 관할행정법원에 행정소송을 할 수 있다고 잘못 안내하거나 경기도행정심판위원회가 각하재결이 아닌 기각재결을 하면서 관할법원에 행정소송을 할 수 있다고 잘못 안내하였다고 하더라도, 그러한 잘못된 안내로 행정법원의 항고소송 재판관할이 생긴다고 볼 수도 없다</u>(대판 2019. 4. 11, 2018두42955).

✓ 기출체크

㉮ 관련 기출

1. 이행강제금의 본질상 시정명령을 받은 의무자가 이행강제금이 부과되기 전에 그 의무를 이행한 경우라도 시정명령에서 정한 기간을 지나서 이행하였다면 장기이행강제금을 부과할 수 있다. (○ | ×)
2024 소방간부

2. 건축법상 시정명령을 받은 의무자가 이행강제금이 부과되기 전에 그 의무를 이행하였더라도 그 시정명령에서 정한 기간을 지나서 이행한 경우라면 행정청은 이행강제금을 부과할 수 있다. (○ | ×)   2023 국가직 7급

3. 이행강제금의 성격에 비추어 건축법상 시정명령을 받은 의무자가 시정명령에서 정한 기간을 지나서 시정명령을 이행한 경우 이행강제금이 부과되기 전에 그 이행이 있었다 하더라도 시정명령상의 기간을 준수하지 않은 이상 이행강제금을 부과하는 것은 정당하다. (○ | ×)   2022 해경간부

4. 「부동산 실권리자명의 등기에 관한 법률」상 장기미등기자가 이행강제금 부과 전에 등기신청의무를 이행하였더라도 동법에 규정된 기간이 지나서 등기신청의무를 이행하였다면 이행강제금을 부과할 수 있다. (○ | ×)
2021 지방직·서울시 9급

5. 건축법상 시정명령을 받은 의무자가 이행강제금이 부과되기 전에 그 의무를 이행한 경우에는 비록 시정명령에서 정한 기간을 지나서 이행한 경우라도 이행강제금을 부과할 수 없다. (○ | ×)   2020 국가직 9급

㈏ 관련 기출

6. 건축주 등이 건축법상 시정명령을 장기간 이행하지 아니하였더라도, 그 기간 중에는 시정명령의 이행기회가 제공되지 아니하였다가 뒤늦게 시정명령의 이행기회가 제공된 경우라면, 행정청은 시정명령의 이행기회 제공을 전제로 한 1회분의 이행강제금만을 부과할 수 있고 시정명령의 이행기회가 제공되지 아니한 과거의 기간에 대한 이행강제금까지 한꺼번에 부과할 수는 없다. (○ | ×)   2023 국가직 7급

7. 장기간 시정명령을 이행하지 아니하였더라도, 그 기간 중에는 시정명령의 이행기회가 제공되지 아니하였다가 뒤늦게 시정명령의 이행기회가 제공된 경우라면, 시정명령의 이행기회 제공을 전제로 한 1회분의 이행강제금만을 부과할 수 있고, 시정명령의 이행기회가 제공되지 아니한 과거의 기간에 대한 이행강제금까지 한꺼번에 부과할 수는 없으며 이를 위반하여 이루어진 이행강제금 부과처분은 무효이다. (○ | ×)   2022 국회직 8급

8. 비록 건축주 등이 장기간 시정명령을 이행하지 아니하였더라도, 그 기간 중에는 시정명령의 이행기회가 제공되지 아니하였다가 뒤늦게 시정명령의 이행기회가 제공된 경우라면, 시정명령의 이행기회가 제공되지 아니한 과거의 기간에 대한 이행강제금까지 한꺼번에 부과알 수 있다. (○ | ×)
2020 군무원 9급

9. 건축주 등이 장기간 시정명령을 이행하지 아니하였으나 그 기간 중에 시정명령의 이행기회가 제공되지 아니하였다가 뒤늦게 이행기회가 제공된 경우, 이행기회가 제공되지 아니한 과거의 기간에 대한 이행강제금까지 한꺼번에 부과하였다면 그러한 이행강제금 부과처분은 하자가 중대·명백하여 당연무효이다. (○ | ×)   2019 국가직 7급

10. 건축법상 이행강제금은 시정명령의 불이행이라는 과거의 위반행위에 대한 제재이므로, 건축주가 장기간 시정명령을 이행하지 않았다면 그 기간 중에 시정명령의 이행기회가 제공되지 않았다가 뒤늦게 이행기회가 제공된 경우라 하더라도 이행기회가 제공되지 않은 과거의 기간에 대한 이행강제금까지 한꺼번에 부과할 수 있다. (○ | ×)   2018 국가직 9급

㈐ 관련 기출

11. 현행 건축법상 위법건축물에 대한 이행강제수단으로 대집행과 이행강제금이 인정되고 있는데, 행정청은 개별사건에 있어서 위반내용, 위반자의 시정의지 등을 감안하여 대집행과 이행강제금을 재량에 의해 선택적으로 활용할 수 있다. (○ | ×)   2024 소방간부

12. 법률에 이행강제수단으로 대집행과 이행강제금이 인정되고 있는 경우 행정청은 대집행과 이행강제금을 선택적으로 활용할 수 있으며, 합리적인 재량에 의해 선택하여 활용하는 이상 중첩적인 제재에 해당한다고 볼 수 없다. (○ | ×)   2024 변호사

13. 행정청은 건축법상 위법건축물에 대한 이행강제수단으로 대집행과 이행강제금을 선택적으로 활용할 수 없고, 재량에 의해 이들을 선택하여 활용할 경우 중첩적인 제재에 해당한다. (○ | ×)   2023 군무원 5급

14. 이행강제금은 대체적 작위의무의 위반에 대하여도 부과될 수 있으며, 건축법상 위법건축물에 대한 이행강제수단으로 행정대집행과 이행강제금을 합리적인 재량에 의해 선택적으로 활용하는 이상 이는 중첩적인 제재에 해당하지 않는다. (○ | ×)
2023 국가직 7급

15. 행정대집행은 대체적 작위의무에 대한 강제집행수단이고, 이행강제금은 부작위의무나 비대체적 작위의무에 대한 강제집행수단이므로 이행강제금은 대체적 작위의무의 위반에 대하여는 부과될 수 없다. (○ | ×)
2022 군무원 7급

㈑ 관련 기출

16. 농지법상 이행강제금 부과처분은 행정소송법상 항고소송의 대상이 된다. (○ | ×)   2024 소방직 9급

17. 농지법에 근거한 이행강제금 부과처분은 금전급부의무를 부과하는 하명행위로서 처분에 해당하므로 이에 불복하는 경우에는 행정심판이나 행정소송을 통해서 다투어야 한다. (○ | ×)   2024 국회직 8급

18. 농지법상 이행강제금 부과처분에 대하여 부과권자가 관할법원에 행정소송을 할 수 있다고 잘못 안내하면서 이행강제금을 부과한 경우 상대방은 항고소송을 통해 다툴 수 있다. (○ | ×)
2024 지방직·서울시 7급

19. 농지법상 이행강제금 부과처분에 대한 불복은 비송사건절차법에 따른 재판절차뿐만 아니라 행정소송법상 항고소송절차에 따를 수 있다. (○ | ×)
2023 지방직·서울시 9급

20. 관할청이 농지법상의 이행강제금 부과처분을 하면서 재결청에 행정심판을 청구하거나 관할행정법원에 행정소송을 할 수 있다고 잘못 안내한 경우 행정법원의 항고소송 재판관할이 생긴다. (○ | ×)   2022 국가직 9급

21. 농지법상 이행강제금 부과처분은 행정소송의 대상이다. (○ | ×)
2021 국가직 7급

22. 이행강제금 부과처분에 대해 비송사건절차법에 의한 특별한 불복절차가 마련되어 있는 경우 이행강제금 부과처분은 항고소송의 대상이 되는 행정처분이 아니다. (○ | ×)   2020 경행경채

23. 농지법상 이행강제금 부과처분은 항고소송의 대상이 되는 처분에 해당하므로 이에 불복하는 경우 항고소송을 제기할 수 있다. (○ | ×)
2020 국가직 7급

정답 1. × 2. × 3. × 4. × 5. ○ 6. ○ 7. ○ 8. × 9. ○ 10. ×
11. ○ 12. ○ 13. × 14. ○ 15. × 16. × 17. × 18. ×
19. × 20. × 21. × 22. ○ 23. ×

09   정답 ③

① × 부작위에 대한 의무이행심판은 청구기간의 제한이 없지만, 거부처분에 대한 의무이행심판에는 청구기간의 제한이 있다.

> **행정심판법 제27조【심판청구의 기간】** ① 행정심판은 처분이 있음을 알게 된 날부터 90일 이내에 청구하여야 한다.
> ⑦ 제1항부터 제6항까지의 규정은 무효등확인심판청구와 부작위에 대한 의무이행심판청구에는 적용하지 아니한다.

> 행정심판법 제27조 제7항에 부작위에 대한 의무이행심판청구에는 심판청구기간에 관한 같은 조 제1항 내지 제6항의 규정을 적용하지 아니한다고 규정되어 있지만, 위 법조항 소정의 부작위에 대한 의무이행심판청구에 거부처분에 대한 의무이행심판청구도 포함된다고 볼 수 없다(대판 1992. 11. 10, 92누1629).

② × '간접강제'는 행정심판 인용재결에 따른 행정청의 재처분의무에도 불구하고 행정청이 인용재결의 취지에 따른 처분을 하지 아니하면 행정심판위원회가 당사자의 신청에 의하여 결정으로써 한다.

> **행정심판법 제50조의2【위원회의 간접강제】** ① 위원회는 피청구인이 제49조 제2항(제49조 제4항에서 준용하는 경우를 포함한다) 또는 제3항에 따른 처분을 하지 아니하면 청구인의 신청에 의하여 결정으로 상당한 기간을 정하고 피청구인이 그 기간 내에 이행하지 아니하는 경우에는 그 지연기간에 따라 일정한 배상을 하도록 명하거나 즉시 배상을 할 것을 명할 수 있다.

③ ○ ④ × 거부처분에 대한 의무이행심판에 대해 인용재결이 있는 경우뿐만 아니라(행정심판법 제49조 제3항) 거부처분에 대한 취소심판이나 무효등확인심판청구에서 인용재결이 있는 경우에도 처분청에게는 기속력의 내용으로서 재처분의무가 인정된다(동법 제49조 제2항). 그런데 재처분의무를 이행하지 않는 경우 재결의 기속력 확보수단으로서의 직접처분은 의무이행심판의 인용재결이 있는 경우에만 인정되며 거부처분에 대한 취소심판이나 무효등확인심판청구에서 인용재결이 있는 경우에는 인정되지 않는다.

> **행정심판법 제49조【재결의 기속력 등】** ② 재결에 의하여 취소되거나 무효 또는 부존재로 확인되는 처분이 당사자의 신청을 거부하는 것을 내용으로 하는 경우에는 그 처분을 한 행정청은 재결의 취지에 따라 다시 이전의 신청에 대한 처분을 하여야 한다.
> ③ 당사자의 신청을 거부하거나 부작위로 방치한 처분의 이행을 명하는 재결이 있으면 행정청은 지체 없이 이전의 신청에 대하여 재결의 취지에 따라 처분을 하여야 한다(③).
>
> **제50조【위원회의 직접처분】** ① 위원회는 피청구인이 제49조 제3항(편저자 주 : 처분이행명령재결)에도 불구하고 처분을 하지 아니하는 경우에는 당사자가 신청하면 기간을 정하여 서면으로 시정을 명하고 그 기간에 이행하지 아니하면 직접처분을 할 수 있다. 다만, 그 처분의 성질이나 그 밖의 불가피한 사유로 위원회가 직접처분을 할 수 없는 경우에는 그러하지 아니하다(④).

✔ 기출체크

① 관련 기출

1. 거부처분이나 부작위에 대한 의무이행심판청구는 청구기간의 제한이 있다. (○ | ×)   2023 군무원 7급

2. 거부처분에 대한 의무이행심판에는 심판청구에 기간상의 제한이 없다. (○ | ×)   2013 서울시 7급

② 관련 기출

3. 행정심판위원회는 피청구인이 의무이행재결 중 처분명령재결의 취지에 따른 처분을 하지 아니하는 경우에, 청구인의 신청에 의하여 결정으로 상당한 기간을 정하고 피청구인이 그 기간 내에 이행하지 아니하는 경우에는 그 지연기간에 따라 일정한 배상을 하도록 명하거나 즉시 배상을 할 것을 명할 수 있다. (○ | ×)   2023 지방직·서울시 7급

4. 행정심판위원회는 피청구인이 재결에 따른 재처분의무를 이행하지 않으면 청구인의 신청에 의하여 결정으로 상당한 기간을 정하고 피청구인이 그 기간 내에 이행하지 아니하는 경우에는 그 지연기간에 따라 일정한 배상을 하도록 명하거나 즉시 배상을 할 것을 명할 수 있다. (○ | ×)   2022 국회직 8급

5. (행정심판법상 간접강제제도는) 행정심판의 재결의 기속력에 따른 재처분의무를 이행하지 않은 경우에 재결의 실효성을 확보하기 위하여 행정청에 일정한 배상을 명령하는 제도이다. (○ | ×)   2022 소방간부

6. (행정심판법상) 행정심판위원회는 청구인의 신청 또는 직권으로 간접강제를 결정할 수 있다. (○ | ×)   2022 소방간부

7. 행정심판 인용재결에 따른 행정청의 재처분의무에도 불구하고 행정청이 인용재결에 따른 처분을 하지 아니하는 경우에, 행정심판위원회는 청구인의 신청이 없어도 결정으로 일정한 배상을 하도록 명할 수 있다. (○ | ×)   2021 지방직·서울시 9급

③ 관련 기출

8. 당사자의 신청을 거부하거나 부작위로 방치한 처분의 이행을 명하는 재결이 있는 경우에는 처분청은 지체 없이 그 재결의 취지에 따라 다시 이전의 신청에 대한 처분을 하여야 한다. (○ | ×)   2023 군무원 7급, 2019 경행경채 2차

9. 당사자의 신청을 거부하는 처분에 대한 취소심판에서 인용재결이 내려진 경우, 의무이행심판과 달리 행정청은 재처분의무를 지지 않는다. (○ | ×)   2019 지방직·교육행정직 9급

10. 재결에 의하여 취소되거나 무효 또는 부존재로 확인되는 처분이 당사자의 신청을 거부하는 것을 내용으로 하는 경우에는 그 처분을 한 행정청은 재결의 취지에 따라 다시 이전의 신청에 대한 처분을 하여야 한다. (○ | ×)   2019 국가직 7급

④ 관련 기출

11. 피청구인이 거부처분을 취소하는 재결의 취지에 따라 다시 이전의 신청에 대한 처분을 하지 아니하는 경우에 행정심판위원회는 직접처분을 할 수 있다. (○ | ×)   2021 경행경채

12. 의무이행심판의 청구가 이유 있다고 인정되는 경우에는 행정심판위원회는 직접 신청에 따른 처분을 할 수 없고, 피청구인에게 처분을 할 것을 명하는 재결을 할 수 있을 뿐이다. (○ | ×)   2021 군무원 7급

13. 행정심판법에 의해 행정청이 행정심판위원회의 재결의 취지에 따라 재처분을 할 의무가 있음에도 그 의무를 이행하지 않은 경우에 행정심판위원회가 직접처분을 할 수 있는 재결은?   2020 국가직 9급
    ① 당사자의 신청에 따른 처분을 절차가 부당함을 이유로 취소하는 재결
    ② 당사자의 신청을 거부한 처분의 이행을 명하는 재결
    ③ 당사자의 신청을 거부하는 처분을 취소하는 재결
    ④ 당사자의 신청을 거부하는 처분을 부존재로 확인하는 재결

정답 1. × 2. × 3. ○ 4. ○ 5. ○ 6. × 7. × 8. ○ 9. × 10. ○ 11. × 12. × 13. ②

10 정답 ④

① ✕ 행정심판법에서는 임시처분에 관한 규정을 두고 있으나 행정소송법에서는 임시처분에 관한 규정을 두고 있지 않다.

> **행정심판법 제31조【임시처분】** ① 위원회는 처분 또는 부작위가 위법·부당하다고 상당히 의심되는 경우로서 처분 또는 부작위 때문에 당사자가 받을 우려가 있는 중대한 불이익이나 당사자에게 생길 급박한 위험을 막기 위하여 임시지위를 정하여야 할 필요가 있는 경우에는 직권으로 또는 당사자의 신청에 의하여 임시처분을 결정할 수 있다.

② ✕ 집행정지는 본안소송이 계속되어야 하므로 본안소송이 취하되면 집행정지결정은 당연히 소멸하며, 별도 취소조치는 필요 없다.

> 집행정지결정 후에라도 본안소송이 취하되어 소송의 계속이 인정되지 않으면 집행정지결정은 당연히 그 효력이 소멸한다.
> 행정처분의 집행정지는 행정처분집행부정지의 원칙에 대한 예외로서 인정되는 일시적인 응급처분이라 할 것이므로 집행정지결정을 하려면 이에 대한 본안소송이 법원에 제기되어 계속 중임을 요건으로 하는 것이므로 집행정지결정을 한 후에라도 본안소송이 취하되어 소송이 계속하지 아니한 것으로 되면 집행정지결정은 당연히 그 효력이 소멸되는 것이고 별도의 취소조치를 필요로 하는 것이 아니다(대판 1975. 11. 11, 75누97).

③ ✕ 행정소송법에서는 명문의 규정이 없어 민사집행법상 가처분을 준용할 수 있는지가 문제되는데, 대법원은 민사집행법상의 가처분 규정이 항고소송에서는 준용되지 않는다고 본다.

> 1. 항고소송의 대상이 되는 행정처분의 효력이나 집행 혹은 절차속행 등의 정지를 구하는 신청은 행정소송법상 집행정지신청의 방법으로서만 가능할 뿐 민사소송법상 가처분의 방법으로는 허용될 수 없다(대결 2009. 11. 2, 2009마596).
> 2. 민사소송법상의 가처분으로써 행정행위의 금지를 구할 수 없다.
> 민사소송법상의 보전처분은 민사판결절차에 의하여 보호받을 수 있는 권리에 관한 것이므로, 민사소송법상의 가처분으로써 행정청의 어떠한 행정행위의 금지를 구하는 것은 허용될 수 없다 할 것이다(대결 1992. 7. 6, 92마54).

④ ○

> 집행정지결정의 효력은 결정주문에서 정한 기간까지 존속하다가 그 기간이 만료되면 장래에 향하여 소멸한다. 집행정지결정은 처분의 집행으로 회복하기 어려운 손해를 예방하기 위하여 긴급한 필요가 있고 달리 공공복리에 중대한 영향을 미치지 않을 것을 요건으로 하여 본안판결이 있을 때까지 해당 처분의 집행을 잠정적으로 정지함으로써 위와 같은 손해를 예방하는 데 취지가 있으므로, 항고소송을 제기한 원고가 본안소송에서 패소확정판결을 받았더라도 집행정지결정의 효력이 소급하여 소멸하지 않는다.
> 그러나 제재처분에 대한 행정쟁송절차에서 처분에 대해 집행정지결정이 이루어졌더라도 본안에서 해당 처분이 최종적으로 적법한 것으로 확정되어 집행정지결정이 실효되고 제재처분을 다시 집행할 수 있게 되면, 처분청으로서는 당초 집행정지결정이 없었던 경우와 동등한 수준으로 해당 제재처분이 집행되도록 필요한 조치를 취하여야 한다. 집행정지는 행정쟁송절차에서 실효적 권리구제를 확보하기 위한 잠정적 조치일 뿐이므로, 본안 확정판결로 해당 제재처분이 적법하다는 점이 확인되었다면 제재처분의 상대방이 잠정적 집행정지를 통해 집행정지가 이루어지지 않은 경우와 비교하여 제재를 덜 받게 되는 결과가 초래되도록 해서는 안 된다. 반대로, 처분 상대방이 집행정지결정을 받지 못했으나 본안소송에서 해당 제재처분이 위법하다는 것이 확인되어 취소하는 판결이 확정되면, 처분청은 그 제재처분으로 처분 상대방에게 초래된 불이익한 결과를 제거하기 위하여 필요한 조치를 취하여야 한다(대판 2020. 9. 3, 2020두34070).

✓ 기출체크

① 관련 기출

1. 행정소송법과는 달리 행정심판법은 임시처분제도를 인정하고 있지 않다. (○ | ✕)   2024 국회직 9급
2. 행정소송법과 행정심판법은 처분 또는 부작위에 대하여 임시의 지위를 정하는 임시처분제도를 두고 있다. (○ | ✕)   2022 서울시 지적 7급
3. 행정심판법은 행정소송법과는 달리 집행정지뿐만 아니라 임시처분도 규정하고 있다. (○ | ✕)   2018 국가직 9급
4. 행정소송법은 취소소송의 경우에 집행정지 외에 임시처분까지 규정하고 있다. (○ | ✕)   2018 교육행정직 9급
5. 행정심판의 가구제제도에는 집행정지제도와 임시처분제도가 있다. (○ | ✕)   2018 서울시 9급
6. 현행 행정소송법은 적극적인 가구제수단으로서 임시처분을 명문으로 규정하고 있다. (○ | ✕)   2015 교육행정직 9급, 2011 세무사

② 관련 기출

7. 집행정지결정을 한 후에라도 본안소송이 취하되어 소송이 계속하지 아니한 것으로 되면 집행정지결정은 당연히 그 효력이 소멸되고 별도의 취소조치를 필요로 하는 것은 아니다. (○ | ✕)   2022 소방간부, 2018 경행경채
8. 집행정지결정 후 본안소송이 취하되면 집행정지결정의 효력도 상실한다. (○ | ✕)   2021 군무원 7급
9. 집행정지결정을 한 후에 본안소송이 취하되더라도 그 집행정지결정의 효력이 당연히 소멸하는 것은 아니고, 별도의 취소조치를 필요로 한다. (○ | ✕)   2016 서울시 9급
10. 집행정지결정을 한 후에라도 본안소송이 취하되어 소송이 계속하지 아니한 것으로 되면 집행정지결정은 당연히 그 효력이 소멸된다. (○ | ✕)   2010 서울시 9급

③ 관련 기출

11. 항고소송의 대상이 되는 행정처분의 효력이나 집행 혹은 절차속행 등의 정지를 구하는 신청은 행정소송법상 집행정지신청의 방법으로서만 가능할 뿐이고 민사소송법상 가처분의 방법으로는 허용될 수 없다. (○ | ✕)   2022 소방간부, 2019 경행경채 2차
12. 행정소송법 제8조 제2항은 "행정소송에 관하여 이 법에 특별한 규정이 없는 사항에 대하여는 법원조직법과 민사소송법 및 민사집행법의 규정을 준용한다."고 규정한다. 이에 관한 다음의 설명 중 옳지 않은 것은? (단, 다툼이 있는 경우 판례에 의함)   2017 사회복지직 9급
    ① 행정소송사건에서 민사소송법상 보조참가가 허용된다.
    ② 민사소송법상 가처분은 항고소송에서 허용된다.
    ③ 민사집행법상 가처분은 당사자소송에서 허용된다.
    ④ 행정소송으로 제기해야 할 사건을 민사소송으로 잘못 제기한 경우에 수소법원이 행정소송에 대한 관할이 없다면 특별한 사정이 없는 한 관할법원에 이송하여야 한다.
13. 민사집행법에 따른 가처분은 항고소송에서도 인정된다. (○ | ✕)   2016 국가직 9급
14. 취소소송을 제기한 경우 법원은 당사자의 신청이나 직권으로 민사집행법상 가처분을 내릴 수 있다. (○ | ✕)   2016 지방직 9급

정답 1. ○ 2. ✕ 3. ○ 4. ✕ 5. ○ 6. ✕ 7. ○ 8. ○ 9. ✕ 10. ○
11. ○ 12. ② 13. ✕ 14. ✕

11
정답 ②

① ○

> 행정처분의 근거법률에 의하여 보호되는 직접적이고 구체적인 이익이 있는 경우에는 행정소송법 제35조에 규정된 '무효확인을 구할 법률상 이익'이 있다고 보아야 하고, 이와 별도로 무효확인소송의 보충성이 요구되는 것은 아니므로 행정처분의 무효를 전제로 한 이행소송 등과 같은 직접적인 구제수단이 있는지 여부를 따질 필요가 없다고 해석함이 상당하다(대판 2008. 3. 20, 2007두6342 전합).

② ✕

> 甲도지사가 도에서 설치·운영하는 乙지방의료원을 폐업하겠다는 결정을 발표하고 그에 따라 폐업을 위한 일련의 조치가 이루어진 후 乙지방의료원을 해산한다는 내용의 조례를 공포하고 乙지방의료원의 청산절차가 마쳐진 사안에서, 甲도지사의 폐업결정은 항고소송의 대상에 해당하지만 취소를 구할 소의 이익을 인정하기 어렵다.
> (1) 지방의료원의 설립·통합·해산은 지방자치단체의 조례로 결정할 사항이다.
> (2) 피고 경상남도지사의 ○○의료원 폐업결정은 행정청이 행하는 구체적 사실에 관한 법집행으로서의 공권력의 행사로서 입원환자들과 소속 직원들의 권리·의무에 직접 영향을 미치는 것이므로 항고소송의 대상에 해당한다.
> (3) 이 사건 폐업결정 후 ○○의료원을 해산한다는 내용의 이 사건 조례가 제정·시행되었고, 이 사건 조례가 무효라고 볼 사정도 없으므로, ○○의료원을 폐업 전의 상태로 되돌리는 원상회복은 불가능하다고 판단된다. 따라서 법원이 피고 경상남도지사의 이 사건 폐업결정을 취소하더라도 그것은 단지 이 사건 폐업결정이 위법함을 확인하는 의미밖에 없고, 그것만으로는 원고들이 희망하는 ○○의료원 재개원이라는 목적을 달성할 수 없으며, 뒤에서 살펴보는 바와 같이 (발생한 손해가 없으므로) 원고들의 국가배상청구도 이유 없다고 판단되므로, 결국 원고들에게 이 사건 폐업결정의 취소로 회복할 수 있는 다른 권리나 이익이 남아 있다고 보기도 어렵다. 따라서 피고 경상남도지사의 이 사건 폐업결정은 법적으로 권한 없는 자에 의하여 이루어진 것으로서 위법하다고 하더라도, 그 취소를 구할 소의 이익을 인정하기는 어렵다(대판 2016. 8. 30, 2015두60617).

③ ○

> 거부처분이 있는 경우 부작위위법확인소송을 제기할 수는 없다. 행정청이 당사자의 신청에 대하여 거부처분을 한 경우에는 항고소송의 대상인 위법한 부작위가 있다고 볼 수 없어 그 부작위위법확인의 소는 부적법하다(대판 1998. 1. 23, 96누12641).

④ ○

> 1. 소제기 후라도 행정청이 처분을 함으로써 부작위상태가 해소된 경우 부작위위법확인소송은 소의 이익이 상실되어 각하된다.
> 2. 대학의 상근강사로서 근무를 마친 자가 정규교원에 임용하여 줄 것을 요청하는 내용의 탄원서에 대하여 학장이 민원서류 처리 결과통보의 형식으로 인사위원회에서 임용동의가 부결되어 임용하지 못한다는 설명을 담은 서신을 보낸 경우를 임용거부처분으로 볼 수 있다(대판 1990. 9. 25, 89누4758).

✓ 기출체크

① 관련 기출
1. 처분의 무효확인을 구할 법률상 이익이 있는지를 판단함에 있어 처분의 무효를 전제로 한 이행소송 등과 같은 직접적인 구제수단이 있는지 여부를 따질 필요가 없다. (○ | ✕) 2023 경찰간부

2. (甲은 중대·명백한 하자가 있어 무효인 A처분에 대해 소송을 제기하려고 한다) 甲이 A처분에 대해 무효확인소송을 제기하려면 확인소송의 일반적 요건인 즉시확정의 이익이 있어야 한다. (○ | ✕) 2021 국회직 8급

3. 무효인 과세처분에 의하여 세금을 납부한 자는 납부한 금액을 반환받기 위하여 부당이득반환청구소송을 제기하지 않고 곧바로 과세처분무효확인소송을 제기할 수 있다. (○ | ✕) 2019 서울시 9급

4. 대법원은 종래 무효확인소송에서 요구해 왔던 보충성을 더 이상 요구하지 않는 것으로 판례태도를 변경하였다. (○ | ✕) 2018 교육행정직 9급

5. 무효인 과세처분에 의해 조세를 납부한 자가 부당이득반환청구소송을 제기할 수 있는 경우에도 과세처분에 대한 무효확인소송을 제기할 수 있다. (○ | ✕) 2016 지방직 9급

② 관련 기출
6. 도지사가 도에서 설치·운영하는 지방의료원을 폐업하겠다는 결정을 발표하고 그에 따라 폐업을 위한 일련의 조치를 한 경우, 폐업결정은 공권력의 행사로서 행정처분에 해당한다. (○ | ✕) 2023 소방직 9급

③ 관련 기출
7. 당사자의 신청에 대한 행정청의 거부처분이 있는 경우에는 행정청이 당사자의 신청에 대하여 상당한 기간 내에 일정한 처분을 하여야 할 법률상 응답의무를 이행하지 아니함으로써 야기된 부작위라는 위법상태를 제거하기 위하여 제기하는 부작위위법확인소송은 허용되지 아니한다. (○ | ✕) 2023 소방간부

8. 행정청이 당사자의 신청에 대하여 거부처분을 한 경우에는 부작위위법확인소송의 원고적격이 없거나 위 항고소송의 대상인 위법한 부작위가 있다고 볼 수 없어 그 부작위위법확인의 소는 부적법하다. (○ | ✕) 2022 소방간부

9. 당사자의 신청에 대한 행정청의 거부처분이 있는 경우에는 행정청이 당사자의 신청에 대하여 일정한 처분을 이행하지 아니함으로써 위법상태가 야기된 것이므로 이를 제거하기 위하여 부작위위법확인소송도 허용된다. (○ | ✕) 2016 서울시 7급

④ 관련 기출
10. 부작위위법확인소송의 계속 중 소극적 처분이 있게 되더라도 부작위위법확인의 소가 소의 이익을 잃게 되는 것은 아니다. (○ | ✕) 2023 경찰간부

11. 허가처분 신청에 대한 부작위를 다투는 부작위위법확인소송을 제기하여 제1심에서 승소판결을 받았는데 제2심 단계에서 피고 행정청이 허가처분을 한 경우, 제2심 수소법원은 각하판결을 하여야 한다. (○ | ✕) 2019 국가직 9급

12. 소제기의 전후를 통하여 판결시까지 행정청이 그 신청에 대하여 적극 또는 소극의 처분을 함으로써 부작위상태가 해소된 때에는 소의 이익을 상실하게 되어 당해 소는 각하를 면할 수가 없다. (○ | ✕) 2018 국회직 8급

13. 부작위위법확인소송의 변론종결시까지 행정청의 처분으로 부작위상태가 해소된 때에는 부작위위법확인소송은 소의 이익을 상실하게 된다. (○ | ✕) 2012 국가직 7급

14. 부작위위법확인소송을 제기한 뒤에 판결까지 행정청이 그 신청에 대하여 적극적 또는 소극적 처분을 하였다면 소의 이익을 상실하게 되어 당해 소는 각하된다. (○ | ✕) 2010 국회속기직 9급

정답 1. ○ 2. ✕ 3. ○ 4. ○ 5. ○ 6. ○ 7. ○ 8. ○ 9. ✕ 10. ✕ 11. ○ 12. ○ 13. ○ 14. ○

12

정답 ②

① ○

> 법적으로 혼인한 상태가 아닌 대한민국 국적인 부와 중화인민공화국 국적인 모 사이에 출생한 甲과 乙이 출생신고에 따라 주민등록번호를 부여받고 가족관계등록부에 등록되었으며 각각 17세 때 주민등록증을 발급받았는데, 관할행정청이 '외국인 모와의 혼인외자 출생신고'라며 가족관계등록부를 말소하고 출입국관리 행정청이 부모들에게 甲과 乙에 대한 국적 취득 절차를 안내했음에도 이를 진행하지 않다가 성년이 된 후 국적법 제20조에 따라 국적보유 판정을 신청했으나, 법무부장관이 대한민국 국적 보유자가 아니라는 이유로 甲과 乙에게 국적비보유 판정을 한 사안에서, 주민등록번호와 주민등록증은 외부에 공시되어 대내외적으로 행정행위의 적법한 존재를 추단하는 중요한 근거가 되는 점에 비추어 행정청이 공신력 있는 주민등록번호와 이에 따른 주민등록증을 부여한 행위는 甲과 乙에게 대한민국 국적을 취득하였다는 공적인 견해를 표명한 것인 점, ……을 종합하면, 위 판정은 甲과 乙의 신뢰에 반하여 이루어진 것으로 신뢰보호의 원칙에 위배된다(대판 2024. 3. 12, 2022두60011).

② ×

> (원고가 용도지역이 농림지역 또는 준농림지역인 일정 토지 위에 폐기물처리업을 영위할 목적으로 피고에게 폐기물처리업 사업계획서를 제출하였고, 이에 대해 피고가 일정한 조건을 부가하여 사업계획에 대한 적정통보를 한 후 원고가 농림지역을 준도시지역으로 변경하여 달라는 국토이용계획변경신청을 하였으나 피고가 이를 거부한 사건에서) 폐기물관리법령에 의한 폐기물처리업 사업계획에 대한 적정통보와 국토이용관리법령에 의한 국토이용계획변경은 각기 그 제도적 취지와 결정단계에서 고려해야 할 사항들이 다르므로, 피고가 위와 같이 폐기물처리업 사업계획에 대하여 적정통보를 한 것만으로 그 사업부지 토지에 대한 국토이용계획변경신청을 승인하여 주겠다는 취지의 공적인 견해표명을 한 것으로 볼 수 없고, 그럼에도 불구하고 원고가 그 승인을 받을 것으로 신뢰하였다면 원고에게 귀책사유가 있다 할 것이므로, 이 사건 처분이 신뢰보호의 원칙에 위배된다고 할 수 없다(대판 2005. 4. 28, 2004두8828).

③ ○

> 평등의 원칙은 본질적으로 같은 것을 자의적으로 다르게 취급함을 금지하는 것이고, 위법한 행정처분이 수차례에 걸쳐 반복적으로 행하여졌다 하더라도 그러한 처분이 위법한 것인 때에는 행정청에 대하여 자기구속력을 갖게 된다고 할 수 없다(대판 2009. 6. 25, 2008두13132).

④ ○

> 주택사업계획승인을 하면서 주택사업과는 아무런 관련이 없는 토지를 기부채납하도록 하는 부관을 붙인 경우 그 부관은 부당결부금지원칙에 위반되어 위법하다. 부당결부금지의 원칙에 위반한 위법한 부관이라도 그 하자가 중대하고 명백하지 않은 경우 당연무효사유라고 볼 수 없다(대판 1997. 3. 11, 96다49650).

✔ 기출체크

① 관련 기출

1. 법적으로 혼인한 상태가 아닌 대한민국 국적인 부와 중화인민공화국 국적인 모 사이에 출생한 甲에게 출생신고에 따라 행정청에 의해 주민등록번호와 이에 따른 주민등록증이 부여되었더라도, 행정청에 의해 '외국인 모와의 혼인외자 출생신고'라며 가족관계등록부가 말소된 이상, 법무부장관이 대한민국 국적 보유자가 아니라는 이유로 甲에게 국적비보유 판정을 한 것은 정당화될 수 있다. (○ │ ×)   2025 변호사

② 관련 기출

2. 폐기물관리법령에 따른 관할관청의 폐기물처리업 사업계획에 대한 적정통보는 그 사업부지 토지에 대한 국토이용계획변경신청을 승인하여 주겠다는 취지의 공적인 견해표명을 한 것으로 볼 수 있다. (○ │ ×)   2022 소방간부

③ 관련 기출

3. 위법한 행정처분이 수차례에 걸쳐 반복적으로 행하여졌다 하더라도 그러한 처분이 위법한 것인 때에는 행정청에 대하여 자기구속력을 갖게 된다고 할 수 없다. (○ │ ×)   2025 소방간부

4. 평등의 원칙은 본질적으로 같은 것을 자의적으로 다르게 취급함을 금지하는 것이므로, 위법한 행정처분이 수차례에 걸쳐 반복적으로 행하여졌다면 행정청에 대하여 자기구속력을 갖게 된다. (○ │ ×)   2024 국가직 7급

5. 반복적으로 행해진 행정처분이 위법하더라도 행정의 자기구속의 원칙에 따라 행정청은 선행처분에 구속된다. (○ │ ×)   2024 해경승진

6. 평등의 원칙에 따라 본질적으로 같은 것은 같게 취급할 것이 요구되므로, 위법한 행정처분이더라도 수차례에 걸쳐 반복적으로 행하여졌다면 그러한 위법한 처분은 행정청에 대하여 자기구속력을 갖게 된다. (○ │ ×)   2023 변호사, 2022 지방직·서울시 9급

7. 행정처분이 수차례에 걸쳐 반복적으로 행하여졌다면 그 처분이 위법한 것인 때에도 행정청에 대하여 자기구속력을 갖게 된다. (○ │ ×)   2022 국가직 7급, 2016 교육행정직 9급

8. 행정청이 조합설립추진위원회의 설립승인심사에서 위법한 행정처분을 한 선례가 있는 경우에는, 행정청에 대해 자기구속력을 갖게 되어 이후에도 그러한 기준에 따라야 한다. (○ │ ×)   2021 국가직 9급

④ 관련 기출

9. 주택사업계획승인을 하면서 그 주택사업과 아무 관련이 없는 토지를 기부채납하도록 하는 부관을 붙인 경우, 그 부관은 부당결부금지원칙에 위반되어 위법하다. (○ │ ×)   2022 국가직 7급

10. 지방자치단체장이 사업자에게 주택사업계획승인을 하면서 그 주택사업과는 아무런 관련이 없는 토지를 기부채납하도록 하는 부관을 주택사업계획승인에 붙인 경우, 그 부관은 부당결부금지의 원칙에 위반되어 위법하다. (○ │ ×)   2022 지방직·서울시 9급, 2019 지방직·교육행정직 9급

11. 행정주체가 행정작용을 함에 있어서 상대방에게 이와 실질적 관련이 없는 의무를 부과하거나 그 이행을 강제하여서는 아니 된다. (○ │ ×)   2020 소방직 9급

12. 지방자치단체장이 사업자에게 주택사업계획승인을 하면서 그 주택사업과는 아무런 관련이 없는 토지를 기부채납하도록 하는 부관은 부당결부금지의 원칙에 위반되어 위법하지만 당연무효라고 볼 수 없다. (○ │ ×)   2016 국가직 7급

정답 1. × 2. × 3. ○ 4. × 5. × 6. × 7. × 8. × 9. ○ 10. ○
11. ○ 12. ○

13
정답 ④

①② ✕ 공법상 결과제거청구권의 대상에 있어서, 손해배상은 가해행위와 상당인과관계가 있는 손해를 대상으로 하지만, 결과제거청구권은 위법한 공행정작용으로 인한 직접적 결과의 제거만을 대상으로 하고 제3자의 행위 등에 의한 간접적인 결과의 제거는 그 대상이 되지 않는다. 그리고 결과제거청구는 원래의 상태 또는 동일한 가치의 상태로 회복함이 사실상 가능하며, 법적으로 허용되고 의무자에게 기대 가능한 것을 내용으로 해야 한다. 이러한 요건이 구비되지 아니하면 손해배상이나 손실보상만이 문제가 된다.

③ ✕ 행정주체의 공행정작용의 결과로서 위법한 침해상태가 존재하여야 한다. 이러한 공행정작용에는 법적 행위뿐 아니라 사실행위도 포함되고 권력작용뿐 아니라 비권력적 작용도 포함된다. 또한 행정작용으로 인하여 야기된 결과적 상태가 타인의 권리 또는 법률상 이익을 침해하고 있어야 하며 단순한 반사적 이익, 사실상 이익의 침해는 포함되지 않는다. 다만, 여기에서의 권리 또는 법률상 이익에는 재산적으로 가치 있는 것뿐만 아니라, 명예·호평 등 정신적인 것까지도 포함된다.

④ ○ 결과제거청구소송은 공법상 당사자소송으로 제기하여야 한다는 것이 일반적 견해이다.

✔ 기출체크

①② 관련 기출

1. 공법상 결과제거청구권의 대상은 가해행위와 상당인과관계가 있는 손해이다. (○ | ✕) 2021 군무원 9급

2. 원상회복이 행정주체에게 기대 가능한 것이어야 한다. (○ | ✕) 2021 군무원 9급

3. 공법상 결과제거청구권은 공행정작용의 직접적인 결과만을 그 대상으로 한다. (○ | ✕) 2010 지방직 7급

③ 관련 기출

4. 결과제거청구는 권력작용뿐만 아니라 관리작용에 의한 침해의 경우에도 인정되나 법적 행위에 의한 침해에 한하며, 사실행위에 의한 침해의 경우에는 인정되지 않는다. (○ | ✕) 2022 경찰간부

5. 결과제거청구는 권력작용뿐만 아니라 관리작용에 의한 침해의 경우에도 인정된다. (○ | ✕) 2021 군무원 9급

6. 공법상 결과제거청구권은 공행정작용으로 인하여 야기된 위법한 상태를 제거하여 그 원상회복을 목적으로 하는 권리이다. (○ | ✕) 2010 지방직 7급

7. 타인의 법률상 이익을 침해하는 것뿐만 아니라, 사실상의 이익을 침해하는 경우에도 결과제거청구권이 성립한다. (○ | ✕) 2005 서울시 9급

④ 관련 기출

8. A시는 복지시설의 운영자인 B에게 무주택상태에 있는 C가 6개월간 동 시설에 거주할 수 있게 하도록 명령하였다. 그러나 C가 거주한 지 6개월이 지났는데도 방을 비워 주지 않고 있는 상태이고, A시도 더 이상 아무런 조치를 취하지 않고 있다. 더욱이 C는 본인이 거주하던 방의 일부를 파손하였다. 다음 중 이 사례에 관한 설명으로 옳지 않은 것은? 2008 국회직 8급

① B는 A시가 명령한 6개월의 기간이 종료되었으므로 A시에 대하여 C가 퇴거하도록 해 줄 것을 요구할 수 있다.

② B가 A시에 대하여 C에 대한 퇴거조치를 요구하는 것은 공법적 관계이므로, 이에 대한 소송은 당사자소송으로 하여야 한다는 것이 일반적인 견해이다.

③ B는 A시에 대하여 C에 대한 퇴거조치를 요구함에 있어 C가 파손한 부분에 대한 원상회복도 청구할 수 있다.

④ B는 C를 상대로 민사상의 손해배상을 청구할 수 있다.

⑤ A시의 명령은 행정소송법상 처분에 해당되므로 B는 취소소송을 통하여 이를 다툴 수 있으나, 이미 제소기간이 경과되어 부적법각하될 것이다.

9. 공법상 결과제거청구권(행정상 원상회복청구권)에 관한 설명으로 옳은 것은? 2002 국가직 7급

① 가해행위의 위법 및 가해자의 과실을 요건으로 한다.

② 관리작용에 의한 침해인 경우에도 인정되나, 법률행위에 한정된다.

③ 공행정작용의 직접적인 결과만을 그 대상으로 한다.

④ 결과제거청구소송은 행정상 항고소송이다.

정답 1. ✕ 2. ○ 3. ○ 4. ✕ 5. ○ 6. ○ 7. ✕ 8. ③ 9. ③

14
정답 ①

① ✕

> 불법행위를 이유로 배상하여야 할 손해는 현실로 입은 확실한 손해에 한한다(대판 2020. 10. 15, 2017다278446).

② ○ 판례는 "공무원의 직무집행상의 과실이라 함은 공무원이 그 직무를 수행함에 있어 당해 직무를 담당하는 평균인이 보통(통상) 갖추어야 할 주의의무를 게을리한 것을 말한다(대판 1987. 9. 22, 87다카1164)."고 하여 '해당 공무원 개인의 주의의무'를 기준으로 하는 것이 아니라 당해 직무를 담당하는 '평균적(보통 일반의) 공무원의 주의의무'를 기준으로 과실 유무를 판단하고 있는데, 이는 과실을 객관적으로 파악하여 과실입증을 보다 쉽게 하고자 하는 과실의 객관화를 위한 시도 중 하나이다. 한편, 고의·과실의 입증책임은 피해자인 원고에게 있다는 것이 통설·판례의 입장이다.

③ ○

> 1. 피고 ○○은 피고 대한변호사협회의 장(長)으로서 국가로부터 위탁받은 공행정사무인 '변호사등록에 관한 사무'를 수행하는 범위 내에서는 국가배상법 제2조에서 정한 공무원에 해당한다.
>
> 2. 피고 대한변호사협회가 원고에게 아직 처벌받지 않은 여죄가 있을 가능성이 있다는 이유로 등록심사를 약 2개월간 지연하다가 원고의 변호사등록을 해준 것, 즉 피고 대한변호사협회의 변호사등록 지연은 불법행위에 해당한다.
>
> 공법인이 국가로부터 위탁받은 공행정사무를 집행하는 과정에서 공법인의 임직원이나 피용인이 고의 또는 과실로 법령을 위반하여 타인에게 손해를 입힌 경우에는, 공법인은 위탁받은 공행정사무에 관한 행정주체의 지위에서 배상책임을 부담하여야 하지만, 공법인의 임직원이나 피용인은 실질적인 의미에서 공무를 수행한 사람으로서 국가배상법 제2조에서 정한 공무원에 해당하므로 고의 또는 중과실이 있는 경우에만 배상책임을 부담하고 경과실이 있는 경우에는 배상책임을 면한다. 한편 공무원의 중과실이란 공무원에게 통상 요구되는 정도의 상당한 주의를 하지 않더라도 약간의 주의를 한다면 손쉽게 위법·유해한 결과를 예견할 수 있는 경우임에도 만연히 이를 간과한 경우와 같이, 거의 고의에 가까운 현저한 주의를 결여한 상태를 의미한다(대판 2021. 1. 28, 2019다260197).

④ ○

> 관계법령해석의 미확립시 과실이 부정될 수 있다.
>
> 어떠한 행정처분이 위법하다고 할지라도 그 자체만으로 곧바로 그 행정처분이 공무원의 고의 또는 과실로 인한 불법행위를 구성한다고 단정할 수는 없고, 공무원의 고의 또는 과실의 유무에 대하여는 별도의 판단을 요한다고 할 것인바, 그 이유는 행정청이 관계법령의 해석이 확립되기 전에 어느 한 설을 취하여 업무를 처리한 것이 결과적으로 위법하

게 되어 그 법령의 부당집행이라는 결과를 빚었다고 하더라도 처분 당시 그와 같은 처리방법 이상의 것을 성실한 평균적 공무원에게 기대하기 어려웠던 경우라면 특별한 사정이 없는 한 이를 두고 공무원의 과실로 인한 것이라고 볼 수는 없기 때문이다(대판 2004. 6. 11, 2002다31018).

✔ 기출체크

② 관련 기출

1. 국가배상법의 과실은 행정처분의 담당공무원이 보통 일반의 공무원을 표준으로 하여 볼 때 객관적 주의의무를 결하여 그 행정처분이 객관적 정당성을 상실하였다고 인정될 정도에 이른 경우를 말한다. (○ | ×)
   2022 해경간부

2. 과실의 입증책임은 원칙적으로 국가 측에 있으므로 국가가 과실이 없었음을 입증해야 한다. (○ | ×)   2022 경찰간부

3. 과실의 기준은 당해 공무원이 아니라 당해 직무를 담당하는 평균적 공무원을 기준으로 한다는 견해는 과실의 객관화(과실개념을 객관적으로 접근)를 위한 시도라 할 수 있다. (○ | ×)   2020 군무원 7급

4. (국가배상법상 공무원의 과실에 관하여 판례는) 당해 직무를 담당하는 평균적 공무원의 주의능력을 기준으로 판단한다. (○ | ×)   2015 서울시 9급

5. 과실의 입증책임은 원고가 아니라 피고인 국가 또는 지방자치단체로 전환된다. (○ | ×)   2015 서울시 9급

6. 가해공무원의 과실 여부에 대한 입증책임은 원고에게 있다. (○ | ×)   2014 지방직 7급

7. (국가배상청구권은) 과실개념의 주관화(主觀化) 경향이 나타나고 있다. (○ | ×)   2014 서울시 9급

③ 관련 기출

8. 공무원 개인이 지는 손해배상책임에서 중과실이란 공무원에게 통상 요구되는 정도의 상당한 주의를 하지 않더라도 약간의 주의를 한다면 손쉽게 위법·유해한 결과를 예견할 수 있는 경우임에도 만연히 이를 간과한 경우와 같이, 거의 고의에 가까운 현저한 주의를 결여한 상태를 의미한다. (○ | ×)   2023 소방직 9급

9. 공무원의 중과실이란 공무원에게 통상 요구되는 정도의 상당한 주의를 하지 않더라도 약간의 주의를 한다면 손쉽게 위법·유해한 결과를 예견할 수 있는 경우임에도 만연히 이를 간과한 경우와 같이, 거의 고의에 가까운 현저한 주의를 결여한 상태를 의미한다. (○ | ×)   2022 서울시 지적 7급

④ 관련 기출

10. 공무원이 관계법령의 해석이 확립되기 전에 어느 한 설을 취하여 업무를 처리한 것이 결과적으로 위법하더라도 처분 당시 그 이상의 업무처리를 성실한 평균적 공무원에게 기대하기 어려웠던 경우라면 원칙적으로 공무원의 과실을 인정할 수 없다. (○ | ×)   2022 국가직 9급

11. 행정청이 관계법령의 해석이 확립되기 전에 어느 한 설을 취하여 업무를 처리한 것이 결과적으로 위법하게 되어 그 법령의 부당집행이라는 결과를 빚었다고 하더라도 처분 당시 그와 같은 처리방법 이상의 것을 성실한 평균적 공무원에게 기대하기 어려웠던 경우라면 특별한 사정이 없는 한 이를 두고 공무원의 과실로 인한 것이라고는 볼 수 없다. (○ | ×)
   2010 국가직 7급

정답 1. ○ 2. × 3. ○ 4. ○ 5. × 6. ○ 7. × 8. ○ 9. ○ 10. ○ 11. ○

15   정답 ②

㉮ ×

1. 구 「공공용지의 취득 및 손실보상에 관한 특례법」에 의한 협의취득시 건물소유자가 매매대상 건물에 대한 철거의무를 부담하겠다는 취지의 약정을 한 경우, 그 철거의무는 사법상 의무이므로 행정대집행법에 의한 대집행의 대상이 되지 않는다.
2. 구 「공공용지의 취득 및 손실보상에 관한 특례법」에 의한 협의취득시 건물소유자가 협의취득대상 건물에 대하여 약정한 철거의무의 강제적 이행을 행정대집행법상 대집행의 방법으로 실현할 수는 없다(대판 2006. 10. 13, 2006두7096).

㉯ ○ 대집행의 대상이 되는 공법상의 의무는 보통의 경우 행정처분에 의하여 부과되는 것이 원칙이지만, 법령에 의해 직접 부과될 수도 있다. 동 법령에는 지방자치단체의 조례가 포함된다.

행정대집행법 제2조【대집행과 그 비용징수】 법률(법률의 위임에 의한 명령, 지방자치단체의 조례를 포함한다. 이하 같다.)에 의하여 직접 명령되었거나 또는 법률에 의거한 행정청의 명령에 의한 행위로서 타인이 대신하여 행할 수 있는 행위를 의무자가 이행하지 아니하는 경우 다른 수단으로써 그 이행을 확보하기 곤란하고 또한 그 불이행을 방치함이 심히 공익을 해할 것으로 인정될 때에는 당해 행정청은 스스로 의무자가 하여야 할 행위를 하거나 또는 제3자로 하여금 이를 하게 하여 그 비용을 의무자로부터 징수할 수 있다.

㉰ ○

1. 부작위의무로부터 그 의무를 위반함으로써 생긴 결과를 시정하기 위한 작위의무를 당연히 끌어낼 수는 없으며, 또 위 금지규정으로부터 작위의무, 즉 위반결과의 시정을 명하는 권한이 당연히 추론(推論)되는 것도 아니다.
2. 부작위의무위반의 경우 작위의무를 끌어내기 위해서는(작위의무로 전환하기 위해서는) 별도의 명문규정이 있어야 한다. 대집행계고처분을 하기 위하여는 법령에 의하여 직접 명령되거나 법령에 근거한 행정청의 명령에 의한 의무자의 대체적 작위의무위반행위가 있어야 한다. 따라서 단순한 부작위의무의 위반, 즉 관계 법령에 정하고 있는 절대적 금지나 허가를 유보한 상대적 금지를 위반한 경우에는 당해 법령에서 그 위반자에 대하여 위반에 의하여 생긴 유형적 결과의 시정을 명하는 행정처분의 권한을 인정하는 규정을 두고 있지 아니한 이상, 법치주의의 원리에 비추어 볼 때 위와 같은 부작위의무로부터 그 의무를 위반함으로써 생긴 결과를 시정하기 위한 작위의무를 당연히 끌어낼 수는 없으며, 또 위 금지규정(특히 허가를 유보한 상대적 금지규정)으로부터 작위의무, 즉 위반결과의 시정을 명하는 권한이 당연히 추론(推論)되는 것도 아니다(대판 1996. 6. 28, 96누4374).

㉱ ×

관계법령을 위반하여 장례식장 영업을 하고 있는 자의 장례식장 사용중지의무는 비대체적 부작위의무로서 행정대집행법 제2조의 규정에 의한 대집행의 대상이 되지 않는다(대판 2005. 9. 28, 2005두7464).

㉲ ×

대집행요건을 구비하였는지에 관한 주장 및 입증책임은 처분행정청에 있다.
건축법에 위반하여 건축한 것이어서 철거의무가 있는 건물이라 하더라도 그 철거의무를 대집행하기 위한 계고처분을 하려면 다른 방법으로는 이행의 확보가 어렵고 불이행을 방치함이 심히 공익을 해하는 것으로 인정될 때에 한하여 허용되고 이러한 요건의 주장·입증책임은 처분행정청에 있다(대판 1996. 10. 11, 96누8086).

✓ 기출체크

㉮ 관련 기출

1. 「공익사업을 위한 토지 등의 취득 및 보상에 관한 법률」에 의한 협의취득 시 건물소유자가 협의취득대상 건물에 대하여 약정을 하고서 불이행한 경우, 그 건물의 강제철거에 대해서는 행정대집행법이 적용되지 아니한다. (○ | ×) 　　2023 소방간부

2. 「공익사업을 위한 토지 등의 취득 및 보상에 관한 법률」에 의한 협의취득 시 건물소유자가 매매대상 건물에 대한 철거의무를 부담하겠다는 취지의 약정을 하였다 하더라도, 이러한 철거의무는 행정대집행법에 의한 대집행의 대상이 될 수 없다. (○ | ×) 　　2023 변호사, 2020 국가직 9급, 2017 지방직(하) 9급

3. 구 「공공용지의 취득 및 손실보상에 관한 특례법」에 의한 협의취득시 건물소유자가 협의취득대상 건물에 대한 철거의무를 부담하겠다는 취지의 약정을 하였다고 하더라도 이러한 철거의무는 공법상의 의무가 될 수 없고, 대집행을 허용하는 별도의 규정이 없는 한 대집행의 대상이 될 수 없다. (○ | ×) 　　2022 국회직 8급

4. 「공익사업을 위한 토지 등의 취득 및 보상에 관한 법률」에 의한 토지 등의 협의취득시 건물소유자가 협의취득대상 건물에 대한 철거의무를 부담하겠다는 취지의 약정을 하였음에도 이러한 철거의무를 불이행한 경우 행정대집행을 할 수 있다. (○ | ×) 　　2022 소방간부

5. 대집행은 비금전적인 대체적 작위의무를 의무자가 이행하지 않는 경우 행정청이 스스로 의무자가 행하여야 할 행위를 하거나 제3자로 하여금 행하게 하는 것으로, 그 대집행의 대상은 공법상 의무에만 한정하지 않는다. (○ | ×) 　　2021 소방직 9급

㉯ 관련 기출

6. 타인이 대신하여 행할 수 있는 행위가 조례에 의하여 직접 명령된 경우에는 행정대집행의 대상이 될 수 있다. (○ | ×) 　　2023 소방직 9급

7. 법률에 의해서뿐만 아니라 법률의 위임을 받은 조례에 의해 직접 부과된 대체적 작위의무도 대집행의 대상이 된다. (○ | ×) 　　2022 국회직 8급

8. 행정청의 명령에 의한 행위뿐만 아니라 법률에 의하여 직접 명령된 행위도 행정대집행의 대상이 된다. (○ | ×) 　　2019 경행경채 2차

9. 대집행의 대상이 되는 행위는 법률에서 직접 명령된 것이 아니라, 법률에 의거한 행정청의 명령에 의한 행위를 말한다. (○ | ×) 　　2018 서울시 9급

10. 행정대집행법에 의하면 법령에 의해 직접 성립하는 의무도 행정대집행의 대상이 될 수 있다. (○ | ×) 　　2015 서울시 9급

㉰ 관련 기출

11. 부작위의무도 대체적 작위의무로 전환하는 규정을 두고 있는 경우에는 대체적 작위의무로 전환한 후에 대집행의 대상이 될 수 있다. (○ | ×) 　　2023 지방직・서울시 7급

12. 법령이 일정한 행위를 금지하고 있는 경우, 그 금지규정으로부터 위반결과의 시정을 명하는 행정청의 처분권한은 당연히 도출되므로 행정청은 그 금지규정에 근거하여 시정을 명하고 행정대집행에 나아갈 수 있다. (○ | ×) 　　2022 지방직・서울시 7급

13. 법령에 규정된 절대적 금지나 허가를 유보한 상대적 금지를 위반한 경우 비록 당해 법령에서 그 위반자에 대하여 위반으로 생긴 유형적 결과의 시정을 명하는 행정처분의 권한을 인정하는 규정을 두고 있지 않더라도 위 금지규정을 위반한 결과를 시정하기 위하여 행정대집행을 할 수 있다. (○ | ×) 　　2022 소방간부

14. 위반결과의 시정을 명하는 권한은 금지규정으로부터 당연히 추론되는 것은 아니다. (○ | ×) 　　2021 국가직 7급

15. 대집행의 대상은 원칙적으로 대체적 작위의무에 한하며, 부작위의무위반의 경우 대체적 작위의무로 전환하는 규정을 두고 있지 아니하는 한 대집행의 대상이 되지 않는다. (○ | ×) 　　2020 지방직・서울시 9급

㉱ 관련 기출

16. 관계법령을 위반하여 장례식장을 영업을 하고 있는 자의 장례식장 사용중지 의무 위반에 대해서는 행정대집행법에 의한 대집행이 가능하다. (○ | ×) 　　2024 소방간부

17. 부작위의무(금지)의 위반은 행정대집행의 대상이 되지만, 토지나 가옥의 명도는 대집행의 대상이 될 수 없다. (○ | ×) 　　2023 서울시 지적 7급

18. 대집행은 대체적 작위의무에 대하여 행사할 수 있는 것이 원칙이지만 부작위의무의 위반에 대하여도 가능하다. (○ | ×) 　　2023 소방간부

19. 관계법령에 위반하여 장례식장 영업을 하고 있는 자에게 부과된 장례식장 사용중지의무는 공법상 의무로서 행정대집행의 대상이 된다. (○ | ×) 　　2022 지방직・서울시 9급

20. 관계법령에 위반하여 장례식장 영업을 한 사람이 행정청으로부터 장례식장 사용중지명령을 받고도 이에 따르지 않은 경우에 그의 사용중지의무 불이행은 행정청의 명령에 의한 대체적 작위의무의 불이행에 해당하므로 대집행의 대상이 된다. (○ | ×) 　　2017 국가직(하) 9급

21. 관계법령에 위반하여 장례식장 영업을 하고 있는 자의 장례식장 사용중지 의무는 행정대집행법 제2조의 규정에 따른 대집행의 대상이 된다. (○ | ×) 　　2017 국가직 7급

㉲ 관련 기출

22. 건축법에 위반하여 건축한 것이어서 철거의무가 있는 건물이라 하더라도 그 철거의무를 대집행하기 위한 계고처분을 하려면 다른 방법으로는 이행의 확보가 어렵고 불이행을 방치함이 심히 공익을 해하는 것으로 인정될 때에 한하여 허용되고 이러한 요건의 주장・입증책임은 처분행정청에 있다. (○ | ×) 　　2023 군무원 9급

23. 건축법에 위반하여 철거의무가 있는 건물이라 하더라도 그 철거의무를 대집행하기 위한 계고처분을 하려면 다른 방법으로는 이행의 확보가 어려운 사정만 있으면 충분하며 이러한 사정이 없다는 주장・입증책임은 건물의 소유자가 부담한다. (○ | ×) 　　2022 소방간부

24. 대집행을 함에 있어 계고요건의 주장과 입증책임은 처분행정청에 있는 것이지, 의무불이행자에 있는 것이 아니다. (○ | ×) 　　2020 지방직・서울시 9급

25. 행정대집행법상 건물철거 대집행은 다른 방법으로는 이행의 확보가 어렵고 불이행을 방치함이 심히 공익을 해하는 것으로 인정될 때에 한하여 허용되고 이러한 요건의 주장・입증책임은 처분행정청에 있다. (○ | ×) 　　2019 지방직 7급

26. 계고처분을 하려면 다른 방법으로는 이행의 확보가 어렵고 불이행을 방치함이 심히 공익을 해하는 것으로 인정될 때에 한하여 허용되고 이러한 요건의 주장・입증책임은 처분행정청에 있다. (○ | ×) 　　2017 국가직(하) 7급

정답 1. ○　2. ○　3. ○　4. ×　5. ×　6. ○　7. ○　8. ○　9. ×　10. ○
11. ○　12. ×　13. ×　14. ○　15. ○　16. ×　17. ×　18. ×
19. ×　20. ×　21. ×　22. ○　23. ×　24. ○　25. ○　26. ○

16   정답 ③

① ✗

> 헌법 제12조 제3항에서 규정하고 있는 영장주의란 형사절차와 관련하여 체포·구속·압수·수색의 강제처분을 할 때 신분이 보장되는 법관이 발부한 영장에 의하지 않으면 안 된다는 원칙으로(헌재 2015. 9. 24, 2012헌바302), 형사절차가 아닌 징계절차에도 그대로 적용된다고 볼 수 없다(헌재 2016. 3. 31, 2013헌바190).

②④ ✗ ③ ○

> **행정절차법 제11조 【대표자】** ① 다수의 당사자 등이 공동으로 행정절차에 관한 행위를 할 때에는 대표자를 선정할 수 있다(②).
> ② 행정청은 제1항에 따라 당사자 등이 대표자를 선정하지 아니하거나 대표자가 지나치게 많아 행정절차가 지연될 우려가 있는 경우에는 그 이유를 들어 상당한 기간 내에 3인 이내의 대표자를 선정할 것을 요청할 수 있다. 이 경우 당사자 등이 그 요청에 따르지 아니하였을 때에는 행정청이 직접 대표자를 선정할 수 있다(③).
> ③ 당사자 등은 대표자를 변경하거나 해임할 수 있다.
> ④ 대표자는 각자 그를 대표자로 선정한 당사자 등을 위하여 행정절차에 관한 모든 행위를 할 수 있다. 다만, 행정절차를 끝맺는 행위에 대하여는 당사자 등의 동의를 받아야 한다(②).
> ⑤ 대표자가 있는 경우에는 당사자 등은 그 대표자를 통하여서만 행정절차에 관한 행위를 할 수 있다.
> ⑥ 다수의 대표자가 있는 경우 그중 1인에 대한 행정청의 행위는 모든 당사자 등에게 효력이 있다. 다만, 행정청의 통지는 대표자 모두에게 하여야 그 효력이 있다(④).

✔ 기출체크

② 관련 기출

1. 대표자는 각자 그를 대표자로 선정한 당사자 등을 위하여 행정절차에 관한 모든 행위를 할 수 있다 다만, 행정절차를 끝맺는 행위에 대하여는 당사자 등의 동의를 받아야 한다. (○ | ✗)   2020 군무원 9급

④ 관련 기출

2. 다수의 당사자 등이 공동으로 행정절차에 관한 행위를 할 때에는 대표자를 선정할 수 있고, 다수의 대표자가 있는 경우 그중 1인에 대한 행정청의 행위는 모든 당사자 등에게 효력이 있지만, 행정청의 통지는 대표자 모두에게 하여야 그 효력이 있다. (○ | ✗)   2023 국가직 7급

3. 다수의 대표자가 있는 경우 그중 1인에 대한 행정청의 행위는 모든 당사자 등에게 효력이 있다. 다만, 행정청의 통지는 대표자 1인에게 하여도 그 효력이 있다. (○ | ✗)   2020 군무원 9급

4. 다수의 대표자가 있는 경우 그중 1인에 대한 행정청의 통지는 모든 당사자 등에게 효력이 있다. (○ | ✗)   2018 서울시 2회 7급

정답 1. ○ 2. ○ 3. ✗ 4. ✗

17   정답 ④

① ✗

> 1. 여러 처분사유에 관하여 하나의 제재처분을 하였을 때 그중 일부가 인정되지 않는다고 하더라도 나머지 처분사유들만으로도 처분의 정당성이 인정되는 경우에는 그 처분을 위법하다고 보아 취소하여서는 아니 된다.
> 2. 행정청이 여러 개의 위반행위에 대하여 하나의 제재처분을 하였으나, 위반행위별로 제재처분의 내용을 구분하는 것이 가능하고 여러 개의 위반행위 중 일부의 위반행위에 대한 제재처분 부분만이 위법하다면, 법원은 그 제재처분 중 위법성이 인정되는 부분만 취소하여야 하고 그 제재처분 전부를 취소하여서는 아니 된다(대판 2020. 5. 14, 2019두63515).

② ✗

> 당연무효인 징계처분의 하자는 피징계자의 인용으로 치유되지 않는다. 징계처분이 중대하고 명백한 흠 때문에 당연무효의 것이라면 징계처분을 받은 자가 이를 용인하였다 하여 그 흠이 치료되는 것은 아니다(대판 1989. 12. 12, 88누8869).

③ ✗

> 구 폐기물처리시설 설치촉진 및 주변지역 지원 등에 관한 법령에 정한 입지선정위원회의 구성방법과 절차가 주민대표나 주민대표 추천에 의한 전문가의 참여 없이 이루어지는 등 위법한 경우, 입지선정위원회는 의결기관으로서 그러한 의결에 터잡아 이루어진 폐기물처리시설 입지결정처분의 하자는 중대한 것이고 객관적으로도 명백하므로 무효사유에 해당한다(대판 2007. 4. 12, 2006두20150).

④ ○

> 구 학교보건법상 학교환경위생정화구역의 금지행위 및 시설의 해제 여부에 관한 행정처분을 함에 있어 학교환경위생정화위원회의 심의를 누락한 행정처분에는 취소사유가 있다(대판 2007. 3. 15, 2006두15806).

✔ 기출체크

① 관련 기출

1. 여러 처분사유에 관하여 하나의 제재처분을 하였을 때 그중 일부가 인정되지 않는다고 하더라도 나머지 처분사유들만으로도 처분의 정당성이 인정되는 경우에는 그 처분을 위법하다고 보아 취소하여서는 아니 된다. (○ | ✗)   2024 소방직 9급

2. 행정청이 여러 개의 위반행위에 대하여 하나의 제재처분을 하였으나, 위반행위별로 제재처분의 내용을 구분하는 것이 가능하고 여러 개의 위반행위 중 일부의 위반행위에 대한 제재처분 부분만이 위법하다면, 법원은 제재처분 전부를 취소하여서는 아니 된다. (○ | ✗)   2022 국가직 7급

3. 행정청이 여러 개의 위반행위에 대하여 하나의 제재처분을 하였으나, 위반행위별로 제재처분의 내용을 구분하는 것이 가능하고 여러 개의 위반행위 중 일부의 위반행위에 대한 제재처분 부분만이 위법하다면, 법원은 제재처분 중 위법성이 인정되는 부분만 취소하여야 하고 제재처분 전부를 취소하여서는 아니 된다. (○ | ✗)   2022 군무원 7급

② 관련 기출

4. 징계처분이 중대하고 명백한 하자 때문에 당연무효의 것이라면 징계처분을 받은 자가 이를 용인하였다 하여 그 하자가 치유되는 것은 아니다. (○ | ✗)   2019 지방직·교육행정직 9급

5. 당연무효인 징계처분의 하자는 징계를 받은 자의 용인으로 치유된다. (○ | ×)
　　　　　　　　　　　　　　　　　　　　　　　2017 교육행정직 9급

6. 하자의 치유는 취소할 수 있는 행정행위에 대하여서만 인정된다. (○ | ×)
　　　　　　　　　　　　　　　　　　　　　　　2016 국회직 8급

③ 관련 기출

7. 구 「폐기물처리시설 설치촉진 및 주변지역 지원 등에 관한 법률」상 입지선정위원회가 동법 시행령의 규정에 위배하여 군수와 주민대표가 선정·추천한 전문가를 포함시키지 않은 채 임의로 구성되어 의결을 한 경우에, 이에 터잡아 이루어진 폐기물처리시설 입지결정처분은 당연무효가 된다. (○ | ×)
　　　　　　　　　　　　　　　　　　　　　　　2019 국가직 7급

8. (판례는) 위법하게 구성된 폐기물처리시설 입지선정위원회가 의결을 한 경우, 그에 터잡아 이루어진 폐기물처리시설 입지결정처분의 하자는 무효사유로 본다. (○ | ×)
　　　　　　　　　　　　　　　　　　　　　　　2018 지방직 9급

④ 관련 기출

9. 구 학교보건법상 학교환경위생정화구역에서의 금지행위 및 시설의 해제 여부에 관한 행정처분을 함에 있어 학교환경위생정화위원회 심의절차를 누락하였다면, 특별한 사정이 없는 한 이는 행정처분을 위법하게 하는 취소사유가 된다. (○ | ×)
　　　　　　　　　　　　　　　　　　　　　　　2024 지방직·서울시 9급

10. 구 학교보건법상 학교환경위생정화구역에서의 금지행위 및 시설의 해제 여부에 관한 행정처분을 함에 있어 학교환경위생정화위원회의 심의절차를 누락한 것은 취소사유가 된다. (○ | ×)
　　　　　　　　　　　　　　2023 소방간부, 2013 지방직 9급 변형

11. 학교환경위생정화위원회의 심의절차를 누락한 채 학교환경위생정화구역에서의 금지행위 및 시설해제 여부에 관한 행정처분을 한 경우(는 무효사유에 해당한다) (○ | ×)
　　　　　　　　　　　　　　　　　　　　　　　2022 소방직 9급

12. 구 학교보건법상 학교환경위생정화구역에서의 금지행위 및 시설의 해제 여부에 관한 행정처분을 함에 있어 학교환경위생정화위원회의 심의절차를 누락한 행정처분은 무효이다. (○ | ×)
　　　　　　　　　　　　　　　　　　　　　　　2017 지방직(하) 9급

13. 학교보건법에 따른 학교환경위생정화구역 내에서의 금지행위 및 해제 여부에 관한 행정처분을 하면서 학교환경위생정화위원회의 심의절차를 누락한 것은 당연무효사유이다. (○ | ×)
　　　　　　　　　　　　　　　　　　　　　　　2016 국회직 8급

정답 1. ○ 2. ○ 3. ○ 4. ○ 5. × 6. ○ 7. ○ 8. ○ 9. ○ 10. ○ 11. × 12. × 13. ×

18　　　　　　　　　　　　　　　　　정답 ③

① ○

> (병무청장이 법무부장관에게 "가수 甲이 공연을 위하여 국외여행허가를 받고 출국한 후 미국 시민권을 취득함으로써 사실상 병역의무를 면탈하였으므로 재외동포 자격으로 재입국하고자 하는 경우 국내에서 취업, 가수활동 등 영리활동을 할 수 없도록 하고, 불가능할 경우 입국 자체를 금지해 달라."라고 요청함에 따라 甲의 입국을 금지하는 결정을 하고, 그 정보를 내부전산망인 '출입국관리정보시스템'에 입력하였으나, 甲에게는 통보하지 않은 상태에서 재외공관장이 아무런 재량을 행사하지 않고 사증발급을 거부하자 甲이 사증발급거부처분의 취소를 구한 사건에서) 처분의 근거법령이 행정청에 처분의 요건과 효과 판단에 일정한 재량을 부여하였는데도, 행정청이 자신에게 재량권이 없다고 오인한 나머지 처분으로 달성하려는 공익과 그로써 처분 상대방이 입게 되는 불이익의 내용과 정도를 전혀 비교·형량하지 않은 채 처분을 하였다면, 이는 재량권 불행사로서 그 자체로 재량권 일탈·남용으로 해당 처분을 취소하여야 할 위법사유가 된다(대판 2019. 7. 11, 2017두38874).

② ○

> 기속행위의 경우 법원이 일정한 결론을 도출한 후 그 결론에 비추어 행정청이 한 판단의 적법 여부를 독자의 입장에서 판정하는 방식에 의한다. 재량행위의 경우 법원은 독자의 결론을 도출함이 없이 당해 행위에 재량권의 일탈·남용이 있는지 여부만을 심사하게 된다.
> 행정행위가 그 재량성의 유무 및 범위와 관련하여 이른바 기속행위 내지 기속재량행위와 재량행위 내지 자유재량행위로 구분된다고 할 때, 그 구분은 당해 행위의 근거가 된 법규의 체재·형식과 그 문언, 당해 행위가 속하는 행정 분야의 주된 목적과 특성, 당해 행위 자체의 개별적 성질과 유형 등을 모두 고려하여 판단하여야 하고, 이렇게 구분되는 양자에 대한 사법심사는, 전자(편저자 주 : 기속행위)의 경우 그 법규에 대한 원칙적인 기속성으로 인하여 법원이 사실인정과 관련법규의 해석·적용을 통하여 일정한 결론을 도출한 후 그 결론에 비추어 행정청이 한 판단의 적법 여부를 독자의 입장에서 판정하는 방식에 의하게 되나, 후자(편저자 주 : 재량행위)의 경우 행정청의 재량에 기한 공익판단의 여지를 감안하여 법원은 독자의 결론을 도출함이 없이 당해 행위에 재량권의 일탈·남용이 있는지 여부만을 심사하게 되고, 이러한 재량권의 일탈·남용 여부에 대한 심사는 사실오인, 비례·평등의 원칙 위배, 당해 행위의 목적 위반이나 동기의 부정 유무 등을 그 판단대상으로 한다(대판 2001. 2. 9, 98두17593).

③ ×

> 1. 행정청이 제재처분 양정을 하면서 공익과 사익의 형량을 전혀 하지 않았거나 이익형량의 고려대상에 마땅히 포함하여야 할 사항을 누락한 경우 또는 이익형량을 하였으나 정당성·객관성이 결여된 경우에는 제재처분은 재량권을 일탈·남용한 것이라고 보아야 한다.
> 2. 처분 상대방에게 법령에서 정한 임의적 감경사유가 있는 경우에, 행정청이 감경사유까지 고려하고도 감경하지 않은 채 개별처분기준에서 정한 상한으로 처분을 한 경우에는 재량권을 일탈·남용하였다고 단정할 수는 없으나, 행정청이 감경사유를 전혀 고려하지 않았거나 감경사유에 해당하지 않는다고 오인하여 개별처분기준에서 정한 상한으로 처분을 한 경우에는 마땅히 고려대상에 포함하여야 할 사항을 누락하였거나 고려대상에 관한 사실을 오인한 경우에 해당하여 재량권을 일탈·남용한 것이라고 보아야 한다(대판 2020. 6. 25, 2019두52980).

④ ○

> 1. 마을버스운송사업면허는 재량행위이며, 마을버스 한정면허시 확정되는 마을버스노선을 정함에 있어서 기존 일반노선버스의 노선과의 중복 허용 정도에 대한 판단 또한 행정청의 재량에 속한다. <u>마을버스운송사업면허의 허용 여부는</u> 사업구역의 교통수요, 노선결정, 운송업체의 수송능력, 공급능력 등에 관하여 기술적·전문적인 판단을 요하는 분야로서 이에 관한 행정처분은 운수행정을 통한 공익실현과 아울러 합목적성을 추구하기 위하여 보다 구체적 타당성에 적합한 기준에 의하여야 할 것이므로 그 범위 내에서는 법령이 특별히 규정한 바가 없으면 행정청의 재량에 속하는 것이라고 보아야 할 것이고, <u>마을버스 한정면허시 확정되는 마을버스노선을 정함에 있어서도 기존 일반노선버스의 노선과의 중복 허용 정도에 대한 판단도 행정청의 재량에 속한다</u>고 할 것이며, 노선의 중복 정도는 마을버스노선과 각 일반버스노선을 개별적으로 대비하여 판단하여야 한다(대판 2002. 6. 28, 2001두10028).
> 2-1. 「여객자동차 운수사업법」에 의한 개인택시운송사업면허는 재량행위이며 그 면허기준 설정행위도 행정청의 재량에 속한다.
> 2-2. 행정청이 개인택시운송사업의 면허를 하면서, 택시운전경력이 버스 등 다른 차종의 운전경력보다 개인택시의 운업업무에 더 유용할 수 있다는 점 등을 고려하여 '개인택시운송사업면허 사무처리지침'에 따라 택시의 운전경력을 다소 우대하는 것이 객관적으로 합리적이 아니라거나 타당하지 않다고 볼 수 없다(대판 2009. 11. 26, 2008두16087).

✓ 기출체크

① 관련 기출

1. 처분의 근거법령이 행정청에 처분의 요건과 효과 판단에 관하여 일정한 재량을 부여하였는데도, 행정청이 자신에게 재량권이 없다고 오인하여 전혀 비교·형량하지 않은 채 처분을 하였다면, 이는 재량권 불행사로서 그 자체로 재량권 일탈·남용에 해당한다. (○ | ×)   2023 지방직·서울시 7급

2. 처분의 근거법령이 행정청에 재량을 부여하였으나 행정청이 처분으로 달성하려는 공익과 처분 상대방이 입게 되는 불이익을 전혀 비교·형량하지 않은 채 처분을 하였더라도 재량권 일탈·남용으로 해당 처분을 취소해야 할 위법사유가 되지는 않는다. (○ | ×)   2023 군무원 9급

3. 처분의 근거법령이 행정청에 처분의 요건과 효과 판단에 일정한 재량을 부여하였으나, 행정청이 자신에게 재량권이 없다고 오인하여 처분으로 달성하려는 공익과 그로써 처분 상대방이 입게 되는 불이익의 내용과 정도를 전혀 비교·형량하지 않은 채 처분을 하였다고 하더라도, 그 자체로 재량권 일탈·남용으로 해당 처분을 취소하여야 할 위법사유가 되지는 않는다. (○ | ×)   2023 소방직 9급

4. 처분의 근거법령이 행정청에 처분의 요건과 효과 판단에 일정한 재량을 부여하였는데도, 행정청이 자신에게 재량권이 없다고 오인하여 처분으로 달성하려는 공익과 그로써 처분 상대방이 입게 되는 불이익의 내용과 정도를 전혀 비교·형량하지 않은 채 처분을 하였다면, 이는 재량권 불행사로서 그 자체로 재량권 일탈·남용에 해당된다. (○ | ×)   2020 변호사

② 관련 기출

5. 재량행위의 경우 법원은 독자의 결론을 도출함이 없이 당해 행위에 재량권의 일탈·남용이 있는지 여부만을 심사한다. (○ | ×)   2023 군무원 9급

6. 행정청의 재량에 기한 공익판단의 여지를 감안하여 법원은 독자의 결론을 도출함이 없이 당해 행위에 재량권의 일탈·남용이 있는지 여부만을 심사한다. (○ | ×)   2023 소방직 9급

7. 재량행위에 대한 사법심사에 있어서 법원은 사실인정과 관련법규의 해석·적용을 통하여 일정한 결론을 도출한 후 그 결론에 비추어 행정청이 한 판단의 적법 여부를 독자의 입장에서 판정하는 방식에 의한다. (○ | ×)   2021 국회직 8급

8. 기속행위의 경우 법원이 사실인정과 관련법규의 해석·적용을 통하여 일정한 결론을 도출한 후 그 결론에 비추어 행정청이 한 판단의 적법 여부를 독자의 입장에서 판정한다. (○ | ×)   2020 국가직 7급

9. 기속행위와 재량행위는 법원의 심사방식이 다르다는 것이 판례의 입장이다. (○ | ×)   2009 국가직 9급

③ 관련 기출

10. 행정청이 제재처분 양정을 하면서 처분 상대방에게 법령에서 정한 임의적 감경사유가 있는 경우, 그 감경사유까지 고려하고도 감경하지 않은 채 개별처분기준에서 정한 상한으로 처분을 한 경우에는 재량권을 일탈·남용하였다고 보아야 한다. (○ | ×)   2022 소방직 9급

11. 행정청이 제재처분의 양정을 하면서 공익과 사익의 형량을 전혀 하지 않았거나 이익형량의 고려대상에 마땅히 포함되어야 할 사항을 누락한 경우 또는 이익형량을 하였으나 정당성·객관성이 결여된 경우에는 제재처분은 재량권을 일탈·남용한 것이라고 보아야 한다. (○ | ×)   2021 군무원 7급

12. 제재처분에 대한 임의적 감경규정이 있는 경우 감경 여부는 행정청의 재량에 속하므로 존재하는 감경사유를 고려하지 않았거나 일부 누락시켰다 하더라도 이를 위법하다고 할 수 없다. (○ | ×)   2015 국회직 8급

④ 관련 기출

13. 여객자동차 운송사업의 한정면허는 특정인에게 권리나 이익을 부여하는 수익적 행정행위로서 재량행위에 해당한다. (○ | ×)   2024 국가직 9급

14. 「여객자동차 운수사업법」에 따른 개인택시운송사업면허는 특정인에게 권리나 이익을 부여하는 재량행위이다. (○ | ×)   2024 지방직·서울시 9급

15. 「여객자동차 운수사업법」상 개인택시운송사업면허(는 재량행위이다) (○ | ×)   2022 지방직·서울시 9급

16. 「여객자동차 운수사업법」에 의한 개인택시운송사업면허는 특정인에게 권리나 이익을 부여하는 행정행위로서 법령에 특별한 규정이 없는 한 재량행위이다. (○ | ×)   2021 국가직 7급, 2020 군무원 7급

17. 마을버스운송사업면허의 허용 여부는 사업구역의 교통수요, 노선결정, 운송업체의 수송능력, 공급능력 등에 관하여 기술적·전문적인 판단을 요하는 분야로서 이에 관한 행정처분은 운수행정을 통한 공익실현과 아울러 합목적성을 추구하기 위하여 보다 구체적 타당성에 적합한 기준에 의하여야 할 것이므로 그 범위 내에서는 법령이 특별히 규정한 바가 없으면 행정청의 재량에 속한다. (○ | ×)   2021 경행경채

18. 마을버스운송사업면허의 허용 여부는 운수행정을 통한 공익실현과 아울러 합목적성을 추구하기 위하여 보다 구체적 타당성에 적합한 기준에 의하여야 할 것이므로 행정청의 재량에 속하는 것이라고 보아야 한다. (○ | ×)   2020 지방직·서울시 9급

19. 구 자동차운수사업법에 의한 개인택시운송사업면허는 법령에 특별한 규정이 없는 한 재량행위이고, 그 면허를 위하여 필요한 기준을 정하는 것도 행정청의 재량에 속한다. (○ | ×)   2019 서울시 1회 7급

20. 행정청이 개인택시운송사업의 면허를 발급함에 있어 '개인택시운송사업면허 사무처리지침'에 따라 택시운전경력자를 일정 부분 우대하는 처분을 한 경우, 택시 이외의 운전경력자에게 반사적인 불이익이 초래되는 결과가 되므로 그러한 내용의 지침에 따른 처분은 재량권을 일탈·남용한 처분에 해당된다. (○ | ×)   2015 사회복지직 9급

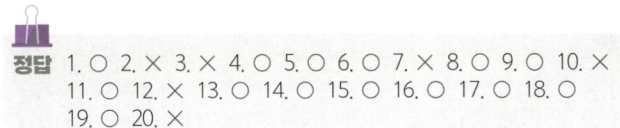

정답 1. ○ 2. × 3. × 4. ○ 5. ○ 6. ○ 7. × 8. ○ 9. ○ 10. ×
11. ○ 12. × 13. ○ 14. ○ 15. ○ 16. ○ 17. ○ 18. ○
19. ○ 20. ×

19   정답 ②

① ○ 사인의 공법행위는 상대방에게 도달한 후에도 그에 의거한 행정행위가 성립하기 전에는 철회할 수 있음이 원칙이며, 우리 행정절차법도 이와 관련한 규정을 두고 있다. 다만, 법률에 명문규정이 있거나 그 성질상 불가능한 경우(선거 등), 신의칙상 허용될 수 없는 경우에는 철회가 인정되지 않는다.

> **행정절차법 제17조 【처분의 신청】** ⑧ 신청인은 처분이 있기 전에는 그 신청의 내용을 보완·변경하거나 취하(取下)할 수 있다. 다만, 다른 법령 등에 특별한 규정이 있거나 그 신청의 성질상 보완·변경하거나 취하할 수 없는 경우에는 그러하지 아니하다.

> 공무원의 사직 의사표시의 철회나 취소는 의원면직처분(사표수리)이 있기 전에는 허용된다.
> 공무원이 한 사직 의사표시의 철회나 취소는 그에 터잡은 의원면직처분이 있을 때까지 할 수 있는 것이고, 일단 면직처분이 있고 난 이후에는 철회나 취소할 여지가 없다(대판 2001. 8. 24, 99두9971).

② ×

> 1. 공무원이 감사기관이나 상급관청 등의 강박에 의하여 사직서를 제출한 경우, 사직의 의사표시는 그 강박의 정도에 따라 무효 또는 취소가 된다.
> 2. 사직서의 제출이 감사기관이나 상급관청 등의 강박에 의한 경우에는 그 정도가 의사결정의 자유를 박탈할 정도에 이른 것이라면 그 의사표시가 무효로 될 것이다.
> 3. 다만, 그렇지 않고 의사결정의 자유를 제한하는 정도에 그친 경우라면 그 성질에 반하지 아니하는 한 의사표시에 관한 민법 제110조의 규정을 준용하여 그 효력을 따져보아야 할 것이다.
> 4. 그러나 감사담당직원이 당해 공무원에 대한 비리를 조사하는 과정에서 사직하지 아니하면 징계파면이 될 것이고 또한 그렇게 되면 퇴직금 지급상의 불이익을 당하게 될 것이라는 등의 강경한 태도를 취하였다고 할지라도 그 취지가 단지 비리에 따른 객관적 상황을 고지하면서 사직을 권고·종용한 것에 지나지 않고 공무원이 퇴직금 지급상의 불이익을 당하게 될 것 등 여러 사정을 고려하여 사직서를 제출한 경우라면 그 의사결정이 의원면직처분의 효력에 영향을 미칠 하자가 있었다고는 볼 수 없다(대판 1997. 12. 12, 97누13962).

③ ○ 사인의 공법행위에는 민법의 비진의의사표시의 무효에 관한 규정은 적용되지 않는다.

> 이른바 1980년의 공직자숙정계획의 일환으로 일괄사표의 제출과 선별수리의 형식으로 공무원에 대한 의원면직처분이 이루어진 경우, 사직원 제출행위가 강압에 의하여 의사결정의 자유를 박탈당한 상태에서 이루어진 것이라고 할 수 없고 민법상 비진의의사표시의 무효에 관한 규정은 사인의 공법행위에 적용되지 않으므로 그 의원면직처분을 당연무효라고 할 수 없다(대판 2001. 8. 24, 99두9971).

> **민법 제107조 【진의 아닌 의사표시】** ① 의사표시는 표의자가 진의 아님을 알고 한 것이라도 그 효력이 있다. 그러나 상대방이 표의자의 진의 아님을 알았거나 이를 알 수 있었을 경우에는 무효로 한다.

④ ○ 사인의 공법행위에는 행정법관계의 명확성·안정성을 도모하기 위해 원칙적으로 부관을 붙일 수 없다. 예컨대, 공무원 사직서를 제출하면서 조건을 붙이는 것은 허용되지 않는다. 그리고 사인의 공법행위는 개별법률의 규정상(병역법에 의한 징병검사(현 병역판정검사)의 대리금지) 또는 일신전속적 행위처럼 행위의 성질상 대리가 허용되지 않는 경우가 있다. 그러나 일신전속적 성질을 가지지 않는 행위에 대해서는 대리가 허용되며(행정심판법 제18조), 그 경우 대리에 관한 민법규정이 유추적용된다.

✓ 기출체크

① 관련 기출

1. 공무원에 의해 제출된 사직원은 그에 터잡은 의원면직처분이 있을 때까지 철회될 수 있고, 일단 면직처분이 있고 난 이후에도 자유로이 취소 및 철회될 수 있다. (○ | ×) 2023 지방직·서울시 9급

2. 공무원이 한 사직 의사표시는 그에 터잡은 의원면직처분이 있고 난 이후라도 철회나 취소할 수 있다. (○ | ×) 2023 국가직 7급

3. 공무원이 한 사직 의사표시의 철회나 취소는 그에 터잡은 의원면직처분이 있을 때까지 할 수 있는 것이고, 일단 면직처분이 있고 난 이후에는 철회나 취소할 여지가 없다. (○ | ×) 2022 소방간부, 2019 경행경채 2차

4. 공무원의 사직의 의사표시는 상대방에게 도달한 후에는 철회할 수 없다. (○ | ×) 2022 해경간부, 2014 국가직 7급

5. 사인의 공법상 행위는 명문으로 금지되거나 성질상 불가능한 경우가 아닌 한 그에 따른 행정행위가 행하여질 때까지 자유로이 철회할 수 있다. (○ | ×) 2021 지방직·서울시 7급

② 관련 기출

6. 사직서의 제출이 감사기관이나 상급관청 등의 강박에 의한 경우, 그 정도가 의사결정의 자유를 제한하는 정도에 그친다면 그 성질에 반하지 아니하는 한 의사표시에 관한 민법 제110조의 사기나 강박에 의한 의사표시 규정을 준용하여 그 효력을 따져보아야 할 것이다. (○ | ×) 2019 경행경채 2차

7. 권고사직의 형식을 취하고 있더라도 사직의 권고가 공무원의 의사결정의 자유를 박탈할 정도의 강박에 해당하는 경우에는 당해 권고사직은 무효이다. (○ | ×) 2014 국가직 7급

③ 관련 기출

8. 민법상 비진의의사표시의 무효에 관한 규정은 그 성질상 공무원이 한 사직(일괄사직)의 의사표시와 같은 사인의 공법행위에 적용되지 않는다. (○ | ×) 2022 지방직·서울시 7급

9. 사인의 공법행위에 적용되는 일반규정은 없으며, 특별한 규정이 없는 한 민법상 비진의의사표시의 무효에 관한 규정은 사인의 공법행위에 적용된다. (○ | ×) 2021 지방직·서울시 7급

10. 1980년의 공직자숙정계획의 일환으로 일괄사표의 제출과 선별수리의 형식으로 공무원에 대한 의원면직처분이 이루어진 경우, 비진의의사표시의 무효에 관한 민법 제107조 제1항 단서 규정을 적용하여 그 의원면직처분을 당연무효라고 주장할 수 있다. (○ | ×) 2019 경행경채 2차

11. 판례에 의하면 민법상 비진의의사표시의 무효에 관한 규정은 그 성질상 영업재개신고나 사직의 의사표시와 같은 사인의 공법행위에 적용된다. (○ | ×) 2016 서울시 9급

12. 사직원 제출자의 내심의 의사가 사직할 뜻이 없었더라도 민법상 비진의의사표시의 무효에 관한 규정이 적용되지 않으므로 그 사직원을 받아들인 의원면직처분을 당연무효라 볼 수는 없다. (○ | ×) 2016 지방직 7급

④ 관련 기출

13. 명문의 금지규정이 있거나 일신전속적인 행위는 대리가 허용될 수 없으나, 그렇지 않은 사인의 공법행위는 대리에 관한 민법규정이 유추적용될 수 있다. (○ | ×) 2022 해경간부, 2014 국가직 7급

14. 사인의 공법행위에는 부관을 붙일 수 없다. (○ | ×) 2022 소방간부

15. 사인의 공법행위에는 원칙적으로 부관을 붙일 수 있다. (○ | ×) 2010 국가직 7급

16. (사인의 공법행위에는) 공법적 효과가 발생되기 때문에 부관을 붙일 수 있음이 원칙이다. (○ | ×) 2009 관세사

정답 1. × 2. × 3. ○ 4. × 5. ○ 6. ○ 7. ○ 8. ○ 9. × 10. ×
    11. × 12. ○ 13. ○ 14. ○ 15. × 16. ×

20
정답 ④

① ○

> 예산회계법(현 「국가를 당사자로 하는 계약에 관한 법률」)상 입찰보증금의 국고귀속조치는 민사소송의 대상이 된다.
> 예산회계법에 따라 체결되는 계약은 사법상의 계약이라고 할 것이고 동법 제70조의5의 입찰보증금은 낙찰자의 계약체결의무이행의 확보를 목적으로 하여 그 불이행시에 이를 국고에 귀속시켜 국가의 손해를 전보하는 사법상 손해배상예정의 성질을 갖는 것이므로 입찰보증금의 국고귀속조치는 국가가 사법상 재산권의 주체로서 행위하는 것이지 공권력을 행사하는 것이거나 공권력 작용과 일체성을 가진 것이 아니므로 이에 관한 분쟁은 행정소송이 아닌 민사소송의 대상이 될 수밖에 없다고 할 것이다(대판 1983. 12. 27, 81누366).

② ○

> 지방자치단체가 사인과 체결한 시설(자원회수시설) 위탁운영협약은 사법상 계약에 해당한다.
> 甲지방자치단체가 乙주식회사 등 4개 회사로 구성된 공동수급체를 자원회수시설과 부대시설의 운영·유지관리 등을 위탁할 민간사업자로 선정하고 乙회사 등의 공동수급체와 위 시설에 관한 위·수탁운영협약을 체결하였는데, 민간위탁 사무감사를 실시한 결과 乙회사 등이 위 협약에 근거하여 노무비와 복지후생비 등 비정산비용 명목으로 지급받은 금액 중 집행되지 않은 금액에 대하여 회수하기로 하고 乙회사에 이를 납부하라고 통보하자, 乙회사 등이 이를 납부한 후 회수통보의 무효 확인 등을 구하는 소송을 제기한 사안에서, 위 협약은 甲지방자치단체가 사인인 乙회사 등에 위 시설의 운영을 위탁하고 그 위탁운영비용을 지급하는 것을 내용으로 하는 용역계약으로서 상호 대등한 입장에서 당사자의 합의에 따라 체결한 사법상 계약에 해당한다(대판 2019. 10. 17, 2018두60588).

③ ○

> 한국공항공단이 정부로부터 무상사용허가를 받은 행정재산을 구 한국공항공단법 제17조에서 정한 바에 따라 전대하는 경우에 미리 그 계획을 작성하여 건설교통부장관에게 제출하고 승인을 얻어야 하는 등 일부 공법적 규율을 받고 있다고 하더라도, 한국공항공단이 그 행정재산의 관리청으로부터 국유재산관리사무의 위임을 받거나 국유재산관리의 위탁을 받지 않은 이상, 한국공항공단이 무상사용허가를 받은 행정재산에 대하여 하는 전대행위는 통상의 사인 간의 임대차와 다를 바가 없다(대판 2004. 1. 15, 2001다12638).

④ ×

> 공유재산의 관리청이 행하는 행정재산의 사용·수익에 대한 허가는 순전히 사경제주체로서 행하는 사법상의 행위가 아니라 관리청이 공권력을 가진 우월적 지위에서 행하는 행정처분으로서 특정인에게 행정재산을 사용할 수 있는 권리를 설정하여 주는 강학상 특허에 해당한다.
> 행정재산의 사용·수익허가처분의 성질에 비추어 국민에게는 행정재산의 사용·수익허가를 신청할 법규상 또는 조리상의 권리가 있다고 할 것이므로 공유재산의 관리청이 행정재산의 사용·수익에 대한 허가 신청을 거부한 행위 역시 행정처분에 해당한다(대판 1998. 2. 27, 97누1105).

🔎 관련판례
> 국유재산의 관리청이 행정재산의 사용·수익을 허가한 다음, 그 자에 대하여 한 사용료 부과는 우월적 지위에서 행한 것으로서 행정처분에 해당한다(대판 1996. 2. 13, 95누11023).

✓ 기출체크

① 관련 기출

1. 「국가를 당사자로 하는 계약에 관한 법률」에 따른 입찰보증금의 국고귀속조치는 행정청의 일방적 조치로서 행정처분에 해당하며 그에 의한 법률관계는 공법관계이다. (○ | ×) 2025 소방간부

2. 「국가를 당사자로 하는 계약에 관한 법률」에 의한 입찰보증금의 국고귀속조치는 국가가 공권력을 행사하거나 공권력작용과 일체성을 가진 것으로서 이에 대한 분쟁은 행정소송의 대상이 된다. (○ | ×) 2023 국회직 8급

3. 조달청장이 구 예산회계법에 따라 계약을 체결하거나 입찰보증금 국고귀속조치를 취하는 것은 사법관계에 해당한다. (○ | ×) 2023 국가직 9급

4. 구 예산회계법상 입찰보증금의 국고귀속조치는 국가가 사법상의 재산권의 주체로서 행위하는 것이다. (○ | ×) 2020 군무원 7급

5. 입찰보증금의 국고귀속조치는 국가가 사법상의 재산권의 주체로서 행위하는 것이지, 공권력을 행사하는 것이거나 공권력작용과 일체성을 가진 것이 아니라 할 것이다. (○ | ×) 2020 지방직·서울시 9급

6. 구 예산회계법상 입찰보증금의 국고귀속조치는 국가가 공권력을 행사하는 것이라는 점에서, 이를 다투는 소송은 행정소송에 해당한다. (○ | ×) 2019 국가직 9급

② 관련 기출

7. 지방자치단체가 사인과 체결한 자원회수시설에 대한 위탁운영협약은 사법상 계약에 해당하므로 그에 관한 다툼은 민사소송의 대상이 된다. (○ | ×) 2023 국회직 8급

8. 지방자치단체가 A주식회사를 자원회수시설과 부대시설의 운영·유지관리 등을 위탁할 민간사업자로 선정하고 A주식회사와 체결한 위 시설에 관한 위·수탁운영협약은 사법상 계약에 해당한다. (○ | ×) 2022 지방직·서울시 9급

9. 지방자치단체가 자원회수시설과 부대시설의 운영·관리 등을 위탁하고 그 위탁운영비용을 지급하는 것을 내용으로 하는 용역계약을 사인과 체결한 경우, 이러한 위탁운영에 관한 협약의 법적 성질은 공법상 계약에 해당한다. (○ | ×) 2021 경행경찰

③ 관련 기출

10. 구 한국공항공단법에 의하여 한국공항공단이 정부로부터 무상사용허가를 받은 행정재산을 전대(轉貸)하는 행위는 행정소송의 대상이 되는 행정처분이다. (○ | ×) 2023 국회직 8급

11. 국유재산 중 행정재산의 사용허가는 공법관계이나, 한국공항공단이 무상 사용허가를 받은 행정재산에 대하여 하는 전대행위는 사법관계이다. (○ | ×)   2023 국가직 9급

④ 관련 기출

12. 국유재산 등의 관리청이 하는 행정재산의 사용·수익에 대한 허가는 관리청이 특정인에게 행정재산을 사용할 수 있는 권리를 설정하여 주는 강학상 특허로서 공법관계이다. (○ | ×)   2023 군무원 9급 변형

13. 행정재산의 목적 외 사용·수익허가의 법적 성질은 특정인에게 행정재산을 사용할 수 있는 권리를 설정하여 주는 강학상 특허에 해당한다. (○ | ×)   2021 군무원 7급

14. 행정재산의 사용·수익허가는 강학상 특허로서 공법관계의 일종에 해당한다. (○ | ×)   2021 국회직 8급

15. 공유재산의 관리청이 행하는 행정재산의 사용·수익에 대한 허가는 순전히 사경제주체로서 행하는 사법상의 법률행위이다. (○ | ×)   2020 국가직 7급

정답 1. × 2. × 3. ○ 4. ○ 5. ○ 6. × 7. ○ 8. ○ 9. × 10. ×
11. ○ 12. ○ 13. ○ 14. ○ 15. ×

제 3 회 | 실전동형 모의고사 해설

문제 p.20

01	02	03	04	05	06	07	08	09	10
④	③	④	②	④	③	①	①	①	①
11	12	13	14	15	16	17	18	19	20
④	①	④	①	②	①	③	④	③	①

01
정답 ④

① ○ 법률의 유보에 있어서 법률은 원칙적으로 국회에서 법률제정의 절차에 따라 만들어진 형식적 의미의 법률을 의미한다. 따라서 국회의 의결을 거치지 않은 명령이나 불문법원으로서의 관습법은 법률유보원칙에서 말하는 '법률'에 포함되지 않는다.

② ○ 법률유보원칙이란 일정한 행정권의 발동에는 법률의 근거가 있어야 한다는 원칙을 의미한다. 한편, 행정권의 발동에는 조직법적 근거는 반드시 필요하므로 법률유보원칙에서 말하는 법적 근거는 조직규범 외에 작용규범(권한규범, 근거규범)을 의미한다. 또한 법적 근거는 원칙적으로 개별법적 근거를 의미한다.

③ ○
> 오늘날 '법률유보원칙'은 단순히 행정작용이 법률에 근거를 두기만 하면 충분한 것이 아니라, 국가공동체와 그 구성원에게 기본적이고도 중요한 의미를 갖는 영역, 특히 국민의 기본권실현에 관련된 영역에 있어서는 행정에 맡길 것이 아니라 국민의 대표자인 입법자가 그 본질적 사항에 대해서 스스로 결정하여야 한다는 요구, 즉 의회유보원칙까지 내포하는 것으로 이해되고 있다(헌재 1999. 5. 27, 98헌바70).

④ ✕
> 법률유보원칙은 '법률에 근거한' 규율을 요청하는 것이다.
> 법률유보원칙은 '법률에 의한' 규율만을 뜻하는 것이 아니라 '법률에 근거한' 규율을 요청하는 것이므로 기본권제한의 형식이 반드시 법률의 형식일 필요는 없고 법률에 근거를 두면서 헌법 제75조가 요구하는 위임의 구체성과 명확성을 구비하기만 하면 위임입법에 의하여도 기본권 제한을 할 수 있다 할 것이다(헌재 2005. 2. 24, 2003헌마289).

✓ 기출체크

① 관련 기출
1. 법률유보원칙에서 '법률의 유보'라고 하는 경우의 '법률'에는 국회에서 법률제정의 절차에 따라 만들어진 형식적 의미의 법률뿐만 아니라 국회의 의결을 거치지 않은 명령이나 불문법원으로서의 관습법이나 판례법도 포함된다. (○ | ✕)   2019 서울시 1회 7급

2. 관습법은 성문법령의 흠결을 보충하기 때문에 법률유보원칙에서 말하는 법률에 해당한다. (○ | ✕)   2016 서울시 9급

3. 법률유보의 원칙에 있어서 법률은 형식적 의미의 법률을 의미하므로 관습법은 포함되지 않는다. (○ | ✕)   2013 국회속기직 9급

② 관련 기출
4. 법률유보원칙에서 요구되는 법적 근거는 작용법적 근거를 의미하며, 조직법적 근거는 모든 행정권 행사에 있어서 당연히 요구된다. (○ | ✕)   2022 해경간부, 2018 서울시 9급

5. 법률유보의 원칙은 행정권의 발동에 있어서 조직규범의 근거가 필요하다는 것을 말한다. (○ | ✕)   2019 서울시 1회 7급

6. 법률유보의 원칙은 행정권의 발동에 있어서 조직규범 외에 작용규범이 요구된다는 것을 의미한다. (○ | ✕)   2018 교육행정직 9급

7. 법률유보의 원칙에서 요구되는 행정권 행사의 법적 근거는 작용법적 근거를 말하며 원칙적으로 개별적 근거를 의미한다. (○ | ✕)   2017 국가직 7급

③ 관련 기출
8. 법률유보원칙은 입법자 스스로 국민의 기본권실현에 본질적인 사항을 직접 정해야 하는 의회유보와는 별개의 원칙이다. (○ | ✕)   2024 국회직 8급

9. 법률유보원칙은 단순히 행정작용이 법률에 근거를 두기만 하면 충분한 것이 아니라, 국가공동체와 그 구성원에게 기본적이고도 중요한 의미를 갖는 영역, 특히 국민의 기본권실현과 관련된 영역에 있어서는 국민의 대표자인 입법자가 그 본질적 사항에 대해서 스스로 결정하여야 한다는 요구까지 내포한다. (○ | ✕)   2024 소방직 9급

10. 오늘날의 법률유보원칙은 단순히 행정작용이 법률에 근거를 두기만 하면 충분한 것이 아니라, 국가공동체와 그 구성원에게 기본적이고도 중요한 의미를 갖는 영역에 있어서는 국민의 대표자인 입법자 스스로 그 본질적 사항에 대하여 결정하여야 한다는 요구까지 내포하는 것으로 이해되고 있다. (○ | ✕)   2024 변호사

11. 헌법상 보장된 국민의 자유나 권리를 제한할 때에는 적어도 그 제한의 본질적인 사항에 관하여 국회가 법률로써 스스로 규율하여야 한다. (○ | ✕)   2022 경찰간부

12. 법률유보의 원칙은 단순히 행정작용이 법률에 근거를 두기만 하면 충분한 것이 아니라, 국가공동체와 그 구성원에게 기본적이고도 중요한 의미를 갖는 영역에 있어서는 행정에 맡길 것이 아니라 국민의 대표자인 입법자 스스로 그 본질적 사항에 대하여 결정하여야 한다는 요구까지 내포한다. (○ | ✕)   2021 변호사

13. 오늘날 법률유보원칙은 단순히 행정작용이 법률에 근거를 두기만 하면 충분한 것이 아니라, 국가공동체와 그 구성원에게 기본적이고도 중요한 의미를 갖는 영역, 특히 국민의 기본권실현과 관련된 영역에 있어서는 국민의 대표자인 입법자가 그 본질적 사항에 대해서 스스로 결정하여야 한다는 요구까지 내포하고 있다는 헌법재판소 결정과 가장 관계가 깊은 것은?   2014 서울시 9급

① 법률우위원칙   ② 의회유보원칙
③ 침해유보원칙   ④ 과잉금지원칙
⑤ 신뢰보호원칙

④ 관련 기출
14. 법률유보의 원칙은 '법률에 근거한' 규율을 요청하는 것이 아니라 '법률에 의한' 규율을 뜻하는 것이므로, 기본권제한의 형식은 반드시 법률의 형식이어야 한다. (○ | ✕)   2025 소방간부

15. 헌법상 법률유보원칙은 법률에 의한 규율만을 요청하는 것이 아니라 법률에 근거한 규율을 요청하는 것이기 때문에 기본권제한의 형식이 반드시 법률의 형식일 필요는 없다. (○ | ×) 2024 국회직 8급

16. 법률유보의 원칙은 '법률에 의한 규율'만을 요청하는 것이 아니라 '법률에 근거한 규율'을 요청하는 것이기 때문에 기본권의 제한에는 법률의 근거가 필요할 뿐이고 기본권제한의 형식이 반드시 법률의 형식일 필요는 없다. (○ | ×) 2023 지방직·서울시 9급

17. 기본권제한에 관한 법률유보의 원칙은 '법률에 근거한 규율'뿐만 아니라 '법률에 의한 규율'을 요청하는 것이므로, 기본권의 제한에는 법률의 근거가 필요할 뿐만 아니라 기본권제한의 형식도 법률의 형식일 것을 요한다. (○ | ×) 2021 변호사

18. 헌법재판소 결정에 따를 때 기본권제한에 관한 법률유보원칙은 법률에 근거한 규율을 요청하는 것이므로 그 형식이 반드시 법률일 필요는 없더라도 법률상의 근거는 있어야 한다. (○ | ×) 2019 서울시 9급

19. 기본권제한에 관한 법률유보원칙은 '법률에 근거한 규율'을 요청하는 것이 아니라 '법률에 의한 규율'을 요청하는 것이다. (○ | ×) 2018 경행경채

20. 헌법재판소는 법률에 근거를 두면서 헌법 제75조가 요구하는 위임의 구체성과 명확성을 구비하는 경우에는 위임입법에 의하여도 기본권을 제한할 수 있다고 한다. (○ | ×) 2017 국가직 9급

정답 1. × 2. × 3. ○ 4. ○ 5. × 6. ○ 7. ○ 8. × 9. ○ 10. ○ 11. ○ 12. ○ 13. ② 14. × 15. ○ 16. ○ 17. × 18. ○ 19. × 20. ○

02
정답 ③

① ○
> 1. 수익적 행정처분을 구하는 신청에 대한 거부처분이 있은 후 당사자가 다시 신청을 한 경우에는 신청의 제목 여하에 불구하고 그 내용이 새로운 신청을 하는 취지라면 관할행정청이 이를 다시 거절하는 것은 새로운 거부처분이라고 보아야 한다.
> 2. 나아가 어떠한 처분이 수익적 행정처분을 구하는 신청에 대한 거부처분이 아니라고 하더라도, 해당 처분에 대한 이의신청의 내용이 새로운 신청을 하는 취지로 볼 수 있는 경우에는, 그 이의신청에 대한 결정(기각결정 포함)의 통보를 새로운 처분으로 볼 수 있다(대판 2022. 3. 17, 2021두53894).

② ○
> 산업재해보상보험법상 심사청구에 관한 절차는 근로복지공단 내부의 시정절차로서 그 절차에서 근로복지공단이 당초 처분의 근거로 삼은 사유와 기본적 사실관계의 동일성이 인정되지 않는 사유를 처분사유로 추가·변경할 수 있다.
> 산업재해보상보험법 규정의 내용, 형식 및 취지 등에 비추어 보면, 산업재해보상보험법상 심사청구에 관한 절차는 보험급여 등에 관한 처분을 한 근로복지공단으로 하여금 스스로의 심사를 통하여 당해 처분의 적법성과 합목적성을 확보하도록 하는 근로복지공단 내부의 시정절차에 해당한다고 보아야 한다. 따라서 처분청이 스스로 당해 처분의 적법성과 합목적성을 확보하고자 행하는 자신의 내부 시정절차에서는 당초 처분의 근거로 삼은 사유와 기본적 사실관계의 동일성이 인정되지 않는 사유라고 하더라도 이를 처분의 적법성과 합목적성을 뒷받침하는 처분사유로 추가·변경할 수 있다고 보는 것이 타당하다(대판 2012. 9. 13, 2012두3859).

③ × ④ ○
> **행정기본법 제36조 【처분에 대한 이의신청】** ① 행정청의 처분(행정심판법 제3조에 따라 같은 법에 따른 행정심판의 대상이 되는 처분을 말한다. 이하 이 조에서 같다)에 이의가 있는 당사자는 처분을 받은 날부터 30일 이내에 해당 행정청에 이의신청을 할 수 있다(④).
> ④ 이의신청에 대한 결과를 통지받은 후 행정심판 또는 행정소송을 제기하려는 자는 그 결과를 통지받은 날(제2항에 따른 통지기간 내에 결과를 통지받지 못한 경우에는 같은 항에 따른 통지기간이 만료되는 날의 다음 날을 말한다)부터 90일 이내에 행정심판 또는 행정소송을 제기할 수 있다(③).

✓ 기출체크

① 관련 기출

1. 수익적 행정처분을 구하는 신청에 대한 거부처분이 있은 후 당사자가 다시 신청을 한 경우에는 신청의 제목 여하에 불구하고 그 내용이 새로운 신청을 하는 취지라면 관할행정청이 이를 다시 거절하는 것은 새로운 거부처분이라고 보아야 한다. (○ | ×) 2025 경찰간부

2. 수익적 행정행위 신청에 대한 거부처분은 당사자의 신청에 대하여 관할행정청이 거절하는 의사를 대외적으로 명백히 표시함으로써 성립되고, 거부처분이 있은 후 당사자가 다시 신청을 한 경우에는 신청의 제목 여하에 불구하고 그 내용이 새로운 신청을 하는 취지라면 관할행정청이 이를 다시 거절하는 것은 새로운 거부처분으로 봄이 원칙이다. (○ | ×) 2022 소방승진

3. 수익적 행정행위 신청에 대한 거부처분이 있은 후 당사자가 다시 신청을 한 경우에는 신청의 제목 여하에 불구하고 그 내용이 새로운 신청을 하는 취지라면 관할행정청이 이를 다시 거절하는 것은 새로운 거부처분이 된다. (○ | ×) 2021 서울시 지적 7급

③ 관련 기출

4. (행정기본법상) 이의신청에 대한 결과를 통지받은 후 행정심판을 제기하려는 자는 그 결과를 통지받은 날부터 90일 이내에 행정심판을 제기할 수 있다. (○ | ×) 2023 서울시 지적 7급

5. 이의신청에 대한 결과를 통지받은 후 행정심판 또는 행정소송을 제기하려는 자는 그 결과를 통지받은 날부터 90일 이내에 행정심판 또는 행정소송을 제기할 수 있다. (○ | ×) 2023 군무원 7급

정답 1. ○ 2. ○ 3. ○ 4. ○ 5. ○

03
정답 ④

① ○
> 1. 일반적으로 법률의 위임에 의하여 효력을 갖는 법규명령의 경우, 구법에 위임의 근거가 없어 무효였더라도 사후에 법개정으로 위임의 근거가 부여되면 그때부터는 유효한 법규명령이 된다.
> 2. 그리고 구법의 위임에 의한 유효한 법규명령이 법개정으로 위임의 근거가 없어지게 되면 그때부터 무효인 법규명령이 된다.
> 3. 따라서 어떤 법령의 위임근거 유무에 따른 유효 여부를 심사하려면 법개정의 전·후에 걸쳐 모두 심사하여야만 그 법규명령의 시기에 따른 유효·무효를 판단할 수 있다(대판 1995. 6. 30, 93추83).

② ○

> 법규명령의 위임근거가 되는 법률에 대하여 위헌결정이 선고되면 그 위임에 근거하여 제정된 법규명령도 원칙적으로 효력을 상실한다(대판 2001. 6. 12, 2000다18547).

③ ○

> 법률의 시행령이나 시행규칙의 내용이 모법의 입법취지와 관련조항 전체를 유기적·체계적으로 살펴보아 모법의 해석상 가능한 것을 명시한 것에 지나지 않거나 모법 조항의 취지에 근거하여 이를 구체화하기 위한 것인 경우, 모법에 직접 위임하는 규정을 두지 않았다고 하여 무효라고 볼 수는 없다(대판 2014. 8. 20, 2012두19526).

④ ×

> 1. 상위법령의 시행에 필요한 세부적 사항을 정한, 이른바 집행명령은 근거법령인 상위법령이 폐지되면 특별한 규정이 없는 한 실효된다.
> 2. 그러나 상위법령이 개정됨에 그친 경우에는 성질상 이와 모순·저촉되지 아니하는 한 개정된 상위법령의 시행을 위한 집행명령이 새로 제정·발효될 때까지는 여전히 그 효력을 유지한다(대판 1989. 9. 12, 88누6962).

✔ 기출체크

① 관련 기출

1. 일반적으로 법률의 위임에 따라 효력을 갖는 법규명령의 경우에 그 위임의 근거가 없어 무효였더라도 나중에 법개정으로 위임의 근거가 부여되면 그때부터는 유효한 법규명령으로 볼 수 있다. (○ | ×)   2025 소방간부

2. 일반적으로 법률의 위임에 따라 효력을 갖는 법규명령의 경우에 위임의 근거가 없어 무효였다면 나중에 법개정으로 위임의 근거가 부여되었다고 하여 그때부터 유효한 법규명령이 되는 것은 아니다. (○ | ×)   2024 국가직 9급

3. 법률의 위임에 의해 유효하게 성립된 법규명령은 이후 법개정으로 위임의 근거가 없어지더라도 법규명령의 효력에 영향이 없다. (○ | ×)   2024 국가직 7급

4. 법률의 위임에 의하여 효력을 갖는 법규명령이 법개정으로 위임의 근거가 없어지게 되더라도 효력을 상실하지 않는다. (○ | ×)   2022 국가직 9급

5. 구법의 위임에 의한 유효한 법규명령이 법개정으로 위임의 근거가 없어지게 되면 그때부터 무효인 법규명령이 되므로, 어떤 법령의 위임근거 유무에 따른 유효 여부를 심사하려면 법개정의 전·후에 걸쳐 모두 심사하여야만 그 법규명령의 시기에 따른 유효·무효를 판단할 수 있다. (○ | ×)   2010 국가직 7급

② 관련 기출

6. 법규명령의 위임근거가 되는 법률에 대하여 위헌결정이 선고되더라도 그 위임에 근거하여 제정된 법규명령은 별도의 폐지행위가 있어야 효력을 상실한다. (○ | ×)   2021 지방직·서울시 9급

7. 법규명령의 위임의 근거가 되는 법률에 대하여 위헌결정이 선고되면 그 위임규정에 근거하여 제정된 법규명령도 원칙적으로 효력을 상실한다. (○ | ×)   2020 군무원 7급, 2014 지방직 7급

8. 법규명령의 위임근거가 되는 법률에 대하여 위헌결정이 선고되더라도 그 법규명령은 특별한 규정이 없는 한 별도의 폐지행위가 있어야 효력을 상실한다. (○ | ×)   2008 지방직(하) 7급

③ 관련 기출

9. 시행령의 내용이 모법의 입법취지와 전체를 유기적·체계적으로 보아 모법 조항의 취지에 근거하여 이를 구체화하는 것이라도 모법에 직접 위임하는 규정이 없다면 무효이다. (○ | ×)   2022 경찰간부

10. 법률의 시행령이나 시행규칙은 법률의 위임이 없으면 개인의 권리·의무에 관한 내용을 변경·보충하거나 법률이 규정하지 아니한 새로운 내용을 정할 수는 없으므로, 모법에 이에 관하여 직접 위임하는 규정을 두지 아니하였다면 당연히 이를 무효라고 보아야 한다. (○ | ×)   2022 소방직 9급

11. 법률의 시행령이나 시행규칙의 내용이 모법의 입법취지와 관련조항 전체를 유기적·체계적으로 살펴보아 모법의 해석상 가능한 것을 명시한 것에 지나지 아니하는 때에는 모법에 이에 관하여 직접 위임하는 규정을 두지 아니하였다고 하더라도 이를 무효라고 볼 수는 없다. (○ | ×)   2021 국가직 7급, 2017 국가직(하) 9급

12. 법률의 시행령 내용이 모법 조항의 취지에 근거하여 이를 구체화하기 위한 것인 때에는 모법에 직접 위임하는 규정을 두지 않았더라도 이를 무효라고 볼 수 없다. (○ | ×)   2021 지방직·서울시 9급

④ 관련 기출

13. 집행명령의 경우 상위법령이 폐지된 것이 아니라 단순히 개정됨에 그친 경우에는 그 개정법령과 성질상 모순·저촉되지 아니하고 개정된 상위법령의 시행에 필요한 사항을 규정하고 있는 이상 그 집행명령은 개정법령의 시행을 위한 집행명령이 제정·발효될 때까지는 그 효력을 유지한다. (○ | ×)   2024 국회직 8급

14. 집행명령은 상위법령이 개정되더라도 개정법령과 성질상 모순·저촉되지 아니하고 개정된 상위법령의 시행에 필요한 사항을 규정하고 있는 이상, 개정법령의 시행을 위한 집행명령이 제정·발효될 때까지는 여전히 그 효력을 유지한다. (○ | ×)   2019 지방직·교육행정직 9급

15. 상위법령의 시행을 위하여 제정한 집행명령은 그 상위법령이 개정되더라도 개정법령과 성질상 모순·저촉되지 않는 이상 여전히 그 효력을 가진다. (○ | ×)   2017 국회직 8급

16. 근거법령인 상위법령이 개정됨에 그친 경우 개정법령의 시행을 위한 집행명령이 제정·발효될 때까지 여전히 그 효력을 유지하는 것은 아니다. (○ | ×)   2015 경행특채 1차

17. 상위법령의 시행에 필요한 세부적 사항을 정하기 위하여 행정관청이 일반적 직권에 의하여 제정하는 이른바 집행명령은 근거법령인 상위법령이 폐지되면 특별한 규정이 없는 이상 실효된다. (○ | ×)   2011 국회직 8급

18. 법규명령의 근거법령이 소멸된 경우에는 법규명령도 소멸함이 원칙이나, 근거법령이 개정됨에 그친 경우에는 집행명령은 여전히 효력을 유지할 수 있다. (○ | ×)   2009 국가직 9급

정답 1. ○ 2. × 3. ○ 4. × 5. ○ 6. × 7. ○ 8. × 9. × 10. ×
11. ○ 12. ○ 13. ○ 14. ○ 15. ○ 16. × 17. ○ 18. ○

04

정답 ②

① ○ ② ✗

> **행정절차법 제14조【송달】** ① 송달은 우편, 교부 또는 정보통신망 이용 등의 방법으로 하되, 송달받을 자(대표자 또는 대리인을 포함한다. 이하 같다)의 주소·거소(居所)·영업소·사무소 또는 전자우편주소(이하 '주소 등'이라 한다)로 한다. 다만, 송달받을 자가 동의하는 경우에는 그를 만나는 장소에서 송달할 수 있다.
> ② 교부에 의한 송달은 수령확인서를 받고 문서를 교부함으로써 하며, 송달하는 장소에서 송달받을 자를 만나지 못한 경우에는 그 사무원·피용자(被傭者) 또는 동거인으로서 사리를 분별할 지능이 있는 사람(이하 이 조에서 '사무원 등'이라 한다)에게 문서를 교부할 수 있다. 다만, 문서를 송달받을 자 또는 그 사무원 등이 정당한 사유 없이 송달받기를 거부하는 때에는 그 사실을 수령확인서에 적고, 문서를 송달할 장소에 놓아둘 수 있다(①).
> ③ 정보통신망을 이용한 송달은 송달받을 자가 동의하는 경우에만 한다. 이 경우 송달받을 자는 송달받을 전자우편주소 등을 지정하여야 한다.
> ④ 다음 각 호의 어느 하나에 해당하는 경우에는 송달받을 자가 알기 쉽도록 관보, 공보, 게시판, 일간신문 중 하나 이상에 공고하고 인터넷에도 공고하여야 한다(②).
> 1. 송달받을 자의 주소 등을 통상적인 방법으로 확인할 수 없는 경우
> 2. 송달이 불가능한 경우

③ ○

> 1. 서훈은 서훈대상자의 특별한 공적에 의하여 수여되는 고도의 일신전속적 성격을 가지는 것이다. …… 이러한 서훈의 일신전속적 성격은 서훈취소의 경우에도 마찬가지이므로, 망인에게 수여된 서훈의 취소에서도 유족은 그 처분의 상대방이 되는 것이 아니다.
> 2. 망인에 대한 서훈취소는 유족에 대한 것이 아니므로 유족에 대한 통지에 의해서만 성립하여 효력이 발생한다고 볼 수 없고, 그 결정이 처분권자의 의사에 따라 상당한 방법으로 대외적으로 표시됨으로써 행정행위로서 성립하여 효력이 발생한다고 봄이 타당하다(대판 2014. 9. 26, 2013두2518).

④ ○

> 1. 상대방 있는 행정처분은 상대방에게 고지되어야 원칙적으로 효력이 발생한다.
> 2. 상대방 있는 행정처분이 상대방에게 고지되지 않았으나 상대방이 다른 경로를 통해 행정처분의 내용을 알게 된 경우라도, 행정처분의 효력이 발생하는 것은 아니다.
> 상대방 있는 행정처분은 특별한 규정이 없는 한 의사표시에 관한 일반법리에 따라 상대방에게 고지되어야 효력이 발생하고, 상대방 있는 행정처분이 상대방에게 고지되지 아니한 경우에는 상대방이 다른 경로를 통해 행정처분의 내용을 알게 되었다고 하더라도 행정처분의 효력이 발생한다고 볼 수 없다. 피고가 인터넷 홈페이지에 이 사건 처분의 결정내용을 게시한 것만으로는 행정절차법 제14조에서 정한 바에 따라 송달이 이루어졌다고 볼 수 없고, 원고가 그 홈페이지에 접속하여 결정내용을 확인하여 알게 되었다고 하더라도 마찬가지이다(대판 2019. 8. 9, 2019두38656).

✓ 기출체크

① 관련 기출

1. 교부에 의한 송달을 할 때 문서를 송달받을 자 또는 그 사무원 등이 정당한 사유 없이 송달받기를 거부하는 경우에는 그 사실을 수령확인서에 적고, 문서를 송달할 장소에 놓아둘 수 있다. (○ | ✗)
   2023 경찰간부, 2017 국가직(하) 7급

2. (행정절차법상) 교부에 의한 송달은 수령확인서를 받고 문서를 교부함으로써 하며, 송달하는 장소에서 송달받을 자를 만나지 못한 경우에는 그 사무원·피용자 또는 동거인으로서 사리를 분별할 지능이 있는 사람에게 문서를 교부할 수 있다. (○ | ✗)
   2022 해경간부, 2017 국가직(하) 7급

3. 송달하는 장소에서 송달받을 자를 만나지 못한 경우에는 그 사무원·피용자(被傭者) 또는 동거인으로서 사리를 분별할 지능이 있는 사람에게 문서를 교부할 수 있다. (○ | ✗)
   2014 서울시 9급

② 관련 기출

4. 송달이 불가능한 경우에는 송달받을 자가 알기 쉽도록 관보, 공보, 게시판, 일간신문 중 하나 이상에 공고하고 인터넷에도 공고하여야 한다. (○ | ✗)
   2023 국가직 9급, 2017 국가직(하) 7급

5. 행정절차법은 행정행위 상대방에 대한 송달받을 자의 주소 등을 통상적인 방법으로 확인할 수 없는 경우에 한하여, 공고의 방법에 의한 송달이 가능하도록 규정하고 있다. (○ | ✗)
   2021 소방직 9급

6. 송달받을 자의 주소 등을 통상의 방법으로 확인할 수 없을 때에는 공시송달절차에 의해 송달할 수 있다. (○ | ✗)
   2020 국회직 8급

7. 송달이 불가능한 경우에는 송달받을 자가 알기 쉽도록 관보·공보·게시판·일간신문·인터넷 중 하나 이상에 공고하여야 한다. (○ | ✗)
   2008 국가직 9급

③ 관련 기출

8. 서훈은 서훈대상자의 특별한 공적에 의하여 수여되는 고도의 일신전속적 성격을 가지는 것이므로 유족이라고 하더라도 처분의 상대방이 될 수 없다. (○ | ✗)
   2023 국가직 9급

9. 망인(亡人)에게 수여된 서훈을 취소하는 경우, 그 유족은 서훈취소처분의 상대방이 되지 않는다. (○ | ✗)
   2019 서울시 2회 7급

10. 서훈은 서훈대상자의 특별한 공적에 의하여 수여되는 고도의 일신전속적 성격을 가지는 것이므로, 망인에게 수여된 서훈이 취소된 경우 그 유족은 서훈취소처분의 상대방이 되지 아니한다. (○ | ✗)
    2018 지방직 7급

11. 망인에 대한 서훈취소는 유족에 대한 것이 아니므로 유족에 대한 통지에 의해서만 성립하여 효력이 발생한다고 볼 수 없고, 그 결정이 처분권자의 의사에 따라 상당한 방법으로 대외적으로 표시됨으로써 행정행위로서 성립하여 효력이 발생한다고 봄이 타당하다. (○ | ✗)
    2017 지방직(하) 9급

④ 관련 기출

12. 상대방 있는 행정처분이 상대방에게 고지되지 아니한 경우에는 상대방이 다른 경로를 통해 행정처분의 내용을 알게 되었다고 하더라도 행정처분의 효력이 발생한다고 볼 수 없다. (○ | ✗)
    2024 국회직 9급

13. 상대방 있는 행정처분이 상대방에게 고지되지 아니한 경우에도 상대방이 다른 경로를 통해 행정처분의 내용을 알게 되었다면 행정처분의 효력이 발생한다고 볼 수 있다. (○ | ✗)
    2023 군무원 9급

14. 상대방 있는 행정처분이 상대방에게 고지되지 아니한 경우에는 특별한 규정이 없는 한 상대방이 다른 경로를 통해 행정처분의 내용을 알게 되었다고 하더라도 행정처분의 효력이 발생한다고 볼 수 없다. (○ | ✗)
    2022 국가직 7급

15. 상대방 있는 행정처분이 상대방에게 고지되지 아니한 경우에도 상대방이 다른 경로를 통해 행정처분의 내용을 알게 된다면 그 행정처분의 효력이 발생한다. (○ | ✗)
    2021 소방직 9급

16. 상대방이 있는 행정처분은 특별한 규정이 없는 한 상대방에게 고지되지 아니하더라도 상대방이 다른 경로를 통해 행정처분의 내용을 알게 되었다면 그 효력이 발생한다. (○ | ✗)
    2021 변호사

정답 1. ○ 2. ○ 3. ○ 4. ○ 5. × 6. ○ 7. × 8. ○ 9. ○ 10. ○
11. ○ 12. ○ 13. × 14. ○ 15. × 16. ×

05 정답 ④

① ○

> 1-1. 위헌법률에 기한 행정처분의 집행이나 집행력을 유지하기 위한 행위는 위헌결정의 기속력에 위반되어 허용되지 않는다(즉, 무효이다).
> 1-2. 위헌결정 이전에 이미 부담금 부과처분과 압류처분 및 이에 기한 압류등기가 이루어지고 위의 각 처분이 확정되었다고 하여도, 위헌결정 이후에는 별도의 행정처분인 매각처분, 분배처분 등 후속 체납처분절차를 진행할 수 없다.
> 1-3. 또한 특별한 사정이 없는 한 기존의 압류등기나 교부청구만으로는 다른 사람에 의하여 개시된 경매절차에서 배당을 받을 수도 없다(대판 2002. 8. 23, 2001두2959).
> 2. 과세처분 이후 조세부과의 근거가 되었던 법률규정에 대하여 위헌결정이 내려진 경우, 그 조세채권의 집행을 위한 체납처분(현 강제징수)은 당연무효가 된다.
> 조세부과의 근거가 되었던 법률규정이 위헌으로 선언된 경우, 비록 그에 기한 과세처분이 위헌결정 전에 이루어졌고, 과세처분에 대한 제소기간이 이미 경과하여 조세채권이 확정되었으며, 조세채권의 집행을 위한 체납처분의 근거규정 자체에 대하여는 따로 위헌결정이 내려진 바 없다고 하더라도, 위와 같은 위헌결정 이후에 조세채권의 집행을 위한 새로운 체납처분에 착수하거나 이를 속행하는 것은 더 이상 허용되지 않고, 나아가 이러한 위헌결정의 효력에 위배하여 이루어진 체납처분은 그 사유만으로 하자가 중대하고 객관적으로 명백하여 당연무효라고 보아야 한다(대판 2012. 2. 16, 2010두10907 전합).

② ○

> 이미 취소소송의 제기기간을 경과하여 확정력(불가쟁력)이 발생한 행정처분에는 위헌결정의 소급효가 미치지 않는다.
> 이미 취소소송의 제기기간을 경과하여 확정력이 발생한 행정처분의 경우에는 위헌결정의 소급효가 미치지 않는다고 보아야 할 것이고, 일반적으로 법률이 헌법에 위반된다는 사정은 헌법재판소의 위헌결정이 있기 전에는 객관적으로 명백한 것이라고 할 수는 없으므로 헌법재판소의 위헌결정 전에 행정처분의 근거되는 당해 법률이 헌법에 위반된다는 사유는 특별한 사정이 없는 한 그 행정처분의 취소소송의 전제가 될 수 있을 뿐 당연무효사유는 아니라고 봄이 상당하다(대판 2002. 11. 8, 2001두3181).

③ ○

> 행정처분 자체의 효력이 쟁송기간 경과 후에도 존속 중인 경우, 그 행정처분이 위헌인 법률에 근거하여 내려졌고 그 목적 달성을 위해 필요한 후행 행정처분이 아직 이루어지지 않았다면 그 하자가 중대하여 그 구제가 필요한 경우에 대하여서는 쟁송기간 경과 후라도 무효확인을 구할 수 있다(헌법재판소).
> 판례나 통설은 행정처분이 당연무효인가의 여부는 그 행정처분의 하자가 중대하고 명백한가의 여부에 따라 결정된다고 보고 있지만 행정처분의 근거가 되는 법규범이 상위법규범에 위반되어 무효인가 하는 점은 그것이 헌법재판소 또는 대법원에 의하여 유권적으로 확정되기 전에는 어느 누구에게도 명백한 것이라고 할 수 없기 때문에 원칙적으로 당연무효사유에는 해당할 수 없게 되는 것이다. 그러나 행정처분 자체의 효력이 쟁송기간 경과 후에도 존속 중인 경우, 특히 그 처분이 위헌인 법률에 근거하여 내려진 것이고 그 행정처분의 목적 달성을 위하여서는 후행(後行) 행정처분이 필요한데 후행 행정처분은 아직 이루어지지 않은 경우, 그 행정처분을 무효로 하더라도 법적 안정성을 크게 해치지 않는 반면에 그 하자가 중대하여 그 구제가 필요한 경우에 대하여서는 그 예외를 인정하여 이를 당연무효사유로 보아서 쟁송기간 경과 후에라도 무효확인을 구할 수 있는 것이라고 봐야 할 것이다. 학설상으로도 중대·명백설 외에 중대한 하자가 있기만 하면 그것이 명백하지 않더라도 무효라고 하는 중대설도 주장되고 있고, 대법원의 판례로도 반드시 하자가 중대·명백한 경우에만 행정처분의 무효가 인정된다고는 속단할 수 없기 때문이다(헌재 1994. 6. 30, 92헌바23).

④ ×

> 조세의 과오납이 부당이득이 되기 위하여는 납세 또는 조세의 징수가 실체법적으로나 절차법적으로 전혀 법률상의 근거가 없거나 과세처분의 하자가 중대하고 명백하여 당연무효이어야 하고, 과세처분의 하자가 단지 취소할 수 있는 정도에 불과할 때에는 과세관청이 이를 스스로 취소하거나 항고소송절차에 의하여 취소되지 않는 한 그로 인한 조세의 납부가 부당이득이 된다고 할 수 없다(대판 1994. 11. 11, 94다28000).

✓ 기출체크

① 관련 기출

1. 조세부과의 근거가 되었던 법률규정이 위헌으로 선언된 경우, 그 위헌결정의 기속력 때문에 그 위헌결정 이후 조세채권의 집행을 위한 새로운 체납처분에 착수하거나 이를 속행하는 것은 더 이상 허용되지 않는다. 이러한 위헌결정의 효력에 위배하여 이루어진 체납처분은 그 사유만으로 하자가 중대하고 객관적으로 명백하여 당연무효이다. (○ | ×) 2024 변호사

2. 과세처분 이후 조세부과의 근거가 되었던 법률규정에 대하여 헌법재판소에서 위헌결정이 내려진 후 그 조세채권의 집행을 위한 체납처분은 당연무효이다. (○ | ×) 2023 군무원 7급, 2021 지방직·서울시 7급

3. 과세처분 이후 조세부과의 근거가 되었던 법률규정에 대하여 위헌결정이 내려진 후에 행한 그 과세처분의 집행은 당연무효이다. (○ | ×) 2023 국회직 8급

4. 과세처분의 근거가 되었던 법률규정에 대해 위헌결정이 내려진 후, 위헌결정의 효력에 위배하여 이루어진 체납처분은 당연무효이다. (○ | ×) 2022 서울시 지적 7급

5. 과세처분 이후 과세의 근거가 되었던 법률규정에 대하여 위헌결정이 내려진 경우, 그 조세채권의 집행을 위해 새로운 체납처분에 착수하거나 이를 속행하는 것은 당연무효로 볼 수 없다. (○ | ×) 2022 지방직·서울시 7급

② 관련 기출

6. 이미 취소소송의 제기기간을 경과하여 확정력이 발생한 행정처분에는 그 근거가 되는 법률에 대한 위헌결정의 소급효가 미치지 않는다. (○ | ×) 2023 소방직 9급, 2017 교육행정직 9급

7. 처분이 있은 날로부터 1년이 도과한 처분으로서 당연무효에 해당하는 하자가 없는 경우, 그 처분의 근거법령이 위헌결정되었다면 원칙적으로 소급효가 미친다. (○ | ×) 2020 국회직 8급

8. 취소소송의 제기기간을 경과하여 불가쟁력이 발생한 행정처분에도 위헌결정의 소급효가 미친다. (○ | ×) 2017 서울시 7급

9. 대법원은 처분이 있은 후에 근거법률이 위헌으로 결정된 경우, 그 처분은 법률의 근거가 없이 행하여진 것과 마찬가지의 하자가 인정되므로 불가쟁력이 발생하였다 하더라도 위헌결정의 소급효가 미친다고 보았다. (○ | ×) 2012 국가직 7급

③ 관련 기출

10. 행정처분을 무효로 하더라도 법적 안정성을 크게 해치지 않는 반면에 그 하자가 중대하여 구제가 필요한 경우에도 그 예외를 인정하여 이를 당연무효사유로 볼 수는 없다. (○ | ×) 2019 서울시 9급

④ 관련 기출

11. 과세처분의 하자가 단지 취소할 수 있는 정도에 불과할 때에는 과세관청이 이를 스스로 취소하거나 항고소송절차에 의하여 취소되지 않는 한 그로 인한 조세의 납부가 부당이득이 되지 않는다. (○ | ×) 2024 국회직 8급

12. 과세처분의 하자가 단지 취소할 수 있는 정도에 불과할 때에는 과세관청이 이를 스스로 취소하거나 항고쟁송절차에 의하여 취소되지 않는 한, 그로 인한 조세의 납부가 부당이득이 된다고 할 수 없다. (○ | ×) 2023 지방직·서울시 7급, 2019 지방직·교육행정직 9급

13. [A시 시장은 「학교용지 확보 등에 관한 특례법」관계조항에 따라 공동주택을 분양받은 甲, 乙, 丙, 丁 등에게 각각 다른 시기에 학교용지 부담금을 부과하였다. 이후 해당 조항에 대하여 법원의 위헌법률심판제청에 따라 헌법재판소가 위헌결정을 하였다(단, 甲, 乙, 丙, 丁은 모두 위헌법률심판제청신청을 하지 않은 것으로 가정함)] 甲이 부담금을 납부하였고 부담금 부과처분에 불가쟁력이 발생한 상태라면, 해당 조항이 위헌으로 결정되더라도 이미 납부한 부담금을 반환받을 수 없다. (○ | ×) 2022 국가직 9급

14. 취소사유 있는 과세처분에 의하여 세금을 납부한 자는 과세처분 취소소송을 제기하지 않은 채 곧바로 부당이득반환청구소송을 제기하더라도 납부한 금액을 반환받을 수 있다. (○ | ×) 2019 서울시 9급

정답 1. ○ 2. ○ 3. ○ 4. ○ 5. × 6. ○ 7. × 8. × 9. × 10. ×
11. ○ 12. ○ 13. ○ 14. ×

06

정답 ④

① ○

> **행정절차법 제40조의3【위반사실 등의 공표】** ① 행정청은 법령에 따른 의무를 위반한 자의 성명·법인명, 위반사실, 의무위반을 이유로 한 처분사실 등(이하 '위반사실 등'이라 한다)을 법률로 정하는 바에 따라 일반에게 공표할 수 있다.
> ③ 행정청은 위반사실 등의 공표를 할 때에는 미리 당사자에게 그 사실을 통지하고 의견제출의 기회를 주어야 한다. 다만, 다음 각 호의 어느 하나에 해당하는 경우에는 그러하지 아니하다.
> 1. 공공의 안전 또는 복리를 위하여 긴급히 공표를 할 필요가 있는 경우
> 2. 해당 공표의 성질상 의견청취가 현저히 곤란하거나 명백히 불필요하다고 인정될 만한 타당한 이유가 있는 경우
> 3. 당사자가 의견진술의 기회를 포기한다는 뜻을 명백히 밝힌 경우
> ④ 제3항에 따라 의견제출의 기회를 받은 당사자는 공표 전에 관할행정청에 서면이나 말 또는 정보통신망을 이용하여 의견을 제출할 수 있다.
> ⑤ 제4항에 따른 의견제출의 방법과 제출의견의 반영 등에 관하여는 제27조 및 제27조의2를 준용한다. 이 경우 '처분'은 '위반사실 등의 공표'로 본다.
> ⑥ 위반사실 등의 공표는 관보, 공보 또는 인터넷 홈페이지 등을 통하여 한다.
> ⑦ 행정청은 위반사실 등의 공표를 하기 전에 당사자가 공표와 관련된 의무의 이행, 원상회복, 손해배상 등의 조치를 마친 경우에는 위반사실 등의 공표를 하지 아니할 수 있다.
> ⑧ 행정청은 공표된 내용이 사실과 다른 것으로 밝혀지거나 공표에 포함된 처분이 취소된 경우에는 그 내용을 정정하여, 정정한 내용을 지체 없이 해당 공표와 같은 방법으로 공표된 기간 이상 공표하여야 한다. 다만, 당사자가 원하지 아니하면 공표하지 아니할 수 있다.

②③ ○

> 병무청장이 병역법 제81조의2 제1항에 따라 병역의무 기피자의 인적사항 등을 인터넷 홈페이지에 게시하는 등의 방법으로 공개한 경우 병무청장의 공개결정을 항고소송의 대상이 되는 행정처분으로 보아야 한다(②).
> 그 구체적인 이유는 다음과 같다.
> (1) 병무청장이 하는 병역의무 기피자의 인적 사항 등 공개는, 특정인을 병역의무 기피자로 판단하여 그 사실을 일반대중에게 공표함으로써 그의 명예를 훼손하고 그에게 수치심을 느끼게 하여 병역의무이행을 간접적으로 강제하려는 조치로서 병역법에 근거하여 이루어지는 공권력의 행사에 해당한다.
> (2) 병무청 인터넷 홈페이지에 공개대상자의 인적 사항 등이 게시되는 경우 그의 명예가 훼손되므로, 공개대상자는 자신에 대한 공개결정이 병역법령에서 정한 요건과 절차를 준수한 것인지를 다툴 법률상 이익이 있다. 병무청장이 인터넷 홈페이지 등에 게시하는 사실행위를 함으로써 공개대상자의 인적 사항 등이 이미 공개되었더라도, 재판에서 병무청장의 공개결정이 위법함이 확인되어 취소판결이 선고되는 경우, 병무청장은 취소판결의 기속력에 따라 위법한 결과를 제거하는 조치를 할 의무가 있으므로 공개대상자의 실효적 권리구제를 위해 병무청장의 공개결정을 행정처분으로 인정할 필요성이 있다(②). 만약 병무청장의 공개결정을 항고소송의 대상이 되는 처분으로 보지 않는다면 국가배상청구 외에는 침해된 권리 또는 법률상 이익을 구제받을 적절한 방법이 없다.
> (3) 관할 지방병무청장의 공개대상자 결정의 경우 상대방에게 통보하는 등 외부에 표시하는 절차가 관계법령에 규정되어 있지 않아, 행정실무상으로도 상대방에게 통보되지 않는 경우가 많다. 또한 관할 지방병무청장이 위원회의 심의를 거쳐 공개대상자를 1차로 결정하기는 하지만, 병무청장에게 최종적으로 공개 여부를 결정할 권한이 있으므로, 관할 지방병무청장의 공개대상자 결정은 병무청장의 최종적인 결정에 앞서 이루어지는 행정기관 내부의 중간적 결정에 불과하다. 가까운 시일 내에 최종적인 결정과 외부적인 표시가 예정되어 있는 상황에서, 외부에 표시되지 않은 행정기관 내부의 결정을 항고소송의 대상인 처분으로 보아야 할 필요성은 크지 않다. 관할 지방병무청장이 1차로 공개대상자 결정을 하고, 그에 따라 병무청장이 같은 내용으로 최종적 공개결정을 하였다면, 공개대상자는 병무청장의 최종적 공개결정만을 다투는 것으로 충분하고, 관할 지방병무청장의 공개대상자 결정을 별도로 다툴 소의 이익은 없어진다(③)(대판 2019. 6. 27, 2018두49130).

④ × 손해배상청구의 요건 중 직무행위의 개념에 대해 통설·판례는 광의설을 취하는바, 이에 의하면 공행정작용이라면 권력작용·비권력작용을 불문하고 국가배상법상의 직무행위에 해당한다고 보는데, 명단공표 역시 국가배상법상의 직무행위에 해당하므로 위법한 공표에 의해 명예·신용 등이 침해된 경우에는 행정상 손해배상을 청구할 수 있다.

> 국가배상법이 정한 배상청구의 요건인 공무원의 직무에는 권력적 작용만이 아니라 행정지도와 같은 비권력적 작용도 포함되며, 단지 행정주체가 사경제주체로서 하는 활동만이 제외된다(대판 1998. 7. 10, 96다38971).

✓ 기출체크

① 관련 기출

1. 위반사실 등의 공표에 관하여 의견제출의 기회를 받은 당사자는 공표 전에 관할행정청에 서면이나 말 또는 정보통신망을 이용하여 의견을 제출할 수 있다. (○ | ×)
2024 소방직 9급

2. 위반사실 등의 공표에 관하여 당사자가 의견진술의 기회를 포기한다는 뜻을 명백히 밝힌 경우라도 행정청은 미리 당사자에게 그 사실을 통지하고 의견제출의 기회를 주어야 한다. (○ | ×)
2024 소방직 9급

3. 행정청은 위반사실 등의 공표를 하기 전에 당사자가 공표와 관련된 의무의 이행, 원상회복, 손해배상 등의 조치를 마친 경우에는 위반사실 등의 공표를 하지 아니할 수 있다. (○ | ×)
2024 소방직 9급

4. 행정청은 위반사실 등의 공표를 할 때에는 특별한 사정이 없는 한 미리 당사자에게 그 사실을 통지하고 의견제출의 기회를 주어야 하며, 의견제출의 기회를 받은 당사자는 공표 전에 관할행정청에 서면이나 말 또는 정보통신망을 이용하여 의견을 제출할 수 있다. (○ | ×)
2023 국가직 7급

5. 행정청은 위반사실 등의 공표를 할 때에는 특별한 사정이 없는 한 미리 당사자에게 그 사실을 통지하고 의견제출의 기회를 주어야 한다. (○ | ×)
2023 국회직 8급

②③ 관련 기출

6. 병무청장이 병역의무 기피자의 인적 사항 등을 인터넷 홈페이지에 게시하는 등의 방법으로 공개한 경우 병무청장의 공개결정은 항고소송의 대상이 되는 행정처분에 해당하지 않는다. (○ | ×)
2024 국가직 7급

7. 병무청장이 구 병역법에 따라 병역의무 기피자의 인적 사항 등을 인터넷 홈페이지에 게시하는 등의 방법으로 공개한 경우 병무청장의 공개결정은 항고소송의 대상이 되는 행정처분이 아니다. (○ | ×)
2023 국가직 7급

8. 병무청장이 병역법에 따라 병역의무 기피자의 인적 사항 등을 인터넷 홈페이지에 게시하는 등의 방법으로 공개한 경우 병무청장의 공개결정은 항고소송의 대상이 되는 행정처분이다. (○ | ×)
2023 국가직 9급

9. 병역법에 따라 관할 지방병무청장이 1차로 병역의무 기피자 인적 사항 공개대상자 결정을 하고 그에 따라 병무청장이 같은 내용으로 최종적 공개결정을 하였더라도, 해당 공개대상자는 관할 지방병무청장의 공개대상자 결정을 다툴 수 있다. (○ | ×)
2022 국가직 7급

10. 병무청장이 하는 병역의무 기피자의 인적 사항 공개에 대한 설명으로 옳은 것만을 <보기>에서 모두 고르면? (다툼이 있는 경우 판례에 의함)
2022 국회직 8급

> ─ 보기 ─
> ㉠ 병무청장이 하는 병역의무 기피자의 인적 사항 공개는 특정인을 병역의무 기피자로 판단하여 그 사실을 일반대중에게 공표함으로써 그의 명예를 훼손하고 그에게 수치심을 느끼게 하여 병역의무 이행을 간접적으로 강제하려는 조치로서 공권력의 행사에 해당한다.
> ㉡ 관할 지방병무청장이 1차로 공개대상자 공개결정을 하고, 그에 따라 병무청장이 같은 내용으로 최종적 공개 결정을 하였더라도, 공개대상자는 관할 지방병무청장의 공개대상자 결정을 별도로 다툴 소의 이익이 있다.
> ㉢ 병무청장의 인적 사항 공개처분이 취소되면 병무청장은 취소판결의 기속력에 따라 위법한 결과를 제거하는 조치를 할 의무가 있다.

① ㉠   ② ㉡
③ ㉠, ㉡   ④ ㉠, ㉢
⑤ ㉡, ㉢

11. 관할 지방병무청장이 병역의무 기피를 이유로 그 인적 사항 등을 공개할 대상자를 1차로 결정하고 그에 이어 병무청장의 최종 공개결정이 있는 경우, 지방병무청장의 1차 공개결정은 병무청장의 최종 공개결정과는 별도로 항고소송의 대상이 된다. (○ | ×)
2020 변호사

④ 관련 기출

12. 국가배상법이 정한 배상청구의 요건인 공무원의 직무에는 행정지도도 포함된다. (○ | ×)
2021 군무원 9급

13. 국가배상법상 직무행위에는 비권력적 사실행위가 포함되지 않으므로 행정지도는 직무행위에 포함되지 않는다. (○ | ×)
2020 경행경채

14. 국가배상법 제2조의 직무행위에는 국가나 지방자치단체의 권력적 작용만이 포함되며 비권력적 작용은 포함되지 않는다. (○ | ×)
2019 서울시 1회 7급

15. (국가배상법상) 공무원의 직무에는 국가나 지방자치단체의 권력적 작용, 비권력적 작용, 단순한 사경제의 주체로서 하는 작용이 포함된다. (○ | ×)
2019 사회복지직 9급

정답 1. ○ 2. × 3. ○ 4. ○ 5. ○ 6. × 7. × 8. ○ 9. × 10. ④ 11. × 12. ○ 13. × 14. × 15. ×

07
정답 ③

① ○ 행정상 강제집행은 의무의 존재 및 그의 불이행을 전제로 한다는 점에서, 이것을 전제로 하지 않고 급박한 경우에 즉시 행하여지는 행정상 즉시강제와 구별된다. 행정상 강제집행의 종류로는 대집행·강제징수·직접강제·이행강제금(집행벌)이 있고 즉시강제는 포함되지 않는다.

② ○

> 행정상 즉시강제는 엄격한 실정법상의 근거를 필요로 할 뿐만 아니라, 그 발동에 있어서는 법규의 범위 안에서도 다시 행정상의 장해가 목전에 급박하고, 다른 수단으로는 행정목적을 달성할 수 없는 경우이어야 하며, 이러한 경우에도 그 행사는 필요 최소한도에 그쳐야 함을 내용으로 하는 조리상의 한계에 기속된다(헌재 2002. 10. 31, 2000헌가12).

③ ×

> 「경찰관 직무집행법」 제11조의2【손실보상】① 국가는 경찰관의 적법한 직무집행으로 인하여 다음 각 호의 어느 하나에 해당하는 손실을 입은 자에 대하여 정당한 보상을 하여야 한다.
> 1. 손실발생의 원인에 대하여 책임이 없는 자가 생명·신체 또는 재산상의 손실을 입은 경우(손실발생의 원인에 대하여 책임이 없는 자가 경찰관의 직무집행에 자발적으로 협조하거나 물건을 제공하여 생명·신체 또는 재산상의 손실을 입은 경우를 포함한다)
> 2. 손실발생의 원인에 대하여 책임이 있는 자가 자신의 책임에 상응하는 정도를 초과하는 생명·신체 또는 재산상의 손실을 입은 경우

④ ○

> 사전영장주의는 행정상 즉시강제를 포함한 인신의 자유를 제한하는 모든 국가작용의 영역에서 존중되어야 하나, 사전영장주의를 고수하다가는 도저히 그 목적을 달성할 수 없는 지극히 예외적인 경우에만 형사절차에서와 같은 예외가 인정된다고 할 것이다.
> 사전영장주의원칙은 인신보호를 위한 헌법상의 기속원리이기 때문에 인신의 자유를 제한하는 국가의 모든 영역(예컨대, 행정상의 즉시강제)에서도 존중되어야 하고, 다만 사전영장주의를 고수하다가는 도저히

그 목적을 달성할 수 없는 지극히 예외적인 경우에만 형사절차에서와 같은 예외가 인정된다고 할 것이다. 그런데 지방의회에서의 사무감사·조사를 위한 증인의 동행명령장제도도 증인의 신체의 자유를 억압하여 일정 장소로 인치하는 것으로서 …… 이 경우에도 헌법 제12조 제3항에 의하여 법관이 발부한 영장의 제시가 있어야 할 것이다. 그럼에도 불구하고 동행명령장을 법관이 아닌 의장이 발부하고 이에 기하여 증인의 신체의 자유를 침해하여 증인을 일정 장소에 인치하도록 규정된 조례안 제6조는 영장주의원칙을 규정한 헌법 제12조 제3항에 위반한 것이라고 할 것이다(대판 1995. 6. 30, 93추83).

✓ 기출체크

① 관련 기출

1. 행정상 즉시강제는 직접강제와는 달리 행정상 강제집행에 해당하지 않는다. (○ | ×)
2021 국가직 9급

② 관련 기출

2. 행정상 즉시강제에 대한 설명으로 옳은 것만을 모두 고르면?
2022 국가직 9급

> ㉠ 항고소송의 대상이 되는 처분의 성질을 갖는다.
> ㉡ 과거의 의무위반에 대하여 가해지는 제재이다.
> ㉢ 목전에 급박한 장해를 예방하기 위한 경우에는 예외적으로 법률의 근거가 없이도 발동될 수 있다는 것이 일반적인 견해이다.
> ㉣ 강제건강진단과 예방접종은 대인적 강제수단에 해당한다.
> ㉤ 위법한 즉시강제작용으로 손해를 입은 자는 국가나 지방자치단체를 상대로 국가배상법이 정한 바에 따라 손해배상을 청구할 수 있다.

① ㉡, ㉢   ② ㉠, ㉡, ㉤
③ ㉠, ㉣, ㉤   ④ ㉢, ㉣, ㉤

3. 행정상 즉시강제는 개인에게 미리 의무를 명할 시간적 여유가 없는 경우를 전제로 하므로 그 긴급성을 고려할 때 원칙적으로 법률적 근거를 요하지 아니한다. (○ | ×)
2019 서울시 9급

4. 행정상 즉시강제는 실정법의 근거를 필요로 하고, 그 발동에 있어서는 법규의 범위 안에서도 행정상의 장해가 목전에 급박하고, 다른 수단으로는 행정목적을 달성할 수 없는 경우이어야 하며, 이러한 경우에도 그 행사는 필요 최소한도에 그쳐야 함을 내용으로 하는 한계에 기속된다. (○ | ×)
2017 국가직(하) 9급

③ 관련 기출

5. 국가는 손실발생의 원인에 대하여 책임이 없는 자가 경찰관의 적법한 직무집행에 자발적으로 협조하거나 물건을 제공하여 생명·신체 또는 재산상의 손실을 입은 경우에도 정당한 보상을 하여야 한다. (○ | ×)
2023 소방간부

6. 손실발생의 원인에 대하여 책임이 없는 자가 경찰관의 적법한 보호조치에 자발적으로 협조하여 재산상의 손실을 입은 경우, 국가는 손실을 입은 자에 대하여 정당한 보상을 하여야 한다. (○ | ×)
2015 경행특채 2차, 2014 지방직 9급

④ 관련 기출

7. 행정상 즉시강제와 관련하여 급박한 상황에 대처하기 위한 것으로 그 불가피성과 정당성이 충분히 인정되는 경우에 헌법상 영장주의에 반하지 않는다고 본 헌법재판소 판례가 있다. (○ | ×)
2024 소방직 9급

8. 행정상 즉시강제는 국민의 권리침해를 필연적으로 수반하므로, 이에 대해서는 항상 영장주의가 적용된다. (○ | ×)
2021 국가직 9급

9. (대법원에 따르면) 행정상 즉시강제에서 그 목적을 달성할 수 없는 지극히 예외적인 경우에만 헌법상 사전영장주의원칙의 예외가 인정된다. (○ | ×)
2019 소방직 9급

10. (대법원에 따르면) 사전영장주의원칙은 인신보호를 위한 헌법상의 기속원리이기 때문에 인신의 자유를 제한하는 행정상 즉시강제에서도 존중되어야 하고, 다만 사전영장주의를 고수하다가는 도저히 그 목적을 달성할 수 없는 지극히 예외적인 경우에만 형사절차에서와 같은 예외가 인정된다. (○ | ×)
2019 경행경채 2차

11. 신체의 자유를 제한하는 즉시강제는 헌법상 기본권침해에 해당하여 법률의 규정에 의해서도 허용되지 아니한다. (○ | ×) 2018 교육행정직 9급

정답 1. ○ 2. ③ 3. × 4. ○ 5. ○ 6. ○ 7. ○ 8. × 9. ○ 10. ○ 11. ×

08   정답 ①

① ○

> 행정절차상 권리의 성격이나 내용 등에 비추어 볼 때, 국가나 지방자치단체가 행정절차를 진행하는 과정에서 주민들의 의견제출 등 절차적 권리를 보장하지 않은 위법이 있다고 하더라도 그 후 이를 시정하여 절차를 다시 진행한 경우, 종국적으로 행정처분 단계까지 이르지 않거나 처분을 직권으로 취소하거나 철회한 경우, 행정소송을 통하여 처분이 취소되거나 처분의 무효를 확인하는 판결이 확정된 경우 등에는 주민들이 절차적 권리의 행사를 통하여 환경권이나 재산권 등 사적 이익을 보호하려던 목적이 실질적으로 달성된 것이므로 특별한 사정이 없는 한 절차적 권리침해로 인한 정신적 고통에 대한 배상은 인정되지 않는다. 다만, 이러한 조치로도 주민들의 절차적 권리침해로 인한 정신적 고통이 여전히 남아 있다고 볼 특별한 사정이 있는 경우에 국가나 지방자치단체는 그 정신적 고통으로 인한 손해를 배상할 책임이 있다. 이때 특별한 사정이 있다는 사실에 대한 주장·증명책임은 이를 청구하는 주민들에게 있고, 특별한 사정이 있는지는 주민들에게 행정절차 참여권을 보장하는 취지, 행정절차 참여권이 침해된 경위와 정도, 해당 행정절차 대상사업의 시행경과 등을 종합적으로 고려해서 판단해야 한다 (대판 2021. 7. 29, 2015다221668).

② ×

> 지방자치단체가 비탈사면인 언덕에 대하여 현장조사를 한 결과 붕괴의 위험이 있음을 발견하고 이를 붕괴위험지구로 지정하여 관리하여 오다가 붕괴를 예방하기 위하여 언덕에 옹벽을 설치하기로 하고 소외 회사에게 옹벽시설공사를 도급주어 소외 회사가 공사를 시행하다가 깊이 3m의 구덩이를 파게 되었는데, 피해자가 공사현장 주변을 지나가다가 흙이 무너져 내리면서 위 구덩이에 추락하여 상해를 입게 된 사안에서, 위 사고 당시 설치하고 있던 옹벽은 소외 회사가 공사를 도급받아 공사 중에 있었을 뿐만 아니라 아직 완성도 되지 아니하여 일반공중의 이용에 제공되지 않고 있었던 이상 국가배상법 제5조 제1항 소정의 영조물에 해당한다고 할 수 없다(대판 1998. 10. 23, 98다17381).

③ ×

> (매향리 사격장에서 발생하는 소음 등으로 지역주민들이 입은 피해는 사회통념상 참을 수 있는 정도를 넘는 것으로서 사격장의 설치 또는 관리에 하자가 있었다고 판시하면서) 국가배상법 제5조 제1항에 정하여진 '영조물의 설치 또는 관리의 하자'라 함은 공공의 목적에 공여된 영조물이 그 용도에 따라 갖추어야 할 안전성을 갖추지 못한 상태에 있음을

말하고, 여기서 안전성을 갖추지 못한 상태, 즉 타인에게 위해를 끼칠 위험성이 있는 상태라 함은 당해 영조물을 구성하는 물적 시설 그 자체에 있는 물리적·외형적 흠결이나 불비로 인하여 그 이용자에게 위해를 끼칠 위험성이 있는 경우뿐만 아니라 그 영조물이 공공의 목적에 이용됨에 있어 그 이용상태 및 정도가 일정한 한도를 초과하여 제3자에게 사회통념상 참을 수 없는 피해를 입히는 경우까지 포함된다고 보아야 할 것이고, 사회통념상 참을 수 있는 피해인지의 여부는 그 영조물의 공공성, 피해의 내용과 정도, 이를 방지하기 위하여 노력한 정도 등을 종합적으로 고려하여 판단하여야 한다(대판 2004. 3. 12, 2002다14242).

> 🔍 **관련판례**
> (김포공항에서 발생하는 소음 등으로 인근주민들이 입은 피해는 사회통념상 수인한도를 넘는 것으로서 김포공항의 설치·관리에 하자가 있다고 판시하면서) 하자란 이용상태 및 정도가 제3자에게 사회통념상 수인한도를 넘는 피해를 입히는 경우까지 포함한다.
> 타인에게 위해를 끼칠 위험성이 있는 상태라 함은 당해 영조물을 구성하는 물적 시설 그 자체에 있는 물리적·외형적 흠결이나 불비로 인하여 그 이용자에게 위해를 끼칠 위험성이 있는 경우뿐만 아니라, 그 영조물이 공공의 목적에 이용됨에 있어 그 이용상태 및 정도가 일정한 한도를 초과하여 제3자에게 사회통념상 수인할 것이 기대되는 한도를 넘는 피해를 입히는 경우까지 포함된다고 보아야 한다(대판 2005. 1. 27, 2003다49566).

④ ✗

> 1. 소음 등을 포함한 공해 등의 위험지역으로 이주하여 들어가 거주하는 경우와 같이 위험의 존재를 인식하거나 과실로 인식하지 못하고 이주한 경우에는 손해배상액의 산정에 있어 형평의 원칙상 과실상계에 준하여 감경 또는 면제사유로 고려하여야 한다.
> 2. 특히 소음 등의 공해로 인한 법적 쟁송이 제기되거나 그 피해에 대한 보상이 실시되는 등 피해지역임이 구체적으로 드러나고 또한 이러한 사실이 그 지역에 널리 알려진 이후에 이주하여 오는 경우에는 위와 같은 위험에의 접근에 따른 가해자의 면책 여부를 보다 적극적으로 인정할 여지가 있다.
> 소음 등을 포함한 공해 등의 위험지역으로 이주하여 들어가서 거주하는 경우와 같이 위험의 존재를 인식하면서 그로 인한 피해를 용인하며 접근한 것으로 볼 수 있는 경우에, 그 피해가 직접 생명이나 신체에 관련된 것이 아니라 정신적 고통이나 생활방해의 정도에 그치고 그 침해행위에 고도의 공공성이 인정되는 때에는, 위험에 접근한 후 실제로 입은 피해 정도가 위험에 접근할 당시에 인식하고 있었던 위험의 정도를 초과하는 것이거나 위험에 접근한 후에 그 위험이 특별히 증대하였다는 등의 특별한 사정이 없는 한 가해자의 면책을 인정하여야 하는 경우도 있다(대판 2010. 11. 11, 2008다57975).

✓ 기출체크

① 관련 기출
1. 공법인이 국가나 지방자치단체의 행정작용을 대신하여 공익사업을 시행하면서 행정절차를 진행하는 과정상 주민들의 절차적 권리를 보장하지 않은 위법이 있는 경우, 절차상 위법의 시정으로도 주민들에게 정신적 고통이 남아있다고 볼 특별한 사정이 있어도 정신적 손해의 배상을 구하는 것은 불가능하다. (○ | ✗) *2024 국회직 8급*

② 관련 기출
2. 공사 중이며 아직 완성되지 않아 일반공중의 이용에 제공되지 않는 옹벽은 국가배상법 제5조 제1항 소정의 영조물에 해당하지 않는다. (○ | ✗) *2024 소방간부*

3. 설치 공사 중인 옹벽은 아직 완성되지 아니하여 일반공중의 이용에 제공되지 않고 있었던 이상 공공의 영조물에 해당한다고 할 수 없다. (○ | ✗) *2021 지방직·서울시 7급*

4. 지방자치단체가 옹벽시설공사를 업체에게 주어 공사를 시행하다가 사고가 일어난 경우, 옹벽이 공사 중이고 아직 완성되지 아니하여 일반공중의 이용에 제공되지 않았다면 국가배상법 제5조 소정의 영조물에 해당한다고 할 수 없다. (○ | ✗) *2021 소방직 9급*

5. 아직 물적 시설이 완성되지 아니하여 일반공중의 이용에 제공되지 않은 옹벽도 국가배상법상의 영조물에 해당한다. (○ | ✗) *2011 국회직 8급*

③ 관련 기출
6. '영조물의 설치 또는 관리의 하자'에는 영조물이 공공의 목적에 이용됨에 있어 그 이용상태 및 정도가 일정한 한도를 초과하여 제3자에게 사회통념상 수인할 것이 기대되는 한도를 넘는 피해를 입히는 경우까지 포함된다. (○ | ✗) *2024 변호사*

7. 영조물이 그 용도에 따라 갖추어야 할 안전성을 갖추지 못한 상태에는 영조물이 공공의 목적에 이용됨에 있어 그 이용상태 및 정도가 일정한 한도를 초과하여 제3자에게 사회통념상 수인할 것이 기대되는 한도를 넘는 피해를 입히는 경우까지 포함된다. (○ | ✗) *2023 국가직 7급*

8. 국가배상법 제5조 제1항에 정하여진 '영조물의 설치 또는 관리의 하자' 요건에서 안전성을 갖추지 못한 상태의 의미에는 그 영조물이 공공의 목적에 이용됨에 있어 그 이용상태 및 정도가 일정한 한도를 초과하여 제3자에게 사회통념상 수인할 것이 기대되는 한도를 넘는 피해를 입히는 경우까지 포함된다. (○ | ✗) *2023 군무원 9급*

9. 영조물의 물적 시설 자체의 물리적 흠결 등으로 이용자에게 위해를 끼칠 위험성이 있는 경우뿐만 아니라 영조물이 공공의 목적에 이용됨에 있어 그 이용상태 및 정도가 일정한 한도를 초과하여 이용자에게 사회통념상 수인할 것이 기대되는 한도를 넘는 피해를 입히는 경우도 영조물의 설치 또는 관리의 하자에 포함된다. (○ | ✗) *2021 경행경채*

10. 김포공항을 설치·관리함에 있어 항공법령에 따른 항공기소음기준 및 소음대책을 준수하려는 노력을 하였더라도, 공항이 항공기운항이라는 공공의 목적에 이용됨에 있어 그와 관련하여 배출하는 소음 등의 침해가 인근 주민들에게 통상의 수인한도를 넘는 피해를 발생하게 하였다면 공항의 설치·관리상에 하자가 있다고 보아야 한다. (○ | ✗) *2021 소방직 9급*

④ 관련 기출
11. 소음 등의 공해로 인한 법적 쟁송이 제기되거나 그 피해에 대한 보상이 실시되는 등 피해지역임이 구체적으로 드러나고 또한 이러한 사실이 그 지역에 널리 알려진 이후에 이주하여 오는 경우에는 가해자의 면책 여부를 보다 적극적으로 인정할 여지가 있다. (○ | ✗) *2022 해경간부*

12. 위험의 존재를 인식하면서 그로 인한 피해를 용인하며 접근한 것으로 볼 수 있고 나아가 그 피해가 정신적 고통이나 생활방해의 정도에 그치며 그 침해행위에 고도의 공공성이 인정되는 때에는 위험에 접근한 후에 그 위험이 특별히 증대하였다는 등의 특별한 사정이 없는 이상 가해자의 면책을 인정하여야 하는 경우가 있다. (○ | ✗) *2021 경행경채*

13. 소음 등을 포함한 공해 등의 위험지역으로 이주하여 들어가 거주하는 경우와 같이 위험의 존재를 과실로 인식하지 못하고 이주한 경우, 이를 손해배상액의 산정에 있어 형평의 원칙상 과실상계에 준하여 감경 또는 면제사유로 고려하여야 한다. (○ | ✗) *2021 국회직 8급*

14. 소음 등의 공해로 인한 법적 쟁송이 제기되거나 그 피해에 대한 보상이 실시되는 등 피해지역임이 구체적으로 드러나고 이러한 사실이 그 지역에 널리 알려진 이후에 이주하여 오는 경우에는 위와 같은 위험에의 접근에 따른 가해자의 면책 여부를 보다 적극적으로 인정할 여지가 있다. (○ | ✗) *2017 지방직 9급*

15. 소음 등을 포함한 공해 등의 위험지역으로 이주하여 거주하는 것이 피해자가 위험의 존재를 인식하고 그로 인한 피해를 용인하면서 접근한 것이라고 볼 수 있는 경우 가해자의 면책이 인정될 수 있다. (○ | ×)
2016 국가직 9급

정답 1. × 2. ○ 3. ○ 4. ○ 5. × 6. ○ 7. ○ 8. ○ 9. × 10. ○ 11. ○ 12. ○ 13. ○ 14. ○ 15. ○

09
정답 ①

① ○

> 행정심판법 제8조 【중앙행정심판위원회의 구성】 ① 중앙행정심판위원회는 위원장 1명을 포함하여 70명 이내의 위원으로 구성하되, 위원 중 상임위원은 4명 이내로 한다.
> ② 중앙행정심판위원회의 위원장은 국민권익위원회의 부위원장 중 1명이 되며, 위원장이 없거나 부득이한 사유로 직무를 수행할 수 없거나 위원장이 필요하다고 인정하는 경우에는 상임위원(상임으로 재직한 기간이 긴 위원 순서로, 재직기간이 같은 경우에는 연장자 순서로 한다)이 위원장의 직무를 대행한다.

② ×

> 재결의 기속력은 재결의 주문 및 그 전제가 된 요건사실의 인정과 판단, 즉 처분 등의 구체적 위법사유에 관한 판단에만 미친다.
> 재결의 기속력은 재결의 주문 및 그 전제가 된 요건사실의 인정과 판단, 즉 처분 등의 구체적 위법사유에 관한 판단에만 미친다고 할 것이고, 종전 처분이 재결에 의하여 취소되었다 하더라도 종전 처분시와는 다른 사유를 들어서 처분을 하는 것은 기속력에 저촉되지 않는다고 할 것이며, …… (대판 2005. 12. 9, 2003두7705)

③ ×

> 행정심판의 재결은 피청구인인 행정청을 기속하는 효력을 가지므로 재결청이 취소심판의 청구가 이유 있다고 인정하여 처분청에 처분을 취소할 것을 명하면 처분청으로서는 재결의 취지에 따라 처분을 취소하여야 하지만, 나아가 재결에 판결에서와 같은 기판력이 인정되는 것은 아니어서 재결이 확정된 경우에도 처분의 기초가 된 사실관계나 법률적 판단이 확정되고 당사자들이나 법원이 이에 기속되어 모순되는 주장이나 판단을 할 수 없게 되는 것은 아니다(대판 2015. 11. 27, 2013다6759).

④ ×

> 행정심판법 제4조 【특별행정심판 등】 ③ 관계행정기관의 장이 특별행정심판 또는 이 법에 따른 행정심판절차에 대한 특례를 신설하거나 변경하는 법령을 제정·개정할 때에는 미리 중앙행정심판위원회와 협의하여야 한다.

✔ 기출체크

① 관련 기출

1. 중앙행정심판위원회의 위원장은 그 행정심판위원회가 소속된 행정청이 되며, 위원장이 부득이한 사유로 직무를 수행할 수 없거나 위원장이 필요하다고 인정하는 경우에는 위원장이 사전에 지명한 위원이 있는 경우 그 위원이 위원장의 직무를 대행한다. (○ | ×)
2021 국회직 8급

2. 중앙행정심판위원회의 위원장은 국민권익위원회의 부위원장 중 1명이 된다. (○ | ×)
2019 국회직 8급

3. 중앙행정심판위원회의 위원장은 법제처장이 되고 유고시에는 법제처 차장이 그 직무를 대행한다. (○ | ×)
2018 교육행정직 9급

4. 중앙행정심판위원회의 위원장은 국민권익위원회의 부위원장 중 1명이 되며 필요한 경우에는 상임위원이 그 직무를 대행한다. (○ | ×)
2011 지방직 9급

5. 중앙행정심판위원회의 위원장은 법제처장이 된다. (○ | ×)
2009 지방직 9급 변형

② 관련 기출

6. 인용재결의 기속력은 재결의 주문 및 그 전제된 요건사실의 인정과 판단에 미치고, 종전 처분이 재결에 의하여 취소되었다 하더라도 종전 처분시와는 다른 사유를 들어서 처분을 하는 것은 기속력에 저촉되지 않는다. (○ | ×)
2023 소방간부, 2011 경행특채

7. 기속력은 재결의 주문에만 미치고, 처분 등의 구체적 위법사유에 관한 판단에는 미치지 않는다. (○ | ×)
2021 지방직·서울시 9급

8. 재결의 기속력은 재결의 주문 및 그 전제가 된 요건사실의 인정과 판단에 대하여만 미친다. (○ | ×)
2019 국가직 7급

9. 재결의 기속력은 당해 처분에 관한 재결주문에만 미친다. (○ | ×)
2016 교육행정직 9급

10. 재결의 기속력은 재결의 주문 및 그 전제가 된 요건사실의 인정과 판단, 즉 처분 등의 구체적 위법사유에 관한 판단에만 미친다. (○ | ×)
2015 지방직 9급, 2011 국회직 8급

③ 관련 기출

11. 행정처분이나 행정심판 재결이 불복기간의 경과로 확정될 경우 그 확정력은 처분으로 법률상 이익을 침해받은 자가 당해 처분이나 재결의 효력을 더 이상 다툴 수 없다는 의미일 뿐 판결과 같은 기판력이 인정되는 것은 아니다. (○ | ×)
2024 국가직 9급

12. 인용재결이 확정된 경우 처분의 기초가 되는 사실관계나 법률적 판단이 확정되고, 당사자나 법원은 이에 기속되어 모순되는 주장이나 판단을 할 수 없다. (○ | ×)
2023 소방간부

13. 행정심판의 재결이 확정된 경우에도 처분의 기초가 된 사실관계나 법률적 판단이 확정되고 당사자들이나 법원이 이에 기속되어 모순되는 주장이나 판단을 할 수 없게 되는 것은 아니다. (○ | ×)
2022 군무원 9급, 2021 지방직·서울시 9급

14. 행정심판의 재결에도 판결에서와 같은 기판력이 인정되는 것이어서 재결이 확정되면 처분의 기초가 된 사실관계나 법률적 판단이 확정되는 것이므로 당사자는 이와 모순되는 주장을 할 수 없게 된다. (○ | ×)
2022 지방직·서울시 9급

15. 재결이 확정되면 기판력이 인정되므로 처분의 기초가 된 사실관계나 법률적 판단이 확정되고 당사자들이나 법원은 이에 기속되어 모순되는 주장이나 판단을 할 수 없다. (○ | ×)
2021 경행경채

④ 관련 기출

16. 관계행정기관의 장이 특별행정심판 또는 행정심판법에 따른 행정심판절차에 대한 특례를 신설하거나 변경하는 법령을 제정·개정할 때에는 미리 중앙행정심판위원회와 협의하여야 한다. (○ | ×)
2024 국회직 8급

17. 관계행정기관의 장이 특별행정심판 또는 행정심판법에 따른 행정심판절차에 대한 특례를 신설하거나 변경하는 법령을 제정·개정할 때에는 미리 법무부장관과 협의하여야 한다. (○ | ×)
2020 군무원 9급

18. 특별행정심판 또는 행정심판법에 따른 행정심판절차에 대한 특례를 신설하거나 변경하는 법령을 제정·개정할 때 중앙행정심판위원회와 사전에 협의하여야 하는 것은 아니다. (O | X) 　　2018 국회직 8급

19. (행정심판법상) 관계행정기관의 장이 특별행정심판 또는 이 법에 따른 행정심판절차에 대한 특례를 신설하거나 변경하는 법령을 제정·개정할 때에는 미리 중앙행정심판위원회의 동의를 구하여야 한다. (O | X)
　　2017 경행경채, 2013 국회직 8급

정답 1. × 2. ○ 3. × 4. ○ 5. × 6. ○ 7. × 8. ○ 9. × 10. ○ 11. ○ 12. × 13. ○ 14. × 15. × 16. ○ 17. × 18. ×
19. ×

10

정답 ①

① ×

> 당사자소송에 대하여는 행정소송법 제23조 제2항의 집행정지에 관한 규정이 준용되지 아니하므로, 이를 본안으로 하는 가처분에 대하여는 행정소송법 제8조 제2항에 따라 민사집행법상 가처분에 관한 규정이 준용되어야 한다(대결 2015. 8. 21, 2015무26).

② ○ 행정청의 처분으로 장래에 개인의 법률상 이익이 침해될 경우에 대비하여 사전에 행정청이 일정한 처분을 하지 못하도록 그 부작위를 청구하는 소송을 '예방적 부작위소송(예방적 금지소송, 금지청구소송)'이라 하며, 판례는 의무이행소송과 동일하게 예방적 부작위소송도 인정하지 않고 있다.

> 신축건물의 준공처분을 하여서는 아니 된다는 내용의 부작위를 구하는 청구는 허용되지 않는다(대판 1987. 3. 24, 86누182).

③ ○ 행정소송법 제4조를 예시규정으로 보는 견해는 의무이행소송을 긍정하나, 우리 판례는 의무이행소송을 인정하지 않고 있다.

> 검사에게 이행을 명하는 의무이행소송은 인정되지 않는다.
> 피고에게 압수물 환부를 이행하라는 청구에 관하여는 현행 행정소송법상 행정청의 부작위에 대하여 일정한 처분을 하도록 하는 의무이행소송은 허용되지 아니한다(대판 1995. 3. 10, 94누14018).

④ ○ 공법상 계약의 무효확인을 구하는 당사자소송은 민사소송상 확인의 소와 마찬가지로 확인의 이익(즉시확정의 이익), 확인의 소의 보충성이 필요하다. 따라서 공법상 계약의 무효확인을 구하는 당사자소송의 청구는 다른 직접적인 구제방법이 있는 이상 확인의 이익, 즉 소송요건을 구비하지 못한 위법한 소송이 된다.

✓ 기출체크

① 관련 기출

1. 「도시 및 주거환경정비법」상 행정주체인 주택재건축정비사업조합을 상대로 관리처분계획안에 대한 조합 총회결의의 효력을 다투는 소송에 대하여는 행정소송법상 집행정지에 관한 규정이 준용되지 아니하므로, 이를 본안으로 하는 가처분에 대하여는 민사집행법상 가처분에 관한 규정이 준용되어야 한다. (O | X)　　2024 국가직 7급

2. 당사자소송은 공법상 법률관계에 관한 소송이므로 이를 본안으로 하는 가처분에 대하여는 민사집행법상 가처분에 관한 규정이 준용되지 않는다. (O | X)　　2023 지방직·서울시 9급

3. 「도시 및 주거환경정비법」상 주택재건축정비사업조합을 상대로 관리처분계획안에 대한 조합총회결의의 효력을 다투는 소송은 당사자소송에 해당하므로 당해 소송에서 민사집행법상 가처분에 관한 규정이 준용되지 않는다. (O | X)　　2022 지방직·서울시 7급

4. 당사자소송에는 항고소송에서의 집행정지규정은 적용되지 않고 민사집행법상의 가처분규정은 준용된다. (O | X)　　2021 국가직 7급

5. 당사자소송에 대하여는 행정소송법 제23조 제2항의 집행정지에 관한 규정이 준용되지 아니하므로, 이를 본안으로 하는 가처분에 대하여는 민사집행법상의 가처분에 관한 규정이 준용되어야 한다. (O | X)　　2019 경행경채 2차

6. 당사자소송에 대하여는 행정소송법의 집행정지에 관한 규정이 준용되지 아니하므로, 민사집행법상 가처분에 관한 규정 역시 준용되지 아니한다. (O | X)　　2018 지방직 7급

② 관련 기출

7. 신축건물의 준공처분을 하여서는 아니 된다는 내용의 부작위를 청구하는 행정소송은 예외적으로 허용된다. (O | X)　　2018 교육행정직 9급

8. 행정소송법상 행정청이 일정한 처분을 하지 못하도록 그 부작위를 구하는 청구는 허용되지 않는 부적법한 소송이다. (O | X)　　2015 지방직 9급

9. (판례에 따르면) 신축건물의 준공처분을 하여서는 안 된다는 내용의 부작위청구소송은 허용되지 않는다. (O | X)　　2012 사회복지직 9급

10. 신축건물의 준공처분을 해서는 안 된다는 내용의 부작위를 구하는 청구는 행정소송에서 허용되지 아니하는 것이므로 부적법하다. (O | X)
　　2010 국회속기직 9급

11. 대법원은 처분이 행하여짐으로써 회복하기 어려운 권익침해를 막기 위해 예방적 부작위소송을 인정하고 있다. (O | X)　　2010 경행특채

③ 관련 기출

12. (甲은 도로관리청 乙에게 도로점용허가를 신청하였으나, 상당한 기간이 지났음에도 아무런 응답이 없어 행정쟁송을 제기하여 권리구제를 강구하려고 한다) 甲은 의무이행소송을 제기하여 권리구제가 가능하다.
(O | X)　　2016 지방직 9급

13. (甲은 자신이 운영하는 사회복지시설의 재정이 어려워지자 관할행정청에 보조금을 신청하였으나 거부되었다) 위 거부행위가 있은 후에 甲은 보조금지급을 요구하는 의무이행소송을 제기할 수 있다. (O | X)
　　2014 국가직 9급

14. 대법원 판례는 의무이행소송이나 적극적 형성판결을 구하는 행정소송을 인정하지 아니한다. (O | X)　　2010 경행경채, 2009 관세사

15. 행정청에 대하여 행정상의 처분의 이행을 구하는 청구는 특별한 규정이 없는 한 행정소송의 대상이 될 수 없다. (O | X)　　2007 국가직 7급

④ 관련 기출

16. 계약직 공무원 채용계약해지의 의사표시의 무효확인을 구하는 당사자소송의 경우 즉시확정의 이익이 요구된다. (O | X)　　2022 소방간부

17. 공법상 계약의 무효확인을 구하는 당사자소송의 청구는 당해 소송에서 추구하는 권리구제를 위한 다른 직접적인 구제방법이 있는 이상 소송요건을 구비하지 못한 위법한 청구이다. (O | X)　　2017 국가직 7급

18. 계약직 공무원 채용계약해지의 의사표시의 무효확인을 구하는 소송의 경우 즉시확정의 이익이 요구된다. (O | X)　　2010 국회직 8급

정답 1. ○ 2. × 3. × 4. ○ 5. ○ 6. × 7. × 8. ○ 9. ○ 10. ○
11. × 12. × 13. × 14. ○ 15. ○ 16. ○ 17. ○ 18. ○

11

정답 ④

① ✕

> 1. 사실심에서 변론종결시까지 당사자가 주장하지 않던 직권조사사항에 해당하는 사항을 상고심에서 비로소 주장하는 경우 그 직권조사사항에 해당하는 사항은 상고심의 심판범위에 해당한다(대판 2004. 12. 24, 2003두15195).
> 2. 소송에서 다투어지고 있는 권리 또는 법률관계의 존부가 동일한 당사자 사이의 전소에서 이미 다루어져 이에 관한 확정판결이 있는 경우에 당사자는 이에 저촉되는 주장을 할 수 없고, 법원도 이에 저촉되는 판단을 할 수 없음은 물론, 위와 같은 확정판결의 존부는 당사자의 주장이 없더라도 법원이 이를 직권으로 조사하여 판단하지 않으면 안 되고, 더 나아가 당사자가 확정판결의 존재를 사실심변론종결시까지 주장하지 아니하였더라도 상고심에서 새로이 이를 주장·입증할 수 있는 것이다(대판 1989. 10. 10, 89누1308).

② ✕

> 행정처분의 위법 여부는 행정처분이 있을 때의 법령과 사실상태를 기준으로 판단하여야 하며, 법원은 행정처분 당시 행정청이 알고 있었던 자료뿐만 아니라 사실심변론종결 당시까지 제출된 모든 자료를 종합하여 처분 당시 존재하였던 객관적 사실을 확정하고 그 사실에 기초하여 처분의 위법 여부를 판단할 수 있다. 행정청으로부터 행정처분을 받았으나 나중에 그 행정처분이 행정쟁송절차에서 취소되었다면, 그 행정처분은 처분시에 소급하여 효력을 잃게 된다(대판 2019. 7. 25, 2017두55077).

③ ✕ 처분권주의란 사적 자치의 원칙이 소송법에 적용된 것으로 소송의 개시, 심판대상의 결정, 소송의 종결 등을 당사자의 의사에 맡기는 것을 말한다. 행정소송에서도 처분권주의가 적용된다.

> 행정소송에 있어서도 원고의 청구취지, 즉 청구범위·액수 등은 모두 원고가 청구하는 한도를 초월하여 판결할 수 없다.
> 행정소송에 있어서도 행정소송법 제14조에 의하여 민사소송법 제188조가 준용되어 법원은 당사자가 신청하지 아니한 사항에 대하여는 판결할 수 없는 것이고, 행정소송법 제26조에서 직권심리주의를 채용하고 있으나 이는 행정소송에 있어서 원고의 청구범위를 초월하여 그 이상의 청구를 인용할 수 있다는 의미가 아니라 원고의 청구범위를 유지하면서 그 범위 내에서 필요에 따라 주장 외의 사실에 관하여도 판단할 수 있다는 뜻이다(대판 1987. 11. 10, 86누491).

④ ○

> 어떠한 처분에 법령상 근거가 있는지, 행정절차법에서 정한 처분절차를 준수하였는지는 본안에서 당해 처분이 적법한가를 판단하는 단계에서 고려할 요소이지, 소송요건심사단계에서 고려할 요소가 아니다(대판 2016. 8. 30, 2015두60617).

✓ 기출체크

① 관련 기출

1. 당사자적격, 권리보호이익 등 소송요건은 직권조사사항으로서 당사자가 주장하지 아니하더라도 법원이 직권으로 조사하여 판단하여야 하고, 사실심변론종결 이후에 소송요건이 흠결되거나 그 흠결이 치유된 경우 상고심에서도 이를 참작하여야 한다. (○ | ✕)   2023 군무원 9급

2. 사실심에서 변론종결시까지 당사자가 주장하지 않던 직권조사사항에 해당하는 사항을 상고심에서 비로소 주장하는 경우 그 직권조사사항에 해당하는 사항은 상고심의 심판범위에 해당하지 않는다. (○ | ✕)   2023 국회직 8급, 2015 지방직 7급

3. 당사자가 확정된 취소판결의 존재를 사실심변론종결시까지 주장하지 아니하였다고 하더라도 상고심에서 새로이 이를 주장·입증할 수 있다. (○ | ✕)   2021 군무원 7급

4. 행정소송에서 쟁송의 대상이 되는 행정처분의 존부에 관한 사항이 상고심에서 비로소 주장된 경우에 행정처분의 존부에 관한 사항은 상고심의 심판범위에 해당한다. (○ | ✕)   2020 국가직 9급

② 관련 기출

5. 행정처분의 위법 여부는 행정처분이 있을 때의 법령과 사실상태를 기준으로 판단하여야 하며, 법원은 행정처분 당시 행정청이 알고 있었던 자료뿐만 아니라 사실심변론종결 당시까지 제출된 모든 자료를 종합하여 처분 당시 존재하였던 객관적 사실을 확정하고 그 사실에 기초하여 처분의 위법 여부를 판단할 수 있다. (○ | ✕)   2023 군무원 7급

6. 법원은 행정처분 당시 행정청이 알고 있었던 자료뿐만 아니라 사실심변론종결 당시까지 제출된 모든 자료를 종합하여 처분 당시 존재하였던 객관적 사실을 확정하고 그 사실에 기초하여 처분의 위법 여부를 판단할 수 있다. (○ | ✕)   2023 지방직·서울시 9급, 2022 국회직 8급

③ 관련 기출

7. 취소소송의 직권심리주의를 규정하고 있는 행정소송법 제26조의 규정을 고려할 때, 행정소송에 있어서 법원은 원고의 청구범위를 초월하여 그 이상의 청구를 인용할 수 있다. (○ | ✕)   2023 국가직 8급, 2015 지방직 7급

8. 소송에 있어서 처분권주의는 사적 자치에 근거를 둔 법질서에 뿌리를 두고 있으므로 취소소송에는 적용되지 않는다. (○ | ✕)   2018 지방직 9급

9. 행정소송에도 처분권주의가 적용되므로 법원은 당사자의 소제기가 있어야만 심리를 개시할 수 있고, 분쟁대상도 원칙적으로 당사자가 청구한 범위에 한정된다. (○ | ✕)   2007 세무사

④ 관련 기출

10. 어떠한 처분에 법령상 근거가 있는지, 행정절차법에서 정한 처분절차를 준수하였는지는 본안에서 당해 처분이 적법한가를 판단하는 단계에서 고려할 요소가 아니라, 소송요건심사단계에서 고려할 요소이다. (○ | ✕)   2023 군무원 7급

11. 어떠한 처분에 법령상 근거가 있는지, 행정절차법에서 정한 처분절차를 준수하였는지는 소송요건심사단계에서 고려하여야 한다. (○ | ✕)   2023 국가직 9급

12. 어떠한 처분에 법령상 근거가 있는지, 행정절차법에서 정한 처분절차를 준수하였는지는 본안에서 당해 처분이 적법한가를 판단하는 단계에서 고려할 요소이지, 소송요건심사단계에서 고려할 요소가 아니다. (○ | ✕)   2021 국회직 8급

13. 행정청이 처분절차를 준수하였는지는 취소소송의 본안에서 고려할 요소이지, 소송요건심사단계에서 고려할 요소가 아니다. (○ | ✕)   2020 국가직 7급

정답 1. ○ 2. ✕ 3. ○ 4. ○ 5. ○ 6. ○ 7. ✕ 8. ✕ 9. ○ 10. ✕ 11. ✕ 12. ○ 13. ○

12
정답 ①

㉮ ○
> 행정청의 행위가 '처분'에 해당하는지가 불분명한 경우에는 그에 대한 불복방법 선택에 중대한 이해관계를 가지는 상대방의 인식가능성과 예측가능성을 중요하게 고려하여 규범적으로 판단하여야 한다(대판 2020. 4. 9, 2019두61137).

㉯ ✕
> 행정소송의 대상이 되는 행정처분이란 행정청 또는 그 소속 기관이나 법령에 의하여 행정권한의 위임 또는 위탁을 받은 공공단체 등이 국민의 권리·의무에 관계되는 사항에 관하여 직접 효력을 미치는 공권력의 발동으로서 하는 공법상의 행위를 말하며, 그것이 상대방의 권리를 제한하는 행위라 하더라도 행정청 또는 그 소속 기관이나 권한을 위임받은 공공단체 등의 행위가 아닌 한 이를 행정처분이라고 할 수 없다(대판 2008. 1. 31, 2005두8269).

㉰ ○
> 거부처분의 처분성을 인정하기 위한 전제요건이 되는 신청권의 존부는 신청인이 누구인가를 고려하지 않고 관계법규해석에 의해 일반국민에게 신청권을 인정하고 있는가를 살펴 추상적으로 결정되는 것이고 신청의 인용이라는 만족적 결과를 얻을 권리를 의미하는 것은 아니다.
> 거부처분의 처분성을 인정하기 위한 전제요건이 되는 신청권의 존부는 구체적 사건에서 신청인이 누구인가를 고려하지 않고 관계법규의 해석에 의하여 일반국민에게 그러한 신청권을 인정하고 있는가를 살펴 추상적으로 결정되는 것이고, 신청인이 그 신청에 따른 단순한 응답을 받을 권리를 넘어서 신청의 인용이라는 만족적 결과를 얻을 권리를 의미하는 것은 아니다. 따라서 국민이 어떤 신청을 한 경우에 그 신청의 근거가 된 조항의 해석상 행정발동에 대한 개인의 신청권을 인정하고 있다고 보여지면 그 거부행위는 항고소송의 대상이 되는 처분으로 보아야 할 것이고, 구체적으로 그 신청이 인용될 수 있는가 하는 점은 본안에서 판단하여야 할 사항인 것이다(대판 1996. 6. 11, 95누12460).

㉱ ○
> 교도소장이 수형자 甲을 '접견내용 녹음·녹화 및 접견시 교도관 참여대상자'로 지정한 사안에서, 위 지정행위는 수형자의 구체적 권리·의무에 직접적 변동을 가져오는 행정청의 공법상 행위로서 항고소송의 대상이 되는 '처분'에 해당한다.
> 원심은, 피고가 위와 같은 지정행위를 함으로써 원고의 접견시마다 사생활의 비밀 등 권리에 제한을 가하는 교도관의 참여, 접견내용의 청취·기록·녹음·녹화가 이루어졌으므로 이는 피고가 그 우월적 지위에서 수형자인 원고에게 일방적으로 강제하는 성격을 가진 공권력적 사실행위의 성격을 갖고 있는 점 …… 등을 종합하면, 위와 같은 지정행위는 수형자의 구체적 권리·의무에 직접적 변동을 초래하는 행정청의 공법상 행위로서 항고소송의 대상이 되는 '처분'에 해당한다고 판단하였다. 앞서 본 법리와 법 규정 및 기록에 비추어 살펴보면, 원심의 위와 같은 판단은 정당한 것이다(대판 2014. 2. 13, 2013두20899).

㉲ ○
> 어떠한 처분의 근거가 행정규칙에 규정되어 있다고 하더라도, 그 처분이 상대방에게 권리의 설정 또는 의무의 부담을 명하거나 기타 법적인 효과를 발생하게 하는 등으로 그 상대방의 권리·의무에 직접 영향을 미치는 행위라면, 이 경우에도 항고소송의 대상이 되는 행정처분에 해당한다(대판 2004. 11. 26, 2003두10251·10268).

✓ 기출체크

㉮ 관련 기출

1. 행정청의 행위가 '처분'에 해당하는지가 불분명한 경우에는 그에 대한 불복방법 선택에 중대한 이해관계를 가지는 상대방의 인식가능성과 예측가능성을 중요하게 고려하여 규범적으로 판단하여야 한다. (○ | ✕)
   2023 국가직 9급

2. 행정청의 행위가 항고소송의 대상이 되는 처분에 해당하는지가 불분명한 경우에는 그에 대한 불복방법 선택에 중대한 이해관계를 가지는 상대방의 인식가능성과 예측가능성을 중요하게 고려해서 규범적으로 판단해야 한다. (○ | ✕)
   2023 소방직 9급

㉯ 관련 기출

3. 행정청 또는 그 소속 기관이나 권한을 위임받은 공공기관의 행위가 아니더라도 상대방의 권리를 제한하는 행위라면 이를 행정처분이라고 할 수 있다. (○ | ✕)
   2023 서울시 지적 7급

4. 상대방의 권리를 제한하는 행위라 하더라도 행정청 또는 그 소속 기관이나 권한을 위임받은 공공단체 등의 행위가 아닌 한 이를 행정처분이라고 할 수 없다. (○ | ✕)
   2022 지방직·서울시 7급

㉰ 관련 기출

5. 거부처분의 처분성을 인정하기 위한 전제요건이 되는 신청권의 존부는 구체적 사건에서 관계법규의 해석에 의하여 구체적으로 결정되는 것이고, 신청인이 그 신청에 따른 단순한 응답을 받을 권리를 넘어서 신청의 인용이라는 만족적 결과를 얻을 권리를 의미한다. (○ | ✕) 2023 소방간부

6. 거부처분의 처분성을 인정하기 위한 전제요건이 되는 신청권은 신청인이 그 신청에 따른 단순한 응답을 받을 권리를 넘어서 신청의 인용이라는 만족적 결과를 얻을 권리를 의미한다. (○ | ✕) 2021 지방직·서울시 9급

7. 신청에 대한 거부행위가 항고소송의 대상인 처분이 되기 위해서는 단순히 신청권의 존재 여부를 넘어서 구체적으로 그 신청이 인용될 수 있는 정도에 이르러야 한다. (○ | ✕) 2020 변호사

8. 거부행위의 처분성을 인정하기 위한 전제요건이 되는 신청권의 존부는 구체적 사건에서 신청인이 누구인가를 고려하지 말고 관계법규에서 일반국민에게 그러한 신청권을 인정하고 있는가를 살펴 추상적으로 결정하여야 한다. (○ | ✕)
   2019 사회복지직 9급

9. 신청권은 행정청의 응답을 구하는 권리이며, 신청된 대로의 처분을 구하는 권리는 아니다. (○ | ✕) 2014 지방직 9급

㉱ 관련 기출

10. 교도소장이 수형자를 '접견내용 녹음·녹화 및 접견시 교도관 참여대상자'로 지정한 행위는 수형자의 구체적 권리·의무에 직접적 변동을 가져오는 행정청의 공법상 행위로서 항고소송의 대상이 되는 처분에 해당한다. (○ | ✕)
    2022 지방직·서울시 7급, 2016 국가직 9급

11. 교도소장이 특정 수형자를 '접견내용 녹음·녹화 및 접견시 교도관 참여대상자'로 지정한 행위(는 판례상 항고소송의 대상으로 인정된다) (○ | ✕) 2020 지방직·서울시 9급, 2019 소방직 9급

㉲ 관련 기출

12. 어떠한 처분의 근거나 법적인 효과가 행정규칙에 규정되어 있다고 하더라도, 그 처분이 행정규칙의 내부적 구속력에 의하여 상대방에게 권리의 설정 또는 의무의 부담을 명하거나 기타 법적인 효과를 발생하게 하는 등으로 그 상대방의 권리·의무에 직접 영향을 미치는 행위라면, 이 경우에도 항고소송의 대상이 되는 처분에 해당한다. (○ | ✕)
    2024 국가직 7급, 2023 소방직 9급, 2018 서울시 1회 7급

13. 어떠한 처분의 근거가 행정규칙에 규정되어 있는 경우에도, 그 처분이 상대방의 권리·의무에 직접 영향을 미치는 행위라면 취소소송의 대상이 되는 행정처분에 해당한다. (○ | ×)
2022 국가직 7급, 2022 소방직 9급, 2022 지방직·서울시 7급

14. 어떠한 처분의 근거나 법적인 효과가 행정규칙에 규정되어 있다면, 그 처분이 행정규칙의 내부적 구속력에 의하여 상대방의 권리·의무에 직접 영향을 미치는 행위라도 항고소송의 대상이 되는 행정처분이라 볼 수 없다. (○ | ×)
2020 국가직 9급

15. 행정청의 지침에 의해 내린 행위가 상대방에게 권리의 설정이나 의무의 부담을 명하거나 기타 법적 효과에 직접적 영향을 미치는 경우에는 처분성을 긍정한다. (○ | ×)
2016 사회복지직 9급

정답 1. ○ 2. ○ 3. × 4. ○ 5. × 6. × 7. × 8. ○ 9. ○ 10. ○ 11. ○ 12. ○ 13. ○ 14. × 15. ○

13
정답 ④

① ○

> 「공익사업을 위한 토지 등의 취득 및 보상에 관한 법률」 제85조 제1항 전문의 문언 내용과 같은 법 제83조, 제85조가 중앙토지수용위원회에 대한 이의신청을 임의적 절차로 규정하고 있는 점, 행정소송법 제19조 단서가 행정심판에 대한 재결은 재결 자체에 고유한 위법이 있음을 이유로 하는 경우에 한하여 취소소송의 대상으로 삼을 수 있도록 규정하고 있는 점 등을 종합하여 보면, 수용재결에 불복하여 취소소송을 제기하는 때에는 이의신청을 거친 경우에도 수용재결을 한 중앙토지수용위원회 또는 지방토지수용위원회를 피고로 하여 수용재결의 취소를 구하여야 하고, 다만 이의신청에 대한 재결 자체에 고유한 위법이 있음을 이유로 하는 경우에는 그 이의재결을 한 중앙토지수용위원회를 피고로 하여 이의재결의 취소를 구할 수 있다고 보아야 한다(대판 2010. 1. 28, 2008두1504).

② ○

> 하천법 제50조에 의한 하천수 사용권은 「공익사업을 위한 토지 등의 취득 및 보상에 관한 법률」 제76조 제1항이 손실보상의 대상으로 규정하고 있는 '물의 사용에 관한 권리'에 해당한다(대판 2018. 12. 27, 2014두11601).

③ ○

> 「공익사업을 위한 토지 등의 취득 및 보상에 관한 법률」 제67조【보상액의 가격시점 등】 ① 보상액의 산정은 협의에 의한 경우에는 협의성립 당시의 가격을, 재결에 의한 경우에는 수용 또는 사용의 재결 당시의 가격을 기준으로 한다.
> ② 보상액을 산정할 경우에 해당 공익사업으로 인하여 토지 등의 가격이 변동되었을 때에는 이를 고려하지 아니한다.

④ ×

> 공공용물에 대한 일반사용(해안가 백사장에 대한 어선정박 등)이 적법한 개발행위로 인해 제한됨으로써 입는 불이익은 손실보상의 대상이 되는 특별한 희생이 아니다(대판 2002. 2. 26, 99다35300).

✓ 기출체크

① 관련 기출

1. 수용재결에 불복하여 취소소송을 제기하는 때에는 이의신청을 거친 경우에도 수용재결을 한 중앙토지수용위원회 또는 지방토지수용위원회를 피고로 하여 수용재결의 취소를 구하여야 하지만, 이의신청에 대한 재결 자체에 고유한 위법이 있는 경우에는 그 이의재결을 한 중앙토지수용위원회를 피고로 하여 이의재결의 취소를 구할 수 있다. (○ | ×)
2024 지방직·서울시 9급

2. 이의신청을 거쳐 중앙토지수용위원회에서 이의재결이 내려진 경우 취소소송의 대상은 이의재결이고, 수용재결을 취소소송의 대상으로 할 수 없다. (○ | ×)
2023 군무원 7급

② 관련 기출

3. 구 하천법에 의한 하천수 사용권은 「공익사업을 위한 토지 등의 취득 및 보상에 관한 법률」이 손실보상의 대상으로 규정하고 있는 '물의 사용에 관한 권리'에 해당한다. (○ | ×)
2023 지방직·서울시 9급

4. 하천법 제50조에 따른 하천수 사용권은 「공익사업을 위한 토지 등의 취득 및 보상에 관한 법률」이 손실보상의 대상으로 규정하고 있는 '물의 사용에 관한 권리'에 해당한다. (○ | ×)
2021 국가직 7급, 2020 경행경채

③ 관련 기출

5. 보상액을 산정할 경우에 해당 공익사업으로 인하여 토지 등의 가격이 변동되었을 때에는 이를 고려하여야 한다. (○ | ×)
2024 국가직 7급

6. 「공익사업을 위한 토지 등의 취득 및 보상에 관한 법률」상 보상액의 산정은 협의에 의한 경우에는 협의성립 당시의 가격을, 재결에 의한 경우에는 수용 또는 사용의 재결 당시의 가격을 기준으로 한다. (○ | ×)
2022 국회직 8급, 2019 행정사, 2014 사회복지직 9급

④ 관련 기출

7. 공공용물에 관하여 적법한 개발행위 등이 이루어져 일정 범위의 사람들의 일반사용이 종전에 비하여 제한받게 되었다 하더라도 특별한 사정이 없는 한 이는 특별한 손실에 해당한다고 할 수 없다. (○ | ×)
2018 서울시 9급

8. 공공용물에 관하여 적법한 개발행위 등이 이루어짐으로 말미암아 이에 대한 일정 범위의 사람들의 일반사용이 종전에 비하여 제한받게 되었다면, 특별한 사정이 없는 한 그로 인한 불이익은 손실보상의 대상이 되는 특별한 손실에 해당한다. (○ | ×)
2016 경행경채

9. 공공용물에 대한 일반사용은 다른 개인의 자유이용과 국가 또는 지방자치단체 등의 공공목적을 위한 개발 또는 관리·보존행위를 방해하지 않는 범위 내에서만 허용된다 할 것이므로, 적법한 개발행위 등이 이루어짐으로 말미암아 발생한 불이익은 특별한 사정이 없는 한 손실보상의 대상이 되는 특별한 손실에 해당한다고 할 수 없다. (○ | ×)
2016 서울시 7급

10. 공공용물에 관하여 적법한 개발행위 등이 이루어짐으로 말미암아 이에 대한 일정 범위의 사람들의 일반사용이 종전에 비하여 제한받게 되었다 하더라도 특별한 사정이 없는 한 그로 인한 불이익은 손실보상의 대상이 되는 특별한 손실에 해당한다고 할 수 없다. (○ | ×)
2011 국가직 9급

정답 1. ○ 2. × 3. ○ 4. ○ 5. × 6. ○ 7. ○ 8. × 9. ○ 10. ○

14

정답 ①

① ✕

> 법령의 해석이 복잡·미묘하여 어렵고 학설·판례가 통일되지 않을 때에 공무원이 신중을 기해 그중 어느 한 설을 취하여 처리한 경우에는 그 해석이 결과적으로 위법한 것이었다 하더라도 국가배상법상 공무원의 과실을 인정할 수 없다(대판 1973. 10. 10, 72다2583).

② ○

> 국가배상책임에 있어서 '법령위반'은 엄격한 의미의 법령위반뿐 아니라 인권존중, 권력남용금지, 신의성실과 같이 공무원으로서 마땅히 지켜야 할 준칙이나 규범을 지키지 아니하고 위반한 경우를 포함하여 널리 그 행위가 객관적인 정당성을 결여하고 있음을 뜻한다(대판 2008. 6. 12, 2007다64365).

③ ○ 판례는 공무원이 그 권한을 행사하지 아니한 것이 직무상 의무를 위반하여 위법한 것으로 되는 경우에는 특별한 사정이 없는 한 과실도 인정된다고 보고 있다.

> 1. 구 식품위생법 제7조, 제9조, 제10조, 제16조는 사회구성원 개인의 안전과 이익을 보호하기 위한 규정이다.
> 2. [어린이가 '미니컵 젤리'를 먹다가 질식하여 사망한 사안에서, 식품의약품안전청장(현 식품의약품안전처장) 등이 그 사고 발생시까지 구 식품위생법상의 규제권한을 행사하여 미니컵 젤리의 수입·유통 등을 금지하거나 그 기준과 규격, 표시 등을 강화하고 그에 필요한 검사 등을 실시하는 조치를 취하지 않은 것이 현저하게 합리성을 잃어 사회적 타당성이 없다거나 객관적 정당성을 상실하여 위법하다고 할 수 있을 정도에까지 이르렀다고 보기 어렵고, 그 권한불행사에 과실이 있다고 할 수도 없다고 판시하면서] 식품의약품안전청장 등이 구 식품위생법 제7조, 제9조, 제10조, 제16조 등에 의하여 부여된 규제권한을 행사하지 않은 것이 직무상 의무를 위반한 것으로 위법한 것으로 평가되는 경우 과실도 인정된다(대판 2010. 9. 9, 2008다77795).

④ ○ 행정입법부작위는 부작위위법확인소송의 대상이 될 수 없다. 다만, 국가배상법상의 요건을 갖춘 경우 행정상 손해배상청구는 가능하다.

> 1. 추상적인 법령의 제정 여부 등은 부작위위법확인소송의 대상이 될 수 없다(대판 1992. 5. 8, 91누11261).
> 2. 법률에서 군법무관의 보수의 구체적 내용을 시행령에 위임했음에도 불구하고 행정부가 정당한 이유 없이 시행령을 제정하지 않은 것은 불법행위에 해당하여 국가배상청구가 가능하다(대판 2007. 11. 29, 2006다3561).

✓ 기출체크

① 관련 기출

1. 법령의 해석이 복잡·미묘하여 어렵고 학설·판례가 통일되지 않을 때에 공무원이 신중을 기해 그중 어느 한 설을 취하여 처리한 경우에는 그 해석이 결과적으로 위법한 것이었다 하더라도 국가배상법상 공무원의 과실을 인정할 수 없다. (○ | ✕)   2015 국회직 8급

2. 법령해석에 여러 견해가 있어 관계공무원이 신중한 태도로 어느 일설을 취하여 처분한 경우, 위법한 것으로 판명되었다고 하더라도 그것만으로 배상책임을 인정할 수 없다. (○ | ✕)   2012 국가직 9급

3. 행정청이 관계법령의 해석이 확립되기 전에 어느 한 설을 취하여 업무를 처리한 것이 결과적으로 위법하게 되어 그 법령의 부당집행이라는 결과를 빚었다고 하더라도 처분 당시 그와 같은 처리방법 이상의 것을 성실한 평균적 공무원에게 기대하기 어려웠던 경우라면 특별한 사정이 없는 한 이를 두고 공무원의 과실로 인한 것이라고는 볼 수 없다. (○ | ✕)   2010 국가직 7급

② 관련 기출

4. 국가배상책임에서의 법령위반에는 널리 그 행위가 객관적인 정당성을 결여하고 있는 경우도 포함된다. (○ | ✕)   2018 서울시 9급

5. 국가배상책임에 있어서 공무원의 행위는 '법령에 위반한 것'이어야 하고, 법령위반이라 함은 엄격한 의미의 법령위반뿐만 아니라 인권존중, 권력남용금지, 신의성실 등의 위반도 포함하여 그 행위가 객관적인 정당성을 결여하고 있음을 의미한다. (○ | ✕)   2017 사회복지직 9급

6. 국가배상책임에서 '법령을 위반하여'라고 함은 엄격하게 형식적 의미의 법령에서 명시적으로 공무원의 행위의무가 정하여져 있음에도 이를 위반하는 경우만을 의미한다. (○ | ✕)   2017 국가직(하) 7급

③ 관련 기출

7. 판례에 의하면 규제권한을 행사하지 아니한 것이 직무상 의무를 위반하여 위법한 것으로 되는 경우에는 특별한 사정이 없는 한 과실도 인정된다. (○ | ✕)   2011 국가직 7급

④ 관련 기출

8. 행정입법부작위로 인하여 손해가 발생한 경우에 국가배상청구가 인정될 수 있다. (○ | ✕)   2015 서울시 7급

9. 판례는 행정입법의 부작위에 대하여 이를 항고소송으로 다툴 수 있다고 본다. (○ | ✕)   2012 국가직 9급

10. 행정입법부작위에 대한 국가배상은 인정되지 않으며, 실무적으로 무명항고소송을 통해 해결하고 있다. (○ | ✕)   2012 지방직 9급

정답 1. ○ 2. ○ 3. ○ 4. ○ 5. ○ 6. ✕ 7. ○ 8. ○ 9. ✕ 10. ✕

15

정답 ②

①③ ○ ② ✕

> **행정절차법 제17조 【처분의 신청】** ① 행정청에 처분을 구하는 신청은 문서로 하여야 한다. 다만, 다른 법령 등에 특별한 규정이 있는 경우와 행정청이 미리 다른 방법을 정하여 공시한 경우에는 그러하지 아니하다(①).
> ② 제1항에 따라 처분을 신청할 때 전자문서로 하는 경우에는 행정청의 컴퓨터 등에 입력된 때에 신청한 것으로 본다.
> ③ 행정청은 신청에 필요한 구비서류, 접수기관, 처리기간, 그 밖에 필요한 사항을 게시(인터넷 등을 통한 게시를 포함한다)하거나 이에 대한 편람을 갖추어 두고 누구나 열람할 수 있도록 하여야 한다.
> ④ 행정청은 신청을 받았을 때에는 다른 법령 등에 특별한 규정이 있는 경우를 제외하고는 그 접수를 보류 또는 거부하거나 부당하게 되돌려 보내서는 아니 되며, 신청을 접수한 경우에는 신청인에게 접수증을 주어야 한다. 다만, 대통령령으로 정하는 경우에는 접수증을 주지 아니할 수 있다.
> ⑤ 행정청은 신청에 구비서류의 미비 등 흠이 있는 경우에는 보완에 필요한 상당한 기간을 정하여 지체 없이 신청인에게 보완을 요구하여야 한다(②).

⑥ 행정청은 신청인이 제5항에 따른 기간 내에 보완을 하지 아니하였을 때에는 그 이유를 구체적으로 밝혀 접수된 신청을 되돌려 보낼 수 있다(②).
⑦ 행정청은 신청인의 편의를 위하여 다른 행정청에 신청을 접수하게 할 수 있다. 이 경우 행정청은 다른 행정청에 접수할 수 있는 신청의 종류를 미리 정하여 공시하여야 한다(③).
⑧ 신청인은 처분이 있기 전에는 그 신청의 내용을 보완·변경하거나 취하(取下)할 수 있다. 다만, 다른 법령 등에 특별한 규정이 있거나 그 신청의 성질상 보완·변경하거나 취하할 수 없는 경우에는 그러하지 아니하다.

④ ○

구 행정절차법(2002. 12. 30, 법률 제6839호로 개정되기 전의 것) 제17조 제3항 본문은 "행정청은 신청이 있는 때에는 다른 법령 등에 특별한 규정이 있는 경우를 제외하고는 그 접수를 보류 또는 거부하거나 부당하게 되돌려 보내서는 아니 되며, 신청을 접수한 경우에는 신청인에게 접수증을 교부하여야 한다."라고 규정하고 있는바, 여기에서의 신청인의 행정청에 대한 신청의 의사표시는 명시적이고 확정적인 것이어야 한다고 할 것이므로 신청인이 신청에 앞서 행정청의 허가업무담당자에게 신청서의 내용에 대한 검토를 요청한 것만으로는 다른 특별한 사정이 없는 한 명시적이고 확정적인 신청의 의사표시가 있었다고 하기 어렵다(대판 2004. 9. 24, 2003두13236).

✔ 기출체크

① 관련 기출

1. 행정청에 대하여 처분을 구하는 신청을 할 때 전자문서로 하는 경우에는 행정청의 컴퓨터 등에 입력된 때에 신청한 것으로 본다. (○ | ×)
   2023 경찰간부

2. 행정청에 처분을 구하는 신청은 문서로 하여야 한다. 다만, 다른 법령 등에 특별한 규정이 있는 경우와 행정청이 미리 다른 방법을 정하여 공시한 경우에는 그러하지 아니하다. (○ | ×)
   2020 군무원 9급

3. 행정청에 처분을 구하는 신청은 문서로 함이 원칙이며, 행정청은 신청에 필요한 구비서류, 접수기관, 처리기간, 그 밖에 필요한 사항을 게시하거나 이에 대한 편람을 갖추어 두고 누구나 열람할 수 있도록 하여야 한다. (○ | ×)
   2017 지방직 9급

4. 행정청에 처분을 구하는 신청은 문서로만 가능하다. (○ | ×)
   2016 서울시 9급, 2009 지방직(하) 7급

② 관련 기출

5. 행정청은 신청에 구비서류의 미비 등 흠이 있는 경우 접수를 거부하여야 한다. (○ | ×)
   2023 국가직 9급

6. 신청에 대해 서류 등이 미비할 경우, 바로 접수를 거부할 수 있다. (○ | ×)
   2018 소방직 9급

7. 행정청은 신청에 구비서류의 미비 등 흠이 있는 경우에는 그 이유를 구체적으로 밝혀 접수된 신청을 되돌려 보내야 한다. (○ | ×)
   2016 서울시 9급

③ 관련 기출

8. 행정청은 신청인의 편의를 위하여 다른 행정청에 신청을 접수하게 할 수 있다. (○ | ×)
   2023 국가직 9급, 2016 서울시 9급

④ 관련 기출

9. 신청인이 신청에 앞서 행정청의 허가업무담당자에게 신청서의 내용에 대한 검토를 요청한 것만으로는 다른 특별한 사정이 없는 한 명시적이고 확정적인 신청의 의사표시가 있었다고 하기 어렵다. (○ | ×)
   2021 지방직·서울시 7급, 2016 국가직 7급

10. 허가처분의 신청인이 신청에 앞서 행정청의 허가업무담당자에게 신청서의 내용에 대한 검토를 요청한 것은 다른 특별한 사정이 없는 한 신청의 의사표시로 볼 수 없다. (○ | ×)
    2016 지방직 7급

정답 1. ○ 2. ○ 3. ○ 4. × 5. × 6. × 7. × 8. ○ 9. ○ 10. ○

16
정답 ①

㉮ ○ 권한의 위임이 있는 경우 처분권한은 수임청에게 이전되므로 항고소송의 피고도 수임청이 된다. 내부위임에서는 권한이 수임청에 이전되지 않으며 처분명의도 위임청의 명의로 하게 되므로 위임청(서울특별시장)이 피고가 된다.

㉯ × 형성적 재결이 있으면 처분은 소멸되므로 형성적 재결의 결과통보는 법적인 의미가 없는 것으로 항고소송의 대상이 되는 처분이 아니라는 것이 판례의 입장이다.

1. 처분취소재결의 경우 재결의 형성력에 의해 행정처분은 별도의 처분을 기다릴 것 없이 당연히 효력이 소멸된다.
   행정심판법 제32조 제3항에 의하면 재결청은 취소심판의 청구가 이유 있다고 인정할 때에는 처분을 취소·변경하거나 처분청에 취소·변경할 것을 명한다고 규정하고 있으므로, 행정심판재결의 내용이 처분청에 처분의 취소를 명하는 것이 아니라 재결청이 스스로 처분을 취소하는 것일 때에는 그 재결의 형성력에 의하여 당해 처분은 별도의 행정처분을 기다릴 것 없이 당연히 취소되어 소멸되는 것이다(대판 1998. 4. 24, 97누17131).

2. 형성적 재결의 결과통보는 항고소송의 대상이 되는 행정처분이 아니다(대판 1997. 5. 30, 96누14678).

㉰ ×

행정소송법 제14조에 의한 피고경정은 사실심변론종결시까지 허용된다.
행정소송법 제14조에 의한 피고경정은 사실심변론종결에 이르기까지 허용되는 것으로 해석하여야 할 것이고, 굳이 제1심 단계에서만 허용되는 것으로 해석할 근거는 없다(대결 2006. 2. 23, 2005부4).

㉱ × 원고가 피고를 잘못 지정한 경우의 피고경정은 원고의 신청이 있어야 한다.

행정소송법 제14조 【피고경정】 ① 원고가 피고를 잘못 지정한 때에는 법원은 원고의 신청에 의하여 결정으로써 피고의 경정을 허가할 수 있다.

㉲ ○ 대리의 경우 권한이 대리청에 이전되지 않으며 처분명의도 피대리청(원래의 행정청)의 명의로 하게 되므로 원칙적으로 피대리청이 피고가 된다. 따라서 사안의 경우 환경부장관이 피고가 된다.

대리기관이 대리관계를 표시하고 피대리 행정청을 대리하여 행정처분을 한 때에는 피대리 행정청이 피고로 되어야 한다(대결 2006. 2. 23, 2005부4).

✔ 기출체크

㉮ 관련 기출

1. (권한의 위임의 경우) 수임청은 그 권한을 위임청의 이름으로 행사하며 그에 관한 소송의 피고는 위임청이 된다. (○ | ×)
   2014 서울시 7급

2. (항고소송의 경우) 행정안전부장관이 경기도지사에게 내부위임하여 행한 행위에 대한 소송에서 경기도지사(가 피고가 된다) (○ | ×)
   2014 국회직 8급

3. (항고소송의 경우) 행정안전부장관의 위임을 받아 전자정부국장이 행한 행위에 대한 소송에서 행정안전부장관(이 피고가 된다) (○ | ×)
   2014 국회직 8급

㉯ 관련 기출

4. 행정심판위원회가 처분을 취소하거나 변경하는 재결을 하면, 행정청은 재결의 기속력에 따라 처분을 취소 또는 변경하는 처분을 하여야 하고, 이를 통하여 당해 처분은 처분시에 소급하여 소멸되거나 변경된다. (○ | ×)
   2017 서울시 9급

5. 형성력을 가지는 취소재결이 있는 경우 그 대상이 된 행정처분은 재결 자체에 의해 당연취소되어 소멸한다. (○ | ×)
   2012 사회복지직 9급

㉰ 관련 기출

6. 피고경정은 사실심은 물론 법률심인 상고심에서도 허용된다는 것이 판례의 입장이다. (○ | ×)
   2009 세무사

㉱ 관련 기출

7. 행정소송법상 원고가 피고를 잘못 지정한 때에는 법원은 원고의 신청에 의하여 결정으로써 피고의 경정을 허가할 수 있다. (○ | ×)
   2024 지방직 · 서울시 9급, 2012 국회(속기 · 경위직) 9급, 2009 세무사

8. 원고가 피고를 잘못 지정한 때에는 법원은 직권으로 피고를 경정하여야 한다. (○ | ×)
   2010 세무사

㉲ 관련 기출

9. 권한의 대리가 있는 경우, 대리 행정청이 대리관계를 표시하고 피대리 행정청을 대리하여 행정처분을 한 때에는 대리 행정청이 피고로 되어야 한다. (○ | ×)
   2024 국가직 7급

10. 대리기관이 대리관계를 표시하고 피대리 행정청을 대리하여 행정처분을 한 때에는 피대리 행정청이 피고로 되어야 한다. (○ | ×)
    2019 지방직 · 교육행정직 9급

11. (항고소송의 경우) 행정안전부장관을 대리하여 전자정부국장이 행한 행위에 대한 소송에서 전자정부국장(이 피고가 된다) (○ | ×)
    2014 국회직 8급

정답 1. × 2. × 3. × 4. × 5. ○ 6. × 7. ○ 8. × 9. × 10. ○ 11. ×

17 정답 ③

① ○ 행정행위는 구체적 사실에 관한 행위이어야 하므로 행정부에 의한 일반적 · 추상적인 법령제정활동인 행정입법은 행정행위가 아니다. 그러나 행정행위는 반드시 개별적이어야 할 필요는 없으므로 불특정 다수인을 대상으로 하는 구체적 규율, 즉 일반적 · 구체적 작용인 이른바 일반처분도 행정행위라는 것이 일반적 견해이다.

> 지방경찰청장(현 시 · 도경찰청장)이 횡단보도를 설치하여 보행자의 통행방법 등을 규제하는 것은, 행정청이 특정 사항에 대하여 의무의 부담을 명하는 행위이고 이는 국민의 권리 · 의무에 직접 관계가 있는 행위로서 행정처분이라고 보아야 할 것이다(다만, 동 판결은 횡단보도설치행위에 대해 처분성을 긍정하면서도 횡단보도가 설치된 도로 인근에서 영업활동을 하는 자의 원고적격을 부정한 바 있다).
> 도로교통법 제24조 제1항은 모든 차의 운전자는 보행자가 횡단보도를 통행하고 있는 때에는 그 횡단보도 앞에서 일시정지하여 보행자의 횡단을 방해하거나 위험을 주어서는 아니 된다고 …… 규정하는 도로교통법의 취지에 비추어 볼 때, 지방경찰청장(현 시 · 도경찰청장)이 횡단보도를 설치하여 보행자의 통행방법 등을 규제하는 것은, 행정청이 특정 사항에 대하여 의무의 부담을 명하는 행위이고 이는 국민의 권리 · 의무에 직접 관계가 있는 행위로서 행정처분이라고 보아야 할 것이다(대판 2000. 10. 27, 98두8964).

② ○

> 건설부(현 국토교통부)장관이 행한 국립공원지정처분에 따라 공원관리청이 행한 경계측량 및 표지의 설치 등은 공원구역의 효율적인 보호 · 관리를 위하여 이미 확정된 경계를 인식 · 파악하는 사실상의 행위로 행정처분이 아니다(대판 1992. 10. 13, 92누2325).

③ ×

> 근로복지공단이 사업주에 대하여 하는 '개별사업장의 사업종류 변경결정'은 행정청이 행하는 구체적 사실에 관한 법집행으로서의 공권력의 행사인 '처분'에 해당한다.
> 근로복지공단이 사업종류 변경결정을 하면서 개별사업주에 대하여 사전통지 및 의견청취, 이유제시 및 불복방법 고지가 포함된 처분서를 작성하여 교부하는 등 실질적으로 행정절차법에서 정한 처분절차를 준수함으로써 사업주에게 방어권 행사 및 불복의 기회가 보장된 경우에는, 그 사업종류 변경결정은 그 내용 · 형식 · 절차의 측면에서 단순히 조기의 권리구제를 가능하게 하기 위하여 행정소송법상 처분으로 인정되는 소위 '쟁송법적 처분'이 아니라, 개별 · 구체적 사안에 대한 규율로서 외부에 대하여 직접적 법적 효과를 갖는 행정청의 의사표시인 소위 '실체법적 처분'에 해당하는 것으로 보아야 한다(대판 2020. 4. 9, 2019두61137).

④ ○ 행정행위가 공법상의 행위라는 것은 그 행위의 근거가 공법적이라는 것이지 행위의 효과까지 공법적이라는 것을 의미하는 것은 아니다. 어업권을 설정하는 행위는 수산업법에 근거하여 시장, 군수, 구청장이 행하는 것인데 수산업법은 공법이므로 어업권을 설정하는 행위의 근거는 공법적이다. 따라서 비록 어업권은 사권의 성질을 가지지만 어업권을 설정하는 행위는 행정행위에 해당한다.

✔ 기출체크

① 관련 기출

1. 시 · 도경찰청장이 횡단보도를 설치하여 보행자 통행방법 등을 규제하는 것은 국민의 권리 · 의무에 직접 관계가 있는 행위로서 행정처분이다. (○ | ×)
   2022 지방직 · 서울시 9급

2. 횡단보도를 설치하여 보행자 통행방법 등을 규제하는 것은 특정 사항에 대하여 의무의 부담을 명하는 행위이고, 이는 국민의 권리·의무에 직접 관계가 있는 행위로서 행정처분이다. (○ | ×) 2021 경행경채

3. 지방경찰청장(현 시·도경찰청장)의 횡단보도 설치행위는 국민의 구체적인 권리·의무에 직접적인 변동을 초래하지 않으므로 행정소송법상 처분에 해당하지 않는다. (○ | ×) 2017 사회복지직 9급

4. 구체적 사실을 규율하는 경우라도 불특정 다수인을 상대방으로 하는 처분이라면 행정행위가 아니다. (○ | ×) 2016 서울시 9급

5. 특정 장소에의 통행금지와 같은 불특정 다수인에 대한 규율행위는 행정행위에 해당한다. (○ | ×) 2009 관세사

② 관련 기출
6. 건설부장관(현 국토교통부장관)이 행한 국립공원지정처분에 따른 경계측량 및 표지의 설치 등은 처분이 아니다. (○ | ×) 2021 소방직 9급

7. 구 공무원법에 의해 건설부장관(현 국토교통부장관)이 행한 국립공원지정처분에 따라 공원관리청이 행한 경계측량 및 표지의 설치(는 항고소송의 대상이 되는 처분에 해당하는 사실행위이다) (○ | ×) 2017 지방직(하) 9급

8. 권한 있는 장관이 행한 국립공원지정처분에 따라 공원관리청이 행한 경계측량 및 표지의 설치는 행정처분이다. (○ | ×) 2014 국가직 9급

③ 관련 기출
9. 근로복지공단이 사업주에 대해 행하는 개별사업장의 사업종류 결정은 행정청이 행하는 구체적 사실에 관한 법집행으로서 공권력을 행사하는 확인적 행정행위라고 보아야 한다. (○ | ×) 2025 변호사

④ 관련 기출
10. 행정행위는 공법상의 행위이므로, 행정청이 특정인에게 어업권과 같이 사권의 성질을 가지는 권리를 설정하는 행위는 행정행위가 아니다. (○ | ×) 2015 교육행정직 9급

11. 행정행위가 공법상의 행위라는 것은 그 행위의 근거가 공법적이라는 것이지, 행위의 효과까지 공법적이라는 것을 의미하는 것은 아니다. (○ | ×) 2014 국회직 8급

정답 1. ○ 2. ○ 3. × 4. × 5. ○ 6. × 7. × 8. × 9. ○ 10. × 11. ○

18 정답 ④

㉮ ○ 판례는 대통령령 형식으로 정해진 제재적 처분기준은 법규명령으로 본다. 식품위생법 시행령은 대통령령이므로 식품위생법 시행령에 제재적 처분의 기준이 정하여져 있다면 그와 같은 처분의 기준은 대외적으로 국민이나 법원을 구속한다. 반면에 판례는 시행규칙(부령 또는 총리령) 형식으로 정해진 제재적 처분기준은 그 성질과 내용이 행정 내부의 사무처리기준을 규정한 것에 불과하므로 행정규칙의 성질을 가지며 대외적으로 국민이나 법원을 구속하는 것은 아니라고 본다.

㉯ ○
> 구 청소년보호법 제49조 제1·2항의 위임에 따른 같은 법 시행령 제40조 [별표 6]의 위반행위의 종별에 따른 과징금처분기준은 법규명령이나, 처분기준에 규정된 금액은 정액이 아닌 최고한도액이라고 할 것이다(대판 2001. 3. 9, 99두5207).

㉰ ×
> 「공익사업을 위한 토지 등의 취득 및 보상에 관한 법률」 제68조 제3항의 위임에 따라 협의취득의 보상액 산정에 관한 구체적 기준을 정하고 있는 「공익사업을 위한 토지 등의 취득 및 보상에 관한 법률 시행규칙」 제22조는 대외적인 구속력을 가진다.
> 「공익사업을 위한 토지 등의 취득 및 보상에 관한 법률」(이하 '토지보상법'이라 한다) 제68조 제3항은 협의취득의 보상액 산정에 관한 구체적 기준을 시행규칙에 위임하고 있고, 위임범위 내에서 「공익사업을 위한 토지 등의 취득 및 보상에 관한 법률 시행규칙」 제22조는 토지에 건축물 등이 있는 경우에는 건축물 등이 없는 상태를 상정하여 토지를 평가하도록 규정하고 있는데, 이는 비록 행정규칙의 형식이나 토지보상법의 내용이 될 사항을 구체적으로 정하여 내용을 보충하는 기능을 갖는 것이므로, 토지보상법 규정과 결합하여 대외적인 구속력을 가진다(대판 2012. 3. 29, 2011다104253).

㉱ ○ 판례는 특허의 기준을 법령의 위임을 받아 부령으로 정한 경우 이를 법규명령으로 보고 있다.
> 구 「여객자동차 운수사업법」 제11조 제4항의 위임에 따라 시외버스운송사업의 사업계획변경에 관한 절차, 인가기준 등을 구체적으로 규정한 구 「여객자동차 운수사업법 시행규칙」 제31조 제2항 제1호, 제2호, 제6호는 대외적인 구속력이 있는 법규명령이라고 할 것이고, 그것을 행정청 내부의 사무처리준칙을 규정한 행정규칙에 불과하다고 할 수는 없다.
> 구 「여객자동차 운수사업법 시행규칙」 제31조 제2항 제1호, 제2호, 제6호는 법 제11조 제4항의 위임에 따라 시외버스운송사업의 사업계획변경에 관한 절차, 인가기준 등을 구체적으로 규정한 것으로서, 대외적인 구속력이 있는 법규명령이라고 할 것이고, 그것을 행정청 내부의 사무처리준칙을 규정한 행정규칙에 불과하다고 할 수는 없는 것이다(대판 2006. 6. 27, 2003두4355).

㉲ ○
> 1. 어떠한 고시가 일반적·추상적 성격을 가질 때에는 법규명령 또는 행정규칙에 해당할 것이지만, 다른 집행행위의 매개 없이 그 자체로서 직접 국민의 구체적인 권리·의무나 법률관계를 규율하는 성격을 가질 때에는 항고소송의 대상이 되는 행정처분에 해당한다.
> 2. 항정신병 치료제의 요양급여 인정기준에 관한 보건복지부 고시는 다른 집행행위의 매개 없이 그 자체로서 제약회사, 요양기관, 환자 및 국민건강보험공단 사이의 법률관계를 직접 규율하므로 항고소송의 대상이 되는 행정처분에 해당한다(대결 2003. 10. 9, 2003무23).

✓ 기출체크

㉮ 관련 기출
1. 제재적 행정처분의 기준이 부령 형식으로 규정되어 있더라도 그것은 행정청 내부의 사무처리준칙을 규정한 것에 지나지 않아 대외적으로 국민이나 법원을 기속하는 효력이 없다. (○ | ×) 2025 소방간부

2. 판례는 종래부터 법령의 위임을 받아 부령으로 정한 제재적 행정처분의 기준을 행정규칙으로 보고, 대통령령으로 정한 제재적 행정처분의 기준은 법규명령으로 보는 경향이 있다. (○ | ×) 2017 사회복지직 9급

3. 제재적 처분기준의 형식이 부령으로 정립된 경우에는 행정조직 내부에 있어서의 행정명령에 지나지 않는 것과는 달리, 대통령령의 경우에는 대외적으로 국민이나 법원을 구속한다. (○ | ×) 2016 국회직 8급

4. 판례는 대통령령의 형식으로 정해진 제재적 처분기준을 법규명령으로 본다. (○ | ×) 2015 교육행정직 9급

ⓝ 관련 기출

5. 구 청소년보호법 시행령 제40조 [별표 6]의 위반행위의 종별에 따른 과징금처분기준에서 정한 과징금 수액은 정액이 아니고 최고한도액이다. (○ l ×) _{2019 지방직·교육행정직 9급}

6. 과징금 부과처분의 기준을 규정하고 있는 구 청소년보호법 시행령 제40조 [별표 6]은 행정규칙의 성질을 갖는다. (○ l ×) _{2018 지방직 9급}

7. 구 청소년보호법의 위임에 따른 동법 시행령상의 위반행위의 종별에 따른 과징금처분기준은 법규명령이다. (○ l ×) _{2017 지방직(하) 9급}

ⓓ 관련 기출

8. 「공익사업을 위한 토지 등의 취득 및 보상에 관한 법률」은 협의취득의 보상액 산정에 관한 구체적 기준을 시행규칙에 위임하고 있고, 그 위임범위 내에서 해당 시행규칙은 토지에 건축물 등이 있는 경우에는 건축물 등이 없는 상태를 상정하여 토지를 평가하도록 규정하고 있는데, 그 시행규칙은 위 법률의 규정과 결합하여 대외적인 구속력을 가진다. (○ l ×) _{2024 변호사}

ⓔ 관련 기출

9. 시외버스운송사업의 사업계획변경기준 등에 관한 구「여객자동차 운수사업법 시행규칙」은 대외적 구속력이 있는 법규명령에 해당한다. (○ l ×) _{2024 소방간부}

10. 「여객자동차 운수사업법」의 위임에 따른 시외버스운송사업의 사업계획변경기준 등에 관한 「여객자동차 운수사업법 시행규칙」의 관련규정은 대외적 구속력이 있는 법규명령이라고 할 것이다. (○ l ×) _{2023 지방직·서울시 7급}

11. 대법원은 구「여객자동차 운수사업법 시행규칙」제31조 제2항 제1호, 제2호, 제6호는 구「여객자동차 운수사업법」제11조 제4항의 위임에 따라 시외버스운송사업의 사업계획변경에 관한 절차, 인가기준 등을 구체적으로 규정한 것으로서 행정청 내부의 사무처리준칙을 규정한 행정규칙에 불과하다고 할 수는 없다고 한다. (○ l ×) _{2017 국가직 9급}

ⓕ 관련 기출

12. 항정신병 치료제의 요양급여 인정기준에 관한 보건복지부 고시가「다른 집행행위의 매개 없이 그 자체로서 직접 국민의 구체적인 권리·의무와 법률관계를 규율하는 성격을 가질 때에는 항고소송의 대상이 되는 행정처분에 해당한다. (○ l ×) _{2022 국가직 9급}

13. 항정신병 치료제의 요양급여 인정기준에 관한 보건복지부 고시가 다른 집행행위의 매개 없이 그 자체로서 제약회사, 요양기관, 환자 및 국민건강보험공단 사이의 법률관계를 직접 규율한다는 이유로 항고소송의 대상이 되는 행정처분에 해당한다. (○ l ×) _{2020 군무원 9급}

정답 1. ○ 2. ○ 3. ○ 4. ○ 5. ○ 6. × 7. ○ 8. ○ 9. ○ 10. ○ 11. ○ 12. ○ 13. ○

19   정답 ③

① ○

> 행정관청이 국유재산을 매각하는 것은 사법상의 매매계약일 수도 있으나 귀속재산처리법에 의하여 귀속재산을 매각하는 것은 행정처분이지 사법상의 매매가 아니다(대판 1991. 6. 25, 91다10435).

② ○

> 국유재산의 무단점유자에 대한 변상금 부과는 공권력을 가진 우월적 지위에서 행하는 행정처분이고, 그 부과처분에 의한 변상금 징수권은 공법상의 권리인 반면, 민사상 부당이득반환청구권은 국유재산의 소유자로서 가지는 사법상의 채권이다(대판 2014. 9. 4, 2013다3576).

③ ×

> 낙찰자의 결정으로 바로 계약이 성립된다고 볼 수는 없어 낙찰자는 지방자치단체에 대하여 계약을 체결하여 줄 것을 청구할 수 있는 권리를 갖는 데 그치고, 이러한 점에서 위 법률에 따른 낙찰자 결정의 법적 성질은 입찰과 낙찰행위가 있은 후에 더 나아가 본계약을 따로 체결한다는 취지로서 (편저자 주 : 사법상) 계약의 예약에 해당한다(대판 2006. 6. 29, 2005다41603).

④ ○

> 개발부담금 부과처분이 취소된 경우, 그 과오납금에 대한 부당이득반환청구의 법률관계는 사법관계이다(사법행위).
> 개발부담금 부과처분이 취소된 이상 그 후의 부당이득으로서의 과오납금 반환에 관한 법률관계는 단순한 민사관계에 불과한 것이고, 행정소송절차에 따라야 하는 관계로 볼 수 없다(대판 1995. 12. 22, 94다51253).

✔ 기출체크

① 관련 기출

1. 귀속재산처리법에 의한 귀속재산의 매각행위(는 공법관계라는 것이 판례의 입장이다) (○ l ×) _{2017 국가직(하) 7급}

② 관련 기출

2. 국유재산법상 일반재산의 무단사용자에 대한 변상금의 부과는 그 관리청이 행하는 행정처분에 해당하며 이에 따라 발생하는 변상금 납부의무는 공법상 의무이다. (○ l ×) _{2025 소방간부}

3. 국유재산의 무단점유자에 대한 변상금 부과는 공권력을 가진 우월적 지위에서 행하는 행정처분이고, 그 부과처분에 의한 변상금 징수권은 공법상의 권리이다. (○ l ×) _{2024 소방간부}

④ 관련 기출

4. 개발부담금 부과처분이 취소된 이상 그 후의 부당이득으로서의 과오납금 반환에 관한 법률관계는 단순한 민사관계이다. (○ l ×) _{2024 소방간부}

5. 개발부담금 부과처분이 취소된 이상 그 후의 부당이득으로서의 과오납금 반환에 관한 법률관계는 단순한 민사관계라 볼 수 없고, 행정소송절차에 따라야 하는 행정법관계로 보아야 한다. (○ l ×) _{2023 군무원 9급}

6. 개발부담금 부과처분이 취소된 후의 부당이득으로서의 과오납금 반환에 관한 법률관계는 공법상 법률관계이다. (○ l ×) _{2020 국가직 7급}

7. 개발부담금 부과처분이 취소된 경우, 그 과오납금 반환에 대한 법률관계는 단순한 민사관계에 해당하는 것으로 볼 수 없다. (○ l ×) _{2020 국가직 5급승진}

정답 1. ○ 2. ○ 3. ○ 4. ○ 5. × 6. × 7. ×

20
정답 ①

① ○

> 행정기본법 제12조 【신뢰보호의 원칙】 ① 행정청은 공익 또는 제3자의 이익을 현저히 해칠 우려가 있는 경우를 제외하고는 행정에 대한 국민의 정당하고 합리적인 신뢰를 보호하여야 한다.

② ×

> 헌법재판소의 위헌결정은 개인에 대해 공적인 견해를 표명한 것이라고 볼 수 없다.
> 헌법재판소의 위헌결정은 행정청이 개인에 대하여 신뢰의 대상이 되는 공적인 견해를 표명한 것이라고 할 수 없으므로 그 결정에 관련한 개인의 행위에 대하여는 신뢰보호의 원칙이 적용되지 아니한다(대판 2003. 6. 27, 2002두6965).

③ × 판례는 재량준칙이 공표된 것만으로는 신청인이 보호가치 있는 신뢰를 갖게 된 것이라고 볼 수 없다는 입장이다.

> 행정규칙인 재량준칙의 공표만으로는 신청인이 보호가치 있는 신뢰를 갖게 되었다고 볼 수 없다.
> 시장이 농림수산식품부(현 농림축산식품부)에 의하여 공표된 '2008년도 농림사업시행지침서'에 명시되지 않은 '시·군별 건조저장시설 개소당 논 면적' 기준을 충족하지 못하였다는 이유로 신규 건조저장시설 사업자 인정신청을 반려한 사안에서, 위 지침이 되풀이 시행되어 행정관행이 이루어졌다거나 그 공표만으로 신청인이 보호가치 있는 신뢰를 갖게 되었다고 볼 수 없고, …… (대판 2009. 12. 24, 2009두7967)

④ ×

> 법적으로 혼인한 상태가 아닌 대한민국 국적인 부와 중화인민공화국 국적인 모 사이에 출생한 甲과 乙이 출생신고에 따라 주민등록번호를 부여받고 가족관계등록부에 등록되었으며 각각 17세 때 주민등록증을 발급받았는데, 관할행정청이 '외국인 모와의 혼인외자 출생신고'라며 가족관계등록부를 말소하고 출입국관리 행정청이 부모들에게 甲과 乙에 대한 국적 취득 절차를 안내했음에도 이를 진행하지 않다가 성년이 된 후 국적법에 따라 국적보유 판정을 신청했으나, 법무부장관이 대한민국 국적 보유자가 아니라는 이유로 甲과 乙에게 국적비보유 판정을 한 사안에서, 위 판정은 甲과 乙의 신뢰에 반하여 이루어진 것으로 신뢰보호의 원칙에 위배된다(대판 2024. 3. 12, 2022두60011).

✔ 기출체크

① 관련 기출

1. 행정청은 공익 또는 제3자의 이익을 현저히 해칠 우려가 있는 경우를 제외하고는 행정에 대한 국민의 정당하고 합리적인 신뢰를 보호하여야 한다. (○ | ×) 　2024 소방직 9급

2. 행정기본법에 의하면 행정청은 공익 또는 제3자의 이익을 현저히 해칠 우려가 있는 경우를 제외하고는 행정에 대한 국민의 정당하고 합리적인 신뢰를 보호하여야 한다. (○ | ×)
2023·2021 국가직 7급, 2023 변호사, 2022 군무원 7급

3. 행정청은 공익을 현저히 해칠 우려가 있는 경우라도 행정에 대한 국민의 정당하고 합리적인 신뢰를 보호하여야 한다. (○ | ×) 　2023 군무원 9급

4. 행정기본법에 따르면, 행정청은 공익 또는 제3자의 이익을 현저히 해칠 우려가 있는 경우에도 행정에 대한 국민의 정당하고 합리적인 신뢰를 보호하여야 한다. (○ | ×) 　2023 국회직 8급

5. 신뢰보호의 원칙은 공익 또는 제3자의 정당한 이익을 현저히 해칠 우려가 있는 경우에도 부정되어야 하는 것은 아니다. (○ | ×) 　2023 소방직 9급

② 관련 기출

6. 헌법재판소의 위헌결정은 행정청이 개인에 대하여 신뢰의 대상이 되는 공적인 견해를 표명한 것이라고 할 수 없으므로 그 결정에 관련한 개인의 행위에 대하여는 신뢰보호의 원칙이 적용되지 아니한다. (○ | ×)
2024 국가직 9급, 2023 국가직 7급, 2019 지방직·교육행정직 9급

7. 헌법재판소의 위헌결정이 있다면 행정청이 개인에 대하여 공적인 견해를 표명한 것으로 볼 수 있으므로 위헌결정과 다른 행정청의 결정은 신뢰보호원칙에 반한다. (○ | ×) 　2022 군무원 9급

8. 헌법재판소의 위헌결정은 신뢰보호의 원칙의 적용요건 중의 하나인 '공적인 견해표명'에 해당한다. (○ | ×) 　2012 국회직 8급

③ 관련 기출

9. 행정청 내부의 사무처리준칙에 해당하는 농림사업시행지침서가 공표된 것만으로는 사업자로 선정되기를 희망하는 자가 당해 지침에 명시된 요건을 충족할 경우 사업자로 선정되어 사업자금 지원 등의 혜택을 받을 수 있다는 보호가치 있는 신뢰를 가지게 되었다고 보기 어렵다. (○ | ×) 　2021 변호사

10. 재량권행사의 준칙인 행정규칙의 공표만으로 상대방은 보호가치 있는 신뢰를 갖게 되었다고 볼 수 있다. (○ | ×) 　2021 지방직·서울시 9급

11. 행정청 내부의 사무처리준칙에 해당하는 지침의 공표만으로도 신청인은 보호가치 있는 신뢰를 갖게 된다. (○ | ×) 　2016 지방직 9급

④ 관련 기출

12. 법적으로 혼인한 상태가 아닌 대한민국 국적인 부와 중화인민공화국 국적인 모 사이에 출생한 甲에게 출생신고에 따라 행정청에 의해 주민등록번호와 이에 따른 주민등록증이 부여되었더라도, 행정청에 의해 '외국인 모와의 혼인외자 출생신고'라며 가족관계등록부가 말소된 이상, 법무부장관이 대한민국 국적보유자가 아니라는 이유로 甲에게 국적비보유 판정을 한 것은 정당화될 수 있다. (○ | ×) 　2025 변호사

정답 1. ○ 2. ○ 3. × 4. × 5. × 6. ○ 7. × 8. × 9. ○ 10. × 11. × 12. ×

제 4 회 | 실전동형 모의고사 해설

문제 p.26

01	02	03	04	05	06	07	08	09	10
③	④	④	③	①	③	②	②	②	③
11	12	13	14	15	16	17	18	19	20
①	②	①	②	③	④	④	④	①	④

01

정답 ③

① ○ 판례는 재량준칙이 공표된 것만으로는 자기구속원칙이 적용될 수 없고 재량준칙이 되풀이 시행되어 행정관행이 성립한 경우에 자기구속원칙이 적용될 수 있다는 입장이다.

> 재량준칙이 되풀이 시행되어 행정관행이 이루어졌다고 볼 수 없다면 자기구속원칙을 위반한 것이 아니다.
> 위 지침이 되풀이 시행되어 행정관행이 이루어졌다거나 그 공표만으로 신청인이 보호가치 있는 신뢰를 갖게 되었다고 볼 수 없고, 쌀 시장 개방화에 대비한 경쟁력 강화 등 우월한 공익상 요청에 따라 위 지침상의 요건 외에 '시·군별 건조저장시설 개소당 논 면적 1,000ha 이상' 요건을 추가할 만한 특별한 사정을 인정할 수 있어, 그 처분이 행정의 자기구속의 원칙 및 행정규칙에 관련된 신뢰보호의 원칙에 위배되거나 재량권을 일탈·남용한 위법이 없다(대판 2009. 12. 24, 2009두7967).

② ○

> 1. 당연무효인 징계처분의 하자는 피징계자의 인용으로 치유되지 않는다.
> 징계처분이 중대하고 명백한 흠 때문에 당연무효의 것이라면 징계처분을 받은 자가 이를 용인하였다 하여 그 흠이 치료되는 것은 아니다.
> 2. 피징계자가 징계처분에 중대하고 명백한 흠이 있음을 알면서도 퇴직시에 지급되는 퇴직금 등 급여를 지급받으면서 그 징계처분에 대하여 위 흠을 들어 항고하였다가 곧 취하하고 그 후 5년 이상이나 그 징계처분의 효력을 일체 다투지 아니하다가 위 비위사실에 대한 공소시효가 완성되어 더 이상 형사소추를 당할 우려가 없게 되자 새삼 위 흠을 들어 그 징계처분의 무효확인을 구하는 소를 제기하기에 이르렀고 한편 징계권자로서도 그 후 오랜 기간 동안 피징계자의 퇴직을 전제로 승진·보직 등 인사를 단행하여 신분관계를 설정하였다면 피징계자가 이제와서 위 흠을 내세워 그 징계처분의 무효확인을 구하는 것은 신의칙에 반한다(대판 1989. 12. 12, 88누8869).

③ ×

> 과세관청이 비과세대상에 해당하는 것으로 잘못 알고 일단 비과세결정을 하였으나 그 후 과세표준과 세액의 탈루 또는 오류가 있는 것을 발견한 때에는, 이를 조사하여 다시 경정결정을 할 수 있다.
> 소득세법 제127조는 과세표준과 세액의 조사결정에 탈루 또는 오류가 있음을 발견하면 징세기관은 즉시 경정결정을 하도록 규정하고 있으므로 피고가 일단 비과세결정을 하였다가 이를 번복하고 다시 과세처분을 하였다는 사실만으로 피고의 과세처분이 신의성실의 원칙에 반하는 위법한 것이라 할 수 없다(대판 1989. 1. 17, 87누681).

④ ○ 신뢰보호원칙이 성립하기 위한 요건으로서 선행조치에 관한 관계인의 보호가치 있는 신뢰가 있어야 하는바, 신뢰가 보호할 만한 것으로 인정받기 위해 상대방 등의 귀책사유가 없어야 한다. 귀책사유에는 행정청의 견해표명의 하자가 상대방의 사실은폐나 기타 사기 등의 방법에 의한 신청행위 등 부정행위에 의한 경우뿐만 아니라 부정행위가 없다고 하더라도 선행조치에 하자가 있음을 알았거나 하자를 중대한 과실로 알지 못한 경우 등을 포함한다는 것이 판례의 입장이다.

> 귀책사유란 사기 등 부정행위에 의한 것뿐만 아니라 행정청의 견해표명에 하자가 있음을 알았거나 중대한 과실로 알지 못한 경우까지 포함한다.
> 귀책사유라 함은 행정청의 견해표명의 하자가 상대방 등 관계자의 사실은폐나 기타 사위의 방법에 의한 신청행위 등 부정행위에 기인한 것이거나 그러한 부정행위가 없다고 하더라도 하자가 있음을 알았거나 중대한 과실로 알지 못한 경우 등을 의미한다고 해석함이 상당하고 …… (대판 2002. 11. 8, 2001두1512)

✓ 기출체크

① 관련 기출

1. 재량준칙이 공표된 것만으로는 행정의 자기구속의 원칙이 적용될 수 없고, 재량준칙이 되풀이 시행되어 행정관행이 성립한 경우에 행정의 자기구속의 원칙이 적용될 수 있다. (○ | ×)
   2018 국가직 9급

2. 재량준칙이 공표된 것만으로도 자기구속의 원칙이 적용될 수 있으며, 재량준칙이 되풀이 시행되어 행정관행이 성립될 필요는 없다. (○ | ×)
   2017 국가직(하) 9급

3. 재량준칙이 일단 공표되었다면 재량준칙이 되풀이 시행되지 않은 경우라도 행정의 자기구속원칙이 적용될 수 있다. (○ | ×) 2016 사회복지직 9급

② 관련 기출

4. 징계처분이 중대하고 명백한 흠 때문에 당연무효의 것이라면 징계처분을 받은 자가 이를 용인하였다 하여 그 흠이 치유되는 것은 아니다. (○ | ×)
   2024 소방직 9급

5. 당연무효인 징계처분의 하자는 징계를 받은 자의 용인으로 치유된다. (○ | ×) 2017 교육행정직 9급

6. 징계처분이 중대하고 명백한 하자로 인해 당연무효의 것이라도 징계처분을 받은 원고가 이를 용인하였다면 그 하자는 치유된다. (○ | ×)
   2016 지방직 9급

7. 당연무효인 징계처분을 받은 자가 이를 용인하였다면 그 징계처분의 하자는 치유된다. (○ | ×) 2014 사회복지직 9급, 2014 지방직 7급

③ 관련 기출

8. 과세관청이 비과세대상에 해당하는 것으로 잘못 알고 일단 비과세결정을 하였으나 그 후 과세표준과 세액의 탈루 또는 오류가 있는 것을 발견한 때에는, 이를 조사하여 결정할 수 있다. (○ | ×) 2013 국가직 7급

④ 관련 기출

9. 신뢰보호의 원칙에서 개인의 귀책사유라 함은 행정청의 견해표명의 하자가 상대방 등 관계자의 사실은폐나 기타 사위의 방법에 의한 신청행위 등 부정행위에 기인한 것이거나 그러한 부정행위가 없더라도 하자가 있음을 알았거나 중대한 과실로 알지 못한 경우 등을 의미한다. (O I ×)
2024 지방직·서울시 9급

10. 행정청의 견해표명이 정당하다고 신뢰한 데에 대하여 그 개인에게 귀책사유가 있더라도 신뢰보호의 원칙이 적용된다. (O I ×)
2019 서울시 2회 7급

11. 신뢰보호원칙의 요건 중 귀책사유라 함은 행정청의 견해표명의 하자가 상대방 등 관계자의 사실은폐 등 부정행위에 기인한 것이거나 그러한 부정행위가 없다고 하더라도 하자가 있음을 알았거나 중대한 과실로 알지 못한 경우 등을 의미한다. (O I ×)
2014 국가직 9급 변형

12. 사후에 선행조치가 변경될 것을 사인이 예상하였거나 중대한 과실로 알지 못한 경우에는 보호가치 있는 신뢰라고 할 수 없다. (O I ×)
2012 사회복지직 9급, 2012 서울교행

정답 1. O 2. × 3. × 4. O 5. × 6. × 7. × 8. O 9. O 10. × 11. O 12. O

02
정답 ④

① O

「공공기관의 정보공개에 관한 법률」 제5조 【정보공개청구권자】 ② 외국인의 정보공개청구에 관하여는 대통령령으로 정한다.

「공공기관의 정보공개에 관한 법률 시행령」 제3조 【외국인의 정보공개청구】 법 제5조 제2항에 따라 정보공개를 청구할 수 있는 외국인은 다음 각 호의 어느 하나에 해당하는 자로 한다.
1. 국내에 일정한 주소를 두고 거주하거나 학술·연구를 위하여 일시적으로 체류하는 사람
2. 국내에 사무소를 두고 있는 법인 또는 단체

② O

「공공기관의 정보공개에 관한 법률」 제2조 【정의】 이 법에서 사용하는 용어의 뜻은 다음과 같다.
3. '공공기관'이란 다음 각 목의 기관을 말한다.
   마. 그 밖에 대통령령으로 정하는 기관

「공공기관의 정보공개에 관한 법률 시행령」 제2조 【공공기관의 범위】 「공공기관의 정보공개에 관한 법률」(이하 '법'이라 한다) 제2조 제3호 마목에서 '대통령령으로 정하는 기관'이란 다음 각 호의 기관 또는 단체를 말한다.
5. 사회복지사업법 제42조 제1항에 따라 국가나 지방자치단체로부터 보조금을 받는 사회복지법인과 사회복지사업을 하는 비영리법인

③ O

「공공기관의 정보공개에 관한 법률」 제13조 【정보공개 여부 결정의 통지】
② 공공기관은 청구인이 사본 또는 복제물의 교부를 원하는 경우에는 이를 교부하여야 한다.
③ 공공기관은 공개대상정보의 양이 너무 많아 정상적인 업무수행에 현저한 지장을 초래할 우려가 있는 경우에는 해당 정보를 일정 기간별로 나누어 제공하거나 사본·복제물의 교부 또는 열람과 병행하여 제공할 수 있다.

④ ×

외국 또는 외국기관으로부터 비공개를 전제로 정보를 입수하였다는 이유만으로 이를 공개할 경우 업무의 공정한 수행에 현저한 지장을 받을 것이라고 단정할 수는 없다. 다만, 위와 같은 사정은 정보제공자와의 관계, 정보제공자의 의사, 정보의 취득경위, 정보의 내용 등과 함께 업무의 공정한 수행에 현저한 지장이 있는지를 판단할 때 고려하여야 할 형량요소이다(대판 2018. 9. 28, 2017두69892).

✔ 기출체크

① 관련 기출

1. 외국인을 포함하여 모든 사람은 정보의 공개를 청구할 권리를 가진다. (O I ×)
2024 군무원 7급

2. 모든 국민은 정보의 공개를 청구할 권리를 가지나, 외국인은 정보공개를 청구할 수 없다. (O I ×)
2024 소방직 9급

3. 국내에 일정한 주소를 두고 있지 않은 외국인이 학술대회 발표를 위해 1주일간 체류하는 경우에는 정보공개청구권자가 될 수 없다. (O I ×)
2024 소방간부

4. 국내에 사무소를 두고 있는 외국법인 또는 외국단체는 학술·연구를 위한 목적으로만 정보공개를 청구할 수 있다. (O I ×)
2023 군무원 9급

5. 국내에 일정한 주소를 두고 거주하는 외국인은 정보공개청구권을 가진다. (O I ×)
2022 군무원 7급

6. 국내에 학술·연구를 위하여 일시적으로 체류하는 외국인은 정보공개를 청구할 권리가 없다. (O I ×)
2021 행정사

7. 학술·연구를 위하여 일시적으로 체류하는 외국인은 정보공개청구를 할 수 있다. (O I ×)
2015 지방직 9급

② 관련 기출

8. (「공공기관의 정보공개에 관한 법률」에 따르면) 국가 또는 지방자치단체로부터 보조금을 받는 사회복지법인과 사회복지사업을 하는 비영리법인도 공개대상이 되는 공공기관에 포함된다. (O I ×) 2014 사회복지직 9급

③ 관련 기출

9. 공개대상의 양이 과다하여 정상적인 업무수행에 현저한 지장을 초래할 우려가 있는 경우에는 이를 기간별로 나누어 교부하거나 열람과 병행하여 교부할 수 있다. (O I ×)
2018 서울시 1회 7급

10. 공공기관은 청구인이 사본 또는 복제물의 교부를 원하는 경우에는 이를 교부하여야 한다. 다만, 공개대상정보의 양이 너무 많아 정상적인 업무수행에 현저한 지장을 초래할 우려가 있는 경우에는 해당 정보를 일정 기간별로 나누어 제공하거나 사본·복제물의 교부 또는 열람과 병행하여 제공할 수 있다. (O I ×)
2015 서울시 7급 변형

④ 관련 기출

11. 외국 또는 외국기관으로부터 비공개를 전제로 입수한 정보는 비공개를 전제로 하였다는 이유만으로 비공개대상정보에 해당한다. (O I ×)
2020 국가직 7급

정답 1. × 2. × 3. × 4. × 5. O 6. × 7. O 8. O 9. O 10. O 11. ×

03

정답 ④

① ○ 국가재정법상 금전의 급부를 목적으로 하는 권리라는 표현이 있을 뿐 금전급부의 발생원인에 대해서는 아무런 규정이 없으므로 사법상의 행위에서 발생한 국가의 채권에도 국가재정법의 시효에 관한 규정이 적용된다.

> **국가재정법 제96조【금전채권·채무의 소멸시효】** ① 금전의 급부를 목적으로 하는 국가의 권리로서 시효에 관하여 다른 법률에 규정이 없는 것은 5년 동안 행사하지 아니하면 시효로 인하여 소멸한다.
> ② 국가에 대한 권리로서 금전의 급부를 목적으로 하는 것도 또한 제1항과 같다.

> 금전의 급부를 목적으로 하는 국가의 권리인 이상 국가의 사법상 행위에서 발생한 권리도 포함된다.
> 예산회계법(현 국가재정법) 제71조는 금전의 급부를 목적으로 하는 국가의 권리로서 시효에 관하여 다른 법률에 규정이 없는 것은 5년간 행하지 아니할 때에는 시효로 인하여 소멸한다고 규정하고 있는바, 금전의 급부를 목적으로 하는 국가의 권리라 함은 금전의 급부를 목적으로 하는 국가의 권리인 이상, 금전급부의 발생원인에 관하여는 아무런 제한이 없으므로 국가의 공권력 발동으로 하는 행위는 물론 국가의 사법상 행위에서 발생한 국가에 대한 금전채무도 포함한다고 해석함이 타당하다 할 것이며 …… (대판 1967. 7. 4, 67다751)

② ○ 기간의 계산방법에 관한 규정은 일종의 법기술적 약속으로서 공·사법관계에서 별다른 차이가 없으므로, 민법의 기간계산에 관한 규정은 특별한 규정이 없는 한 행정법상의 기간계산에도 적용된다. 기간을 시·분·초로 정한 경우에는 즉시로부터 기산한다. 다만, 기간을 일·주·월·연으로 정한 경우 초일을 산입하지 않고 다음 날(익일)부터 기산함이 원칙이다.

> **행정기본법 제6조【행정에 관한 기간의 계산】** ① 행정에 관한 기간의 계산에 관하여는 이 법 또는 다른 법령 등에 특별한 규정이 있는 경우를 제외하고는 민법을 준용한다(②).
> ② 법령 등 또는 처분에서 국민의 권익을 제한하거나 의무를 부과하는 경우 권익이 제한되거나 의무가 지속되는 기간의 계산은 다음 각 호의 기준에 따른다. 다만, 다음 각 호의 기준에 따르는 것이 국민에게 불리한 경우에는 그러하지 아니하다(③).
> 1. 기간을 일, 주, 월 또는 연으로 정한 경우에는 기간의 첫날을 산입한다.
> 2. 기간의 말일이 토요일 또는 공휴일인 경우에도 기간은 그 날로 만료한다(③).

> **민법 제156조【기간의 기산점】** 기간을 시, 분, 초로 정한 때에는 즉시로부터 기산한다.

> **민법 제157조【기간의 기산점】** 기간을 일, 주, 월 또는 연으로 정한 때에는 기간의 초일은 산입하지 아니한다(②). 그러나 그 기간이 오전 영시로부터 시작하는 때에는 그러하지 아니하다.

③ ○ 행정기본법은 국민의 권익제한이나 의무부과와 같이 국민에게 불리한 경우 일정한 기간을 계산할 때에는 민법과 별도로 기산일과 만료일에 관하여 특칙을 규정하고 있다. 즉, 법령 등 또는 처분에서 국민의 권익을 제한하거나 의무를 부과하는 경우의 기간의 계산은 기간을 일, 주, 월 또는 연으로 정한 경우에는 기간의 첫날을 산입하고 기간의 말일이 토요일 또는 공휴일인 경우에도 기간은 그 날로 만료한다(위 ② 해설 조문 참조).

④ ✗

> 국세징수법 시행령 제74조 제1항은 제3자가 국세징수법 제71조 제1항에 따라 체납자의 체납액을 납부할 때에는 체납자의 명의로만 하도록 규정하고 있고, 국세징수법 시행령 제74조 제2항은 제3자가 체납자의 명의로 납부를 한 경우에 국가에 대하여 그 반환을 청구할 수 없도록 규정하고 있다. 이와 같이 제3자가 체납자가 납부하여야 할 체납액을 체납자의 명의로 납부한 경우에는 원칙적으로 체납자의 조세채무에 대한 유효한 이행이 되고, 이로 인하여 국가의 조세채권은 만족을 얻어 소멸하므로, 국가가 체납액을 납부받은 것에 법률상 원인이 없다고 할 수 없고, 제3자는 국가에 대하여 부당이득반환을 청구할 수 없다. 이는 세무서장 등이 체납액을 징수하기 위하여 실시한 체납처분압류가 무효인 경우에도 다르지 아니하다(대판 2015. 11. 12, 2013다215263).

✓ 기출체크

① 관련 기출

1. 소멸시효에 대해 국가재정법은 국가의 국민에 대한 금전채권은 물론이고 국민의 국가에 대한 금전채권에도 적용된다. (○ | ✗)　　2020 소방직 9급

2. 현행법상 국가에 대한 금전채권의 소멸시효에 대하여는 민법의 규정이 그대로 적용된다. (○ | ✗)　　2016 국가직 9급

3. 국가재정법상 5년의 소멸시효가 적용되는 '금전의 급부를 목적으로 하는 국가의 권리'에는 국가의 사법(私法)상 행위에서 발생한 국가에 대한 금전채무도 포함된다. (○ | ✗)　　2016 지방직 9급

4. 금전의 급부를 목적으로 하는 국가의 권리로서 시효에 관하여 다른 법률에 규정이 없는 것은 10년 동안 행사하지 아니하면 소멸한다. (○ | ✗)　　2016 교육행정직 9급

5. 국가에 대한 금전채권은 다른 법률에 특별한 규정이 없는 한 5년간 행사하지 않으면 소멸된다. (○ | ✗)　　2009 지방직 9급

② 관련 기출

6. 행정에 관한 기간의 계산에 관하여는 행정기본법 또는 다른 법령 등에 특별한 규정이 있는 경우를 제외하고는 민법을 준용한다. (○ | ✗)　　2024 국가직 9급

7. 행정에 대한 기간의 계산에 관하여는 민법 또는 다른 법령 등에 특별한 규정이 있는 경우를 제외하고는 행정기본법에 따른다. (○ | ✗)　　2023 소방간부, 2023 소방직 9급, 2022 국회직 8급

8. (행정법관계에서) 기간의 계산에 있어서 기간의 초일(初日)은 원칙상 산입하여 계산한다. (○ | ✗)　　2016 교육행정직 9급

③ 관련 기출

9. 처분이 아니라 법령에 의해 국민의 권익을 제한되는 경우에서 기간을 일로 정하는 것이 국민에게 불리하다고 하여도 그 기간의 첫날을 산입한다. (○ | ✗)　　2024 군무원 5급

10. 법령 등 또는 처분에서 국민의 권익을 제한하거나 의무를 부과하는 경우 권익이 제한되거나 의무가 지속되는 기간을 계산할 때에 기간을 일, 주, 월 또는 연으로 정한 경우에는 기간의 첫날을 산입한다. 다만, 그러한 기준을 따르는 것이 국민에게 불리한 경우에는 그러하지 아니하다. (○ | ✗)　　2024 국가직 9급

11. 법령 등 또는 처분에서 국민의 권익을 제한하거나 의무를 부과하는 경우 권익이 제한되거나 의무가 지속되는 기간을 일, 주, 월 또는 연으로 정한 경우에는 국민에게 불리한 경우가 아니라면 기간의 첫날을 산입한다. (○ | ✗)　　2023 소방간부

12. 법령 등 또는 처분에서 국민의 권익을 제한하거나 의무를 부과하는 경우 권익이 제한되거나 의무가 지속되는 기간의 말일이 토요일 또는 공휴일인 경우에는 국민에게 불리한 경우가 아니라면 기간은 그 익일로 만료한다. (○ | ✗)　　2023 소방간부

13. 처분에서 의무를 부과하는 경우, 의무가 지속되는 기간의 계산은 기간을 일, 주, 월 또는 연으로 정한 경우에는 기간의 첫날을 산입하는 것이 원칙이나 국민에게 불리한 경우에는 이를 적용하지 아니한다. (○ | ✗)　　2022 국회직 8급

14. 법령 등에서 국민의 권익을 제한하는 경우, 권익이 제한되는 기간의 계산에 있어 기간의 말일이 토요일 또는 공휴일인 경우에는 기간은 그 익일로 만료한다. (○ | ×)   2022 국회직 8급

15. 100일간 운전면허정지처분을 받은 사람의 경우, 100일째 되는 날이 공휴일인 경우에도 면허정지기간은 그 날(공휴일 당일)로 만료한다. (○ | ×)   2021 경행경채

④ 관련 기출

16. 제3자가 체납자가 납부해야 할 체납액을 체납자 명의로 완납한 경우, 제3자는 국가에 대하여 부당이득반환을 청구할 수 없다. (○ | ×)   2022 소방간부

정답 1. ○ 2. × 3. ○ 4. × 5. ○ 6. ○ 7. × 8. × 9. × 10. ○
11. ○ 12. × 13. ○ 14. × 15. ○ 16. ×

04

정답 ③

①② ○

> 1. 아무런 권원 없이 국유재산에 설치한 시설물에 대하여 행정청이 행정대집행을 할 수 있음에도 민사소송의 방법으로 그 시설물의 철거를 구하는 것은 허용되지 않는다(①).
> 2. 아무런 권원 없이 국유재산에 설치한 시설물에 대하여 행정청이 행정대집행을 실시하지 않는 경우, 그 국유재산에 대한 사용청구권을 가지고 있는 자가 국가를 대위하여 민사소송으로 그 시설물의 철거를 구할 수 있다(②)(대판 2009. 6. 11, 2009다1122).

③ ×

> 1. 대한주택공사(현 한국토지주택공사)가 법령에 의하여 대집행권한을 위탁받아 공무인 대집행을 실시하기 위하여 지출한 비용을 행정대집행법 절차에 따라 국세징수법의 예에 의하여 징수할 수 있다.
> 2. 대한주택공사(현 한국토지주택공사)가 법령에 의하여 대집행권한을 위탁받아 공무인 대집행을 실시하기 위하여 지출한 비용을 행정대집행법 절차에 따라 징수할 수 있음에도 민사소송절차에 의하여 그 비용의 상환을 청구할 수는 없다(대판 2011. 9. 8, 2010다48240).

> **행정대집행법 제6조【비용징수】** ① 대집행에 요한 비용은 국세징수법의 예에 의하여 징수할 수 있다.

④ ○

> **행정대집행법 제3조【대집행의 절차】** ① 전조의 규정에 의한 처분(이하 '대집행'이라 한다)을 하려 함에 있어서는 상당한 이행기한을 정하여 그 기한까지 이행되지 아니할 때에는 대집행을 한다는 뜻을 미리 문서로써 계고하여야 한다. 이 경우 행정청은 상당한 이행기한을 정함에 있어 의무의 성질·내용 등을 고려하여 사회통념상 해당 의무를 이행하는 데 필요한 기간이 확보되도록 하여야 한다.
> ② 의무자가 전항의 계고를 받고 지정기한까지 그 의무를 이행하지 아니할 때에는 당해 행정청은 대집행영장으로써 대집행을 할 시기, 대집행을 시키기 위하여 파견하는 집행책임자의 성명과 대집행에 요하는 비용의 개산에 의한 견적액을 의무자에게 통지하여야 한다.
> ③ 비상시 또는 위험이 절박한 경우에 있어서 당해 행위의 급속한 실시를 요하여 전2항에 규정한 수속을 취할 여유가 없을 때에는 그 수속을 거치지 아니하고 대집행을 할 수 있다.

✓ 기출체크

① 관련 기출

1. 관계법령상 행정대집행의 절차가 인정되어 행정청이 행정대집행의 방법으로 건물의 철거 등 대체적 작위의무의 이행을 실현할 수 있는 경우에도 따로 민사소송의 방법으로 그 의무의 이행을 구할 수 있다. (○ | ×)   2025 소방간부

2. 정당한 사유 없이 공유재산에 시설물을 설치한 경우 행정청은 행정대집행의 방법으로 이 시설물을 철거할 수 있고, 이러한 행정대집행이 인정되는 경우에는 민사소송의 방법으로 시설물의 철거를 구하는 것은 허용되지 아니한다. (○ | ×)   2024 국가직 7급

3. 구「공유재산 및 물품 관리법」에 따라 지방자치단체장은 행정대집행의 방법으로 공유재산에 설치한 시설물을 철거할 수 있고, 이러한 행정대집행의 절차가 인정되는 경우에는 민사소송의 방법으로 시설물의 철거를 구하는 것은 허용되지 아니한다. (○ | ×)   2024 군무원 9급

4. 관계법령상 행정대집행의 절차가 인정되어 행정청이 행정대집행의 방법으로 건물의 철거 등 대체적 작위의무의 이행을 실현할 수 있는 경우에는 따로 민사소송의 방법으로 그 의무의 이행을 구할 수 없다. (○ | ×)   2024 국회직 9급, 2024·2023 지방직·서울시 9급, 2023 군무원 9급, 2022 지방직·서울시 7급

5. 행정청이 행정대집행을 할 수 있는 경우에도 필요하면 별도로 민사소송의 방법을 통하여 의무이행을 구할 수 있다. (○ | ×)   2022 국회직 8급

6. 甲: 행정대집행의 절차가 인정되는 경우에도 행정청이 민사상 강제집행 수단을 이용할 수 있나요?
   乙: 행정대집행의 절차가 인정되어 실현할 수 있는 경우에는 따로 민사소송의 방법을 이용할 수 없습니다. (○ | ×)   2021 국가직 9급

7. 국유일반재산인 대지에 대한 대부계약이 해지되어 국가가 원상회복으로 지상의 시설물을 철거하려는 경우, 행정대집행법에 따라 대집행을 하여야 하고 민사소송의 방법으로 그 시설물의 철거를 구하는 것은 허용되지 않는다. (○ | ×)   2018 국가직 7급

8. 「공유재산 및 물품 관리법」 제83조에 따라 지방자치단체장이 행정대집행의 방법으로 공유재산에 설치한 시설물을 철거할 수 있는 경우, 민사소송의 방법으로도 시설물의 철거를 구하는 것이 허용된다. (○ | ×)   2017 지방직(하) 9급

② 관련 기출

9. 아무런 권원 없이 국유재산에 설치한 시설물에 대하여 행정청이 행정대집행을 실시하지 않는 경우, 그 국유재산에 대한 사용청구권을 가지고 있는 자는 국가를 대위하여 민사소송으로 그 시설물의 철거를 구할 수 있다. (○ | ×)   2024 국가직 7급

10. 권원 없이 국유재산에 설치한 시설물에 대하여 관리청이 행정대집행을 통해 철거를 하지 않는 경우 그 국유재산에 대하여 사용청구권을 가진 자는 국가를 대위하여 민사소송으로 그 시설물의 철거를 구할 수 있다. (○ | ×)   2022 지방직·서울시 9급

11. 행정청이 대집행을 실시하지 않는 경우, 그 국유재산에 대한 사용청구권을 가지고 있는 자가 국가를 대위하여 민사소송으로 그 시설물의 철거를 구할 수 있다. (○ | ×)   2020 국회직 8급

12. 제3자가 아무런 권원 없이 국유재산에 설치한 시설물에 대해 해당 국유재산에 대한 사용청구권을 가진 사인은 일정한 경우에는 국가를 대위하여 민사소송으로 해당 시설물의 철거를 구할 수 있다. (○ | ×)   2013 지방직(하) 7급

③ 관련 기출

13. 대집행에 요한 비용은 국세징수법의 예에 의하여 징수할 수 있다.
    (○ | ×)　　　　　　　　　　　　　　　2023 국가직 9급, 2023 소방직 9급

14. 공법인은 법령에 의하여 행정청의 대집행권한을 위탁받아 대집행을 실시하기 위하여 지출한 비용을 행정대집행법상 절차에 따라 징수할 수 있는 것과는 별개로, 민사소송절차에 의하여 그 비용의 상환을 구할 소의 이익이 있다. (○ | ×)　　　　　　　　　　　　　　　　2023 변호사

15. 행정청이 행정대집행을 한 경우 그에 따른 비용의 징수는 행정대집행법의 절차에 따라 국세징수법의 예에 의하여 징수하여야 하며, 손해배상을 구하는 민사소송으로 징수할 수는 없다. (○ | ×)　2022 지방직·서울시 7급

16. 행정대집행을 실시하기 위하여 지출한 비용은 민사소송절차에 의하여 그 비용의 상환을 청구할 수 있다. (○ | ×)　　　　　　2021 경행경채

17. 구 대한주택공사(현 한국토지주택공사)가 대집행권한을 위탁받아 공무인 대집행을 실시하기 위하여 지출한 비용을 행정대집행법 절차에 따라 국세징수법의 예에 의하여 징수할 수 있음에도 민사소송절차에 의하여 그 비용의 상환을 구하는 청구는 소의 이익이 없어 부적법하다. (○ | ×)
　　　　　　　　　　　　　　　　　　　　　　2019 지방직·교육행정직 9급

④ 관련 기출

18. 비상시 또는 위험이 절박한 경우에 있어서 당해 행위의 급속한 실시를 요하여 대집행영장에 의한 통지를 취할 여유가 없을 때에는 대집행영장에 의한 통지를 거치지 아니하고 대집행을 할 수 있다. (○ | ×)
　　　　　　　　　　　　　　　　　　　　　　　　　　　　2022 경찰간부

19. 비상시 또는 위험이 절박한 경우에 있어 당해 행위의 급속한 실시를 요하여 대집행영장에 의한 통지절차를 취할 여유가 없을 때에는 이 절차를 거치지 아니하고 대집행할 수 있다. (○ | ×)
　　　　　　　　　　　　　　　　　　　　　2021 소방직 9급, 2017 지방직 7급

20. 구두에 의한 계고는 무효이며, 계고와 통지는 동시에 생략할 수 없다.
    (○ | ×)　　　　　　　　　　　　　　　　　　　　　2020 국회직 8급

21. 비상시 또는 위험이 절박한 경우에 있어서 계고·대집행영장의 통지규정에서 정하는 수속을 취할 여유가 없을 경우라도 위의 두 수속 모두를 거치지 아니하고는 대집행을 할 수 없다. (○ | ×)　　　　2019 서울시 1회 7급

정답　1. ×　2. ○　3. ○　4. ○　5. ×　6. ○　7. ○　8. ×　9. ○　10. ○
11. ○　12. ○　13. ○　14. ×　15. ○　16. ×　17. ○　18. ○
19. ○　20. ×　21. ×

05　　　　　　　　　　　　　　　　　　　　　　　　　　정답 ①

① × 허가와 인가는 그 대상에 차이가 있다. 허가는 영업허가와 같이 법률행위를 대상으로 행해질 뿐만 아니라 통행금지해제 등과 같이 사실행위를 대상으로 행해질 수도 있다. 반면, 인가는 법률행위만을 대상으로 행해진다.

② ○

> **토지거래허가는 인가적 성질을 띠는 것이다.**
> 토지거래허가가 규제지역 내의 모든 국민에게 전반적으로 토지거래의 자유를 금지하고 일정한 요건을 갖춘 경우에만 금지를 해제하여 계약체결의 자유를 회복시켜 주는 성질의 것이라고 보는 것은 위 법의 입법취지를 넘어선 지나친 해석이라고 할 것이고, 규제지역 내에서도 토지거래의 자유가 인정되나, 다만 위 허가를 허가 전의 유동적 무효상태에 있는 법률행위의 효력을 완성시켜 주는 인가적 성질을 띤 것이라고 보는 것이 타당하다(대판 1991. 12. 24, 90다12243).

③ ○ 개발제한구역 내의 건축허가는 예외적 허가로서 억제적 금지의 해제에 해당하며, 운전면허는 강학상 허가로서 예방적 금지의 해제에 해당한다. 따라서 개발제한구역 내의 건축허가와 운전면허는 금지의 해제라는 점에서는 동일하다.

> **개발제한구역 안의 건축허가는 재량행위이다.**
> 도시계획법령 등을 종합하여 보면 개발제한구역 안에서는 구역 지정의 목적상 건축물의 건축 등의 개발행위는 원칙적으로 금지되고, 다만 구체적인 경우에 이와 같은 구역 지정의 목적에 위배되지 아니할 경우 예외적으로 허가에 의하여 그러한 행위를 할 수 있게 되어 있음이 그 규정의 체제와 문언상 분명하고, 이러한 예외적인 건축허가는 그 상대방에게 수익적인 것에 틀림이 없으므로 그 법률적 성질은 재량행위 내지 자유재량행위에 속하는 것이다(대판 2003. 3. 28, 2002두11905).

④ ○ 건축허가의 경우 일반적으로 기속행위이나 건축법 제11조 제4항의 위락시설이나 숙박시설용 건축물에 대한 건축허가의 경우 교육환경과 주거환경과의 이익형량을 하여야 하므로 이 한도 내에서는 재량행위가 된다. 그리고 건축허가 등에 의하여 의제되는 인·허가가 재량행위인 경우에는 그 한도 내에서 재량권이 인정된다고 할 것이다. 또한 토지의 형질변경행위를 수반하는 건축허가처럼 기속행위인 허가가 재량행위인 허가를 포함하는 경우에는 그 한도 내에서 재량행위가 된다.

✓ 기출체크

① 관련 기출

1. 인가의 대상이 되는 기본행위는 법률적 행위일 수도 있고, 사실행위일 수도 있다. (○ | ×)　　　　　　　　　　　　　　　　2017 국가직(하) 9급

2. 허가의 대상은 사실행위뿐만 아니라 법률행위일 경우도 있다. (○ | ×)
　　　　　　　　　　　　　　　　　　　　　　　　　　　　2005 관세사

② 관련 기출

3. 토지거래허가는 토지거래허가구역 내의 토지거래를 전면적으로 금지시키고 특정한 경우에 예외적으로 토지거래계약을 체결할 수 있는 자격을 부여하는 점에서 강학상 특허에 해당한다. (○ | ×)　　2022 국회직 8급

4. 토지거래허가제에서의 토지거래허가는 유동적 무효상태에 있는 법률행위의 효력을 완성시켜 주는 인가적 성질을 띤 것이라고 보는 것이 타당하다. (○ | ×)　　　　　　　　　　　　　　　　　　　　2019 경행경채 2차

5. 토지거래계약허가는 규제지역 내 토지거래의 자유를 일반적으로 금지하고 일정한 요건을 갖춘 경우에만 그 금지를 해제하여 계약체결의 자유를 회복시켜 주는 성질의 것이다. (○ | ×)　　　　　2018 교육행정직 9급

6. 토지거래허가구역 내에 있는 토지에 관한 토지거래계약허가는 학문상 인가의 성질을 갖는다. (○ | ×)　　　　　　　　　　　　2013 국가직 7급

③ 관련 기출

7. 개발제한구역 내의 건축물의 용도변경에 대한 예외적 허가는 그 상대방에게 제한적이므로 기속행위에 속하는 것이다. (○ | ×) 　2021 소방직 9급

8. (甲은 개발제한구역 내의 토지에 건축물을 건축하기 위하여 건축허가를 신청하였다) 甲의 허가신청이 관련법령의 요건을 모두 충족한 경우에는 관할행정청은 허가를 하여야 하며, 관련법령상 제한사유 이외의 사유를 들어 허가를 거부할 수 없다. (○ | ×) 　2019 국가직 7급

9. 지방경찰청장(현 시·도경찰청장)이 운전면허시험에 합격한 사람에게 발급하는 운전면허(는 강학상 특허이다) (○ | ×) 　2019 서울시 9급

10. 구 도시계획법상의 개발제한구역 내에서의 건축물 용도변경에 대한 허가는 예외적 허가로서 재량행위에 해당한다. (○ | ×) 　2018 국가직 7급

11. (예외적 허가는) 금지의 해제라는 점에서 허가와 차이가 없다. (○ | ×) 　2010 국가직 7급

④ 관련 기출

12. 「국토의 계획 및 이용에 관한 법률」상 토지의 형질변경허가는 그 금지요건이 불확정개념으로 규정되어 있으므로, 동법상 지정된 도시지역 안에서 토지의 형질변경행위를 수반하는 건축법상의 건축허가는 재량행위이다. (○ | ×) 　2021 국가직 7급

13. 「국토의 계획 및 이용에 관한 법률」상 용도지역 안에서 토지의 형질변경행위를 수반하는 건축허가는 재량행위에 속한다. (○ | ×) 　2020 경행경채

14. 「국토의 계획 및 이용에 관한 법률」에 의해 지정된 도시지역 안에서 토지의 형질변경행위를 수반하는 건축허가는 재량행위에 속한다. (○ | ×) 　2019 국가직 9급

15. 토지의 형질변경행위를 수반하는 건축허가는 건축법에 의한 건축허가와 「국토의 계획 및 이용에 관한 법률」에 의한 개발행위허가의 성질을 아울러 갖게 되므로 재량행위에 해당한다. (○ | ×) 　2019 사회복지직 9급

16. 「국토의 계획 및 이용에 관한 법률」의 규정에 의한 토지의 형질변경허가는 그 금지요건이 불확정개념으로 규정되어 있어 그 금지요건에 해당하는지 여부를 판단함에 있어서 행정청에게 재량권이 부여되어 있다고 할 것이므로 재량행위에 속한다. (○ | ×) 　2019 사회복지직 9급

정답 　1. × 　2. ○ 　3. × 　4. ○ 　5. × 　6. ○ 　7. × 　8. × 　9. × 　10. ○
　　　11. ○ 　12. ○ 　13. ○ 　14. ○ 　15. ○ 　16. ○

06 　　　　　　　　　　　　　　　　　　　　　정답 ②

① ○

> 질서위반행위규제법 제7조【고의 또는 과실】고의 또는 과실이 없는 질서위반행위는 과태료를 부과하지 아니한다.

② × 통설·판례는 명문의 규정이 없더라도 행정형벌법규의 해석에 의해 과실행위도 처벌한다는 뜻이 도출되는 경우에는 과실행위도 처벌할 수 있다고 본다.

> 1. 행정범의 경우에는 과실행위를 벌한다는 명문의 규정이 없는 경우에도 그 법률규정 중에 과실행위를 벌한다는 명백한 취지를 알 수 있는 경우에는 과실행위에 행정형벌을 부과할 수 있다.
> 2. 구 대기환경보전법의 입법목적이나 관계규정의 취지 등을 고려하면 구 대기환경보전법에 따라 배출허용기준을 초과하는 배출가스를 배출하는 자동차를 운행하는 행위를 처벌하는 규정은 과실범의 경우에 적용한다(대판 1993. 9. 10, 92도1136).

③ ○

> 양벌규정에 의해 영업주를 처벌함에 있어서 종업원의 범죄성립이나 처벌을 요하지는 않는다.
> 양벌규정에 의한 영업주의 처벌은 금지위반행위자인 종업원의 처벌에 종속하는 것이 아니라 독립하여 그 자신의 종업원에 대한 선임·감독상의 과실로 인하여 처벌되는 것이므로 종업원의 범죄성립이나 처벌이 영업주 처벌의 전제조건이 될 필요는 없다(대판 2006. 2. 24, 2005도7673).

④ ○

> (10일간 임시운행허가를 받은 자가 그 기간이 경과한 다음에도 자동차 등록원부에 등록하지 아니한 채 무등록차량을 운행한 자에 대한 과태료의 제재 후 형사처벌을 하는 것이 일사부재리의 원칙에 위반하는 것이 아니라고 판시하면서) 과태료와 형사처벌은 성질이나 목적을 달리하는 별개의 것이므로 행정법상의 질서벌인 과태료를 납부한 후 형사처벌을 한다고 하여 일사부재리의 원칙에 위반되는 것이라고 할 수 없다.
> 행정법상의 질서벌인 과태료의 부과처분과 형사처벌은 그 성질이나 목적을 달리하는 별개의 것이므로 행정법상의 질서벌인 과태료를 납부한 후에 형사처벌을 한다고 하여 이를 일사부재리의 원칙에 반하는 것이라고 할 수는 없으며, 자동차의 임시운행허가를 받은 자가 그 허가목적 및 기간의 범위 안에서 운행하지 아니한 경우에 과태료를 부과하는 것은 …… 만일 임시운행허가기간을 넘어 운행한 자가 등록된 차량에 관하여 그러한 행위를 한 경우라면 과태료의 제재만을 받게 되겠지만, 무등록차량에 관하여 그러한 행위를 한 경우라면 과태료와 별도로 형사처벌의 대상이 된다(대판 1996. 4. 12, 96도158).

✓ 기출체크

① 관련 기출

1. 고의 또는 과실이 없는 질서위반행위는 과태료를 부과하지 아니한다. (○ | ×) 　2024 국가직 7급, 2024 군무원 9급, 2023 행정사

2. 고의 또는 과실이 없는 질서위반행위라고 하더라도 과태료를 부과할 수 있다. (○ | ×) 　2023 지방직·서울시 9급

3. 고의 또는 과실이 없는 질서위반행위는 그에 대한 정당한 이유가 있는 때에 한하여 과태료를 부과하지 아니한다. (○ | ×) 　2022 국회직 8급

4. 과태료는 행정질서유지를 위한 의무위반이라는 객관적 사실에 대하여 과하는 제재이므로 과태료 부과에는 고의·과실을 요하지 않는다. (○ | ×) 　2017 서울시 9급

5. (질서위반행위규제법상 과태료는) 행정형벌이 아니므로 고의 또는 과실과 무관하게 부과할 수 있다. (○ | ×)
2016 지방직 7급

② 관련 기출

6. 과실범을 처벌한다는 명문의 규정이 없더라도 행정형벌법규의 해석에 의하여 과실행위도 처벌한다는 뜻이 도출되는 경우에는 과실범도 처벌될 수 있다. (○ | ×)
2019 국가직 9급

7. 명문의 규정이 없더라도 관련 행정형벌법규의 해석에 따라 과실행위도 처벌한다는 뜻이 명확한 경우에는 과실행위를 처벌할 수 있다. (○ | ×)
2017 국가직 7급

8. 행정벌에 대하여 명문규정이 없는 경우에도 법령의 입법목적이나 제반 관계규정의 취지 등을 고려하여 과실범을 처벌할 수 있다는 것이 대법원의 입장이다. (○ | ×)
2017 서울시 7급

9. 구 대기환경보전법에 따라 배출허용기준을 초과하는 배출가스를 배출하는 자동차를 운행하는 행위를 처벌하는 규정은 과실범의 경우에 적용하지 아니한다. (○ | ×)
2014 국가직 9급

10. 행정범의 경우에는 과실행위를 벌한다는 명문의 규정이 없는 경우에도 그 법률규정 중에 과실행위를 벌한다는 명백한 취지를 알 수 있는 경우에는 과실행위에 행정형벌을 부과할 수 있다. (○ | ×)
2012 지방직(상) 9급

③ 관련 기출

11. 양벌규정에 의한 영업주의 처벌은 금지위반행위자인 종업원의 처벌에 종속하는 것이므로 종업원의 범죄성립이나 처벌이 영업주 처벌의 전제조건이 되어야 한다. (○ | ×)
2025 소방간부

12. 양벌규정에 의한 영업주의 처벌은 금지위반행위자인 종업원의 처벌에 종속하는 것이 아니라 독립하여 그 자신의 종업원에 대한 선임·감독상의 과실로 인하여 처벌되는 것이므로 종업원의 범죄성립이나 처벌이 영업주의 처벌의 전제조건이 될 필요는 없다. (○ | ×)
2024 국회직 9급

13. 양벌규정에 의한 영업주의 처벌은 그 자신의 종업원에 대한 선임·감독상의 과실로 인하여 처벌되는 것이므로 종업원의 범죄성립이나 처벌이 영업주 처벌의 전제조건이 될 필요는 없다. (○ | ×)
2023 국가직 7급

14. 영업주에 대한 양벌규정이 존재하는 경우 영업주의 처벌은 금지위반행위자인 종업원의 범죄성립이나 처벌을 전제로 하지 않는다. (○ | ×)
2022 해경간부

15. 양벌규정에 의한 영업주의 처벌은 금지위반행위자인 종업원의 처벌에 종속되는 것이므로 영업주만 따로 처벌할 수는 없다. (○ | ×)
2022 지방직·서울시 9급

16. 양벌규정에 의해 영업주를 처벌하는 경우, 금지위반행위자인 종업원을 처벌할 수 없는 경우에도 영업주만 따로 처벌할 수 있다. (○ | ×)
2021 국가직 7급

17. 양벌규정에 의한 영업주의 처벌은 금지위반행위자인 종업원의 처벌에 종속하는 것이므로 종업원의 범죄성립이나 처벌이 영업주 처벌의 전제조건이 된다. (○ | ×)
2020 지방직·서울시 7급

④ 관련 기출

18. 행정법상의 질서벌인 과태료의 부과처분과 형사처벌을 병과하는 것은 일사부재리의 원칙에 반하지 않는다는 것이 대법원의 입장이다. (○ | ×)
2024 지방직·서울시 9급

19. 행정법상의 질서벌인 과태료의 부과처분과 형사처벌은 그 성질이나 목적을 달리하는 별개의 것이므로 행정법상의 질서벌인 과태료를 납부한 후에 형사처벌을 한다고 하여 이를 일사부재리의 원칙에 반하는 것이라고 할 수는 없다. (○ | ×)
2023 국가직 9급

20. 과태료 부과와 형사처벌은 그 성질이나 목적이 다를 바가 없으므로 과태료 부과 후에 형사처벌을 할 경우 이중처벌금지원칙에 반한다. (○ | ×)
2023 소방직 9급

21. 신규등록신청을 위한 임시운행허가를 받고 그 기간이 끝났음에도 자동차등록원부에 등록하지 않은 채 허가기간의 범위를 넘어 운행한 차량소유자가 관련법조항에 의한 과태료를 부과받아 납부하였다 하더라도 그 차량소유자에 대해 형사처벌을 하는 것은 일사부재리원칙에 위반하는 것이 아니다. (○ | ×)
2018 경행경채

22. 과태료처분을 받고 이를 납부한 후에 형사처벌을 한다고 하여 일사부재리원칙에 반하지 않는다는 것이 대법원의 입장이다. (○ | ×)
2015 사회복지직 9급

23. 대법원은 행정형벌과 행정질서벌은 그 성질이나 목적을 달리하는 별개의 것이므로 행정질서벌인 과태료를 납부한 후에 형사처벌을 한다고 하여 이를 일사부재리의 원칙에 반하는 것이라고 할 수는 없다고 보고 있다. (○ | ×)
2012 경행특채

정답 1. ○ 2. × 3. × 4. × 5. × 6. ○ 7. ○ 8. ○ 9. × 10. ○ 11. × 12. ○ 13. ○ 14. ○ 15. × 16. ○ 17. × 18. ○ 19. ○ 20. × 21. ○ 22. ○ 23. ○

07
정답 ③

① ○

> 구 환경영향평가법상 환경영향평가를 실시하여야 할 사업에 대하여 환경영향평가를 거치지 아니하였음에도 승인 등 처분을 한 경우, 그 처분은 당연무효이다.
> 환경영향평가를 거쳐야 할 대상사업에 대하여 환경영향평가를 거치지 아니하였음에도 불구하고 승인 등 처분이 이루어진다면, 이러한 행정처분의 하자는 법규의 중요한 부분을 위반한 중대한 것이고 객관적으로도 명백한 것이라고 하지 않을 수 없어, 이와 같은 행정처분은 당연무효이다(대판 2006. 6. 30, 2005두14363).

② ○

> 환경영향평가법령에서 정한 환경영향평가절차를 거쳤으나 그 환경영향평가의 내용이 부실한 경우, 그 부실의 정도가 환경영향평가를 하지 아니한 것과 다를 바 없는 정도의 것이 아닌 이상, 그 부실은 당해 승인 등 처분에 재량권 일탈·남용의 위법이 있는지 여부를 판단하는 하나의 요소로 됨에 그칠 뿐, 그 부실로 인하여 당연히 당해 승인 등 처분이 위법하게 되는 것은 아니다(대판 2006. 3. 16, 2006두330 전합).

③ ×

> 1. 체납자 등에 대한 공매통지는 공매의 절차적 요건에 해당하므로, 체납자 등에게 공매통지를 하지 않았거나 적법하지 않은 공매통지를 한 경우 그 공매처분은 위법하다(대판 2008. 11. 20, 2007두18154 전합).
> 2. 체납자 등에 대한 공매통지 없이 한 공매처분이 당연무효가 되는 것은 아니다.
> 체납자 등에 대한 공매통지는 국가의 강제력에 의하여 진행되는 공매절차에서 체납자 등의 권리 내지 재산상 이익을 보호하기 위하여 법률로 규정한 절차적 요건에 해당하지만, 그 통지를 하지 아니한 채 공매처분을 하였다 하여도 그 공매처분이 당연무효 되는 것은 아니다(대판 2012. 7. 26, 2010다50625).

④ ○

> 과세관청이 과세예고통지 후 과세전적부심사청구나 그에 대한 결정이 있기 전에 과세처분을 한 경우, 원칙적으로 절차상 하자가 중대·명백하여 과세처분은 무효가 된다.
> 국세기본법 및 국세기본법 시행령이 과세전적부심사를 거치지 않고 곧바로 과세처분을 할 수 있거나 과세전적부심사에 대한 결정이 있기 전이라도 과세처분을 할 수 있는 예외사유로 정하고 있다는 등의 특별한 사정이 없는 한, 과세예고통지 후 과세전적부심사청구나 그에 대한 결정이 있기도 전에 과세처분을 하는 것은 원칙적으로 과세전적부심사 이후에 이루어져야 하는 과세처분을 그보다 앞서 함으로써 과세전적부심사제도 자체를 형해화시킬 뿐만 아니라 과세전적부심사 결정과 과세처분 사이의 관계 및 불복절차를 불분명하게 할 우려가 있으므로, 그와 같은 과세처분은 납세자의 절차적 권리를 침해하는 것으로서 절차상 하자가 중대하고도 명백하여 무효이다(대판 2016. 12. 27, 2016두49228).

✓ 기출체크

① 관련 기출

1. 환경영향평가를 거쳐야 할 대상사업에 대하여 환경영향평가를 거치지 아니하였음에도 불구하고 승인 등 처분이 이루어진다면, 이러한 행정처분의 하자는 중대한 것이고 객관적으로도 명백한 것이다. (○ | ×)
   2025 소방간부

2. 환경영향평가를 거쳐야 할 대상사업에 대하여 환경영향평가를 거치지 아니하였음에도 불구하고 승인 등 처분이 이루어진다면, 이러한 행정처분의 하자는 법규의 중요한 부분을 위반한 중대한 것이고 객관적으로 명백한 것이라고 하지 않을 수 없다. (○ | ×)
   2023 군무원 7급

3. 환경영향평가를 거쳐야 하는 대상사업에 대하여 환경영향평가를 거치지 아니하였음에도 불구하고 승인 등 처분이 행해진 경우, 그 행정처분은 당연무효이다. (○ | ×)
   2022 소방직 9급

4. 구 환경영향평가법상 환경영향평가를 실시하여야 할 사업에 대하여 환경영향평가를 거치지 아니하였음에도 승인 등 처분을 한 경우, 그 처분은 당연무효이다. (○ | ×)
   2019 지방직·교육행정직 9급

5. 판례는 환경영향평가를 거쳐야 할 대상사업에 대하여 이를 거치지 아니하였음에도 불구하고 승인 등 처분이 이루어졌다면 이는 당연무효라는 입장이다. (○ | ×)
   2017 국회직 8급

6. 환경영향평가법령의 규정상 환경영향평가를 거쳐야 할 사업인 경우에, 환경영향평가를 거치지 아니하고 행한 사업승인처분을 당연무효라 볼 수는 없다. (○ | ×)
   2016 지방직 7급

② 관련 기출

7. 구 환경정책기본법 제25조의2에 따라 사전환경성검토를 거쳐야 하는 행정계획이나 개발사업에 대하여 사전환경성검토를 거친 경우, 그 부실의 정도가 사전환경성검토제도를 둔 입법취지를 달성할 수 없을 정도가 아니더라도 그 부실로 인하여 행정계획은 위법하게 된다. (○ | ×)
   2023 소방직 9급

8. 환경영향평가를 거쳐야 할 대상사업에 대해 환경영향평가절차를 거쳤으나 그 내용이 다소 부실한 경우, 그 부실의 정도가 환경영향평가를 하지 아니한 것과 같은 정도가 아닌 한 당해 승인 등 처분이 위법하게 되는 것은 아니다. (○ | ×)
   2022 소방직 9급

③ 관련 기출

9. 공매처분을 하면서 체납자에게 공매통지를 하지 않았거나 공매통지를 하였지만 그것이 적법하지 아니하다 하더라도 공매처분 자체는 위법하지 않다. (○ | ×)
   2023 지방직·서울시 9급

10. 국세징수법상 공매통지는 국가의 강제력에 의하여 진행되는 공매절차에서 체납자 등의 권리 내지 재산상 이익을 보호하기 위하여 법률로 규정한 절차적 요건에 해당하기 때문에 그 통지를 하지 아니한 채 공매처분을 한 경우에는 그 공매처분은 당연무효이다. (○ | ×)
    2020 경행경채

11. 국세징수법상 체납자에 대한 공매통지는 국가의 강제력에 의하여 진행되는 공매에서 체납자의 권리 내지 재산상의 이익을 보호하기 위하여 법률로 규정한 절차적 요건으로, 이를 이행하지 않은 경우 그 공매처분은 위법하다. (○ | ×)
    2017 국가직 7급

12. 과세관청의 체납자 등에 대한 공매통지는 국가의 강제력에 의하여 진행되는 공매절차에서 체납자 등의 권리 내지 재산상 이익을 보호하기 위하여 법률로 규정한 절차적 요건에 해당하지만, 그 통지를 하지 아니한 채 공매처분을 하였다 하여도 그 공매처분이 당연무효로 되는 것은 아니다. (○ | ×)
    2016 지방직 9급

④ 관련 기출

13. 과세예고통지 후 과세전적부심사청구나 그에 대한 결정이 있기도 전에 과세처분을 하는 것은 절차상 하자가 중대하고도 명백하여 무효이다. (○ | ×)
    2024 소방직 9급

14. 과세관청이 과세예고통지 후 과세전적부심사청구나 그에 대한 결정이 있기 전에 과세처분을 한 경우, 특별한 사정이 없는 한 그 과세처분은 절차상 하자가 중대·명백하여 당연무효이다. (○ | ×)
    2019 국가직 7급

15. 과세관청이 과세예고통지 후 과세전적부심사청구나 그에 대한 결정이 있기 전에 국세부과처분을 한 경우, 특별한 사정이 없는 한 그 하자가 중대·명백하다고 볼 수 없어 당연무효가 아닌 취소사유에 해당한다. (○ | ×)
    2018 국가직 7급

정답 1. ○ 2. ○ 3. ○ 4. ○ 5. ○ 6. × 7. × 8. ○ 9. × 10. ×
11. ○ 12. ○ 13. ○ 14. ○ 15. ×

08

정답 ②

① ×

> 재량준칙에 따라 처분을 한 경우 과실이 인정되기 어렵다.
> 영업허가취소처분이 나중에 행정심판에 의하여 재량권을 일탈한 위법한 처분임이 판명되어 취소되었다고 하더라도 그 처분이 당시 시행되던 공중위생법 시행규칙에 정하여진 행정처분의 기준(편저자 주 : 부령 형식의 제재적 처분기준으로 판례는 행정규칙으로 봄)에 따른 것인 이상 그 영업허가취소처분을 한 행정청 공무원에게 그와 같은 위법한 처분을 한 데 있어 어떤 직무집행상의 과실이 있다고 할 수는 없다(대판 1994. 11. 8, 94다26141).

② ○

> 공무원의 불법행위로 손해를 입은 피해자의 국가배상청구권의 소멸시효기간이 지났으나 국가가 소멸시효 완성을 주장하는 것이 신의성실의 원칙에 반하는 권리남용으로 허용될 수 없어 배상책임을 이행한 경우에는, 그 소멸시효 완성 주장이 권리남용에 해당하게 된 원인행위와 관련하여 해당 공무원이 그 원인이 되는 행위를 적극적으로 주도하였다는 등의 특별한 사정이 없는 한, 국가가 해당 공무원에게 구상권을 행사하는 것은 신의칙상 허용되지 않는다고 봄이 상당하다(대판 2016. 6. 9, 2015다200258).

③ ×

> 1. 간접적인 영업손실도 일정한 요건을 갖춘 경우 헌법 제23조 제3항에 규정한 손실보상의 대상이 된다.
> 간접적인 영업손실이라고 하더라도 피침해자인 수산업협동조합이 공공의 이익을 위하여 당연히 수인하여야 할 재산권에 대한 제한의 범위를 넘어 수산업협동조합의 위탁판매사업으로 얻고 있는 영업상의 재산이익을 본질적으로 침해하는 특별한 희생에 해당하고, 사업시행자는 공유수면매립면허 고시 당시 그 매립사업으로 인하여 위와 같은 영업손실이 발생한다는 것을 상당히 확실하게 예측할 수 있었고 그 손실의 범위도 구체적으로 확정할 수 있으므로, 위 위탁판매수수료 수입손실은 헌법 제23조 제3항에 규정한 손실보상의 대상이 된다.
> 2. (공유수면매립사업으로 인하여 수산업협동조합이 관계법령에 의해 대상지역에서 독점적 지위가 부여되어 있던 위탁판매사업을 중단하게 된 경우, 그로 인한 위탁판매수수료 수입상실에 대해 「공공용지의 취득 및 손실보상에 관한 특례법 시행규칙」을 유추적용하여 손실보상을 청구할 수 있다고 판시하면서) 공공사업의 시행 결과 공공사업의 기업지 밖에서 발생한 간접손실에 대하여 사업시행자와 협의가 이루어지지 아니하고, 그 보상에 관한 명문의 법령이 없는 경우, 피해자는 「공공용지의 취득 및 손실보상에 관한 특례법 시행규칙」상의 손실보상에 관한 규정을 유추적용하여 사업시행자에게 보상을 청구할 수 있다(대판 1999. 10. 8, 99다27231).

④ ×

> 공익사업의 시행으로 토석채취허가를 연장받지 못한 경우 그로 인한 손실과 공익사업 사이에 상당인과관계는 인정되지 않으며 그 손실이 적법한 공권력의 행사로 가하여진 재산상의 특별한 희생으로서 손실보상의 대상이 되는 것도 아니다.
> 산림 내에서의 토석채취허가는 산지관리법 소정의 토석채취제한지역에 속하는 경우에 허용되지 아니함은 물론이나 그에 해당하는 지역이 아니라 하여 반드시 허가하여야 하는 것으로 해석할 수는 없고 허가권자는 신청지 내의 임황과 지황 등의 사항 등에 비추어 국토 및 자연의 보전 등의 중대한 공익상 필요가 있을 때에는 재량으로 그 허가를 거부할 수 있는 것이다. 따라서 그 자체로 중대한 공익상의 필요가 있는 공익사업이 시행되어 토석채취허가를 연장받지 못하게 되었다고 하더라도 토석채취허가가 연장되지 않게 됨으로 인한 손실과 공익사업 사이에 상당인과관계가 있다고 할 수 없을 뿐 아니라, 특별한 사정이 없는 한 그러한 손실이 적법한 공권력의 행사로 가하여진 재산상의 특별한 희생으로서 손실보상의 대상이 된다고 볼 수도 없다(대판 2009. 6. 23, 2009두2672).

✔ 기출체크

① 관련 기출

1. 영업허가취소처분이 나중에 행정심판에 의하여 재량권을 일탈한 위법한 처분임이 판명되어 취소되었다면, 그 처분이 당시 시행되던 공중위생법 시행규칙에 정하여진 행정처분의 기준에 따른 것이라고 하더라도 그 영업허가취소처분을 한 행정청의 공무원에게는 직무집행상의 과실이 인정된다. (○ | ×)　2023 국회직 8급

2. 원칙적으로 공무원이 행정청의 내부기준인 재량권 행사기준에 따라 행정처분을 하였더라도 재량권의 범위를 넘어 위법한 경우에는 공무원에게 직무상 과실이 있다고 본다. (○ | ×)　2022 경찰간부

3. 영업허가취소처분이 나중에 행정심판에 의하여 재량권을 일탈한 위법한 처분이 되었더라도 그 처분이 당시 시행되던 공중위생법 시행규칙에 정하여진 행정처분의 기준에 따른 것이라면 그 영업허가취소처분을 한 공무원에게 그와 같은 위법한 처분을 한 데 있어 어떤 직무집행상의 과실이 있다고 할 수 없다. (○ | ×)　2021 국가직 7급

4. 공무원이 재량준칙에 따라 행정처분을 하였는데 결과적으로 그 처분이 재량을 일탈·남용하여 위법하게 된 때에는 그에게 직무집행상의 과실이 인정된다. (○ | ×)　2018 경행경채 3차

5. 재량권의 행사에 관하여 행정청 내부에 일응의 기준을 정해 둔 경우 그 기준에 따른 행정처분을 하였다면 이에 관여한 공무원에게 그 직무상의 과실이 있다고 할 수 없다. (○ | ×)　2016 국회직 8급

② 관련 기출

6. 국가배상청구권의 소멸시효기간이 지났으나 국가가 소멸시효 완성을 주장하는 것이 신의성실의 원칙에 반하는 권리남용으로 허용될 수 없어 배상책임을 이행한 경우에는, 그 소멸시효 완성 주장이 권리남용에 해당하게 된 원인행위와 관련하여 해당 공무원이 그 원인이 되는 행위를 적극적으로 주도하였다는 등의 특별한 사정이 없는 한, 국가가 해당 공무원에게 구상권을 행사하는 것은 신의칙상 허용되지 않는다. (○ | ×)　2019 서울시 9급

7. 공무원의 직무상 불법행위로 손해를 입은 피해자의 국가배상청구권의 소멸시효기간이 지났으나 국가가 소멸시효 완성을 주장하는 것이 권리남용으로 허용될 수 없어 배상책임을 이행한 경우에는, 소멸시효 완성 주장이 권리남용에 해당하게 된 원인행위와 관련하여 공무원이 원인이 되는 행위를 적극적으로 주도하였다는 등의 특별한 사정이 없는 한, 국가가 공무원에게 구상권을 행사하는 것은 신의칙상 허용되지 않는다. (○ | ×)　2017 지방직(하) 9급

③ 관련 기출

8. 공공사업시행지구 밖에서 발생한 간접손실에 관하여 그 피해자와 사업시행자 사이에 협의가 이루어지지 아니하고, 그 보상에 관한 명문의 근거법령이 없는 경우라고 하더라도 공공사업의 시행으로 인하여 그러한 손실이 발생하리라는 것을 쉽게 예견할 수 있고, 그 손실의 범위도 구체적으로 특정할 수 있다면 그 손실보상에 관하여 관련규정 등을 유추적용할 수 있다. (○ | ×)　2022 소방직 9급

9. 공유수면매립으로 인하여 위탁판매수수료 수입을 상실한 수산업협동조합에 대해서는 법률의 보상규정이 없더라도 손실보상의 대상이 된다. (○ | ×)　2021 군무원 7급

10. 간접적 영업손실은 특별한 희생이 될 수 없다. (○ | ×)
2019 사회복지직 9급

11. 공공사업시행으로 사업시행지 밖에서 발생한 간접손실은 손실발생을 쉽게 예견할 수 있고 손실범위도 구체적으로 특정할 수 있더라도, 사업시행자와 협의가 이루어지지 않고 그 보상에 관한 명문의 근거법령이 없는 경우에는 보상의 대상이 아니다. (○ | ×)
2019 국가직 7급

12. 공공사업의 시행으로 인하여 사업지구 밖에서 수산제조업에 대한 간접손실이 발생하리라는 것을 쉽게 예견할 수 있고 그 손실의 범위도 구체적으로 특정할 수 있는 경우라면, 그 손실의 보상에 관하여 구 「공공용지의 취득 및 손실보상에 관한 특례법 시행규칙」의 간접보상규정을 유추적용할 수 있다. (○ | ×)
2015 국회직 8급

④ 관련 기출

13. 공익사업의 시행으로 토석채취허가를 연장받지 못한 경우 그로 인한 손실은 적법한 공권력의 행사로 가하여진 재산상의 특별한 희생으로서 손실보상의 대상이 된다. (○ | ×)
2018 서울시 9급

정답 1. × 2. × 3. ○ 4. × 5. ○ 6. ○ 7. ○ 8. ○ 9. ○ 10. ×
11. × 12. ○ 13. ×

09
정답 ②

① ○

> 행정절차법 제20조 【처분기준의 설정·공표】 ① 행정청은 필요한 처분기준을 해당 처분의 성질에 비추어 되도록 구체적으로 정하여 공표하여야 한다. 처분기준을 변경하는 경우에도 또한 같다.
> ③ 제1항에 따른 처분기준을 공표하는 것이 해당 처분의 성질상 현저히 곤란하거나 공공의 안전 또는 복리를 현저히 해치는 것으로 인정될 만한 상당한 이유가 있는 경우에는 처분기준을 공표하지 아니할 수 있다.

② × ④ ○ 판례에 따르면 행정청이 행정절차법 제20조 제1항의 처분기준 사전공표의무를 위반하여 미리 공표하지 아니한 기준을 적용하여 처분을 하였다고 하더라도, 그러한 사정만으로 곧바로 해당 처분에 취소사유에 이를 정도의 흠이 존재한다고 볼 수 없다고 한다.

> 행정청이 행정절차법 제20조 제1항에 따라 정하여 공표한 처분기준은, 그것이 해당 처분의 근거법령에서 구체적 위임을 받아 제정·공포되었다는 특별한 사정이 없는 한, 원칙적으로 대외적 구속력이 없는 행정규칙에 해당하는 것으로 보아야 한다(②). 행정청이 행정절차법 제20조 제1항의 처분기준 사전공표의무를 위반하여 미리 공표하지 아니한 기준을 적용하여 처분하였다고 하더라도, 그러한 사정만으로 곧바로 해당 처분에 취소사유에 이를 정도의 흠이 존재한다고 볼 수는 없다(④). 다만, 해당 처분에 적용한 기준이 상위법령의 규정이나 신뢰보호의 원칙 등과 같은 법의 일반원칙을 위반하였거나 객관적으로 합리성이 없다고 볼 수 있는 구체적인 사정이 있다면 해당 처분은 위법하다고 평가할 수 있다(대판 2020. 12. 24, 2018두45633).

③ ○

> 사전에 공표한 심사기준 중 경미한 사항을 변경하거나 다소 불명확하고 추상적이었던 부분을 명확하게 하거나 구체화하는 정도를 뛰어넘어, 심사대상기간이 이미 경과하였거나 상당 부분 경과한 시점에서 처분 상대방의 갱신 여부를 좌우할 정도로 중대하게 변경하는 것은 갱신제의 본질과 사전에 공표된 심사기준에 따라 공정한 심사가 이루어져야 한다는 요청에 정면으로 위배되는 것이므로, 갱신제 자체를 폐지하거나 갱신상대방의 수를 종전보다 대폭 감축할 수밖에 없도록 만드는 중대한 공익상 필요가 인정되거나 관계법령이 제·개정되었다는 등의 특별한 사정이 없는 한, 허용되지 않는다(대판 2020. 12. 24, 2018두45633).

✓ 기출체크

① 관련 기출

1. 행정청은 필요한 처분기준을 해당 처분의 성질에 비추어 되도록 구체적으로 정하여 공표하여야 한다. 그러나 처분기준을 변경하는 경우에는 그러하지 아니하다. (○ | ×)
2024 소방직 9급

2. 처분기준을 공표하는 것이 해당 처분의 성질상 현저히 곤란하거나 공공의 안전 또는 복리를 현저히 해치는 것으로 인정될 만한 상당한 이유가 있는 경우에는 처분기준을 공표하지 아니할 수 있다. (○ | ×)
2023 지방직·서울시 9급, 2014 경행특채 2차

3. 행정규칙의 공표는 행정규칙의 성립요건이나 효력요건은 아니나, 행정절차법에서는 행정청은 필요한 처분기준을 당해 처분의 성질에 비추어 될 수 있는 한 구체적으로 공표하도록 하고 있다. (○ | ×)
2018 국가직 9급

4. 행정청은 필요한 처분기준을 해당 처분의 성질에 비추어 되도록 구체적으로 정하여 공표하여야 한다. 다만, 처분기준을 공표하는 것이 해당 처분의 성질상 현저히 곤란하거나 공공의 안전 또는 복리를 현저히 해치는 것으로 인정될 만한 상당한 이유가 있는 경우에는 처분기준을 공표하지 아니할 수 있다. (○ | ×)
2016 경행경채, 2012 지방직(상) 9급

② 관련 기출

5. '변경된 처분기준'은 근거법령에서 구체적 위임을 받아 제정·공포되었다는 특별한 사정이 없는 한, 원칙적으로 대외적 구속력이 없는 행정규칙에 해당한다. (○ | ×)
2023 변호사

③ 관련 기출

6. 사전에 공표한 갱신기준을 심사대상기간이 이미 경과하였거나 상당 부분 경과한 시점에서 처분 상대방의 갱신 여부를 좌우할 정도로 중대하게 변경하는 것은 특별한 사정이 없는 한 허용되지 않는다. (○ | ×)
2023 변호사

④ 관련 기출

7. 행정청이 행정절차법 제20조 제1항의 처분기준 사전공표의무를 위반하여 미리 공표하지 아니한 기준을 적용하여 처분을 하였다면, 그러한 사정만으로 곧바로 해당 처분에 취소사유가 존재한다. (○ | ×)
2024 변호사

8. 행정청이 처분기준 사전공표의무를 위반하여 미리 공표하지 아니한 기준을 적용하여 처분을 하였다고 하더라도, 그러한 사정만으로 곧바로 해당 처분에 취소사유에 이를 정도의 흠이 존재한다고 볼 수는 없다. (○ | ×)
2023 국가직 7급

9. 행정청이 '변경된 처분기준'을 미리 공표하지 않은 채 갱신심사에 적용하였다면 그 자체로 처분에 취소사유에 해당하는 흠이 있다고 볼 수 있다. (○ | ×)
2023 변호사 변형

정답 1. × 2. ○ 3. ○ 4. ○ 5. ○ 6. ○ 7. × 8. ○ 9. ×

10
정답 ③

① ○

> 1. 청구인과 피청구인의 표시, 심판청구취지 및 이유 등을 구분하여 기재하지 아니하고 작성자의 서명·날인이 없는 학사제명취소신청서를 제출한 경우라도 일정한 경우 적법한 행정심판청구로 보아야 한다.
> 그 밖에 청구인의 주소, 대리인의 이름과 주소, 재결청, 처분이 있은 것을 안 날, 처분을 한 행정청의 고지의 유무 및 그 내용, 대리인의 날인과 그 자격을 소명하는 서면 등의 불비한 점이 있으나 행정심판청구는 엄격한 형식을 요하지 아니하는 서면행위이어서 어느 것이나 그 보정이 가능한 것이므로, 결국 위 학사제명취소신청서는 행정소송의 전치요건인 행정심판청구서로서 원고는 적법한 행정심판청구를 한 것으로 보아야 할 것이다(대판 1990. 6. 8, 90누851).
> 2. 처분에 대한 취소를 구하는 서면이 제출된 경우 비록 진정서라는 표제하에 제출되었다 하더라도 행정심판청구로 볼 수 있다.
> 비록 제목이 '진정서'로 되어 있고, 재결청의 표시, 심판청구의 취지 및 이유, 처분을 한 행정청의 고지의 유무 및 그 내용 등 행정심판법 제19조 제2항 소정의 사항들을 구분하여 기재하고 있지 아니하여 행정심판청구서로서 형식을 다 갖추고 있다고 볼 수는 없으나, 피청구인인 처분청과 청구인의 이름과 주소가 기재되어 있고, 청구인의 기명이 되어 있으며, 문서의 기재내용에 의하여 심판청구의 대상이 되는 행정처분의 내용과 심판청구의 취지 및 이유, 처분이 있은 것을 안 날을 알 수 있는 경우, 위 문서에 기재되어 있지 않은 재결청, 처분을 한 행정청의 고지의 유무 등의 내용과 날인 등의 불비한 점은 보정이 가능하므로 위 문서를 행정처분에 대한 행정심판청구로 보는 것이 옳다(대판 2000. 6. 9, 98두2621).

② ○

> 행정처분의 직접 상대방이 아닌 제3자는 처분이 있은 날로부터 180일이 지나더라도 특별한 사정이 없는 한 정당한 사유가 있는 것으로 보아 행정심판청구가 가능하다.
> 행정처분의 직접 상대방이 아닌 제3자는 일반적으로 처분이 있는 것을 바로 알 수 없는 처지에 있으므로, 처분이 있은 날로부터 180일 내에 심판청구를 제기하지 아니하였다고 하더라도, 그 기간 내에 처분이 있은 것을 알았거나 쉽게 알 수 있었기 때문에 심판청구를 제기할 수 있었다고 볼 만한 특별한 사정이 없는 한, 위 법조항 본문의 적용을 배제할 '정당한 사유'가 있는 경우에 해당한다고 보아 위와 같은 심판청구기간이 경과한 뒤에도 심판청구를 제기할 수 있다(대판 2002. 5. 24, 2000두3641).

> **행정심판법 제27조【심판청구의 기간】** ③ 행정심판은 처분이 있었던 날부터 180일이 지나면 청구하지 못한다. 다만, 정당한 사유가 있는 경우에는 그러하지 아니하다.

③ ×

> **행정심판법 제45조【재결기간】** ① 재결은 제23조에 따라 피청구인 또는 위원회가 심판청구서를 받은 날부터 60일 이내에 하여야 한다. 다만, 부득이한 사정이 있는 경우에는 위원장이 직권으로 30일을 연장할 수 있다.

④ ○

> **행정심판법 제50조의2【위원회의 간접강제】** ① 위원회는 피청구인이 제49조 제2항(제49조 제4항에서 준용하는 경우를 포함한다) 또는 제3항에 따른 처분을 하지 아니하면 청구인의 신청에 의하여 결정으로 상당한 기간을 정하고 피청구인이 그 기간 내에 이행하지 아니하는 경우에는 그 지연기간에 따라 일정한 배상을 하도록 명하거나 즉시 배상을 할 것을 명할 수 있다.

> ⑤ 제1항 또는 제2항에 따른 결정의 효력은 피청구인인 행정청이 소속된 국가·지방자치단체 또는 공공단체에 미치며, 결정서 정본은 제4항에 따른 소송제기와 관계없이 민사집행법에 따른 강제집행에 관하여는 집행권원과 같은 효력을 가진다. 이 경우 집행문은 위원장의 명에 따라 위원회가 소속된 행정청 소속 공무원이 부여한다.

✓ 기출체크

① 관련 기출

1. 행정심판청구는 엄격한 형식을 요하지 않는 서면행위로 해석된다. (○ | ×)   2018 서울시 9급

2. 진정이라는 표현을 사용하면 그것이 실제로 행정심판의 실체를 가지더라도 행정심판으로 다툴 수 없다. (○ | ×)   2016 국회직 8급

3. 행정심판청구서의 형식을 다 갖추지 않았다면 비록 그 문서내용이 행정심판의 청구를 구하는 것을 내용으로 하더라도 부적법하다. (○ | ×)   2012 사회복지직 9급

② 관련 기출

4. 행정처분의 직접 상대방이 아닌 제3자는 행정심판법 제27조 제3항 소정의 심판청구의 제척기간 내에 처분이 있었음을 알았다는 특별한 사정이 없는 한 그 제척기간의 적용을 배제할 같은 조항 단서 소정의 정당한 사유가 있는 때에 해당한다. (○ | ×)   2016 서울시 7급

5. 행정처분의 직접 상대방이 아닌 제3자는 특별한 사정이 없는 한 180일 기간 적용을 배제할 정당한 사유가 있는 경우에 해당한다고 보아 180일이 경과한 뒤에도 심판청구를 제기할 수 있다고 함이 대법원 판례의 태도이다. (○ | ×)   2010 국회직 8급

③ 관련 기출

6. 재결은 행정심판법 제23조에 따라 피청구인 또는 위원회가 심판청구서를 받은 날부터 (　)일 이내에 하여야 한다. 다만, 부득이한 사정이 있는 경우에는 위원장이 직권으로 (　)일을 연장할 수 있다.   2016 경행경채

7. 행정심판위원회는 심판청구서를 받은 날부터 60일 이내에 재결을 하여야 하나, 위원장 직권으로 연장할 수 있다. (○ | ×)   2012 경행특채

8. 재결은 피청구인인 행정청이 행정심판청구서를 받은 날부터 90일 이내에 하여야 한다. (○ | ×)   2008 지방직 9급

④ 관련 기출

9. (행정심판법상 의무이행심판에서) 행정심판위원회는 처분의 이행을 명하는 재결에도 불구하고 처분을 하지 아니하는 피청구인에게 배상을 할 것을 명할 수 있다. (○ | ×)   2019 경행경채 2차

10. 행정심판위원회는 피청구인이 의무이행재결의 취지에 따른 처분을 하지 아니하면 청구인의 신청에 의하여 결정으로 상당한 기간을 정하고 피청구인이 그 기간 내에 이행하지 아니하는 경우에는 그 지연기간에 따라 일정한 배상을 하도록 명하거나 즉시 배상을 할 것을 명할 수 있다. (○ | ×)   2018 국가직 7급

11. 행정심판위원회는 재처분의무가 있는 피청구인이 재처분의무를 이행하지 아니하면 지연기간에 따라 일정한 배상을 하도록 명할 수는 있으나 즉시 배상을 할 것을 명할 수는 없다. (○ | ×)   2018 서울시 2회 7급

정답   1. ○   2. ×   3. ×   4. ○   5. ○   6. 60, 30   7. ×   8. ×   9. ○   10. ○   11. ×

11 정답 ①

㉮ ×

> 「공공기관의 정보공개에 관한 법률」 제2조【정의】이 법에서 사용하는 용어의 뜻은 다음과 같다.
> 3. '공공기관'이란 다음 각 목의 기관을 말한다.
>   마. 그 밖에 대통령령으로 정하는 기관
>
> 「공공기관의 정보공개에 관한 법률 시행령」 제2조【공공기관의 범위】「공공기관의 정보공개에 관한 법률」(이하 '법'이라 한다) 제2조 제3호 마목에서 '대통령령으로 정하는 기관'이란 다음 각 호의 기관 또는 단체를 말한다.
> 1. 유아교육법, 초·중등교육법, 고등교육법에 따른 각급 학교 또는 그 밖의 다른 법률에 따라 설치된 학교

> 1. 구 「공공기관의 정보공개에 관한 법률 시행령」 제2조 제1호가 정보공개의무를 지는 공공기관의 하나로 사립대학교를 들고 있는 것이 모법의 위임범위를 벗어났다거나 사립대학교가 국비의 지원을 받는 범위 내에서만 공공기관의 성격을 가진다고 볼 수 없다(사립대학교는 「공공기관의 정보공개에 관한 법률」상의 공공기관이다).
> 2. 사립대학교에 정보공개를 청구하였다가 거부되면 사립대학교총장을 피고로 하여 취소소송을 제기할 수 있다(대판 2006. 8. 24, 2004두2783).

㉯ ×

> 정보공개를 요구받은 공공기관은 법률 제 몇 호의 비공개사유에 해당하는지를 주장·입증하여야 하며, 개괄적 사유만을 들어 공개를 거부할 수 없다.
> 만일 정보공개를 거부하는 경우라 할지라도 대상이 된 정보의 내용을 구체적으로 확인·검토하여 어느 부분이 어떠한 법익 또는 기본권과 충돌되어 「공공기관의 정보공개에 관한 법률」 제7조(현 제9조) 제1항 몇 호에서 정하고 있는 비공개사유에 해당하는지를 주장·입증하여야만 할 것이며, 그에 이르지 아니한 채 개괄적인 사유만을 들어 공개를 거부하는 것은 허용되지 아니한다(대판 2003. 12. 11, 2001두8827).

㉰ ○

> 공공기관이 보유·관리하고 있는 정보가 제3자와 관련이 있는 경우, 제3자가 비공개를 요청하였다고 하여 「공공기관의 정보공개에 관한 법률」(이하 '정보공개법'이라 한다)상 정보의 비공개사유에 해당하는 것은 아니다.
> 정보공개법 제9조 제1항은 "공공기관이 보유·관리하는 정보는 공개 대상이 된다. 다만, 다음 각 호의 1에 해당하는 정보에 대하여는 이를 공개하지 아니할 수 있다."고 규정하고 있는바, 정보공개법의 입법취지 및 위와 같은 규정형식에 비추어 보면, 여기에서 말하는 공공기관이 보유·관리하는 정보라 함은 당해 공공기관이 작성하여 보유·관리하고 있는 정보뿐만 아니라 경위를 불문하고 당해 공공기관이 보유·관리하고 있는 모든 정보를 의미한다고 할 것이므로, 제3자와 관련이 있는 정보라고 하더라도 당해 공공기관이 이를 보유·관리하고 있는 이상 정보공개법 제9조 제1항 단서 각 호의 비공개사유에 해당하지 아니하면 정보공개의 대상이 되는 정보에 해당한다고 보아야 할 것이다(대판 2008. 9. 5, 2008두8680).

> 「공공기관의 정보공개에 관한 법률」 제21조【제3자의 비공개요청 등】
> ① 제11조 제3항에 따라 공개청구된 사실을 통지받은 제3자는 그 통지를 받은 날부터 3일 이내에 해당 공공기관에 대하여 자신과 관련된 정보를 공개하지 아니할 것을 요청할 수 있다.
> ② 제1항에 따른 비공개요청에도 불구하고 공공기관이 공개결정을 할 때에는 공개결정이유와 공개실시일을 분명히 밝혀 지체 없이 문서로 통지하여야 하며, 제3자는 해당 공공기관에 문서로 이의신청을 하거나 행정심판 또는 행정소송을 제기할 수 있다. 이 경우 이의신청은 통지를 받은 날부터 7일 이내에 하여야 한다.

㉱ ○

> 국민의 정보공개청구가 권리의 남용에 해당하는 것이 명백한 경우, 정보공개청구권의 행사를 허용해야 하는 것은 아니다. 해당 정보를 취득 또는 활용할 의사가 전혀 없이 정보공개제도를 이용하여 사회통념상 용인될 수 없는 부당한 이득을 얻으려 하거나, 오로지 공공기관의 담당공무원을 괴롭힐 목적으로 정보공개청구를 하는 경우는 권리의 남용에 해당한다.
> 국민의 정보공개청구는 「공공기관의 정보공개에 관한 법률」 제9조에 정한 비공개대상정보에 해당하지 아니하는 한 원칙적으로 폭넓게 허용되어야 하지만, 실제로는 해당 정보를 취득 또는 활용할 의사가 전혀 없이 정보공개제도를 이용하여 사회통념상 용인될 수 없는 부당한 이득을 얻으려 하거나, 오로지 공공기관의 담당공무원을 괴롭힐 목적으로 정보공개청구를 하는 경우처럼 권리의 남용에 해당하는 것이 명백한 경우에는 정보공개청구권의 행사를 허용하지 아니하는 것이 옳다(대판 2014. 12. 24, 2014두9349).

㉲ ○ 정보공개청구권 자체가 법률상 보호되는 구체적 권리이므로 정보공개를 청구했다가 공개거부처분을 받은 자는 개인적 이해관계와 상관없이 공개거부로 권리를 침해받으므로 당연히 공개거부를 다툴 원고적격을 가진다는 것이 판례의 취지이다.

> 정보공개를 청구하였다가 거부처분을 받은 것 자체가 법률상 이익의 침해에 해당한다(대판 2004. 8. 20, 2003두8302).

✔ 기출체크

㉮ 관련 기출

1. 유아교육법에 따른 사립유치원은 공공기관의 정보공개에 관한 법령상 공공기관에 해당하지 않는다. (○ | ×) 2024 지방직·서울시 9급

2. 사립대학교에 대한 국비 지원이 한정적·일시적·국부적이라는 점을 고려하더라도, 정보공개법 시행령에서 정보공개의무를 지는 공공기관의 하나로 사립대학교를 들고 있는 것이 헌법이 정한 대학의 자율성 보장 이념 등에 반하거나 모법인 정보공개법의 위임범위를 벗어나는 것이라고 볼 수 없다. (○ | ×) 2024 변호사

3. 사립대학교는 정보공개를 할 의무가 있는 공공기관에 해당하지 않는다. (○ | ×) 2023 군무원 9급, 2021 국회직 8급

4. 사립대학교는 정보공개법 시행령에 따른 정보공개의무를 지는 공공기관에 해당하나, 국비의 지원을 받는 범위 내에서만 그러한 공공기관의 성격을 가진다. (○ | ×) 2022 국회직 8급, 2017 지방직 9급

5. 사립대학교는 국비의 지원을 받는 범위 내에서만 공공기관의 성격을 가지므로 정보가 그에 해당하지 않는 경우 공개청구의 대상이 되지 아니한다. (○ | ×) 2022 소방간부

6. 사립대학교에 정보공개를 청구하였다가 거부될 경우 사립대학교에 대한 국가의 지원이 한정적·국부적·일시적임을 고려한다면 사립대학교총장을 피고로 하여 취소소송을 제기할 수 없다. (○ | ×) 2020 지방직·서울시 7급

㉯ 관련 기출

7. 공공기관은 「공공기관의 정보공개에 관한 법률」상 개별적 비공개사유에 해당하는 경우 이에 대한 주장이나 입증 없이 개괄적인 사유의 제시만으로 그 공개를 거부할 수 있다. (○ | ×) 2023 소방간부

8. 공공기관이 정보공개를 거부하는 경우에는 어느 부분이 어떠한 법익 또는 기본권과 충돌되어 비공개사유에 해당하는지를 주장·증명하여야 하고, 그에 이르지 아니한 채 개괄적인 사유만을 들어 공개를 거부하는 것은 허용되지 아니한다. (○ l ×)
   2022 지방직·서울시 9급

9. 공공기관이 정보공개를 거부할 때에는 개괄적인 사유만을 들 수 없고 어느 부분이 어떠한 법익 또는 기본권과 충돌하여 비공개사유에 해당하는지를 밝혀야 하나, 정보공개법 제9조 제1항 몇 호에서 정하고 있는 비공개사유에 해당하는지 주장·입증할 필요까지는 없다. (○ l ×)   2022 국회직 8급

10. 정보공개를 요구받은 공공기관이 법률에서 정한 비공개사유에 해당하는지를 주장·증명하지 아니한 채 개괄적인 사유만을 들어 공개를 거부하는 것은 허용되지 아니한다. (○ l ×)
    2021 지방직·서울시 7급

11. 공개청구된 정보를 해당 공공기관이 공개하지 않기로 결정하였다면, 법령에서 정하고 있는 비공개사유에 해당하는지를 주장·입증하여야 한다. (○ l ×)
    2012 국회(속기·경위직) 9급

㉰ 관련 기출

12. 〔신문사 기자 갑(甲)은 A광역시가 보유·관리하고 있던 시의원 을(乙)과 관련이 있는 정보를 사본 교부의 방법으로 공개하여 줄 것을 청구하였다〕 을(乙)의 비공개요청이 있는 경우 A광역시는 공개를 하여서는 아니 되고, 만일 공개하였다면 을(乙)에 대하여 손해배상책임을 지게 된다. (○ l ×)
    2022 소방직 9급

13. (甲은 행정청 A가 보유·관리하는 정보 중 乙과 관련이 있는 정보를 사본 교부의 방법으로 공개하여 줄 것을 청구하였다) A가 정보의 주체인 乙로부터 의견을 들은 결과, 乙이 정보의 비공개를 요청한 경우에는 A는 정보를 공개할 수 없다. (○ l ×)   2017 국가직(하) 9급

14. 공개청구된 사실을 통지받은 제3자가 당해 공공기관에 공개하지 아니할 것을 요청하는 때에는 공공기관은 비공개결정을 하여야 한다. (○ l ×)
    2012 지방직 9급

15. 공공기관은 공개청구된 공개대상정보의 전부 또는 일부가 제3자와 관련이 있다고 인정할 때에는 그 사실을 지체 없이 통지하여야 하며, 이 경우 제3자로부터 비공개요청이 있는 때에는 당해 정보를 공개하여서는 아니 된다. (○ l ×)   2009 국가직 7급

㉱ 관련 기출

16. 해당 정보를 취득 또는 활용할 의사가 전혀 없이 정보공개제도를 이용하여 사회통념상 용인될 수 없는 부당한 이득을 얻으려 하거나, 오로지 공공기관의 담당공무원을 괴롭힐 목적으로 정보공개청구를 하는 경우 권리남용에 해당함이 명백하므로 정보공개청구권의 행사가 허용되지 아니한다. (○ l ×)   2023 지방직·서울시 9급

17. 국민의 정보공개청구가 오로지 공공기관의 담당공무원을 괴롭힐 목적으로 정보공개청구를 하는 경우처럼 권리의 남용에 해당하는 것이 명백한 경우에는 정보공개청구권의 행사가 허용되지 아니한다. (○ l ×)
    2023 소방직 9급

18. 오로지 공공기관의 담당공무원을 괴롭힐 목적으로 정보공개청구를 하는 경우에도 정보공개청구권의 행사는 허용되어야 한다. (○ l ×)
    2021 지방직·서울시 9급

19. 정보공개제도를 이용하여 사회통념상 용인될 수 없는 부당한 이득을 얻으려 하거나, 오히려 공공기관의 담당공무원을 괴롭힐 목적으로 정보공개청구를 하는 경우라 하더라도 적법한 공개청구요건을 갖추고 있는 경우라면 정보공개청구권 행사 자체를 권리남용으로 볼 수는 없다. (○ l ×)
    2017 지방직(하) 9급

20. 정보공개청구권은 국민의 알권리에 근거한 헌법상 기본권이므로, 권리남용을 이유로 정보공개를 거부하는 것은 허용되지 아니한다. (○ l ×)
    2017 지방직 7급

㉲ 관련 기출

21. 청구인이 공공기관에 대하여 정보공개를 청구하였다가 거부처분을 받은 것 자체는 법률상 이익의 침해에 해당하지는 않는다. (○ l ×)
    2024 군무원 9급

22. 청구인이 공공기관에 대하여 정보공개를 청구하였다가 거부처분을 받은 것 자체만으로는 법률상 이익의 침해에 해당한다고 볼 수 없고, 청구인은 추가로 위 거부처분의 취소를 구할 어떤 구체적인 이익이 있다는 점에 관해 주장·증명하여야 한다. (○ l ×)   2023 변호사

23. (민간시민단체 A는 관할행정청 B에게 개발사업의 승인과 관련한 정보공개를 청구하였으나 B는 현재 재판 진행 중인 사안이 포함되어 있다는 이유로 「공공기관의 정보공개에 관한 법률」 제9조 제1항 제4호의 사유를 들어 A의 정보공개청구를 거부하였다) A는 공개청구한 정보에 대해 개별·구체적 이익이 없는 경우에도 B의 정보공개거부에 대해 취소소송으로 다툴 수 있다. (○ l ×)   2022 국가직 9급

24. 〔신문사 기자 갑(甲)은 A광역시가 보유·관리하고 있던 시의원 을(乙)과 관련이 있는 정보를 사본 교부의 방법으로 공개하여 줄 것을 청구하였다〕 을(乙)의 의견을 듣고 A광역시가 공개를 거부하였다면, 갑(甲)과 을(乙) 사이에 아무런 법률상 이해관계가 없다고 할지라도 갑(甲)은 A광역시의 거부에 대하여 항고소송으로 다툴 수 있다. (○ l ×)   2022 소방직 9급

25. 청구인이 공공기관에 대하여 정보공개를 청구하였다가 거부처분을 받은 것 자체가 법률상 이익의 침해에 해당한다. (○ l ×)
    2021 지방직·서울시 9급, 2020 군무원 7급

26. 정보공개청구권은 법률상 보호되는 구체적인 권리이므로 청구인이 공공기관에 대하여 정보공개를 청구하였다가 거부처분을 받은 것 자체가 법률상 이익의 침해에 해당한다. (○ l ×)   2021 국가직 9급

정답 1. × 2. ○ 3. × 4. × 5. × 6. × 7. × 8. ○ 9. × 10. ○ 11. ○ 12. × 13. × 14. × 15. × 16. ○ 17. ○ 18. × 19. × 20. × 21. × 22. × 23. ○ 24. ○ 25. ○ 26. ○

12
정답 ②

㉮ ×

> 개발제한구역 중 일부취락을 개발제한구역에서 해제하는 내용의 도시관리계획변경결정에 대하여, 개발제한구역 해제대상에서 누락된 토지의 소유자는 위 결정의 취소를 구할 법률상 이익이 없다(대판 2008. 7. 10, 2007두10242).

㉯ ×

> 상수원보호구역의 인근주민은 상수원보호구역지정해제를 다툴 원고적격이 없다.
> 상수원보호구역 설정의 근거가 되는 수도법 제5조 제1항 및 동 시행령 제7조 제1항이 보호하고자 하는 것은 상수원의 확보와 수질보전일 뿐이고, 그 상수원에서 급수를 받고 있는 지역주민들이 가지는 상수원의 오염을 막아 양질의 급수를 받을 이익은 직접적이고 구체적으로는 보호하고 있지 않음이 명백하여 위 지역주민들이 가지는 이익은 상수원의 확보와 수질보호라는 공공의 이익이 달성됨에 따라 반사적으로 얻게 되는 이익에 불과하므로 지역주민들에 불과한 원고들에게는 위 상수원보호구역변경처분의 취소를 구할 법률상 이익이 없다(대판 1995. 9. 26, 94누14544).

(다) ○

> 제약회사는 보건복지부 고시인 「약제급여·비급여목록 및 급여상한금액표」의 취소를 구할 원고적격이 있다.
> 어떠한 고시가 일반적·추상적 성격을 가질 때에는 법규명령 또는 행정규칙에 해당할 것이지만, 다른 집행행위의 매개 없이 그 자체로서 직접 국민의 구체적인 권리·의무나 법률관계를 규율하는 성격을 가질 때에는 행정처분에 해당한다. 보건복지부 고시인 「약제급여·비급여목록 및 급여상한금액표」(보건복지부 고시 제2002-46호로 개정된 것)는 다른 집행행위의 매개 없이 그 자체로서 국민건강보험가입자, 국민건강보험공단, 요양기관 등의 법률관계를 직접 규율하는 성격을 가지므로 항고소송의 대상이 되는 행정처분에 해당한다. 제약회사가 자신이 공급하는 약제에 관하여 국민건강보험법, 같은 법 시행령, 「국민건강보험 요양급여의 기준에 관한 규칙」(2001. 12. 31, 보건복지부령 제207호) 등 약제 상한금액고시의 근거법령에 의하여 보호되는 직접적이고 구체적인 이익을 향유하는데, 보건복지부 고시인 「약제급여·비급여목록 및 급여상한금액표」(보건복지부 고시 제2002-46호로 개정된 것)로 인하여 자신이 제조·공급하는 약제의 상한금액이 인하됨에 따라 위와 같이 보호되는 법률상 이익이 침해당할 경우, 제약회사는 위 고시의 취소를 구할 원고적격이 있다(대판 2006. 9. 22, 2005두2506).

(라) ○

> 1. 법령이 특정한 행정기관 등으로 하여금 다른 행정기관을 상대로 제재적 조치를 취할 수 있도록 하면서, 그에 따르지 않으면 그 행정기관에 대하여 과태료를 부과하거나 형사처벌을 할 수 있도록 정하는 경우가 있다. 이러한 경우에는 단순히 국가기관이나 행정기관의 내부적 문제라거나 권한분장에 관한 분쟁으로만 볼 수 없다. 행정기관의 제재적 조치의 내용에 따라 '구체적 사실에 대한 법집행으로서 공권력의 행사'에 해당할 수 있고, 그러한 조치의 상대방인 행정기관이 입게 될 불이익도 명확하다. 그런데도 그러한 제재적 조치를 기관소송이나 권한쟁의심판을 통하여 다툴 수 없다면, 제재적 조치는 그 성격상 단순히 행정기관 등 내부의 권한행사에 머무는 것이 아니라 상대방에 대한 공권력행사로서 항고소송을 통한 주관적 구제대상이 될 수 있다고 보아야 한다. 기관소송 법정주의를 취하면서 제한적으로만 이를 인정하고 있는 현행 법령의 체계에 비추어 보면, 이 경우 항고소송을 통한 구제의 길을 열어주는 것이 법치국가원리에도 부합한다. 따라서 이러한 권리구제나 권리보호의 필요성이 인정된다면 예외적으로 그 제재적 조치의 상대방인 행정기관 등에게 항고소송 원고로서의 당사자능력과 원고적격을 인정할 수 있다.
> 2. (국민권익위원회가 소방청장에게 인사와 관련하여 부당한 지시를 한 사실이 인정된다며 이를 취소할 것을 요구하기로 의결하고 그 내용을 통지하자 소방청장이 국민권익위원회 조치요구의 취소를 구하는 소송을 제기한 사안에서) 처분성이 인정되는 국민권익위원회의 조치요구에 불복하고자 하는 소방청장으로서는 조치요구의 취소를 구하는 항고소송을 제기하는 것이 유효·적절한 수단으로 볼 수 있으므로 소방청장이 예외적으로 당사자능력과 원고적격을 가진다(대판 2018. 8. 1, 2014두35379).

(마) ✕

> 환경부장관이 생태·자연도 1등급으로 지정되었던 지역을 2등급 또는 3등급으로 변경하는 내용의 생태·자연도 수정·보완을 고시하자, 인근주민 甲이 생태·자연도 등급변경처분의 무효확인을 청구한 사안에서, 甲은 무효확인을 구할 원고적격이 없다.
> 1등급 권역의 인근주민들이 가지는 이익은 환경보호라는 공공의 이익이 달성됨에 따라 반사적으로 얻게 되는 이익에 불과하므로, 인근주민에 불과한 甲은 생태·자연도 등급권역을 1등급에서 일부는 2등급으로, 일부는 3등급으로 변경한 결정의 무효확인을 구할 원고적격이 없다(대판 2014. 2. 21, 2011두29052).

✔ 기출체크

㉮ 관련 기출

1. 개발제한구역 중 일부취락을 개발제한구역에서 해제하는 내용으로 도시관리계획변경의 결정·고시가 있는 사안에서, 해제대상에서 누락된 개발제한구역 내 토지의 소유자는 위 결정·고시의 취소를 구할 법률상 이익이 있다. (○ㅣ✕) 2025 변호사

2. 개발제한구역 중 일부취락을 개발제한구역에서 해제하는 내용의 도시관리계획변경결정에 대하여 개발제한구역 해제대상에서 누락된 토지의 소유자가 위 결정의 취소를 구하는 경우(에는 항고소송의 원고적격이 인정된다) (○ㅣ✕) 2021 국가직 9급

3. 개발제한구역 중 일부취락을 개발제한구역에서 해제하는 내용의 도시관리계획변경결정에 대하여, 개발제한구역 해제대상에서 누락된 토지의 소유자는 그 결정의 취소를 구할 법률상 이익이 있다. (○ㅣ✕) 2018 지방직 9급

4. 개발제한구역 중 일부취락을 개발제한구역에서 해제하는 내용의 도시관리계획변경결정에 대하여, 개발제한구역 해제대상에서 누락된 토지의 소유자가 도시관리계획변경결정의 취소를 구할 때(에는 판례가 원고적격을 인정한다) (○ㅣ✕) 2015 경행특채 1차

5. 개발제한구역 중 일부취락을 개발제한구역에서 해제하는 내용의 도시관리계획변경결정에 대하여, 개발제한구역 해제대상에서 누락된 토지의 소유자는 위 결정의 취소를 구할 법률상 이익이 없다. (○ㅣ✕) 2011 경행특채

㉯ 관련 기출

6. 상수원에서 급수를 받고 있는 지역주민들이 가지는 상수원의 오염을 막아 양질의 급수를 받을 이익은 근거법률에 의하여 직접적이고 구체적으로 보호되는 이익으로서, 해당 지역주민들에게는 상수원보호구역변경처분의 취소를 구할 법률상의 이익이 있다. (○ㅣ✕) 2023 경찰간부

7. 상수원보호구역 설정의 근거가 되는 수도법이 보호하고자 하는 것은 상수원의 확보와 수질보전일 뿐이고, 그 상수원에서 급수를 받고 있는 지역주민들이 가지는 상수원의 오염을 막아 양질의 급수를 받을 이익은 반사적 이익에 불과하므로 지역주민들에게는 상수원보호구역변경처분의 취소를 구할 법률상 이익이 없다. (○ㅣ✕) 2023 국회직 8급

8. 행정청의 상수원보호구역변경처분에 대해 그 상수원으로부터 급수를 받는 인근 지역주민은 해당 처분에 대한 취소를 구할 법률상 이익이 인정된다. (○ㅣ✕) 2023 소방간부

9. 상수원보호구역 설정의 근거가 되는 구 수도법 제5조 제1항 및 동 시행령 제7조 제1항은 상수원의 오염을 막아 양질의 급수를 받을 직접적이고 구체적인 지역주민들의 이익을 보호하고 있으므로 그 주민들에게는 상수원보호구역변경처분의 취소를 구할 법률상 이익이 있다. (○ㅣ✕) 2021 소방간부

10. 상수원보호구역 설정의 근거가 되는 규정이 보호하고자 하는 것은 상수원의 확보와 수질보전일 뿐이고, 그 상수원에서 급수를 받고 있는 지역주민들이 가지는 상수원의 오염을 막아 양질의 급수를 받을 이익은 상수원의 확보와 수질보호라는 공공의 이익이 달성됨에 따라 반사적으로 얻게 되는 이익에 불과하다. (○ㅣ✕) 2018 경행경채, 2017·국가직 9급

㉰ 관련 기출

11. 제약회사는 보건복지부 고시인 「약제급여·비급여목록 및 급여상한금액표」 중 그 제약회사가 제조·공급하는 약제의 상한금액 인하 부분의 취소를 구할 원고적격이 있다. (○ㅣ✕) 2023 행정사

㉣ 관련 기출

12. 처분성이 인정되는 국민권익위원회의 조치요구를 받은 소방청장은 조치요구의 취소를 구하는 항고소송의 원고적격을 가진다. (○ | ×)
2023 경찰간부

13. 법령이 특정한 행정기관 등으로 하여금 다른 행정기관을 상대로 제재적 조치를 취할 수 있도록 하면서, 그에 따르지 않으면 그 행정기관에 대하여 과태료를 부과하거나 형사처벌을 할 수 있도록 정하는 경우, 제재적 조치의 상대방인 행정기관 등에게 항고소송 원고로서의 당사자능력과 원고적격을 인정할 수 없다. (○ | ×)
2023 군무원 9급

14. 국민권익위원회의 조치요구의 취소를 구하는 소송을 제기한 소방청장(은 판례상 취소소송에서 원고적격이 인정된다) (○ | ×) 2023 군무원 7급

15. 국민권익위원회가 소방청장에게 일정한 의무를 부과하는 내용의 조치요구를 한 경우 소방청장은 조치요구의 취소를 구할 당사자능력 및 원고적격이 인정되지 않는다. (○ | ×)
2022 국가직 9급

16. 법령이 특정한 행정기관으로 하여금 다른 행정기관에 제재적 조치를 취할 수 있도록 하면서, 그에 따르지 않으면 그 행정기관에 과태료 등을 과할 수 있도록 정하는 경우, 권리구제나 권리보호의 필요성이 인정된다면 예외적으로 그 제재적 조치의 상대방인 행정기관에게 항고소송의 원고적격을 인정할 수 있다. (○ | ×)
2019 국가직 7급

㉤ 관련 기출

17. 환경부장관이 생태·자연도 1등급으로 지정되었던 지역을 2등급으로 변경하는 내용의 생태·자연도 수정·보완을 고시하는 경우, 1등급지역에 거주하던 인근주민은 생태·자연도 등급변경처분의 무효확인을 구할 원고적격이 없다. (○ | ×)
2023 국가직 9급

18. 환경부장관의 생태·자연도 등급결정으로 1등급 권역의 인근주민들이 가지는 환경상 이익은 법률상 이익이다. (○ | ×)
2023 군무원 9급

정답 1. × 2. × 3. × 4. × 5. ○ 6. × 7. ○ 8. × 9. × 10. ○
11. ○ 12. ○ 13. × 14. ○ 15. × 16. ○ 17. ○ 18. ×

13
정답 ①

① × ② ○ 행정행위의 취소는 성립상의 하자를 이유로 그 효력을 소멸시키는 행위로서 처분청은 별도의 법적 근거가 없더라도 행정행위를 취소할 수 있다. 수익적 행정처분의 경우에도 법적 근거를 요하지 않으며 비례의 원칙 등 행정법의 일반원칙에 따른 제한을 받을 뿐이다. 한편, 행정기본법에서는 행정청은 위법 또는 부당한 처분의 전부나 일부를 취소할 수 있다는 법적 근거를 마련해 두고 있다(동법 제18조).

> 처분청은 별도의 법적 근거가 없더라도 처분을 직권으로 취소할 수 있다.
> 개별토지에 대한 가격결정도 행정처분에 해당하며, 원래 행정처분을 한 처분청은 그 행위에 하자가 있는 경우에는 원칙적으로 별도의 법적 근거가 없더라도 스스로 이를 직권으로 취소할 수 있는 것이다(①)(대판 1995. 9. 15, 95누6311).

> **행정기본법 제18조【위법 또는 부당한 처분의 취소】** ① 행정청은 위법 또는 부당한 처분의 전부나 일부를 소급하여 취소할 수 있다. 다만, 당사자의 신뢰를 보호할 가치가 있는 등 정당한 사유가 있는 경우에는 장래를 향하여 취소할 수 있다(②).

③ ○ 처분청은 별도의 법적 근거가 없더라도 행정행위를 철회하거나 변경할 수 있다는 것이 판례의 입장이다. 다만, 행정기본법에서는 일정한 사유가 있으면 행정청은 처분을 철회할 수 있다는 법적 근거를 마련해 두고 있다(동법 제19조).

> 처분청은 별도의 법적 근거가 없더라도 행정행위를 철회하거나 변경할 수 있다.
> 행정행위를 한 처분청은 그 처분 당시에 그 행정처분에 별다른 하자가 없었고 또 그 처분 후에 이를 취소할 별도의 법적 근거가 없다 하더라도 원래의 처분을 그대로 존속시킬 필요가 없게 된 사정변경이 생겼거나 또는 중대한 공익상의 필요가 발생한 경우에는 별개의 행정행위로 이를 철회하거나 변경할 수 있다(대판 1992. 1. 17, 91누3130 ; 대판 1995. 2. 28, 94누7713 ; 대판 1995. 6. 9, 95누1194).

> **행정기본법 제19조【적법한 처분의 철회】** ① 행정청은 적법한 처분이 다음 각 호의 어느 하나에 해당하는 경우에는 그 처분의 전부 또는 일부를 장래를 향하여 철회할 수 있다.
> 1. 법률에서 정한 철회사유에 해당하게 된 경우
> 2. 법령 등의 변경이나 사정변경으로 처분을 더 이상 존속시킬 필요가 없게 된 경우
> 3. 중대한 공익을 위하여 필요한 경우

④ ○

> 처분에 대한 취소소송이 진행 중이라도 부과권자는 처분을 직권취소할 수 있다.
> 변상금 부과처분에 대한 취소소송이 진행 중이라도 그 부과권자로서는 위법한 처분을 스스로 취소하고 그 하자를 보완하여 다시 적법한 부과처분을 할 수도 있다(대판 2006. 2. 10, 2003두5686).

✓ 기출체크

① 관련 기출

1. 행정처분을 한 처분청은 그 행위에 하자가 있는 경우에는 원칙적으로 별도의 법적 근거가 없더라도 스스로 이를 직권으로 취소할 수 있다. (○ | ×)
2024 지방직·서울직 7급

2. 행정처분을 한 행정청은 그 처분의 성립에 하자가 있는 경우 이를 취소할 별도의 법적 근거가 없다 하더라도 직권으로 이를 취소할 수 있다.
(○ | ×) 2024 소방직 9급, 2022 국회직 8급, 2020·2017 국가직 9급

3. 행정기본법은 직권취소에 관한 일반적 근거규정을 두고 있어, 개별법률의 근거가 없더라도 직권취소가 가능하다. (○ | ×) 2023 군무원 7급

4. 처분청은 행정처분에 하자가 있는 경우에는 별도의 법적 근거가 있어야만 스스로 이를 취소할 수 있다. (○ | ×) 2023 군무원 9급

5. 처분청은 행정처분에 하자가 있는 경우라도 취소에 관한 별도의 법적 근거가 없으면 해당 행정처분을 스스로 취소할 수 없다. (○ | ×)
2023 국회직 8급, 2022 소방직 9급

6. 처분청은 행정처분에 하자가 있는 경우에 별도의 법적 근거가 없더라도 스스로 이를 취소할 수 있는데, 다만 수익적 행정처분의 경우에는 해당 법률에 취소에 관한 별도의 법적 근거가 요구된다. (○ | ×) 2021 변호사

② 관련 기출

7. 행정청은 위법 또는 부당한 처분의 전부나 일부를 소급하여 취소할 수 있다. 다만, 당사자의 신뢰를 보호할 가치가 있는 등 정당한 사유가 있는 경우에는 장래를 향하여 취소할 수 있다. (○ | ×) 2024 국가직 9급

8. 행정청은 당사자의 신뢰를 보호할 가치가 있는 등 정당한 사유가 있는 경우에는 위법 또는 부당한 처분의 전부나 일부를 장래를 향하여 취소할 수 있다. (○ | ×) 2023 국회직 8급, 2023 지방직·서울시 7급

9. 행정청은 정당한 사유가 있는 경우에는 처분을 장래를 향하여 취소할 수 있다. (○ | ×) 2023 군무원 9급

10. 행정청은 부당한 처분의 전부나 일부를 소급하여 취소할 수 있다. (○ | ×)
2023 소방직 9급

11. 행정청은 위법 또는 부당한 처분의 전부나 일부를 소급하여 취소할 수 있으나 당사자의 신뢰를 보호할 가치가 있는 경우에는 장래를 향하여 취소할 수 있다. (○ | ×)
2023 소방간부

12. 행정청은 당사자의 신뢰를 보호할 가치가 있는 등 정당한 사유가 있는 경우에는 위법한 처분을 장래를 향하여 취소할 수 있다. (○ | ×)
2022 국가직 7급

③ 관련 기출

13. 행정청은 사정변경으로 적법한 처분을 더 이상 존속시킬 필요가 없게 된 경우 그 처분의 전부 또는 일부를 장래를 향하여 철회할 수 있다. (○ | ×)
2024 국가직 9급

14. 행정행위를 한 처분청은 비록 그 처분 당시에 별다른 하자가 없었고, 또 그 처분 후에 이를 철회할 별도의 법적 근거가 없다 하더라도 원래의 처분을 존속시킬 필요가 없게 된 사정변경이 생겼거나 또는 중대한 공익상의 필요가 발생한 경우에는 그 효력을 상실케 하는 별개의 행정행위로 이를 철회할 수 있다. (○ | ×)
2023 지방직·서울시 7급

15. 행정기본법은 직권취소나 철회의 일반적 근거규정을 두고 있고, 직권취소나 철회는 개별법률의 근거가 없어도 가능하다. (○ | ×) 2023 국가직 9급

16. 행정행위를 한 처분청은 비록 처분 당시에 별다른 하자가 없었고, 처분 후에 이를 철회할 별도의 법적 근거가 없더라도 원래의 처분을 존속시킬 필요가 없게 된 중대한 공익상 필요가 발생한 경우에도 그 효력을 상실케 하는 별개의 행정행위로 이를 철회할 수 없다. (○ | ×) 2021 군무원 9급

17. 행정행위를 한 처분청은 비록 처분 당시에 별다른 하자가 없었고, 처분 후에 이를 철회할 별도의 법적 근거가 없더라도 원래의 처분을 존속시킬 필요가 없게 된 사정변경이 생겼다는 이유만으로 그 효력을 상실케 하는 별개의 행정행위로 이를 철회하는 것은 허용되지 않는다. (○ | ×)
2021 군무원 9급

18. 철회권이 유보된 경우라도 수익적 행정행위의 철회에 있어서는 반드시 법적 근거가 필요하다. (○ | ×) 2016 서울시 9급

④ 관련 기출

19. 변상금 부과처분에 대한 취소소송이 진행 중이라면 그 부과권자는 위법한 처분을 스스로 취소하고 그 하자를 보완하여 다시 적법한 부과처분을 할 수 없다. (○ | ×) 2023 경찰간부

20. 행정청은 행정소송이 계속되고 있는 때에는 직권으로 해당 처분을 변경할 수 없다. (○ | ×) 2021 행정사

21. 변상금 부과처분에 대한 취소소송이 진행 중이라도 처분청은 위법한 처분을 스스로 취소하고 그 하자를 보완하여 다시 적법한 부과처분을 할 수 있다. (○ | ×) 2018 서울시 1회 7급

22. 변상금 부과처분에 대한 취소소송이 진행 중이라도 그 부과권자는 위법한 처분을 스스로 취소하고 그 하자를 보완하여 다시 적법한 부과처분을 할 수도 있다. (○ | ×) 2017 국가직 9급

23. 취소소송이 진행 중이라도 처분권자는 위법한 처분을 스스로 취소하고 그 하자를 보완하여 다시 적법한 처분을 할 수 있다. (○ | ×)
2015 국가직 7급

정답 1. ○ 2. ○ 3. ○ 4. × 5. × 6. × 7. ○ 8. ○ 9. ○ 10. ○
11. ○ 12. ○ 13. ○ 14. ○ 15. ○ 16. × 17. × 18. ×
19. × 20. × 21. ○ 22. ○ 23. ○

14   정답 ②

① × 처분사유의 추가·변경은 처분 자체는 그대로 두고 처분의 사유만 당초 처분시에 제시한 사유에서 다른 사유를 추가 또는 교체하는 것이다. 따라서 처분 그 자체가 변경되는 것은 아니므로 처분의 변경으로 인한 소변경을 신청할 필요는 없다.

② ○

> 1. 행정청이 당초 처분의 근거로 삼은 사유와 사회적 사실관계의 기본적 동일성이 인정되더라도 그에 대한 규범적 평가와 처분의 근거법령 변경으로 당초 처분의 내용을 변경할 필요성이 제기되는 경우, 행정처분의 적법성과 효력을 다투는 항고소송에서 당초 처분의 내용을 그대로 유지한 채 근거법령만 추가·변경하는 것이 허용될 수 없다.
> 2. 처분청이 거부처분에 대한 항고소송에서 기존의 처분사유와 기본적 사실관계가 동일하지 않은 사유를 처분사유로 추가·변경한 것에 대하여 처분 상대방이 추가·변경된 처분사유의 실체적 당부에 관하여 해당 소송과정에서 심리·판단하는 것에 명시적으로 동의하는 경우, 법원은 처분사유의 추가·변경을 예외적으로 허용할 수 있다(대판 2024. 11. 28, 2023두61349).

③ × 판결에 의하여 취소되는 처분이 당사자의 신청을 거부하는 것을 내용으로 하는 경우에는 그 처분을 행한 행정청은 판결의 취지에 따라 다시 이전의 신청에 대한 처분을 하여야 한다. 한편, 판결의 취지에 따른다는 의미는 반드시 원고가 신청한 대로 재처분을 하여야 하는 것을 의미하는 것은 아니다. 행정청은 반드시 원고의 신청대로 재처분하는 것은 아니고 처분 후 발생한 새로운 사유를 이유로 거부처분을 할 수도 있다.

> **행정소송법 제30조【취소판결 등의 기속력】** ① 처분 등을 취소하는 확정판결은 그 사건에 관하여 당사자인 행정청과 그 밖의 관계행정청을 기속한다.
> ② 판결에 의하여 취소되는 처분이 당사자의 신청을 거부하는 것을 내용으로 하는 경우에는 그 처분을 행한 행정청은 판결의 취지에 따라 다시 이전의 신청에 대한 처분을 하여야 한다.
> ③ 제2항의 규정은 신청에 따른 처분이 절차의 위법을 이유로 취소되는 경우에 준용한다.

> (재임용거부처분 취소판결을 거쳐 재임용된 교원의 경우, 임용기간만료로 교원으로서의 신분을 상실한 후 재임용되기 전까지의 기간은 공무원연금법 제23조 제1항에 정한 재직기간에 산입될 수 없다고 판시하면서) 재임용거부처분이 법원의 판결에 의하여 취소되었다고 하더라도 임용권자는 다시 재임용 심의를 하여 재임용 여부를 결정할 의무를 부담할 뿐이다(대판 2009. 3. 26, 2009두416).

④ ×

> 종전 확정판결의 행정소송과정에서 한 주장 중 처분사유가 되지 아니하여 판결의 판단대상에서 제외된 부분을 행정청이 그 후 새로이 행한 처분의 적법성과 관련하여 새로운 소송에서 다시 주장하는 것은 위 확정판결의 기판력(편저자 주 : 기속력을 의미)에 저촉되지 않는다.
> 이미 원고의 승소로 확정된 판결은 원고 출원의 광구 내에서의 불석채굴이 공익을 해한다는 이유로 한 피고의 불허가처분에 대하여 그것이 공익을 해한다고는 보기 어렵다는 이유로 이를 취소한 내용으로서 이 소송과정에서 피고가 원고 출원의 위 불석광은 광업권이 기히 설정된 고령토광과 동일광상에 부존하고 있어 불허가대상이라는 주장도 하였으나 이 주장 부분은 처분사유로 볼 수 없다는 점이 확정되어 판결의 판단대상에서 제외되었다면, 피고가 그 후 새로이 행한 처분의 적법성과 관련하여 다시 위 주장을 하더라도 위 확정판결의 기판력에 저촉된다고 할 수 없다(대판 1991. 8. 9, 90누7326).

✓ 기출체크

① 관련 기출

1. 다음 사례에 대한 설명으로 옳지 않은 것은? (다툼이 있는 경우 판례에 의함)
   2015 사회복지직 9급

   > 관할행정청은 甲에게 A를 사유로 면허취소처분을 내렸다가 甲이 이를 다투자 소송계속 중에 당해 면허취소처분의 새로운 사유로 B를 주장하였다.

   ① 처분사유의 추가 · 변경을 널리 허용한다면 처분의 상대방에게 예기치 못한 불이익이 발생할 가능성이 있다.
   ② 처분사유를 B로 추가 · 변경한다는 관할행정청의 주장이 법원에서 받아들여진 경우, 甲은 처분변경으로 인한 소의 변경을 신청하여야 한다.
   ③ 위와 같은 처분사유의 추가 · 변경은 사실심변론종결시까지만 허용된다.
   ④ A사유와 기본적 사실관계가 동일성이 있다고 인정되는 한도 내에서만 B사유로의 추가 · 변경이 허용된다.

③ 관련 기출

2. 취소판결에 의하여 취소되는 처분이 당사자의 신청을 거부하는 것을 내용으로 하는 경우에는 그 처분을 행한 행정청은 판결의 취지에 따라 다시 이전의 신청에 대한 처분을 하여야 한다. (○ | ×)
   2024 지방직 · 서울시 7급, 2011 국회직 8급

3. 거부처분취소판결이 확정되면 그 처분을 행한 행정청은 판결의 취지에 따라 다시 이전의 신청에 대한 처분을 하여야 한다. (○ | ×)
   2016 교육행정직 9급

4. 원고의 신청을 거부하는 처분에 대해 취소판결이 확정되면 기속력의 결과 행정청은 원고의 신청을 인용하는 처분을 하여야 한다. (○ | ×)
   2016 국회직 8급

④ 관련 기출

5. 행정소송법상 취소판결의 효력 중 기속력에 관한 설명으로 가장 옳지 않은 것은? (다툼이 있는 경우 판례에 의함)
   2017 서울시 9급

   ① 종전 확정판결의 행정소송과정에서 한 주장 중 처분사유가 되지 아니하여 판결의 판단대상에서 제외된 부분을 행정청이 그 후 새로이 행한 처분의 적법성과 관련하여 새로운 소송에서 다시 주장하는 것은 확정판결의 기판력에 저촉된다.
   ② 여러 법규위반을 이유로 한 영업허가취소처분이 처분의 이유로 된 법규위반 중 일부가 인정되지 않고 나머지 법규위반으로는 영업허가취소처분이 비례의 원칙에 위반된다고 취소된 경우에 판결에서 인정되지 않은 법규위반사실을 포함하여 다시 영업정지처분을 내리는 것은 동일한 행위의 반복은 아니지만 판결의 취지에 반한다.
   ③ 파면처분에 대한 취소판결이 확정되면 파면되었던 원고를 복직시켜야 한다.
   ④ 법규위반을 이유로 내린 영업허가취소처분이 비례의 원칙 위반으로 취소된 경우에 동일한 법규위반을 이유로 영업정지처분을 내리는 것은 기속력에 반하지 않는다.

📎 정답 1. ② 2. ○ 3. ○ 4. × 5. ①

15
정답 ③

①②④ ○ ③ ×

> 행정기본법 제14조 【법적용의 기준】 ① 새로운 법령 등은 법령 등에 특별한 규정이 있는 경우를 제외하고는 그 법령 등의 효력발생 전에 완성되거나 종결된 사실관계 또는 법률관계에 대해서는 적용되지 아니한다(②).
> ② 당사자의 신청에 따른 처분은 법령 등에 특별한 규정이 있거나 처분 당시의 법령 등을 적용하기 곤란한 특별한 사정이 있는 경우를 제외하고는 처분 당시의 법령 등에 따른다(①).
> ③ 법령 등을 위반한 행위의 성립과 이에 대한 제재처분은 법령 등에 특별한 규정이 있는 경우를 제외하고는 법령 등을 위반한 행위 당시의 법령 등에 따른다(④). 다만, 법령 등을 위반한 행위 후 법령 등의 변경에 의하여 그 행위가 법령 등을 위반한 행위에 해당하지 아니하거나 제재처분기준이 가벼워진 경우로서 해당 법령 등에 특별한 규정이 없는 경우에는 변경된 법령 등을 적용한다(③).

✓ 기출체크

① 관련 기출

1. 당사자의 신청에 따른 처분은 법령 등에 특별한 규정이 있거나 처분 당시의 법령 등을 적용하기 곤란한 특별한 사정이 있는 경우를 제외하고는 신청 당시의 법령 등에 따른다. (○ | ×)
   2024 소방간부, 2023 서울시 지적 7급

2. 당사자의 신청에 따른 처분은 법령 등에 특별한 규정이 있거나 신청 당시의 법령 등을 적용하기 곤란한 특별한 사정이 있는 경우를 제외하고는 신청 당시의 법령 등에 따른다. (○ | ×)
   2023 군무원 7급

3. "당사자의 신청에 따른 처분은 법령 등에 특별한 규정이 있거나 (㉠) 당시의 법령 등을 적용하기 곤란한 특별한 사정이 있는 경우를 제외하고는 (㉠) 당시의 법령 등에 따른다."는 행정기본법상 법적용의 기준에 관한 내용이다. ㉠에 들어갈 말은 '처분'이다. (○ | ×)
   2023 행정사

4. 당사자의 신청에 따른 처분은 법령 등에 특별한 규정이 있거나 처분 당시의 법령 등을 적용하기 곤란한 특별한 사정이 있는 경우를 제외하고는 처분 당시의 법령 등에 따른다. (○ | ×)
   2023 소방간부

5. 행정처분은 그 근거법령이 개정된 경우에도 경과규정에서 달리 정함이 없는 한, 처분 당시 시행되는 개정법령과 그에 정한 기준에 의하는 것이 원칙이다. (○ | ×)
   2014 지방직 7급

② 관련 기출

6. (행정기본법에 의하면) 새로운 법령 등은 법령 등에 특별한 규정이 있는 경우를 제외하고는 그 법령 등의 효력발생 전에 완성되거나 종결된 사실관계 또는 법률관계에 대해서는 적용되지 아니한다. (○ | ×)
   2024 · 2021 군무원 7급, 2023 서울시 지적 7급, 2023 소방간부

7. 경과규정 등의 특별규정 없이 법령이 변경된 경우, 그 변경 전에 발생한 사항에 대하여 적용할 법령은 개정 후의 신 법령이다. (○ | ×)
   2014 국가직 9급

③④ 관련 기출

8. 법령 등을 위반한 행위의 성립과 이에 대한 제재처분은 법령 등에 특별한 규정이 있는 경우를 제외하고는 법령 등을 위반한 행위 당시의 법령 등에 따른다. (○ | ×)
   2024 · 2021 군무원 7급, 2023 서울시 지적 7급

9. 법령 등을 위반한 행위 후 법령 등의 변경에 의하여 그 행위가 법령 등을 위반한 행위에 해당하지 아니하거나 제재처분기준이 가벼워진 경우로서 해당 법령 등에 특별한 규정이 없는 경우에는 변경된 법령 등을 적용한다. (○ | ×)
   2024 군무원 7급, 2023 서울시 지적 7급

10. "법령 등을 위반한 행위의 성립과 이에 대한 제재처분은 법령 등에 특별한 규정이 있는 경우를 제외하고는 (㉠) 당시의 법령 등에 따른다. 다만, 법령 등을 위반한 행위 후 법령 등의 변경에 의하여 그 행위가 법령 등을 위반한 행위에 해당하지 아니하거나 제재처분기준이 가벼워진 경우로서 해당 법령 등에 특별한 규정이 없는 경우에는 변경된 법령 등을 적용한다."는 행정기본법상 법적용의 기준에 관한 내용이다. ㉠에 들어갈 말은 '법령 등을 위반한 행위'이다. (○ | ×) 　　　2023 행정사

11. 법령 등을 위반한 행위의 성립과 이에 대한 제재처분은 법령 등에 특별한 규정이 있는 경우를 제외하고는 법령 등을 위반한 행위 당시의 법령 등에 따르지만 법령 등을 위반한 행위 후 법령 등의 변경에 의하여 그 행위가 법령 등을 위반한 행위에 해당하지 아니하거나 제재처분기준이 가벼워진 경우로서 해당 법령 등에 특별한 규정이 없는 경우에는 변경된 법령 등을 적용한다. (○ | ×) 　　　2023 소방간부

12. 법령위반행위가 2022년 3월 23일 있은 후 법령이 개정되어 그 위반행위에 대한 제재처분기준이 감경된 경우, 특별한 규정이 없다면 해당 제재처분에 대해서는 개정된 법령을 적용한다. (○ | ×) 　　　2022 국가직 7급

13. 법령을 위반한 행위 후 법령의 변경에 의하여 그 행위가 법령을 위반한 행위에 해당하지 아니하는 경우에도 해당 법령에 특별한 규정이 없는 경우 변경 이전의 법령을 적용한다. (○ | ×) 　　　2021 군무원 7급

정답 1. × 2. × 3. ○ 4. ○ 5. ○ 6. ○ 7. × 8. ○ 9. ○ 10. ○ 11. ○ 12. ○ 13. ×

16
정답 ④

①② ○

> **행정소송법 제9조 【재판관할】** ② 제1항에도 불구하고 다음 각 호의 어느 하나에 해당하는 피고에 대하여 취소소송을 제기하는 경우에는 대법원 소재지를 관할하는 행정법원에 제기할 수 있다(①).
> 1. 중앙행정기관, 중앙행정기관의 부속기관과 합의제 행정기관 또는 그 장(①)
> 2. 국가의 사무를 위임 또는 위탁받은 공공단체 또는 그 장
> ③ 토지의 수용 기타 부동산 또는 특정의 장소에 관계되는 처분 등에 대한 취소소송은 그 부동산 또는 장소의 소재지를 관할하는 행정법원에 이를 제기할 수 있다(②).

③ ○

> 행정소송법상 당사자소송에 해당하는 소송을 민사소송으로 제기한 경우 그러한 소송은 행정법원의 전속관할에 속하므로 관할법원에 이송하여야 한다(대판 2009. 9. 17, 2007다2428 전합).

④ × 민사소송으로 제기할 사안을 당사자소송으로 제기한 경우, 판례는 민사소송으로 제기할 것을 당사자소송으로 서울행정법원에 제기하여 관할위반이 되었더라도 피고가 관할위반이라고 항변하지 아니하고 본안에 대하여 변론을 한 경우에는 법원에 변론관할이 생겼다고 본다.

> 민사소송인 이 사건 소(환매대금증감청구소송)가 서울행정법원에 제기되었는데도 피고는 제1심법원에서 관할위반이라고 항변하지 아니하고 본안에 대하여 변론을 한 사실을 알 수 있는바, 공법상의 당사자소송사건인지 민사사건인지 여부는 이를 구별하기가 어려운 경우가 많고 행정사건의 심리절차에 있어서는 행정소송의 특수성을 감안하여 행정소송법이 정하고 있는 특칙이 적용될 수 있는 점을 제외하면 심리절차면에서 민사소송절차와 큰 차이가 없는 점 등에 비추어 보면, 행정소송법 제8조 제2항, 민사소송법 제30조에 의하여 제1심법원에 변론관할이 생겼다고 봄이 상당하다(대판 2013. 2. 28, 2010두22368).

✓ 기출체크

① 관련 기출

1. 국가의 사무를 위임 또는 위탁받은 공공단체 또는 그 장에 해당하는 피고에 대하여 취소소송을 제기하는 경우에는 대법원 소재지를 관할하는 행정법원에 제기할 수 있다. (○ | ×) 　　　2024 군무원 9급

2. 중앙행정기관이 취소소송의 피고가 되는 경우 대법원 소재지를 관할하는 행정법원에 소송을 제기해야 한다. (○ | ×) 　　　2022 경찰간부

3. 경찰청장을 피고로 하여 취소소송을 제기하는 경우, 대법원 소재지를 관할하는 행정법원이 제1심 관할법원으로 될 수 있다. (○ | ×) 　　　2018 경행경채 3차

4. 세종특별자치시에 위치한 해양수산부의 장관이 한 처분에 대한 취소소송은 서울행정법원에 제기할 수 있다. (○ | ×) 　　　2016 지방직 7급

5. 중앙행정기관의 부속기관과 합의제 행정기관 또는 그 장에 대하여 취소소송을 제기하는 경우에는 대법원 소재지를 관할하는 행정법원에 제기할 수 있다. (○ | ×) 　　　2015 서울시 7급

6. 취소소송의 제1심 관할법원은 피고의 소재지를 관할하는 행정법원으로 한다. 다만, 중앙행정기관 또는 그 장이 피고인 경우 관할법원은 대법원 소재지의 행정법원으로 한다. (○ | ×) 　　　2014 국회직 8급

② 관련 기출

7. 토지의 수용에 대한 취소소송은 그 부동산 소재지를 관할하는 행정법원에 이를 제기할 수 있다. (○ | ×) 　　　2023 군무원 7급

8. 경기도 토지수용위원회가 수원시 소재 부동산을 수용하는 재결처분을 한 경우 이에 대한 취소소송은 수원지방법원본원에 제기할 수 있다. (○ | ×) 　　　2016 지방직 7급

9. 토지의 수용 기타 부동산 또는 특정의 장소에 관계되는 처분 등에 대한 취소소송은 그 부동산 또는 장소의 소재지를 관할하는 행정법원에 이를 제기할 수 있다. (○ | ×) 　　　2015 서울시 7급

③ 관련 기출

10. 당사자소송으로 서울행정법원에 제기할 것을 민사소송으로 지방법원에 제기하여 판결이 내려진 경우, 그 판결은 관할위반에 해당한다. (○ | ×) 　　　2023 국가직 9급

④ 관련 기출

11. 민사소송인 소가 서울행정법원에 제기되었는데도 피고가 제1심법원에서 관할위반이라고 항변하지 않고 본안에서 변론을 한 경우에는 제1심법원에 변론관할이 생긴다. (○ | ×) 　　　2023 국가직 9급

정답 1. ○ 2. × 3. ○ 4. ○ 5. ○ 6. × 7. ○ 8. ○ 9. ○ 10. ○ 11. ○

17

정답 ④

① ○

> 체육시설의 회원을 모집하고자 하는 자의 '회원모집계획서 제출'은 수리를 요하는 신고이며, 이에 대한 시·도지사 등의 검토결과 통보는 수리행위로서 행정처분에 해당한다(대판 2009. 2. 26, 2006두16243).

② ○ 자기완결적 신고의 경우 적법한 신고가 있으면 행정청의 수리 여부와 무관하게 신고서가 접수기관에 도달한 때 신고의무가 이행된 것으로 본다. 따라서 적법한 신고가 있은 후라면 행정청이 수리를 하지 않았더라도 신고의 대상이 되는 행위를 한 것이 행정벌의 대상이 되지 않는다.

> 골프장이용료 변경신고와 같은 「체육시설의 설치·이용에 관한 법률」 제18조(현 제20조)에 의한 행정청에 대한 신고에는 행정청의 수리행위가 필요 없다.
> 행정청에 대한 신고는 일정한 법률사실 또는 법률관계에 관하여 관계 행정청에 일방적으로 통고를 하는 것을 뜻하는 것으로서 법에 별도의 규정이 있거나 다른 특별한 사정이 없는 한 행정청에 대한 통고로써 그치는 것이고 그에 대한 행정청의 반사적 결정을 기다릴 필요가 없는 것이므로, 「체육시설의 설치·이용에 관한 법률」 제18조에 의한 변경신고서는 그 신고 자체가 위법하거나 그 신고에 무효사유가 없는 한 이것이 도지사에게 제출하여 접수된 때에 신고가 있었다고 볼 것이고, 도지사의 수리행위가 있어야만 신고가 있었다고 볼 것은 아니다(대결 1993. 7. 6, 93마635).

> 🔍 **관련판례**
> (피고인이 숭실대학교 정문으로부터 90m 떨어진 곳에서 법정시설요건을 갖추어 관할행정청에 '당구장 신고'를 했으나 행정청이 학교보건법상의 이유를 들어 수리를 거절하였는데, 신고 후 수리거부 전 피고인이 10일간 영업을 하자 무신고영업으로 형사재판이 청구된 사건에서 당구장 신고는 자기완결적 신고로서 신고접수 후 수리 전에 영업을 하였더라도 무신고영업이 되는 것은 아니라고 판시하면서) 자기완결적 신고의 경우 요건미비의 신고를 한 후 영업행위를 하는 것은 무신고영업에 해당할 것이지만 적법한 요건을 갖춘 신고를 한 후에는 행정청의 수리 등 별도의 조치를 기다릴 것 없이 신고의 효과가 발생하므로 행정청의 수리가 거부되었다고 하여 무신고영업이 되는 것은 아니다(대판 1998. 4. 24, 97도3121).

③ ○

> 구 유통산업발전법에 따른 대규모점포의 개설 등록 및 구 재래시장법에 따른 시장관리자 지정은 행정청이 그 실체적 요건에 관한 심사를 한 후 수리하여야 하는 이른바 '수리를 요하는 신고'로서 그 수리는 행정처분에 해당한다. 그러므로 이러한 행정처분에 당연무효에 이를 정도의 중대하고도 명백한 하자가 존재하거나 그 처분이 적법한 절차에 의하여 취소되지 않는 한 구 유통산업발전법에 따른 대규모점포개설자의 지위 및 구 재래시장법에 따른 시장관리자의 지위는 공정력을 가진 행정처분에 의하여 유효하게 유지된다고 봄이 타당하다(대판 2019. 9. 10, 2019다208953).

> 🔍 **관련판례**
> 구 유통산업발전법 제12조의2 제1항, 제2항, 제3항은 기존의 대규모점포의 등록된 유형 구분을 전제로 '대형마트로 등록된 대규모점포'를 일체로서 규제대상으로 삼고자 하는 데 취지가 있는 점, …… 등을 고려할 때 대규모점포의 개설 등록은 이른바 '수리를 요하는 신고'로서 행정처분에 해당한다(대판 2015. 11. 19, 2015두295 전합).

④ ×

> **건축법 제14조 【건축신고】** ① 제11조에 해당하는 허가 대상 건축물이라 하더라도 다음 각 호의 어느 하나에 해당하는 경우에는 미리 특별자치시장·특별자치도지사 또는 시장·군수·구청장에게 국토교통부령으로 정하는 바에 따라 신고를 하면 건축허가를 받은 것으로 본다.
> 1. 바닥면적의 합계가 85제곱미터 이내의 증축·개축 또는 재축. 다만, 3층 이상 건축물인 경우에는 증축·개축 또는 재축하려는 부분의 바닥면적의 합계가 건축물 연면적의 10분의 1 이내인 경우로 한정한다.

> 1. 구 건축법 제9조(현 제14조)상의 신고를 함으로써 허가를 받은 것으로 간주되는 경우의 건축신고는 자기완결적 신고이다.
>   구 건축법(1996. 12. 30, 법률 제5230호로 개정되기 전의 것) 제9조 제1항에 의하여 신고를 함으로써 건축허가를 받은 것으로 간주되는 경우에는 건축을 하고자 하는 자가 적법한 요건을 갖춘 신고만 하면 행정청의 수리행위 등 별다른 조치를 기다릴 필요 없이 건축을 할 수 있는 것이므로 …… (대판 1999. 10. 22, 98두18435)
> 2. 건축신고 반려행위는 항고소송의 대상이 된다.
>   건축주 등으로서는 신고제하에서도 건축신고가 반려될 경우 당해 건축물의 건축을 개시하면 시정명령, 이행강제금, 벌금의 대상이 되거나 당해 건축물을 사용하여 행할 행위의 허가가 거부될 우려가 있어 불안정한 지위에 놓이게 된다. 따라서 건축신고 반려행위가 이루어진 단계에서 당사자로 하여금 반려행위의 적법성을 다투어 그 법적 불안을 해소한 다음 건축행위에 나아가도록 함으로써 장차 있을지도 모르는 위험에서 미리 벗어날 수 있도록 길을 열어주고, 위법한 건축물의 양산과 그 철거를 둘러싼 분쟁을 조기에 근본적으로 해결할 수 있게 하는 것이 법치행정의 원리에 부합한다. 그러므로 이 사건 건축신고 반려행위는 항고소송의 대상이 된다고 보는 것이 옳다(대판 2010. 11. 18, 2008두167 전합).

✔ 기출체크

① 관련 기출

1. 시·도지사 등에 대한 체육시설인 골프장회원모집계획서 제출은 자기완결적 신고이다. (○ | ×) 2023 군무원 7급

2. 체육시설의 회원을 모집하고자 하는 자의 시·도지사 등에 대한 회원모집계획서 제출(은 수리를 요하는 신고에 해당한다) (○ | ×) 2020 경행경채

3. 구 「체육시설의 설치·이용에 관한 법률」의 규정에 따라 체육시설의 회원을 모집하고자 하는 자의 '회원모집계획서 제출'은 수리를 요하는 신고이며, 이에 대하여 회원모집계획을 승인하는 시·도지사 등의 검토결과 통보는 수리행위로서 행정처분에 해당한다. (○ | ×) 2020 국가직 7급

4. 타인의 행위를 유효한 행위로 받아들이는 행정행위를 수리라 하며, 이러한 수리 중 '체육시설업자 등이 제출한 회원모집계획서에 대한 시·도지사의 검토결과 통보'의 경우 대법원은 법적 효과를 발생하지 아니하는 수리행위로서 처분성이 인정되지 않는다고 보았다. (○ | ×) 2012 경행특채

② 관련 기출

5. 자기완결적 신고의 경우 적법한 요건을 갖춘 신고를 하면 신고의 대상이 되는 행위를 적법하게 할 수 있고, 별도로 행정청의 수리를 기다릴 필요가 없다. (○ | ×) 2023 국가직 7급

6. 「체육시설의 설치·이용에 관한 법률」상 당구장업은 적법한 요건을 갖춘 신고를 접수한 행정청의 수리행위가 있어야 신고로서의 효력이 발생한다. (○ | ×) 2023 소방간부

7. 수리를 요하지 아니한 신고에 있어서 적법한 요건을 갖춘 신고의 경우에는 행정청의 수리처분 등 별단의 조치를 기다릴 필요 없이 그 접수시에 신고로서의 효력이 발생하는 것이므로 그 수리가 거부되었다고 하여 무신고영업이 되는 것은 아니다. (○ | ×)   2022 국회직 8급

8. 적법한 요건을 갖추어 당구장업 영업신고를 한 경우 행정청이 그 신고에 대한 수리를 거부하였음에도 영업을 하면 무신고영업이 된다. (○ | ×)   2016 행정사

9. 자기완결적 신고가 행정절차법상 요건을 갖춘 경우에는 신고서가 접수기관에 도달된 때에 신고의무가 이행된 것으로 본다. (○ | ×)   2014 경행특채 2차

③ 관련 기출

10. 구 유통산업발전법에 따른 대규모점포의 개설 등록 및 구 「재래시장 및 상점가 육성을 위한 특별법」에 따른 시장관리자 지정은 행정청이 실체적 요건에 관한 심사를 한 후 수리하여야 하는, 수리를 요하는 신고로서 행정처분에 해당한다. (○ | ×)   2023 국가직 7급

11. 대규모점포의 개설 등록은 자기완결적 신고이다. (○ | ×)   2023 군무원 7급

12. 유통산업발전법상 대규모점포의 개설 등록은 수리를 요하는 신고로서 행정처분에 해당한다. (○ | ×)   2023 소방직 9급, 2019 · 2018 지방직 7급

13. 구 유통산업발전법은 기존의 대규모점포의 등록된 유형 구분을 전제로 '대형마트로 등록된 대규모점포' 일체를 규제대상으로 삼고자 하는 것이 그 입법취지이므로 대규모점포의 개설 등록은 이른바 '수리를 요하는 신고'로서 행정처분에 해당한다. (○ | ×)   2019 국회직 8급

④ 관련 기출

14. 건축신고 반려행위가 이루어진 단계에서 당사자로 하여금 반려행위의 적법성을 다투어 그 법적 불안을 해소한 다음 건축행위에 나아가도록 함으로써 장차 있을지도 모르는 위험에서 벗어날 수 있도록 길을 열어주기 위하여 건축신고 반려행위는 항고소송의 대상이 된다. (○ | ×)   2024 국가직 7급

15. 건축주 등은 건축신고가 반려될 경우 건축물의 건축을 개시하면 시정명령, 이행강제금, 벌금의 대상이 되거나 당해 건축물을 사용하여 행할 행위의 허가가 거부될 우려가 있어 불안정한 지위에 놓이게 되므로, 건축신고에 대한 반려처분은 항고소송의 대상이 된다. (○ | ×)   2023 군무원 7급

16. 건축법상 신고는 자기완결적 신고로 적법한 신고행위가 있는 경우 그 효력이 발생하게 되므로, 비록 해당 신고에 대해 반려행위가 있더라도 침해되는 법률상 이익이 없어 항고소송의 대상이 되지 않는다. (○ | ×)   2022 서울시 지적 7급

17. 다른 법령에 의한 인 · 허가가 의제되지 않는 일반적인 건축신고는 자기완결적 신고이므로 이에 대한 수리거부행위는 항고소송의 대상이 되는 처분이 아니다. (○ | ×)   2020 지방직 · 서울시 9급

18. 건축신고는 자기완결적 신고이므로 신고반려행위 또는 수리거부행위는 항고소송의 대상이 되지 않는다. (○ | ×)   2019 서울시 1회 7급

19. 건축법에 따른 건축신고를 반려하는 행위는 장차 있을지도 모르는 위험에서 미리 벗어날 수 있도록 길을 열어주고 위법한 건축물의 양산과 그 철거를 둘러싼 분쟁을 조기에 근본적으로 해결할 수 있게 하여야 한다는 점에서 항고소송의 대상이 된다. (○ | ×)   2017 서울시 9급

정답 1. × 2. ○ 3. ○ 4. × 5. ○ 6. × 7. ○ 8. × 9. ○ 10. ○
11. × 12. ○ 13. ○ 14. ○ 15. ○ 16. × 17. × 18. ×
19. ○

18   정답 ④

① ○ '처분이 있음을 안 날'이란 말 그대로 처분이 있음을 안 날이고 구체적으로 그 행정처분의 위법 여부를 판단한 날을 가리키는 것은 아니라고 봄이 판례의 입장이다.

> 행정소송법 제20조 제1항이 정한 제소기간의 기산점인 '처분 등이 있음을 안 날'이란 당해 처분 등이 있었다는 사실을 현실적으로 안 날을 의미하고, 상대방이 있는 행정처분의 경우 위 제소기간의 기산점은 행정처분이 상대방에게 고지되어 상대방이 이러한 사실을 인식함으로써 행정처분이 있다는 사실을 현실적으로 알았을 때를 의미한다(대판 2014. 9. 25, 2014두8254).

② ○ 처분이 있은 날이란 상대방 있는 행정처분의 경우 행정처분이 상대방에게 도달되어 효력이 발생한 날이라는 것이 통설과 판례의 입장이다.

> 행정심판을 제기하지 아니하거나 그 재결을 거치지 아니하는 사건에 대한 제소기간을 규정한 행정소송법 제20조 제2항에서 '처분이 있은 날'이라 함은 상대방이 있는 행정처분의 경우는 특별한 규정이 없는 한 의사표시의 일반적 법리에 따라 그 행정처분이 상대방에게 고지되어 효력이 발생한 날을 말한다고 할 것이다(대판 1990. 7. 13, 90누2284).

③ ○

> (인터넷 웹사이트에 대하여 구 청소년보호법에 따른 청소년유해매체물 결정 및 고시처분을 한 사안에서, 위 결정은 이해관계인이 고시가 있었음을 알았는지 여부에 관계없이 관보에 고시됨으로써 효력이 발생하고, 그가 위 결정을 통지받지 못하였다는 것이 제소기간을 준수하지 못한 것에 대한 정당한 사유가 될 수 없다고 하면서) 불특정 다수인에게 고시 또는 공고하는 경우 상대방이 고시 또는 공고사실을 현실적으로 알았는지와 무관하게 고시가 효력이 발생하는 날에 처분이 있음을 알았다고 보아야 한다.
> 통상 고시 또는 공고에 의하여 행정처분을 하는 경우에는 그 처분의 상대방이 불특정 다수인이고 그 처분의 효력이 불특정 다수인에게 일률적으로 적용되는 것이므로, 그 행정처분에 이해관계를 갖는 자가 고시 또는 공고가 있었다는 사실을 현실적으로 알았는지 여부에 관계없이 고시가 효력을 발생하는 날 행정처분이 있음을 알았다고 보아야 한다(대판 2007. 6. 14, 2004두619).

④ ×

> 1. 처분변경명령재결에 따른 변경처분의 경우 취소소송의 대상은 변경된 내용의 당초 처분이며 제소기간은 재결서의 정본을 송달받은 날로부터 90일 이내이다.
> 2. 행정청이 식품위생법령에 따라 영업자에게 행정제재처분을 한 후 당초 처분을 영업자에게 유리하게 변경하는 처분을 한 경우, 취소소송의 대상 및 제소기간의 판단기준이 되는 처분은 변경된 내용의 당초 처분이다(대판 2007. 4. 27, 2004두9302).

✔ 기출체크

① 관련 기출

1. '처분 등이 있음을 안 날'이란 통지, 공고 기타의 방법에 의하여 해당 처분이 있었음을 현실적 · 구체적으로 안 날을 말한다. 또한 행정처분이 있었다는 사실을 알면 족하고, 구체적으로 그 위법 여부에 대한 판단까지 요하는 것은 아니다. (○ | ×)   2023 변호사

2. 상대방이 있는 행정처분에 대하여 행정심판을 거치지 아니하고 바로 취소소송을 제기하는 경우 처분이 있음을 안 날이란 통지, 공고 기타의 방법에 의해 당해 행정처분이 있었다는 사실을 현실적으로 안 날을 의미한다. (○ | ×)   2017 국가직(하) 7급

3. 처분이 있음을 안 날이란 통지, 공고 기타의 방법에 의하여 당해 처분이 있었다는 사실을 현실적으로 안 날을 의미하고 구체적으로 그 행정처분의 위법 여부를 판단한 날을 가리키는 것은 아니다. (○ | ×)
2012 국회(속기·경위직) 9급

② 관련 기출
4. 행정처분이 있은 날이라 함은 그 행정처분의 효력이 발생한 날을 의미한다. (○ | ×)
2018 서울시 9급

5. 행정처분이 있은 날이란 상대방이 있는 행정처분의 경우는 특별한 규정이 없는 한 의사표시의 일반적 법리에 따라 그 행정처분이 상대방에게 고지되어 효력이 발생한 날을 말한다. (○ | ×)
2012 국회(속기·경위직) 9급

6. 처분 등이 있은 날이란 당해 처분이 그 효력을 발생한 날을 말하며, 상대방이 있는 처분의 경우에는 상대방에게 도달되어야 한다. (○ | ×)
2010 국회속기직 9급

③ 관련 기출
7. 불특정 다수인에 대해 고시에 의하여 행정처분을 하는 경우에는 그 행정처분의 이해관계인이 고시가 있었다는 사실을 현실적으로 알았는지 여부에 관계없이 고시가 효력을 발생하는 날에 행정처분이 있음을 알았다고 보아 제소기간을 기산한다. (○ | ×)
2025 소방간부

8. 고시 또는 공고에 의하여 행정처분을 하는 경우에는 행정처분에 이해관계를 갖는 자가 고시 또는 공고가 있었다는 사실을 현실적으로 알았는지 여부에 관계없이 고시가 효력을 발생하는 날에 행정처분이 있음을 알았다고 보아야 한다. (○ | ×)
2023 경찰간부, 2020 지방직·서울시 9급

9. 고시 또는 공고에 의하여 행정처분을 하는 경우에는 고시 또는 공고의 효력발생일을 처분이 있는 날로 보아 그 날로부터 180일 이내에 행정심판을 청구할 수 있다. (○ | ×)
2018 서울시 1회 7급

10. 불특정 다수인에 대한 행정처분을 고시 또는 공고에 의하여 하는 경우에는 그 행정처분에 이해관계를 갖는 사람이 고시 또는 공고가 있었다는 사실을 현실적으로 알았는지 여부에 관계없이 고시 또는 공고가 효력을 발생한 날에 행정처분이 있음을 알았다고 보아야 한다. (○ | ×)
2017 지방직(하) 9급

11. 통상 고시 또는 공고에 의하여 행정처분을 하는 경우에 행정처분이 있었음을 안 날이란 행정처분의 이해관계를 갖는 자가 고시 또는 공고가 있었다는 사실을 현실적으로 안 날이 된다. (○ | ×)
2017 사회복지직 9급

④ 관련 기출
12. 행정청이 영업자에게 행정제재를 한 후 그 처분을 영업자에게 유리하게 변경하였고 그 변경처분에 의해 유리하게 변경된 내용의 행정제재가 위법하다고 소를 제기한 경우 제소기간의 준수 여부는 변경처분을 기준으로 판단한다. (○ | ×)
2023 소방간부

13. 행정청이 식품위생법령에 따라 영업자에게 행정제재처분을 한 후 당초 처분을 영업자에게 유리하게 변경하는 처분을 한 경우, 취소소송의 대상 및 제소기간 판단기준은 변경처분이 아니라 변경된 내용의 당초 처분이다. (○ | ×)
2017 서울시 7급

14. 3월의 영업정지처분을 2월의 영업정지처분에 갈음하는 과징금 부과처분으로 변경하는 재결의 경우 취소소송의 대상이 되는 것은 변경된 내용의 당초 처분이지 변경처분은 아니다. (○ | ×)
2017 국회직 8급

15. 영업자에 대한 행정제재처분에 대하여 행정심판위원회가 영업자에게 유리한 적극적 변경명령재결을 하고 이에 따라 처분청이 변경처분을 한 경우, 그 변경처분에 의해 유리하게 변경된 행정제재가 위법하다는 이유로 그 취소를 구하려면 변경된 내용의 당초 처분을 취소소송의 대상으로 하여야 한다. (○ | ×)
2017 국가직 9급

정답 1. ○ 2. ○ 3. ○ 4. ○ 5. ○ 6. ○ 7. ○ 8. ○ 9. × 10. ○ 11. × 12. × 13. ○ 14. ○ 15. ○

19
정답 ①

① ○

> 검사지원자 중 한정된 수의 임용대상자에 대한 임용결정만을 하는 경우 임용대상에서 제외된 자에 대하여 임용거부의 소극적 의사표시를 한 것으로 본다(대판 1991. 2. 12, 90누5825).

②③④ ×

> (검사임용을 받지 못한 사법연수원 수료생이 이를 다툰 사건에서) 행정청에는 적어도 재량권의 한계일탈이나 남용이 없는 위법하지 않은 응답을 할 의무가 있고, 이에 대해 임용신청자로서도 재량권의 한계일탈이나 남용이 없는 적법한 응답을 요구할 권리가 있다. 검사의 임용 여부는 임용권자의 자유재량에 속하는 사항이나(③) 임용권자가 동일한 검사신규임용의 기회에 원고를 비롯한 다수의 검사지원자들로부터 임용신청을 받아 전형을 거쳐 자체에서 정한 임용기준에 따라 이들 중 일부만을 선정하여 검사로 임용하는 경우에 있어서, 법령상 검사임용신청 및 그 처리의 제도에 관한 명문규정이 없다고 하여도 조리상 임용권자는 임용신청자들에게 전형의 결과인 임용 여부의 응답을 해 줄 의무가 있다(②)고 보아야 하고, 원고로서는 그 임용신청에 대하여 임용 여부의 응답을 받을 권리가 있다고 할 것이며, 응답할 것인지 여부조차도 임용권자의 편의재량사항이라고는 할 수 없다. 검사의 임용에 있어서 임용권자가 임용 여부에 관하여 어떠한 내용의 응답을 할 것인지는 임용권자의 자유재량에 속하므로 일단 임용거부라는 응답을 한 이상, 설사 그 응답내용이 부당하다고 하여도 사법심사의 대상으로 삼을 수 없는 것이 원칙이나(④), 적어도 재량권의 한계일탈이나 남용이 없는 위법하지 않은 응답을 할 의무가 임용권자에게 있고(③), 이에 대응하여 임용신청자로서도 재량권의 한계일탈이나 남용이 없는 적법한 응답을 요구할 권리가 있다고 할 것이며, 이러한 응답신청권에 기하여 재량권남용의 위법한 거부처분에 대하여는 항고소송으로서 그 취소를 구할 수 있다고 보아야 하므로(④) 임용신청자가 임용거부처분이 재량권을 남용한 위법한 처분이라고 주장하면서 그 취소를 구하는 경우에는 법원은 재량권남용 여부를 심리하여 본안에 관한 판단으로서 청구의 인용 여부를 가려야 한다(대판 1991. 2. 12, 90누5825).

✓ 기출체크

①②③④ 관련 기출
1. 검사의 임용 여부는 임용권자의 자유재량에 속하는 사항이므로, 임용권자가 동일한 검사신규임용의 기회에 원고를 비롯한 다수의 검사임용신청자 중 일부만을 검사로 임용하는 결정을 함에 있어, 임용신청자들에게 전형의 결과인 임용 여부의 응답을 할 것인지 여부는 임용권자의 편의재량사항이다. (○ | ×)
2017 경행경채

2. 다수의 검사임용신청자 중 일부만을 검사로 임용하는 결정을 함에 있어, 임용신청자들에게 전형의 결과인 임용 여부의 응답을 할 것인지는 임용권자의 편의재량사항이다. (○ | ×)
2015 국가직 9급

3. 신청에 따른 행정청의 처분이 기속행위일 때에는 행정청은 신청에 대한 응답의무를 지지만, 재량행위인 때에는 응답의무가 없다. (○ | ×)
2014 지방직 9급

4. 검사의 임용 여부는 임용권자의 자유재량에 속하는 사항이고, 임용권자가 동일한 검사신규임용의 기회에 원고를 비롯한 다수의 검사지원자들로부터 임용신청을 받아 전형을 거쳐 자체에서 정한 임용기준에 따라 이들 일부만을 선정하여 검사로 임용하는 경우에 있어서 법령상 검사임용신청 및 그 처리의 제도에 관한 명문규정이 없을 때 조리상 전형결과의 응답을 해 줄 의무는 없다. (○ | ×) 2012 사회복지직 9급

5. 검사의 임용에 있어서 임용권자는 적어도 재량권의 일탈이나 남용이 없는 위법하지 않은 응답을 할 의무가 있고, 이에 대응하여 임용신청자는 적법한 응답을 요구할 수 있는 응답신청권을 가지며, 나아가 이를 바탕으로 재량권남용의 임용거부처분에 대하여 항고소송으로 그 취소를 구할 수 있다. (○ | ×) 2008 국가직 7급

6. 무하자재량행사청구권에 관한 대법원 판례의 내용이다. 옳지 않은 것은?
2001 행정고시
① 검사지원자 중 한정된 수의 임용대상자에 대한 임용결정은 한편으로는 그 임용대상에서 제외한 자에 대한 임용거부결정이라는 양면성을 지니는 것이다.
② 임용대상에서 제외한 자에 대한 임용거부의 의사표시는 본인에게 직접 고지되지 않았다고 하여도 본인이 이를 알았거나 알 수 있었을 때에 그 효력이 발생한 것으로 보아야 한다.
③ 법령상 검사임용신청 및 그 처리에 관한 명문규정이 없는 경우에는 조리상 임용권자는 임용신청자들에게 전형의 결과인 임용 여부의 응답을 해 줄 의무가 없다.
④ 검사의 임용에 있어서 임용권자가 임용 여부에 관하여 어떠한 내용의 응답을 할 것인지는 임용권자의 자유재량에 속한다.
⑤ 임용신청자는 임용권자에게 재량권의 일탈이나 남용이 없는 적법한 응답을 요구할 권리가 있다.

정답 1. × 2. × 3. × 4. × 5. ○ 6. ③

20 정답 ④

① × 일부취소가 가능한 경우에는 원칙상 전부취소를 하여서는 안 되며 일부취소를 하여야 한다.

> 1. 외형상 하나의 행정처분이라 하더라도 가분성이 있거나 그 처분대상의 일부가 특정될 수 있다면 그 일부만의 취소도 가능하고 그 일부의 취소는 당해 취소부분에 관하여 효력이 생긴다.
> 2. 여러 개의 상이에 대한 국가유공자 요건 비해당처분에 대한 취소소송에서 그중 일부 상이가 국가유공자 요건이 인정되는 상이에 해당하고 나머지 상이는 해당하지 않는 경우, 국가유공자 요건 비해당처분 중 위 요건이 인정되는 상이에 대한 부분만을 취소하여야 할 것이고, 그 비해당처분 전부를 취소할 수는 없다고 할 것이다 (대판 2012. 3. 29, 2011두9263).

② ×

> **행정소송법 제29조【취소판결 등의 효력】**① 처분 등을 취소하는 확정판결은 제3자에 대하여도 효력이 있다.

③ ×

> 1. 행정처분취소 확정판결은 형성력이 있으므로 행정청의 별도 취소절차 없이도 처분의 효력은 소멸한다.
> 행정처분을 취소한다는 확정판결이 있으면 그 취소판결의 형성력에 의하여 당해 행정처분의 취소나 취소통지 등의 별도의 절차를 요하지 아니하고 당연히 취소의 효과가 발생한다고 할 것이고 별도로 취소의 절차를 취할 필요는 없을 것이다(대판 1991. 10. 11, 90누5443).

2. 「도시 및 주거환경정비법」상 주택재개발사업조합의 조합설립인가처분이 법원의 재판에 의하여 취소된 경우, 주택재개발사업조합이 조합설립인가처분 취소 전에 「도시 및 주거환경정비법」상 적법한 행정주체 또는 사업시행자로서 한 결의 등 처분은 소급하여 효력을 상실한다(대판 2012. 3. 29, 2008다95885).

④ ○

> 과세처분취소판결의 확정 후에 한 당초 과세처분의 경정처분은 무효이다.
> 과세처분을 취소하는 판결이 확정되면 그 과세처분은 처분시에 소급하여 소멸하므로 그 뒤에 과세관청에서 그 과세처분을 경정하는 경정처분을 하였다면 이는 존재하지 않는 과세처분을 경정한 것으로서 그 하자가 중대하고 명백한 당연무효의 처분이다(대판 1989. 5. 9, 88다카16096).

✓ 기출체크

① 관련 기출

1. 외형상 하나의 행정처분이라 하더라도 가분성이 있거나 그 처분대상의 일부가 특정될 수 있다면 그 일부만의 취소도 가능하고 그 일부의 취소는 당해 취소부분에 관하여 효력이 생긴다. (○ | ×) 2022 군무원 9급

2. 「국가유공자 등 예우 및 지원에 관한 법률」에 따른 여러 개의 상이에 대한 국가유공자 요건 비해당처분에 대한 취소소송에서 그중 일부 상이만이 국가유공자 요건이 인정되는 상이에 해당하는 경우, 국가유공자 요건 비해당처분 중 그 요건이 인정되는 상이에 대한 부분만을 취소하여야 한다. (○ | ×) 2018 지방직 9급

3. 허가의 취소사유가 발생하면 취소가 가능하지만 일부취소는 불가능하다. (○ | ×) 2015 행정사

4. 외형상 하나의 행정처분이라 하더라도 가분성이 있거나 그 처분대상의 일부가 특정될 수 있다면 그 일부만의 취소도 가능하다. (○ | ×) 2013 경행특채

5. 국고보조조림결정에서 정한 조건에 일부만 위반한 경우 그 보조조림결정의 전부를 취소한 것은 위법하다고 한 판례가 있다. (○ | ×) 2010 국회직 8급

② 관련 기출

6. 처분을 취소하는 확정판결은 소송에 관여하지 않은 제3자에 대해서도 효력이 있다. (○ | ×) 2025 소방간부

7. 처분 등을 취소하는 확정판결은 제3자에 대하여도 효력이 있다. (○ | ×) 2023 지방직·서울시 9급

8. 처분 등을 취소하는 확정판결은 당사자에 대해서만 효력이 있다. (○ | ×) 2023 행정사

9. 제3자효 행정행위를 취소하거나 무효를 확인하는 확정판결은 제3자에 대해서 효력을 미치지 않는다. (○ | ×) 2014 국가직 7급

③ 관련 기출

10. 행정처분을 취소한다는 확정판결이 있으면 그 취소판결의 형성력에 의하여 당해 행정처분의 취소나 취소통지 등의 별도의 절차를 요하지 아니하고 당연히 취소의 효과가 발생한다. (○ | ×) 2024 군무원 9급, 2015 경행특채 1차

11. 영업정지처분에 대한 취소소송에서 취소판결이 확정되면 처분청은 영업정지처분의 효력을 소멸시키기 위하여 영업정지처분을 취소하는 처분을 하여야 할 의무를 진다. (○ | ×) 2022 지방직·서울시 9급

12. 형성소송설에 따를 경우 취소판결이 확정되면 당해 처분의 효력은 행정청이 취소하지 않더라도 소급하여 효력을 상실한다. (○ | ×)

2012 지방직 9급

④ 관련 기출

13. 취소판결이 확정된 과세처분을 과세관청이 경정하는 처분을 하였다면 당연무효의 처분이라고 할 수 없고 단순위법인 취소사유를 가진 처분이 될 뿐이다. (○ | ×)

2021 군무원 7급

14. 다음 설명에 해당하는 취소소송의 판결의 효력을 바르게 묶은 것은?

2013 국가직 7급

> A : 과세처분을 취소하는 판결이 확정되면 그 과세처분은 처분시에 소급하여 소멸하는 것이므로 과세처분을 취소하는 판결이 확정된 뒤에는 그 과세처분을 경정하는 이른바 경정처분을 할 수 없다.
> B : 처분을 취소하는 판결이 확정되면 당사자인 행정청과 그 밖의 관계행정청은 동일한 사실관계에 대하여 동일한 사유로 취소된 처분과 동일한 처분을 할 수 없다.

	A	B
①	자박력	기판력
②	형성력	기속력
③	불가쟁력	집행력
④	형성력	자박력

15. 취소판결 후에 취소된 처분을 대상으로 하는 처분은 당연히 무효이다. (○ | ×)

2012 지방직(하) 7급

정답 1. ○ 2. ○ 3. × 4. ○ 5. ○ 6. ○ 7. ○ 8. × 9. × 10. ○
11. × 12. ○ 13. × 14. ② 15. ○

제 5 회 | 실전동형 모의고사 해설

문제 p.32

01	02	03	04	05	06	07	08	09	10
④	④	④	②	③	②	②	④	③	③
11	12	13	14	15	16	17	18	19	20
①	④	③	④	②	③	④	②	③	③

01
정답 ④

형식적 의미의 행정, 입법, 사법 개념은 어느 '기관'에서 행한 작용인가라는 '기관'을 중심으로 그 개념을 파악하는 것인 반면, 실질적 의미의 행정, 입법, 사법 개념은 '성질'과 '기능'을 중심으로 그 개념을 파악하는 것이다.

㉮ X 통고처분은 경찰서장이 행하므로 형식적 의미의 행정이지만, 형사재판에 갈음하는 작용으로서 실질적 의미의 사법(司法)에 해당한다.

㉯ X 시행령의 제정은 형식적 의미에서는 행정이지만, 실질적 의미에서는 입법에 해당한다.

㉰ O 집회의 금지통지는 경찰서장이 행하므로 형식적 의미의 행정이며, 법령의 제정작용도 아니고 법원의 재판에 준하는 절차도 아니므로 실질적 의미의 행정에 해당한다.

㉱ X 행정심판의 재결은 주로 행정부 소속 행정심판위원회가 행하므로 형식적 의미에서는 행정이지만, 재판과 유사한 작용이므로 실질적 의미에서는 사법(司法)에 해당한다.

㉲ O 일반법관의 임명은 대법원장이 행하므로 형식적 의미로는 사법(司法)이지만, 실질적 의미에서는 행정에 해당한다.

㉳ O 지방공무원의 임명은 형식적 의미의 행정, 실질적 의미의 행정에 해당한다.

✓ 기출체크

㉮ 관련 기출
1. 통고처분(은 실질적 의미의 행정에 해당한다) (O I X)   2015 지방직 7급

㉯ 관련 기출
2. 대통령령의 제정(은 실질적 의미의 행정에 해당한다) (O I X)
2015 지방직 7급

3. 시행규칙의 제정(은 실질적 의미, 형식적 의미 모두 행정에 속한다)
(O I X)   2010 경행특채 변형

㉰ 관련 기출
4. 집회의 금지통지(는 실질적 의미의 행정에 해당한다) (O I X)
2015 지방직 7급 변형

5. 집회의 금지통지(는 실질적 의미, 형식적 의미 모두 행정에 속한다)
(O I X)   2010 경행특채 변형

㉱ 관련 기출
6. 행정심판의 재결(은 실질적 의미의 행정에 해당한다) (O I X)
2015 지방직 7급

7. 행정심판의 재결(은 실질적 의미, 형식적 의미 모두 행정에 속한다)
(O I X)   2010 경행특채 변형

㉲ 관련 기출
8. 일반법관의 임명(은 실질적 의미의 행정에 해당한다) (O I X)
2015 지방직 7급

㉳ 관련 기출
9. 지방공무원의 임명(은 실질적 의미의 행정에는 속하나 형식적 의미의 행정이 아니다) (O I X)   2010 경행특채

정답 1. X 2. X 3. X 4. O 5. O 6. X 7. X 8. O 9. X

02
정답 ④

㉮ O

> **행정기본법 제24조【인 · 허가 의제의 기준】** ③ 주된 인 · 허가 행정청은 주된 인 · 허가를 하기 전에 관련 인 · 허가에 관하여 미리 관련 인 · 허가 행정청과 협의하여야 한다.
> ④ 관련 인 · 허가 행정청은 제3항에 따른 협의를 요청받으면 그 요청을 받은 날부터 20일 이내(제5항 단서에 따른 절차에 걸리는 기간은 제외한다)에 의견을 제출하여야 한다. 이 경우 전단에서 정한 기간(민원 처리 관련 법령에 따라 의견을 제출하여야 하는 기간을 연장한 경우에는 그 연장한 기간을 말한다) 내에 협의 여부에 관하여 의견을 제출하지 아니하면 협의가 된 것으로 본다.
>
> **제25조【인 · 허가 의제의 효과】** ① 제24조 제3항 · 제4항에 따라 협의가 된 사항에 대해서는 주된 인 · 허가를 받았을 때 관련 인 · 허가를 받은 것으로 본다.
> ② 인 · 허가 의제의 효과는 주된 인 · 허가의 해당 법률에 규정된 관련 인 · 허가에 한정된다.

㉯ O 인 · 허가 의제제도의 경우 절차는 집중되므로 주된 허가에 규정된 절차만 거치면 충분하다. 행정기본법도 이러한 전제하에, 개별법률에서 인 · 허가 의제시 관련 인 · 허가에 필요한 심의, 의견청취 등 절차를 거친다는 명시적인 규정을 둔 경우에만 이를 거치도록 하고 있다. 반면, 실체적 요건은 집중되지 않으므로 의제되는 법률에 규정된 요건까지 모두 구비된 경우에 한하여 주된 허가가 가능하다.

> 건설부장관(현 국토교통부장관)이 관계기관의 장과 협의를 거쳐 주택건설사업계획승인을 한 경우 별도로 도시계획법(현 「국토의 계획 및 이용에 관한 법률」) 소정의 중앙도시계획위원회의 의결이나 주민의 의견청취 등의 절차가 필요한 것은 아니다. - 절차집중 긍정설
> 주택건설촉진법의 목적 및 기본원칙(제1 · 2조)에 비추어 보면 건설부장관이 촉진법 제33조에 따라 관계기관의 장과 협의를 거쳐 사업계획승인을 한 이상 같은 조 제4항의 허가, 인가, 결정, 승인 등이 있는 것으로 볼 것이고, 그 절차와 별도로 도시계획법 제12조 등 소정의 중앙도시계획위원회의 의결이나 주민의 의견청취 등의 절차를 거칠 필요는 없는 것이다(대판 1992. 11. 10, 92누1162).

제5회 145

행정기본법 제24조 【인·허가 의제의 기준】 ⑤ 제3항에 따라 협의를 요청받은 관련 인·허가 행정청은 해당 법령을 위반하여 협의에 응해서는 아니 된다. 다만, 관련 인·허가에 필요한 심의, 의견청취 등 절차에 관하여는 법률에 인·허가 의제시에도 해당 절차를 거친다는 명시적인 규정이 있는 경우에만 이를 거친다.

채광계획인가로 공유수면점용허가가 의제될 경우, 공유수면점용불허 결정을 사유로 들어 채광계획을 인가하지 아니할 수 있다. – 실체집중부정설

채광계획이 중대한 공익에 배치된다고 할 때에는 인가를 거부할 수 있고, 채광계획을 불인가하는 경우에는 정당한 사유가 제시되어야 하며 자의적으로 불인가를 하여서는 아니 될 것이므로 채광계획인가는 기속재량행위에 속하는 것으로 보아야 할 것이나, 구 광업법(1999. 2. 8, 법률 제5893호로 개정되기 전의 것) 제47조의2 제5호에 의하여 채광계획인가를 받으면 공유수면점용허가를 받은 것으로 의제되고, 이 공유수면점용허가는 공유수면관리청이 공공위해의 예방 경감과 공공복리의 증진에 기여함에 적당하다고 인정하는 경우에 그 자유재량에 의하여 허가의 여부를 결정하여야 할 것이므로, 공유수면점용허가를 필요로 하는 채광계획인가신청에 대하여도, 공유수면관리청이 재량적 판단에 의하여 공유수면점용의 허가 여부를 결정할 수 있고, 그 결과 공유수면점용을 허용하지 않기로 결정하였다면, 채광계획인가관청은 이를 사유로 하여 채광계획을 인가하지 아니할 수 있는 것이다(대판 2002. 10. 11, 2001두151).

🔍 **관련판례**
건축법에서 인·허가 의제제도를 둔 취지는, 인·허가 의제사항과 관련하여 건축허가의 관할행정청으로 창구를 단일화하고 절차를 간소화하며 비용과 시간을 절감함으로써 국민의 권익을 보호하려는 것이지, 인·허가 의제사항 관련법률에 따른 각각의 인·허가 요건에 관한 일체의 심사를 배제하려는 것으로 보기는 어려우므로, 도시계획시설인 주차장에 대한 건축허가신청을 받은 행정청으로서는 건축법상 허가요건뿐 아니라 국토의 계획 및 이용에 관한 법령이 정한 도시계획시설사업에 관한 실시계획인가 요건도 충족하는 경우에 한하여 이를 허가해야 한다(대판 2015. 7. 9, 2015두39590).

㉰ ✕

1. 주된 인·허가에 관한 사항을 규정하고 있는 甲법률에서 주된 인·허가가 있으면 乙법률에 의한 인·허가를 받은 것으로 의제한다는 규정을 둔 경우에는, 주된 인·허가가 있으면 乙법률에 의한 인·허가가 있는 것으로 보는 데 그치는 것이고, 그에서 더 나아가 乙법률에 의하여 인·허가를 받았음을 전제로 한 乙법률의 모든 규정들까지 적용되는 것은 아니다.
2. 구 건축법 제8조 제4항은 건축허가를 받은 경우, 구 도시계획법 제25조의 규정에 의한 도시계획사업 실시계획의 인가를 받은 것으로 본다는 인가의제규정만을 두고 있을 뿐, 구 건축법 자체에서 새로이 설치한 공공시설의 귀속에 관한 구 도시계획법 제83조 제2항을 준용한다는 규정을 두고 있지 아니하므로, 구 건축법 제8조 제4항에 따른 건축허가를 받아 새로이 공공시설을 설치한 경우, 그 공공시설의 귀속에 관하여는 구 도시계획법 제83조 제2항이 적용되지 않는다(대판 2004. 7. 22, 2004다19715).

㉱㉲ ✕

건축불허가처분을 하면서 건축불허가사유 외에 형질변경불허가사유나 농지전용불허가사유를 들고 있는 경우, 그 건축불허가처분에 관한 쟁송에서 형질변경불허가사유나 농지전용불허가사유에 관하여도 다툴 수 있다.

건축불허가처분을 하면서 그 처분사유로 건축불허가사유뿐만 아니라 형질변경불허가사유나 농지전용불허가사유를 들고 있다고 하여 그 건축불허가처분 외에 별개로 형질변경불허가처분이나 농지전용불허가처분이 존재하는 것이 아니다(㉱). 따라서 그 건축불허가처분을 받은 사람은 그 건축불허가처분에 관한 쟁송에서 건축법상의 건축불허가사유뿐만 아니라 도시계획법상의 형질변경불허가사유나 농지법상의 농지전용불허가사유에 관하여도 다툴 수 있는 것이지, 그 건축불허가처분에 관한 쟁송과는 별개로 형질변경불허가처분이나 농지전용불허가처분에 관한 쟁송을 제기하여 이를 다투어야 하는 것은 아니며(㉲), 그러한 쟁송을 제기하지 아니하였어도 형질변경불허가사유나 농지전용불허가사유에 관하여 불가쟁력이 생기지 아니한다(대판 2001. 1. 16, 99두10988).

✔ 기출체크

㉮ 관련 기출

1. 주된 인·허가 행정청은 주된 인·허가를 하기 전에 관련 인·허가에 관하여 미리 관련 인·허가 행정청과 협의하여야 하고, 협의요청을 받은 관련 인·허가 행정청은 그 요청을 받은 날부터 원칙적으로 20일 이내에 의견을 제출하여야 한다. (○ | ✕)
2024 군무원 5급

2. 주된 인·허가 행정청은 주된 인·허가를 하기 전에 관련 인·허가에 관하여 미리 관련 인·허가 행정청과 협의하여야 한다. (○ | ✕)
2024 국회직 9급, 2024 소방간부, 2023 경찰간부

3. 관련 인·허가 행정청과 협의된 사항에 대해서는 주된 인·허가를 받았을 때 관련 인·허가를 받은 것으로 본다. (○ | ✕) 2023 서울시 지적 7급

㉯ 관련 기출

4. 도시계획시설인 주차장에 대한 건축허가신청을 받은 행정청으로서는 건축법상 허가요건뿐 아니라 그에 의해 의제되는 국토의 계획 및 이용에 관한 법령이 정한 도시계획시설사업에 관한 실시계획인가요건도 충족하는 경우에 한하여 이를 허가해야 한다. (○ | ✕) 2022 지방직·서울시 7급

5. 판례는 주무행정기관에 신청되거나 의제되는 인·허가 요건의 판단방식에 관하여 실체집중설을 취하고 있다. (○ | ✕) 2016 서울시 9급

6. 건설부장관이 구 주택건설촉진법에 따라 관계기관의 장과의 협의를 거쳐 사업계획승인을 한 이상 허가·인가·결정·승인 등이 있는 것으로 볼 것이고, 그 절차와 별도로 구 도시계획법 소정의 중앙도시계획위원회의 의결이나 주민의 의견청취 등 절차를 거칠 필요는 없다. (○ | ✕)
2016 국회직 8급

7. 주된 인·허가처분이 관계기관의 장과 협의를 거쳐 발령된 이상 의제되는 인·허가에 법령상 요구되는 주민의 의견청취 등의 절차는 거칠 필요가 없다. (○ | ✕) 2016 지방직 7급

8. 신청된 주된 인·허가절차만 거치면 되고, 의제되는 인·허가를 위하여 거쳐야 하는 주민의견청취 등의 절차를 거칠 필요는 없다. (○ | ✕)
2016 서울시 7급

㉰ 관련 기출

9. 인·허가 의제는 주된 인·허가가 있으면 다른 법률에 의한 인·허가가 있는 것으로 보는 데 그치고, 거기에서 더 나아가 다른 법률에 의하여 인·허가를 받았음을 전제로 하는 그 다른 법률의 모든 규정들까지 적용되는 것은 아니다. (○ | ✕) 2024 국회직 9급, 2024 소방간부

10. 주된 인·허가인 건축허가를 받아 새로이 공공시설을 설치하였다고 하더라도 무상귀속에 관한 관련 인·허가 법률의 규정은 적용되지 아니한다. (○ | ✕) 2023 서울시 지적 7급

11. 주된 인·허가에 관한 사항을 규정하고 있는 법률에서 주된 인·허가가 있으면 다른 법률에 의한 인·허가를 받은 것으로 의제한다는 규정을 둔 경우, 주된 인·허가가 있으면 다른 법률에 의하여 인·허가를 받았음을 전제로 하는 그 다른 법률의 모든 규정들까지 적용되는 것은 아니다. (○ㅣ×)
                 2018 국가직 7급

 관련 기출

12. 행정청이 건축불허가처분을 하면서 그 처분사유로 건축불허가사유뿐만 아니라 그 의제의 대상이 되는 형질변경불허가사유나 농지전용불허가사유를 들고 있다고 하여 그 건축불허가처분 외에 별개로 형질변경불허가처분이나 농지전용불허가처분이 존재하는 것은 아니다. (○ㅣ×)
              2022 지방직·서울시 7급

13. A허가에 대해 B허가가 의제되는 것으로 규정된 경우, A불허가처분을 하면서 B불허가사유를 들고 있으면 A불허가처분과 별개로 B불허가처분도 존재한다. (○ㅣ×)
                 2018 국가직 7급

14. 주된 인·허가인 건축불허가처분을 하면서 그 처분사유로 의제되는 인·허가에 해당하는 형질변경불허가사유를 들고 있다면, 그 건축불허가처분을 받은 자는 형질변경불허가처분에 관해서도 쟁송을 제기하여 다툴 수 있다. (○ㅣ×)
                 2016 서울시 7급

15. 주된 인·허가 거부처분을 하면서 의제되는 인·허가 거부사유를 제시한 경우, 의제되는 인·허가 거부를 다투려는 자는 주된 인·허가 거부 외에 별도로 의제되는 인·허가 거부에 대한 쟁송을 제기해야 한다. (○ㅣ×)
                 2016 지방직 7급

16. 건축법에는 건축허가를 받으면 「국토의 계획 및 이용에 관한 법률」에 의한 토지의 형질변경허가도 받은 것으로 보는 조항이 있다. 이 조항의 적용을 받는 甲이 토지의 형질을 변경하여 건축물을 건축하고자 건축허가신청을 하였다. 이에 대한 설명으로 옳은 것은? (다툼이 있는 경우 판례에 의함)
                 2015 국가직 9급
① 甲은 건축허가절차 외에 형질변경허가절차를 별도로 거쳐야 한다.
② 건축불허가처분을 하면서 건축불허가사유 외에 형질변경불허가사유를 들고 있는 경우, 甲은 건축불허가처분취소청구소송에서 형질변경불허가사유에 대하여도 다툴 수 있다.
③ 건축불허가처분을 하면서 건축불허가사유 외에 형질변경불허가사유를 들고 있는 경우, 그 건축불허가처분 외에 별개로 형질변경불허가처분이 존재한다.
④ 甲이 건축불허가처분에 관한 쟁송과는 별개로 형질변경불허가처분취소소송을 제기하지 아니한 경우 형질변경불허가사유에 관하여 불가쟁력이 발생한다.

정답 1. ○ 2. ○ 3. ○ 4. ○ 5. × 6. ○ 7. ○ 8. ○ 9. ○ 10. ○
11. ○ 12. ○ 13. × 14. ○ 15. × 16. ②

03
정답 ④

① ○
> 지방계약직 공무원에 대하여 특별한 약정이 없는 한 지방공무원법 등에 정한 징계절차에 의하지 않고 보수를 삭감할 수 없다.
> 근로기준법 등의 입법취지, 지방공무원법과 「지방공무원 징계 및 소청 규정」의 여러 규정에 비추어 볼 때, 채용계약상 특별한 약정이 없는 한, 지방계약직 공무원에 대하여 지방공무원법, 「지방공무원 징계 및 소청 규정」에 정한 징계절차에 의하지 않고서는 보수를 삭감할 수 없다고 봄이 상당하다(대판 2008. 6. 12, 2006두16328).

② ○
> 1. 행정청이 자신과 상대방 사이의 법률관계를 일방적인 의사표시로 종료시켰다고 하더라도 곧바로 의사표시가 행정청으로서 공권력을 행사하여 행하는 행정처분이라고 단정할 수는 없고, 관계법령이 상대방의 법률관계에 관하여 구체적으로 어떻게 규정하고 있는지에 따라 의사표시가 항고소송의 대상이 되는 행정처분에 해당하는지 아니면 공법상 계약관계의 일방 당사자로서 대등한 지위에서 행하는 의사표시인지를 개별적으로 판단하여야 한다.
> 2. (중소기업기술정보진흥원장이 甲주식회사와 중소기업 정보화지원사업 지원대상인 사업의 지원에 관한 협약을 체결하였는데, 협약이 甲회사에 책임이 있는 사업실패로 해지되었다는 이유로 협약에서 정한 대로 지급받은 정부지원금을 반환할 것을 통보한 사안에서) 중소기업 정보화지원사업을 위한 협약의 해지 및 그에 따른 환수통보는 공법상 계약에 따라 행정청이 대등한 당사자의 지위에서 하는 의사표시로 보아야 하고, 이를 행정청이 우월한 지위에서 행하는 공권력의 행사로서 행정처분에 해당한다고 볼 수는 없다(대판 2015. 8. 27, 2015두41449).

③ ○
> 산업단지관리공단이 구 「산업집적활성화 및 공장설립에 관한 법률」 제38조 제2항에 따른 변경계약의 취소는 항고소송의 대상이 되는 행정처분에 해당한다.
> 구 「산업집적활성화 및 공장설립에 관한 법률」 …… 규정들에서 알 수 있는 산업단지관리공단의 지위, 입주계약 및 변경계약의 효과, 입주계약 및 변경계약 체결의무와 그 의무를 불이행한 경우의 형사적 내지 행정적 제재, 입주계약해지의 절차, 해지통보에 수반되는 법적 의무 및 그 의무를 불이행한 경우의 형사적 내지 행정적 제재 등을 종합적으로 고려하면, 입주변경계약취소는 행정청인 관리권자로부터 관리업무를 위탁받은 산업단지관리공단이 우월적 지위에서 입주기업체들에게 일정한 법률상 효과를 발생하게 하는 것으로서 항고소송의 대상이 되는 행정처분에 해당한다(대판 2017. 6. 15, 2014두46843).

④ ×
> KAI(한국항공우주산업)와 체결한 '한국형 헬기 개발사업에 대한 물품·용역협약'은 공법상 계약이다.
> (국책사업인 '한국형 헬기 개발사업'(Korean Helicopter Program, 이하 'KHP사업'이라 한다)에 개발주관사업자 중 하나로 참여하여 국가 산하 중앙행정기관인 방위사업청과 '한국형 헬기 민군 겸용 핵심구성품 개발협약'을 체결한 甲주식회사가 협약을 이행하는 과정에서 환율변동 및 물가상승 등 외부적 요인 때문에 협약금액을 초과하는 비용이 발생하였다고 주장하면서 국가를 상대로 초과비용의 지급을 구하는 민사소송을 제기한 사안에서) 국가연구개발사업규정에 근거하여 국가 산하 중앙행정기관의 장과 참여기업인 甲회사가 체결한 위 협약의 법률관계는 공법관계에 해당하므로 이에 관한 분쟁은 행정소송으로 제기하여야 한다(대판 2017. 11. 9, 2015다215526).

✓ 기출체크

① 관련 기출
1. 지방계약직 공무원에 대하여는 채용계약상 특별한 약정이 없는 한 지방공무원법, 「지방공무원 징계 및 소청 규정」에 정한 징계절차에 의하지 않고서는 보수를 삭감할 수 없다. (○ | ×)
   2022 소방간부, 2021 국가직 9급, 2015 지방직 9급, 2015 지방직 7급

② 관련 기출
2. 중소기업기술정보진흥원장이 甲주식회사와 체결한 중소기업 정보화지원사업 지원대상인 사업의 지원에 관한 협약의 해지는 상대방의 권리·의무를 변경시키는 처분에 해당하므로 항고소송의 대상이 된다. (○ | ×)
   2023 지방직·서울시 7급

3. 중소기업 정보화지원사업에 따른 지원금 출연을 위하여 중소기업청장이 체결하는 협약은 공법상 대등한 당사자 사이의 의사표시의 합치로 성립하는 공법상 계약에 해당한다. (○ | ×)
   2023 국회직 8급, 2021 지방직·서울시 7급

4. 구 중소기업기술혁신촉진법상 중소기업 정보화지원사업에 따른 지원금 출연을 위하여 중소기업청장(현 중소벤처기업부장관)이 체결하는 협약은 공법상 계약에 해당하지만 그 협약의 해지 및 그에 따른 환수통보는 행정처분에 해당한다. (○ | ×)   2023 경찰간부

5. 중소기업기술정보진흥원장이 갑(甲) 주식회사와 중소기업 정보화지원사업 지원대상인 사업의 지원에 관한 협약을 체결하였는데, 협약이 갑(甲) 회사에 책임이 있는 사업실패로 해지되었다는 이유로 협약에서 정한 대로 지급받은 정부지원금을 반환할 것을 통보한 경우, 이에 대한 갑(甲) 주식회사의 불복(은 항고소송과 당사자소송 중 (   )의 대상이다)
   2022 서울시 지적 7급

6. 중소기업 정보화지원사업에 따른 지원금 출연을 위하여 중소기업청장이 체결하는 협약은 공법상 대등한 당사자 사이의 의사표시의 합치로 성립하는 공법상 계약에 해당하고 그 협약의 해지 및 그에 따른 환수통보는 공법상 계약에 따라 행정청이 대등한 당사자의 지위에서 하는 의사표시이다. (○ | ×)   2022 국가직 7급

③ 관련 기출
7. 산업단지관리공단이 구 「산업집적활성화 및 공장설립에 관한 법률」에 따른 입주변경계약을 취소한 것은 행정청인 관리권자로부터 관리업무를 위탁받은 산업단지관리공단이 우월적 지위에서 입주기업체들에게 일정한 법률상 효과를 발생하게 하는 것으로서 항고소송의 대상이 되는 행정처분이다. (○ | ×)   2025 변호사

8. 행정청인 관리권자로부터 관리업무를 위탁받은 공단이 우월적 지위에서 일정한 법률상 효과를 발생하게 하는 공단입주변경계약은 공법계약으로 이의 취소는 공법상 당사자소송으로 해야 한다. (○ | ×) 2020 군무원 7급

9. 구 「산업집적활성화 및 공장설립에 관한 법률」에 따른 산업단지입주계약의 해지통보는 행정청인 관리권자로부터 관리업무를 위탁받은 한국산업단지공단이 우월적 지위에서 그 상대방에게 일정한 법률상 효과를 발생하게 하는 것으로서 항고소송의 대상이 되는 행정처분에 해당한다. (○ | ×)   2017 지방직 7급

④ 관련 기출
10. 중앙행정기관인 방위사업청과 부품개발협약을 체결한 기업이 협약을 이행하는 과정에서 환율변동 및 물가상승 등 외부적 요인으로 발생한 초과비용 지급에 대한 소송은 민사소송에 의한다. (○ | ×)   2023 소방간부

11. 국가 산하 중앙행정기관인 방위사업청과 개발협약을 체결한 상대방이 협약을 이행하는 과정에서 환율변동 등 외부적 요인으로 발생한 초과비용을 청구하는 소송은 행정소송에 해당한다. (○ | ×)   2021 경행경채

정답 1. ○ 2. × 3. ○ 4. × 5. 당사자소송 6. ○ 7. ○ 8. × 9. ○ 10. × 11. ○

04
정답 ②

① × 조세·보안처분 등에 관한 사항에는 행정조사기본법이 적용되지 아니하나, 행정조사기본법 제3조 제3항에 따르면 이 경우에도 제4조(행정조사의 기본원칙), 제5조(행정조사의 근거) 및 제28조(정보통신수단을 통한 행정조사)에 관한 규정은 적용된다.

> **행정조사기본법 제3조【적용범위】** ② 다음 각 호의 어느 하나에 해당하는 사항에 대하여는 이 법을 적용하지 아니한다.
> 5. 조세·형사·행형 및 보안처분에 관한 사항
> ③ 제2항에도 불구하고 제4조(행정조사의 기본원칙), 제5조(행정조사의 근거) 및 제28조(정보통신수단을 통한 행정조사)는 제2항 각 호의 사항에 대하여 적용한다.

② ○

> **행정조사기본법 제5조【행정조사의 근거】** 행정기관은 법령 등에서 행정조사를 규정하고 있는 경우에 한하여 행정조사를 실시할 수 있다. 다만, 조사대상자의 자발적인 협조를 얻어 실시하는 행정조사의 경우에는 그러하지 아니하다.

> 행정조사기본법 제5조에 의하면 행정기관은 법령 등에서 행정조사를 규정하고 있는 경우에 한하여 행정조사를 실시할 수 있으나(본문), 한편 '조사대상자의 자발적인 협조를 얻어 실시하는 행정조사'의 경우에는 그러한 제한이 없이 실시가 허용된다(단서). 행정조사기본법 제5조는 행정기관이 정책을 결정하거나 직무를 수행하는 데에 필요한 정보나 자료를 수집하기 위하여 행정조사를 실시할 수 있는 근거에 관하여 정한 것으로서, 이러한 규정의 취지와 아울러 문언에 비추어 보면, 단서에서 정한 '조사대상자의 자발적인 협조를 얻어 실시하는 행정조사'는 개별법령 등에서 행정조사를 규정하고 있는 경우에도 실시할 수 있다 (대판 2016. 10. 27, 2016두41811).

③ ×

> **행정조사기본법 제20조【자발적인 협조에 따라 실시하는 행정조사】** ① 행정기관의 장이 제5조 단서에 따라 조사대상자의 자발적인 협조를 얻어 행정조사를 실시하고자 하는 경우 조사대상자는 문서·전화·구두 등의 방법으로 당해 행정조사를 거부할 수 있다.
> ② 제1항에 따른 행정조사에 대하여 조사대상자가 조사에 응할 것인지에 대한 응답을 하지 아니하는 경우에는 법령 등에 특별한 규정이 없는 한 그 조사를 거부한 것으로 본다.

④ ×

> 세무조사결정은 항고소송의 대상이 되는 행정처분에 해당한다.
> 부과처분을 위한 과세관청의 질문조사권이 행해지는 세무조사결정이 있는 경우 납세의무자는 세무공무원의 과세자료 수집을 위한 질문에 대답하고 검사를 수인하여야 할 법적 의무를 부담하게 되는 점, …… 등을 종합하면, 세무조사결정은 납세의무자의 권리·의무에 직접 영향을 미치는 공권력의 행사에 따른 행정작용으로서 항고소송의 대상이 된다 (대판 2011. 3. 10, 2009두23617·23624).

✔ 기출체크

① 관련 기출
1. 행정조사기본법 제4조(행정조사의 기본원칙)는 조세·보안처분에 관한 사항에 대하여 적용하지 아니한다. (○ | ×) 2022 국가직 7급

② 관련 기출
2. 행정조사기본법 제5조 단서에서 정한 '조사대상자의 자발적인 협조를 얻어 실시하는 행정조사'는 개별법령 등에서 행정조사를 규정하고 있는 경우에도 실시할 수 있다. (○ | ×) 2024 국가직 7급

3. 조사대상자의 자발적인 협조를 얻어 실시하는 행정조사를 제외하고는 행정기관은 법령 등에서 행정조사를 규정하고 있는 경우에 한하여 행정조사를 실시할 수 있다. (○ | ×) 2024 국회직 9급

4. 조사대상자의 자발적인 협조를 얻어 실시하는 행정조사 외에는, 행정기관은 법령 등에서 행정조사를 규정하고 있는 경우에 한하여 행정조사를 실시할 수 있다. (○ | ×) 2024 군무원 7급

5. 조사대상자의 자발적 협조를 얻는 경우가 아니라면 행정기관은 법령 등에서 행정조사를 규정하고 있는 경우에 한하여 행정조사를 실시할 수 있다. (○ | ×) 2024 소방간부

6. 개별법령 등에서 행정조사를 규정하고 있지 않더라도, 행정기관은 조사대상자가 자발적으로 협조하는 경우에는 행정조사를 실시할 수 있다. (○ | ×) 2023 국가직 9급

7. 조사대상자의 자발적인 협조를 전제할 뿐 조사거부에 대한 어떠한 제재도 없는 임의적 행정조사라면 법령상 명확한 위임근거가 없다고 하더라도 가능하다. (○ | ×) 2023 소방간부

8. 행정기관은 법령 등에서 행정조사를 규정하고 있는 경우가 아니라도 조사대상자의 자발적인 협조를 얻어 행정조사를 실시할 수 있다. (○ | ×) 2021 국회직 8급

9. 행정기관은 법령 등에서 행정조사를 규정하고 있는 경우에 한하여 행정조사를 실시할 수 있지만 조사대상자의 자발적인 협조를 얻어 실시하는 경우에는 그러하지 아니하다. (○ | ×) 2020 소방직 9급

③ 관련 기출
10. 자발적인 협조에 따라 실시하는 행정조사에 대하여 조사대상자가 조사에 응할 것인지에 대한 응답을 하지 아니하는 경우에는 법령 등에 특별한 규정이 없는 한 그 조사를 인정한 것으로 본다. (○ | ×) 2024 국회직 8급

11. 행정기관의 장이 조사대상자의 자발적인 협조를 얻어 행정조사를 실시하고자 하는 경우 조사대상자는 문서·전화·구두 등의 방법으로 당해 행정조사를 거부할 수 있다. (○ | ×) 2023 군무원 7급

12. 행정조사기본법에 따르면 조사대상자의 자발적인 협조를 얻어 행정조사를 실시하고자 하는 경우 조사대상자는 문서·전화·구두 등의 방법으로 당해 행정조사를 거부할 수 있다. (○ | ×) 2023 지방직·서울시 9급

13. 행정조사기본법에 의하면 조사대상자의 자발적인 협조를 얻어 실시하는 행정조사의 경우에는 법령 등의 근거 없이도 행할 수 있으며, 이러한 행정조사에 대하여 조사대상자가 조사에 응할 것인지에 대한 응답을 하지 아니하는 경우에는 법령 등에 특별한 규정이 없는 한 그 조사를 거부한 것으로 본다. (○ | ×) 2019 지방직 7급

④ 관련 기출
14. 부과처분을 위한 과세관청의 질문조사권이 행하여지는 세무조사의 경우 납세자 또는 그 납세자와 거래가 있다고 인정되는 자 등은 세무공무원의 과세자료 수집을 위한 질문에 대답하고 검사를 수인하여야 할 법적 의무를 부담한다. (○ | ×) 2023 소방간부

15. 과세관청의 질문조사권이 행해지는 세무조사결정은 납세의무자의 권리·의무에 직접 영향을 미치는 공권력의 행사에 따른 행정작용으로서 항고소송의 대상이 된다. (○ | ×) 2022 국가직 7급

16. 세무조사결정은 납세의무자의 권리·의무에 직접 영향을 미치는 공권력의 행사에 따른 행정작용으로 보기 어려우므로 항고소송의 대상이 될 수 없다. (○ | ×) 2021 군무원 9급

17. 행정조사는 처분성이 인정되지 않으므로 세무조사결정이 위법하더라도 이에 대해서는 항고소송을 제기할 수 없다. (○ | ×) 2018 국가직 9급

18. 지방자치단체장의 세무조사결정은 납세의무자의 권리·의무에 간접적 영향을 미치는 행정작용으로서 항고소송의 대상이 되지 않는다. (○ | ×) 2018 서울시 2회 7급

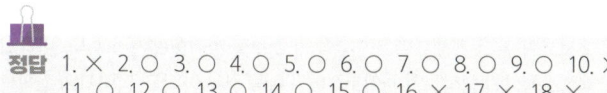
정답 1. × 2. ○ 3. ○ 4. ○ 5. ○ 6. ○ 7. ○ 8. ○ 9. ○ 10. ×
11. ○ 12. ○ 13. ○ 14. ○ 15. ○ 16. × 17. × 18. ×

05 정답 ③

① ○
> 신뢰보호원칙의 적용요건인 행정청의 공적 견해표명이 있었는지를 판단할 때 행정조직상의 형식적인 권한분장에 구애될 것은 아니지만, 공적 견해표명이 있다고 인정하기 위해서는 적어도 담당자의 조직상 지위와 임무, 당해 언동을 하게 된 구체적인 경위 등에 비추어 그 언동의 내용을 신뢰할 수 있는 경우이어야 한다(대판 2021. 12. 30, 2021두45671).

② ○
> 1. 일반적으로 행정상의 법률관계에 있어서 행정청의 행위에 대하여 신뢰보호의 원칙이 적용되기 위해서는, 첫째 행정청이 개인에 대하여 신뢰의 대상이 되는 공적인 견해표명을 하여야 하고, 둘째 행정청의 견해표명이 정당하다고 신뢰한 데에 대하여 그 개인에게 귀책사유가 없어야 하며, 셋째 그 개인이 그 견해표명을 신뢰하고 이에 상응하는 어떠한 행위를 하였어야 하고, 넷째 행정청이 위 견해표명에 반하는 처분을 함으로써 그 견해표명을 신뢰한 개인의 이익이 침해되는 결과가 초래되어야 하며, 마지막으로 위 견해표명에 따른 행정처분을 할 경우 이로 인하여 공익 또는 제3자의 정당한 이익을 현저히 해할 우려가 있는 경우가 아니어야 한다(대판 2006. 2. 24, 2004두13592).
> 2. 신뢰보호의 이익과 공익이 충돌하는 경우 양자의 이익을 비교·형량하여야 한다(대판 1997. 9. 12, 96누18380).

③ ×
> 귀책사유란 사기 등 부정행위에 의한 것뿐만 아니라 행정청의 견해표명에 하자가 있음을 알았거나 중대한 과실로 알지 못한 경우까지 포함한다.
> 귀책사유라 함은 행정청의 견해표명의 하자가 상대방 등 관계자의 사실은폐나 기타 사위의 방법에 의한 신청행위 등 부정행위에 기인한 것이거나 그러한 부정행위가 없다고 하더라도 하자가 있음을 알았거나 중대한 과실로 알지 못한 경우 등을 의미한다고 해석함이 상당하고 …… (대판 2002. 11. 8, 2001두1512)

④ ○ 귀책사유의 유무는 상대방뿐만 아니라 상대방과 그로부터 신청행위를 위임받은 수임인 등 관계자 모두를 기준으로 판단하여야 한다는 것이 판례의 입장이다.

행정행위의 상대방인 건축주뿐만 아니라 그로부터 위임을 받은 건축설계사 등 관계자에게 귀책사유가 있는 경우에도 신뢰보호원칙이 적용되지 아니한다.
<u>귀책사유의 유무는</u> 상대방과 그로부터 신청행위를 위임받은 <u>수임인 등 관계자 모두를 기준으로 판단하여야 한다</u>. 건축주와 그로부터 건축설계를 위임받은 건축사가 상세계획지침에 의한 건축한계선의 제한이 있다는 사실을 간과한 채 건축설계를 하고 이를 토대로 건축물의 신축 및 증축허가를 받은 경우, 그 신축 및 증축허가가 정당하다고 신뢰한 데에 귀책사유가 있다(대판 2002. 11. 8, 2001두1512).

✓ 기출체크

① 관련 기출

1. 행정청의 공적 견해표명이 있었는지 여부를 판단함에 있어서는, 반드시 행정조직상의 형식적인 권한분장에 구애될 것은 아니고, 담당자의 조직상의 지위와 임무, 당해 언동을 하게 된 구체적인 경위 및 그에 대한 상대방의 신뢰가능성에 비추어 실질에 의하여 판단하여야 한다. (○ | ×)
   2024 지방직·서울시 9급

2. 신뢰보호원칙의 요건 중 하나인 행정청의 공적 견해표명이 있었는지의 여부를 판단하는 데 있어 반드시 행정조직상의 형식적인 권한분장에 구애될 것은 아니고 담당자의 조직상의 지위와 임무, 당해 언동을 하게 된 구체적인 경위 및 그에 대한 상대방의 신뢰가능성에 비추어 실질에 의하여 판단하여야 한다. (○ | ×)
   2024 군무원 5급

3. 행정청의 공적 견해표명이 있다고 인정하기 위해서는 적어도 담당자의 조직상 지위와 임무, 당해 언동을 하게 된 구체적인 경위 등에 비추어 그 언동의 내용을 신뢰할 수 있는 경우이어야 한다. (○ | ×)
   2024 소방직 9급, 2023 국회직 8급

4. 행정청이 공적 견해를 표명하였는지를 판단할 때는 반드시 행정조직상의 형식적인 권한분장에 구애될 것은 아니다. (○ | ×)
   2021 국가직 7급, 2021 지방직·서울시 9급

5. 행정청의 공적 견해표명이 있었는지 여부는 담당자의 조직상의 지위와 임무, 당해 언동을 하게 된 구체적인 경위 등을 고려하여 그 실질에 의해 판단할 것이 아니라 행정조직상의 형식적인 권한분배를 기준으로 판단하여야 한다. (○ | ×)
   2016 사회복지직 9급

② 관련 기출

6. 선행조치의 상대방에 대한 신뢰보호의 이익과 제3자의 이익이 충돌하는 경우에는 신뢰보호원칙이 우선한다. (○ | ×)
   2019 국회직 8급

7. 신뢰보호의 이익과 공익 또는 제3자의 이익이 상호 충돌하는 경우 신뢰보호의 이익이 우선한다. (○ | ×)
   2016 사회복지직 9급

8. 제3자의 정당한 이익까지 희생시키면서 신뢰보호원칙이 관철되어야 한다. (○ | ×)
   2015 서울시 9급

9. '공익을 해할 우려가 있는 경우가 아니어야 함'은 신뢰보호원칙의 성립요건이지만, '제3자의 정당한 이익을 해할 우려가 있는 경우가 아니어야 함'은 신뢰보호원칙의 성립요건이 아니다. (○ | ×)
   2014 국회직 8급

10. 신뢰보호의 이익과 공익 또는 제3자의 이익이 상호 충돌하는 경우에는 이들 상호 간에 이익형량을 하여야 한다. (○ | ×)
    2012 사회복지직 9급

③ 관련 기출

11. 신뢰보호의 원칙에서 개인의 귀책사유라 함은 행정청의 견해표명의 하자가 상대방 등 관계자의 사실은폐나 기타 사위의 방법에 의한 신청행위 등 부정행위에 기인한 것이거나 그러한 부정행위가 없더라도 하자가 있음을 알았거나 중대한 과실로 알지 못한 경우 등을 의미한다. (○ | ×)
    2024 지방직·서울시 9급

12. 신뢰보호원칙의 요건 중 귀책사유라 함은 행정청의 견해표명의 하자가 상대방 등 관계자의 사실은폐 등 부정행위에 기인한 것이거나 그러한 부정행위가 없다고 하더라도 하자가 있음을 알았거나 중대한 과실로 알지 못한 경우 등을 의미한다. (○ | ×)
    2014 국가직 9급 변형

13. 사후에 선행조치가 변경될 것을 사인이 예상하였거나 중대한 과실로 알지 못한 경우에는 보호가치 있는 신뢰라고 할 수 없다. (○ | ×)
    2012 사회복지직 9급

14. 공적 견해표명을 신뢰한 자가 사실은폐 등 적극적 부정행위를 하지 않는 한 귀책사유가 인정되지 않는다. (○ | ×)
    2009 국회직 8급

15. 행정청의 견해표명을 신뢰함에 있어서 개인에게 귀책사유가 존재하지 아니하여야 한다는 것도 신뢰보호원칙의 적용요건 중 하나이다. (○ | ×)
    2004 행정고시

④ 관련 기출

16. 신뢰보호의 원칙이 적용되기 위하여는 행정청의 견해표명이 정당하다고 신뢰한 데에 대하여 그 개인에게 귀책사유가 없어야 하는데, 여기서 귀책사유의 유무는 견해표명의 상대방과 그로부터 일정한 행위를 위임받은 수임인 등 관계자 모두를 기준으로 판단하여야 한다. (○ | ×) 2025 변호사

17. 신뢰보호의 원칙에 있어서 신청을 요하는 행정행위와 관련하여 개인의 귀책사유의 유무는 상대방을 기준으로 판단하여야 하고, 상대방으로부터 신청행위를 위임받은 수임인 등 관계자 모두를 기준으로 판단하여야 하는 것은 아니다. (○ | ×)
    2024 국회직 9급

18. 행정청의 행위에 대한 신뢰보호원칙의 적용요건 중 하나인 '행정청의 견해표명이 정당하다고 신뢰한 데에 대하여 그 개인에게 귀책사유가 없을 것'을 판단함에 있어, 귀책사유의 유무는 상대방과 그로부터 신청행위를 위임받은 수임인 등 관계자 모두를 기준으로 <s>판단하여야 한다</s>. (○ |)
    2024 소방간부

19. 상대방에게 귀책사유가 있어 그 신뢰의 보호가치가 인정되지 않는다면 신뢰보호의 원칙이 적용되지 않는데, 이때 귀책사유의 유무는 상대방을 기준으로 판단하여야 하고, 상대방으로부터 신청행위를 위임받은 수임인 등의 귀책사유 유무는 고려하지 않는다. (○ | ×) 2023 지방직·서울시 7급

20. 건축주와 그로부터 건축설계를 위임받은 건축사가 관계법령에서 정하고 있는 건축한계선의 제한이 있다는 사실을 간과한 채 건축설계를 하고 이를 토대로 건축물의 신축 및 증축허가를 받은 경우, 그 신축 및 증축허가가 정당하다고 신뢰한 데에는 귀책사유가 있다. (○ | ×) 2022 국가직 9급

21. 신뢰보호원칙의 적용에 있어서 귀책사유의 유무는 상대방을 기준으로 판단하여야 하며, 상대방으로부터 신청행위를 위임받은 수임인 등 관계자까지 포함시켜 판단할 것은 아니다. (○ | ×)
    2019 국가직 7급

22. 건축설계를 위임받은 건축사가 건축한계선의 제한이 있다는 사실을 간과한 채 건축설계를 하고 이를 토대로 건축물의 신축허가를 받은 경우, 신축허가에 대한 건축주의 신뢰는 보호되어야 한다. (○ | ×) 2008 국가직 9급

정답 1. ○ 2. ○ 3. ○ 4. ○ 5. × 6. × 7. × 8. × 9. × 10. ○
11. ○ 12. ○ 13. ○ 14. × 15. ○ 16. ○ 17. × 18. ○
19. × 20. ○ 21. × 22. ×

06

정답 ②

① ○

> 주택재건축사업시행인가는 재량행위로서 이에 대하여 법령상의 제한에 근거하지 않더라도 조건(부담)을 부과할 수 있다.
> 주택재건축사업시행의 인가는 상대방에게 권리나 이익을 부여하는 효과를 가진 이른바 수익적 행정처분으로서 법령에 행정처분의 요건에 관하여 일의적으로 규정되어 있지 아니한 이상 행정청의 재량행위에 속하므로, 처분청으로서는 법령상의 제한에 근거한 것이 아니라 하더라도 공익상 필요 등에 의하여 필요한 범위 내에서 여러 조건(부담)을 부과할 수 있다(대판 2007. 7. 12, 2007두6663).

② ×

> 사도개설허가를 하면서 '공사기간을 준수할 것을 명'하였는바, 이러한 부관은 부담이므로 사도개설허가에서 정해진 공사기간 내에 사도로 준공검사를 받지 못한 경우라도 사도개설허가가 당연히 실효되는 것은 아니다.
> 사도개설허가에는 본질적으로 사도를 개설하기 위한 토목공사 등 현실적인 도로개설공사가 따르기 마련이므로 허가를 하면서 공사기간을 특정하기도 하지만 사도개설허가는 사도를 개설할 수 있는 권한의 부여 자체에 주안점이 있는 것이지 공사기간의 제한에 주안점이 있는 것이 아닌 점 등에 비추어 보면 이 사건 제1처분에 명시된 공사기간은 변경된 허가권자인 보조참가인에 대하여 공사기간을 준수하여 공사를 마치도록 하는 의무를 부과하는 일종의 부담에 불과한 것이지, 사도개설허가 자체의 존속기간(즉, 유효기간)을 정한 것이라 볼 수 없고, 따라서 보조참가인이 이 사건 제1처분의 사도개설허가에서 정해진 공사기간 내에 사도로 준공검사를 받지 못하였다 하더라도, 이를 이유로 행정관청이 새로운 행정처분을 하는 것은 별론으로 하고, 사도개설허가가 당연히 실효되는 것은 아니다(대판 2004. 11. 25, 2004두7023).

③ ○

> 1. 객관적으로 처분 상대방이 이행할 가능성이 없는 조건을 붙여 행정처분을 하는 것은 법치행정의 원칙상 허용될 수 없다.
> 2. 하나 이상의 필지의 일부를 하나의 대지로 삼으려는 건축허가신청에서 토지분할이 관계법령상 제한에 해당되어 명백히 불가능하다고 판단되는 경우, 건축행정청은 토지분할 조건부 건축허가를 거부하여야 한다(대판 2018. 6. 28, 2015두47737).

④ ○

> 기선선망어업의 허가를 하면서 운반선, 등선 등 부속선을 사용할 수 없도록 제한한 부관은 그 어업허가의 목적 달성을 사실상 어렵게 하여 그 본질적 효력을 해하는 것이다.
> 수산업법 제15조에 의하여 어업의 면허 또는 허가에 붙이는 부관은 그 성질상 허가된 어업의 본질적 효력을 해하지 않는 한도의 것이어야 하고 허가된 어업의 내용 또는 효력 등에 대하여는 행정청이 임의로 제한 또는 조건을 붙일 수 없다고 보아야 할 것이며 수산업법 시행령 제14조의4 제3항의 규정내용은 기선선망어업에는 그 어선규모의 대소를 가리지 않고 등선과 운반선을 갖출 수 있고, 또 갖추어야 하는 것이라고 해석되므로 기선선망어업의 허가를 하면서 운반선, 등선 등 부속선을 사용할 수 없도록 제한한 부관은 그 어업허가의 목적 달성을 사실상 어렵게 하여 그 본질적 효력을 해하는 것일 뿐만 아니라 위 시행령의 규정에도 어긋나는 것이며, 더욱이 어업조정이나 기타 공익상 필요하다고 인정되는 사정이 없는 이상 위법한 것이다(대판 1990. 4. 27, 89누6808).

✓ 기출체크

① 관련 기출

1. 주택재건축사업시행의 인가는 행정청의 기속행위에 속하므로 처분청으로서는 공익상 필요 등에 의하여 필요한 범위 내에서 여러 조건(부담)을 부과할 수 없다. (○ | ×) 2023 소방간부

2. 행정청은 수익적 행정처분으로서 재량행위인 주택재건축사업시행인가에 대하여 법령상의 제한에 근거한 것이 아니라 하더라도 공익상 필요 등에 의하여 필요한 범위 내에서 조건(부담)을 부과할 수 있다. (○ | ×) 2018 지방직 7급

② 관련 기출

3. 사도개설허가에서 정해진 공사기간은 사도개설허가 자체의 존속기간을 정한 것이라 볼 수 있으므로 공사기간 내에 사도로 준공검사를 받지 못하였다면 사도개설허가는 당연히 실효된다. (○ | ×) 2023 국회직 8급

③ 관련 기출

4. 건축행정청은 신청인의 건축계획상 하나의 대지로 삼으려고 하는 '하나 이상의 필지의 일부'가 관계법령상 토지분할이 가능한 경우인지를 심사하여 토지분할이 관계법령상 제한에 해당되어 명백히 불가능하다고 판단되는 경우에는 토지분할 조건부 건축허가를 거부하여야 한다. (○ | ×) 2021 소방간부

5. 관할행정청은 토지분할이 관계법령상 제한에 해당되어 명백히 불가능하다고 판단되는 경우에는 토지분할 조건부 건축허가를 거부하여야 한다. (○ | ×) 2019 국회직 8급

④ 관련 기출

6. 기선선망어업의 허가를 하면서 운반선, 등선 등 부속선을 사용할 수 없도록 제한한 부관은 그 어업허가의 목적 달성을 사실상 어렵게 하여 그 본질적 효력을 해하는 것이므로 위법한 것이다. (○ | ×) 2023 국가직 9급

7. 허가의 목적 달성을 사실상 어렵게 하여 그 본질적 효력을 해하는 부관은 적법하지 않다. (○ | ×) 2023 소방직 9급

8. 기선선망어업의 허가를 하면서 운반선, 등선 등 부속선을 사용할 수 없도록 제한한 부관은 그 어업허가의 목적 달성을 사실상 어렵게 하여 그 본질적 효력을 해하는 것이다. (○ | ×) 2019 지방직·교육행정직 9급

9. 구 수산업법 제15조에 의하여 어업의 면허 또는 허가에 붙이는 부관은 그 성질상 허가된 어업의 본질적 효력을 해하지 않는 한도의 것이어야 하고 허가된 어업의 내용 또는 효력 등에 대하여는 행정청이 임의로 제한 또는 조건을 붙일 수 없다. (○ | ×) 2018 경행경채 3차

10. 부관은 본체인 행정행위의 본질적 효력을 저해해서는 아니 된다. (○ | ×) 2009 관세사

정답 1. × 2. ○ 3. × 4. ○ 5. ○ 6. ○ 7. ○ 8. ○ 9. ○ 10. ○

07
정답 ②

㉮ ○

> 국가에 대해 행정처분을 할 때에도 사전통지, 의견청취, 이유제시와 관련한 행정절차법이 그대로 적용된다.
> 행정절차법 제2조 제4호에 의하면, '당사자 등'이란 행정청의 처분에 대하여 직접 그 상대가 되는 당사자와 행정청이 직권 또는 신청에 의하여 행정절차에 참여하게 한 이해관계인을 의미하는데, 같은 법 제9조에서는 자연인, 법인, 법인 아닌 사단 또는 재단 외에 '다른 법령 등에 따라 권리·의무의 주체가 될 수 있는 자' 역시 '당사자 등'이 될 수 있다고 규정하고 있을 뿐, 국가를 '당사자 등'에서 제외하지 않고 있다. 또한 행정절차법 제3조 제2항에서 행정절차법이 적용되지 않는 사항을 열거하고 있는데, '국가를 상대로 하는 행정행위'는 그 예외사유에 해당하지 않는다. 위와 같은 행정절차법의 규정과 행정의 공정성·투명성 및 신뢰성 확보라는 행정절차법의 입법취지 등을 고려해 보면, 행정기관의 처분에 의하여 불이익을 입게 되는 국가를 일반국민과 달리 취급할 이유가 없다. 따라서 국가에 대해 행정처분을 할 때에도 사전통지, 의견청취, 이유제시와 관련한 행정절차법이 그대로 적용된다고 보아야 한다(대판 2023. 9. 21, 2023두39724).

㉯ ×

> 육군3사관학교의 사관생도에 대한 퇴학처분에 행정절차법의 적용이 배제되는 것은 아니다.
> 행정절차법 제3조 제2항, 행정절차법 시행령 제2조 등 행정절차법령 관련규정들의 내용을 행정의 공정성, 투명성 및 신뢰성을 확보하고 국민의 권익보호를 목적으로 하는 행정절차법의 입법목적에 비추어 보면, 행정절차법의 적용이 제외되는 공무원 인사관계법령에 의한 처분에 관한 사항이란 성질상 행정절차를 거치기 곤란하거나 불필요하다고 인정되는 처분이나 행정절차에 준하는 절차를 거치도록 하고 있는 처분에 관한 사항만을 말하는 것으로 보아야 한다(대판 2013. 1. 16, 2011두30687 참조). 이러한 법리는 '공무원 인사관계법령에 의한 처분'에 해당하는 육군3사관학교 생도에 대한 퇴학처분에도 마찬가지로 적용된다. 그리고 행정절차법 시행령 제2조 제8호는 '학교·연수원 등에서 교육·훈련의 목적을 달성하기 위하여 학생·연수생들을 대상으로 하는 사항'을 행정절차법의 적용이 제외되는 경우로 규정하고 있으나, 이는 교육과정과 내용의 구체적 결정, 과제의 부과, 성적의 평가, 공식적 징계에 이르지 아니한 질책·훈계 등과 같이 교육·훈련의 목적을 직접 달성하기 위하여 행하는 사항을 말하는 것으로 보아야 하고, 생도에 대한 퇴학처분과 같이 신분을 박탈하는 징계처분은 여기에 해당한다고 볼 수 없다(대판 2018. 3. 13, 2016두33339).

㉰ ×

> (군인사법령에 의하여 진급예정자명단에 포함된 자에 대하여 의견제출의 기회를 부여하지 아니한 채 진급선발을 취소하는 처분을 한 것이 절차상 하자가 있어 위법하다고 판시하면서) 공무원 인사관계법령에 의한 처분에 관한 사항 중 성질상 행정절차를 거치기 곤란하거나 불필요하다고 인정되는 처분이나 행정절차에 준하는 절차를 거치도록 하고 있는 처분의 경우에만 행정절차법의 적용이 배제된다(대판 2007. 9. 21, 2006두20631).

㉱ ○

> 구 군인사법상 보직해임처분은 구 행정절차법 제3조 제2항 제9호, 구 행정절차법 시행령 제2조 제3호에 따라 처분의 근거와 이유제시 등에 관한 구 행정절차법의 규정이 적용되지 아니한다.
> 구 군인사법상 보직해임처분은 구 행정절차법 제3조 제2항 제9호, 같은 법 시행령 제2조 제3호에 의하여 당해 행정작용의 성질상 행정절차를 거치기 곤란하거나 불필요하다고 인정되는 사항 또는 행정절차에 준하는 절차를 거친 사항에 해당하므로, 처분의 근거와 이유제시 등에 관한 구 행정절차법의 규정이 별도로 적용되지 아니한다고 봄이 상당하다(대판 2014. 10. 15, 2012두5756).

㉲ ○

> 공정거래위원회의 시정조치 및 과징금 납부명령에 행정절차법 소정의 의견청취절차 생략사유가 존재하는 경우, 공정거래위원회가 행정절차법을 적용하여 의견청취절차를 생략할 수는 없다.
> 행정절차법 제3조 제2항, 같은 법 시행령 제2조 제6호에 의하면 공정거래위원회의 의결·결정을 거쳐 행하는 사항에는 행정절차법의 적용이 제외되게 되어 있으므로, 설사 공정거래위원회의 시정조치 및 과징금 납부명령에 행정절차법 소정의 의견청취절차 생략사유가 존재한다고 하더라도, 공정거래위원회는 행정절차법을 적용하여 의견청취절차를 생략할 수는 없다(대판 2001. 5. 8, 2000두10212).

✔ 기출체크

㉯ 관련 기출

1. 행정절차법 시행령 제2조 제8호는 '학교·연수원 등에서 교육·훈련의 목적을 달성하기 위하여 학생·연수생들을 대상으로 하는 사항'을 행정절차법이 적용되지 않는 경우로 규정하고 있으나 생도의 퇴학처분과 같이 신분을 박탈하는 징계처분은 여기에 해당한다고 할 수 없다. (○ | ×)
   2020 국회직 8급

2. 육군3사관학교의 사관생도에 대한 퇴학처분(은 행정절차법의 적용이 배제되는 경우이다) (○ | ×)
   2019 소방직 9급

㉰ 관련 기출

3. 공무원 인사관계법령에 따른 처분에 관하여는 행정절차법 적용을 배제하고 있으므로, 군인사법령에 의하여 진급예정자명단에 포함된 자에 대하여 의견제출의 기회를 부여하지 아니하고 진급선발취소처분을 한 것이 절차상 하자가 있어 위법하다고 할 수 없다. (○ | ×)
   2024 국가직 9급

4. 군인사법령에 의하여 진급예정자명단에 포함된 자에 대하여 행정절차법상 의견제출의 기회를 부여하지 아니한 채 진급선발을 취소한 처분은 위법하다. (○ | ×)
   2024 지방직·서울시 9급

5. 공무원 인사관계법령에 의한 처분에 관한 사항 전부에 대하여 행정절차법의 적용이 배제되는 것이 아니라 성질상 행정절차를 거치기 곤란하거나 불필요하다고 인정되는 처분이나 행정절차에 준하는 절차를 거치도록 하고 있는 처분의 경우에만 행정절차법의 적용이 배제된다. (○ | ×)
   2024 지방직·서울시 9급

6. '공무원 인사관계법령에 의한 처분에 관한 사항' 전부에 대하여 행정절차법의 적용이 배제된다. (○ | ×)
   2024 지방직·서울시 7급

7. 군인사법령에 의하여 진급예정자명단에 포함된 자에 대하여 의견제출의 기회를 부여하지 아니한 채 진급선발을 취소하는 처분을 한 것은 절차상 하자가 있어 위법하다고 할 것이다. (○ | ×)
   2023 군무원 9급, 2019 국회직 8급

8. 행정절차법의 적용이 제외되는 공무원 인사관계법령에 의한 처분에 관한 사항이란 성질상 행정절차를 거치기 곤란하거나 불필요하다고 인정되는 처분이나 행정절차에 준하는 절차를 거치도록 하고 있는 처분에 관한 사항만을 말하는 것으로 보아야 한다. (○ | ×)
   2019 사회복지직 9급

9. 공무원 인사관계법령에 따른 징계는 모두 행정절차법의 적용이 배제되는 것이 아니라 성질상 행정절차를 거치기 곤란하거나 불필요하다고 인정되는 처분이나 행정절차에 준하는 절차를 거치도록 하고 있는 처분의 경우에만 그 적용이 배제된다. (○ | ×)
   2019 국회직 8급

10. 행정절차법령이 '공무원 인사관계법령에 의한 처분에 관한 사항'에 대하여 행정절차법의 적용이 배제되는 것으로 규정하고 있는 이상, '공무원 인사관계법령에 의한 처분에 관한 사항' 전부에 대해 행정절차법의 적용이 배제되는 것으로 보아야 한다. (○ | ×)
2016 국가직 9급

🟣 **관련 기출**

11. 군인사법에 따라 당해 직무를 수행할 능력이 없다고 인정하여 장교를 보직해임하는 경우, 처분의 근거와 이유제시 등에 관하여 행정절차법의 규정이 적용된다. (○ | ×)
2021 국가직 7급

12. 구 군인사법상 보직해임처분에는 처분의 근거와 이유제시 등에 관한 구 행정절차법의 규정이 별도로 적용되지 아니한다. (○ | ×)
2019 국회직 8급

🟣 **관련 기출**

13. 공정거래위원회의 시정조치 및 과징금 납부명령에 행정절차법 소정의 의견청취절차 생략사유가 존재하면 공정거래위원회는 행정절차법을 적용하여 의견청취절차를 생략할 수 있다. (○ | ×)
2019 지방직·교육행정직 9급, 2016 국가직 7급

14. 대법원에 따르면 행정절차법 적용이 제외되는 의결·결정에 대해서는 행정절차법을 적용하여 의견청취절차를 생략할 수는 없다. (○ | ×)
2017 서울시 9급

정답 1. ○ 2. × 3. × 4. ○ 5. ○ 6. × 7. ○ 8. ○ 9. ○ 10. ×
11. × 12. ○ 13. × 14. ○

08
정답 ④

① ×
> 1. 재판에 대해 불복절차가 마련되어 있는 경우에는 특별한 사정이 없는 한 불복절차를 통해 재판의 잘못을 시정할 수 있으므로 국가배상청구권이 부정된다.
> 2. 헌법재판관이 청구기간 내에 제기된 헌법소원심판청구사건에서 청구기간을 오인하여 각하결정을 한 경우, 이에 대한 불복절차 내지 시정절차가 없는 때에는 국가배상책임이 인정된다.
> 3. 헌법재판소 재판관의 위법한 직무집행의 결과 잘못된 각하결정을 함으로써 청구인으로 하여금 본안판단을 받을 기회를 상실하게 한 이상, 설령 본안판단을 하였더라도 어차피 청구가 기각되었을 것이라는 사정이 있다고 하더라도, 청구인의 합리적인 기대를 침해한 것이고 그 침해로 인한 정신상 고통에 대하여는 위자료를 지급할 의무가 있다(대판 2003. 7. 11, 99다24218).

② ×
> (음주운전으로 적발된 주취운전자가 도로 밖으로 차량을 이동하겠다며 단속경찰관이 보관 중이던 차량열쇠를 반환받아 몰래 차량을 운전하여 가던 중 사고를 일으킨 경우, 국가배상책임을 인정하면서) 경찰관의 주취운전자에 대한 권한행사가 관계법률의 규정형식상 경찰관의 재량에 맡겨져 있다고 하더라도, 그러한 권한을 행사하지 아니한 것이 구체적인 상황하에서 현저하게 합리성을 잃어 사회적 타당성이 없는 경우에는 경찰관의 직무상 의무를 위배한 것으로서 위법하다(대판 1998. 5. 8, 97다54482).

③ ×
> 공무원에 대한 전보인사가 법령이 정한 기준과 원칙에 위배되거나 인사권을 다소 부적절하게 행사한 것으로 볼 여지가 있다 하더라도 그러한 사유만으로 그 전보인사가 당연히 불법행위를 구성한다고 볼 수는 없고, 인사권자가 당해 공무원에 대한 보복감정 등 다른 의도를 가지고 인사재량권을 일탈·남용하여 객관적 정당성을 상실하였음이 명백한 경우 등 전보인사가 우리의 건전한 사회통념이나 사회상규상 도저히 용인될 수 없음이 분명한 경우에, 그 전보인사는 위법하게 상대방에게 정신적 고통을 가하는 것이 되어 당해 공무원에 대한 관계에서 불법행위를 구성한다(대판 2009. 5. 28, 2006다16215).

④ ○
> 부산2저축은행 발행의 후순위사채에 투자한 원고들이 사채발행회사, 외부감사인, 증권회사, 신용평가회사, 금융감독원, 대한민국 등을 상대로 손해배상을 청구한 사안에서, 「금융위원회의 설치 등에 관한 법률」의 입법취지 등에 비추어 볼 때, 피고 금융감독원에 금융기관에 대한 검사·감독의무를 부과한 법령의 목적이 금융상품에 투자한 투자자 개인의 이익을 직접 보호하기 위한 것이라고 할 수 없으므로, 피고 금융감독원 및 그 직원들의 위법한 직무집행과 부산2저축은행의 후순위사채에 투자한 원고들이 입은 손해 사이에 상당인과관계가 있다고 보기 어렵다(대판 2015. 12. 23, 2015다210194).

✓ 기출체크

① **관련 기출**

1. 청구기간 내에 헌법소원이 적법하게 제기되었음에도 헌법재판소 재판관이 청구기간을 오인하여 각하결정을 한 경우, 이에 대한 불복절차 내지 시정절차가 없는 때에는 국가배상책임을 인정할 수 있다. (○ | ×)
2024 국가직 9급

2. 헌법재판소 재판관이 청구기간 내에 제기된 헌법소원심판청구사건에서 청구기간을 오인하여 각하결정을 한 경우, 이에 대한 불복절차 내지 시정절차가 없는 때에는 배상책임의 요건이 충족되는 한 국가배상책임을 인정할 수 있다. (○ | ×)
2023 지방직·서울시 9급

3. 헌법재판소 재판관이 청구기간 내에 제기된 헌법소원심판청구사건의 청구기간을 오인하여 각하결정을 한 경우, 이에 대한 불복절차 내지 시정절차가 없는 때에는 국가배상책임을 인정할 수 있다. (○ | ×)
2022 소방간부, 2019 지방직·교육행정직 9급

4. 헌법재판소 재판관이 잘못된 각하결정을 하여 청구인으로 하여금 본안판단을 받을 기회를 상실하게 하였더라도, 본안판단에서 어차피 청구가 기각되었을 것이라는 사정이 있다면 국가배상책임이 인정되지 않는다. (○ | ×)
2018 지방직 7급

5. 헌법재판소 재판관이 청구기간을 오인하여 청구기간 내에 제기된 헌법소원심판청구를 위법하게 각하한 경우, 설령 본안판단을 하였더라도 어차피 청구가 기각되었을 것이라는 사정이 있다면 국가배상책임이 인정될 수 없다. (○ | ×)
2017 국가직 7급

6. 헌법재판소 재판관의 위법한 직무집행의 결과 잘못된 각하결정을 함으로써 청구인으로 하여금 본안판단을 받을 기회를 상실하게 한 이상, 설령 본안판단을 하였더라도 어차피 청구가 기각되었을 것이라는 사정이 있다고 하더라도 청구인의 합리적인 기대를 침해한 것이고, 그 침해로 인한 정신상의 고통에 대하여는 위자료를 지급할 의무가 있다. (○ | ×)
2015 지방직 7급

② 관련 기출

7. 음주운전으로 적발된 주취운전자가 도로 밖으로 차량을 이동하겠다며 단속경찰관으로부터 보관 중이던 차량열쇠를 반환받아 몰래 차량을 운전하여 가던 중 사고를 일으킨 경우, 국가배상책임이 인정되지 않는다. (○ | ×)
2024 국가직 9급

8. 음주운전으로 적발된 주취운전자가 도로 밖으로 차량을 이동하겠다며 단속경찰관으로부터 보관 중이던 차량열쇠를 반환받아 몰래 차량을 운전하여 가던 중 사고를 일으킨 경우, 국가배상책임은 인정된다. (○ | ×)
2021 소방간부

9. 경찰관의 주취운전자에 대한 권한행사가 관계법률의 규정형식상 경찰관의 재량에 맡겨져 있다고 하더라도, 그러한 권한을 행사하지 아니한 것이 구체적인 상황하에서 현저하게 합리성을 잃어 사회적 타당성이 없는 경우에는 경찰관의 직무상 의무를 위배한 것으로서 위법하게 된다. (○ | ×)
2021 소방간부

③ 관련 기출

10. 공무원에 대한 전보인사가 인사권을 다소 부적절하게 행사한 것으로 볼 여지가 있다 하더라도 그러한 사유만으로 그 전보인사가 당연히 불법행위를 구성한다고 볼 수는 없다. (○ | ×)
2022 국가직 7급

11. 시청 소속 공무원이 시장을 구 부패방지위원회에 부패혐의자로 신고한 후 동사무소로 전보된 경우, 사회통념상 용인될 수 없을 정도로 객관적 상당성을 결여하였으므로 불법행위를 구성한다. (○ | ×)
2011 경행특채

④ 관련 기출

12. 「금융위원회의 설치 등에 관한 법률」의 입법취지에 비추어 볼 때, 금융감독원에 금융기관에 대한 검사·감독의무를 부과한 법령의 목적이 금융상품에 투자한 투자자 개인의 이익을 직접 보호하기 위한 것이라고 할 수 있으므로, 피고 금융감독원 및 그 직원들의 위법한 직무집행과 해당 저축은행의 후순위사채에 투자한 원고들이 입은 손해 사이에 상당인과관계가 인정된다. (○ | ×)
2022 소방직 9급

정답 1. ○ 2. ○ 3. ○ 4. × 5. × 6. ○ 7. × 8. ○ 9. ○ 10. ○ 11. × 12. ×

09

정답 ③

㉮ ×

> (재단법인 甲수녀원이, 매립목적을 택지조성에서 조선시설용지로 변경하는 내용의 공유수면매립목적 변경승인처분으로 인하여 법률상 보호되는 환경상 이익을 침해받았다면서 행정청을 상대로 처분의 무효확인을 구하는 소송을 제기한 사안에서) 자연인이 아닌 재단법인인 甲수녀원은 쾌적한 환경에서 생활할 수 있는 이익을 향수할 수 있는 주체가 아니므로 매립목적을 택지조성에서 조선시설용지로 변경하는 내용의 공유수면매립목적 변경승인처분의 무효확인을 구할 원고적격이 없다(대판 2012. 6. 28, 2010두2005).

㉯ ×

> 구 주택법상 입주자나 입주예정자가 사용검사처분의 취소를 구할 법률상 이익은 없다.
> 건축물에 대한 사용검사처분이 취소된다고 하더라도 사용검사 이전의 상태로 돌아가 건축물을 사용할 수 없게 되는 것에 그칠 뿐 곧바로 건축물의 하자상태 등이 제거되거나 보완되는 것도 아니다. 그리고 입주자나 입주예정자들은 사용검사처분을 취소하지 않고서도 민사소송 등을 통하여 분양계약에 따른 법률관계 및 하자 등을 주장·증명함으로써 사업주체 등으로부터 하자 제거·보완 등에 관한 권리구제를 받을 수 있으므로, 사용검사처분의 취소 여부에 의하여 법률적인 지위가 달라진다고 할 수 없다(대판 2014. 7. 24, 2011두30465).

㉰ ○

> 1. 법무사의 사무원 채용승인신청에 대하여 소속 지방법무사회가 '채용승인을 거부'하는 조치 또는 일단 채용승인을 하였으나 법무사규칙 제37조 제6항을 근거로 '채용승인을 취소'하는 조치는 항고소송의 대상인 '처분'에 해당한다. 구체적인 이유는 다음과 같다. …… 법무사가 사무원 채용에 관하여 법무사법이나 법무사규칙을 위반하는 경우에는 소관 지방법원장으로부터 징계를 받을 수 있으므로, 법무사에 대하여 지방법무사회로부터 채용승인을 얻어 사무원을 채용할 의무는 법무사법에 의하여 강제되는 공법적 의무이다.
> 2. 지방법무사회가 법무사의 사무원 채용승인 신청을 거부하거나 채용승인을 얻어 채용 중인 사람에 대한 채용승인을 취소하면, 상대방인 법무사로서도 그 사람을 사무원으로 채용할 수 없게 되는 불이익을 입게 될 뿐만 아니라, 그 사람도 법무사 사무원으로 채용되어 근무할 수 없게 되는 불이익을 입게 된다. 법무사규칙 제37조 제4항이 이의신청절차를 규정한 것은 채용승인을 신청한 법무사뿐만 아니라 사무원이 되려는 사람의 이익도 보호하려는 취지로 볼 수 있다. 따라서 지방법무사회가 법무사의 사무원 채용승인신청을 거부하거나 채용승인을 얻어 채용 중인 사람에 대한 채용승인을 취소한 경우, 처분 상대방인 법무사뿐만 아니라 그 때문에 사무원이 될 수 없게 된 사람에게도 항고소송을 제기할 원고적격이 인정된다(대판 2020. 4. 9, 2015다34444).

㉱ × 체류자격변경불허가처분, 강제퇴거명령 등을 다투는 외국인의 경우에는 해당 처분의 취소를 구할 법률상 이익이 인정된다는 것이 판례의 입장이다. 한편, 사증발급 거부처분을 다투는 외국인의 경우에는 원칙적으로 거부처분의 취소를 구할 법률상 이익이 인정되지 않지만 대한민국과의 실질적 관련성 내지 법적으로 보호가치가 있는 이해관계를 형성한 경우에는 원고적격이 인정된다. 예를 들어, 가수 유○○의 경우, 외국인이기는 하지만 대한민국에서 출생하여 오랜 기간 대한민국 국적을 보유하면서 거주한 사람이므로 이미 대한민국과 실질적 관련성이 있거나 대한민국에서 법적으로 보호가치 있는 이해관계를 형성하였다고 볼 수 있어 사증발급 거부처분을 다툴 원고적격이 인정되었다(대판 2019. 7. 11, 2017두38874).

> 사증발급 거부처분을 다투는 외국인은, 아직 대한민국에 입국하지 않은 상태에서 대한민국에 입국하게 해 달라고 주장하는 것으로, 대한민국과의 실질적 관련성 내지 대한민국에서 법적으로 보호가치 있는 이해관계를 형성한 경우는 아니어서, 해당 처분의 취소를 구할 법률상 이익을 인정하여야 할 법정책적 필요성도 크지 않다. 반면, 국적법상 귀화불허가처분이나 출입국관리법상 체류자격변경불허가처분, 강제퇴거명령 등을 다투는 외국인은 대한민국에 적법하게 입국하여 상당한 기간을 체류한 사람이므로, 이미 대한민국과의 실질적 관련성 내지 대한민국에서 법적으로 보호가치 있는 이해관계를 형성한 경우이어서, 해당 처분의 취소를 구할 법률상 이익이 인정된다고 보아야 한다. …… 한편 사증발급의 법적 성질, 출입국관리법의 입법목적, 사증발급 신청인의 대한민국과의 실질적 관련성, 상호주의원칙 등을 고려하면, 우리 출입국관리법의 해석상 외국인에게는 사증발급 거부처분의 취소를 구할 법률상 이익이 인정되지 않는다(대판 2018. 5. 15, 2014두42506).

㉲ ○

> 개발제한구역 안에서의 공장설립을 승인한 처분이 위법하다는 이유로 쟁송취소되었으나 그 승인처분에 기초한 공장건축허가처분이 잔존하는 경우, 인근주민들에게 공장건축허가처분의 취소를 구할 법률상 이익이 있다.

구 「산업집적활성화 및 공장설립에 관한 법률」(2009. 2. 6, 법률 제9426호로 개정되기 전의 것) 제13조 제1항, 제13조의2 제1항 제16호, 제14조, 제50조, 제13조의5 제4호의 규정을 종합하면, 공장설립승인처분이 있고 난 뒤에 또는 그와 동시에 공장건축허가처분을 하는 것이 허용되므로, 공장설립승인처분이 취소된 경우에는 그 승인처분을 기초로 한 공장건축허가처분 역시 취소되어야 하고, 공장설립승인처분에 근거하여 토지의 형질변경이 이루어진 경우에는 원상회복을 해야 함이 원칙이다. 따라서 <u>개발제한구역 안에서의 공장설립을 승인한 처분이 위법하다는 이유로 쟁송취소되었다고 하더라도 그 승인처분에 기초한 공장건축허가처분이 잔존하는 이상, 공장설립승인처분이 취소되었다는 사정만으로 인근주민들의 환경상 이익이 침해되는 상태나 침해될 위험이 종료되었다거나 이를 시정할 수 있는 단계가 지나 버렸다고 단정할 수는 없고, 인근주민들은 여전히 공장건축허가처분의 취소를 구할 법률상 이익이 있다고 보아야 한다</u>(대판 2018. 7. 12, 2015두3485).

✔ 기출체크

㉮ 관련 기출

1. 공유수면매립목적 변경승인처분의 취소를 구하는 재단법인 수녀원(은 판례상 취소소송에서 원고적격이 인정된다) (○ | ×)   2023 군무원 7급

2. 인근 공유수면의 매립목적을 택지조성에서 조선시설용지로 변경하는 공유수면매립목적 변경승인처분으로 인하여 환경상의 이익을 침해받았다고 주장하는 수녀원(은 항고소송의 원고적격이 인정된다) (○ | ×)   2022 국회직 8급

3. 재단법인인 수녀원 D는 소속된 수녀 등이 쾌적한 환경에서 생활할 수 있는 환경상 이익을 침해받는다면 매립목적을 택지조성에서 조선시설용지로 변경하는 내용의 공유수면매립목적 변경승인처분의 무효확인을 구할 원고적격이 있다. (○ | ×)   2016 지방직 9급

㉯ 관련 기출

4. 주택법상 입주자는 건축물의 하자를 이유로 그 건축물에 대한 사용검사처분의 취소를 구할 법률상 이익이 있다. (○ | ×)   2023 행정사

5. 건축물의 하자를 다투는 입주예정자들은 건물의 사용검사처분에 대해 제3자효 행정행위의 차원에서 행정소송을 통해 다툴 수 있다. (○ | ×)   2023 국가직 9급

6. 구 주택법상 건축물의 입주예정자는 그 건축물에 대한 사용검사처분의 무효확인이나 취소를 통해 건축물의 하자상태 등을 제거하거나 법률적 지위가 달라진다 할 것이므로 사용검사처분의 취소를 구할 법률상 이익이 인정된다. (○ | ×)   2023 소방간부

7. 하자 있는 건축물에 대한 사용검사처분의 무효확인 및 취소를 구하는 구 주택법상 입주자(는 행정소송의 원고적격을 가지는 자에 해당한다) (○ | ×)   2019 국회직 8급

8. 건축물에 대한 사용검사처분이 취소되면 사용검사 전의 상태로 돌아가 건축물을 사용할 수 없게 되므로 구 주택법상 입주자나 입주예정자가 사용검사처분의 무효확인 또는 취소를 구할 법률상 이익이 있다. (○ | ×)   2018 지방직 9급

㉰ 관련 기출

9. 지방법무사회가 법무사의 사무원 채용승인신청을 거부한 경우 채용승인을 신청한 법무사가 아닌 자는 취소소송을 제기하지 못한다. (○ | ×)   2023 행정사

10. 법무사규칙이 이의신청절차를 규정한 것은 채용승인을 신청한 법무사뿐만 아니라 사무원이 되려는 사람의 이익도 보호하려는 취지로 볼 수 있으므로, 지방법무사회의 사무원 채용승인 거부처분에 대해서는 처분 상대방인 법무사뿐만 아니라 그 때문에 사무원이 될 수 없게 된 사람도 이를 다툴 원고적격이 인정된다. (○ | ×)   2023 변호사

11. 법무사가 사무원을 채용할 때 소속 지방법무사회로부터 승인을 받아야 할 의무는 공법상 의무이다. (○ | ×)   2022 국가직 9급

12. 지방법무사회가 법무사의 사무원 채용승인신청을 거부하거나 채용승인을 얻어 채용 중인 사람에 대한 채용승인을 취소하는 것은 처분에 해당하고, 이러한 처분에 대해서는 처분 상대방인 법무사뿐 아니라 그 때문에 사무원이 될 수 없게 된 사람도 이를 다툴 원고적격이 인정된다. (○ | ×)   2021 국회직 8급

13. 지방법무사회가 법무사의 사무원 채용승인신청을 거부하여 사무원이 될 수 없게 된 자가 지방법무사회를 상대로 거부처분의 취소를 구하는 경우 항고소송의 원고적격이 인정된다. (○ | ×)   2021 국가직 9급

㉱ 관련 기출

14. 사증발급 거부처분을 받은 외국인은 그 거부처분에 대해 취소소송을 제기할 원고적격을 가진다. (○ | ×)   2023 경찰간부

15. 사증발급의 법적 성질, 출입국관리법의 입법목적, 사증발급 신청인의 대한민국과의 실질적 관련성, 상호주의원칙 등을 고려하면, 우리 출입국관리법의 해석상 외국인에게는 사증발급 거부처분의 취소를 구할 법률상 이익이 인정되지 않는다. (○ | ×)   2023 서울시 지적 7급

16. 우리 출입국관리법의 해석상 외국인은 사증발급 거부처분의 취소를 구할 법률상 이익이 있다. (○ | ×)   2023 군무원 9급

17. 외국에서 사증발급 거부의 취소를 구하는 외국인(은 판례상 취소소송에서 원고적격이 인정된다) (○ | ×)   2023 군무원 7급

18. 중국 국적자인 외국인이 사증발급 거부처분의 취소를 구하는 경우(에는 항고소송의 원고적격이 인정된다) (○ | ×)   2021 국가직 9급

㉲ 관련 기출

19. 개발제한구역 안에서의 공장설립을 승인한 처분이 위법하다는 이유로 쟁송취소되었지만 그 승인처분에 기초한 공장건축허가처분이 잔존하는 경우, 인근주민들은 여전히 공장건축허가처분의 취소를 구할 법률상 이익이 있다. (○ | ×)   2025 변호사

20. 개발제한구역 안에서의 공장설립을 승인한 처분이 위법하다는 이유로 쟁송취소되었다면 인근주민들의 환경상 이익이 침해될 위험이 종료되었다고 할 것이므로 인근주민들이 더 나아가 그 승인처분에 기초한 공장건축허가처분에 대하여 취소를 구할 법률상 이익은 없다. (○ | ×)   2022 소방간부

21. 개발제한구역 안에서의 공장설립을 승인한 처분이 위법하다는 이유로 쟁송취소되었다면, 설령 그 승인처분에 기초한 공장건축허가처분이 잔존하는 경우에도 인근주민들에게는 공장건축허가처분의 취소를 구할 법률상 이익이 없다. (○ | ×)   2019 지방직·교육행정직 9급

22. 공장설립승인처분이 위법하다는 이유로 쟁송취소되었다고 하더라도 그 승인처분에 기초한 공장건축허가처분이 잔존하는 이상, 인근주민들은 여전히 공장건축허가처분의 취소를 구할 법률상 이익이 있다. (○ | ×)   2019 서울시 2회 7급

정답 1. × 2. × 3. × 4. × 5. × 6. × 7. × 8. × 9. ○ 10. ○ 11. ○ 12. ○ 13. ○ 14. × 15. ○ 16. × 17. × 18. × 19. ○ 20. × 21. × 22. ○

10 정답 ③

㉮ ○

> 거부처분에 대한 취소의 확정판결이 있음에도 행정청이 아무런 재처분을 하지 아니하거나, 재처분을 하였다 하더라도 그것이 종전 거부처분에 대한 취소의 확정판결의 기속력에 반하는 등 당연무효라면 이는 아무런 재처분을 하지 아니한 때와 마찬가지이므로, 이러한 경우에는 행정소송법 제30조 제2항, 제34조 제1항 등에 의한 간접강제신청에 필요한 요건을 갖춘 것으로 보아야 한다(대결 2002. 12. 11, 2002무22).

㉯ × 甲은 제1심 수소법원에 이른바 간접강제결정을 신청할 수 있다.

> **행정소송법 제34조【거부처분취소판결의 간접강제】** ① 행정청이 제30조 제2항의 규정에 의한 처분을 하지 아니하는 때에는 제1심 수소법원은 당사자의 신청에 의하여 결정으로써 상당한 기간을 정하고 행정청이 그 기간 내에 이행하지 아니하는 때에는 그 지연기간에 따라 일정한 배상을 할 것을 명하거나 즉시 손해배상을 할 것을 명할 수 있다.

㉰㉱ ○

> 1. 행정소송법 제34조 소정의 간접강제결정에 기한 배상금의 성질은 확정판결의 취지에 따른 재처분의 지연에 대한 제재나 손해배상이 아니고 재처분의 이행에 관한 심리적 강제수단에 불과한 것으로 보아야 한다(㉰).
> 2. 확정판결의 취지에 따른 재처분이 간접강제결정에서 정한 의무이행기한이 경과한 후에 이루어진 경우, 간접강제결정에 기한 배상금의 추심은 허용되지 않는다(㉱)(대판 2004. 1. 15, 2002두2444).

㉲ ○ 무효확인소송에서는 취소소송의 재처분의무에 관한 규정은 준용되나 간접강제에 관한 규정은 준용되지 않는다.

> 행정소송법에는 간접강제를 준용한다는 규정이 없으므로 무효확인소송에는 간접강제가 인정되지 않는다.
> 행정소송법 제38조 제1항이 무효확인판결에 관해 취소판결에 관한 규정을 준용함에 있어서 같은 법 제30조 제2항을 준용한다고 규정하면서도 같은 법 제34조는 이를 준용한다는 규정을 두지 않고 있으므로, 행정처분에 대하여 무효확인판결이 내려진 경우에는 그 행정처분이 거부처분인 경우에도 행정청에 판결의 취지에 따른 재처분의무가 인정될 뿐 그에 대하여 간접강제까지 허용되는 것은 아니다(대결 1998. 12. 24, 98무37).

> **행정소송법 제30조【취소판결 등의 기속력】** ② 판결에 의하여 취소되는 처분이 당사자의 신청을 거부하는 것을 내용으로 하는 경우에는 그 처분을 행한 행정청은 판결의 취지에 따라 다시 이전의 신청에 대한 처분을 하여야 한다.
>
> **제34조【거부처분취소판결의 간접강제】** ① 행정청이 제30조 제2항의 규정에 의한 처분을 하지 아니하는 때에는 제1심 수소법원은 당사자의 신청에 의하여 결정으로써 상당한 기간을 정하고 행정청이 그 기간 내에 이행하지 아니하는 때에는 그 지연기간에 따라 일정한 배상을 할 것을 명하거나 즉시 손해배상을 할 것을 명할 수 있다.
>
> **제38조【준용규정】** ① 제9조, 제10조, 제13조 내지 제17조, 제19조, 제22조 내지 제26조, 제29조 내지 제31조 및 제33조의 규정은 무효등확인소송의 경우에 준용한다.

✓ 기출체크

㉮㉯ 관련 기출

1. 거부처분에 대한 취소의 확정판결이 있은 후 처분청이 재처분을 하였더라도 그것이 기속력에 반하는 것이라면 간접강제의 대상이 될 수 있다. (○ | ×) *2025 소방간부*

2. 거부처분을 취소하는 판결이 확정된 후 행정청이 일단 재처분을 하였다면 설령 그 재처분이 기속력에 위반되는 내용일지라도 재처분을 이행한 것이므로 간접강제의 대상이 되지는 않는다. (○ | ×) *2023 서울시 지적 7급*

3. (B시장으로부터 건축허가거부처분을 받은 乙은 이에 불복하여 행정쟁송을 제기하고자 한다) 乙이 건축허가거부처분에 대해 제기한 취소소송에서 인용판결이 확정되었으나 B시장이 기속력에 위반하여 다시 거부처분을 한 경우 乙은 간접강제신청을 할 수 있다. (○ | ×) *2022 지방직·서울시 9급*

4. 처분청이 재처분을 하였는데 종전 거부처분에 대한 취소확정판결의 기속력에 반하는 경우에는 간접강제의 대상이 될 수 있다. (○ | ×) *2021 국가직 7급*

5. 甲은 관할 A행정청에 토지형질변경허가를 신청하였으나 A행정청은 허가를 거부하였다. 이에 甲은 거부처분 취소소송을 제기하여 재량의 일탈·남용을 이유로 취소판결을 받았고, 그 판결은 확정되었다. 이에 대한 설명으로 옳은 것은? (다툼이 있는 경우 판례에 의함) *2019 국가직 9급*
   ① A행정청이 거부처분 이전에 이미 존재하였던 사유 중 거부처분사유와 기본적 사실관계의 동일성이 없는 사유를 근거로 다시 거부처분을 하는 것은 허용되지 않는다.
   ② A행정청이 재처분을 하였더라도 취소판결의 기속력에 저촉되는 경우에는 甲은 간접강제를 신청할 수 있다.
   ③ A행정청의 재처분이 취소판결의 기속력에 저촉되더라도 당연무효는 아니고 취소사유가 될 뿐이다.
   ④ A행정청이 간접강제결정에서 정한 의무이행기한 내에 재처분을 이행하지 않아 배상금이 이미 발생한 경우에는 그 이후에 재처분을 이행하더라도 甲은 배상금을 추심할 수 있다.

6. 주택건설사업 승인신청 거부처분에 대한 취소의 확정판결이 있은 후 행정청이 재처분을 하였다 하더라도 그 재처분이 종전 거부처분에 대한 취소의 확정판결의 기속력에 반하는 경우, 행정소송법상 간접강제신청에 필요한 요건을 갖춘 것으로 보아야 한다. (○ | ×) *2018 지방직 9급*

7. 처분청이 재처분을 하였더라도 기속력에 위반하는 경우에는 간접강제의 대상이 된다. (○ | ×) *2016 국회직 8급*

㉰㉱ 관련 기출

8. 법원이 간접강제결정에서 정한 의무이행기한이 경과한 후에라도 확정판결의 취지에 따른 재처분이 행하여지면, 처분 상대방이 더 이상 배상금을 추심하는 것은 허용되지 않는다. (○ | ×) *2023·2016 국가직 7급*

9. 간접강제결정에서 정한 의무이행기한이 경과하였다면 그 이후 확정판결의 취지에 따른 재처분의 이행이 있더라도 처분의 상대방은 간접강제결정에 기한 배상금을 추심할 수 있다. (○ | ×) *2023 서울시 지적 7급*

10. 특별한 사정이 없는 한 간접강제결정에서 정한 의무이행기한이 경과한 후에라도 확정판결의 취지에 따른 재처분의 이행이 있으면 더 이상 배상금의 추심은 허용되지 않는다. (○ | ×) *2021 국가직 7급*

11. 간접강제결정에 기한 배상금은 확정판결에 따른 재처분의 지연에 대한 제재 또는 손해배상이라는 것이 판례의 입장이다. (○ | ×) *2013 국가직 7급*

관련 기출

12. 행정처분에 대하여 무효확인판결이 내려진 경우에는 그 행정처분이 거부처분인 경우에도 행정청에 판결의 취지에 따른 재처분의무가 인정될 뿐만 아니라 그에 대하여 간접강제까지 허용된다. (○ | ×) 2024 국회직 9급

13. 거부처분에 대해 무효확인소송을 제기하여 무효확인판결이 확정된 경우, 행정청에 판결의 취지에 따른 재처분의무가 인정될 뿐 간접강제는 허용되지 않는다. (○ | ×) 2023 서울시 지적 7급

14. 취소확정판결의 기속력에 대한 규정은 무효확인판결에도 준용되므로, 무효확인판결의 취지에 따른 처분을 하지 아니할 때에는 1심 수소법원은 간접강제결정을 할 수 있다. (○ | ×) 2021 국가직 7급

15. 거부처분의 무효확인판결에 따른 재처분의무를 이행하지 않는 경우에는 법원은 간접강제결정을 할 수 있다. (○ | ×) 2021 국회직 8급

16. 거부처분에 대하여 무효확인판결이 확정된 경우, 행정청에 대해 판결의 취지에 따른 재처분의무가 인정될 뿐 그에 대하여 간접강제까지 허용되는 것은 아니다. (○ | ×) 2019 지방직·교육행정직 9급

17. 거부처분에 대해서 무효확인판결이 내려진 경우에는 당해 행정청에 판결의 취지에 따른 재처분의무가 인정됨은 물론 간접강제도 허용된다. (○ | ×) 2017 국회직 8급

정답 1. ○ 2. × 3. ○ 4. ○ 5. ② 6. ○ 7. ○ 8. ○ 9. × 10. ○ 11. × 12. × 13. ○ 14. × 15. × 16. ○ 17. ×

11
정답 ①

① ○
> 1. 주민등록전입신고에 대하여 시장은 그 수리 여부를 심사할 수 있다.
> 2. 시장 등의 주민등록전입신고 수리 여부에 대한 심사는 주민등록법의 입법목적의 범위 내에서 제한적으로 이루어져야 할 것이다.
> 3. (무허가건축물을 실제 생활의 근거지로 삼아 10년 이상 거주해 온 사람의 주민등록전입신고를 거부한 사안에서) 투기나 이주대책 요구 등을 방지할 목적으로 주민등록전입신고를 거부하는 것은 주민등록법의 입법목적과 취지 등에 비추어 허용될 수 없다.
> 전입신고를 받은 시장·군수 또는 구청장의 심사대상은 전입신고자가 30일 이상 생활의 근거로 거주할 목적으로 거주지를 옮기는지 여부만으로 제한된다고 보아야 한다. 따라서 전입신고자가 거주의 목적 이외에 다른 이해관계에 관한 의도를 가지고 있는지 여부, 무허가건축물의 관리, 전입신고를 수리함으로써 당해 지방자치단체에 미치는 영향 등과 같은 사유는 주민등록법이 아닌 다른 법률에 의하여 규율되어야 하고, 주민등록전입신고의 수리 여부를 심사하는 단계에서는 고려대상이 될 수 없다. 그러므로 주민등록의 대상이 되는 실질적 의미에서의 거주지인지 여부를 심사하기 위하여 주민등록법의 입법목적과 주민등록의 법률상 효과 이외에 지방자치법 및 지방자치의 이념까지도 고려하여야 한다고 판시하였던 대법원 2002. 7. 9, 선고 2002두1748 판결은 이 판결의 견해에 배치되는 범위 내에서 변경하기로 한다(대판 2009. 6. 18, 2008두10997 전합).

🔍 **관련판례**
주민등록신고는 수리를 요하는 신고로서 주민등록의 신고는 행정청에 도달하기만 하면 신고로서의 효력이 발생하는 것이 아니라 행정청이 수리한 경우에 비로소 신고의 효력이 발생한다(대판 2009. 1. 30, 2006다17850).

② ×
> 건축허가권자는 건축신고가 건축법, 「국토의 계획 및 이용에 관한 법률」 등 관계법령에서 정하는 명시적인 제한에 배치되지 않는 경우에도 건축을 허용하지 않아야 할 중대한 공익상 필요가 있는 경우에는 건축신고의 수리를 거부할 수 있다(대판 2019. 10. 31, 2017두74320).

③ ×
> 1. 건축법 제14조 제2항에 의한 인·허가 의제효과를 수반하는 건축신고는 일반적인 건축신고와는 달리 행정청이 그 실체적 요건에 관한 심사를 한 후 수리하여야 하는 이른바 '수리를 요하는 신고'에 해당한다.
> 2. 「국토의 계획 및 이용에 관한 법률」상의 개발행위허가로 의제되는 건축신고가 개발행위허가의 기준을 갖추지 못한 경우, 행정청이 수리를 거부할 수 있다(대판 2011. 1. 20, 2010두14954 전합).

④ × 보완의 대상이 되는 흠은 보완이 가능한 경우이어야 하고 그 내용도 형식적·절차적 요건이어야 하며, 실질적인 요건에 대하여는 원칙상 보완 또는 보정요구를 하여야 하는 것은 아니다. 그러나 실질적인 요건에 흠이 있는 경우라도 그것이 민원인의 단순한 착오나 일시적인 사정에 의한 것이라면 보완의 대상이 된다.

행정절차법 제17조【처분의 신청】 ⑤ 행정청은 신청에 구비서류의 미비 등 흠이 있는 경우에는 보완에 필요한 상당한 기간을 정하여 지체 없이 신청인에게 보완을 요구하여야 한다.

> 건축불허가처분을 하면서 그 사유의 하나로 소방시설과 관련된 소방서장의 건축부동의 의견을 들고 있으나 그 보완이 가능한 경우, 보완을 요구하지 아니한 채 곧바로 건축허가신청을 거부한 것은 재량권의 범위를 벗어난 것이다(위법하다는 의미).
> 위 규정 소정의 보완의 대상이 되는 흠은 보완이 가능한 경우이어야 함은 물론이고, 그 내용 또한 형식적·절차적인 요건이거나, 실질적인 요건에 관한 흠이 있는 경우라도 그것이 민원인의 단순한 착오나 일시적인 사정 등에 기한 경우 등이라야 한다. 건축불허가처분을 하면서 그 사유의 하나로 소방시설과 관련된 소방서장의 건축부동의 의견을 들고 있으나 그 보완이 가능한 경우, 보완을 요구하지 아니한 채 곧바로 건축허가신청을 거부한 것은 재량권의 범위를 벗어난 것이다(대판 2004. 10. 15, 2003두6573).

✔ **기출체크**

① 관련 기출

1. 주민들의 거주지 이동에 따른 주민등록전입신고에 대하여 행정청은 주민등록법의 입법목적범위 내에서 이를 심사하여 수리를 거부할 수 있다. (○ | ×) 2024 소방간부

2. 시장 등의 주민등록전입신고 수리 여부에 대한 심사는 주민등록법의 입법목적의 범위 내에서 제한적으로 이루어져야 하는바, 전입신고자가 30일 이상 생활의 근거로서 거주할 목적으로 거주지를 옮기는지 여부가 심사대상으로 되어야 한다. (○ | ×) 2023 지방직·서울시 9급

3. 주민등록의 신고는 행정청에 도달하기만 하면 신고로서의 효력이 발생하는 것이 아니라 행정청이 수리한 경우에 비로소 신고의 효력이 발생한다. (○ | ×) 2023 군무원 7급, 2020 국가직 9급

4. 주민등록전입신고자가 30일 이상 생활의 근거로 거주할 목적 이외에 다른 이해관계에 관한 의도를 가지고 있는지 여부, 무허가건축물의 관리, 전입신고를 수리함으로써 당해 지방자치단체에 미치는 영향 등과 같은 사유는 주민등록법이 아닌 다른 법률에 의하여 규율되어야 하고, 주민등록전입신고의 수리 여부를 심사하는 단계에서는 고려대상이 될 수 없다. (○ | ×) 2022 국회직 8급

5. 주민등록신고는 행정청이 수리한 경우에 비로소 신고의 효력이 발생한다. (○ | ×)
2022 소방직 9급

② 관련 기출

6. 건축허가권자는 건축허가신청이 건축법 등 관계법규에서 정하는 어떠한 제한에 배치되지 않는 이상 당연히 같은 법조에서 정하는 건축허가를 하여야 하고, 중대한 공익상의 필요가 없는데도 관계법령에서 정하는 제한사유 이외의 사유를 들어 요건을 갖춘 자에 대한 허가를 거부할 수는 없다. (○ | ×)
2024 소방직 9급

7. 건축허가권자는 건축신고가 건축법, 「국토의 계획 및 이용에 관한 법률」 등 관계법령에서 정하는 명시적인 제한에 배치되지 않는 경우에도 건축을 허용하지 않아야 할 중대한 공익상 필요가 있는 경우에는 건축신고의 수리를 거부할 수 있다. (○ | ×)
2024 소방간부

③ 관련 기출

8. 법률에 의해 다른 법률상 허가가 의제되는 건축법상 건축신고에서, 행정청은 그 신고가 다른 법령이 정하는 허가기준을 갖추지 못한 경우에 이를 이유로 수리를 거부할 수 있다. (○ | ×)
2025 변호사

9. 건축법상 건축신고가 다른 법률에서 정한 인·허가 등의 의제효과를 수반하는 경우에는 일반적인 건축신고와는 달리 특별한 사정이 없는 한 수리를 요하는 신고에 해당한다. (○ | ×)
2024 국가직 7급

10. 「국토의 계획 및 이용에 관한 법률」상의 개발행위허가를 받은 것으로 의제되는 건축법상 건축신고가 국토의 계획 및 이용에 관한 법령이 정하는 개발행위허가기준을 갖추지 못한 경우 행정청으로서는 이를 이유로 건축신고의 수리를 거부할 수 있다. (○ | ×)
2024 국회직 9급

11. 건축법상 다른 법령상 인·허가 의제효과를 수반하는 건축신고와 식품위생법상 영업양도·양수에 따른 지위승계신고는 행정요건적 신고이다. (○ | ×)
2024 군무원 5급

12. 인·허가 의제효과를 수반하는 건축신고는 특별한 사정이 없는 한 수리를 요하는 신고로 보아야 한다. (○ | ×)
2024 소방간부

13. 건축법에 의한 인·허가 의제효과를 수반하는 건축신고는 특별한 사정이 없는 한 행정청이 그 실체적 요건에 관한 심사를 한 후 수리하여야 하는, 수리를 요하는 신고에 해당한다. (○ | ×)
2023 국가직 7급

14. 건축법상의 건축신고가 다른 법률에서 정한 인가·허가 등의 의제효과를 수반하는 경우, 행정행위의 효율적 측면을 고려하여 수리를 요하지 않는 신고로 볼 수 있다. (○ | ×)
2023 군무원 7급

15. 인·허가 의제의 효과를 수반하는 건축신고는 일반적인 건축신고와는 달리 특별한 사정이 없는 한 행정청이 그 실체적 요건에 관한 심사를 한 후 수리하여야 하는 신고이다. (○ | ×)
2023 소방간부, 2022 국회직 8급, 2022 지방직·서울시 7급

16. 인·허가 의제효과를 수반하는 건축신고는 일반적인 건축신고와 달리 특별한 사정이 없는 한 수리를 요하는 신고에 해당한다. (○ | ×)
2022 서울시 지적 7급

④ 관련 기출

17. 행정청은 신청에 구비서류의 미비 등 흠이 있는 경우 원칙상 형식적·절차적인 요건만을 보완요구하여야 하므로 실질적인 요건에 관한 흠이 민원인의 단순한 착오나 일시적인 사정 등에 기인한 경우에도 보완을 요구할 수 없다. (○ | ×)
2023 지방직·서울시 9급

18. 행정청은 사인의 신청에 구비서류의 미비와 같은 흠이 있는 경우 신청인에게 보완을 요구하여야 하는바, 이때 보완의 대상이 되는 흠은 원칙상 형식적·절차적 요건뿐만 아니라 실체적 발급요건상의 흠을 포함한다. (○ | ×)
2022 지방직·서울시 7급

정답 1. ○ 2. ○ 3. ○ 4. ○ 5. ○ 6. ○ 7. ○ 8. ○ 9. ○ 10. ○ 11. ○ 12. ○ 13. ○ 14. × 15. ○ 16. ○ 17. × 18. ×

12 정답 ④

① × 불가쟁력은 행정행위의 상대방 및 이해관계인에 대한 구속력인 반면, 불가변력은 처분청 등 행정기관에 대한 구속력으로 볼 수 있다. 즉, 불가쟁력은 상대방 또는 이해관계인이 행정행위의 효력을 더 이상 다투지 못하는 효력이므로 불가쟁력이 발생한 행정행위라도 처분을 한 행정청이 취소 또는 철회하는 것은 가능하다. 이에 반해 불가변력이 발생한 경우 행정청은 직권으로 취소할 수 없지만, 상대방 등 이해관계인은 쟁송기간이 경과하지 않은 경우 취소소송 등을 제기할 수 있다. 그리고 그 성질 면에 있어서는 불가쟁력이 절차법적 효력인 반면, 불가변력은 실체법적 효력이라고 한다.

② × 실질적 존속력(불가변력)은 당해 행정행위의 경우에만 인정되고 동종의 행정행위라도 그 대상이 다른 경우 인정되지 않는다는 것이 판례의 입장이다.

> 동종의 행위라도 그 대상을 달리하는 경우 불가변력이 인정되지 않는다.
> 국민의 권리와 이익을 옹호하고 법적 안정을 도모하기 위하여 특정한 행위에 대하여는 행정청이라 하여도 이것을 자유로이 취소, 변경 및 철회할 수 없다는 행정행위의 불가변력은 당해 행정행위에 대하여서만 인정되는 것이고, 동종의 행정행위라 하더라도 그 대상을 달리할 때에는 이를 인정할 수 없다(대판 1974. 12. 10, 73누129).

③ ×

> 1. 산업재해요양보상급여취소처분이 쟁송기간의 경과로 더 이상 다툴 수 없게 된 경우에도 요양급여청구권의 부존재가 확정된 것은 아니므로 다시 요양급여청구를 할 수 있다.
> 2. 일반적으로 행정처분이나 행정심판재결이 불복기간의 경과로 인하여 확정될 경우 그 확정력은, 그 처분으로 인하여 법률상 이익을 침해받은 자가 당해 처분이나 재결의 효력을 더 이상 다툴 수 없다는 의미일 뿐이다.
> 3. 또한 그 확정력에는 판결에 있어서와 같은 기판력이 인정되는 것은 아니어서 그 처분의 기초가 된 사실관계나 법률적 판단이 확정되고 당사자들이나 법원이 이에 기속되어 모순되는 주장이나 판단을 할 수 없게 되는 것은 아니다(대판 2004. 7. 8, 2002두11288).

④ ○

> 제소기간이 도과하여 불가쟁력이 생긴 행정처분에 대하여는 법규에서 신청권을 규정하고 있거나 법령해석상 신청권이 인정될 수 있는 등 특별한 사정이 없는 한 신청권이 없다.
> 제소기간이 이미 도과하여 불가쟁력이 생긴 행정처분에 대하여는 개별 법규에서 그 변경을 요구할 신청권을 규정하고 있거나 관계법령의 해석상 그러한 신청권이 인정될 수 있는 등 특별한 사정이 없는 한 국민에게 그 행정처분의 변경을 구할 신청권이 있다 할 수 없다. …… 피고가 원고들의 이 사건 신청을 거부하였다 하여도 그 거부로 인해 원고들의 권리나 법적 이익에 어떤 영향을 주는 것은 아니라 할 것이므로 그 거부행위인 이 사건 통지는 항고소송의 대상이 되는 행정처분이 될 수 없다(대판 2007. 4. 26, 2005두11104).

✓ 기출체크

① 관련 기출

1. 불가변력은 행정행위의 상대방이나 이해관계인을 구속하는 효력이고 불가쟁력은 행정청을 구속하는 효력이다. (○ | ×) 2023 행정사

2. 불가변력은 처분청에 미치는 효력이고, 불가쟁력은 상대방 및 이해관계인에게 미치는 효력이다. (○ | ×) 2021 소방직 9급

3. 불가변력이 있는 행위가 당연히 불가쟁력을 발생시키는 것은 아니다. (○ | ×) 2021 소방직 9급

4. 불가쟁력은 실체법적 효력만 있고, 절차법적 효력은 전혀 가지고 있지 않다. (○ | ×) 2021 소방직 9급

5. 일정한 불복기간이 경과하거나 쟁송수단을 다 거친 후에는 더 이상 행정행위를 다툴 수 없게 되는 효력을 행정행위의 불가변력이라 한다. (○ | ×) 2015 서울시 9급

② 관련 기출

6. 행정행위의 불가변력은 당해 행정행위에 대하여 인정될 뿐만 아니라, 동종의 행정행위라면 그 대상을 달리하더라도 이를 인정할 수 있다. (○ | ×) 2023 경찰간부

7. 불가변력은 당해 행정행위에 대하여서만 인정되는 것이고, 동종의 행정행위라 하더라도 그 대상을 달리할 때에는 이를 인정할 수 없다. (○ | ×) 2023 행정사, 2021 소방간부, 2016 국가직 7급, 2004 행정고시

8. 행위의 불가변력은 당해 행정행위에 대해서만 인정되는 것이 아니고, 동종의 행정행위라면 그 대상을 달리하더라도 인정된다. (○ | ×) 2021 지방직 · 서울시 9급

9. 행정행위의 불가변력은 해당 행정행위에 대해서뿐만 아니라 그 대상을 달리하는 동종의 행정행위에 대해서도 인정된다. (○ | ×) 2018 지방직 7급

③ 관련 기출

10. 행정처분이나 행정심판재결이 불복기간의 경과로 확정될 경우 그 확정력은 처분으로 법률상 이익을 침해받은 자가 당해 처분이나 재결의 효력을 더 이상 다툴 수 없다는 의미일 뿐 판결과 같은 기판력이 인정되는 것은 아니다. (○ | ×) 2024 국가직 9급

11. 행정처분이 불복기간의 경과로 인하여 확정될 경우 그 처분의 기초가 된 사실관계나 법률적 판단이 확정되고 당사자들이나 법원이 이에 기속되어 모순되는 주장이나 판단을 할 수 없게 된다. (○ | ×) 2024 국가직 7급

12. 행정처분이나 행정심판재결이 불복기간의 경과로 확정될 경우 그 처분의 기초가 된 사실관계나 법률적 판단이 확정되고 당사자들이나 법원은 이에 기속되어 모순되는 주장이나 판단을 할 수 없다. (○ | ×) 2023 서울시 지적 7급, 2022 군무원 9급, 2017 경행경채

13. 재결이 확정된 경우에는 처분의 기초가 된 사실관계나 법률적 판단이 확정되고 당사자들이나 법원이 이에 기속되어 모순되는 주장이나 판단을 할 수 없게 된다. (○ | ×) 2023 군무원 9급

14. 일반적으로 행정처분이나 행정심판재결이 불복기간의 경과로 확정될 경우 그 확정력은, 처분으로 법률상 이익을 침해받은 자가 당해 처분이나 재결의 효력을 더 이상 다툴 수 없다는 의미이므로 확정판결에서와 같은 기판력이 인정된다. (○ | ×) 2022 군무원 7급, 2018 지방직 7급

15. 일반적으로 행정처분이 불복기간의 경과로 인하여 확정될 경우 그 확정력에는 판결과 같은 기판력이 인정되지 아니한다. (○ | ×) 2014 지방직 7급

④ 관련 기출

16. 제소기간이 이미 도과하여 불가쟁력이 생긴 행정처분에 대하여는 개별법규에서 그 변경을 요구할 신청권을 규정하고 있거나 관계법령의 해석상 그러한 신청권이 인정될 수 있는 등 특별한 사정이 없는 한 국민에게 그 행정처분의 변경을 구할 신청권이 있다 할 수 없다. (○ | ×) 2022 군무원 9급, 2018 경행경채

17. 영업허가를 취소하는 처분에 대해 불가쟁력이 발생하였더라도 이후 사정변경을 이유로 그 허가취소의 변경을 요구하였으나 행정청이 이를 거부한 경우라면, 그 거부는 원칙적으로 항고소송의 대상이 되는 처분이다. (○ | ×) 2019 지방직 7급

18. 제소기간이 이미 도과하여 불가쟁력이 생긴 행정처분에 대하여는, 관계법령의 해석상 그 변경을 요구할 신청권이 인정될 수 있는 경우라 하더라도 국민에게 그 행정처분의 변경을 구할 신청권이 없다. (○ | ×) 2017 국가직 7급

정답 1. × 2. ○ 3. ○ 4. × 5. × 6. × 7. ○ 8. × 9. × 10. ○ 11. × 12. × 13. × 14. × 15. ○ 16. ○ 17. × 18. ×

13 정답 ③

① ○

> 행정절차법 제21조, 제22조, 행정절차법 시행령 제13조의 내용을 행정절차법의 입법목적과 의견청취제도의 취지에 비추어 종합적·체계적으로 해석하면, 행정절차법 시행령 제13조 제2호에서 정한 '법원의 재판 또는 준사법적 절차를 거치는 행정기관의 결정 등에 따라 처분의 전제가 되는 사실이 객관적으로 증명되어 처분에 따른 의견청취가 불필요하다고 인정되는 경우'는 법원의 재판 등에 따라 처분의 전제가 되는 사실이 객관적으로 증명되면 행정청이 반드시 일정한 처분을 해야 하는 경우 등 의견청취가 행정청의 처분 여부나 그 수위 결정에 영향을 미치지 못하는 경우를 의미한다고 보아야 한다. 처분의 전제가 되는 '일부' 사실만 증명된 경우이거나 의견청취에 따라 행정청의 처분 여부나 처분 수위가 달라질 수 있는 경우라면 위 예외사유에 해당하지 않는다 (대판 2020. 7. 23, 2017두66602).

② ○

> 행정청이 침해적 행정처분을 함에 있어서 당사자에게 위와 같은 사전통지를 하거나 의견제출의 기회를 주지 아니하였다면 사전통지를 하지 않거나 의견제출의 기회를 주지 아니하여도 되는 예외적인 경우에 해당하지 아니하는 한 그 처분은 위법하여 취소를 면할 수 없다(대판 2004. 5. 28, 2004두1254).

③ ×

> **행정절차법 제21조 【처분의 사전통지】** ① 행정청은 당사자에게 의무를 부과하거나 권익을 제한하는 처분을 하는 경우에는 미리 다음 각 호의 사항을 당사자 등에게 통지하여야 한다.
> 1. 처분의 제목
> 2. 당사자의 성명 또는 명칭과 주소
> 3. 처분하려는 원인이 되는 사실과 처분의 내용 및 법적 근거
> 4. 제3호에 대하여 의견을 제출할 수 있다는 뜻과 의견을 제출하지 아니하는 경우의 처리방법
> 5. 의견제출기관의 명칭과 주소
> 6. 의견제출기한
> 7. 그 밖에 필요한 사항

③ 제1항 제6호에 따른 기한은 의견제출에 필요한 기간을 10일 이상으로 고려하여 정하여야 한다.
④ 다음 각 호의 어느 하나에 해당하는 경우에는 제1항에 따른 통지를 하지 아니할 수 있다.
  1. 공공의 안전 또는 복리를 위하여 긴급히 처분을 할 필요가 있는 경우
  2. 법령 등에서 요구된 자격이 없거나 없어지게 되면 반드시 일정한 처분을 하여야 하는 경우에 그 자격이 없거나 없어지게 된 사실이 법원의 재판 등에 의하여 객관적으로 증명된 경우
  3. 해당 처분의 성질상 의견청취가 현저히 곤란하거나 명백히 불필요하다고 인정될 만한 상당한 이유가 있는 경우

④ ○

처분 당시 당사자가 어떠한 근거와 이유로 처분이 이루어진 것인지를 충분히 알 수 있어서 그에 불복하여 행정구제절차로 나아가는 데 별다른 지장이 없었던 것으로 인정되는 경우에는 처분서에 처분의 근거와 이유가 구체적으로 명시되어 있지 않았더라도 이를 처분을 취소하여야 할 절차상 하자로 볼 수 없다(대판 2019. 12. 13, 2018두41907).

✔ 기출체크

① 관련 기출

1. 당사자에게 의무를 부과하거나 당사자의 권익을 제한하는 처분을 함에 있어서, 행정청은 법령 등에서 요구된 자격이 없어지게 되면 반드시 일정한 처분을 하여야 하는 경우에 그 자격이 없어지게 된 사실이 법원의 재판 등에 의하여 객관적으로 증명된 경우에도 행정절차법상의 사전통지를 하여야 한다. (○ | ×)   2024 지방직·서울시 7급

2. 행정청은 해당 처분의 성질상 의견청취가 현저히 곤란하더라도 사전통지를 해야 한다. (○ | ×)   2022 군무원 7급

3. 법령 등에서 요구된 자격이 없거나 없어지게 되면 반드시 일정한 처분을 하여야 하는 경우에 그 자격이 없거나 없어지게 된 사실이 법원의 재판에 의하여 객관적으로 증명된 경우에는 사전통지를 생략할 수 있다. (○ | ×)   2022 국가직 9급

4. 처분의 전제가 되는 사실이 법원의 재판 등에 의하여 객관적으로 증명된 경우에는 행정청이 당사자에게 의무를 부과하거나 권익을 제한하는 처분을 하는 경우에도 사전통지를 하지 아니할 수 있다. (○ | ×)   2018 서울시 9급

5. 행정청은 당사자에게 의무를 부과하거나 권익을 제한하는 처분을 하는 경우에는 미리 처분의 제목, 당사자의 성명 또는 명칭과 주소 등의 일정한 사항을 당사자 등에게 통지하여야 함이 원칙이지만, 예외적으로 이러한 사전통지가 생략될 수 있다. 다음 중 행정절차법이 규정하고 있는 사전통지 생략사유가 아닌 것은?   2015 서울시 9급
   ① 공공의 안전 또는 복리를 위하여 긴급히 처분을 할 필요가 있는 경우
   ② 단순·반복적인 처분 또는 경미한 처분으로서 당사자가 그 이유를 명백히 알 수 있는 경우
   ③ 해당 처분의 성질상 의견청취가 현저히 곤란하거나 명백히 불필요하다고 인정될 만한 상당한 이유가 있는 경우
   ④ 법령 등에서 요구된 자격이 없거나 없어지게 되면 반드시 일정한 처분을 하여야 하는 경우에 그 자격이 없거나 없어지게 된 사실이 법원의 재판 등에 의하여 객관적으로 증명된 경우

6. 법령에서 요구된 자격이 없어지게 되면 반드시 일정한 처분을 하여야 하는 경우에 그 자격이 없어지게 된 사실이 법원의 재판에 의하여 객관적으로 증명된 경우에는 행정청의 사전통지의무가 면제될 수 있다. (○ | ×)   2015 국가직 7급

② 관련 기출

7. (甲은 토지 위에 컨테이너를 설치하여 사무실로 사용하였다. 관할행정청인 乙은 甲에게 이 컨테이너는 건축법상 건축허가를 받아야 하는 건축물인데 건축허가를 받지 않고 건축하였다는 이유로 甲에게 원상복구명령을 하면서, 만약 기한 내에 원상복구를 하지 않을 경우에는 행정대집행을 통하여 컨테이너를 철거할 것임을 계고하였다. 이후 甲은 乙에게 이 컨테이너에 대하여 가설건축물 축조신고를 하였으나 乙은 이 컨테이너는 건축허가대상이라는 이유로 가설건축물 축조신고를 반려하였다) 건축법에 특별한 규정이 없더라도 행정절차법상 예외에 해당하지 않는 한 乙은 원상복구명령을 하면서 甲에게 원상복구명령을 사전통지하고 의견제출의 기회를 주어야 한다. (○ | ×)   2023 국가직 7급

8. 행정청이 침해적 행정처분을 하면서 당사자에게 행정절차법상의 사전통지를 하거나 의견제출의 기회를 주지 않았다면, 사전통지를 하지 않거나 의견제출의 기회를 주지 않아도 되는 예외적인 경우에 해당하지 않는 한, 그 처분은 위법하여 취소를 면할 수 없다. (○ | ×)   2023 군무원 9급

9. 행정청이 침익적 처분을 함에 있어 행정절차법상 예외에 속하는 경우가 아닌 한 당사자에게 사전통지를 하지 않고 의견제출절차를 거치지 않았다면 독립적 취소사유가 된다. (○ | ×)   2023 소방간부

10. 행정청이 침해적 행정처분을 함에 있어서 당사자에게 의견제출의 기회를 주지 아니하였다면, 의견제출의 기회를 주지 아니하여도 되는 예외적인 경우에 해당하지 않는 한 그 처분은 위법하다. (○ | ×)   2007 국가직 7급

③ 관련 기출

11. 행정청은 당사자에게 사전통지를 하면서 의견제출에 필요한 기간을 10일 이상으로 고려하여 정하여 통지하여야 한다. (○ | ×)   2022 군무원 7급

정답 1. × 2. × 3. ○ 4. ○ 5. ② 6. ○ 7. ○ 8. ○ 9. ○ 10. ○ 11. ○

14   정답 ④

① ×

어떤 보상항목이 공익사업을 위한 토지 등의 취득 및 보상에 관한 법령상 손실보상대상에 해당함에도 관할 토지수용위원회가 사실을 오인하거나 법리를 오해함으로써 손실보상대상에 해당하지 않는다고 잘못된 내용의 재결을 한 경우에는, 피보상자는 관할 토지수용위원회를 상대로 그 재결에 대한 취소소송을 제기할 것이 아니라, 사업시행자를 상대로 구 「공익사업을 위한 토지 등의 취득 및 보상에 관한 법률」 제85조 제2항에 따른 보상금증감소송을 제기하여야 한다(대판 2018. 7. 20, 2015두4044 ; 대판 2019. 11. 28, 2018두227).

② ×

「공익사업을 위한 토지 등의 취득 및 보상에 관한 법률」 제64조 【개인별 보상】 손실보상은 토지소유자나 관계인에게 개인별로 하여야 한다. 다만, 개인별로 보상액을 산정할 수 없을 때에는 그러하지 아니하다.

③ ×

「공익사업을 위한 토지 등의 취득 및 보상에 관한 법률」 제65조 【일괄보상】 사업시행자는 동일한 사업지역에 보상시기를 달리하는 동일인 소유의 토지 등이 여러 개 있는 경우 토지소유자나 관계인이 요구할 때에는 한꺼번에 보상금을 지급하도록 하여야 한다.

④ ○

> 「공익사업을 위한 토지 등의 취득 및 보상에 관한 법률」 제66조【사업시행이익과의 상계금지】 사업시행자는 동일한 소유자에게 속하는 일단(一團)의 토지의 일부를 취득하거나 사용하는 경우 해당 공익사업의 시행으로 인하여 잔여지(殘餘地)의 가격이 증가하거나 그 밖의 이익이 발생한 경우에도 그 이익을 그 취득 또는 사용으로 인한 손실과 상계(相計)할 수 없다.

✓ 기출체크

① 관련 기출

1. 어떤 보상항목이 손실보상의 대상에 해당함에도 토지수용위원회가 손실보상에서 제외하는 잘못된 내용의 재결을 한 경우, 토지수용위원회를 상대로 그 재결에 대한 취소소송을 제기하여야 하며 보상금증액청구소송을 제기할 수는 없다. (O I X) 　　2025 소방간부

2. 어떤 보상항목이 공익사업을 위한 토지 등의 취득 및 보상에 관한 법령상 손실보상대상에 해당함에도 관할 토지수용위원회가 사실을 오인하거나 법리를 오해함으로써 손실보상대상에 해당하지 않는다고 잘못된 내용의 재결을 한 경우에는, 피보상자는 관할 토지수용위원회를 상대로 재결취소소송을 제기하여야 한다. (O I X) 　　2023 지방직·서울시 9급

3. 토지수용위원회가 토지보상법상 손실보상대상에 해당하는 보상항목을 손실보상대상에 해당하지 않는다고 잘못된 내용의 재결을 한 경우에는 피보상자는 그 재결에 대한 취소소송을 제기할 것이 아니라 사업시행자를 상대로 토지보상법에 따른 보상금증감소송을 제기하여야 한다. (O I X) 　　2023 국회직 8급

4. 어떤 보상항목이 공익사업을 위한 토지 등의 취득 및 보상에 관한 법령상 손실보상대상에 해당함에도 관할 토지수용위원회가 법리를 오해함으로써 손실보상대상에 해당하지 않는다고 잘못된 내용의 재결을 한 경우에는, 피보상자는 관할 토지수용위원회를 상대로 그 재결에 대한 취소소송을 제기하여야 한다. (O I X) 　　2022 소방직 9급

5. 어떤 보상항목이 손실보상대상에 해당함에도 관할 토지수용위원회가 사실이나 법리를 오해하여 손실보상대상에 해당하지 않는다고 잘못된 내용의 재결을 한 경우, 피보상자는 관할토지수용위원회를 상대로 그 재결에 대한 취소소송을 제기하여야 한다. (O I X) 　　2020 지방직·서울시 7급

② 관련 기출

6. 「공익사업을 위한 토지 등의 취득 및 보상에 관한 법률」에 따른 보상은 토지소유자나 관계인 개인별로 하는 것이 아니라 수용 또는 사용의 대상이 되는 물건별로 행해지는 것이다. (O I X) 　　2021 국가직 7급

7. 손실보상은 토지소유자나 관계인에게 개인별로 하여야 한다. 다만, 개인별로 보상액을 산정할 수 없을 때에는 그러하지 아니하다. (O I X) 　　2020 국회직 8급

8. 「공익사업을 위한 토지 등의 취득 및 보상에 관한 법률」상 손실보상 지급 원칙으로 가장 적절하지 않은 것은? 　　2014 경행특채 2차
   ① 물건별 보상의 원칙
   ② 사업시행자보상의 원칙
   ③ 사전보상의 원칙
   ④ 현금보상의 원칙

9. 손실보상의 지급에서는 개인별 보상의 원칙이 적용된다. (O I X) 　　2012 국가직 9급

③ 관련 기출

10. 사업시행자는 동일한 사업지역에 보상시기를 달리하는 동일인 소유의 토지 등이 여러 개가 있는 경우 토지 등의 소유자가 일괄보상을 요구하더라도 「공익사업을 위한 토지 등의 취득 및 보상에 관한 법률」에 따라 단계적으로 보상금을 지급하여야 한다. (O I X) 　　2023 국가직 9급

11. 사업시행자는 동일한 사업지역에 보상시기를 달리하는 동일인 소유의 토지 등이 여러 개 있는 경우 토지소유자나 관계인이 요구할 때에는 한꺼번에 보상금을 지급하도록 하여야 한다. (O I X) 　　2022 국회직 8급, 2022 서울시 지적 7급, 2013 국가직 9급

12. 동일한 사업지역에 보상시기를 달리하는 동일인 소유의 토지 등이 여러 개 있는 경우 토지소유자나 관계인이 요구할 때에는 한꺼번에 보상금을 지급하도록 하여야 한다. (O I X) 　　2017 서울시 9급

④ 관련 기출

13. 사업시행자는 동일한 소유자에게 속하는 일단의 토지의 일부를 취득하거나 사용하는 경우 해당 공익사업의 시행으로 인하여 잔여지의 가격이 증가하거나 그 밖의 이익이 발생한 경우 그 이익을 그 취득 또는 사용으로 인한 손실과 상계할 수 있다. (O I X) 　　2022 서울시 지적 7급

14. 사업시행자는 동일한 소유자에게 속하는 일단의 토지의 일부를 취득하는 경우 해당 공익사업의 시행으로 인하여 잔여지의 가격이 증가한 경우에 그 이익을 그 취득으로 인한 손실과 상계한다. (O I X) 　　2022 국회직 8급

15. 사업시행자는 동일한 소유자에게 속하는 일단의 토지의 일부를 취득하거나 사용하는 경우, 해당 공익사업의 시행으로 인하여 잔여지의 가격이 증가하거나 그 밖의 이익이 발생한 경우에도 그 이익을 취득 또는 사용으로 인한 손실과 상계할 수 없다. (O I X) 　　2020 국회직 8급, 2013 국가직 9급

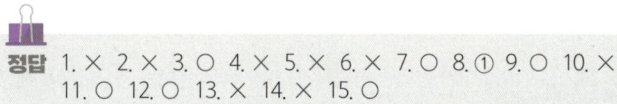

정답 1. × 2. × 3. ○ 4. × 5. × 6. × 7. ○ 8. ① 9. ○ 10. ×
11. ○ 12. ○ 13. × 14. × 15. ○

15　　　　　　　　　　　　　　　　　　　　　　정답 ②

① ○

> 폐기물관리법 관계법령에 의한 폐기물처리업 허가권자의 부적정통보는 행정처분이다(대판 1998. 4. 28, 97누21086).

② ×

> 「하도급거래 공정화에 관한 법률」상 벌점 부과행위는 입찰참가자격의 제한요청 등의 기초자료로 사용하기 위한 것이고 사업자의 권리·의무에 직접 영향을 미치는 행위라고 볼 수 없으므로 항고소송의 대상이 되는 행정처분에 해당하지 아니한다(대판 2023. 1. 12, 2020두50683).

③ ○

> 경찰공무원시험승진후보자명부에 등재된 자가 승진임용되기 전에 감봉 이상의 징계처분을 받은 경우, 임용권자가 당해인을 시험승진후보자명부에서 삭제한 행위는 행정처분이 아니다.
> 시험승진후보자명부에 등재된 자가 승진임용되기 전에 감봉 이상의 징계처분을 받은 경우에는 임용권자 또는 임용제청권자가 위 징계처분을 받은 자를 시험승진후보자명부에서 삭제하도록 되어 있는바, 이처럼 시험승진후보자명부에 등재되어 있던 자가 그 명부에서 삭제됨으로써 승진임용의 대상에서 제외되었다 하더라도, 그와 같은 시험승진후보자명부에서의 삭제행위는 결국 그 명부에 등재된 자에 대한 승진 여부를 결

정하기 위한 행정청 내부의 준비과정에 불과하고, 그 자체가 어떠한 권리나 의무를 설정하거나 법률상 이익에 직접적인 변동을 초래하는 별도의 행정처분이 된다고 할 수 없다(대판 1997. 11. 14, 97누7325).

④ ○

> 지적공부 소관청의 지목변경신청 반려행위는 항고소송의 대상이 되는 행정처분이다.
> 구 지적법 규정은 토지소유자에게 지목변경신청권과 지목정정신청권을 부여한 것이고, 한편 지목은 토지에 대한 공법상의 규제, 개발부담금의 부과대상, 지방세의 과세대상, 공시지가의 산정, 손실보상가액의 산정 등 토지행정의 기초로서 공법상의 법률관계에 영향을 미치고, 토지소유자는 지목을 토대로 토지의 사용·수익·처분에 일정한 제한을 받게 되는 점 등을 고려하면, 지목은 토지소유권을 제대로 행사하기 위한 전제요건으로서 토지소유자의 실체적 권리관계에 밀접하게 관련되어 있으므로 지적공부 소관청의 지목변경신청 반려행위는 국민의 권리관계에 영향을 미치는 것으로서 항고소송의 대상이 되는 행정처분에 해당한다(대판 2004. 4. 22, 2003두9015).

✓ 기출체크

① 관련 기출

1. (甲은 폐기물처리업을 경영하기 위하여 폐기물처리업 사업계획서를 제출하여 관할도지사 乙로부터 사업계획 적합통보를 받았다. 그 후 甲은 폐기물처리시설의 설치가 허용되지 않는 용도지역을 허용되는 용도지역으로 변경하기 위하여 「국토의 계획 및 이용에 관한 법률」에 따라 乙에게 국토이용계획변경신청을 하였으나, 乙은 위 신청을 거부하였다) 만약 乙이 甲에게 사업계획 부적합통보를 하였다면 이는 항고소송의 대상이 되는 행정처분에 해당한다. (○ | ×)   2023 지방직·서울시 7급

2. 폐기물처리업 허가 전의 사업계획에 대한 부적정통보는 행정처분에 해당한다. (○ | ×)   2019 서울시 2회 7급

3. 구 폐기물관리법 관계법령상의 폐기물처리업 허가를 받기 위한 사업계획에 대한 부적정통보는 허가신청 자체를 제한하는 등 개인의 권리 내지 법률상의 이익을 개별적이고 구체적으로 규제하고 있어 행정처분에 해당한다. (○ | ×)   2017 국가직 9급

4. 폐기물관리법상의 사업계획서 부적정통보는 처분이다. (○ | ×)   2010 지방직 9급

③ 관련 기출

5. 공무원시험승진후보자명부에 등재된 자에 대하여 이전의 징계처분을 이유로 시험승진후보자명부에서 삭제하는 행위(는 행정소송의 대상인 행정처분에 해당한다) (○ | ×)   2017 국가직(하) 9급

④ 관련 기출

6. 지적공부 소관청의 지목변경신청 반려행위는 국민의 권리관계에 영향을 미치는 것으로서 항고소송의 대상이 되는 행정처분에 해당한다. (○ | ×)   2023 군무원 9급, 2023 소방직 9급, 2021 지방직·서울시 9급

7. 지적공부 소관청의 지목변경신청 반려행위는 국민의 권리관계에 영향을 미친다고 볼 수 없어서 행정처분에 해당하지 않는다. (○ | ×)   2022 국가직 7급

8. 지목은 토지소유권을 제대로 행사하기 위한 전제요건이므로 지적공부 소관청의 지목변경신청 반려행위는 항고소송의 대상이 되는 행정처분에 해당한다. (○ | ×)   2019 지방직 7급

9. 지적공부 소관청의 지목변경신청 반려행위(는 행정소송법상 '처분'에 해당한다) (○ | ×)   2019 서울시 1회 7급, 2018 서울시 7급

10. 지적공부 소관청의 지목변경신청 반려행위는 행정사무의 편의와 사실증명의 자료로 삼기 위한 것이지 그 대장에 등재 여부는 어떠한 권리의 변동이나 상실효력이 생기지 않으므로 이를 항고소송의 대상으로 할 수 없다. (○ | ×)   2017 국가직 9급

정답 1. ○ 2. ○ 3. ○ 4. ○ 5. × 6. ○ 7. × 8. ○ 9. ○ 10. ×

16   정답 ③

① ×

> 법령의 위임이 없음에도 법령에 규정된 처분요건에 해당하는 사항을 부령에서 변경하여 규정한 경우에는 그 부령의 규정은 행정청 내부의 사무처리기준 등을 정한 것으로서 행정조직 내에서 적용되는 행정명령의 성격을 지닐 뿐 국민에 대한 대외적 구속력은 없다.
> 어떤 행정처분이 그와 같이 법규성이 없는 시행규칙 등의 규정에 위배된다고 하더라도 그 이유만으로 처분이 위법하게 되는 것은 아니라 할 것이고, 또 그 규칙 등에서 정한 요건에 부합한다고 하여 반드시 그 처분이 적법한 것이라고 할 수도 없다. 이 경우 처분의 적법 여부는 그러한 규칙 등에서 정한 요건에 합치하는지 여부가 아니라 일반국민에 대하여 구속력을 가지는 법률 등 법규성이 있는 관계법령의 규정을 기준으로 판단하여야 한다(대판 2013. 9. 12, 2011두10584).

② ×

> 「국토의 계획 및 이용에 관한 법률 시행령」 제56조 제4항에 따라 국토교통부장관이 국토교통부 훈령으로 정한 '개발행위허가운영지침'은 세부적인 검토기준으로 이 지침의 법적 성격은 행정규칙에 불과하여 대외적 구속력이 없다(대판 2023. 2. 2, 2020두43722).

③ ○

> 삼권분립의 원칙, 법치행정의 원칙을 당연한 전제로 하고 있는 우리 헌법하에서 행정권의 행성입법 등 법집행의무는 헌법적 의무라고 보아야 한다.
> 이 사건과 같이 치과전문의제도의 실시를 법률 및 대통령령이 규정하고 있고 그 실시를 위하여 시행규칙의 개정 등이 행해져야 함에도 불구하고 행정권이 법률의 시행에 필요한 행정입법을 하지 아니하는 경우에는 행정권에 의하여 입법권이 침해되는 결과가 되기 때문이다. 따라서 보건복지부장관에게는 헌법에서 유래하는 행정입법의 작위의무가 있다(헌재 1998. 7. 16, 96헌마246).

④ × 행정소송법은 취소소송과 무효등확인소송의 대상을 '처분 등'으로 규정하고 있는데, 일반적·추상적 규범으로서의 법규명령은 '처분 등'의 개념에 포함되지 않으므로 원칙적으로 항고소송의 대상이 될 수 없다. 다만, 법규명령이 구체성을 갖는 경우, 즉 처분적 성질을 가지는 경우(처분법규)에는 항고소송의 대상이 될 수 있으며, 우리 대법원도 이를 인정하고 있다.

> 1. 일반적·추상적 법령(재무부령(현 기획재정부령))은 행정소송의 대상이 될 수 없다(대판 1987. 3. 24, 86누656).
> 2. 법규명령이 처분성을 가지는 경우 그러한 명령의 취소를 법원에 청구할 수 있다(대판 1953. 8. 19, 53누37).

✓ 기출체크

① 관련 기출
1. 법령의 위임이 없음에도 법령에 규정된 처분요건에 해당하는 사항을 부령에서 변경하여 규정한 경우에는 그 부령의 규정은 행정청 내부의 사무처리기준 등을 정한 것으로서 행정조직 내에서 적용되는 행정명령의 성격을 지닐 뿐 국민에 대한 대외적 구속력은 없다. (○ㅣ×)
   2023 국가직 7급, 2023·2021 국회직 8급, 2020 국가직 9급

2. 상위법령의 위임이 없음에도 상위법령에 규정된 처분요건에 해당하는 사항을 부령에서 변경하여 규정한 경우 그 부령의 규정은 국민에 대한 대외적 구속력이 있다. (○ㅣ×) 2023 국가직 9급

3. 법령의 위임이 없음에도 법령에 규정된 처분요건에 해당하는 사항을 부령에서 변경하여 규정한 경우에 처분의 적법 여부는 그러한 부령에서 정한 요건을 기준으로 판단하여야 한다. (○ㅣ×) 2021 지방직·서울시 7급

③ 관련 기출
4. 행정권의 행정입법 등 법집행의무는 헌법적 의무라고 보아야 할 것이므로, 하위행정입법의 제정 없이 상위법령의 규정만으로 집행이 이루어질 수 있는 경우라도 하위행정입법을 하여야 할 헌법적 작위의무는 인정된다. (○ㅣ×) 2024 국가직 7급

5. 삼권분립의 원칙, 법치행정의 원칙을 당연한 전제로 하고 있는 우리 헌법하에서 행정권의 행정입법 등 법집행의무는 헌법적 의무라고 보아야 한다. (○ㅣ×) 2022 군무원 9급, 2017 서울시 7급

④ 관련 기출
6. 처분적 법규명령은 무효등확인소송 또는 취소소송의 대상이 된다. (○ㅣ×) 2023 지방직·서울시 9급

7. 처분은 행정청이 행한 구체적 사실에 관한 법집행행위이므로 일반적·추상적 행위는 처분이 아니나, 그 효력이 다른 집행행위의 매개 없이 그 자체로서 직접 국민의 구체적인 권리와 의무나 법률관계를 규율하는 성격을 가지는 처분법규는 처분이 된다. (○ㅣ×) 2018 소방직 9급

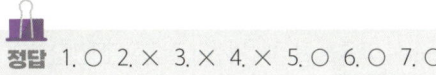
정답 1.○ 2.× 3.× 4.× 5.○ 6.○ 7.○

17 정답 ④

① ○
> 과세관청이 부과의 취소를 다시 취소함으로써 원부과처분을 소생시킬 수 없다.
> 과세관청은 부과의 취소를 다시 취소함으로써 원부과처분을 소생시킬 수는 없고 납세의무자에게 종전의 과세대상에 대한 납부의무를 지우려면 다시 법률에서 정한 부과절차에 좇아 동일한 내용의 새로운 처분을 하는 수밖에 없다(대판 1995. 3. 10, 94누7027).

② ○
> 수익적 행정처분에 대한 취소권 등의 행사는 기득권의 침해를 정당화할 만한 중대한 공익상의 필요 또는 제3자의 이익보호의 필요가 있는 때에 한하여 허용될 수 있다는 법리는, 처분청이 수익적 행정처분을 직권으로 취소·철회하는 경우에 적용되는 법리일 뿐 쟁송취소의 경우에는 적용되지 않는다(대판 2019. 10. 17, 2018두104).

③ ○
> 수익적 행정처분을 취소 또는 철회하는 경우, 그 처분으로 인하여 공익상의 필요보다 상대방이 받게 되는 불이익 등이 막대한 경우에는 재량권의 한계를 일탈한 것으로서 그 자체가 위법하다.
> 행정행위를 한 처분청은 비록 그 처분 당시에 별다른 하자가 없었고, 또 그 처분 후에 이를 철회할 별도의 법적 근거가 없다 하더라도 원래의 처분을 존속시킬 필요가 없게 된 사정변경이 생겼거나 또는 중대한 공익상의 필요가 발생한 경우에는 그 효력을 상실케 하는 별개의 행정행위로 이를 철회할 수 있다고 할 것이나, 수익적 행정처분을 취소 또는 철회하는 경우에는 이미 부여된 그 국민의 기득권을 침해하는 것이 되므로, 비록 취소 등의 사유가 있다고 하더라도 그 취소권 등의 행사는 기득권의 침해를 정당화할 만한 중대한 공익상의 필요 또는 제3자의 이익보호의 필요가 있는 때에 한하여 상대방이 받는 불이익과 비교·교량하여 결정하여야 하고, 그 처분으로 인하여 공익상의 필요보다 상대방이 받게 되는 불이익 등이 막대한 경우에는 재량권의 한계를 일탈한 것으로서 그 자체가 위법하다(대판 2004. 11. 26, 2003두10251).

④ × 당사자가 처분의 위법성을 알고 있었거나 중대한 과실로 알지 못한 경우에는 취소로 인하여 당사자가 입게 될 불이익을 취소로 달성되는 공익과 비교·형량하지 않아도 된다.

> **행정기본법 제18조【위법 또는 부당한 처분의 취소】** ② 행정청은 제1항에 따라 당사자에게 권리나 이익을 부여하는 처분을 취소하려는 경우에는 취소로 인하여 당사자가 입게 될 불이익을 취소로 달성되는 공익과 비교·형량(衡量)하여야 한다. 다만, 다음 각 호의 어느 하나에 해당하는 경우에는 그러하지 아니하다.
> 1. 거짓이나 그 밖의 부정한 방법으로 처분을 받은 경우
> 2. 당사자가 처분의 위법성을 알고 있었거나 중대한 과실로 알지 못한 경우

✓ 기출체크

① 관련 기출
1. 직권취소도 원행정행위와 별개의 행정행위이므로 조세부과처분을 취소한 후, 취소에 하자가 있다고 하여 이를 취소하면 원부과처분을 소생시킬 수 있다. (○ㅣ×) 2024 국회직 8급

2. 조세부과처분이 취소되면 그 조세부과처분은 확정적으로 효력이 상실되므로 나중에 취소처분이 취소되어도 원조세부과처분의 효력이 회복되지 않는다. (○ㅣ×) 2023 지방직·서울시 7급

3. 과세관청이 조세부과처분을 취소하면 해당 처분은 효력이 상실되지만 이후 이를 다시 취소하는 경우에는 그 조세부과처분의 효력은 당연히 회복된다. (○ㅣ×) 2023 소방간부

4. 과세관청은 과세처분의 취소를 다시 취소함으로써 이미 효력을 상실한 원부과처분을 소생시킬 수 없다. (○ㅣ×) 2022 소방직 9급

5. 과세관청은 과세처분의 취소처분이 당연무효의 하자가 없는 한 이를 다시 취소함으로써 원과세처분을 소생시킬 수 있으며 새로 이 법률에서 정한 절차에 따라 동일한 내용의 처분을 다시 할 필요는 없다. (○ㅣ×) 2021 경행경채

6. 국세기본법상 상속세부과처분의 취소에 하자가 있는 경우, 부과의 취소의 취소에 대하여는 법률이 명문으로 그 취소요건이나 그에 대한 불복절차에 대하여 따로 규정을 두고 있지 않더라도 과세관청은 부과의 취소를 다시 취소함으로써 원부과처분을 소생시킬 수 있다. (○ㅣ×) 2018 지방직 9급

③ 관련 기출

7. 행정행위를 한 처분청은 사정변경이 생겼거나 또는 중대한 공익상의 필요가 발생한 경우에는 그 효력을 상실케 하는 별개의 행정행위로 이를 철회할 수 있다고 할 것이나, 기득권을 침해하는 경우에는 기득권의 침해를 정당화할 만한 중대한 공익상의 필요 또는 제3자의 이익보호의 필요가 있는 때에 한하여 상대방이 받는 불이익과 비교·교량하여 철회하여야 한다. (○ | ×) 2017 국가직 9급

8. 수익적 행정처분을 취소 또는 철회하는 경우에는 이미 부여된 그 국민의 기득권을 침해하는 것이 되므로 그 처분으로 인하여 공익상의 필요보다 상대방이 받게 되는 불이익 등이 막대한 경우에는 재량권의 한계를 일탈한 것으로서 그 자체가 위법하다. (○ | ×) 2016 서울시 7급

9. 수익적 행정행위를 직권취소하는 경우 그 취소권의 행사로 인하여 공익상의 필요보다 상대방이 받게 되는 불이익 등이 막대한 경우에는 재량권의 한계를 일탈한 것으로서 그 자체가 위법하다. (○ | ×) 2015 국가직 9급

④ 관련 기출

10. 행정청은 당사자에게 권리나 이익을 부여하는 처분을 취소하려는 경우에는 취소로 인하여 당사자가 입게 될 불이익을 취소로 달성되는 공익과 비교·형량하여야 하지만, 거짓이나 그 밖의 부정한 방법으로 처분을 받은 경우 또는 당사자가 처분의 위법성을 알고 있었거나 중대한 과실로 알지 못한 경우에는 그러하지 아니하다. (○ | ×) 2025 소방간부

11. 당사자가 처분의 위법성을 중대한 과실로 알지 못한 경우에는 행정청은 당사자에게 이익을 부여하는 처분의 취소로 인하여 당사자가 입게 될 불이익을 취소로 달성되는 공익과 비교·형량하지 않아도 된다. (○ | ×) 2023 군무원 9급

12. 처분의 상대방이 처분의 위법성을 알고 있었거나 중대한 과실로 알지 못한 경우에는 행정청이 처분의 상대방에게 권리나 이익을 부여하는 처분을 취소하는 경우에도 취소로 인하여 처분의 상대방이 입게 될 불이익과 취소로 달성되는 공익을 비교·형량하지 않아도 된다. (○ | ×) 2023 국회직 8급

13. 행정청은 당사자에게 권리나 이익을 부여하는 처분을 취소하려는 경우, 당사자가 중대한 과실로 처분의 위법성을 알지 못하면 취소로 인하여 입게 될 불이익을 취소로 달성되는 공익과 비교·형량하여야 한다. (○ | ×) 2023 소방직 9급

정답 1. × 2. ○ 3. × 4. ○ 5. × 6. × 7. ○ 8. × 9. ○ 10. ○
11. ○ 12. ○ 13. ×

18 정답 ②

① ○

정보의 공개에 관하여는 다른 법률에 특별한 규정이 있는 경우에는 「공공기관의 정보공개에 관한 법률」(이하 '정보공개법'이라 한다)의 적용이 배제되는바 형사소송법 제59조의2는 구 정보공개법 제4조 제1항에서 정한 '정보의 공개에 관하여 다른 법률에 특별한 규정이 있는 경우'에 해당한다.

형사소송법 제59조의2의 내용·취지 등을 고려하면, 형사소송법 제59조의2는 형사재판확정기록의 공개 여부나 공개범위, 불복절차 등에 대하여 정보공개법과 달리 규정하고 있는 것으로 정보공개법 제4조 제1항에서 정한 '정보의 공개에 관하여 다른 법률에 특별한 규정이 있는 경우'에 해당한다. 따라서 형사재판확정기록의 공개에 관하여는 정보공개법에 의한 공개청구가 허용되지 아니한다(대판 2016. 12. 15, 2013두20882).

② ×

법률이 위임한 명령은 정보의 공개에 관하여 법률의 구체적인 위임 아래 제정된 법규명령(위임명령)을 의미한다.

「공공기관의 정보공개에 관한 법률」 제1·3조, 헌법 제37조의 각 취지와 행정입법으로는 법률이 구체적으로 범위를 정하여 위임한 범위 안에서만 국민의 자유와 권리에 관련된 규율을 정할 수 있는 점 등을 고려할 때, 「공공기관의 정보공개에 관한 법률」 제7조(현 제9조) 제1항 제1호 소정의 '법률에 의한 명령'은 법률의 위임규정에 의하여 제정된 대통령령, 총리령, 부령 전부를 의미한다기보다는 정보의 공개에 관하여 법률의 구체적인 위임 아래 제정된 법규명령(위임명령)을 의미한다(대판 2003. 12. 11, 2003두8395).

③ ○

'학교폭력대책자치위원회 회의록'은 「공공기관의 정보공개에 관한 법률」 제9조 제1항 제1호 및 제5호의 비공개대상정보에 해당한다(비공개대상).

(1) 「학교폭력예방 및 대책에 관한 법률」 제21조 제1항, 제2항, 제3항 및 같은 법 시행령 제17조 규정들의 내용, 「학교폭력예방 및 대책에 관한 법률」의 목적, 입법취지, 특히 「학교폭력예방 및 대책에 관한 법률」 제21조 제3항이 학교폭력대책자치위원회의 회의를 공개하지 못하도록 규정하고 있는 점 등에 비추어, 학교폭력대책자치위원회의 회의록은 「공공기관의 정보공개에 관한 법률」 제9조 제1항 제1호의 '다른 법률 또는 법률이 위임한 명령에 의하여 비밀 또는 비공개사항으로 규정된 정보'에 해당한다.

(2) 학교폭력대책자치위원회가 피해학생의 보호를 위한 조치, 가해학생에 대한 조치, 학교폭력과 관련된 분쟁의 조정 등에 관하여 심의한 결과를 기재한 회의록은 「공공기관의 정보공개에 관한 법률」 제9조 제1항 제5호의 '공개될 경우 업무의 공정한 수행에 현저한 지장을 초래한다고 인정할 만한 상당한 이유가 있는 정보'에 해당한다(대판 2010. 6. 10, 2010두2913).

④ ○

교육공무원의 근무성적평정의 결과를 공개하지 아니한다고 규정하고 있는 교육공무원승진규정 제26조를 근거로 정보공개청구를 거부하는 것은 위법이다(공개대상).

교육공무원법 제13·14조의 위임에 따라 제정된 교육공무원승진규정은 정보공개에 관한 사항에 관하여 구체적인 법률의 위임에 따라 제정된 명령이라고 할 수 없고, 따라서 교육공무원승진규정 제26조에서 근무성적평정의 결과를 공개하지 아니한다고 규정하고 있다고 하더라도 위 교육공무원승진규정은 「공공기관의 정보공개에 관한 법률」 제9조 제1항 제1호에서 말하는 법률이 위임한 명령에 해당하지 아니하므로

위 규정을 근거로 정보공개청구를 거부하는 것은 잘못이다(대판 2006. 10. 26, 2006두11910).

> **교육공무원법 제13조 【승진】** 교육공무원의 승진임용은 같은 종류의 직무에 종사하는 바로 아래 직급의 사람 중에서 대통령령으로 정하는 바에 따라 경력평정, 재교육성적, 근무성적, 그 밖에 실제 증명되는 능력에 의하여 한다.
>
> 구 **교육공무원승진규정(대통령령) 제26조 【평정결과의 비공개】** 근무성적평정의 결과는 이를 공개하지 아니한다.

✓ 기출체크

① 관련 기출

1. 정보의 공개에 관하여 다른 법률에 특별한 규정이 있는 경우에도 「공공기관의 정보공개에 관한 법률」이 우선하여 적용된다. (○ | ×)
   2022 경찰간부

2. 형사소송법은 형사재판확정기록의 공개 여부 등에 대하여 「공공기관의 정보공개에 관한 법률」과 달리 규정하고 있으므로, 형사재판확정기록의 공개에 관하여는 「공공기관의 정보공개에 관한 법률」에 의한 공개청구가 허용되지 아니한다. (○ | ×)
   2022 국가직 7급

3. 형사소송법이 형사재판확정기록의 공개 여부나 공개범위, 불복절차 등에 대하여 규정하고 있는 것은 정보공개법 제4조 제1항에서 정한 '정보의 공개에 관하여 다른 법률에 특별한 규정이 있는 경우'에 해당한다고 볼 수 없으므로, 형사재판확정기록의 공개에 관하여는 정보공개법에 의한 공개청구가 허용된다. (○ | ×)
   2021 국회직 8급

4. 형사재판확정기록의 공개에 관하여는 형사소송법의 규정이 적용되므로 「공공기관의 정보공개에 관한 법률」에 의한 공개청구는 허용되지 아니한다. (○ | ×)
   2019 지방직 7급

② 관련 기출

5. 정보공개법에서 공개대상의 예외로 규정하고 있는 '다른 법률 또는 법률에서 위임한 명령(국회규칙·대법원규칙·헌법재판소규칙·중앙선거관리위원회규칙·대통령령 및 조례로 한정함)에 따라 비밀이나 비공개사항으로 규정된 정보'의 해석에 있어서 '법률에서 위임한 명령'은 정보의 공개에 관하여 법률의 구체적인 위임 아래 제정된 법규명령(위임명령)을 의미한다. (○ | ×)
   2023 지방직·서울시 7급

6. 다른 법률 또는 법률에서 위임한 명령에 의하여 비밀 또는 비공개사항으로 규정된 정보는 이를 공개하지 아니할 수 있다고 규정하고 있는바, 여기에서 법률에 의한 명령은 정보의 공개에 관하여 법률의 구체적인 위임 아래 제정된 법규명령(위임명령)을 의미한다. (○ | ×)
   2022 해경간부

7. 「공공기관의 정보공개에 관한 법률」에 의하면 '다른 법률 또는 법률에서 위임한 명령에 의하여 비밀 또는 비공개사항으로 규정된 정보'는 이를 공개하지 아니할 수 있다고 규정하고 있는바, 여기에서 '법률에 의한 명령'은 정보의 공개에 관하여 법률의 구체적인 위임 아래 제정된 법규명령(위임명령)을 의미한다. (○ | ×)
   2020 지방직·서울시 9급

8. 「공공기관의 정보공개에 관한 법률」 제9조 제1항 제1호의 '법률에서 위임한 명령'은 법률의 위임규정에 의하여 제정된 대통령령, 총리령, 부령 전부를 의미한다. (○ | ×)
   2018 국회직 8급

③ 관련 기출

9. 구 「학교폭력예방 및 대책에 관한 법률」에 따른 학교폭력대책자치위원회의 회의록은 「공공기관의 정보공개에 관한 법률」 소정의 '공개될 경우 업무의 공정한 수행에 현저한 지장을 초래한다고 인정할 만한 상당한 이유가 있는 정보'에 해당한다. (○ | ×)
   2024 국가직 9급

10. 구 「학교폭력예방 및 대책에 관한 법률」 및 같은 법 시행령 규정들의 내용 등에 비추어, 학교폭력대책자치위원회의 회의록은 「공공기관의 정보공개에 관한 법률」의 비공개사유인 '다른 법률 또는 법률이 위임한 명령에 의하여 비밀 또는 비공개사항으로 규정된 정보'에 해당하지 아니한다. (○ | ×)
    2023 군무원 5급

11. 학교폭력대책자치위원회가 피해학생의 보호를 위한 조치, 가해학생에 대한 조치, 학교폭력과 관련된 분쟁의 조정 등에 관하여 심의한 결과를 기재한 회의록은 「공공기관의 정보공개에 관한 법률」 소정의 비공개대상정보에 해당한다. (○ | ×)
    2019 지방직·교육행정직 9급

12. 학교폭력대책자치위원회의 회의록은 「공공기관의 정보공개에 관한 법률」 제9조 제1항 제1호의 '다른 법률 또는 법률이 위임한 명령에 의하여 비밀 또는 비공개사항으로 규정된 정보'에 해당하지 않는다. (○ | ×)
    2019 소방직 9급

13. '학교폭력대책자치위원회 회의록'은 「공공기관의 정보공개에 관한 법률」 제9조 제1항 제1호의 비공개대상정보에 해당한다. (○ | ×)
    2015 경행특채 2차

④ 관련 기출

14. 정보의 공개에 관하여 법률의 구체적인 위임이 없는 교육공무원승진규정상 근무성적평정결과를 공개하지 않는다는 규정을 근거로 정보공개청구를 거부할 수 없다. (○ | ×)
    2021 국가직 7급

15. 교육공무원의 근무성적평정결과를 공개하지 아니한다고 규정하고 있는 교육공무원승진규정을 근거로 정보공개청구를 거부하는 것은 위법하다. (○ | ×)
    2020 국가직 7급

16. 공공기관이 보유·관리하는 정보는 공개하는 것이 원칙이나, 다른 법률 또는 법률이 위임한 명령에 의하여 비밀 또는 비공개사항으로 규정된 정보는 공개하지 아니할 수 있다. 이에 관한 판례의 입장으로 옳은 것은?
    2010 지방직 9급

    ① 여기서의 법률이 위임한 명령이란 법률의 위임에 의하여 제정된 대통령령, 총리령, 부령 전부를 의미하는 것이 아니라 정보의 공개에 관하여 법률의 구체적 위임에 의하여 제정된 법규명령을 의미한다.
    ② 교육공무원법의 위임에 따라 제정된 교육공무원승진규정은 정보공개에 관한 사항에 관하여 구체적인 법률의 위임에 의하여 제정된 법규명령이라고 할 수 있다.
    ③ 교육공무원승진규정이 근무성적평정결과를 공개하지 아니한다고 규정하고 있는 경우 동 규정을 근거로 정보공개청구를 거부할 수 있다.
    ④ 감사원장의 감사결과가 군사2급비밀에 해당한다고 하여 「공공기관의 정보공개에 관한 법률」 제9조 제1항 제1호에 의하여 공개하지 아니할 수는 없다.

17. 교육공무원에 대한 근무성적평정의 결과(는 대법원 판례에 의할 때 비공개대상정보에 해당한다) (○ | ×)
    2010 국가직 9급

18. 교육공무원의 근무성적평정의 결과를 공개하지 아니한다고 규정하고 있는 교육공무원승진규정 제26조를 근거로 정보공개청구를 거부하는 것은 타당하지 않다. (○ | ×)
    2008 지방직 7급

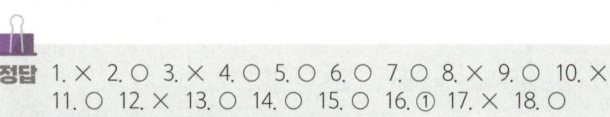

정답 1. × 2. ○ 3. × 4. ○ 5. ○ 6. ○ 7. ○ 8. × 9. ○ 10. × 11. ○ 12. × 13. ○ 14. ○ 15. ○ 16. ① 17. × 18. ○

19
정답 ③

① ○ 행정심판법은 당사자주의, 처분권주의를 원칙으로 하면서도, 심판청구의 심리를 위하여 필요하다고 인정되는 경우에는 행정심판위원회로 하여금 당사자가 주장하지 아니한 사실에 대하여도 심리할 수 있도록 하고 있다.

> **행정심판법 제39조【직권심리】** 위원회는 필요하면 당사자가 주장하지 아니한 사실에 대하여도 심리할 수 있다.

② ○ ③ × 행정심판의 경우 불고불리의 원칙이 적용되므로 행정심판위원회는 심판청구의 대상이 되는 처분 또는 부작위 외의 사항에 대하여는 재결할 수 없다. 또한 행정심판의 재결에는 불이익변경금지의 원칙이 적용되어 행정심판위원회는 심판청구의 대상이 되는 처분보다 청구인에게 불리한 재결을 할 수 없다.

> **행정심판법 제47조【재결의 범위】** ① 위원회는 심판청구의 대상이 되는 처분 또는 부작위 외의 사항에 대하여는 재결하지 못한다(②).
> ② 위원회는 심판청구의 대상이 되는 처분보다 청구인에게 불리한 재결을 하지 못한다(③).

④ ○

> **행정심판법 제43조【재결의 구분】** ① 위원회는 심판청구가 적법하지 아니하면 그 심판청구를 각하(却下)한다.
> ② 위원회는 심판청구가 이유가 없다고 인정하면 그 심판청구를 기각(棄却)한다.
> ③ 위원회는 취소심판의 청구가 이유가 있다고 인정하면 처분을 취소 또는 다른 처분으로 변경하거나 처분을 다른 처분으로 변경할 것을 피청구인에게 명한다.

✓ 기출체크

① 관련 기출

1. 행정심판위원회는 필요한 경우 당사자가 주장하지 아니한 사실에 대해서도 심리할 수 있다. (○ | ×)
   2023 국회직 8급, 2019 지방직·교육행정직 9급, 2017 사회복지직 9급

2. 행정심판위원회의 심리는 당사자가 주장한 사실에 한정되지 않으며, 필요한 때에는 당사자가 주장하지 아니한 사실에 대하여도 심리할 수 있다. (○ | ×)
   2013 지방직(하) 7급

② 관련 기출

3. 행정심판위원회는 심판청구의 대상이 되는 처분 또는 부작위 외의 사항에 대하여 재결할 수 있다. (○ | ×)
   2022 경찰간부

4. 행정심판법은 심판청구의 심리·재결에 있어서 불고불리 및 불이익변경금지원칙을 조문으로 명문화하고 있다. (○ | ×)
   2020 군무원 7급

5. 행정심판위원회는 심판청구의 대상이 되는 처분 또는 부작위 외의 사항에 대하여는 재결하지 못한다. (○ | ×)
   2016 국회직 8급

6. (행정심판)위원회는 직권에 의하여 심판청구의 대상이 되는 처분 또는 부작위 외의 사항에 대하여도 재결할 수 있다. (○ | ×)
   2010 국가직 9급

7. (행정심판에는) 불고불리의 원칙이 적용된다. (○ | ×)
   2009 지방직(하) 7급

③ 관련 기출

8. (甲은 乙군수에게 식품위생법에 의한 일반음식점 영업신고를 하고 영업을 하던 중 청소년에게 주류를 판매하였다는 이유로 적발되었다. 관할행정청인 乙군수는 식품위생법 시행규칙 [별표 23] 행정처분기준에 따라 사전통지 등 적법절차를 거쳐 1회 위반으로 영업정지 2월의 제재처분을 하였다) 영업정지 2월의 처분에 대하여 甲이 행정심판을 제기한 경우 행정심판위원회는 심리한 결과 처분청이 경미하게 처분하였다고 판단되면 영업정지 3월의 처분으로 처분을 변경하는 재결을 내릴 수 있다.
   (○ | ×) 2023 군무원 7급

9. 행정심판위원회는 심판청구의 대상이 되는 처분보다 청구인에게 불리한 재결을 하지 못한다. (○ | ×) 2023 행정사, 2016 국가직 9급

10. (식품접객업을 하는 甲은 청소년의 연령을 확인하지 않고 주류를 판매한 사실이 적발되어 관할행정청 乙로부터 식품위생법 위반을 이유로 영업정지 2개월을 부과받자 관할 행정심판위원회 丙에 행정심판을 청구하였다) 丙은 행정심판의 심리과정에서 甲의 식품위생법상의 또 다른 위반사실을 인지한 경우, 乙의 2개월 영업정지와는 별도로 1개월 영업정지를 추가하여 부과하는 재결을 할 수 있다. (○ | ×) 2023 지방직·서울시 9급

11. 행정심판위원회는 심판청구의 대상이 되는 처분보다 청구인에게 불리한 재결을 할 수 있다. (○ | ×) 2022 소방직 9급

12. 행정심판위원회는 필요하다고 판단하는 경우에는 심판청구의 대상이 되는 처분보다 청구인에게 불리한 재결을 할 수 있다. (○ | ×)
   2018 교육행정직 9급

④ 관련 기출

13. 취소심판의 인용재결로는 취소재결, 변경재결 및 취소명령재결, 변경명령재결이 있다. (○ | ×) 2022 경찰간부, 2017 서울시 9급

14. (A행정청이 甲에게 한 처분에 대하여 甲은 B행정심판위원회에 행정심판을 청구하였다) 甲이 취소심판을 제기한 경우, B행정심판위원회는 심판청구가 이유가 있다고 인정하면 처분변경명령재결을 할 수 있다.
    (○ | ×) 2022 지방직·서울시 9급

15. 취소심판의 인용재결로서 취소재결, 변경재결, 변경명령재결을 할 수 있다. (○ | ×) 2021 국가직 7급

16. 취소심판의 심리 후 행정심판위원회는 영업허가취소처분을 영업정지처분으로 적극적으로 변경하는 변경재결 또는 변경명령재결을 할 수 있다. (○ | ×) 2021 군무원 7급

17. 행정심판법상 행정심판위원회가 취소심판의 청구가 이유가 있다고 인정하는 경우에 행할 수 있는 재결에 해당하지 않는 것은? 2021 국가직 9급
    ① 처분을 취소하는 재결
    ② 처분을 할 것을 명하는 재결
    ③ 처분을 다른 처분으로 변경하는 재결
    ④ 처분을 다른 처분으로 변경할 것을 명하는 재결

정답 1. ○ 2. ○ 3. × 4. ○ 5. ○ 6. × 7. ○ 8. × 9. ○ 10. × 11. × 12. × 13. × 14. ○ 15. ○ 16. ○ 17. ②

20 정답 ③

① ○ 처분에 대한 취소판결 후 동 처분으로 인한 손해에 대해 국가배상청구소송을 제기한 경우와 같이 전소의 소송물이 후소의 선결문제로 되는 경우에도 기판력이 작용한다.

> 취소확정판결의 '기속력'은 취소청구가 인용된 판결에서 인정되는 것으로서 당사자인 행정청과 그 밖의 관계행정청에게 확정판결의 취지에 따라 행동하여야 할 의무를 지우는 작용을 한다. 이에 비하여 행정소송법 제8조 제2항에 의하여 행정소송에 준용되는 민사소송법 제216조, 제218조가 규정하고 있는 '기판력'이란 기판력 있는 전소 판결의 소송물과 동일한 후소를 허용하지 않음과 동시에, 후소의 소송물이 전소의 소송물과 동일하지는 않더라도 전소의 소송물에 관한 판단이 후소의 선결문제가 되거나 모순관계에 있을 때에는 후소에서 전소 판결의 판단과 다른 주장을 하는 것을 허용하지 않는 작용을 한다(대판 2016. 3. 24, 2015두48235).

② ○

> **행정소송법 제32조【소송비용의 부담】** 취소청구가 제28조의 규정에 의하여 기각되거나 행정청이 처분 등을 취소 또는 변경함으로 인하여 청구가 각하 또는 기각된 경우에는 소송비용은 피고의 부담으로 한다.

③ ✕

> 행정청이 관련법령에 근거하여 행한 공사중지명령의 상대방이 명령의 취소를 구한 소송에서 패소함으로써 그 명령이 적법한 것으로 이미 확정되었다면, 이후 이러한 공사중지명령의 상대방은 그 명령의 해제신청을 거부한 처분의 취소를 구하는 소송에서 그 명령의 적법성을 다툴 수 없다. 그와 같은 공사중지명령에 대하여 그 명령의 상대방이 해제를 구하기 위해서는 명령의 내용 자체로 또는 성질상으로 명령 이후에 원인사유가 해소되었음이 인정되어야 한다(대판 2014. 11. 27, 2014두37665).

④ ○

> 종전 처분이 판결에 의하여 취소되었더라도 종전 처분과 다른 사유를 들어서 새로이 처분을 하는 것은 기속력에 저촉되지 않는다. 여기에서 동일 사유인지 다른 사유인지는 확정판결에서 위법한 것으로 판단된 종전 처분사유와 기본적 사실관계에서 동일성이 인정되는지 여부에 따라 판단되어야 하고, 기본적 사실관계의 동일성 유무는 처분사유를 법률적으로 평가하기 이전의 구체적인 사실에 착안하여 그 기초인 사회적 사실관계가 기본적인 점에서 동일한지에 따라 결정된다. 또한 행정처분의 위법 여부는 행정처분이 행하여진 때의 법령과 사실을 기준으로 판단하므로, 확정판결의 당사자인 처분행정청은 종전 처분 후에 발생한 새로운 사유를 내세워 다시 처분을 할 수 있고, 새로운 처분의 처분사유가 종전 처분의 처분사유와 기본적 사실관계에서 동일하지 않은 다른 사유에 해당하는 이상, 처분사유가 종전 처분 당시 이미 존재하고 있었고 당사자가 이를 알고 있었더라도 이를 내세워 새로이 처분을 하는 것은 확정판결의 기속력에 저촉되지 않는다(대판 2016. 3. 24, 2015두48235).

✔ 기출체크

① 관련 기출

1. 전소의 판결이 확정된 경우 후소의 소송물이 전소의 소송물과 동일하지 않더라도 전소의 소송물에 관한 판단이 후소의 선결문제가 되는 경우에 후소에서 전소 판결의 판단과 다른 주장을 하는 것은 기판력에 반한다. (○ | ✕)   2023 국가직 7급

② 관련 기출

2. 행정처분에 대한 취소청구가 사정판결에 의하여 기각된 경우에 소송비용은 피고가 부담한다. (○ | ✕)   2008 지방직 9급

③ 관련 기출

3. 공사중지명령의 상대방이 제기한 공사중지명령 취소소송에서 기각판결이 확정된 경우 특별한 사정변경이 없더라도 그 후 상대방이 제기한 공사중지명령해제신청 거부처분 취소소송에서는 그 공사중지명령의 적법성을 다시 다툴 수 있다. (○ | ✕)   2022 지방직·서울시 9급

4. (甲회사는 '토석채취허가지 진입도로와 관련 우회도로 개설 등은 인근주민들과의 충분한 협의를 통해 민원발생에 따른 분쟁이 생기지 않도록 조치 후 사업을 추진할 것'이란 조건으로 토석채취허가를 받았다. 그러나 甲은 위 조건이 법령에 근거가 없다는 이유로 이행하지 아니하였고, 인근주민이 민원을 제기하자 관할행정청은 甲에게 공사중지명령을 하였다. 甲은 공사중지명령의 해제를 신청하였으나 거부되자 거부처분 취소소송을 제기하였다) 甲이 앞서 공사중지명령 취소소송에서 패소하여 그 판결이 확정되었더라도, 甲은 그 후 공사중지명령의 해제를 신청한 후 해제신청 거부처분 취소소송에서 다시 그 공사중지명령의 적법성을 다툴 수 있다. (○ | ✕)   2021 국가직 9급

④ 관련 기출

5. 취소확정판결의 기속력은 판결의 주문 및 전제가 되는 처분 등의 구체적 위법사유에 관한 판단에도 미치나, 종전 처분이 판결에 의하여 취소되었더라도 종전 처분과 다른 사유를 들어서 새로이 처분을 하는 것은 기속력에 저촉되지 않는다. (○ | ✕)   2024 국회직 9급

6. 처분의 취소판결이 확정된 후 새로운 처분을 하는 경우, 새로운 처분의 사유가 취소된 처분의 사유와 기본적 사실관계에서 동일하지 않다면 취소된 처분과 같은 내용의 처분을 하는 것은 기속력에 반하지 않는다. (○ | ✕)   2023 국가직 7급

7. 취소확정판결의 기속력은 판결의 주문 및 전제가 되는 처분 등의 구체적 위법사유에 관한 판단에도 미치므로, 종전 처분이 판결에 의하여 취소되었다면 종전 처분의 처분사유와 기본적 사실관계에서 동일하지 않은 다른 사유를 들어서 새로이 동일한 내용을 처분하는 것 또한 확정판결의 기속력에 저촉된다. (○ | ✕)   2023 지방직·서울시 9급

8. (A구 구청장은 관내에서 음식점을 운영하고 있는 甲이 청소년에게 주류를 판매하였다는 이유로, 甲에게 영업정지처분을 할 것을 고려하고 있다) 구청장이 청소년 주류판매를 이유로 甲에게 영업정지 2개월의 처분을 하였고, 이에 대하여 甲이 취소소송을 제기하여 원고(甲) 승소판결이 확정되었는데, 그 후 구청장이 영업시간제한 위반을 이유로 재차 甲에게 영업정지 2개월의 처분을 한 경우, 후행 영업정지처분은 취소판결의 기속력에 반하지 아니한다. (○ | ✕)   2023 변호사

9. 행정처분이 판결에 의해 취소된 경우, 취소된 처분의 사유와 기본적 사실관계에서 동일성이 인정되지 않는 다른 사유를 들어 새로이 처분을 하는 것은 기속력에 반한다. (○ | ✕)   2020 국가직 9급

정답 1. ○ 2. ○ 3. ✕ 4. ✕ 5. ○ 6. ○ 7. ✕ 8. ○ 9. ✕

제6회 | 실전동형 모의고사 해설

문제 p.38

01	02	03	04	05	06	07	08	09	10
②	③	④	③	②	④	④	④	④	②
11	12	13	14	15	16	17	18	19	20
①	②	③	②	③	②	①	④	②	③

01

정답 ②

① ○

> (원고가 행정청에 개발부담금 부과 여부에 대해 특정하여 질의한 것이 아니고 예식장·대형 할인매장 등을 건축하는 것이 관계법령상 가능한지 여부를 질의한 사건에서) 「개발이익환수에 관한 법률」에 정한 개발사업을 시행하기 전에, 행정청이 민원예비심사에 대하여 관련부서 의견으로 '저촉사항 없음'이라고 기재하였다고 하더라도, 이후의 개발부담금 부과처분에 관하여 신뢰보호의 원칙을 적용하기 위한 요건인, 신뢰의 대상이 되는 공적인 견해표명을 한 것이라고는 보기 어렵다(대판 2006. 6. 9, 2004두46).

② ×

> 1. 과세관청이 납세의무자에게 부가가치세 면세사업자용 사업자등록증을 교부하거나 고유번호를 부여한 행위는 부가가치세를 과세하지 아니함을 시사하는 언동이나 공적 견해표명을 한 것으로 볼 수 없다.
> 부가가치세법상의 사업자등록은 과세관청이 부가가치세의 납세의무자를 파악하고 그 과세자료를 확보하는 데 입법취지가 있고, 이는 단순한 사업사실의 신고로서 사업자가 소관 세무서장에게 소정의 사업자등록신청서를 제출함으로써 성립하며, 사업자등록증의 교부는 이와 같은 등록사실을 증명하는 증서의 교부행위에 불과한 것으로 과세관청이 납세의무자에게 부가가치세 면세사업자용 사업자등록증을 교부하였다고 하더라도 그가 영위하는 사업에 관하여 부가가치세를 과세하지 아니함을 시사하는 언동이나 공적인 견해를 표명한 것으로 볼 수 없으며, 구 부가가치세법 시행령(2005. 3. 18, 대통령령 제18740호로 개정되기 전의 것) 제8조 제2항에 정한 고유번호의 부여도 과세자료를 효율적으로 처리하기 위한 것에 불과한 것이므로 과세관청이 납세의무자에게 고유번호를 부여한 경우에도 마찬가지이다(대판 2008. 6. 12, 2007두23255).
> 2. 과세관청이 납세의무자에게 면세사업자등록증을 교부하고 수년간 면세사업자로서 한 부가가치세 예정신고 및 확정신고를 받은 행위는 납세의무자에게 부가가치세를 과세하지 아니함을 시사하는 언동이나 공적인 견해표명이 아니다(대판 2002. 9. 4, 2001두9370).

③ ○

> 1. 국세기본법 제18조 제3항에서 말하는 비과세관행이 성립하려면 상당한 기간에 걸쳐 과세를 하지 아니한 객관적 사실이 존재할 뿐만 아니라 과세관청 자신이 그 사항에 관하여 과세할 수 있음을 알면서도 어떤 특별한 사정 때문에 과세하지 않는다는 의사가 있어야 한다.
> 2. 한편 공적 견해나 의사는 명시적 또는 묵시적으로 표시되어야 하지만, 묵시적 표시가 있다고 하기 위하여는 단순한 과세누락과는 달리 과세관청이 상당기간 불과세상태에 대하여 과세하지 않겠다는 의사표시를 한 것으로 볼 수 있는 사정이 있어야 한다(대판 2001. 4. 24, 2000두5203).

④ ○

> 정구장시설을 설치한다는 도시계획결정을 하였다가 정구장 대신 청소년수련시설을 설치한다는 도시계획변경결정 및 지적승인을 한 경우, 정구장시설의 도시계획사업시행자로 지정받을 것을 예상하고 정구장 설계비용 등을 지출한 자의 신뢰이익을 침해한 것으로 볼 수 없다(대판 2000. 11. 10, 2000두727).

✓ 기출체크

① 관련 기출

1. 행정청이 민원예비심사에 대하여 관련부서 의견으로 「개발이익환수에 관한 법률」에 '저촉사항 없음'이라고 기재한 것은, 이후의 개발부담금 부과처분에 관하여 공적인 견해표명을 한 것이라고 볼 수 없다. (O | ×)
   2023 서울시 지적 7급

2. 「개발이익환수에 관한 법률」에 정한 개발사업을 시행하기 전에, 행정청이 민원예비심사에 대하여 관련부서 의견으로 '저촉사항 없음'이라고 기재한 것은 공적인 견해표명에 해당한다. (O | ×)
   2021 국가직 7급, 2016 경행경채, 2013 국가직 9급

3. 「개발이익환수에 관한 법률」에 정한 개발사업을 시행하기 전에, 행정청이 민원예비심사에 대하여 관련부서 의견으로 '저촉사항 없음'이라고 기재하였다는 사정만으로 신뢰의 대상이 되는 공적인 견해표명을 한 것이라고는 보기 어렵다. (O | ×)
   2010 국가직 9급

② 관련 기출

4. 과세관청이 납세의무자에게 부가가치세 면세사업자용 사업자등록증을 교부한 행위는 부가가치세를 과세하지 아니함을 시사하는 언동이나 공적인 견해를 표명한 것으로 볼 수 있다. (O | ×)
   2023 경찰간부

5. 과세관청이 납세의무자에게 부가가치세 면세사업자용 사업자등록증을 교부하거나 고유번호를 부여하였다고 하더라도 그가 영위하는 사업에 관하여 부가가치세를 과세하지 않겠다는 언동이나 공적 견해를 표명한 것으로 볼 수 없다. (O | ×)
   2017 지방직 7급

③ 관련 기출

6. 국세기본법 제18조 제3항에서 말하는 비과세관행이 성립하려면 상당한 기간에 걸쳐 과세를 하지 않은 객관적 사실이 존재하면 충분하고, 나아가 과세관청 자신이 그 사항에 관하여 과세할 수 있음을 알면서도 어떤 특별한 사정 때문에 과세하지 않는다는 주관적인 의사까지 요구되는 것은 아니다. (O | ×)
   2022 소방간부

7. 국세기본법에 따른 비과세관행의 성립요건인 공적 견해나 의사의 묵시적 표시가 있다고 하기 위해서는 과세관청이 상당기간의 불과세상태에 대하여 과세하지 않겠다는 의사표시를 한 것으로 볼 수 있는 사정이 있어야 한다. (O | ×)
   2017 지방직 7급

④ 관련 기출

8. 당초 정구장시설을 설치한다는 도시계획결정을 하였다가 정구장 대신 청소년수련시설을 설치한다는 도시계획변경결정 및 지적승인을 한 경우, 당초의 도시계획결정만으로는 도시계획사업의 시행자지정을 받게 된다는 공적 견해를 표명했다고 할 수 없다. (○ | ×)　　　2024 군무원 5급, 2019 국가직 7급

9. 당초 정구장시설을 설치한다는 도시계획결정을 하였다가 정구장 대신 청소년수련시설을 설치한다는 도시계획변경결정 및 지적승인을 한 경우, 당초의 도시계획결정에 따른 도시계획사업의 시행자로 지정받을 것을 예상하여 상당한 비용 등을 지출하였다면 정구장 대신 청소년수련시설을 설치한다는 내용의 도시계획변경결정 및 지적승인을 한 것은 신뢰이익을 침해한 것이다. (○ | ×)　　　2018 경행경채 3차

10. 정구장시설 설치의 도시계획결정을 청소년수련시설 설치의 도시계획으로 변경한 경우, 사업시행자로 지정받을 것을 예상하고 정구장 설계비용 등을 지출한 자의 신뢰이익을 침해한 것으로 볼 수 없다. (○ | ×)　　　2012 지방직 7급

정답 1. ○ 2. × 3. ○ 4. × 5. ○ 6. × 7. ○ 8. ○ 9. × 10. ○

02　　　　　　　　　　　　　　　　　　　　　　　정답 ③

① ○

> 법령의 위임이 없음에도 법령에 규정된 처분요건에 해당하는 사항을 부령에서 변경하여 규정한 경우에는 그 부령의 규정은 행정청 내부의 사무처리기준 등을 정한 것으로서 행정조직 내에서 적용되는 행정명령의 성격을 지닐 뿐 국민에 대한 대외적 구속력은 없다.
> 따라서 어떤 행정처분이 그와 같이 법규성이 없는 시행규칙 등의 규정에 위배된다고 하더라도 그 이유만으로 처분이 위법하게 되는 것은 아니라 할 것이고, 또 그 규칙 등에서 정한 요건에 부합한다고 하여 반드시 그 처분이 적법한 것이라고 할 수도 없다. 이 경우 처분의 적법 여부는 그러한 규칙 등에서 정한 요건에 합치하는지 여부가 아니라 일반국민에 대하여 구속력을 가지는 법률 등 법규성이 있는 관계법령의 규정을 기준으로 판단하여야 한다(대판 2013. 9. 12, 2011두10584).

② ○

> 법령에 반하는 위법한 행정규칙은 무효이므로 위법한 행정규칙을 위반한 것은 징계사유가 되지 않는다(대판 2020. 11. 26, 2020두42262).

③ × 부작위위법확인소송의 대상은 행정소송법의 조문을 고려할 때 '처분'의 부작위이지 '입법'의 부작위는 아니다. 따라서 행정입법부작위의 경우 부작위위법확인소송의 대상이 되지 않는다는 것이 판례의 태도이다(대판 1992. 5. 8, 91누11261).

> 추상적인 법령의 제정 여부 등은 부작위위법확인소송의 대상이 될 수 없다. 행정소송은 구체적 사건에 대한 법률상 분쟁을 법에 의하여 해결함으로써 법적 안정을 기하자는 것이므로 부작위위법확인소송의 대상이 될 수 있는 것은 구체적 권리·의무에 관한 분쟁이어야 하고 추상적인 법령에 관하여 제정의 여부 등은 그 자체로서 국민의 구체적인 권리·의무에 직접적 변동을 초래하는 것이 아니어서 그 소송의 대상이 될 수 없다(대판 1992. 5. 8, 91누11261).

> 행정소송법 제2조 【정의】 ① 이 법에서 사용하는 용어의 정의는 다음과 같다.
> 2. '부작위'라 함은 행정청이 당사자의 신청에 대하여 상당한 기간 내에 일정한 처분을 하여야 할 법률상 의무가 있음에도 불구하고 이를 하지 아니하는 것을 말한다.
> 제4조 【항고소송】 항고소송은 다음과 같이 구분한다.
> 3. 부작위위법확인소송 : 행정청의 부작위가 위법하다는 것을 확인하는 소송

④ ○

> 법령보충규칙 또는 재량준칙이 그 정한 바에 따라 되풀이 시행되어 행정관행이 이룩되게 되면, 평등의 원칙이나 신뢰보호의 원칙에 따라 행정기관은 그 상대방에 대한 관계에서 그 규칙에 따라야 할 자기구속을 당하게 되는 경우에는 대외적인 구속력을 가지게 되며, 이러한 경우에는 헌법소원의 대상이 될 수도 있다(헌재 2001. 5. 31, 99헌마413).

✓ 기출체크

① 관련 기출

1. 법령의 위임이 없음에도 법령에 규정된 처분요건에 해당하는 사항을 부령에서 변경하여 규정한 경우에는 그 부령의 규정은 행정청 내부의 사무처리기준 등을 정한 것으로서 행정조직 내에서 적용되는 행정명령의 성격을 지닐 뿐 국민에 대한 대외적 구속력은 없다. (○ | ×)　2023 국가직 7급

③ 관련 기출

2. 행정입법부작위는 행정소송법상의 부작위위법확인소송으로 다툴 수 있으므로 행정입법부작위에 대한 헌법소원심판청구는 보충성의 원칙에 위반되는 부적법한 청구이다. (○ | ×)　　　2024 변호사

3. 행정입법부작위는 부작위위법확인소송의 대상이 된다. (○ | ×)
　　　2023 지방직·서울시 9급

4. 특정다목적댐법에서 댐 건설로 손실을 입으면 국가가 보상해야 하고 그 절차와 방법은 대통령령으로 제정토록 명시되어 있음에도 미제정된 경우, 법령제정의 여부는 행정소송법상 부작위위법확인소송의 대상이 될 수 없다. (○ | ×)　　　2023 국가직 9급

5. 부작위위법확인소송의 대상이 될 수 있는 것은 구체적 권리·의무에 관한 분쟁이어야 하고 추상적인 법령에 관하여 제정의 여부 등은 그 자체로서 국민의 구체적인 권리·의무에 직접적 변동을 초래하는 것이 아니어서 그 소송의 대상이 될 수 없다. (○ | ×)
　　　2022 군무원 9급, 2022 지방직·서울시 7급

6. 행정청이 행정입법 등 추상적인 법령을 제정하지 아니하는 행위는 법률이 시행되지 못하게 됨으로써 행정입법을 통해 구체화되는 개인의 권리를 침해하는 것으로, 항고소송의 대상이 된다. (○ | ×)　　2022 소방직 9급

④ 관련 기출

7. 재량권행사의 준칙인 규칙이 그 정한 바에 따라 되풀이 시행됨으로써 행정관행이 이루어지게 되어 행정기관이 그 상대방에 대한 관계에서 그 규칙에 따라야 할 자기구속을 당하게 되는 경우에는 당해 규칙은 헌법소원의 대상이 될 수도 있다. (○ | ×)　　2025 소방간부

8. 법령보충적 행정규칙은 물론이고 재량권행사의 준칙이 되는 행정규칙이 행정의 자기구속원리에 따라 대외적 구속력을 가지는 경우에는 헌법소원의 대상이 될 수 있다. (○ | ×)　　　2023 국가직 9급

9. 법령보충적 행정규칙은 물론이고, 재량권행사의 준칙이 되는 행정규칙이 그 정한 바에 따라 되풀이 시행되어 행정관행이 이루어지고 행정의 자기구속원리에 따라 대외적 구속력을 가지는 경우에는 헌법소원의 대상이 될 수 있다. (○ | ×)　　　　　　　　　　　　　　　　　　2023 소방직 9급

10. 재량권행사의 준칙인 행정규칙이 그 정한 바에 따라 되풀이 시행되어 행정관행이 형성되어 행정기관이 그 상대방에 대한 관계에서 그 행정규칙에 따라야 할 자기구속을 당하게 되는 경우에는 그 행정규칙은 헌법소원의 심판대상이 될 수도 있다. (○ | ×)　　　　2022 해경간부, 2020 국가직 9급

11. 고시가 상위법령과 결합하여 대외적 구속력을 갖고 국민의 기본권을 침해하는 법규명령으로 기능하는 경우 헌법소원의 대상이 된다. (○ | ×)
　　　　　　　　　　　　　　　　　　　　　　　　　2020 국가직 7급

12. 법령보충규칙에 해당하는 고시의 관계규정에 의하여 직접 기본권침해를 받는다고 하여도 이에 대하여 바로 헌법재판소법 제68조 제1항에 의한 헌법소원심판을 청구할 수 없다. (○ | ×)　　　　　　2018 지방직 7급

정답　1. ○　2. ×　3. ×　4. ○　5. ○　6. ×　7. ○　8. ○　9. ○　10. ○
　　　11. ○　12. ×

03
정답 ④

① ○ 허가의 효과는 당해 허가를 한 행정청의 관할구역 내에서만 미치는 것이 원칙이나, 법령의 규정이 있는 경우 또는 허가의 성질상 관할구역 외에까지 그 효과가 미치는 경우가 있는바, 그 예로 운전면허를 들 수 있다.

② ○
> 산림훼손(산림형질변경) 금지 또는 제한지역에 해당하지 않더라도 중대한 공익상 필요가 있다고 인정될 때에는 산림훼손허가(산림형질변경허가)를 거부할 수 있고 그 경우 법규에 명문의 근거가 없더라도 거부처분을 할 수 있으며 이는 산림훼손기간을 연장하는 경우에도 마찬가지이나.
> 산림훼손행위는 국토의 유지와 환경의 보전에 직접적으로 영향을 미치는 행위이므로 법령이 규정하는 산림훼손 금지 또는 제한지역에 해당하는 경우는 물론 금지 또는 제한지역에 해당하지 않더라도 허가관청은 산림훼손허가신청 대상토지의 현상과 위치 및 주위의 상황 등을 고려하여 국토 및 자연의 유지와 환경의 보전 등 중대한 공익상 필요가 있다고 인정될 때에는 허가를 거부할 수 있고, 그 경우 법규에 명문의 근거가 없더라도 거부처분을 할 수 있는 것이며, 이는 산림훼손기간을 연장하는 경우에도 마찬가지이다(대판 1997. 9. 12, 97누1228).

③ ○
> 건축허가권자는 신청이 법령상 요건을 구비한 경우 원칙적으로 건축허가를 하여야 하고, 중대한 공익상의 필요가 없는데도 관계법령에서 정하는 제한사유 이외의 사유를 들어 요건을 갖춘 자에 대한 허가를 거부할 수는 없다.
> 건축허가권자는 건축허가신청이 건축법 등 관계법규에서 정하는 어떠한 제한에 배치되지 않는 이상 당연히 같은 법조에서 정하는 건축허가를 하여야 하고, 중대한 공익상의 필요가 없음에도 불구하고, 요건을 갖춘 자에 대한 허가를 관계법령에서 정하는 제한사유 이외의 사유를 들어 거부할 수는 없다(대판 2006. 11. 9, 2006두1227 ; 대판 2009. 9. 24, 2009두8946).

④ ×
> 구 출입국관리법 제2조 제3호, 제76조의2 제1항, 제3항, 제4항, 구 출입국관리법 시행령 제88조의2, 난민의 지위에 관한 협약 제1조, 난민의 지위에 관한 의정서 제1조의 문언, 체계와 입법취지를 종합하면, 난민인정에 관한 신청을 받은 행정청은 원칙적으로 법령이 정한 난민요건에 해당하는지를 심사하여 난민인정 여부를 결정할 수 있을 뿐이고, 이와 무관한 다른 사유만을 들어 난민인정을 거부할 수는 없다(대판 2017. 12. 5, 2016두42913).

✓ 기출체크

① 관련 기출

1. 허가의 효과는 당해 허가행정청의 관할구역 내에서만 미치는 것이 원칙이지만 법령의 규정이 있거나 허가의 성질상 관할구역에 국한시킬 것이 아닌 경우에는 관할구역 외에까지 그 효과가 미치게 된다. (○ | ×)
　　　　　　　　　　　　　　　　　　　　　　　　　2007 국회직 8급

② 관련 기출

2. 법령상의 산림훼손 금지 또는 제한지역에 해당하지 아니하더라도 중대한 공익상의 필요가 있다고 인정되는 경우, 산림훼손허가신청을 거부할 수 있다. (○ | ×)　　　　　　　　　　　　　　　　　2022 군무원 9급

3. 환경의 보전 등 중대한 공익상 필요가 있다고 인정되더라도 법규에 명문의 근거가 없다면 산림훼손기간연장허가를 거부할 수 없다. (○ | ×)
　　　　　　　　　　　　　　　　　　　　　　　　2019 사회복지직 9급

4. 구 산림법령이 규정하는 산림훼손 금지 또는 제한지역에 해당하지 않더라도 환경의 보존 등 중대한 공익상 필요가 인정되는 경우, 허가관청은 법규상 명문의 근거가 없어도 산림훼손허가신청을 거부할 수 있다. (○ | ×)
　　　　　　　　　　　　　　　　　　　　　　　　　2018 지방직 7급

5. 법규에 명문의 근거가 없음에도 환경보전이라는 중대한 공익상의 이유로 산림훼손허가를 거부하는 것은 법률유보의 원칙에 비추어 허용되지 않는다. (○ | ×)　　　　　　　　　　　　　　　　　2017 국가직 7급

6. 산림형질변경허가의 경우 중대한 공익상 필요가 있다고 인정되는 때에는 그 허가를 거부할 수 있으며, 다만 그 경우 별도로 명문의 근거가 있어야 한다. (○ | ×)　　　　　　　　　　　　　　　　　2015 국회직 8급

③ 관련 기출

7. 건축허가는 기속행위이므로 건축법상 허가요건이 충족된 경우에는 항상 허가하여야 한다. (○ | ×)　　　　　　　　　　　2022 군무원 9급

8. 건축허가권자는 중대한 공익상의 필요가 없음에도 관계법령에서 정하는 제한사유 이외의 사유를 들어 건축허가요건을 갖춘 자에 대한 허가를 거부할 수 있다. (○ | ×)　　　　　　　　　　　　2019 국가직 9급

9. 건축허가는 원칙상 기속행위이지만 중대한 공익상 필요가 있는 경우 예외적으로 건축허가를 거부할 수 있다. (○ | ×)　　　2019 서울시 1회 7급

④ 관련 기출

10. 난민인정에 관한 신청을 받은 행정청은 원칙적으로 법령이 정한 난민요건에 해당하는지를 심사하여 난민인정 여부를 결정할 수 있을 뿐이고, 법령이 정한 난민요건과 무관한 다른 사유만을 들어 난민인정을 거부할 수는 없다. (○ | ×)　　　　　　　　　　　　　　　　2024 국가직 9급

정답　1. ○　2. ○　3. ×　4. ○　5. ×　6. ×　7. ×　8. ×　9. ○　10. ○

04

정답 ③

① ✕

> 행정청이 적법한 절차를 거쳐 도시계획결정 등의 처분을 하였다고 하더라도 이를 관보에 게재하여 고시하지 아니한 이상 대외적으로는 아무런 효력이 발생하지 아니한다(대판 1985. 12. 10, 85누186).

② ✕ 행정계획에 광범위한 형성의 자유, 즉 계획재량이 인정된다 하더라도 이러한 재량 역시 법령 등을 위반할 수가 없으며, 공익과 사익 간, 공익 상호 간 및 사익 상호 간의 정당한 비교·교량(형량)이 행해질 것이 요구되는데, 이를 형량명령이라 한다. 이러한 이익형량의 원리는 주민의 입안 제안 또는 변경신청을 받아들여 도시관리계획결정을 하거나 도시계획시설을 변경할 것인지를 결정할 때에도 동일하게 적용된다는 것이 판례의 입장이다.

> 행정주체가 구체적인 행정계획을 입안·결정할 때 가지는 형성의 자유의 한계에 관한 법리(편저자 주 : 형량명령)는 주민의 입안 제안 또는 변경신청을 받아들여 도시관리계획결정을 하거나 도시계획시설을 변경할 것인지를 결정할 때에도 동일하게 적용된다(대판 2012. 1. 12, 2010두5806).

③ ○

> 비구속적 행정계획안이나 행정지침이라도 국민의 기본권에 직접적으로 영향을 끼치고, 앞으로 법령의 뒷받침에 의하여 그대로 실시될 것이 틀림없을 것으로 예상될 수 있을 때에는, 공권력행위로서 예외적으로 헌법소원의 대상이 될 수 있다(헌재 2000. 6. 1, 99헌마538 등).

④ ✕

> 산업단지개발계획상 산업단지 안의 토지소유자로서 산업단지개발계획에 적합한 시설을 설치하여 입주하려는 자에게 산업단지지정권자 또는 그로부터 권한을 위임받은 기관에 대하여 산업단지개발계획의 변경을 요청할 수 있는 법규상 또는 조리상 신청권이 있으며 따라서 이러한 신청에 대한 거부행위는 항고소송의 대상이 되는 행정처분에 해당한다(대판 2017. 8. 29, 2016두44186).

✔ 기출체크

① 관련 기출

1. 구 도시계획법상 행정청이 정당하게 도시계획결정의 처분을 하였다고 하더라도 이를 관보에 게재하여 고시하지 아니한 이상 대외적으로는 아무런 효력이 발생하지 않는다. (○ | ✕)
2021 지방직·서울시 7급, 2014 국가직 7급

2. 권한 있는 행정청이 정당하게 도시계획결정 등의 처분을 하였다면 이를 관보에 게재하여 고시하지 아니하였다 하더라도 대외적으로 효력을 발생한다. (○ | ✕)
2012 지방직(상) 9급

3. 적법한 절차를 거쳐 도시계획결정 등의 처분을 하였다고 하더라도 이를 관보에 게재하여 고시하지 아니한 이상 대외적으로는 아무런 효력도 발생하지 아니한다. (○ | ✕)
2012 국회(속기·경위직) 9급

② 관련 기출

4. 행정주체가 구체적인 행정계획을 입안·결정할 때 가지는 형성의 자유의 한계에 관한 법리는 도시계획시설의 결정권자가 장기간 집행되지 아니한 도시계획시설을 변경할 것인지를 결정함에 있어서는 적용되지 않는다. (○ | ✕)
2025 소방간부

5. 행정주체가 구체적인 행정계획을 입안·결정할 때 가지는 형성의 자유의 한계에 관한 법리는 주민의 입안 제안 또는 변경신청을 받아들여 도시관리계획결정을 하거나 도시계획시설을 변경할 것인지를 결정할 때에도 동일하게 적용된다. (○ | ✕)
2020 국가직 9급

6. 도시관리계획변경신청에 따른 도시관리계획시설변경결정에는 형량명령이 적용되지 않는다. (○ | ✕)
2018 교육행정직 9급

③ 관련 기출

7. 비구속적 행정계획안이나 행정지침이라도 국민의 기본권에 직접적으로 영향을 끼치고, 앞으로 법령의 뒷받침에 의하여 그대로 실시될 것이 틀림없을 것으로 예상될 수 있을 때에는, 공권력행위로서 예외적으로 헌법소원의 대상이 될 수 있다. (○ | ✕)
2025 군무원 7급

8. 행정계획안이 국민의 기본권에 직접적으로 영향을 끼치고 법령의 뒷받침에 의하여 그대로 실시될 것이 틀림없을 것으로 예상되는 때에도 그것이 구속력 없는 행정계획안이라면 헌법소원의 대상이 될 수 없다. (○ | ✕)
2023 경찰간부

9. 비구속적 행정계획안이라도 국민의 기본권에 직접적으로 영향을 끼치고, 앞으로 법령의 뒷받침에 의하여 그대로 실시될 것이 틀림없을 것으로 예상될 수 있을 때에는 공권력행사로서 헌법소원의 대상이 될 수 있다. (○ | ✕)
2022 소방간부, 2018 국가직 7급

10. 구속력 없는 행정계획안이나 행정지침이라도 국민의 기본권에 직접적으로 영향을 끼치고 법령의 뒷받침에 의하여 그대로 실시될 것이 틀림없을 것으로 예상되는 때에는 예외적으로 헌법소원의 대상이 된다. (○ | ✕)
2021 국가직 9급

11. 국민의 기본권에 직접적으로 영향을 끼치고 법령의 뒷받침에 의해 실시될 것이라고 예상될 수 있다 하더라도 비구속적 행정계획안의 경우 헌법소원의 대상이 될 수 없다. (○ | ✕)
2018 서울시 1회 7급

④ 관련 기출

12. 「산업입지 및 개발에 관한 법률」에 따른 산업단지개발계획상 산업단지 안의 토지소유자로서 산업단지개발계획에 적합한 시설을 설치하여 입주하려는 자는 산업단지지정권자에 대하여 산업단지개발계획의 변경을 요청할 수 있는 법규상 또는 조리상 신청권이 없다. (○ | ✕)
2024 변호사

13. 산업단지개발계획상 산업단지 안의 토지소유자로서 산업단지개발계획에 적합한 시설을 설치하여 입주하려는 자는 산업단지지정권자 또는 그로부터 권한을 위임받은 기관에 대하여 산업단지개발계획의 변경을 요청할 수 있는 법규상 또는 조리상 신청권이 있다. (○ | ✕)
2021 지방직·서울시 9급

정답 1. ○ 2. ✕ 3. ○ 4. ✕ 5. ○ 6. ✕ 7. ○ 8. ✕ 9. ○ 10. ○
11. ✕ 12. ✕ 13. ○

05

정답 ②

① ✕

> 내부위임을 받은 자는 자기의 명의로 처분을 할 권한이 없으므로 내부위임을 받은 자가 자신의 명의로 처분을 한 경우 이는 당연무효이다. 체납취득세에 대한 압류처분권한은 경상남도지사로부터 울산시장에게 권한위임된 것이고, 울산시장으로부터 압류처분권한을 내부위임을 받은 데 불과한 피고로서는 울산시장 명의로 압류처분을 대행처리할 수 있을 뿐이고 자신의 명의로 이를 할 수 없다 할 것이므로 이 사건 압류처분은 권한 없는 자에 의하여 행하여진 위법·무효의 처분이다(대판 1993. 5. 27, 93누6621).

② ○

> 적법한 권한위임 없이 세관출장소장이 행한 관세부과처분은 그 하자가 중대하지만 객관적으로 명백하다고 할 수 없어 당연무효는 아니다. 세관출장소장에게 관세부과처분에 관한 권한이 위임되었다고 볼 만한 법령상의 근거가 없는데도 피고가 이 사건 처분을 한 것은 결국, 적법한 위임 없이 권한 없는 자가 행한 처분으로서 그 하자가 중대하다고 할 것이나, …… 그동안 세관출장소장에게 관세부과처분에 관한 권한이 있는지 여부에 관하여 아무런 이의제기가 없었던 점 등에 비추어 보면, 세관출장소장에게 관세부과처분을 할 권한이 있다고 객관적으로 오인할 여지가 다분하다고 인정되므로 결국 적법한 권한위임 없이 행해진 이 사건 처분은 그 하자가 중대하기는 하지만 객관적으로 명백하다고 할 수는 없어 당연무효는 아니라고 보아야 할 것이다(대판 2004. 11. 26, 2003두2403).

③ ×

> 행정청이 사전환경성검토협의를 거쳐야 할 대상사업에 관하여 법의 해석을 잘못한 나머지 세부용도지역이 지정되지 않은 개발사업부지에 대하여 사전환경성검토협의를 할지 여부를 결정하는 절차를 생략한 채 승인 등의 처분을 한 사안에서, 그 하자가 중대한 하자라고 할 수 있으나, 객관적으로 명백하다고 할 수는 없다(대판 2009. 9. 24, 2009두2825).

④ ×

> 1. 국토의 계획 및 이용에 관한 법령이 정한 도시계획시설사업의 대상토지의 소유와 동의요건을 갖추지 못하였는데도 사업시행자로 지정한 경우, 하자가 중대하고 명백하다.
> 2. 선행처분인 도시계획시설사업시행자 지정처분이 처분요건을 충족하지 못하여 당연무효인 경우, 후행처분인 도시계획시설사업의 시행자가 작성한 실시계획을 인가하는 처분도 무효이다.
> 도시계획시설사업의 시행자가 작성한 실시계획을 인가하는 처분은 도시계획시설사업시행자에게 도시계획시설사업의 공사를 허가하고 수용권을 부여하는 처분으로서 선행처분인 도시계획시설사업시행자 지정처분이 처분요건을 충족하지 못하여 당연무효인 경우에는 사업시행자 지정처분이 유효함을 전제로 이루어진 후행처분인 실시계획 인가처분도 무효라고 보아야 한다(대판 2017. 7. 11, 2016두35120).

✔ 기출체크

① 관련 기출

1. 체납취득세에 대한 압류처분권한은 도지사로부터 시장에게 권한위임된 것이고 시장으로부터 압류처분권한을 내부위임받은 데 불과한 구청장이 자신의 명의로 한 압류처분은 권한 없는 자에 의하여 행하여진 위법·무효의 처분이다. (○ㅣ×) 2023 군무원 7급
2. 내부위임을 받은 데 불과하여 자신의 명의로 처분을 할 권한이 없는 행정청이 권한 없이 자신의 명의로 한 처분은 무효이다. (○ㅣ×) 2022 지방직·서울시 7급
3. 대법원은 내부위임을 받은 수임기관이 자신의 이름으로 처분을 한 경우 당해 처분을 무권한의 행위로서 무효로 보고 있다. (○ㅣ×) 2013 국회직 8급

② 관련 기출

4. 적법한 권한위임 없이 세관출장소장에 의하여 행하여진 관세부과처분은 그 하자가 중대하기는 하지만 객관적으로 명백하다고 할 수 없어 당연무효는 아니다. (○ㅣ×) 2023 경찰간부, 2019 지방직·교육행정직 9급
5. 적법한 권한위임 없이 세관출장소장이 한 관세부과처분은 당연무효이다. (○ㅣ×) 2017 교육행정직 9급
6. 적법한 권한위임 없이 세관출장소장에 의하여 행하여진 관세부과처분(은 무효사유에 해당한다) (○ㅣ×) 2015 지방직 9급, 2011 국회직 8급
7. 무권한은 중대·명백한 하자이므로 항상 무효사유라는 것이 판례의 입장이다. (○ㅣ×) 2015 서울시 9급

③ 관련 기출

8. 행정청이 사전환경성검토협의를 거쳐야 할 대상사업에 관하여 법의 해석을 잘못한 나머지 세부용도지역이 지정되지 않은 개발사업부지에 대하여 사전환경성검토협의를 할지 여부를 결정하는 절차를 생략한 채 승인 등의 처분을 하였다면, 그 행정처분은 당연무효이다. (○ㅣ×) 2022 소방직 9급
9. 판례는 환경영향평가의 결여를 중대한 하자로 보지만 사전환경성검토협의의 결여는 중대한 하자로 보지 않는다. (○ㅣ×) 2011 국가직 7급

④ 관련 기출

10. 도시계획시설사업시행자 지정처분이 처분요건을 충족하지 못하여 당연무효인 경우에는 사업시행자 지정처분이 유효함을 전제로 이루어진 후행처분인 실시계획 인가처분도 무효이다. (○ㅣ×) 2024 지방직·서울시 7급
11. 국토계획법령이 정한 도시계획시설사업의 대상토지의 소유와 동의요건을 갖추지 못하였는데도 행정청이 사업시행자로 지정하였다면, 이는 국토계획법령이 정한 법규의 중요한 부분을 위반한 것으로서 특별한 사정이 없는 한 그 하자가 중대하다고 보아야 한다. (○ㅣ×) 2023 국회직 8급
12. 선행처분인 도시계획시설사업시행자 지정처분이 처분요건을 충족하지 못하여 당연무효인 경우에는 사업시행자 지정처분이 유효함을 전제로 이루어진 후행처분인 실시계획 인가처분도 무효라고 보아야 한다. (○ㅣ×) 2023 국회직 8급
13. 도시계획시설사업시행자 지정처분이 처분요건을 충족하지 못하여 당연무효인 경우, 도시계획시설사업의 시행자가 작성한 실시계획을 인가하는 처분도 무효이다. (○ㅣ×) 2022 국가직 9급
14. 선행 도시계획시설사업시행자 지정처분이 당연무효이면 후행처분인 실시계획 인가처분도 당연무효이다. (○ㅣ×) 2018 서울시 2회 7급

정답 1. ○ 2. ○ 3. ○ 4. ○ 5. × 6. × 7. × 8. × 9. × 10. ○ 11. ○ 12. ○ 13. ○ 14. ○

06 정답 ②

① ○

> 행정법규위반에 대한 제재처분은 행정목적의 달성을 위하여 행정법규위반이라는 객관적 사실에 착안하여 가하는 제재이므로, 반드시 현실적인 행위자가 아니라도 법령상 책임자로 규정된 자에게 부과되고, 특별한 사정이 없는 한 위반자에게 고의나 과실이 없더라도 부과할 수 있다. 폐기물처리업자가 폐기물관리법령이 정한 재활용기준을 위반하였더라도 자신이 생산한 부숙토를 제3자에게 제공하면서 그가 그 부숙토를 폐기물관리법령이 허용하지 않는 방식으로 사용하리라는 점을 예견하거나 결과 발생을 회피하기 어렵다고 인정할 만한 특별한 사정이 있어 폐기물처리업자의 의무위반을 탓할 수 없는 정당한 사유가 있는 경우에는 폐기물처리업자에 대하여 제재처분을 할 수 없다고 보아야 한다. 여기에서 '의무위반을 탓할 수 없는 정당한 사유'가 있는지를 판단할 때에는 폐기물처리업자 본인이나 그 대표자의 주관적인 인식을 기준으로

하는 것이 아니라, 그의 가족, 대리인, 피용인 등과 같이 본인에게 책임을 객관적으로 귀속시킬 수 있는 관계자 모두를 기준으로 판단하여야 한다(대판 2020. 5. 14, 2019두63515 ; 대판 2021. 2. 25, 2020두51587).

② ×

행정청이 여러 개의 위반행위에 대하여 하나의 제재처분을 하였으나, 위반행위별로 제재처분의 내용을 구분하는 것이 가능하고 여러 개의 위반행위 중 일부의 위반행위에 대한 제재처분 부분만이 위법하다면, 법원은 그 제재처분 중 위법성이 인정되는 부분만 취소하여야 하고 그 제재처분 전부를 취소하여서는 아니 된다(대판 2020. 5. 14, 2019두63515).

③ ○

행정기본법 제22조 【제재처분의 기준】 ① 제재처분의 근거가 되는 법률에는 제재처분의 주체, 사유, 유형 및 상한을 명확하게 규정하여야 한다. 이 경우 제재처분의 유형 및 상한을 정할 때에는 해당 위반행위의 특수성 및 유사한 위반행위와의 형평성 등을 종합적으로 고려하여야 한다.
② 행정청은 재량이 있는 제재처분을 할 때에는 다음 각 호의 사항을 고려하여야 한다.
1. 위반행위의 동기, 목적 및 방법
2. 위반행위의 결과
3. 위반행위의 횟수
4. 그 밖에 제1호부터 제3호까지에 준하는 사항으로서 대통령령으로 정하는 사항

④ ○

행정기본법 제23조 【제재처분의 제척기간】 ① 행정청은 법령 등의 위반행위가 종료된 날부터 5년이 지나면 해당 위반행위에 대하여 제재처분(인·허가의 정지·취소·철회, 등록말소, 영업소 폐쇄와 정지를 갈음하는 과징금 부과를 말한다. 이하 이 조에서 같다)을 할 수 없다.
② 다음 각 호의 어느 하나에 해당하는 경우에는 제1항을 적용하지 아니한다.
1. 거짓이나 그 밖의 부정한 방법으로 인·허가를 받거나 신고를 한 경우
2. 당사자가 인·허가나 신고의 위법성을 알고 있었거나 중대한 과실로 알지 못한 경우
3. 정당한 사유 없이 행정청의 조사·출입·검사를 기피·방해·거부하여 제척기간이 지난 경우
4. 제재처분을 하지 아니하면 국민의 안전·생명 또는 환경을 심각하게 해치거나 해칠 우려가 있는 경우
③ 행정청은 제1항에도 불구하고 행정심판의 재결이나 법원의 판결에 따라 제재처분이 취소·철회된 경우에는 재결이나 판결이 확정된 날부터 1년(합의제 행정기관은 2년)이 지나기 전까지는 그 취지에 따른 새로운 제재처분을 할 수 있다.
④ 다른 법률에서 제1항 및 제3항의 기간보다 짧거나 긴 기간을 규정하고 있으면 그 법률에서 정하는 바에 따른다.

✓ 기출체크

① 관련 기출

1. 행정법규위반에 대하여 가하는 제재조치는 원칙적으로 위반자에게 고의나 과실이 있어야 부과될 수 있다. (○ | ×)　　2024 소방직 9급

2. 행정법규위반에 대한 영업정지처분은 행정목적의 달성을 위하여 행정법규위반이라는 객관적 사실에 착안하여 가하는 제재이므로, 반드시 현실적인 행위자가 아니라도 법령상 책임자로 규정된 자에게 부과되고, 특별한 사정이 없는 한 위반자에게 고의나 과실이 없더라도 부과할 수 있다. (○ | ×)　　2022 국가직 7급

3. (여객자동차운송사업을 하는 甲이 관련법규위반을 이유로 사업정지처분에 갈음하는 과징금 부과처분을 받은 경우) 甲이 현실적인 위반행위자가 아닌 법령상 책임자인 경우에도 甲에게 과징금을 부과할 수 있다. (○ | ×)　　2022 지방직·서울시 9급

② 관련 기출

4. 공정거래위원회가 위반행위에 대한 과징금을 부과하면서 여러 개의 위반행위에 대하여 외형상 하나의 과징금 납부명령을 하였으나 여러 개의 위반행위 중 일부의 위반행위에 대한 과징금 부과만이 위법하고 소송상 그 일부의 위반행위를 기초로 한 과징금액을 산정할 수 있는 자료가 있는 경우에는, 하나의 과징금 납부명령일지라도 그 일부의 위반행위에 대한 과징금액에 해당하는 부분만을 취소하여야 한다. (○ | ×)　　2022 소방간부

5. 「독점규제 및 공정거래에 관한 법률」을 위반한 광고행위와 표시행위를 하였다는 이유로 공정거래위원회가 사업자에 대하여 법위반사실 공표명령을 행한 경우, 표시행위에 대한 법위반사실이 인정되지 아니한다면 법원으로서는 그 부분에 대한 공표명령의 효력만을 취소할 수 있을 뿐, 공표명령 전부를 취소할 수 있는 것은 아니다. (○ | ×)　　2019 서울시 9급

6. 「독점규제 및 공정거래에 관한 법률」을 위반한 수 개의 행위에 대하여 공정거래위원회가 하나의 과징금 부과처분을 하였으나 수 개의 위반행위 중 일부의 위반행위에 대한 과징금 부과만이 위법하고, 그 일부의 위반행위를 기초로 한 과징금액을 산정할 수 있는 자료가 있는 경우에도 법원은 과징금 부과처분 전부를 취소하여야 한다. (○ | ×)　　2019 서울시 9급

④ 관련 기출

7. 행정청은 법령 등의 위반행위가 종료된 날부터 3년이 지나면 해당 위반행위에 대하여 제재처분(인·허가의 정지·취소·철회, 등록 말소, 영업소 폐쇄와 정지를 갈음하는 과징금 부과를 말한다)을 할 수 없다. (○ | ×)　　2024 소방직 9급

8. 행정기본법상 제재처분의 제척기간인 5년이 지나면 제재처분을 할 수 없는 경우는? 　　2023 국가직 9급
① 제재처분을 하지 아니하면 국민의 안전·생명 또는 환경을 심각하게 해치거나 해칠 우려가 있는 경우
② 거짓이나 그 밖의 부정한 방법으로 인·허가를 받거나 신고를 한 경우
③ 정당한 사유 없이 행정청의 조사·출입·검사를 기피·방해·거부하여 제척기간이 지난 경우
④ 당사자가 인·허가나 신고의 위법성을 경과실로 알지 못한 경우

정답 1. × 2. ○ 3. ○ 4. ○ 5. ○ 6. × 7. × 8. ④

07

정답 ④

① ✗ 재판행위로 인한 국가배상책임의 인정에 있어서 위법은 판결 자체의 위법이 아니라 법관의 재판상 직무수행에 있어서의 공정한 재판을 위한 직무상 의무의 위반으로서의 위법이라고 보아야 한다. 따라서 비록 법원의 판결이 잘못된 것이라고 하더라도, 법관의 재판상 직무수행에 있어서의 공정한 재판을 위한 직무상 의무위반이 없으면 위법이 아니라고 볼 수 있다.

> 1. 법관의 재판에 법령의 규정을 따르지 아니한 잘못이 있다 하더라도 이로써 바로 그 재판상 직무행위가 국가배상법 제2조 제1항에서 말하는 위법한 행위로 되어 국가의 손해배상책임이 발생하는 것은 아니다.
> 2. 국가배상책임이 인정되려면 당해 법관이 위법 또는 부당한 목적을 가지고 재판을 하는 등 법관이 그에게 부여된 권한의 취지에 명백히 어긋나게 이를 행사하였다고 인정할 만한 특별한 사정이 있어야 한다고 해석함이 상당하다(대판 2001. 4. 24, 2000다16114).

② ✗

> 구 농지확대개발촉진법(1994. 12. 22, 법률 제4823호 농어촌정비법 부칙 제2조로 폐지) 제24조와 제27조에 의하여 농수산부장관 소관의 국가사무로 규정되어 있는 개간허가와 개간허가의 취소사무는 같은 법 제61조 제1항, 같은 법 시행령 제37조 제1항에 의하여 도지사에게 위임되고, 같은 법 제61조 제2항에 근거하여 도지사로부터 하위 지방자치단체장인 군수에게 재위임되었으므로 이른바 기관위임사무라 할 것이고, 이러한 경우 군수는 그 사무의 귀속주체인 국가 산하 행정기관의 지위에서 그 사무를 처리하는 것에 불과하므로, 군수 또는 군수를 보조하는 공무원이 위임사무처리에 있어 고의 또는 과실로 타인에게 손해를 가하였다 하더라도 원칙적으로 군에는 국가배상책임이 없고 그 사무의 귀속주체인 국가가 손해배상책임을 지는 것이며, 다만 국가배상법 제6조에 의하여 군이 비용을 부담한다고 볼 수 있는 경우에 한하여 국가와 함께 손해배상책임을 부담한다(대판 2000. 5. 12, 99다70600).

③ ✗

> 1. 어떠한 행정처분이 후에 항고소송에서 취소된 사실만으로 당해 행정처분이 곧바로 공무원의 고의 또는 과실로 인한 것으로서 불법행위를 구성한다고 단정할 수 없다(대판 2000. 5. 12, 99다70600).
> 2. 어떠한 행정처분이 위법하다고 할지라도 그 자체만으로 곧바로 그 행정처분이 공무원의 고의 또는 과실로 인한 불법행위를 구성한다고 단정할 수는 없고, 공무원의 고의 또는 과실의 유무에 대하여는 별도의 판단을 요한다(대판 2004. 6. 11, 2002다31018).

④ ○

> 위헌·무효임이 명백한 긴급조치 제9호의 발령부터 적용·집행에 이르는 수사, 재판 등 일련의 국가작용으로 인한 손해에 대해 국가배상책임이 인정된다.
> 긴급조치 제9호는 위헌·무효임이 명백하고 긴급조치 제9호 발령으로 인한 국민의 기본권침해는 그에 따른 강제수사와 공소제기, 유죄판결의 선고를 통하여 현실화되었다. 이러한 경우 긴급조치 제9호의 발령부터 적용·집행에 이르는 일련의 국가작용은 전체적으로 보아 공무원이 직무를 집행하면서 객관적 주의의무를 소홀히 하여, 그 직무행위가 객관적 정당성을 상실한 것으로서 위법하다고 평가되고, 긴급조치 제9호의 적용·집행으로 강제수사를 받거나 유죄판결을 선고받고 복역함으로써 개별국민이 입은 손해에 대해서는 국가배상책임이 인정될 수 있다(대판 2022. 8. 30, 2018다212610 전합 ; 대판 2023. 1. 12, 2020다210976 ; 대판 2023. 1. 12, 2021다201184).

✔ 기출체크

① 관련 기출

1. 법관의 재판에 법령의 규정을 따르지 아니한 잘못이 있는 경우에는 이로써 바로 그 재판상 직무행위가 국가배상법 제2조 제1항에서 말하는 위법한 행위로 되어 국가의 손해배상책임이 발생한다. (○ | ✗)
2020 군무원 7급

2. 법관의 재판행위가 위법행위로서 국가배상책임이 인정되려면 당해 법관이 위법 또는 부당한 목적을 가지고 재판하는 등 법관에게 부여된 권한의 취지에 명백히 어긋나게 이를 행사하였다고 인정할 특별한 사정이 있어야 한다. (○ | ✗)
2017 국가직(하) 7급

3. 법령의 규정을 따르지 아니한 법관의 재판상 직무행위는 곧바로 국가배상법 제2조 제1항에서 규정하고 있는 위법행위가 되어 국가의 손해배상책임이 발생한다. (○ | ✗)
2016 지방직 9급

② 관련 기출

4. 장관으로부터 도지사를 거쳐 군수에게 재위임된 국가사무인 기관위임사무를 처리함에 있어서 군수가 고의 또는 과실로 타인에게 손해를 가한 경우, 원칙적으로 그 사무의 귀속주체인 국가가 손해배상책임을 지며 군은 비용을 부담한다고 볼 수 있는 경우에 한하여 국가와 함께 손해배상책임을 진다. (○ | ✗)
2024 소방간부

③ 관련 기출

5. 항고소송에서 처분이 위법하다고 확인되었다면, 국가배상청구소송에서 바로 처분을 한 공무원의 과실이 인정된다. (○ | ✗) 2024 군무원 9급

6. 행정처분이 후에 항고소송에서 취소되면 그 기판력에 의하여 당해 행정처분은 공무원의 고의·과실 여부와 관계없이 곧바로 불법행위를 구성한다. (○ | ✗)
2023 행정사

7. 행정처분이 나중에 항고소송에서 위법하다고 판단되어 취소되더라도 그러한 사실만으로 바로 행정처분이 공무원의 고의나 과실로 인한 불법행위를 구성한다고 할 수 없다. (○ | ✗) 2022 지방직·서울시 9급

8. 행정처분이 후에 항고소송에서 취소되었다고 할지라도 그 기판력에 의하여 당해 행정처분이 곧바로 공무원의 고의 또는 과실로 인한 것으로서 불법행위를 구성한다고 단정할 수는 없다. (○ | ✗) 2022 국가직 9급

9. 어떠한 행정처분이 위법하다고 할지라도 그 자체만으로 곧바로 그 행정처분이 공무원의 고의 또는 과실로 인한 불법행위를 구성한다고 단정할 수는 없고, 공무원의 고의 또는 과실의 유무에 대하여는 별도의 판단을 요한다. (○ | ✗) 2022 소방간부

10. 어떠한 행정처분이 항고소송에서 취소되었을지라도 그 기판력에 의하여 당해 행정처분이 곧바로 공무원의 고의 또는 과실로 인한 것으로서 국가배상책임이 성립한다고 단정할 수는 없다. (○ | ✗) 2019 국가직 7급

정답 1. ✗ 2. ○ 3. ✗ 4. ○ 5. ✗ 6. ✗ 7. ○ 8. ○ 9. ○ 10. ○

08
정답 ④

① × 행정심판에서는 행정소송과 달리 처분을 적극적으로 변경하는 것도 가능하다. 행정심판법이 취소와 함께 변경을 따로 인정한 점과 의무이행재결을 인정한 점에 비추어 변경재결에서의 변경은 소극적 변경뿐만 아니라 적극적 변경, 즉 원처분을 갈음하는 다른 처분으로 변경하는 것까지 포함한다.

② ×

> **행정심판법 제59조【불합리한 법령 등의 개선】** ① 중앙행정심판위원회는 심판청구를 심리·재결할 때에 처분 또는 부작위의 근거가 되는 명령 등(대통령령·총리령·부령·훈령·예규·고시·조례·규칙 등을 말한다. 이하 같다)이 법령에 근거가 없거나 상위법령에 위배되거나 국민에게 과도한 부담을 주는 등 크게 불합리하면 관계행정기관에 그 명령 등의 개정·폐지 등 적절한 시정조치를 요청할 수 있다. 이 경우 중앙행정심판위원회는 시정조치를 요청한 사실을 법제처장에게 통보하여야 한다.
> ② 제1항에 따른 요청을 받은 관계행정기관은 정당한 사유가 없으면 이에 따라야 한다.

③ ×

> **행정심판법 제31조【임시처분】** ① 위원회는 처분 또는 부작위가 위법·부당하다고 상당히 의심되는 경우로서 처분 또는 부작위 때문에 당사자가 받을 우려가 있는 중대한 불이익이나 당사자에게 생길 급박한 위험을 막기 위하여 임시지위를 정하여야 할 필요가 있는 경우에는 직권으로 또는 당사자의 신청에 의하여 임시처분을 결정할 수 있다.
> ② 제1항에 따른 임시처분에 관하여는 제30조 제3항부터 제7항까지를 준용한다. 이 경우 같은 조 제6항 전단 중 '중대한 손해가 생길 우려'는 '중대한 불이익이나 급박한 위험이 생길 우려'로 본다.
> ③ 제1항에 따른 임시처분은 제30조 제2항에 따른 집행정지로 목적을 달성할 수 있는 경우에는 허용되지 아니한다.

④ ○

> **행정심판법 제27조【심판청구의 기간】** ① 행정심판은 처분이 있음을 알게 된 날부터 90일 이내에 청구하여야 한다.
> ② 청구인이 천재지변, 전쟁, 사변(事變), 그 밖의 불가항력으로 인하여 제1항에서 정한 기간에 심판청구를 할 수 없었을 때에는 그 사유가 소멸한 날부터 14일 이내에 행정심판을 청구할 수 있다. 다만, 국외에서 행정심판을 청구하는 경우에는 그 기간을 30일로 한다.
> ③ 행정심판은 처분이 있었던 날부터 180일이 지나면 청구하지 못한다. 다만, 정당한 사유가 있는 경우에는 그러하지 아니하다.
> ④ 제1항과 제2항의 기간은 불변기간(不變期間)으로 한다.
> ⑤ 행정청이 심판청구기간을 제1항에 규정된 기간보다 긴 기간으로 잘못 알린 경우 그 잘못 알린 기간에 심판청구가 있으면 그 행정심판은 제1항에 규정된 기간에 청구된 것으로 본다.
> ⑥ 행정청이 심판청구기간을 알리지 아니한 경우에는 제3항에 규정된 기간에 심판청구를 할 수 있다.

✔ 기출체크

① 관련 기출

1. 행정심판에서는 변경재결과 같이 원처분을 적극적으로 변경하는 것도 가능하다. (○ | ×) — 2015 서울시 9급
2. 처분의 취소 또는 변경을 구하는 취소심판의 경우에 변경의 의미는 소극적 변경뿐만 아니라 적극적 변경까지 포함한다. (○ | ×) — 2015 국회직 8급
3. (행정소송에서) 처분을 적극적으로 변경하는 판결은 인정되지 않는다. (○ | ×) — 2011 서울시 9급

③ 관련 기출

4. 행정심판법상 임시처분은 집행정지로 목적을 달성할 수 있는 경우에는 허용되지 아니한다. (○ | ×) — 2024 지방직·서울시 7급
5. 집행정지로 목적을 달성할 수 있는 경우에도 임시처분이 허용된다. (○ | ×) — 2021 행정사
6. 임시처분은 집행정지로 목적을 달성할 수 있는 경우에는 허용되지 않는다. (○ | ×) — 2017 교육행정직 9급

정답 1. ○ 2. ○ 3. ○ 4. ○ 5. × 6. ○

09
정답 ④

① ○

> 보건복지부 고시인「약제급여·비급여목록 및 급여상한금액표」는 다른 집행행위의 매개 없이 그 자체로서 국민건강보험가입자, 국민건강보험공단, 요양기관 등의 법률관계를 직접 규율하는 성격을 가지므로 항고소송의 대상이 되는 행정처분에 해당한다.
> 어떠한 고시가 일반적·추상적 성격을 가질 때에는 법규명령 또는 행정규칙에 해당할 것이지만, 다른 집행행위의 매개 없이 그 자체로서 직접 국민의 구체적인 권리·의무나 법률관계를 규율하는 성격을 가질 때에는 행정처분에 해당한다(대판 2006. 9. 22, 2005두2506).

② ○

> 방위사업법령 및 국방전력발전업무훈령에 따른 연구개발확인서 발급 및 그 거부는 행정처분이다.
> 국방전력발전업무훈령 제113조의5 제1항에 의한 연구개발확인서 발급은 개발업체가 '업체투자연구개발' 방식 또는 '정부·업체공동투자연구개발' 방식으로 전력지원체계 연구개발사업을 성공적으로 수행하여 군사용 적합판정을 받고 국방규격이 제·개정된 경우에 사업관리기관이 개발업체에게 해당 품목의 양산과 관련하여 경쟁입찰에 부치지 않고 수의계약의 방식으로 국방조달계약을 체결할 수 있는 지위(경쟁입찰의 예외사유)가 있음을 인정해 주는 '확인적 행정행위'로서 공권력의 행사인 '처분'에 해당하고, 연구개발확인서 발급거부는 신청에 따른 처분발급을 거부하는 '거부처분'에 해당한다(대판 2020. 1. 16, 2019다264700).

③ ○

> 1. 근로복지공단이 사업주에 대하여 하는 '개별사업장의 사업종류변경결정'은 행정청이 행하는 구체적 사실에 관한 법집행으로서의 공권력의 행사인 '처분'에 해당한다.
> 2. 근로복지공단의 사업종류변경결정에 따라 국민건강보험공단이 사업주에 대하여 하는 각각의 산재보험료 부과처분도 항고소송의 대상인 처분에 해당한다(대판 2020. 4. 9, 2019두61137).

④ ×

> 각 군 참모총장이 '군인 명예전역수당 지급대상자 결정절차'에서 국방부장관에게 수당지급대상자를 추천하거나 신청자 중 일부를 추천하지 않는 행위는 항고소송의 대상이 되는 처분이 아니다(대판 2009. 12. 10, 2009두14231).

✓ 기출체크

① 관련 기출
1. 보건복지부 고시인 구 「약제급여·비급여목록 및 급여상한금액표」는 그 자체로서 국민건강보험가입자, 국민건강보험공단, 요양기관 등의 법률관계를 직접 규율하는 성격을 가지므로 항고소송의 대상이 되는 행정처분에 해당한다. (○ | ×)   2018 국가직 9급

② 관련 기출
2. 국방전력발전업무훈령에 따른 연구개발확인서 발급은 개발업체가 전력지원체계 연구개발사업을 성공적으로 수행하여 군사용 적합판정을 받은 경우에 따라 사업관리기관이 개발업체에게 수의계약의 방식으로 국방조달계약을 체결할 수 있는 지위가 있음을 인정해 주는 확인적 행정행위로서 처분에 해당한다. (○ | ×)   2022 소방직 9급

3. 방위사업법령 및 국방전력발전업무훈령에 따른 연구개발확인서 발급은 사업관리기관이 개발업체에게 해당 품목의 양산과 관련하여 수의계약의 방식으로 국방조달계약을 체결할 수 있는 지위가 있음을 인정해 주는 확인적 행정행위로서 처분에 해당한다. (○ | ×)   2021 국회직 8급

③ 관련 기출
4. 근로복지공단이 사업주에 대해 행하는 개별사업장의 사업종류 결정은 행정청이 행하는 구체적 사실에 관한 법집행으로서 공권력을 행사하는 확인적 행정행위라고 보아야 한다. (○ | ×)   2025 변호사

5. 근로복지공단이 사업주에 대하여 하는 '개별사업장의 사업종류변경결정'만으로는 사업주의 권리·의무에 직접적인 변동이나 불이익이 발생한다고 볼 수 없고, 국민건강보험공단이 보험료 부과처분을 함으로써 비로소 사업주에게 현실적인 불이익이 발생하게 되므로, 위 사업종류변경결정은 항고소송의 대상이 되는 처분에 해당하지 않는다. (○ | ×)   2023 변호사

6. 근로복지공단이 사업주에 대하여 하는 개별사업장의 사업종류변경결정은 사업종류결정의 주체, 내용과 결정기준을 고려할 때 확인적 행정행위로서 처분에 해당한다. (○ | ×)   2021 국회직 8급

④ 관련 기출
7. 각 군 참모총장이 군인 명예전역수당 지급대상자 결정절차에서 국방부장관에게 수당지급대상자를 추천하는 행위(는 항고소송의 대상이 되는 행정처분에 해당한다) (○ | ×)   2019 국회직 8급

정답 1. ○ 2. ○ 3. ○ 4. ○ 5. × 6. ○ 7. ×

10   정답 ②

㉮ × 무효등확인소송은 개별법에서 필요적(예외적) 행정심판전치주의를 규정하고 있는 경우에도 그 적용을 받지 아니한다. 따라서 행정심판전치주의가 적용되는 경우에도 무효등확인소송을 제기함에 있어서는 행정심판을 거치지 않아도 된다. 다만, 무효선언적 의미의 취소소송에는 필요적(예외적) 행정심판전치주의가 적용되므로 행정심판을 필요적으로 거치도록 하고 있는 개별법 규정이 있는 경우에, 무효사유의 하자가 있는 처분에 대해 취소소송을 제기하여 다투는 경우에는 행정심판을 거쳐야 한다. 한편, 부작위위법확인소송에는 행정심판전치에 관한 규정이 준용된다.

> **행정소송법 제38조 【준용규정】** ① 제9조, 제10조, 제13조 내지 제17조, 제19조, 제22조 내지 제26조, 제29조 내지 제31조 및 제33조의 규정은 무효등확인소송의 경우에 준용한다.
> ② 제9조, 제10조, 제13조 내지 제19조, 제20조, 제25조 내지 제27조, 제29조 내지 제31조, 제33조 및 제34조의 규정은 부작위위법확인소송의 경우에 준용한다.
>
> **제18조 【행정심판과의 관계】** ① 취소소송은 법령의 규정에 의하여 당해 처분에 대한 행정심판을 제기할 수 있는 경우에도 이를 거치지 아니하고 제기할 수 있다. 다만, 다른 법률에 당해 처분에 대한 행정심판의 재결을 거치지 아니하면 취소소송을 제기할 수 없다는 규정이 있는 때에는 그러하지 아니하다.

㉯ ○ 필요적(예외적) 행정심판전치주의를 규정하고 있는 경우 처분의 상대방이 아닌 제3자가 제소하는 경우에도 행정심판전치주의가 적용된다는 것이 판례의 입장이다.

> 행정처분의 상대방이 아닌 제3자가 제기하는 경우에도 행정심판을 거쳐야 한다(대판 1989. 5. 9, 88누5150).

㉰ ×

> 행정심판전치주의가 적용되는 경우에 행정심판을 거치지 않고 소제기를 하였더라도 사실심변론종결 전까지 행정심판을 거친 경우 하자는 치유된 것으로 볼 수 있다(대판 1987. 4. 28, 86누29).

㉱ ○

> 1. 제기기간을 도과한 행정심판청구의 부적법을 간과한 채 행정청이 실질적 재결을 한 경우, 행정소송의 전치요건은 충족된 것으로 볼 수 없다(대판 1990. 10. 12, 90누2383).
> 2. 행정처분의 취소를 구하는 항고소송의 전심절차인 행정심판청구가 기간 도과로 인하여 부적법한 경우에는 행정소송 역시 전치의 요건을 충족치 못한 것이 되어 부적법 각하를 면치 못하는 것이고, 이 점은 행정청이 행정심판의 제기기간을 도과한 부적법한 심판에 대하여 그 부적법을 간과한 채 실질적 재결을 하였다 하더라도 달라지는 것이 아니다(대판 1991. 6. 25, 90누8091).

㉲ ○ 항고소송에 있어서 원고는 사실심의 변론종결시까지는 새로운 사유를 주장할 수 있으므로 전심절차(행정심판절차)에서 주장하지 아니한 처분의 위법사유도 소송절차가 사실심변론종결 전이라면 소송절차에서 주장할 수 있으며, 이 경우 그 처분에 대하여 별도의 전심절차를 거쳐야 하는 것은 아니라는 것이 판례의 입장이다.

> 항고소송에 있어서 원고는 전심절차(행정심판)에서 주장하지 아니한 공격·방어방법을 소송절차에서 주장할 수 있고 법원은 이를 심리하여 행정처분의 적법 여부를 판단할 수 있는 것이므로, 원고가 전심절차에서 주장하지 아니한 처분의 위법사유를 소송절차에서 새롭게 주장하였다고 하여 다시 그 처분에 대하여 별도의 전심절차를 거쳐야 하는 것은 아니다(대판 1996. 6. 14, 96누754).

✓ 기출체크

㉮ 관련 기출
1. 취소소송에 관한 규정으로서 예외적 행정심판전치주의, 사정판결에 관한 규정 등은 무효등확인소송에 준용되지 않는다. (○ | ×)   2022 경찰간부

2. 부작위위법확인소송에 대해서도 행정심판과 취소소송의 관계를 준용하여 임의적 전치가 원칙이며, 다른 법률이 정한 경우에만 예외적으로 행정심판전치주의가 적용된다. (○ | ×)   2022 소방간부

3. (甲에 대한 과세처분 이후 조세부과의 근거가 되었던 법률에 대해 헌법재판소의 위헌결정이 있었고, 위헌결정 이후에 그 조세채권의 집행을 위해 甲의 재산에 대해 압류처분이 있었다) 甲은 압류처분에 대해 무효확인소송을 제기하려면 무효확인심판을 거쳐야 한다. (○ | ×)   2019 국가직 7급

4. 행정심판전치주의가 적용되도록 하는 규정이 있는 경우일지라도 처분의 무효를 구하는 소송에는 행정심판전치주의가 적용되지 않으므로 무효사유의 하자를 취소소송으로 다투는 경우에도 행정심판을 거칠 필요가 없다. (○ | ×) 2014 국회직 8급

5. 과세처분무효확인소송의 경우 조세소송의 전치절차를 거치지 않아도 된다. (○ | ×) 2012 세무사

㉯ 관련 기출

6. 행정처분의 상대방에게 행정심판전치주의가 적용되는 경우라도, 제3자가 제기하는 행정소송의 경우 제3자는 행정처분의 존재를 알지 못하고 행정심판에 대한 고지도 받지 못하게 되므로 행정심판전치주의가 적용되지 않는다. (○ | ×) 2014 국회직 8급

㉰ 관련 기출

7. 행정심판전치주의의 요건을 충족하였는지의 여부는 사실심변론종결시를 기준으로 한다. (○ | ×) 2018 경행경채

8. 행정심판전치주의가 적용되는 경우에 행정심판을 거치지 않고 소제기를 하였더라도 사실심변론종결 전까지 행정심판을 거친 경우 하자는 치유된 것으로 볼 수 있다. (○ | ×) 2015 국회직 8급

9. 필요적 행정심판전치주의가 적용되는 경우 행정심판전치요건은 사실심변론종결시까지 충족하면 된다. (○ | ×) 2014 사회복지직 9급

10. 행정심판전치요건은 소제기시에 갖추지 못하였더라도 사실심변론종결시까지 구비하면 충족된 것으로 본다. (○ | ×) 2011 세무사

㉱ 관련 기출

11. 행정심판의 필요적 전치주의가 적용되는 경우, 부적법한 취소심판의 청구가 있었음에도 행정심판위원회가 기각재결을 하자 원처분에 대하여 제기한 취소소송(은 행정소송에서 소송이 각하되는 경우에 해당한다) (○ | ×) 2017 국가직 7급

12. 기간경과 등의 부적법한 심판제기가 있었고, 행정심판위원회가 각하하지 않고 기각재결을 한 경우는 심판전치의 요건이 구비된 것으로 볼 수 있다. (○ | ×) 2015 국회직 8급

13. 제기기간을 도과한 부적법한 심판청구이더라도 재결기관이 본안재결을 한 경우에는 행정심판전치요건을 충족한 것으로 본다. (○ | ×) 2011 세무사

㉲ 관련 기출

14. 원고가 전심절차에서 주장하지 아니한 처분의 위법사유를 소송절차에서 새로이 주장한 경우 다시 그 처분에 대하여 별도의 전심절차를 거쳐야 한다. (○ | ×) 2013 국가직 9급

정답 1. ○ 2. ○ 3. × 4. × 5. ○ 6. × 7. ○ 8. ○ 9. ○ 10. ○ 11. ○ 12. × 13. × 14. ×

11 정답 ①

① ○ 공정력은 취소쟁송제도를 전제로 한 것이므로, 행정행위(처분) 외에 취소쟁송의 대상이 되지 않는 법규명령(조례), 공법상 계약, 단순한 사실행위 및 사법(私法)행위에는 공정력이 인정되지 않는다. 따라서 위법한 조례는 무효가 된다고 보아야 한다. 사안의 경우 법률의 근거 없이 주민의 권리를 제한하고 의무를 부과한 조례이므로 위 조례는 법률유보원칙 및 지방자치법 제28조 제1항에 반하여 위헌·위법하고 따라서 무효가 된다.

② × 재판의 전제가 된 조례의 위헌 여부는 수소법원이 직접 심사할 수 있다 (아래 헌법 제107조 제2항 및 아래 ④ 해설 참조).

> 헌법 제107조 ① 법률이 헌법에 위반되는 여부가 재판의 전제가 된 경우에는 법원은 헌법재판소에 제청하여 그 심판에 의하여 재판한다.
> ② 명령·규칙 또는 처분이 헌법이나 법률에 위반되는 여부가 재판의 전제가 된 경우에는 대법원은 이를 최종적으로 심사할 권한을 가진다.

③ × 판례에 의하면 처분의 근거법령이 위헌·위법한 경우 당해 처분의 하자는 취소사유에 그치므로 직권취소나 쟁송취소에 의해 공정력이 제거되지 않는 이상 당해 처분에 의한 급부는 부당이득이 될 수 없다. 따라서 甲의 부당이득반환청구는 기각될 것이다.

> 1. 위헌·위법한 시행령에 근거한 행정처분은 그 시행령의 무효를 선언한 대법원 판결이 없는 상태라면 특별한 사정이 없는 한 당연무효라 할 수 없다.
> 일반적으로 시행령이 헌법이나 법률에 위반된다는 사정은 그 시행령의 규정을 위헌 또는 위법하여 무효라고 선언한 대법원의 판결이 선고되지 아니한 상태에서는 그 시행령 규정의 위헌 내지 위법 여부가 해석상 다툼의 여지가 없을 정도로 명백하였다고 인정되지 아니하는 이상, 객관적으로 명백한 것이라 할 수 없으므로, 이러한 시행령에 근거한 행정처분의 하자는 취소사유에 해당할 뿐 무효사유가 되지 아니한다(헌재 1994. 6. 30, 92헌바23).
> 2. 행정행위의 하자가 취소사유에 불과한 때에는 처분이 취소되지 않는 한 그로 인한 이득은 법률상 원인 없는 이득, 즉 부당이득이 아니다.
> 조세의 과오납이 부당이득이 되기 위하여는 납세 또는 조세의 징수가 실체법적으로나 절차법적으로 전혀 법률상의 근거가 없거나 과세처분의 하자가 중대하고 명백하여 당연무효이어야 하고, 과세처분의 하자가 단지 취소할 수 있는 정도에 불과할 때에는 과세관청이 이를 스스로 취소하거나 항고소송절차에 의하여 취소되지 않는 한 그로 인한 조세의 납부가 부당이득이 된다고 할 수 없다. …… 이러한 행정행위의 공정력은 판결의 기판력과 같은 효력은 아니지만 그 공정력의 객관적 범위에 속하는 행정행위의 하자가 취소사유에 불과한 때에는 그 처분이 취소되지 않는 한 처분의 효력을 부정하여 그로 인한 이득을 법률상 원인 없는 이득이라고 말할 수 없다(대판 1994. 11. 11, 94다28000).

④ × 헌법 제107조 제2항에서 말하는 명령이란 행정입법으로서의 법규명령을 의미하며, 규칙도 법규명령인 규칙으로 보아 대법원규칙, 국회규칙, 헌법재판소규칙과 지방자치단체의 조례 및 규칙은 포함되나, 행정규칙은 외부적 효력이 없으므로 포함되지 않는다.

> 헌법 제107조 제2항의 규칙에는 지방자치단체의 조례와 규칙이 포함된다(대판 1995. 8. 22, 94누5694).

✓ 기출체크

① 관련 기출

1. 위법한 법규명령은 무효가 아니라 취소할 수 있다. (○ | ×)
   2017 교육행정직 9급

2. 하자 있는 법규명령은 무효이며 따라서 위헌·위법의 법규명령에 근거한 행정행위도 중대·명백설에 따라 무효가 된다. (○ | ×)
   2006 관세사

② 관련 기출

3. 헌법은 대법원이 명령에 대한 심사권한이 있음을 직접 규정하고 있다.
   (○ | ×) 2018 소방직 9급

4. 명령·규칙 또는 처분이 헌법이나 법률에 위반되는 여부가 재판의 전제가 된 경우에는 대법원은 이를 최종적으로 심사할 권한을 가진다. (○ | ×)
   2014 경행특채 2차

5. 명령·규칙 또는 처분이 헌법이나 법률에 위반되는 여부가 재판의 전제가 된 경우에는 헌법재판소가 이를 최종적으로 심사할 권한을 가진다.
   (○ | ×) 2011 국회직 8급

③ 관련 기출

6. 과세처분의 하자가 단지 취소할 수 있는 정도에 불과할 때에는 과세관청이 이를 스스로 취소하거나 항고소송절차에 의하여 취소되지 않는 한 그로 인한 조세의 납부가 부당이득이 되지 않는다. (○ | ×)
   2024 국회직 8급

7. 취소사유 있는 과세처분에 의하여 세금을 납부한 자는 과세처분취소소송을 제기하지 않은 채 곧바로 부당이득반환청구소송을 제기하더라도 납부한 금액을 반환받을 수 있다. (○ | ×) 2019 서울시 9급

8. 국민이 조세부과처분의 위법을 이유로 이미 납부한 세금의 반환을 청구하는 민사소송을 제기한 경우, 과세처분의 하자가 단지 취소할 수 있는 정도에 불과하더라도, 당해 민사법원은 위법한 과세처분의 효력을 직접 상실시켜 납부된 세금의 반환을 명할 수 있다. (○ | ×)
   2019 경행경채 2차

9. 조세의 과오납이 부당이득이 되기 위하여는 납세 또는 조세의 징수가 전혀 법률상의 근거가 없거나 과세처분의 하자가 중대하고 명백하여 당연무효이어야 하고, 과세처분의 하자가 단지 취소할 수 있는 정도에 불과할 때에는 과세관청이 이를 스스로 취소하거나 항고소송절차에 의하여 취소되지 않는 한 그로 인한 조세의 납부가 부당이득이 된다고 할 수 없다.
   (○ | ×) 2013 국가직 9급

④ 관련 기출

10. 헌법 제107조는 "명령·규칙 또는 처분이 헌법이나 법률에 위반되는 여부가 재판의 전제가 된 경우에는 대법원은 이를 최종적으로 심사할 권한을 가진다."고 규정하고 있는데, 이때 규칙에는 지방자치단체의 조례와 규칙도 포함된다. (○ | ×) 2019 경행경채 2차

11. 구체적 규범통제의 대상이 되는 규칙에는 지방자치단체의 조례는 포함되지 않는다. (○ | ×) 2012 서울교행

12. 구체적 규범통제의 대상이 되는 명령은 행정입법으로서의 법규명령을 의미한다. (○ | ×) 2012 서울교행

정답 1. × 2. × 3. ○ 4. ○ 5. × 6. ○ 7. × 8. × 9. ○ 10. ○ 11. × 12. ○

---

12 정답 ②

① ○ 처분이 위법하여 원고의 청구가 이유 있다고 인정하는 경우에도 처분 등을 취소하는 것이 현저히 공공복리에 적합하지 아니하다고 인정하는 때에는 법원은 원고의 청구를 기각할 수 있는바, 이를 사정판결이라 한다. 즉, 사정판결은 인용판결이 아니라 기각판결이다(행정소송법 제28조 제1항).

> **행정소송법 제28조 【사정판결】** ① 원고의 청구가 이유 있다고 인정하는 경우에도 처분 등을 취소하는 것이 현저히 공공복리에 적합하지 아니하다고 인정하는 때에는 법원은 원고의 청구를 기각할 수 있다(①). 이 경우 법원은 그 판결의 주문에서 그 처분 등이 위법함을 명시하여야 한다(④).

② ×

> 무효확인소송에서는 사정판결을 할 수 없다.
> 당연무효의 행정처분을 소송목적물로 하는 행정소송에서는 존치시킬 효력이 있는 행정행위가 없기 때문에 행정소송법 제28조 소정의 사정판결을 할 수 없다(대판 1996. 3. 22, 95누5509).

③ ○ 취소소송에서 위법성은 처분시를 기준으로 판단한다고 함이 통설·판례의 입장이므로, 사정판결에서도 처분의 위법성 판단의 기준시가 처분시가 된다. 그러나 사정판결의 필요성 판단은 사정판결제도의 취지에 비추어 처분의 위법성 판단과는 달리 판결시(변론종결시)를 기준으로 하여야 한다.

④ ○ 사정판결을 하는 경우 법원은 판결의 주문에서 그 처분 등이 위법함을 명시하여야 하며(행정소송법 제28조 제1항 후단, 위 ① 해설 조문 참조), 그 처분 등의 위법성에 대하여 기판력이 발생한다.

✓ 기출체크

① 관련 기출

1. 법원은 원고의 청구가 이유 있다고 인정하는 경우에도 처분 등을 취소하는 것이 현저히 공공복리에 적합하지 아니하다고 인정하는 때에는 원고의 청구를 기각할 수 있다. (○ | ×) 2023 지방직·서울시 9급

2. 다음 중 행정소송법상 사정판결에 대한 내용으로 가장 옳지 않은 것은?
   2022 군무원 7급

> **제28조 【사정판결】** ① 원고의 청구가 (㉠)고 인정하는 경우에도 처분 등을 취소하는 것이 현저히 (㉡)에 적합하지 아니하다고 인정하는 때에는 법원은 원고의 청구를 (㉢)할 수 있다. 이 경우 법원은 그 판결의 (㉣)에서 그 처분 등이 (㉤)을 명시하여야 한다.
> ② 법원이 제1항의 규정에 의한 판결을 함에 있어서는 미리 원고가 그로 인하여 입게 될 (㉥)의 정도와 배상방법, 그 밖의 사정을 조사하여야 한다.
> ③ 원고는 피고인 행정청이 속하는 국가 또는 공공단체를 상대로 (㉦), (㉧), 그 밖에 적당한 구제방법의 청구를 당해 취소소송 등이 계속된 법원에 병합하여 제기할 수 있다.

① ㉠ : 이유 있다   ㉧ : 제해시설의 설치
② ㉡ : 공공복리   ㉦ : 손해배상
③ ㉢ : 기각   ㉥ : 손해
④ ㉣ : 이유   ㉤ : 위법함

3. 사정판결은 본안심리 결과 원고의 청구가 이유 있다고 인정됨에도 불구하고 처분을 취소하는 것이 현저히 공공복리에 적합하지 아니하다고 인정하는 때 원고의 청구를 기각하는 판결을 말한다. (○ | ×)
   2021 지방직·서울시 9급

4. (행정소송법상 사정판결에서) 원고의 청구가 이유가 있다고 인정하는 경우에도 처분 등을 취소하는 것이 현저히 공공복리에 적합하지 아니하다고 인정하는 때에는 법원은 원고의 청구를 각하할 수 있다. (○ | ×)
   2017 경행경채

5. 사정판결은 소송요건을 충족하지 못한 경우에 행하는 판결이다.
　(○ㅣ×)　　　　　　　　　　　　　　　　　　2009 세무사

③ 관련 기출
6. 사정판결의 요건인 처분의 위법성은 변론종결시를 기준으로 판단하고, 공공복리를 위한 사정판결의 필요성은 처분시를 기준으로 판단하여야 한다.
　(○ㅣ×)　　　　　　　　　　　　　　　　　　2023 국가직 9급
7. 사정판결의 필요성 판단기준시는 판결시점인 변론종결시이며, 법원은 원고의 청구를 기각하면서 그 판결의 주문에서 그 처분이 위법함을 명시하여야 한다. (○ㅣ×)　　　　　　　　　　2022 서울시 지적 7급
8. (사정판결에서) 처분의 위법 여부는 처분시를 기준으로, 처분을 취소하는 것이 현저히 공공복리에 적합하지 아니한지 여부는 변론종결시를 기준으로 판단하여야 한다. (○ㅣ×)　　　　　　2016 국가직 7급
9. 사정판결을 하는 경우 처분의 위법성은 변론종결시를 기준으로 판단하여야 한다. (○ㅣ×)　　　　　　　　　　　　2016 국가직 9급
10. 사정판결의 대상이 되는 처분의 위법 여부에 대한 판단은 처분시를 기준으로 하고, 사정판결의 필요성 판단은 판결시를 기준으로 하는 것이 일반적 견해이다. (○ㅣ×)　　　　　　　　　　2014 서울시 7급

④ 관련 기출
11. 사정판결을 하는 경우 법원은 처분의 위법함을 판결의 주문에 표기할 수 없으므로 판결의 내용에서 그 처분 등이 위법함을 명시함으로써 원고에 대한 실질적 구제가 이루어지도록 하여야 한다. (○ㅣ×)　2020 소방직 9급
12. 사정판결의 경우에는 처분의 적법성이 아닌 처분의 위법성에 대하여 기판력이 발생한다. (○ㅣ×)　　　　　　　　　　2019 서울시 9급
13. 사정판결시 법원은 그 판결의 주문에서 그 처분 등이 위법함을 명시하여야 한다. (○ㅣ×)　　　　　　　　2017 경행경채, 2013 서울시 7급

정답 1. ○　2. ④　3. ○　4. ×　5. ×　6. ×　7. ○　8. ○　9. ×　10. ○
　　11. ×　12. ○　13. ○

13
정답 ③

① ○
> 광주민주화운동 관련 보상금 지급에 관한 권리는 보상심의위원회의 결정에 의해 비로소 성립하는 것이 아니라 법에 의해 구체적 권리가 발생한 것이므로 당사자소송을 제기하여야 한다.
> 「광주민주화운동 관련자 보상 등에 관한 법률」에 의거하여 관련자 및 유족들이 갖게 되는 보상 등에 관한 권리는 …… 법률이 특별히 인정하고 있는 공법상의 권리라고 하여야 할 것이므로 그에 관한 소송은 행정소송법 제3조 제2호 소정의 당사자소송에 의하여야 할 것이며 보상금 등의 지급에 관한 법률관계의 주체는 대한민국이다(대판 1992. 12. 24, 92누3335).

② ○
> 부당이득반환청구소송은 민사소송으로 제기하여야 한다.
> 조세부과처분이 당연무효임을 전제로 하여 이미 납부한 세금의 반환을 청구하는 것은 민사상의 부당이득반환청구로서 민사소송절차에 따라야 한다(대판 1995. 4. 28, 94다55019).

③ ×
> 1. 지방전문직 공무원(공중보건의사) 채용계약의 해지에 대해서는 당사자소송을 제기하여야 한다.
>   지방전문직 공무원 채용계약해지의 의사표시에 대하여는 대등한 당사자 간의 소송형식인 공법상 당사자소송으로 그 의사표시의 무효확인을 청구할 수 있다(대판 1993. 9. 14, 92누4611).
> 2. 공중보건의사 채용계약해지의 의사표시는 행정처분이 아니므로 공법상 당사자소송의 방식으로 무효확인을 구하여야 한다(대판 1996. 5. 31, 95누10617).

④ ○
> 구 「공익사업을 위한 토지 등의 취득 및 보상에 관한 법률」 제91조에 규정된 환매권은 상대방에 대한 의사표시를 요하는 형성권의 일종으로서 재판상이든 재판 외이든 위 규정에 따른 기간 내에 행사하면 매매의 효력이 생기는바, 이러한 환매권의 존부에 관한 확인을 구하는 소송 및 구 「공익사업을 위한 토지 등의 취득 및 보상에 관한 법률」 제91조 제4항에 따라 환매금액의 증감을 구하는 소송 역시 민사소송에 해당한다(대판 2013. 2. 28, 2010두22368).

✓ 기출체크

① 관련 기출
1. 「광주민주화운동 관련자 보상 등에 관한 법률」에 의거한 손실보상청구소송(은 판례에 따를 때 당사자소송에 해당한다) (○ㅣ×)　2015 서울시 9급
2. 광주민주화운동 관련 보상금 지급에 관한 소송(은 당사자소송이다)
　(○ㅣ×)　　　　　　　　　　　　　　　　　　2015 국회직 8급
3. 광주민주화운동 관련자 보상금 지급신청에 대한 결정 및 보상청구에 관한 소송은 항고소송이다. (○ㅣ×)　　　2011 서울시 9급
4. 「광주민주화운동 관련자 보상 등에 관한 법률」에 의하여 관련자 및 유족들이 갖게 되는 보상 등에 관한 법리(는 공법상 당사자소송의 대상이다)
　(○ㅣ×)　　　　　　　　　　　　　　　　　　2011 국회직 8급

② 관련 기출
5. 조세부과처분이 당연무효임을 전제로 하여 이미 납부한 세금의 반환을 청구하는 경우(에는 행정소송법상 당사자소송으로 다투어야 한다)
　(○ㅣ×)　　　　　　　　　　　　　　　　　　2024 변호사
6. 조세부과처분의 당연무효를 전제로 하여 이미 납부한 세금의 반환청구(는 공법상 당사자소송이다) (○ㅣ×)　　2022 군무원 9급
7. (A시 시장은 식품접객업주 甲에게 청소년고용금지업소에 청소년을 고용하였다는 사유로 식품위생법령에 근거하여 영업정지 2개월 처분에 갈음하는 과징금 부과처분을 하였고, 甲은 부과된 과징금을 납부하였다. 그러나 甲은 이후 과징금 부과처분에 하자가 있음을 알게 되었다) 甲은 납부한 과징금을 돌려받기 위해 관할행정법원에 과징금반환을 구하는 당사자소송을 제기할 수 있다. (○ㅣ×)　　　　　　　2022 국가직 9급
8. 조세부과처분의 당연무효를 전제로 하여 이미 납부한 세금의 반환을 청구하는 것은 민사상 부당이득반환청구로서 당사자소송이 아니라 민사소송절차에 따른다. (○ㅣ×)　　　　　　　　　　2021 국가직 7급
9. 판례는 공법상 부당이득반환청구권은 사권(私權)에 해당되며, 그에 관한 소송은 민사소송절차에 따라야 한다고 보고 있다. (○ㅣ×)
　　　　　　　　　　　　　　　　　　　　　　　2020 소방직 9급

③ 관련 기출

10. 전문직 공무원인 공중보건의사의 채용계약해지가 관할도지사의 일방적인 의사표시에 의하여 그 신분을 박탈하는 불이익처분이라 해도 곧바로 그러한 의사표시가 관할도지사가 행정청으로서 공권력을 행사하여 행하는 행정처분이라고 단정할 수는 없다. (○ | ×) 2025 변호사

11. 공중보건의사 채용계약해지의 의사표시에 대하여는 대등한 당사자 간의 소송형식인 공법상의 당사자소송으로 그 의사표시의 무효확인을 청구할 수 있는 것이지, 이를 항고소송의 대상이 되는 행정처분이라는 전제하에서 그 취소를 구하는 항고소송을 제기할 수는 없다. (○ | ×) 2024 군무원 9급

12. 전문직 공무원인 공중보건의사의 채용계약해지의 의사표시 무효확인(은 행정소송법상 당사자소송의 대상이 된다) (○ | ×) 2024 소방간부

13. 지방전문직 공무원 채용계약해지의 의사표시에 대하여는 공법상 당사자소송으로 그 의사표시의 무효확인을 청구할 수 있다. (○ | ×) 2023 경찰간부, 2019 국가직 7급

14. 공중보건의사의 채용계약해지의 의사표시에 대해서는 대등한 당사자 간의 소송형식인 공법상 당사자소송으로 무효확인을 청구할 수 있다. (○ | ×) 2022 경찰간부, 2021 지방직·서울시 9급

15. 전문직 공무원인 공중보건의사의 채용계약해지의 경우 관할도지사의 일방적인 의사표시에 의하여 그 신분을 박탈하는 불이익처분이므로 당해 채용계약은 공법상 계약이 아니라 항고소송의 대상이 되는 처분의 성질을 가진다. (○ | ×) 2021 국회직 8급

16. 전문직 공무원인 공중보건의사의 채용계약해지는 관할도지사의 일방적인 의사표시에 의해 그 신분을 박탈하는 불이익처분으로 항고소송의 대상이 된다. (○ | ×) 2019 서울시 1회 7급

④ 관련 기출

17. 토지의 가격이 취득일 당시에 비하여 현저히 변동된 경우 사업시행자와 환매권자는 환매금액에 대하여 서로 협의하되, 협의가 성립되지 아니하면 그 금액의 증감을 법원에 청구할 수 있고 이 때 환매금액의 증감을 구하는 소송은 형식적 당사자소송에 해당한다. (○ | ×) 2024 국회직 8급

18. 「공익사업을 위한 토지 등의 취득 및 보상에 관한 법률」상 환매권은 상대방에 대한 의사표시를 요하는 공법상 형성권의 일종으로서 이러한 환매권의 존부에 관한 확인을 구하는 소송은 당사자소송에 해당한다. (○ | ×) 2024 군무원 5급

19. 「공익사업을 위한 토지 등의 취득 및 보상에 관한 법률」상 환매권의 존부에 관한 확인을 구하는 소송 및 환매금액의 증감을 구하는 소송은 민사소송이다. (○ | ×) 2022 국가직 9급

20. 사업시행자가 환매권의 존부에 관한 확인을 구하는 소송은 민사소송이다. (○ | ×) 2018 서울시 2회 7급

21. 구 「공익사업을 위한 토지 등의 취득 및 보상에 관한 법률」상 환매금액의 증감청구(는 당사자소송의 대상이다) (○ | ×) 2017 사회복지직 9급

22. 「공익사업을 위한 토지 등의 취득 및 보상에 관한 법률」상 환매권의 존부에 관한 확인 및 환매금액의 증감을 구하는 소송(은 행정소송으로 청구할 수 있다) (○ | ×) 2017 국가직 7급

정답 1. ○ 2. ○ 3. × 4. ○ 5. × 6. ○ 7. × 8. ○ 9. ○ 10. ○
11. ○ 12. ○ 13. ○ 14. ○ 15. × 16. × 17. ○ 18. ×
19. ○ 20. ○ 21. × 22. ×

14 정답 ②

① ×

> 헌법 제23조(편저자 주 : 재산권보장과 제한) ① 모든 국민의 재산권은 보장된다. 그 내용과 한계는 법률로 정한다.
> ② 재산권의 행사는 공공복리에 적합하도록 하여야 한다.
> ③ 공공필요에 의한 재산권의 수용·사용 또는 제한 및 그에 대한 보상은 법률로써 하되, 정당한 보상을 지급하여야 한다.

헌법 제23조 제3항의 규정은 보상청구권의 근거에 관하여서뿐만 아니라 보상의 기준과 방법에 관하여서도 법률의 규정에 유보하고 있는 것으로 보아야 한다.

헌법 제23조 제3항의 규정은 …… 보상청구권의 근거에 관하여서뿐만 아니라 보상의 기준과 방법에 관하여서도 법률의 규정에 유보하고 있는 것으로 보아야 하고, 위 구 토지수용법과 지가공시법의 규정들은 바로 헌법에서 유보하고 있는 그 법률의 규정들로 보아야 할 것이다(대판 1993. 7. 13, 93누2131).

② ○

개발제한구역지정으로 토지를 종래 용법에 따라 사용할 수 없거나 실질적으로 사용·수익을 전혀 할 수 없는 예외적인 경우에도 보상 없이 이를 감수하도록 하고 있는 것은 헌법에 위반된다.

개발제한구역지정으로 인하여 토지를 종래의 목적으로도 사용할 수 없거나 또는 더 이상 법적으로 허용된 토지이용의 방법이 없기 때문에 실질적으로 토지의 사용·수익의 길이 없는 경우에는 토지소유자가 수인해야 하는 사회적 제약의 한계를 넘는 것으로 보아야 한다. 이러한 경우에는 재산권의 사회적 기속성으로도 정당화될 수 없는 가혹한 부담을 토지소유자에게 부과하는 것이므로 입법자가 그 부담을 완화하는 보상규정을 두어야만 비로소 헌법상으로 허용될 수 있기 때문이다(헌재 1998. 12. 24, 89헌마214).

🔍 관련판례

도시계획시설의 지정으로 말미암아 당해 토지의 이용가능성이 배제되거나 또는 토지소유자가 토지를 종래 허용된 용도대로도 사용할 수 없기 때문에 이로 말미암아 현저한 재산적 손실이 발생하는 경우에는, 원칙적으로 사회적 제약의 범위를 넘는 수용적 효과를 인정하여 국가나 지방자치단체는 이에 대한 보상을 해야 한다(헌재 1999. 10. 21, 97헌바26).

③ × 헌법재판소는 개발제한구역지정으로 인한 개발가능성의 소멸과 그에 따른 지가의 하락이나 지가상승률의 상대적 감소의 경우에는 사회적 제약의 범주 내의 것(합헌적인 것)으로 보았다.

개발제한구역의 지정으로 인한 개발가능성의 소멸과 그에 따른 지가의 하락이나 지가상승률의 상대적 감소는 토지소유자가 감수해야 하는 사회적 제약의 범주에 속하는 것으로 보아야 한다. 토지거래에서 건축이나 개발의 가능성을 지니고 있는 토지가 그렇지 아니한 토지에 비하여 상대적으로 더 높은 가치를 인정받고 결과적으로 지가의 상승을 가져오는 반면, 장래에 개발을 기대할 수 없는 토지는 지가상승률의 감소나 지가의 하락을 가져오게 된다. 그러나 자신의 토지를 장래에 건축이나 개발목적으로 사용할 수 있으리라는 기대가능성이나 신뢰 및 이에 따른 지가상승의 기회는 원칙적으로 재산권의 보호범위에 속하지 않는다. 구역지정 당시의 상태대로 토지를 사용·수익·처분할 수 있는 이상, 구역지정에 따른 단순한 토지이용의 제한은 원칙적으로 재산권에 내재하는 사회적 제약의 범주를 넘지 않기 때문이다. 따라서 토지소유자가 종래의 목적대로 토지를 이용할 수 있는 한, 구역의 지정으로 인하여 토지재산권의 내재적 제약의 한계를 넘는 가혹한 부담이 발생했다고 볼 수 없다(헌재 1998. 12. 24, 89헌마214, 90헌바16 등).

④ ×

> 국토교통부는 2008. 8. 26. 언론을 통해 전국 5곳에 국가산업단지를 새로 조성한다는 내용을 발표하였고, 이후 국토교통부장관은 2009. 9. 30.경 대구국가산업단지 개발사업에 관하여 산업단지계획을 승인·고시하였는데, 위 산업단지개발사업지구 내 토지소유자인 원고들이 수용재결 및 2008. 1. 1. 공시된 비교표준지의 공시지가를 기준으로 보상금액을 결정한 이의재결에 불복하여 2009. 1. 1. 공시된 공시지가를 기준으로 산정해야 한다고 주장하면서 보상금 증액을 청구한 사안에서, 대법원은 위와 같은 법리를 판시하고 국토교통부의 2008. 8. 26.자 언론발표가 토지보상법 제70조 제5항에서 정한 '공익사업의 계획 또는 시행의 공고·고시'에 해당하지 않는다고 판단하여, 이와 달리 위 언론발표가 토지보상법 제70조 제5항에서 정한 '공익사업의 계획 또는 시행의 공고·고시'에 해당한다는 전제에서 2008. 1. 1. 공시된 비교표준지의 공시지가를 기준으로 보상금액을 평가해야 한다고 판단한 원심을 파기환송한 사례(대판 2022. 5. 26, 2021두45848)

✔ 기출체크

① 관련 기출

1. 헌법 제23조 제3항에서 보상은 법률로써 하되 정당한 보상을 지급하여야 한다고 하여 구체적인 보상액의 산출기준은 법률에 유보하고 있다. (○ | ×)   2018 교육행정직 9급

2. 헌법 제23조 제3항의 규정은 보상청구권의 근거에 관하여서뿐만 아니라 보상의 기준과 방법에 관하여서도 법률의 규정에 유보하고 있는 것으로 보아야 한다. (○ | ×)   2015 국회직 8급

3. 헌법은 보상청구권의 근거뿐만 아니라 보상의 기준과 방법에 관해서도 법률에 유보하고 있다. (○ | ×)   2012 국가직 7급

② 관련 기출

4. 도시계획시설의 지정으로 말미암아 당해 토지의 이용가능성이 배제되거나 또는 토지소유자가 토지를 종래 허용된 용도대로도 사용할 수 없기 때문에 이로 인하여 현저한 재산적 손실이 발생하는 경우에는, 원칙적으로 국가나 지방자치단체는 이에 대한 보상을 해야 한다. (○ | ×)   2024 지방직·서울시 9급

5. 도시계획시설의 지정으로 말미암아 당해 토지의 이용가능성이 배제되거나 또는 토지소유자가 토지를 종래 허용된 용도대로도 사용할 수 없기 때문에 이로 말미암아 현저한 재산적 손실이 발생하는 경우에는, 원칙적으로 사회적 제약의 범위를 넘는 수용적 효과를 인정하여 국가나 지방자치단체는 이에 대한 보상을 해야 한다. (○ | ×)   2024 군무원 7급

6. 도시계획시설의 지정으로 말미암아 당해 토지의 이용가능성이 배제되거나 또는 토지소유자가 토지를 종래 허용된 용도로도 사용할 수 없기 때문에 이로 말미암아 현저한 재산적 손실이 발생하는 경우라도, 이는 사회적 제약의 범위를 넘지 않는 것으로 국가나 지방자치단체는 이에 대한 보상을 해야 하는 것은 아니다. (○ | ×)   2022 소방간부

7. 토지를 종래의 목적으로도 사용할 수 없는 경우에는 토지소유자가 수인해야 할 사회적 제약의 한계를 넘는 것으로 보아야 한다. (○ | ×)   2019 사회복지직 9급

8. 개발제한구역지정으로 인하여 토지를 종래의 목적으로 사용할 수 없거나 또는 더 이상 법적으로 허용된 토지이용의 방법이 없기 때문에 실질적으로 토지의 사용·수익의 길이 없는 경우에도 토지소유자가 수인해야 하는 사회적 제약의 한계를 넘는 것으로 볼 수 없다. (○ | ×)   2015 경행특채 1차

9. 구 도시계획법에 따른 개발제한구역제도는 합헌이기에 개발제한구역으로 지정된 토지를 실질적으로 사용·수익할 수 없어 사회적 제약을 초과하는 가혹한 부담이 발생하더라도 보상 없이 감수하도록 하는 것도 합헌이다. (○ | ×)   2011 사회복지직 9급

10. 토지를 종래의 목적으로 사용할 수 없거나 더 이상 법상 허용된 이용방법이 없는 경우에 해당하지 않는 제약은 사회적 제약의 범주 내에 있는 것이고, 그렇지 않은 제약은 손실을 완화하는 보상적 조치가 있어야 비로소 허용되는 범주 내에 있는 것이다. (○ | ×)   2008 지방직 9급

③ 관련 기출

11. 개발제한구역의 지정으로 인한 개발가능성의 소멸과 그에 따른 지가의 하락은 토지소유자가 감수하여야 하는 사회적 제약의 범주에 속한다. (○ | ×)   2023 변호사

12. 개발제한구역의 지정으로 인한 개발가능성의 소멸과 그에 따른 지가의 하락이나 지가상승률의 상대적 감소는 토지소유자가 감수해야 하는 사회적 제약의 범주에 속하는 것으로 보아야 한다. (○ | ×)   2022 소방간부

13. 개발제한구역지정으로 인한 지가의 하락은 원칙적으로 토지소유자가 감수해야 하는 사회적 제약의 범주에 속하나, 지가의 하락이 20% 이상으로 과도한 경우에는 특별한 희생에 해당한다. (○ | ×)   2018 서울시 9급

14. 개발제한구역의 지정으로 인한 지가의 하락은 토지소유자가 수인해야 하는 사회적 제약의 한계를 넘는 것으로, 아무런 보상 없이 이를 감수하도록 하고 있는 한, 헌법에 위반된다. (○ | ×)   2012 국가직 7급

정답 1. ○ 2. ○ 3. ○ 4. ○ 5. ○ 6. × 7. ○ 8. × 9. × 10. ○ 11. ○ 12. ○ 13. × 14. ×

15
정답 ③

① ×

> **행정조사기본법 제15조 【중복조사의 제한】** ① 제7조에 따라 정기조사 또는 수시조사를 실시한 행정기관의 장은 동일한 사안에 대하여 동일한 조사대상자를 재조사하여서는 아니 된다. 다만, 당해 행정기관이 이미 조사를 받은 조사대상자에 대하여 위법행위가 의심되는 새로운 증거를 확보한 경우에는 그러하지 아니하다.

② ×

> **행정조사기본법 제17조 【조사의 사전통지】** ① 행정조사를 실시하고자 하는 행정기관의 장은 제9조에 따른 출석요구서, 제10조에 따른 보고요구서·자료제출요구서 및 제11조에 따른 현장출입조사서(이하 '출석요구서 등'이라 한다)를 조사개시 7일 전까지 조사대상자에게 서면으로 통지하여야 한다. 다만, 다음 각 호의 어느 하나에 해당하는 경우에는 행정조사의 개시와 동시에 출석요구서 등을 조사대상자에게 제시하거나 행정조사의 목적 등을 조사대상자에게 구두로 통지할 수 있다.
> 1. 행정조사를 실시하기 전에 관련사항을 미리 통지하는 때에는 증거인멸 등으로 행정조사의 목적을 달성할 수 없다고 판단되는 경우
> 2. 통계법 제3조 제2호에 따른 지정통계의 작성을 위하여 조사하는 경우
> 3. 제5조 단서에 따라 조사대상자의 자발적인 협조를 얻어 실시하는 행정조사의 경우

③ ○

> 음주운전 여부에 관한 조사방법 중 혈액채취(이하 '채혈'이라고 한다)는 상대방의 신체에 대한 직접적인 침해를 수반하는 방법으로서, 이에 관하여 도로교통법은 호흡조사와 달리 운전자에게 조사에 응할 의무를 부과하는 규정을 두지 아니할 뿐만 아니라, 측정에 앞서 운전자의 동의를 받도록 규정하고 있으므로(제44조 제3항), 운전자의 동의 없이 임의로 채혈조사를 하는 것은 허용되지 아니한다. …… 따라서 음주운전 여부에 대한 조사과정에서 운전자 본인의 동의를 받지 아니하고 또한 법원의 영장도 없이 채혈조사를 한 결과를 근거로 한 운전면허정지·취소처분은 도로교통법 제44조 제3항을 위반한 것으로서 특별한 사정이 없는 한 위법한 처분으로 볼 수밖에 없다(대판 2016. 12. 27, 2014두46850).

④ ×

> 우편물 통관검사절차에서 압수·수색영장 없이 진행된 우편물의 개봉, 시료채취, 성분분석 등 검사는 원칙적으로 적법하다.
> 우편물 통관검사절차에서 이루어지는 우편물의 개봉, 시료채취, 성분분석 등의 검사는 수출입물품에 대한 적정한 통관 등을 목적으로 한 행정조사의 성격을 가지는 것으로서 수사기관의 강제처분이라고 할 수 없으므로, 압수·수색영장 없이 우편물의 개봉, 시료채취, 성분분석 등 검사가 진행되었다 하더라도 특별한 사정이 없는 한 위법하다고 볼 수 없다(대판 2013. 9. 26, 2013도7718).

✓ 기출체크

① 관련 기출

1. 행정기관이 이미 조사를 받은 조사대상자에 대하여 위법행위가 의심되는 새로운 증거를 확보한 경우를 제외하고는 정기조사 또는 수시조사를 실시한 행정기관의 장은 동일한 사안에 대하여 동일한 조사대상자를 재조사하여서는 아니 된다. (○ | ×)   2024 국회직 9급

2. 행정조사를 실시한 행정기관의 장은 이미 조사를 받은 조사대상자에 대하여 위법행위가 의심되는 새로운 증거를 확보한 경우에도 동일한 사안에 대하여 동일한 조사대상자를 재조사하여서는 아니 된다. (○ | ×)   2024 해경승진, 2023 국회직 8급

3. 행정기관의 장은 이미 조사를 받은 조사대상자에 대하여 위법행위가 의심되는 새로운 증거를 확보한 경우에는 재조사할 수 있다. (○ | ×)   2023 해경간부

4. (행정조사기본법) 제7조에 따라 정기조사 또는 수시조사를 실시한 행정기관의 장은 동일한 사안에 대하여 동일한 조사대상자를 재조사하여서는 아니 된다. 다만, 당해 행정기관이 이미 조사를 받은 조사대상자에 대하여 위법행위가 의심되는 새로운 증거를 확보한 경우에는 그러하지 아니하다. (○ | ×)   2022 서울시 지적 7급

5. 정기조사 또는 수시조사를 실시한 행정기관의 장은 조사대상자의 자발적인 협조를 얻어 실시하는 경우가 아닌 한, 동일한 사안에 대하여 동일한 조사대상자를 재조사하여서는 아니 된다. (○ | ×)   2018 지방직 9급

② 관련 기출

6. 행정조사기본법상 행정조사를 실시하기 전에 관련사항을 미리 통지하는 경우 증거인멸 등으로 행정조사의 목적을 달성할 수 없다고 판단되는 때에는, 행정기관의 장은 행정조사 종료 후 지체 없이 행정조사의 목적 등을 조사대상자에게 구두로 통지할 수 있다. (○ | ×)   2024 지방직·서울시 9급

7. 행정조사를 실시하고자 하는 행정기관의 장은 통계법 제3조 제2호에 따른 지정통계의 작성을 위하여 조사하는 경우에 반드시 서면으로 조사대상자에게 행정조사목적 등을 통지하여야 한다. (○ | ×)   2023 소방간부

8. 행정조사기본법에 따르면, 행정조사를 실시하는 경우 조사개시 7일 전까지 조사대상자에게 출석요구서, 보고요구서·자료제출요구서, 현장출입조사서를 서면으로 통지하여야 하나, 조사대상자의 자발적인 협조를 얻어 행정조사를 실시하는 경우에는 미리 서면으로 통지하지 않고 행정조사의 개시와 동시에 이를 조사대상자에게 제시할 수 있다. (○ | ×)   2018 국가직 9급

9. 조사대상자의 자발적인 협조를 얻어 실시하는 행정조사의 경우에는 행정조사의 목적 등을 구두로 통지할 수 있다. (○ | ×)   2009 국회직 8급

③ 관련 기출

10. 음주운전 여부에 대한 조사과정에서 운전자 본인의 동의를 받지 아니하고 법원의 영장 없이 채혈조사를 한 결과를 근거로 한 운전면허정지·취소처분은 특별한 사정이 없는 한 위법한 처분으로 볼 수밖에 없다. (○ | ×)   2023 소방간부

11. 조사과정에서 운전자 본인의 동의를 받지 아니하고 또한 법원의 영장도 없이 채혈조사를 한 결과를 근거로 한 운전면허정지·취소처분은 특별한 사정이 없는 한 위법한 처분에 해당한다. (○ | ×)   2022 소방간부

12. 음주운전 여부에 대한 조사과정에서 운전자 본인의 동의를 받지 아니하고 법원의 영장도 없이 채혈조사가 행해졌다면, 그 조사결과를 근거로 한 운전면허취소처분은 특별한 사정이 없는 한 위법하다. (○ | ×)   2020 국가직 7급

④ 관련 기출

13. 우편물 통관검사절차에서 이루어지는 우편물의 개봉, 시료채취, 성분분석 등의 검사는 행정조사의 성격을 가지는 것으로서 압수·수색영장 없이 우편물의 개봉, 시료채취, 성분분석 등 검사가 진행되었다 하더라도 특별한 사정이 없는 한 위법하다고 볼 수 없다. (○ | ×)   2024 국가직 7급, 2022·2017 국회직 8급, 2021 소방직 9급

14. 우편물 통관검사절차에서 이루어지는 우편물의 개봉, 시료채취, 성분분석 등의 검사를 함에 있어 이에 대한 압수·수색영장 없이 이루어진 것이라도 특별한 사정이 없는 한 위법하다고 볼 수 없다. (○ | ×)   2024 소방간부

15. 관세법 등에 따라 우편물 통관검사절차에서 이루어지는 우편물의 개봉, 시료채취, 성분분석 등의 검사는 행정조사의 성격을 가지는 것이 아니라 수사기관의 강제처분에 해당한다. (○ | ×)   2023 경찰간부

16. 우편물 통관검사절차에서 이루어지는 우편물의 개봉, 시료채취, 성분분석 등의 검사는 행정조사의 성격을 가지는 것으로서 수사기관의 강제처분이라고 볼 수 있으므로, 압수·수색영장 없이 우편물의 개봉, 시료채취, 성분분석 등 검사가 진행되었다면 특별한 사정이 없는 한 위법하다. (○ | ×)   2022 소방간부

17. 우편물 통관검사절차에서 이루어지는 성분분석 등의 검사가 압수·수색영장 없이 이루어졌다 하더라도 특별한 사정이 없는 한 위법하지 않다. (○ | ×)   2019 소방직 9급

정답 1. ○ 2. × 3. ○ 4. ○ 5. × 6. × 7. ○ 8. ○ 9. ○ 10. ○
11. ○ 12. ○ 13. ○ 14. ○ 15. × 16. × 17. ○

16

정답 ②

① ○

> **행정절차법 제27조【의견제출】** ① 당사자 등은 처분 전에 그 처분의 관할행정청에 서면이나 말로 또는 정보통신망을 이용하여 의견제출을 할 수 있다.
> ② 당사자 등은 제1항에 따라 의견제출을 하는 경우 그 주장을 입증하기 위한 증거자료 등을 첨부할 수 있다.
> ③ 행정청은 당사자 등이 말로 의견제출을 하였을 때에는 서면으로 그 진술의 요지와 진술자를 기록하여야 한다.
> ④ 당사자 등이 정당한 이유 없이 의견제출기한까지 의견제출을 하지 아니한 경우에는 의견이 없는 것으로 본다.

② ✕

> **행정절차법 제19조【처리기간의 설정·공표】** ① 행정청은 신청인의 편의를 위하여 처분의 처리기간을 종류별로 미리 정하여 공표하여야 한다.

> 행정절차법이나 「민원 처리에 관한 법률」상 처분·민원의 처리기간에 관한 규정은 강행규정이 아니며, 행정청이 처리기간을 지나 처분을 한 경우 및 「민원 처리에 관한 법률 시행령」 제23조에 따른 민원 처리 진행상황통지를 하지 않은 경우, 처분을 취소할 절차상 하자로 볼 수 없다.
> 처분이나 민원의 처리기간을 정하는 것은 신청에 따른 사무를 가능한 조속히 처리하도록 하기 위한 것이다. 처리기간에 관한 규정은 훈시규정에 불과할 뿐 강행규정이라고 볼 수 없다. 행정청이 처리기간이 지나 처분을 하였더라도 이를 처분을 취소할 절차상 하자로 볼 수 없다(대판 2019. 12. 13, 2018두41907).

③ ○

> **행정절차법 제27조의2【제출의견의 반영 등】** ① 행정청은 처분을 할 때에 당사자 등이 제출한 의견이 상당한 이유가 있다고 인정하는 경우에는 이를 반영하여야 한다.
> ② 행정청은 당사자 등이 제출한 의견을 반영하지 아니하고 처분을 한 경우 당사자 등이 처분이 있음을 안 날부터 90일 이내에 그 이유의 설명을 요청하면 서면으로 그 이유를 알려야 한다. 다만, 당사자 등이 동의하면 말, 정보통신망 또는 그 밖의 방법으로 알릴 수 있다.

> 광업용 토지수용을 위한 사업인정 여부를 결정함에 있어 처분청이 그 의견에 기속되는 것은 아니다.
> 광업법 제88조 제2항에서 처분청이 같은 법조 제1항의 규정에 의하여 광업용 토지수용을 위한 사업인정을 하고자 할 때에 토지소유자와 토지에 관한 권리를 가진 자의 의견을 들어야 한다고 한 것은 그 사업인정 여부를 결정함에 있어서 소유자나 기타 권리자가 의견을 반영할 기회를 주어 이를 참작하도록 하고자 하는 데 있을 뿐, 처분청이 그 의견에 기속되는 것은 아니다(대판 1995. 12. 22, 95누30).

④ ○

> 행정청이 문서에 의하여 처분을 한 경우 원칙적으로 그 처분서의 문언에 따라 어떤 처분을 하였는지를 확정하여야 하나, 그 처분서의 문언만으로는 행정청이 어떤 처분을 하였는지 불분명하다는 등 특별한 사정이 있는 때에는 처분경위, 처분청의 진정한 의사, 처분을 전후한 상대방의 태도 등 다른 사정을 고려하여 처분서의 문언과 달리 그 처분의 내용을 해석할 수도 있다(대판 2020. 6. 11, 2019두49359).

✓ 기출체크

① 관련 기출

1. 행정절차법상 당사자 등은 처분 전에 그 처분의 관할행정청에 서면이나 정보통신망을 이용하여 의견을 제출할 수 있으나, 말로는 할 수 없다. (○ | ✕)   2018 경행경채

2. 이해관계가 있는 제3자는 자신의 신청 또는 행정청의 직권에 의하여 행정절차에 참여하여 처분 전에 그 처분의 관할행정청에 서면이나 말로 또는 정보통신망을 이용하여 의견제출을 할 수 있다. (○ | ✕)   2018 지방직 9급

3. 당사자 등이 정당한 이유 없이 의견제출기한까지 의견제출을 하지 아니한 경우에는 의견이 없는 것으로 본다. (○ | ✕)   2015 지방직 7급

4. 당사자 등은 처분 전에 그 처분의 관할행정청에 서면이나 말로 또는 정보통신망을 이용하여 의견제출을 할 수 있다. (○ | ✕)   2013 지방직(하) 7급

5. 행정청은 당사자 등이 말로 의견제출을 하였을 때에는 서면으로 그 진술의 요지와 진술자를 기록하여야 한다. (○ | ✕)   2013 지방직(하) 7급

② 관련 기출

6. 행정청이 미리 공표한 처분의 처리기간을 지나 처분을 하였더라도 이를 처분을 취소할 절차상 하자로 볼 수 없다. (○ | ✕)   2023 지방직·서울시 7급

7. (행정절차법상) 처분의 처리기간에 관한 규정은 강행규정이므로 행정청이 처리기간이 지나 처분을 하였다면 이는 처분을 취소할 절차상 하자로 볼 수 있다. (○ | ✕)   2023 국가직 7급

③ 관련 기출

8. 구 광업법에 근거하여 처분청이 광업용 토지수용을 위한 사업인정을 하면서 토지소유자와 토지에 관한 권리를 가진 자의 의견을 들은 경우 처분청은 그 의견에 기속된다. (○ | ✕)   2019 지방직·교육행정직 9급

9. (행정절차법상) 행정청은 처분을 할 때에 당사자 등이 제출한 의견이 상당한 이유가 있다고 인정하는 경우에는 이를 반영할 수 있다. (○ | ✕)   2017 경행경채

10. 행정청은 청문절차에서 개진된 의견에 기속되지 않는다. (○ | ✕)   2007 국가직 7급

④ 관련 기출

11. 행정절차법상 문서주의 원칙에도 불구하고, 행정청의 처분서의 문언만으로는 행정청이 어떤 처분을 하였는지 불분명하다는 등 특별한 사정이 있는 때에는 처분경위나 처분 이후의 상대방의 태도 등 다른 사정을 고려하여 처분서의 문언과 달리 그 처분의 내용을 해석할 수도 있다. (○ | ✕)   2022 지방직·서울시 7급

정답 1. ✕ 2. ○ 3. ○ 4. ○ 5. ○ 6. ○ 7. ✕ 8. ✕ 9. ✕ 10. ○ 11. ○

17

정답 ①

㉮ ✕ 판례는 부령 형식으로 정해진 제재적 처분기준(영업허가의 취소, 정지, 과징금 부과기준)은 그 성질과 내용이 행정 내부의 사무처리기준을 규정한 것에 불과하므로 행정규칙의 성질을 가지며 대외적으로 국민이나 법원을 구속하는 것은 아니라고 보고 있다.

> 1. 식품위생법 제58조 제1항에 의한 제재적 처분의 기준을 정한 같은 법 시행규칙 제53조는 행정규칙에 불과하므로 행정처분이 이에 위반되었다고 하여 곧바로 위법한 것으로 되지는 않는다.
> 2. 즉, 처분의 적법 여부는 위 규칙에 적합한 것인가의 여부에 따라 판단할 것이 아니라 위 법의 규정 및 그 취지에 적합한 것인가의 여부에 따라 판단하여야 한다.
>
> 식품위생법 시행규칙 제53조에서 [별표 15]로 식품위생법 제58조에 따른 행정처분의 기준을 정하였다고 하더라도 이는 형식만 부령으로 되어 있을 뿐, 그 성질은 행정기관 내부의 사무처리준칙을 정한 것으로서 행정명령의 성질을 가지는 것이고, 대외적으로 국민이나 법원을 기속하는 힘이 있는 것은 아니므로 식품위생법 제58조 제1항에 의한 처분의 적법 여부는 위 규칙에 적합한 것인가의 여부에 따라 판단할 것이 아니라 위 법의 규정 및 그 취지에 적합한 것인가의 여부에 따라 판단하여야 한다는 것이 당원의 확립된 견해이다(대판 1995. 3. 28, 94누6925).

㉯ ✕ 사안의 경우 재량행위에 해당한다. 따라서 법원은 독자의 결론을 도출함이 없이 당해 행위에 재량권의 일탈·남용이 있는지 여부만을 심사하게 된다.

> 기속행위의 경우 법원이 일정한 결론을 도출한 후 그 결론에 비추어 행정청이 한 판단의 적법 여부를 독자의 입장에서 판정하는 방식에 의한다. 재량행위의 경우 법원은 독자의 결론을 도출함이 없이 당해 행위에 재량권의 일탈·남용이 있는지 여부만을 심사하게 된다.
> 행정행위가 그 재량성의 유무 및 범위와 관련하여 이른바 기속행위 내지 기속재량행위와 재량행위 내지 자유재량행위로 구분된다고 할 때, 그 구분은 당해 행위의 근거가 된 법규의 체재·형식과 그 문언, 당해 행위가 속하는 행정 분야의 주된 목적과 특성, 당해 행위 자체의 개별적 성질과 유형 등을 모두 고려하여 판단하여야 하고, 이렇게 구분되는 양자에 대한 사법심사는, 전자(편저자 주 : 기속행위)의 경우 그 법규에 대한 원칙적인 기속성으로 인하여 법원이 사실인정과 관련법규의 해석·적용을 통하여 일정한 결론을 도출한 후 그 결론에 비추어 행정청이 한 판단의 적법 여부를 독자의 입장에서 판정하는 방식에 의하게 되나, 후자(편저자 주 : 재량행위)의 경우 행정청의 재량에 기한 공익판단의 여지를 감안하여 법원은 독자의 결론을 도출함이 없이 당해 행위에 재량권의 일탈·남용이 있는지 여부만을 심사하게 되고, 이러한 재량권의 일탈·남용 여부에 대한 심사는 사실오인, 비례·평등의 원칙 위배, 당해 행위의 목적 위반이나 동기의 부정 유무 등을 그 판단대상으로 한다(대판 2001. 2. 9, 98두17593).

㉰ ○

> 행정규칙인 재량준칙이 정한 바에 따라 행정관행이 이룩되게 되면 평등원칙이나 신뢰보호원칙에 따라 행정기관은 그 규칙에 따라야 할 자기구속을 당하게 되고 그러한 경우 행정규칙은 대외적 구속력을 가지게 된다.
> 행정규칙이 법령의 규정에 의하여 행정관청에 법령의 구체적 내용을 보충할 권한을 부여한 경우, 또는 재량권행사의 준칙인 규칙이 그 정한 바에 따라 되풀이 시행되어 행정관행이 이룩되게 되면, 평등의 원칙이나 신뢰보호의 원칙에 따라 행정기관은 그 상대방에 대한 관계에서 그 규칙에 따라야 할 자기구속을 당하게 되고, 그러한 경우에는 대외적인 구속력을 가지게 된다 할 것이다(헌재 1990. 9. 3, 90헌마13).

㉱ ✕

> 제재적 행정처분이 그 처분에서 정한 제재기간의 경과로 인하여 그 효과가 소멸되었다 하더라도 그 처분이 후행처분의 가중적 요건사실이 되는 경우 선행처분의 취소를 구할 소의 이익이 있다.
> 제재적 행정처분이 그 처분에서 정한 제재기간의 경과로 인하여 그 효과가 소멸되었으나, 부령인 시행규칙 또는 지방자치단체의 규칙(이하 이들을 '규칙'이라고 한다)의 형식으로 정한 처분기준에서 제재적 행정처분(이하 '선행처분'이라고 한다)을 받은 것을 가중사유나 전제요건으로 삼아 장래의 제재적 행정처분(이하 '후행처분'이라고 한다)을 하도록 정하고 있는 경우, 제재적 행정처분의 가중사유나 전제요건에 관한 규정이 법령이 아니라 규칙의 형식으로 되어 있다고 하더라도, 그러한 규칙이 법령에 근거를 두고 있는 이상 그 법적 성질이 대외적·일반적 구속력을 갖는 법규명령인지 여부와는 상관없이, 관할행정청이나 담당공무원은 이를 준수할 의무가 있으므로 이들이 그 규칙에 정해진 바에 따라 행정작용을 할 것이 당연히 예견되고, 그 결과 행정작용의 상대방인 국민으로서는 그 규칙의 영향을 받을 수밖에 없다(대판 2006. 6. 22, 2003두1684).

㉲ ✕ 행정심판에서는 행정소송과 달리 위법한 처분뿐만 아니라 부당한 처분도 통제대상이 된다.

> **행정심판법 제5조【행정심판의 종류】** 행정심판의 종류는 다음 각 호와 같다.
> 1. 취소심판 : 행정청의 위법 또는 부당한 처분을 취소하거나 변경하는 행정심판
>
> **행정소송법 제4조【항고소송】** 항고소송은 다음과 같이 구분한다.
> 1. 취소소송 : 행정청의 위법한 처분 등을 취소 또는 변경하는 소송

✓ 기출체크

㉮ 관련 기출

1. 제재적 행정처분의 기준이 부령의 형식으로 규정되어 있는 경우, 이 처분기준에 적합하다 하여 곧바로 당해 처분이 적법한 것이라고 할 수는 없다. (○ | ✕) 2017 지방직(하) 9급

2. 대법원은 제재적 처분의 기준이 부령 형식으로 규정되어 있더라도 그것은 행정청 내부의 사무처리준칙을 정한 것에 지나지 아니하여 대외적으로 국민이나 법원을 기속하는 효력이 없고, 당해 처분의 적법 여부는 위 처분기준뿐만 아니라 관계법령의 규정내용과 취지에 따라야 한다고 판단하였다. (○ | ✕) 2014 국가직 9급

㉯ 관련 기출

3. 재량행위에 대한 사법심사가 이루어지는 경우, 법원은 독자의 결론을 도출하고, 그 결론에 비추어 행정청이 한 판단의 적법 여부를 독자의 입장에서 판정하는 방식에 의해야 한다. (○ | ✕) 2024 소방직 9급

4. 재량행위에 대한 사법심사를 하는 경우에, 법원은 행정청의 재량에 기한 공익판단의 여지를 감안하면서 독자적인 결론을 도출한 후 당해 행위에 재량권의 일탈·남용이 있는지 여부를 심사하여야 한다. (○ | ✕) 2020 변호사

5. 재량행위에 대한 사법심사는 행정청의 재량에 기한 공익판단의 여지를 감안하여 법원이 독자의 결론을 도출함이 없이 당해 행위에 재량권의 일탈·남용이 있는지 여부를 심사한다. (○ | ✕) 2018 국가직 7급

6. 기속행위에 대한 사법심사는 그 법규에 대한 원칙적인 기속성으로 인하여 법원이 사실인정과 관련 법규의 해석·적용을 통하여 일정한 결론을 도출한 후 그 결론에 비추어 행정청이 한 판단의 적법 여부를 독자의 입장에서 판정하는 방식에 의한다. (○ | ✕) 2018 경행경채

관련 기출

7. 재량권행사의 준칙인 행정규칙이 있으면 그에 따른 관행이 없더라도 평등의 원칙에 따라 행정기관은 상대방에 대한 관계에서 그 규칙에 따라야 할 자기구속을 받게 된다. (○ | ×)   2019 서울시 1회 7급

8. 재량준칙이 공표된 것만으로는 행정의 자기구속의 원칙이 적용될 수 없고, 재량준칙이 되풀이 시행되어 행정관행이 성립한 경우에 행정의 자기구속의 원칙이 적용될 수 있다. (○ | ×)   2018 국가직 9급

9. 대법원은 재량준칙이 되풀이 시행되어 행정관행이 성립된 경우에는 당해 재량준칙에 자기구속력을 인정한다. 따라서 당해 재량준칙에 반하는 처분은 법규범인 당해 재량준칙을 직접 위반한 것으로서 위법한 처분이 된다고 한다. (○ | ×)   2017 국가직 9급

관련 기출

10. 시행규칙에 법위반 횟수에 따라 가중처분하게 되어 있는 제재적 처분기준이 규정되어 있다 하더라도, 기간의 경과로 효력이 소멸한 제재적 처분을 취소소송으로 다툴 법률상 이익은 없다. (○ | ×)   2017 사회복지직 9급

11. 장래의 제재적 가중처분 기준을 대통령령이 아닌 부령의 형식으로 정한 경우에는 이미 제재기간이 경과한 제재적 처분의 취소를 구할 법률상 이익이 인정되지 않는다. (○ | ×)   2016 국가직 9급

12. 甲은 값싼 외국산 수입재료를 국내산 유기농 재료로 속여 상품을 제조·판매하였음을 이유로 식품위생법령에 따라 관할행정청으로부터 영업정지 3개월 처분을 받았다. 한편, 위 영업정지의 처분기준에는 1차 위반의 경우 영업정지 3개월, 2차 위반의 경우 영업정지 6개월, 3차 위반의 경우 영업허가취소처분을 하도록 규정되어 있다. 甲은 영업정지 3개월 처분의 취소를 구하는 소송을 제기하였다. 이에 대한 설명으로 옳지 않은 것은? (다툼이 있는 경우 판례에 의함)   2017 지방직 7급
    ① 위와 같은 처분기준이 없는 경우라면, 영업정지처분에 정하여진 기간이 경과되어 효력이 소멸한 경우에는 그 영업정지처분의 취소를 구할 법률상 이익은 부정된다.
    ② 위 처분기준이 식품위생법이나 동법 시행령에 규정되어 있는 경우에는 대외적 구속력이 인정되나, 동법 시행규칙에 규정되어 있는 경우에는 대외적 구속력은 부정된다.
    ③ 甲에 대하여 법령상 임의적 감경사유가 있음에도, 관할행정청이 이를 전혀 고려하지 않았거나 감경사유에 해당하지 않는다고 오인하여 영업정지 3개월 처분을 한 경우에는 재량권을 일탈·남용한 위법한 처분이 된다.
    ④ 甲에 대한 영업정지 3개월의 기간이 경과되어 효력이 소멸한 경우에 위 처분기준이 식품위생법이나 동법 시행령에 규정되어 있다면 甲은 영업정지 3개월 처분의 취소를 구할 소의 이익이 있지만, 동법 시행규칙에 규정되어 있다면 소의 이익이 인정되지 않는다.

관련 기출

13. 행정청의 위법·부당한 부작위에 대해서는 의무이행심판을 제기할 수 있다. (○ | ×)   2015 서울시 7급

14. 행정심판법상 위법한 처분·부작위뿐만 아니라 부당한 처분·부작위에 대해서도 다툴 수 있다. (○ | ×)   2012 지방직 7급

정답 1. ○ 2. ○ 3. × 4. × 5. ○ 6. ○ 7. × 8. ○ 9. × 10. × 11. × 12. ④ 13. ○ 14. ○

18   정답 ④

① ○ 행정행위의 자력집행력(강제력)이란 행정행위에 의해 부과된 의무를 상대방이 이행하지 않는 경우에 행정청이 스스로 강제력을 발동하여 그 의무를 실현시키는 힘을 말하는데, 모든 행정행위가 집행력을 가지는 것이 아니라 개념상 상대방에게 어떤 의무를 부과하는 하명행위에 인정된다. 예를 들어 건물철거명령에 대해 상대방이 이를 이행하지 않은 경우 행정청이 이를 강제철거할 수 있다는 효력은 자력집행력(강제력)으로서 이러한 자력집행력은 하명의 근거 외에 별도의 법률적 근거가 필요하다는 것이 통설의 입장이다.

② ○

> 운전면허취소처분을 받은 후 자동차를 운전하였으나 위 취소처분이 행정쟁송절차에 의하여 취소된 경우, 무면허운전이 성립되지 않는다. 피고인이 행정청으로부터 자동차 운전면허취소처분을 받았으나 나중에 그 행정처분 자체가 행정쟁송절차에 의하여 취소되었다면, 위 운전면허취소처분은 그 처분시에 소급하여 효력을 잃게 되고, 피고인은 위 운전면허취소처분에 복종할 의무가 원래부터 없었음이 후에 확정되었다고 봄이 타당할 것이고, 행정행위에 공정력의 효력이 인정된다고 하여 행정소송에 의하여 적법하게 취소된 운전면허취소처분이 단지 장래에 향하여서만 효력을 잃게 된다고 볼 수는 없다(대판 1999. 2. 5, 98도4239).

③ ○

> 1. 요양급여비용청구권과 의사소견서 발급비용청구권은 공단의 지급결정에 의하여 구체적인 권리가 발생한다고 보아야 한다.
> 2. 따라서 요양급여비용 지급결정이 취소되지 않았다면, 요양급여비용 지급결정이 당연무효라는 등의 특별한 사정이 없는 한 그 결정에 따라 지급된 요양급여비용이 법률상 원인 없는 이득이라고 할 수 없고, 국민건강보험공단의 요양기관에 대한 요양급여비용 상당 부당이득반환청구권도 성립하지 않는다.
> 요양기관의 요양급여비용 수령의 법률상 원인에 해당하는 요양급여비용 지급결정이 취소되지 않았다면, 요양급여비용 지급결정이 당연무효라는 등의 특별한 사정이 없는 한 그 결정에 따라 지급된 요양급여비용이 법률상 원인 없는 이득이라고 할 수 없고, 국민건강보험공단의 요양기관에 대한 요양급여비용 상당 부당이득반환청구권도 성립하지 않는다.
> 의사소견서 발급비용청구권 역시 요양급여비용청구권과 마찬가지로 공단의 지급결정에 의하여 구체적인 권리가 발생한다고 보아야 한다. 따라서 앞서 본 요양급여비용과 관련한 법리는 공단이 부당이득을 원인으로 의사소견서 발급비용의 반환을 구하는 경우에도 그대로 적용된다(대판 2023. 10. 12, 2022다276697).

④ ×

> 1. 산업재해요양보상급여취소처분이 쟁송기간의 경과로 더 이상 다툴 수 없게 된 경우에도 요양급여청구권의 부존재가 확정된 것은 아니므로 다시 요양급여청구를 할 수 있다.
> 2. 일반적으로 행정처분이나 행정심판재결이 불복기간의 경과로 인하여 확정될 경우 그 확정력은, 그 처분으로 인하여 법률상 이익을 침해받은 자가 당해 처분이나 재결의 효력을 더 이상 다툴 수 없다는 의미일 뿐이다.
> 3. 또한 그 확정력에는 판결에 있어서와 같은 기판력이 인정되는 것은 아니어서 그 처분의 기초가 된 사실관계나 법률적 판단이 확정되고 당사자들이나 법원이 이에 기속되어 모순되는 주장이나 판단을 할 수 없게 되는 것은 아니다(대판 2004. 7. 8, 2002두11288).

✓ 기출체크

① 관련 기출

1. 부작위하명에는 행정행위의 강제력의 효력이 있으므로 당해 하명에 따른 부작위의무의 불이행에 대하여는 별도의 법적 근거 없이 대집행이 가능하다. (○ | ×)
   2017 국가직 9급

2. 판례에 따르면 행정행위의 집행력은 행정행위의 성질상 당연히 내재하는 효력으로서 별도의 법적 근거를 요하지 않는다. (○ | ×)
   2015 서울시 9급

3. 상대방에게 일정한 의무를 부과하는 하명은 집행력을 가진다. (○ | ×)
   2015 교육행정직 9급

4. 행정법상의 의무를 명할 수 있는 명령권의 근거가 되는 법은 동시에 행정강제의 근거가 될 수 있다. (○ | ×)
   2009 지방직 9급

5. 의무를 부과하는 하명의 법적 근거만으로 행정청에게 자력집행력이 인정된다. (○ | ×)
   2006 관세사

② 관련 기출

6. 자동차 운전면허취소처분을 받은 사람이 자동차를 운전하였으나 운전면허취소처분의 원인이 된 법규위반에 대하여 범죄사실의 증명이 없음을 이유로 무죄판결이 확정된 경우에는 그 취소처분이 취소되지 않았더라도 도로교통법에 규정된 무면허운전의 죄로 처벌할 수 없다. (○ | ×)
   2025 소방간부

7. 운전면허취소처분이 행정쟁송절차에 의하여 취소되었다면, 그 처분은 단지 장래에 향하여서만 효력을 잃게 된다. (○ | ×)
   2024 경찰간부

8. 자동차운전면허취소처분을 받은 사람이 자동차를 운전하였으나 운전면허취소처분의 원인이 된 교통사고 또는 법규위반에 대하여 범죄사실의 증명이 없는 때에 해당한다는 이유로 무죄판결이 확정되었더라도 그 운전면허취소처분이 취소되지 않고 있다면 도로교통법에 규정된 무면허운전의 죄로 처벌할 수 있다. (○ | ×)
   2023 경찰간부

④ 관련 기출

9. 산업재해요양보상급여취소처분이 불복기간의 경과로 인해 확정되면 요양급여청구권 없음이 확정되므로 다시 요양급여를 청구할 수 없다. (○ | ×)
   2017 국가직(하) 7급

정답 1. × 2. × 3. ○ 4. × 5. × 6. ○ 7. × 8. ○ 9. ×

19
정답 ②

① ○ 판단여지와 재량을 구별하는 견해에 따르면 판단여지는 법률요건의 포섭단계에서 관련되는 문제이며 재량은 법률효과의 결정 내지 선택과 관련되는 문제가 된다는 점에서 양자는 구별된다고 한다.

② ×

> (육아휴직과 관련하여) 복직명령은 기속행위이므로 휴직사유가 소멸하였음을 이유로 신청하는 경우 임용권자는 지체 없이 복직명령을 하여야 한다.
> 구 교육공무원법 제44조 제1항 제7호는 '만 6세 이하의 초등학교 취학 전 자녀'를 양육대상으로 하여 '교육공무원이 그 자녀를 양육하기 위하여 필요한 경우'를 육아휴직의 사유로 규정하고 있으므로, 육아휴직 중 그 사유가 소멸하였는지는 해당 자녀가 사망하거나 초등학교에 취학하는 등으로 양육대상에 관한 요건이 소멸한 경우뿐만 아니라 육아휴직 중인 교육공무원에게 해당 자녀를 더 이상 양육할 수 없거나, 양육을 위하여 휴직할 필요가 없는 사유가 발생하였는지 여부도 함께 고려하여야 하고, 국가공무원법 제73조 제2항의 문언에 비추어 복직명령은 기속행위이므로 휴직사유가 소멸하였음을 이유로 신청하는 경우 임용권자는 지체 없이 복직명령을 하여야 한다(대판 2014. 6. 12, 2012두4852).

③ ○

> 공무원 임용을 위한 면접전형에서 임용신청자의 능력이나 적격성 등에 관한 판단은 면접위원의 자유재량에 속한다.
> 공무원 임용을 위한 면접전형에서 임용신청자의 능력이나 적격성 등에 관한 판단은 면접위원의 고도의 교양과 학식, 경험에 기초한 자율적 판단에 의존하는 것으로서 오로지 면접위원의 자유재량에 속하고, 그와 같은 판단이 현저하게 재량권을 일탈 내지 남용한 것이 아니라면 이를 위법하다고 할 수 없다(대판 1997. 11. 28, 97누11911).

④ ○

> 행정청의 전문적인 정성적 평가 결과는 그 판단의 기초가 된 사실인정에 중대한 오류가 있거나 그 판단이 사회통념상 현저하게 타당성을 잃어 객관적으로 불합리하다는 등의 특별한 사정이 없는 한 법원이 그 당부를 심사하기에 적절하지 않으므로 가급적 존중되어야 한다. 한편, 여기에 재량권을 일탈·남용한 특별한 사정이 있다는 점은 증명책임분배의 일반원칙에 따라 이를 주장하는 자가 증명하여야 한다(대판 2016. 1. 28, 2013두21120 ; 대판 2018. 6. 15, 2016두57564).

✓ 기출체크

① 관련 기출

1. 법규정의 일체성에 의해 요건 판단과 효과 선택의 문제를 구별하기 어렵다고 보는 견해는 재량과 판단여지의 구분을 인정한다. (○ | ×)
   2022 해경간부

2. 판단여지를 긍정하는 학설은 판단여지는 법률효과 선택의 문제이고 재량은 법률요건에 대한 인식의 문제라는 점, 양자는 그 인정근거와 내용 등을 달리하는 점에서 구별하는 것이 타당하다고 한다. (○ | ×)
   2017 국가직 9급

3. 판단여지와 재량을 구별하는 입장에서 재량에 대한 설명으로 옳지 않은 것은?
   2015 국가직 7급
   ① 재량은 법률효과에서 인정된다.
   ② 재량의 존재 여부가 법해석으로 도출되기도 한다.
   ③ 재량행위에 법효과를 제한하는 부관을 붙일 수 없다.
   ④ 재량행위와 기속행위의 구분은 법규의 규정양식에 따라 개별적으로 판단된다.

② 관련 기출

4. 육아휴직 중 국가공무원법 제73조 제2항에서 정한 복직요건인 '휴직사유가 없어진 때'에 하는 복직명령은 기속행위이므로 휴직사유가 소멸하였음을 이유로 복직을 신청하는 경우 임용권자는 지체 없이 복직명령을 하여야 한다. (○ | ×)   2023 국가직 7급

5. 국가공무원법상 복직명령은 재량행위이므로, 국가공무원이 휴직사유가 소멸하였음을 이유로 복직신청을 한 경우 임용권자는 지체 없이 복직명령을 하여야 하는 것은 아니다. (○ | ×)   2023 경찰간부

6. 국가공무원법상 휴직사유 소멸을 이유로 한 신청에 대한 복직명령(은 재량행위이다) (○ | ×)   2022 지방직·서울시 9급

③ 관련 기출

7. 공무원 임용을 위한 면접전형에서 임용신청자의 능력이나 적격성 등에 관한 판단은 면접위원의 고도의 교양과 학식, 경험에 기초한 자율적 판단에 의존하는 것으로서 오로지 면접위원의 자유재량에 속한다. (○ | ×)   2024 군무원 7급

8. 공무원 임용을 위한 면접전형에서 임용신청자의 능력이나 적격성 등에 관한 판단은 면접위원의 고도의 교양과 학식, 경험에 기초한 자율적 판단에 의존하는 것으로서 면접위원의 자유재량에 속하고, 그와 같은 판단이 현저하게 재량권을 일탈·남용하지 않은 한 이를 위법하다고 할 수 없다. (○ | ×)   2023 지방직·서울시 7급

9. 공무원 임용을 위한 면접전형에 있어서 임용신청자의 능력이나 적격성 등에 관한 판단은 현저하게 재량권을 일탈 내지 남용한 것이 아니라면 이를 위법하다고 할 수 없다. (○ | ×)   2023 군무원 7급

10. 판례는 공무원 임용을 위한 면접전형에서 임용신청자의 능력이나 적격성 등에 관한 판단이 면접위원의 자유재량에 속한다고 보고 있다. (○ | ×)   2013 지방직(하) 7급

④ 관련 기출

11. 행정청의 전문적인 정성적 평가 결과는 판단의 기초가 된 사실인정에 중대한 오류가 있거나 그 판단이 사회통념상 현저하게 타당성을 잃어 객관적으로 불합리하다는 등의 특별한 사정이 없는 한 법원이 당부를 심사하기에 적절하지 않으므로 가급적 존중되어야 한다. (○ | ×)   2023 소방직 9급

정답 1. × 2. × 3. ③ 4. ○ 5. × 6. × 7. ○ 8. ○ 9. ○ 10. ○ 11. ○

20   정답 ③

① ○

> 지방자치단체가 일방 당사자가 되는 이른바 '공공계약'이 사경제의 주체로서 상대방과 대등한 위치에서 체결하는 사법상 계약에 해당하는 경우 그에 관한 법령에 특별한 정함이 있는 경우를 제외하고는 사적 자치와 계약자유의 원칙 등 사법의 원리가 그대로 적용된다(대판 2018. 2. 13, 2014두11328).

🔍 **관련판례**
국가를 당사자로 하는 계약이나 공공기관운영에 관한 법률의 적용대상인 공기업이 일방 당사자가 되는 계약(이하 편의상 '공공계약'이라 한다)은 국가 또는 공기업(이하 '국가 등'이라 한다)이 사경제주체로서 상대방과 대등한 위치에서 체결하는 사법상 계약으로서 본질적인 내용은 사인 간의 계약과 다를 바 없으므로, 법령에 특별한 정함이 있는 경우를 제외하고는 서로 대등한 입장에서 당사자의 합의에 따라 계약을 체결하여야 하고 당사자는 계약의 내용을 신의성실의 원칙에 따라 이행하여야 하는 등(구 「국가를 당사자로 하는 계약에 관한 법률」(이하 '국가계약법'이라 한다) 제5조 제1항) 사적 자치와 계약자유의 원칙을 비롯한 사법의 원리가 원칙적으로 적용된다(대판 2020. 5. 14, 2018다298409).

② ○

> 사법인(私法人)인 학교법인과 학생의 재학관계는 사법상 계약에 따른 법률관계에 해당한다. 지방자치단체가 학교법인이 설립한 사립중학교에 의무교육대상자에 대한 교육을 위탁한 때에 그 학교법인과 해당 사립중학교에 재학 중인 학생의 재학관계도 기본적으로 마찬가지이다(대판 2018. 12. 28, 2016다33196).

③ ×

> 수도법에 의하여 지방자치단체인 수도사업자가 그 수돗물의 공급을 받는 자에게 하는 수도료의 부과·징수와 이에 따른 수도료의 납부관계는 공법상의 권리·의무관계이다(대판 1977. 2. 22, 76다2517).

④ ○

> 서울특별시립무용단원의 해촉은 공법상 계약의 해지이므로 공법상 당사자소송으로 무효확인을 청구할 수 있다.
> 지방자치법 제9조 제2항 제5호 (라)목 및 (마)목 등의 규정에 의하면, 서울특별시립무용단원의 공연 등 활동은 지방문화 및 예술을 진흥시키고자 하는 서울특별시의 공공적 업무수행의 일환으로 이루어진다고 해석될 뿐 아니라, …… 서울특별시립무용단원이 가지는 지위가 공무원과 유사한 것이라면, 서울특별시립무용단 단원의 위촉은 공법상의 계약이라고 할 것이고, 따라서 그 단원의 해촉에 대하여는 공법상의 당사자소송으로 그 무효확인을 청구할 수 있다(대판 1995. 12. 22, 95누4636).

✔ **기출체크**

① 관련 기출

1. 「국가를 당사자로 하는 계약에 관한 법률」에 따라 국가가 당사자가 되는 이른바 공공계약은 사경제주체로서 상대방과 대등한 위치에서 체결하는 사법상 계약으로서 그에 관한 법령에 특별한 정함이 있는 경우를 제외하고는 사법의 원리가 그대로 적용된다. (○ | ×)   2024 국가직 7급

2. 「지방자치단체를 당사자로 하는 계약에 관한 법률」에 따라 지방자치단체가 일방 당사자가 되는 이른바 공공계약이 사경제의 주체로서 상대방과 대등한 위치에서 체결하는 사법상의 계약에 해당하는 경우 그에 관한 법령에 특별한 정함이 있는 경우를 제외하고는 사적 자치와 계약자유의 원칙 등 사법의 원리가 그대로 적용된다. (○ | ×)   2024 국가직 9급

3. 지방자치단체가 일방 당사자가 되는 이른바 '공공계약'이 사경제의 주체로서 상대방과 대등한 위치에서 체결하는 사법상 계약에 해당하는 경우 그에 관한 법령에 특별한 정함이 있는 경우를 제외하고는 사적 자치와 계약자유의 원칙 등 사법의 원리가 그대로 적용된다. (○ | ×)
2024 소방직 9급, 2023 국회직 8급

4. 「국가를 당사자로 하는 계약에 관한 법률」에 따라 국가가 당사자가 되는 이른바 공공계약은 그에 관한 법령에 특별한 정함이 없는 한 사법상 계약에 해당한다. (○ | ×)
2023 지방직·서울시 7급

5. 국가가 사경제의 주체로서 상대방과 대등한 지위에서 체결하는 계약의 본질적인 내용은 사인 간의 계약과 다를 바가 없으므로 사적 자치와 계약자유의 원칙을 비롯한 사법의 원리가 원칙적으로 적용된다. (○ | ×)
2023 소방직 9급

6. 국가가 당사자가 되는 이른바 공공계약은 사경제주체로서 상대방과 대등한 위치에서 체결하는 사법상 계약이다. (○ | ×) 2023 소방직 9급

7. 국가를 당사자로 하는 계약이나 「공공기관의 운영에 관한 법률」의 적용대상인 공기업이 일방 당사자가 되는 모든 계약은 공법상 계약으로 본다. (○ | ×)
2023 소방간부

② 관련 기출
8. 지방자치단체가 학교법인이 설립한 사립중학교에 의무교육대상자에 대한 교육을 위탁한 때에 그 학교법인과 해당 사립중학교에 재학 중인 학생의 재학관계는 기본적으로 공법상 계약에 따른 법률관계이다. (○ | ×)
2021 군무원 7급

③ 관련 기출
9. 수도법에 의하여 지방자치단체인 수도사업자가 그 수돗물의 공급을 받는 자에게 하는 수도료 부과·징수와 이에 따른 수도료 납부관계는 공법상의 권리·의무관계이므로, 이에 관한 분쟁은 행정소송의 대상이다. (○ | ×)
2019 국가직 9급

④ 관련 기출
10. 시립무용단원의 위촉은 공법상 계약에 해당하지만 해촉에 대하여는 민사소송으로 다투어야 한다. (○ | ×) 2024 국가직 7급

11. 서울특별시립무용단 단원의 위촉은 공법상 계약에 해당하므로 그 단원의 해촉에 대하여는 공법상 당사자소송으로 그 무효확인을 청구할 수 있다. (○ | ×) 2023 국회직 8급, 2022 소방간부, 2015 지방직 7급

12. 시립무용단원의 해촉(은 행정소송의 대상이 된다) (○ | ×)
2019 서울시 9급

13. 시립무용단원의 채용계약과 공중보건의사 채용계약은 공법상 계약에 해당한다. (○ | ×) 2017 서울시 7급

14. 시립무용단원의 해촉에 대해서는 항고소송으로 다투어야 하고 당사자소송으로 다툴 수는 없다. (○ | ×) 2016 교육행정직 9급

정답 1. ○ 2. ○ 3. ○ 4. ○ 5. ○ 6. ○ 7. × 8. × 9. ○ 10. ×
11. ○ 12. ○ 13. ○ 14. ×

제7회 | 실전동형 모의고사 해설

문제 p.44

01	02	03	04	05	06	07	08	09	10
③	④	③	③	①	④	②	①	②	②
11	12	13	14	15	16	17	18	19	20
③	④	③	③	④	②	②	②	①	②

01

정답 ③

㉮ ○ 공무수탁사인은 수탁받은 공무를 수행하는 범위 내에서는 행정주체이고, 행정기본법·행정절차법이나 행정심판법과 행정소송법상으로는 행정청이기도 하다. 즉, 공무수탁사인이 공무를 수행한 경우 그 행위의 법적 효과는 공무수탁사인에게 귀속된다. 또한 행정소송의 피고도 공무를 위임한 행정청이 아니라 공무수탁사인이 된다(행정소송법 제2·13조).

㉯ × 공무수탁사인제도는 공권력행사의 권한을 사인에게 이전시키는 제도이므로 법적 근거가 필요하다. 공무수탁사인의 일반적 근거로 정부조직법, 지방자치법, 개별적 근거로 선원법 등을 들 수 있다.

㉰ ○

> 「도시 및 주거환경정비법」상 주택재건축정비사업조합은 공법인으로서 그 목적범위 내에서 행정주체의 지위를 갖는다.
> 「도시 및 주거환경정비법」에 따른 주택재건축정비사업조합은 관할행정청의 감독 아래 위 법상의 주택재건축사업을 시행하는 공법인(동법 제18조)으로서, 그 목적범위 내에서 법령이 정하는 바에 따라 일정한 행정작용을 행하는 행정주체의 지위를 갖는다(대판 2009. 10. 15, 2008다93001).

㉱ ○ 경찰과의 사법상 용역계약에 의해 주차위반차량을 견인하는 민간사업자는 스스로가 행정주체로서 국민과의 관계를 맺는 것이 아니라 법적으로는 경찰기관이 견인업무를 수행하는 것이 되며, 다만 견인업자는 차량 견인행위를 사실상 수행하는 자에 불과하다. 이 경우 공법상의 법률관계는 경찰과 주민 사이에서 이루어지고 공과금 등의 부과·징수 등도 경찰과 주민 사이에서 일어난다. 즉, 견인업자는 경찰과의 내부계약상 견인업무를 사실상 수행하는 것에 불과하며 독자적으로 국민과의 관계에서 행정권을 행사하는 것이 아니므로 위탁받은 한도 내에서 스스로가 행정주체로서 사인과 공법상 법률관계를 형성할 수 있는 공무수탁사인과는 구별된다.

㉲ ×

> 교육부장관(당시 문교부장관)의 권한을 재위임받은 공립교육기관의 장에 의하여 공립유치원의 임용기간을 정한 전임강사로 임용되어 지방자치단체로부터 보수를 지급받으면서 공무원복무규정을 적용받고 사실상 유치원교사의 업무를 담당하여 온 유치원교사의 자격이 있는 자에 대한 해임처분의 시정 및 수령지체된 보수의 지급을 구하는 소송은 행정소송의 대상이다(대판 1991. 5. 10, 90다10766).

✓ 기출체크

㉮ 관련 기출

1. 공무수탁사인은 특별한 사정이 없는 한 권한을 부여받은 법령의 범위 내에서 행정주체의 지위를 가진다. (○ | ×)   2022 서울시 지적 7급

2. 공무수탁사인의 업무수행으로 인하여 권리가 침해당한 사인은 공무수탁사인을 상대로 행정소송을 제기할 수 있다. (○ | ×)   2022 서울시 지적 7급

3. 공무수탁사인은 행정주체이면서 동시에 행정청의 지위를 갖는다. (○ | ×)   2017 서울시 7급

4. 공무수탁사인은 수탁받은 공무를 수행하는 범위 내에서 행정주체이고, 행정절차법이나 행정소송법에서는 행정청이다. (○ | ×)   2017 사회복지직 9급

㉰ 관련 기출

5. 「도시 및 주거환경정비법」에 따른 재건축정비사업조합은 관할행정청의 감독 아래 재건축사업을 시행하는 공법인으로서, 그 목적범위 내에서 법령이 정하는 바에 따라 일정한 행정작용을 행하는 행정주체의 지위를 갖는다. (○ | ×)   2025 소방간부

6. 「도시 및 주거환경정비법」상의 주택재건축정비사업조합은 관할행정청으로부터 조합설립인가를 받은 후 등기함으로써 법인으로 성립될 경우 주택재건축사업을 시행하는 목적범위 내에서 법령이 정하는 바에 따라 일정한 행정작용을 행하는 행정주체로서의 지위를 갖는다. (○ | ×)   2024 변호사

7. 「도시 및 주거환경정비법」에 따른 주택재건축정비사업조합은 공법인으로서 행정주체의 지위를 가진다고 보기 어렵다. (○ | ×)   2017 서울시 9급

8. 「도시 및 주거환경정비법」상 주택재건축정비사업조합은 공법인으로서 목적범위 내에서 법령이 정하는 바에 따라 일정한 행정작용을 행하는 행정주체의 지위를 갖는다. (○ | ×)   2017 사회복지직 9급

9. 「도시 및 주거환경정비법」에 따른 주택재건축정비사업조합은 주택재건축사업을 시행하는 공법인으로서 행정주체의 지위를 갖는다. (○ | ×)   2015 국회직 8급

10. 행정주체가 될 수 없는 것은? (다툼이 있는 경우 판례에 의함)   2013 국가직 9급

    ① 대한민국
    ② 「도시 및 주거환경정비법」에 따른 주택재건축정비사업조합
    ③ 서울특별시
    ④ 행정안전부장관

㉱ 관련 기출

11. 공무수탁사인에 대한 설명으로 가장 옳지 않은 것은? (다툼이 있는 경우 판례에 의함)   2022 서울시 지적 7급

    ① 공무수탁사인은 특별한 사정이 없는 한 권한을 부여받은 법령의 범위 내에서 행정주체의 지위를 가진다.
    ② 공무수탁사인의 업무수행으로 인하여 권리가 침해당한 사인은 공무수탁사인을 상대로 행정소송을 제기할 수 있다.
    ③ 공무수탁사인의 위법한 공무집행으로 손해를 입은 사인은 국가나 지방자치단체를 상대로 국가배상을 청구할 수 있다.
    ④ 공무수탁사인으로 공증업무를 수행하는 공증인, 사법상 계약에 의하여 주차위반차량을 견인하는 민간사업자, 교통사고현장에서 경찰의 지시에 따라 경찰을 돕는 보조자 등을 들 수 있다.

12. 도로교통법상 견인업무를 대행하는 자동차견인업자는 공무수탁사인에 해당된다. (○ | ×)   2018 서울시 1회 7급

13. 경찰과의 사법상 용역계약에 의해 주차위반차량을 견인하는 민간사업자는 공무수탁사인이 아니다. (○ | ×)   2017 사회복지직 9급

제7회 189

14. 사법상의 계약에 의하여 단순히 경영위탁을 받은 사인은 공무수탁사인이 아니다. (○ | ×)
_{2011 국회(속기·경위직) 9급}

🔗 **관련 기출**

15. 공립유치원 전임강사에 대한 해임처분의 시정 및 수령지체된 보수의 지급을 구하는 소송(은 판례가 민사소송의 대상이라고 판단하고 있다)
(○ | ×) _{2018 서울시 9급}

16. 다음 중 공법관계로 인정되는 것은 모두 몇 개인가? (다툼이 있으면 판례에 의함) _{2016 경행경채}

> ㉠ 공무원연금관리공단의 급여결정
> ㉡ 국가나 지방자치단체에 근무하는 청원경찰의 근무관계
> ㉢ 구 예산회계법에 의한 입찰보증금의 국고귀속조치
> ㉣ 공유재산의 관리청이 행하는 행정재산의 사용·수익에 대한 허가
> ㉤ 「징발재산정리에 관한 특별조치법」 제20조 소정의 환매권의 행사
> ㉥ 구 종합유선방송법상 종합유선방송위원회 직원의 근무관계
> ㉦ 국유재산의 관리청이 그 무단점유자에 대하여 하는 변상금 부과처분
> ㉧ 「도시 및 주거환경정비법」상 관리처분계획안에 대한 조합총회결의의 효력을 다투는 소송
> ㉨ 공립유치원의 임용기간을 정한 전임강사의 근무관계

① 5개　② 6개
③ 7개　④ 8개

 정답 1. ○　2. ○　3. ○　4. ○　5. ○　6. ○　7. ×　8. ○　9. ○　10. ④
11. ④　12. ×　13. ○　14. ○　15. ×　16. ②(㉠㉡㉣㉦㉧㉨)

02

정답 ④

A는 기속력, B는 기판력에 해당한다.
취소확정판결의 '기속력'은 취소청구가 인용된 판결에서 인정되는 것으로서 당사자인 행정청과 그 밖의 관계행정청에게 확정판결의 취지에 따라 행동하여야 할 의무를 지우는 작용을 한다. 이에 비하여 행정소송법 제8조 제2항에 의하여 행정소송에 준용되는 민사소송법 제216·218조가 규정하고 있는 '기판력'이란 기판력 있는 전소 판결의 소송물과 동일한 후소를 허용하지 않음과 동시에, 후소의 소송물이 전소의 소송물과 동일하지는 않더라도 전소의 소송물에 관한 판단이 후소의 선결문제가 되거나 모순관계에 있을 때에는 후소에서 전소 판결의 판단과 다른 주장을 하는 것을 허용하지 않는 작용을 한다(대판 2016. 3. 24, 2015두48235).
① ×

> **행정소송법 제34조【거부처분취소판결의 간접강제】** ① 행정청이 제30조 제2항의 규정에 의한 처분을 하지 아니하는 때에는 제1심 수소법원은 당사자의 신청에 의하여 결정으로써 상당한 기간을 정하고 행정청이 그 기간 내에 이행하지 아니하는 때에는 그 지연기간에 따라 일정한 배상을 할 것을 명하거나 즉시 손해배상을 할 것을 명할 수 있다.

> 1. 행정소송법 제34조 소정의 간접강제결정에 기한 배상금의 성질은 확정판결의 취지에 따른 재처분의 지연에 대한 제재나 손해배상이 아니고 재처분의 이행에 관한 심리적 강제수단에 불과한 것으로 보아야 한다.
> 2. 확정판결의 취지에 따른 재처분이 간접강제결정에서 정한 의무이행기한이 경과한 후에 이루어진 경우, 간접강제결정에 기한 배상금의 추심은 허용되지 않는다(대판 2004. 1. 15, 2002두2444).

② × 기속력은 판결주문 및 이유에서 판단된 처분 등의 구체적 위법사유에 미친다는 점에서, 기판력이 판결의 주문에만 미치는 것과 구별된다.

> 취소소송에서 처분 등을 취소하는 확정판결의 기속력은 판결의 주문뿐만 아니라 그 전제가 되는 처분 등의 구체적 위법사유에 관한 이유 중의 판단에 대하여도 인정된다(대판 2001. 3. 23, 99두5238).

🔍 **비교판례**
기판력은 판결주문에 대해서 미친다.
기판력의 객관적 범위는 그 판결의 주문에 포함된 것, 즉 소송물로 주장된 법률관계의 존부에, 즉 위법성 존부에 관한 판단 그 자체에만 미치는 것이고, 판결이유에 설시된 그 전제가 되는 법률관계의 존부에까지 미치는 것은 아니다(대판 1987. 6. 9, 86다카2756).

③ × 취소소송에서는 소송수행의 편의상 권리주체인 국가·공공단체가 아닌 처분행정청을 피고로 하는 것에 불과하기 때문에 그 판결의 기판력은 피고인 처분행정청이 속하는 국가나 공공단체에도 미친다.

> 처분청을 피고로 한 과세처분취소소송의 기판력은 당해 처분이 귀속하는 국가 또는 공공단체에 미친다.
> 과세처분취소소송의 피고는 처분청이므로 행정청을 피고로 하는 취소소송의 기판력은 당해 처분이 귀속하는 국가 또는 공공단체에 미친다(대판 1998. 7. 24, 98다10854).

④ ○ 기판력은 인용판결뿐만 아니라 청구기각판결에도 인정된다. 또한 기판력은 본안판결뿐만 아니라 소송판결(소송요건의 흠결로 소각하판결이 확정된 경우)에도 발생하는바 소송판결의 기판력은 그 판결에서 확정한 소송요건의 흠결에 관하여 미친다(대판 1996. 4. 26, 95누5820). 한편, 취소소송에서 기각판결이 확정되면 처분이 위법하지 않다는 것이 확정되므로 후에 무효확인소송에 있어서 법원은 취소소송의 기각판결의 기판력에 구속된다. 따라서 법원은 무효확인판결을 내릴 수 없다.

> 1. 과세처분취소소송에서 청구가 기각된 확정판결의 기판력은 과세처분의 무효확인소송에도 미친다.
> 과세처분취소청구를 기각하는 판결이 확정되면 그 처분이 적법하다는 점에 관하여 기판력이 생기고 그 후 원고가 다시 이를 무효라 하여 그 무효확인을 소구할 수는 없는 것이어서, 과세처분의 취소소송에서 청구가 기각된 확정판결의 기판력은 그 과세처분의 무효확인을 구하는 소송에도 미친다(대판 1996. 6. 25, 95누1880).
> 2. 행정처분취소청구를 기각하는 판결이 확정되면 그 처분이 적법하다는 점에 관하여 기판력이 생기고 그 소의 원고뿐만 아니라 관계행정기관도 이에 기속된다 할 것이므로 면직처분이 위법하지 아니하다는 점이 판결에서 확정된 이상 원고가 다시 이를 무효라 하여 그 무효확인을 소구할 수는 없다(대판 1992. 12. 8, 92누6891).

✔ **기출체크**

① **관련 기출**

1. 법원이 간접강제결정에서 정한 의무이행기한이 경과한 후에라도 확정판결의 취지에 따른 재처분이 행하여지면, 처분 상대방이 더 이상 배상금을 추심하는 것은 허용되지 않는다. (○ | ×) _{2023 국가직 7급}

2. 간접강제결정에서 정한 의무이행기한이 경과하였다면 그 이후 확정판결의 취지에 따른 재처분의 이행이 있더라도 처분 상대방은 간접강제결정에 기한 배상금을 추심할 수 있다. (○ | ×) _{2020 변호사}

3. 간접강제결정에서 정한 의무이행기한이 경과한 후에라도 확정판결의 취지에 따른 재처분의 이행이 있으면 처분 상대방이 더 이상 배상금을 추심하는 것은 특별한 사정이 없는 한 허용되지 않는다. (○ | ×)
_{2016 국가직 7급}

4. 간접강제결정에 기한 배상금은 확정판결에 따른 재처분의 지연에 대한 제재 또는 손해배상이라는 것이 판례의 입장이다. (○ | ×) 2013 국가직 7급

② 관련 기출

5. 취소소송에서 처분 등을 취소하는 확정판결의 기속력은 주로 판결의 실효성 확보를 위하여 인정되는 효력으로서 판결의 주문 외에 그 전제가 되는 처분 등의 구체적 위법사유에 관한 이유 중의 판단에 대하여는 인정되지 않는다. (○ | ×) 2024 군무원 9급

6. 취소확정판결의 기속력은 판결의 주문 및 전제가 되는 처분 등의 구체적 위법사유에 관한 판단에 미친다. (○ | ×) 2024 지방직 · 서울시 7급

7. 접용허가취소처분을 취소하는 확정판결의 기속력은 판결의 주문에 미치는 것으로 그 전제가 되는 처분 등의 구체적 위법사유에 관한 이유 중의 판단에 대해서는 인정되지 않는다. (○ | ×) 2018 지방직 9급

8. 취소판결의 기판력과 기속력은 판결의 주문과 판결이유 중에 설시된 개개의 위법사유에까지 미친다. (○ | ×) 2016 국가직 7급

9. 기속력은 취소판결 등의 실효성을 도모하기 위하여 인정된 효력이므로, 판결주문 및 그 전제가 된 요건사실의 인정과 효력의 판단에만 미친다. (○ | ×) 2010 국가직 9급

③ 관련 기출

10. 취소소송의 피고는 처분청이므로 행정청을 피고로 하는 취소소송에 있어서의 기판력은 당해 처분이 귀속하는 국가 또는 공공단체에 미친다. (○ | ×) 2010 국가직 9급

④ 관련 기출

11. 처분의 취소소송에서 청구를 기각하는 확정판결의 기판력은 그 처분의 무효확인을 구하는 소송에도 미친다. (○ | ×) 2025 소방간부

12. 과세처분의 취소소송에서 청구가 기각된 확정판결의 기판력은 그 과세처분의 무효확인을 구하는 소송에는 미치지 아니한다. (○ | ×) 2014 지방직 9급

13. 과세처분취소소송에서 청구가 기각된 확정판결의 기판력은 그 과세처분의 무효확인을 구하는 소송에 미친다. (○ | ×) 2011 경행특채, 2011 국회직 8급

14. 행정처분취소청구를 기각하는 판결이 확정되면 그 처분이 적법하다는 점에 관하여 기판력이 생기고 그 소의 원고뿐만 아니라 관계행정기관도 이에 기속된다 할 것이므로 면직처분이 위법하지 아니하다는 점이 판결에서 확정된 이상 원고가 다시 이를 무효라 하여 그 무효확인을 소구할 수는 없다. (○ | ×) 2009 국회직 8급

정답 1. ○ 2. × 3. ○ 4. × 5. × 6. ○ 7. × 8. × 9. ○ 10. ○ 11. ○ 12. × 13. ○ 14. ○

03 정답 ③

① ○ 행위요건적 신고의 경우 신고만으로 완전한 법적 효과가 발생하지 않고, 행정청이 수리를 하여야 완전한 법적 효과가 발생하므로, 행정청의 수리 또는 수리의 거부는 준법률행위적 행정행위의 하나로서 행정소송법상의 처분 개념에 해당한다.

> 체육시설의 회원을 모집하고자 하는 자의 '회원모집계획서 제출'은 수리를 요하는 신고이며, 이에 대한 시 · 도지사 등의 검토결과 통보는 수리행위로서 행정처분에 해당한다(대판 2009. 2. 26, 2006두16243).

② ○ 사업의 양도 · 양수에 따른 지위승계신고와 같은 행위요건적 신고는 유효한 기본행위의 존재를 전제로 하는 수동적인 행위로서 수리대상인 기본행위가 존재하지 않거나 무효인 때에는 수리를 하였더라도 수리도 당연무효가 된다는 것이 통설 및 판례의 입장이다.

> 지위승계신고의 수리대상인 사업양도 · 양수가 존재하지 아니하거나 무효인 때에는 수리를 하였다 하더라도 그 수리는 당연히 무효이다.
> 사업양도 · 양수에 따른 허가관청의 지위승계신고의 수리는 적법한 사업의 양도 · 양수가 있었음을 전제로 하는 것이므로 그 수리대상인 사업양도 · 양수가 존재하지 아니하거나 무효인 때에는 수리를 하였다 하더라도 그 수리는 유효한 대상이 없는 것으로서 당연히 무효라 할 것이고 …… (대판 2005. 12. 23, 2005두3554)

③ ×

> 사업의 양도행위가 무효라고 주장하는 양도자가 양도 · 양수행위의 무효를 구함이 없이 사업양도 · 양수에 따른 허가관청의 지위승계신고수리처분의 무효확인을 구할 법률상 이익이 있다.
> 사업양도 · 양수에 따른 허가관청의 지위승계신고의 수리는 적법한 사업의 양도 · 양수가 있었음을 전제로 하는 것이므로 그 수리대상인 사업양도 · 양수가 존재하지 아니하거나 무효인 때에는 수리를 하였다 하더라도 그 수리는 유효한 대상이 없는 것으로서 당연히 무효라 할 것이고, 사업의 양도행위가 무효라고 주장하는 양도자는 민사쟁송으로 양도 · 양수행위의 무효를 구함이 없이 막바로 허가관청을 상대로 하여 행정소송으로 위 신고수리처분의 무효확인을 구할 법률상 이익이 있다(대판 2005. 12. 23, 2005두3554).

④ ○ 대물적 처분(대물적 허가 등)의 경우 명문의 규정이 없더라도 영업양도가 가능하며 이 경우 양도인의 위법행위를 이유로 양수인에게 제재를 할 수 있다는 것이 판례의 입장이다. 그러나 대인적 처분(대인적 허가 등)의 경우에는 일신전속적 성질을 가지므로 명문의 규정이 없으면 이론적으로 양도 자체가 허용되지 않는다.

> 석유판매업허가는 대물적 허가로서 양도가 가능하므로 석유판매업이 양도된 경우, 양도인의 귀책사유로 양수인에게 제재를 가할 수 있다. 석유판매업(주유소)허가는 소위 대물적 허가의 성질을 갖는 것이어서 그 사업의 양도도 가능하고 이 경우 양수인은 양도인의 지위를 승계하게 됨에 따라 양도인의 위 허가에 따른 권리 · 의무가 양수인에게 이전되는 것이므로 만약 양도인에게 그 허가를 취소할 위법사유가 있다면 허가관청은 이를 이유로 양수인에게 응분의 제재조치를 취할 수 있다 할 것이고, 양수인이 그 양수 후 허가관청으로부터 석유판매업허가를 다시 받았다 하더라도 이는 석유판매업의 양도 · 양수를 전제로 한 것이어서 이로써 양도인의 지위승계가 부정되는 것은 아니라 할 것이다 (대판 1986. 7. 22, 86누203).

✓ 기출체크

① 관련 기출

1. 행정요건적 신고에 대하여 행정청이 수리를 거부한 경우에는 신고의 효력이 발생하지 않으므로, 그 수리거부는 항고소송의 대상이 되는 행정처분에 해당하지 않는다. (○ | ×) 2024 군무원 5급

2. 사업양수에 의한 지위승계신고를 수리하는 허가관청의 행위는 그 실질에 있어서 사업허가자의 변경이라는 법률효과를 발생시키므로 수리의 거부는 항고소송으로 다툴 수 있다. (○ | ×) 2022 서울시 지적 7급

3. 수리를 요하는 신고에서 수리는 행정소송의 대상인 처분에 해당한다. (○ | ×) 2015 지방직 9급

4. 수리를 요하는 신고의 경우 그 신고에 대한 거부행위는 행정소송의 대상이 되는 처분에 해당한다. (○ | ×) 2014 국가직 7급

5. 수리를 요하는 신고에서 수리는 준법률행위적 행정행위의 하나로서 행정소송법상 처분에 해당한다. (○ | ×) 2014 경행특채 2차

② 관련 기출

6. [A구청장으로부터 허가를 받아 유흥주점 영업을 해오던 갑(甲)은 해당 영업을 을(乙)에게 양도하기로 하였다. 갑(甲)과 을(乙)은 사업을 양도하기로 하는 계약을 체결하였고, 법령에 따라 을(乙)은 A구청장에게 영업자지위승계신고를 하였다.] 갑(甲)과 을(乙)의 사업양도계약이 무효라면 A구청장이 영업자지위승계신고를 수리하였더라도 그 수리는 당연무효이다. (○ | ×) 2023 서울시 지적 7급

7. (甲은 영업허가를 받아 영업을 하던 중 자신의 영업을 乙에게 양도하고자 乙과 사업양도·양수계약을 체결하고 관련법령에 따라 관할행정청 A에게 지위승계신고를 하였다.) 甲과 乙 사이의 사업양도·양수계약이 무효이더라도 A가 지위승계신고를 수리하였다면 그 수리는 취소되기 전까지 유효하다. (○ | ×) 2019 서울시 9급

8. (甲은 식품위생법상 식품접객업영업허가를 받아 영업을 하던 중, 자신의 영업을 乙에게 양도하기로 계약을 체결하였고, 乙은 같은 법이 정한 바에 따라 영업자지위승계신고를 하였다.) 관할행정청에 의해 신고가 수리되었다면, 甲과 乙 사이의 양도계약이 무효이더라도 신고는 효력을 발생한다. (○ | ×) 2015 국가직 7급

9. 사업양도·양수에 따른 허가관청의 지위승계신고의 수리에 있어, 그 수리대상인 사업양도·양수가 무효인 때에는 수리를 하였다 하더라도 그 수리는 유효한 대상이 없는 것으로서 당연무효이다. (○ | ×) 2013 경행특채

10. 판례는 수리행위의 대상인 기본행위가 존재하지 않거나 무효인 때에는 그 수리행위는 당연무효가 된다고 한다. (○ | ×) 2011 국회직 8급

③ 관련 기출

11. 사업양도·양수에 따른 허가관청의 지위승계신고의 수리에서 수리대상인 사업양도·양수가 존재하지 않거나 무효라 하더라도 수리행위가 당연무효는 아니라 할 것이므로 양도자는 허가관청을 상대로 위 신고수리처분의 무효확인소송을 제기할 수 없다. (○ | ×) 2023 소방간부

12. 기본행위인 사업의 양도·양수계약이 무효인 경우, 기본행위의 무효를 구함이 없이 곧바로 영업자지위승계신고수리처분에 대한 무효확인소송을 제기할 법률상 이익이 없다. (○ | ×) 2022 국회직 8급

13. 영업양도행위가 무효임에도 행정청이 승계신고를 수리하였다면 양도자는 민사쟁송이 아닌 행정소송으로 신고수리처분의 무효확인을 구할 수 있다. (○ | ×) 2022 지방직·서울시 9급

14. 사업양도·양수에 따른 허가관청의 지위승계신고의 수리는 사업양도·양수가 존재하지 않거나 무효인 때에는 당연히 무효이고, 사업의 양도행위가 무효라고 주장하는 양도자는 민사쟁송으로 양도·양수행위의 무효를 구하여야지 허가관청을 상대로 하여 행정소송으로 위 수리처분의 무효확인을 구할 법률상 이익은 인정되지 않는다. (○ | ×) 2022 소방간부

15. 甲은 식품위생법상 영업허가를 받아 영업을 하는 자로서 자신의 영업을 乙에게 양도하였고, 乙은 관련법령에 따라 관할행정청에 영업자지위승계신고를 하였다. 이에 대한 설명으로 옳지 않은 것은? (다툼이 있는 경우 판례에 의함) 2014 사회복지직 9급
① 관할행정청이 乙의 신고를 수리하려면 행정절차법에 따라 甲에 대해 처분의 사전통지를 하고 의견제출의 기회를 주어야 한다.
② 관할행정청은 乙의 신고가 수리된 후에는 위해식품판매를 이유로 甲에 대해 진행 중이던 제재처분절차를 乙에 대해 계속할 수 없다.
③ 영업양도계약이 적법하게 이루어졌더라도 아직 乙의 신고가 수리되기 전이라면 관할행정청의 영업허가취소처분의 상대방은 甲이 된다.
④ 영업양도계약이 무효임에도 불구하고 관할행정청이 乙의 신고를 수리하였다면 甲은 영업양도의 무효를 이유로 신고수리에 대해 무효확인소송을 제기할 수 있다.

④ 관련 기출

16. 어떠한 공중위생영업에 대하여 그 영업을 정지할 위법사유가 있다면, 관할행정청은 그 영업이 양도·양수되었다 하더라도 그 업소의 양수인에 대하여 영업정지처분을 할 수 있다. (○ | ×) 2024 소방간부

17. 구 석유사업법상 석유판매업 허가는 소위 대물적 허가의 성질을 갖는 것이어서 양도인에게 그 허가를 취소할 위법사유가 있다면 허가관청은 이를 이유로 양수인에게 제재조치를 취할 수 있다. (○ | ×) 2023 경찰간부

18. 판례는 대물적 영업의 양도의 경우 명시적인 규정이 없는 경우에도 양도 전에 존재하는 영업정지사유를 이유로 양수인에 대해서도 영업정지처분을 할 수 있다고 보고 있다. (○ | ×) 2018 소방직 9급

19. 대물적 허가의 성질을 갖는 석유판매업이 양도된 경우, 양도인에게 허가를 취소할 위법사유가 있다면 이를 이유로 양수인에게 제재조치를 취할 수 있다. (○ | ×) 2015 경행특채 2차

정답 1. × 2. ○ 3. ○ 4. ○ 5. ○ 6. ○ 7. × 8. × 9. ○ 10. ○ 11. × 12. ○ 13. ○ 14. × 15. 16. ○ 17. ○ 18. ○ 19. ○

04
정답 ③

① ×

> 군인연금법이 정하고 있는 급여 중 사망보상금은 일실손해의 보전을 위한 것으로 불법행위로 인한 소극적 손해배상과 같은 종류의 급여이므로, 군복무 중 사망한 망인의 유족이 국가배상을 받은 경우 피고는 사망보상금에서 소극적 손해배상금 상당액을 공제할 수 있을 뿐, 이를 넘어 정신적 손해배상금 상당액까지 공제할 수는 없다(대판 2022. 3. 31, 2019두36711).

② ×

> 국회의 입법행위는 그 입법내용이 헌법의 문언에 명백히 위배됨에도 국회가 '굳이 당해 입법을 한 것'과 같은 특수한 경우가 아닌 한, 국가배상법 제2조 제1항 소정의 위법행위에 해당하지 않는다(대판 2008. 5. 29, 2004다33469).

③ ○

> **국가배상법 제8조【다른 법률과의 관계】** 국가나 지방자치단체의 손해배상책임에 관하여는 이 법에 규정된 사항 외에는 민법에 따른다. 다만, 민법 외의 법률에 다른 규정이 있을 때에는 그 규정에 따른다.
>
> **민법 제766조【손해배상청구권의 소멸시효】** ① 불법행위로 인한 손해배상의 청구권은 피해자나 그 법정대리인이 그 손해 및 가해자를 안 날로부터 3년간 이를 행사하지 아니하면 시효로 인하여 소멸한다.
> ② 불법행위를 한 날로부터 10년을 경과한 때에도 전항과 같다.

④ ×

> (경찰관이 범인을 제압하는 과정에서 총기를 사용하여 범인을 사망에 이르게 한 경우 형사상 무죄판결이 확정되었지만 배상책임은 인정하면서) 형사상 범죄를 구성하지 아니하는 침해행위도 민사상 불법행위를 구성할 수 있다.
> 불법행위에 따른 형사책임은 사회의 법질서를 위반한 행위에 대한 책임을 묻는 것으로서 행위자에 대한 공적인 제재(형벌)를 그 내용으로 함에 비하여, 민사책임은 타인의 법익을 침해한 데 대하여 행위자의 개인적 책임을 묻는 것으로서 피해자에게 발생한 손해의 전보를 그 내용으로 하는 것이고, 손해배상제도는 손해의 공평·타당한 부담을 그 지도원리로 하는 것이므로, 형사상 범죄를 구성하지 아니하는 침해행위라고 하더라도 그것이 민사상 불법행위를 구성하는지 여부는 형사책임과 별개의 관점에서 검토하여야 한다(대판 2008. 2. 1, 2006다6713).

✓ 기출체크

① 관련 기출
1. 군복무 중 사망한 사람의 유족이 국가배상을 받은 경우, 관할행정청 등은 군인연금법상 사망보상금에서 소극적 손해배상금 상당액을 공제할 수 있을 뿐, 이를 넘어 정신적 손해배상금까지 공제할 수는 없다. (○ | ×)
   2024 지방직·서울시 9급

② 관련 기출
2. 판례는 입법내용이 헌법의 문언에 명백히 위배됨에도 불구하고 국회가 굳이 당해 입법을 한 것과 같은 특수한 경우에 한하여 위법 및 과실을 인정하고 있다. (○ | ×)
   2018 소방직 9급

3. 국회의원의 입법행위는 그 입법내용이 헌법의 문언에 명백히 위반됨에도 불구하고 국회가 굳이 당해 입법을 한 것과 같은 특수한 경우가 아닌 한 국가배상법 제2조 제1항 소정의 위법행위에 해당한다고 볼 수 없다. (○ | ×)
   2017 경행경채, 2016 지방직 9급

4. '직무행위'와 관련하여 국회의원의 입법행위는 그 입법내용이 헌법의 문언에 명백히 위반된 경우에는 입법기관의 국가배상책임을 인정하는 데 별다른 어려움이 없다. (○ | ×)
   2008 지방직 9급

③ 관련 기출
5. 국가배상청구권은 피해자나 그 법정대리인이 그 손해 및 가해자를 안 날로부터 3년간 이를 행사하지 아니하면 시효로 인하여 소멸한다. (○ | ×)
   2018 서울시 2회 7급, 2015 사회복지직 9급, 2011 국회직 8급

6. 국가배상청구권의 소멸시효기간은 피해자나 그 법정대리인이 손해 및 가해자를 안 날로부터 10년이다. (○ | ×)
   2008 국가직 7급

④ 관련 기출
7. 형사상 범죄행위를 구성하지 않는 침해행위라 하더라도 그것이 민사상 불법행위를 구성하는지 여부는 형사책임과 별개의 관점에서 검토하여야 한다. (○ | ×)
   2018 경행경채 3차

8. 공무원의 가해행위에 대해 형사상 무죄판결이 있었더라도 그 가해행위를 이유로 국가배상책임이 인정될 수 있다. (○ | ×)
   2017 국가직 7급

정답 1. ○ 2. ○ 3. ○ 4. × 5. ○ 6. × 7. ○ 8. ○

05
정답 ①

① ×

> 재량행위에는 법령상 근거가 없더라도 그 내용이 적법하고 이행 가능하며 비례의 원칙 및 평등의 원칙에 적합하고 행정처분의 본질적 효력을 해하지 아니하는 한도 내에서 부관을 붙일 수 있다(대판 2021. 2. 4, 2020두48772).

② ○

> 어업면허처분을 함에 있어 그 면허의 유효기간을 1년으로 정한 경우, 위 면허의 유효기간은 행정행위의 부관이라 할 것이고, 이러한 행정행위의 부관은 독립하여 행정소송의 대상이 될 수 없는 것이므로 위 어업면허처분 중 그 면허유효기간만의 취소를 구하는 청구는 허용될 수 없다(대판 1986. 8. 19, 86누202).

③ ○ 부관 중 부담은 주된 행정행위와 독립하여 소송대상으로 삼을 수 있으나 부담 이외의 부관에 대해서는 그렇지 않다는 것이 통설 및 판례의 입장이다. 그리고 부진정일부취소소송이란 부관이 붙은 행정행위 전체를 소송대상으로 하되 실질적으로는 부관만의 취소를 구하는 형태의 소송을 말하는바, 우리 판례는 부담 이외의 부관에 대해 부진정일부취소소송을 인정하고 있지 않다.

④ ○

> 토지소유자가 토지형질변경행위허가에 붙은 기부채납의 부관에 따라 토지를 기부채납(증여)한 경우, 기부채납의 부관이 당연무효이거나 취소되지 않은 상태에서 그 부관으로 인하여 증여계약의 중요부분에 착오가 있음을 이유로 증여계약을 취소할 수 없다(대판 1999. 5. 25, 98다53134).

✓ 기출체크

① 관련 기출
1. 재량행위에는 법령상 근거가 없더라도 그 내용이 적법하고 이행 가능하며 비례의 원칙 및 평등의 원칙에 적합하고 행정처분의 본질적 효력을 해하지 아니하는 한도 내에서 부관을 붙일 수 있다. (○ | ×)
   2024 국회직 8급, 2024 소방간부

② 관련 기출
2. 유효기간을 정한 어업면허처분 중 그 면허유효기간만의 취소를 구하는 행정소송은 허용된다. (○ | ×)
   2024 소방간부

③ 관련 기출
3. 행정행위의 부관은 부담의 경우를 제외하고는 독립하여 행정소송의 대상이 될 수 없다. (○ | ×)
   2024 국회직 9급

4. 행정행위의 부관 중 부담은 그 자체를 독립하여 행정쟁송의 대상으로 할 수 있다. (○ | ×)
   2015 서울시 9급

5. 판례에 의하면 부담 외의 부관에 대한 일부취소소송은 인정되지 않고 부담 외의 부관이 위법한 경우 행정행위 전부를 취소한다. (○ | ×)
   2013 서울시 7급

6. (판례에 따르면) 부담 이외의 부관에 대하여는 진정일부취소소송을 제기하여 다툴 수 없으나, 부진정일부취소소송의 형식으로는 다툴 수 있다. (○ | ×)
2012 지방직 7급

④ 관련 기출

7. 토지소유자가 토지형질변경행위허가에 붙은 기부채납의 부관에 따라 토지를 국가나 지방자치단체에 기부채납(증여)한 경우, 기부채납의 부관이 당연무효이거나 취소되지 아니한 이상 토지소유자는 위 부관으로 인하여 증여계약의 중요부분에 착오가 있음을 이유로 증여계약을 취소할 수 없다. (○ | ×)
2024 국가직 9급

8. 토지소유자가 토지형질변경행위허가에 붙은 기부채납의 부관에 따라 토지를 국가나 지방자치단체에 기부채납한 경우, 기부채납의 부관이 당연무효이거나 취소되지 아니한 이상 토지소유자는 위 부관으로 인하여 기부채납계약의 중요부분에 착오가 있음을 이유로 기부채납계약을 취소할 수 없다. (○ | ×)
2023 국가직 9급, 2022 소방간부, 2022 지방직·서울시 7급

9. 토지소유자가 토지형질변경행위허가에 붙은 기부채납의 부관에 따라 토지를 국가나 지방자치단체에 기부채납(증여)한 경우, 토지소유자는 원칙적으로 기부채납(증여)의 중요부분에 착오가 있음을 이유로 증여계약을 취소할 수 있다. (○ | ×)
2022 군무원 9급

 정답 1. ○ 2. × 3. ○ 4. ○ 5. ○ 6. × 7. ○ 8. ○ 9. ×

06 정답 ④

① ○

> 직무집행과 관련하여 공상을 입은 군인 등이 먼저 국가배상법에 따라 손해배상금을 지급받은 다음 「보훈보상대상자 지원에 관한 법률」이 정한 보상금 등 보훈급여금의 지급을 청구하는 경우, 국가배상법에 따라 손해배상을 받았다는 이유로 그 지급을 거부할 수 없다.
> 전투·훈련 등 직무집행과 관련하여 공상을 입은 군인·군무원·경찰공무원 또는 향토예비군대원이 먼저 국가배상법에 따라 손해배상금을 지급받은 다음 「보훈보상대상자 지원에 관한 법률」(이하 '보훈보상자법'이라 한다)이 정한 보상금 등 보훈급여금의 지급을 청구하는 경우, 국가배상법 제2조 제1항 단서가 명시적으로 "다른 법령에 따라 보상을 지급받을 수 있을 때에는 국가배상법 등에 따른 손해배상을 청구할 수 없다."고 규정하고 있는 것과 달리 보훈보상자법은 국가배상법에 따른 손해배상금을 지급받은 자를 보상금 등 보훈급여금의 지급대상에서 제외하는 규정을 두고 있지 않은 점, 국가배상법 제2조 제1항 단서의 입법취지 및 보훈보상자법이 정한 보상과 국가배상법이 정한 손해배상의 목적과 산정방식의 차이 등을 고려하면 국가배상법 제2조 제1항 단서가 보훈보상자법 등에 의한 보상을 받을 수 있는 경우 국가배상법에 따른 손해배상청구를 하지 못한다는 것을 넘어 국가배상법상 손해배상금을 받은 경우 보훈보상자법상 보상금 등 보훈급여금의 지급을 금지하는 것으로 해석하기는 어려운 점 등에 비추어, 국가보훈처장(현 국가보훈부장관)은 국가배상법에 따라 손해배상을 받았다는 사정을 들어 보상금 등 보훈급여금의 지급을 거부할 수 없다(대판 2017. 2. 3, 2015두60075).

② ○

> 군복무 중 사망한 군인 등의 유족이 국가배상법에 따른 손해배상금을 지급받은 경우, 군인연금법 제31조에서 정한 사망보상금을 지급받을 수 없다.

원심은, 직무집행과 관련하여 공상을 입은 군인 등이 국가배상법에 따른 손해배상금을 지급받았더라도 「보훈보상대상자 지원에 관한 법률」에 따른 보훈급여금을 지급하여야 한다는 대법원 2017. 2. 3. 선고 2015두60075 판결의 법리가 이 사건에 적용됨을 전제로 하여, 군복무 중 사망한 망인의 유족인 원고가 국가배상법에 따른 손해배상금을 받았다 하더라도 이러한 사유는 원고가 군인연금법 제31조가 정한 사망보상금을 지급받는 데 장애가 되지 않는다고 판단하였다. 그러나 다른 법령에 따라 지급받은 급여와의 조정에 관한 조항을 두고 있지 아니한 「보훈보상대상자 지원에 관한 법률」과 달리, 군인연금법 제41조 제1항은 "다른 법령에 따라 국가나 지방자치단체의 부담으로 이 법에 따른 급여와 같은 종류의 급여를 받은 사람에게는 그 급여금에 상당하는 금액에 대하여는 이 법에 따른 급여를 지급하지 아니한다."라고 명시적으로 규정하고 있다. 나아가 군인연금법이 정하고 있는 급여 중 사망보상금(군인연금법 제31조)은 일실손해의 보전을 위한 것으로 불법행위로 인한 소극적 손해배상과 같은 종류의 급여라고 봄이 타당하다. 따라서 피고에게 군인연금법 제41조 제1항에 따라 원고가 받은 손해배상금 상당 금액에 대하여는 사망보상금을 지급할 의무가 존재하지 아니한다(대판 2018. 7. 20, 2018두36691).

③ ○

> 이중배상금지에 관한 규정은 보상금청구권이 시효로 소멸된 경우에도 적용된다.

(공상을 입은 군인이 국가배상법에 의한 손해배상청구소송 도중에 「국가유공자 등 예우 및 지원에 관한 법률」에 의한 국가유공자 등록신청을 하였다가 인과관계가 없어 공상군경요건에 해당되지 않는다는 이유로 비해당결정 통보를 받고 이에 불복하지 아니한 후 위 법률에 의한 보상금청구권과 군인연금법에 의한 재해보상금청구권이 모두 시효완성된 경우, 국가배상법 제2조 제1항 단서 소정의 '다른 법령에 의하여 보상을 받을 수 있는 경우'라 하여 국가배상청구를 할 수 없다고 한 사안에서) 국가배상법 제2조 제1항 단서 규정은 다른 법령에 보상제도가 규정되어 있고, 그 법령에 규정된 상이등급 또는 장애등급 등의 요건에 해당되어 그 권리가 발생한 이상, 실제로 그 권리를 행사하였는지 또는 그 권리를 행사하고 있는지 여부에 관계없이 적용된다고 보아야 하고, 원고의 그 각 법률에 의한 보상금청구권이 시효로 소멸되었다 하여 적용되지 않는다고 할 수는 없다(대판 2002. 5. 10, 2000다39735).

④ ×

> 국가배상법 제2조 제1항 단서 중 군인에 관련되는 부분은 국가에 대하여 구상권을 행사하는 것을 허용하지 아니한다고 해석하는 한, 헌법에 위반된다.

국가배상법 제2조 제1항 단서 중 군인에 관련되는 부분을, 일반국민이 직무집행 중인 군인과 행한 공동불법행위로 직무집행 중인 다른 군인에게 공상을 입혀 그 피해자에게 공동의 불법행위로 인한 손해를 배상한 다음 공동불법행위자인 군인의 부담부분에 관하여 국가에 대하여 구상권을 행사하는 것을 허용하지 않는다고 해석한다면, 이는 위 단서 규정의 헌법상 근거규정인 헌법 제29조가 구상권의 행사를 배제하지 아니하는데도 이를 배제하는 것으로 해석하는 것으로서 합리적인 이유 없이 일반국민을 국가에 대하여 지나치게 차별하는 경우에 해당하므로 헌법 제11조, 제29조에 위반되며, 또한 국가에 대한 구상권은 헌법 제23조 제1항에 의하여 보장되는 재산권이고 위와 같은 해석은 그러한 재산권의 제한에 해당하며 재산권의 제한은 헌법 제37조 제2항에 의한 기본권제한의 한계 내에서만 가능한데, 위와 같은 해석은 헌법 제37조 제2항에 의하여 기본권을 제한할 때 요구되는 비례의 원칙에 위배하여 일반국민의 재산권을 과잉제한하는 경우에 해당하여 헌법 제23조 제1항 및 제37조 제2항에도 위반된다(헌재 1994. 12. 29, 93헌바21).

✓ 기출체크

① 관련 기출
1. 직무집행과 관련하여 공상을 입은 소방공무원이 먼저 국가배상법에 따라 손해배상을 받은 경우에는 이후 다른 법령에 따른 보상을 받을 수 없다. (○ | ×)
   2025 소방간부
2. 훈련으로 공상을 입은 군인이 국가배상법에 따라 손해배상금을 지급받은 다음 「보훈보상대상자 지원에 관한 법률」이 정한 보훈급여금의 지급을 청구하는 경우, 국가는 국가배상법 제2조 제1항 단서에 따라 그 지급을 거부할 수 있다. (○ | ×)
   2023 국가직 9급
3. 직무집행과 관련하여 공상을 입은 군인이 먼저 국가배상법에 따라 손해배상금을 지급받았다면 「국가유공자 등 예우 및 지원에 관한 법률」이 정한 보상금 등 보훈급여금의 지급을 청구하는 것은 이중배상금지원칙에 따라 인정되지 아니한다. (○ | ×)
   2022 국가직 7급
4. 직무집행과 관련하여 공상을 입은 군인 등이 먼저 국가배상법에 따라 손해배상금을 지급받은 다음, 구 「국가유공자 등 예우 및 지원에 관한 법률」이 정한 보상금 등 보훈급여금의 지급을 청구하는 경우, 국가배상법에 따라 손해배상을 받았다는 이유로 그 지급을 거부할 수 없다. (○ | ×)
   2020 지방직·서울시 7급, 2019 국가직 9급
5. 전투·훈련 등 직무집행과 관련하여 공상을 입은 군인이 국가배상법에 따라 손해배상금을 지급받은 다음에 「국가유공자 등 예우 및 지원에 관한 법률」이 정한 보훈급여금의 지급을 청구하는 경우, 국가는 국가배상법에 따라 손해배상을 받았다는 사정을 들어 보훈급여금의 지급을 거부할 수 있다. (○ | ×)
   2019 경행경채 2차

② 관련 기출
6. 군복무 중 사망한 군인 등의 유족이 국가배상법에 따른 손해배상금을 지급받은 경우 그 손해배상금 상당 금액에 대해서는 군인연금법에서 정한 사망보상금을 지급받을 수 없다. (○ | ×)
   2023 지방직·서울시 9급

③ 관련 기출
7. 국가배상법 제2조 제1항 단서에서 정한 '다른 법령의 규정'에 따른 보상금 청구권이 모두 시효로 소멸된 경우라고 하더라도 국가배상법 제2조 제1항 단서 규정이 적용된다. (○ | ×)
   2023 국가직 9급

④ 관련 기출
8. 국가배상법 제2조 제1항 단서는 "군인·군무원·경찰공무원 또는 향토예비군대원이 전투·훈련 등 직무집행과 관련하여 전사·순직하거나 공상을 입은 경우에 본인이나 그 유족이 다른 법령에 따라 재해보상금·유족연금·상이연금 등의 보상을 지급받을 수 있을 때에는 이 법 및 민법에 따른 손해배상을 청구할 수 없다."라고 규정하고 있다. 이에 대한 내용으로 옳지 않은 것은? (다툼이 있는 경우 판례에 의함)
   2011 지방직 7급
   ① 국가배상법 제2조 제1항 단서에 대해서는 위헌성 시비가 있으나, 헌법재판소와 대법원은 헌법에 위반되지 않는 것으로 보고 있다.
   ② 경비교도나 공익근무요원은 국가배상법 제2조 제1항 단서의 적용대상에 해당하지 아니하나, 전투경찰순경은 국가배상법 제2조 제1항 단서의 적용대상에 해당한다.
   ③ 헌법재판소는 일반국민이 직무집행 중인 군인과의 공동불법행위로 다른 군인에게 공상을 입혀 그 피해자에게 손해 전부를 배상했을지라도, 공동불법행위자인 군인의 부담부분에 관하여 국가에 대한 구상권은 허용되지 않는다고 본다.
   ④ 경찰서 숙직실에서 순직한 경찰공무원의 유족들은 국가배상법에 의한 손해배상을 청구할 권리가 있다.

정답 1. × 2. × 3. × 4. ○ 5. × 6. ○ 7. ○ 8. ③

07
정답 ②

① ×
> 민사소송에 있어서 어느 행정처분의 당연무효 여부가 선결문제로 되는 때에는 이를 판단하여 당연무효임을 전제로 판결할 수 있고 반드시 행정소송 등의 절차에 의하여 그 취소나 무효확인을 받아야 하는 것은 아니며 …… (대판 2010. 4. 8, 2009다90092)

② ○
> 행정행위의 하자가 취소사유에 불과한 때에는 처분이 취소되지 않는 한 그로 인한 이득은 법률상 원인 없는 이득, 즉 부당이득이 아니다. 행정행위의 공정력은 판결의 기판력과 같은 효력은 아니지만 그 공정력의 객관적 범위에 속하는 행정행위의 하자가 취소사유에 불과한 때에는 그 처분이 취소되지 않는 한 처분의 효력을 부정하여 그로 인한 이득을 법률상 원인 없는 이득이라고 말할 수 없다(대판 1994. 11. 11, 94다28000).

🔍 관련판례
> 변상금의 부과는 관리청이 공유재산 중 일반재산과 관련하여 사경제주체로서 상대방과 대등한 위치에서 사법상 계약인 대부계약을 체결한 후 그 이행을 구하는 것과 달리 관리청이 공권력의 주체로서 상대방의 의사를 묻지 않고 일방적으로 행하는 행정처분에 해당한다. 그러므로 만일 무단으로 공유재산 등을 사용·수익·점유하는 자가 관리청의 변상금 부과처분에 따라 그에 해당하는 돈을 납부한 경우라면 위 변상금 부과처분이 당연무효이거나 행정소송을 통해 먼저 취소되기 전에는 사법상 부당이득반환청구로써 위 납부액의 반환을 구할 수 없다(대판 2013. 1. 24, 2012다79828).

③ ×
> 사위(詐僞) 기타 부정한 방법으로 수입면허를 받았다 하더라도 그 수입면허가 당연무효가 아닌 한 관세법 소정의 무면허수입죄가 성립될 수 없다(처분이 취소사유인 경우)(대판 1989. 3. 28, 89도149).

④ ×
> 행정처분의 취소판결이 있어야만 그 행정처분이 위법임을 이유로 손해배상청구를 할 수 있는 것은 아니다.
> 본건 계고처분 행정처분이 위법임을 이유로 배상을 청구하는 취지로 인정될 수 있는 본건에 있어 미리 그 행정처분의 취소판결이 있어야만 그 행정처분의 위법임을 이유로 피고에게 배상을 청구할 수 있는 것은 아니라고 해석함이 상당할 것임에도 불구하고 행정처분의 취소가 있어 그 효력이 상실되어야만 배상을 청구할 수 있는 법리인 것같이 판단한 원판결에는 배상청구와 행정처분 취소판결의 관계에 관한 법리를 오해한 위법이 있다 할 것이다(대판 1972. 4. 28, 72다337).

✓ 기출체크

① 관련 기출
1. 민사소송에 있어서 어느 행정처분의 당연무효 여부가 선결문제로 되는 때에는 당해 수소법원이 이를 판단하여 당연무효임을 전제로 판결할 수 있고, 반드시 행정소송 등의 절차에 의하여 무효확인을 받아야 하는 것은 아니다. (○ | ×)
   2024 국가직 7급, 2022 국회직 8급
2. 민사소송에서 어느 행정처분의 당연무효 여부가 선결문제로 되는 경우 행정소송 등의 절차에 의하여 그 취소나 무효확인을 받아야 한다. (○ | ×)
   2023 지방직·서울시 7급

② 관련 기출

3. 무단으로 공유재산 등을 사용·수익·점유하는 자가 관리청의 변상금 부과처분에 따라 그에 해당하는 돈을 납부한 경우라면 위 변상금 부과처분이 당연무효이거나 행정소송을 통해 먼저 취소되기 전에는 사법상 부당이득반환청구로써 위 납부액의 반환을 구할 수 없다. (○ | ×)
   2023 소방간부

4. 과세처분에 하자가 있는 경우 하자의 정도와 상관없이 조세를 이미 납부한 자는 부당이득반환청구소송을 제기할 수 있으며 민사법원은 이를 판단할 수 있다. (○ | ×)
   2023 소방간부

5. 행정행위의 공정력은 판결의 기판력과 같은 효력은 아니지만 그 공정력의 객관적 범위에 속하는 행정행위의 하자가 취소사유에 불과한 때에는 그 처분이 취소되지 않는 한 처분의 효력을 부정하여 그로 인한 이득을 법률상 원인 없는 이득이라고 말할 수 없는 것이다. (○ | ×) 2022 군무원 7급

6. 국민이 조세부과처분의 위법을 이유로 이미 납부한 세금의 반환을 청구하는 민사소송을 제기한 경우, 과세처분의 하자가 단지 취소할 수 있는 정도에 불과하더라도, 당해 민사법원은 위법한 과세처분의 효력을 직접 상실시켜 납부된 세금의 반환을 명할 수 있다. (○ | ×)   2019 경행경채 2차

③ 관련 기출

7. 물품을 수입하고자 하는 자가 세관장에게 수입신고를 하여 그 면허를 받고 물품을 통관한 경우에는, 세관장의 수입면허가 중대하고 명백한 하자가 있는 행정행위이어서 당연무효가 아닌 한 관세법 소정의 무면허수입죄가 성립될 수 없다. (○ | ×) 2022 지방직·서울시 9급, 2013 국가직 9급

8. 하자 있는 수입승인에 기초하여 수입면허를 받고 물품을 통관한 경우, 당해 수입면허가 당연무효가 아닌 이상 무면허수입죄가 성립되지 않는다. (○ | ×)
   2016 지방직 7급

9. 세관장의 수입면허에 중대하고 명백한 하자가 있는 경우가 아닌 한, 무면허수입죄는 성립되지 않는다. (○ | ×)   2010 국가직 7급

10. 부정한 방법으로 받은 수입승인서를 함께 제출하여 수입면허를 받았다고 하더라도, 그 수입면허가 당연무효인 것으로 인정되지 않는 한 관세법 소정의 무면허수입죄가 성립될 수 없는 것이다. (○ | ×)   2008 국가직 9급

④ 관련 기출

11. 행정대집행상 계고처분의 위법을 이유로 손해배상청구를 하려면 미리 계고처분의 취소판결이 있어야만 한다. (○ | ×)   2025 소방간부

12. 미리 행정처분에 대한 취소판결이 있어야만 그 행정처분이 위법임을 이유로 한 국가배상청구를 할 수 있는 것은 아니다. (○ | ×) 2024 국회직 8급

13. 계고처분이 위법한 경우 행정대집행이 완료되면 그 처분의 취소를 구할 소의 이익은 없다 하더라도, 미리 그 행정처분의 취소판결이 있어야만 그 행정처분의 위법임을 이유로 한 손해배상청구를 할 수 있는 것은 아니다. (○ | ×)   2023 지방직·서울시 7급

14. 위법한 대집행이 완료되었더라도 미리 그 행정처분의 취소판결이 있어야만, 그 행정처분의 위법을 이유로 한 손해배상청구를 할 수 있다. (○ | ×)
   2022 서울시 지적 7급

15. 甲이 영업정지처분이 위법하다고 주장하면서 국가를 상대로 손해배상청구소송을 제기한 경우, 법원은 취소사유에 해당하는 것을 인정하더라도 그 처분의 취소판결이 없는 한 손해배상청구를 인용할 수 없다. (○ | ×)
   2022 군무원 7급

16. 영업허가취소처분으로 손해를 입은 자가 제기한 국가배상청구소송에서 법원은 영업허가취소처분에 취소사유에 해당하는 하자가 있는 경우에는 영업허가취소처분의 위법을 이유로 배상청구를 인용할 수 없다. (○ | ×)
   2022 지방직·서울시 9급

17. 행정처분이 위법임을 이유로 국가배상을 청구하기 위한 전제로서 그 처분이 취소되어야만 하는 것은 아니다. (○ | ×)
   2019 국가직 9급

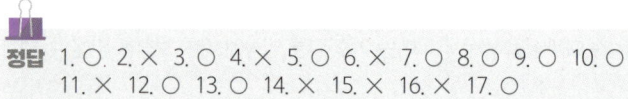

정답 1. ○ 2. × 3. ○ 4. × 5. ○ 6. × 7. ○ 8. ○ 9. ○ 10. ○ 11. × 12. ○ 13. ○ 14. × 15. × 16. × 17. ○

08   정답 ②

① ×

> 1-1. 정당한 보상이란 완전보상을 뜻하는 것으로서 보상금액뿐만 아니라 보상의 시기나 방법 등에 있어서도 어떠한 제한을 두어서는 아니 된다는 것을 의미한다.
> 1-2. 개발이익은 성질상 완전보상의 범위에 포함되지 아니한다.
> 헌법 제23조 제3항이 규정하는 정당한 보상이란 원칙적으로 피수용재산의 객관적인 재산가치를 완전하게 보상하는 것이어야 한다는 완전보상을 뜻하는 것으로서 보상금액뿐만 아니라 보상의 시기나 방법 등에 있어서도 어떠한 제한을 두어서는 아니 된다는 것을 의미한다고 할 것이다. …… 개발이익은 그 성질상 완전보상의 범위에 포함되지 아니한다(헌재 1995. 4. 20, 93헌바20 등).
> 2. '정당한 보상'이라 함은 원칙적으로 피수용재산의 객관적인 재산가치를 완전하게 보상하여야 한다는 완전보상을 뜻하는 것이라 할 것이나, 투기적인 거래에 의하여 형성되는 가격은 정상적인 객관적 재산가치로는 볼 수 없으므로 이를 배제한다고 하여 완전보상의 원칙에 어긋나는 것은 아니며, 공익사업의 시행으로 지가가 상승하여 발생하는 개발이익은 궁극적으로는 국민 모두에게 귀속되어야 할 성질의 것이므로 이는 완전보상의 범위에 포함되는 피수용토지의 객관적 가치 내지 피수용자의 손실이라고는 볼 수 없다(대판 1993. 7. 13, 93누2131).

② ○ 판례는 손실보상이 인정되기 위해서는 재산권에 대한 침해가 현실적으로 발생하여야 하며, 공익사업과 손실 사이에 상당인과관계가 있어야 된다는 입장이다.

> 1. 간척사업의 시행으로 종래의 관행어업권자에게 구 공유수면매립법에서 정하는 손실보상청구권이 인정되기 위해서는 매립면허고시 후 매립공사가 실행되어 관행어업권자에게 실질적이고 현실적인 피해가 발생해야 한다.
> 2. 공유수면매립면허의 고시가 있다고 하여 반드시 그 사업이 시행되고 그로 인하여 손실이 발생한다고 할 수 없으므로, 매립면허 고시 이후 매립공사가 실행되어 관행어업권자에게 실질적이고 현실적인 피해가 발생한 경우에만 공유수면매립법에서 정하는 손실보상청구권이 발생하였다고 할 것이다(대판 2010. 12. 9, 2007두6571).

③ ×

> 1. 「공익사업을 위한 토지 등의 취득 및 보상에 관한 법률」상 피보상자 또는 사업시행자가 여러 보상항목들 중 일부에 대해서만 개별적으로 불복의 사유를 주장하여 행정소송을 제기할 수 있다.
> 2. 법원이 구체적인 불복신청이 있는 보상항목들에 관해서 감정을 실시하는 등 심리한 결과, 재결에서 정한 보상금액이 일부 보상항목의 경우 과소하고 다른 보상항목의 경우 과다한 것으로 판명된 경우, 보상항목 상호 간의 유용을 허용하여 정당한 보상금을 결정할 수 있다.
> 하나의 재결에서 피보상자별로 여러 가지의 토지, 물건, 권리 또는 영업의 손실에 관하여 심리·판단이 이루어졌을 때, 피보상자 또는 사업시행자가 반드시 재결 전부에 관하여 불복하여야 하는 것은 아

니며, 여러 보상항목들 중 일부에 관해서만 불복하는 경우에는 그 부분에 관해서만 개별적으로 불복의 사유를 주장하여 행정소송을 제기할 수 있다(대판 2018. 5. 15, 2017두41221).

④ ×

잔여지수용청구의 의사표시는 관할 토지수용위원회에 하여야 하는 것으로서, 관할 토지수용위원회가 사업시행자에게 잔여지수용청구의 의사표시를 수령할 권한을 부여하였다고 인정할 만한 사정이 없는 한, 사업시행자에게 한 잔여지매수청구의 의사표시를 관할 토지수용위원회에 한 잔여지수용청구의 의사표시로 볼 수는 없다(대판 2010. 8. 19, 2008두822).

✓ 기출체크

① 관련 기출

1. 헌법 제23조 제3항이 규정하는 정당한 보상이란 원칙적으로 피수용재산의 객관적인 재산가치를 완전하게 보상하는 것이어야 한다는 완전보상을 뜻한다. (○ | ×)   2024 소방간부

2. 공익사업시행으로 인한 개발이익은 완전보상의 범위에 포함되는 피수용토지의 객관적 가치 내지 피수용자의 손실에 해당한다. (○ | ×)   2021 국가직 7급

3. 보상가액 산정시 공익사업으로 인한 개발이익은 토지의 객관적 가치에 포함된다. (○ | ×)   2021 군무원 7급

4. 수용에 따른 손실보상액 산정의 경우 헌법 제23조 제3항에 따른 정당한 보상이란 원칙적으로 피수용재산의 객관적인 재산가치를 완전하게 보상하여야 한다는 완전보상을 뜻한다. (○ | ×)   2020 군무원 7급, 2019 사회복지직 9급

5. 헌법 제23조 제3항이 규정하는 '정당한 보상'이란 원칙적으로 피수용재산의 객관적인 재산가치를 완전하게 보상하는 완전보상을 의미하므로, 공시지가를 기준으로 수용된 토지에 대한 보상액을 산정하는 것은 헌법에 위반된다. (○ | ×)   2019 경행경채 2차

② 관련 기출

6. 간척사업의 시행으로 종래의 관행어업권자에게 구 공유수면매립법에서 정하는 손실보상청구권이 인정되기 위해서는 매립면허 고시 후 매립공사가 실행되어 관행어업권자에게 실질적이고 현실적인 피해가 발생해야 한다. (○ | ×)   2023 서울시 지적 7급

7. 매립면허 고시 이후 매립공사가 실행되어 관행어업권자에게 실질적이고 현실적인 피해가 발생한 경우에만 구 공유수면매립법에서 정하는 손실보상청구권이 발생한다. (○ | ×)   2023 소방간부

8. 공유수면매립면허의 고시가 있다고 하여 반드시 그 사업이 시행되고 그로 인하여 손실이 발생한다고 할 수 없으므로, 매립면허 고시 이후 매립공사가 실행되어 관행어업권자에게 실질적이고 현실적인 피해가 발생한 경우에만 구 공유수면매립법(1999. 2. 8, 법률 제5911호로 전부개정되기 전의 것)에서 정하는 손실보상청구권이 발생한다. (○ | ×)   2020 경행경채

9. 공유수면매립면허의 고시가 있는 경우 그 사업이 시행되고 그로 인하여 직접 손실이 발생한다고 할 수 있으므로, 관행어업권자는 공유수면매립면허의 고시를 이유로 손실보상을 청구할 수 있다. (○ | ×)   2019 지방직·교육행정직 9급

10. 손실보상이 인정되기 위해서는 재산권에 대한 실질적이고 현실적인 피해가 발생해야 한다. (○ | ×)   2015 경행특채 2차

③ 관련 기출

11. 토지수용위원회의 재결에서 피보상자별로 여러 가지의 토지, 물건, 권리 또는 영업의 손실에 관하여 심리·판단이 이루어졌을 때, 피보상자 또는 사업시행자는 반드시 재결 전부에 관하여 불복하여야 하는 것은 아니다. (○ | ×)   2024 국회직 9급

12. 하나의 재결에서 피보상자별로 여러 가지의 토지, 물건, 권리 또는 영업의 손실에 관하여 심리·판단이 이루어졌을 때, 피보상자로서는 반드시 재결 전부에 관하여 불복하여야 하는 것은 아니다. (○ | ×)   2023 경찰간부

13. 하나의 재결에서 피보상자별로 여러 가지의 토지, 물건, 권리 또는 영업의 손실에 관하여 심리·판단이 이루어졌을 때, 피보상자 또는 사업시행자가 여러 보상항목들 중 일부에 관해서만 불복하는 경우 반드시 재결 전부에 관하여 불복하여야 하는 것은 아니다. (○ | ×)   2023 지방직·서울시 7급

14. 하나의 재결에서 피보상자별로 여러 가지의 토지, 물건, 권리 또는 영업의 손실에 관하여 심리·판단이 이루어졌을 때, 피보상자 또는 사업시행자가 반드시 재결 전부에 관하여 불복하여야 하는 것은 아니다. (○ | ×)   2021 국회직 8급, 2021 변호사

④ 관련 기출

15. 토지소유자가 사업시행자에게 잔여지매수청구의 의사표시를 하였다면, 그 의사표시는 특별한 사정이 없는 한 관할 토지수용위원회에 한 잔여지수용청구의 의사표시로 볼 수 있다. (○ | ×)   2019 지방직 7급

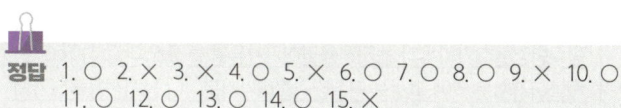

정답 1. ○ 2. × 3. × 4. ○ 5. × 6. ○ 7. ○ 8. ○ 9. × 10. ○ 11. ○ 12. ○ 13. ○ 14. ○ 15. ×

09   정답 ①

㉠ × 허가는 그 근거가 된 법령에 의한 금지를 해제할 뿐이고 다른 법률에 의한 금지까지 해제하지는 않는 것이 원칙이다. 따라서 사안과 같이 공무원인 자가 유흥주점허가를 받는다 하더라도 그 허가는 식품위생법상의 금지를 해제할 뿐이지 국가공무원법상의 영리업무금지까지 해제해 주는 것은 아니다.

개발제한구역에 속하는 하천구역에 관하여 내수면어업개발법에 의한 어업면허를 얻은 경우 그 구역 내의 토석 등 채취를 위하여 도시계획법에 의한 허가도 받아야 한다(대판 1989. 9. 12, 88누6856).

㉡ × 인·허가 의제제도는 주된 허가를 담당하는 기관이 의제되는 인·허가에 관한 심사도 담당한다는 점에서 행정기관의 권한에 변경을 가져오므로 법률에 명시적 근거가 있어야 하며, 의제되는 인·허가의 범위도 법령에 명시되어 있어야 한다.

㉢ ○ 주된 허가의 신청에 다른 인·허가 신청에 필요한 서류까지 첨부하여 주된 허가담당관청에만 신청하면 된다.

㉣ × 의제되는 인·허가 요건에 구속되어 주된 허가요건뿐만 아니라 의제되는 인·허가 요건까지 모두 구비한 경우에 주된 신청에 대한 허가를 할 수 있다고 보는 견해(실체집중 부정설)가 다수설의 태도이다.

채광계획 인가로 공유수면 점용허가가 의제될 경우, 공유수면 점용불허결정을 사유로 들어 채광계획을 인가하지 아니할 수 있다.
채광계획이 중대한 공익에 배치된다고 할 때에는 인가를 거부할 수 있고, 채광계획을 불인가하는 경우에는 정당한 사유가 제시되어야 하며 자의적으로 불인가를 하여서는 아니 될 것이므로 채광계획인가는 기속재량행위에 속하는 것으로 보아야 할 것이나, 구 광업법(1999. 2. 8, 법률 제5893호로 개정되기 전의 것) 제47조의2 제5호에 의하여 채광계획인가를 받으면 공유수면 점용허가를 받은 것으로 의제되고, 이 공

유수면 점용허가는 공유수면 관리청이 공공위해의 예방 경감과 공공복리의 증진에 기여함에 적당하다고 인정하는 경우에 그 자유재량에 의하여 허가의 여부를 결정하여야 할 것이므로, 공유수면 점용허가를 필요로 하는 채광계획 인가신청에 대하여도, 공유수면 관리청이 재량적 판단에 의하여 공유수면 점용의 허가 여부를 결정할 수 있고, 그 결과 공유수면 점용을 허용하지 않기로 결정하였다면, 채광계획 인가관청은 이를 사유로 하여 채광계획을 인가하지 아니할 수 있는 것이다(대판 2002. 10. 11, 2001두151).

㉤ × 판례는 인·허가 의제의 경우 주된 허가신청에 대해 거부처분을 하면서 의제되는 인·허가와 관련된 사유를 그 근거로 제시한 경우에도, 거부처분의 상대방은 주된 허가거부처분을 대상으로 소송을 제기하여야 한다는 입장이다. 반면에 최근 판례는 주된 인·허가 신청에 대해 인·허가 처분이 내려진 경우에는 의제된 인·허가는 통상적인 인·허가와 동일한 효력을 가지므로, 그 효력을 제거하기 위한 법적 수단으로 의제된 인·허가의 취소나 철회가 허용될 수 있고, 그 의제된 인·허가에 대한 쟁송취소 역시 허용된다고 본다. 이처럼 의제된 인·허가의 처분성이 인정되는 이상 이에 대한 취소나 철회도 독립된 행정행위로서 항고소송의 대상이 되는 처분에 해당한다(비교판례).

> 건축불허가처분을 하면서 건축불허가사유 외에 형질변경불허가사유나 농지전용불허가사유를 들고 있는 경우, 그 건축불허가처분에 관한 쟁송에서 형질변경불허가사유나 농지전용불허가사유에 관하여도 다툴 수 있다.
> 건축불허가처분을 하면서 그 처분사유로 건축불허가사유뿐만 아니라 형질변경불허가사유나 농지전용불허가사유를 들고 있다고 하여 그 건축불허가처분 외에 별개로 형질변경불허가처분이나 농지전용불허가처분이 존재하는 것이 아니다. 따라서 그 건축불허가처분을 받은 사람은 그 건축불허가처분에 관한 쟁송에서 건축법상의 건축불허가사유뿐만 아니라 도시계획법상의 형질변경불허가사유나 농지법상의 농지전용불허가사유에 관하여도 다툴 수 있는 것이지, 그 건축불허가처분에 관한 쟁송과는 별개로 형질변경불허가처분이나 농지전용불허가처분에 관한 쟁송을 제기하여 이를 다투어야 하는 것은 아니며, 그러한 쟁송을 제기하지 아니하였어도 형질변경불허가사유나 농지전용불허가사유에 관하여 불가쟁력이 생기지 아니한다(대판 2001. 1. 16, 99두10988).

🔍 **비교판례**
주택건설사업계획 승인처분에 따라 의제된 지구단위계획결정에 하자가 있음을 이해관계인이 다투고자 하는 경우, 주된 처분(주택건설사업계획 승인처분)이 아니라 의제된 인·허가(지구단위계획결정)를 항고소송의 대상으로 삼아야 한다.
의제된 인·허가는 통상적인 인·허가와 동일한 효력을 가지므로, 적어도 '부분 인·허가 의제'가 허용되는 경우에는 그 효력을 제거하기 위한 법적 수단으로 의제된 인·허가의 취소나 철회가 허용될 수 있고, 이러한 직권취소·철회가 가능한 이상 그 의제된 인·허가에 대한 쟁송취소 역시 허용된다. 따라서 주택건설사업계획 승인처분에 따라 의제된 인·허가가 위법함을 다투고자 하는 이해관계인은, 주택건설사업계획 승인처분의 취소를 구할 것이 아니라 의제된 인·허가의 취소를 구하여야 하며, 의제된 인·허가는 주택건설사업계획 승인처분과 별도로 항고소송의 대상이 되는 처분에 해당한다(대판 2018. 11. 29, 2016두38792).

✔ 기출체크

㉮ 관련 기출

1. 국가공무원이 식품위생법상 영업허가를 받으면 국가공무원법상의 영리업무금지까지 해제된다. (○ | ×)   2017 교육행정직 9급

2. (허가의 경우) 특별한 규정이 없는 한 관계법상의 금지가 해제될 뿐이고, 타법상의 제한까지 해제되는 것은 아니다. (○ | ×)   2015 경행특채 2차

3. 허가는 근거법상의 금지를 해제하는 효과만 있을 뿐, 타법에 의한 금지까지 해제하는 효과가 있는 것은 아니다. (○ | ×)
   2011 국가직 9급, 2007 국회직 8급

㉯ 관련 기출

4. 인·허가 의제는 행정청의 소관 사항과 관련하여 권한행사의 변경을 가져오므로 법령의 근거를 필요로 한다. (○ | ×)   2018 국가직 7급

5. (인·허가 의제는) 반드시 법률에 명시적인 근거가 있어야 하는 것은 아니다. (○ | ×)   2016 서울시 7급

6. 인·허가 의제는 의제되는 행위에 대하여 본래적으로 권한을 갖는 행정기관의 권한행사를 보충하는 것이므로 법령의 근거가 없는 경우에도 인정된다. (○ | ×)   2014 지방직 9급

㉰ 관련 기출

7. 인·허가 의제가 인정되는 경우 민원인은 하나의 인·허가 신청과 더불어 의제를 원하는 인·허가 신청을 각각의 해당 기관에 제출하여야 한다. (○ | ×)   2013 서울시 9급

㉱ 관련 기출

8. (행정계획과 관련하여) 인·허가 의제에서 계획확정기관이 의제되는 인·허가의 실체적 및 절차적 요건에 기속되는지 여부가 문제되는데, 인·허가의 실체적 요건 및 절차적 요건 모두에 기속된다고 보는 것이 일반적이다. (○ | ×)   2017 국회직 8급

9. 공유수면 점용허가를 필요로 하는 채광계획 인가신청에 대하여 공유수면 관리청이 공유수면 점용을 허용하지 않기로 결정한 경우, 채광계획 인가관청은 이를 사유로 채광계획 인가신청을 반려할 수 없다. (○ | ×)
   2016 국회직 8급

10. 채광계획 인가로 공유수면점용허가가 의제되는 경우 공유수면점용 불허가사유를 근거로 채광계획을 인가하지 아니할 수 있다. (○ | ×)
    2014 국회직 8급

㉲ 관련 기출

11. A허가에 대해 B허가가 의제되는 것으로 규정된 경우, A불허가처분을 하면서 B불허가사유를 들고 있으면 A불허가처분과 별개로 B불허가처분도 존재한다. (○ | ×)   2018 국가직 7급

12. 주된 인·허가거부처분을 하면서 의제되는 인·허가거부사유를 제시한 경우, 의제되는 인·허가거부를 다투려는 자는 주된 인·허가거부 외에 별도로 의제되는 인·허가거부에 대한 쟁송을 제기해야 한다. (○ | ×)
    2016 지방직 7급

13. 주된 인·허가인 건축불허가처분을 하면서 그 처분사유로 의제되는 인·허가에 해당하는 형질변경불허가사유를 들고 있다면, 그 건축불허가처분을 받은 자는 형질변경불허가처분에 관해서도 쟁송을 제기하여 다툴 수 있다. (○ | ×)   2016 서울시 7급

정답 1. × 2. ○ 3. ○ 4. ○ 5. × 6. × 7. × 8. × 9. × 10. ○ 11. × 12. × 13. ×

10
정답 ②

① ○

> 인용재결이 있는 경우 처분청은 그러한 재결에 기속되므로 이에 불복하여 취소소송을 제기할 수 없다(대판 1998. 5. 8, 97누15432).

② × 행정심판의 심리는 구술심리 또는 서면심리로 한다고 규정하여 어느 방식을 취하는지는 행정심판위원회의 선택에 맡기고 있다. 다만, 당사자가 구술심리를 신청한 경우에는 서면심리만으로 결정할 수 있다고 인정되는 경우 외에는 구술심리를 하여야 한다.

> 행정심판법 제40조 【심리의 방식】① 행정심판의 심리는 구술심리나 서면심리로 한다. 다만, 당사자가 구술심리를 신청한 경우에는 서면심리만으로 결정할 수 있다고 인정되는 경우 외에는 구술심리를 하여야 한다.

③ ○ 항고소송에서 처분사유의 추가·변경의 법리는 행정심판단계에서도 적용된다. 따라서 행정심판단계에서 행정청이 처분의 근거사유를 추가하거나 변경하기 위해서는 당초 처분의 근거로 삼은 사유와 '기본적 사실관계의 동일성'이 인정되어야 한다.

> 항고소송에서 행정청이 처분의 근거사유를 추가하거나 변경하기 위한 요건인 '기본적 사실관계의 동일성'은 행정심판단계에서도 적용된다. 행정처분의 취소를 구하는 항고소송에서 처분청은 당초 처분의 근거로 삼은 사유와 기본적 사실관계가 동일성이 있다고 인정되는 한도 내에서만 다른 사유를 추가 또는 변경할 수 있고, 이러한 기본적 사실관계의 동일성 유무는 처분사유를 법률적으로 평가하기 이전의 구체적 사실에 착안하여 그 기초인 사회적 사실관계가 기본적인 점에서 동일한지에 따라 결정되므로, 추가 또는 변경된 사유가 처분 당시에 이미 존재하고 있었다거나 당사자가 그 사실을 알고 있었다고 하여 당초의 처분사유와 동일성이 있다고 할 수 없다. 그리고 이러한 법리는 행정심판단계에서도 그대로 적용된다(대판 2014. 5. 16, 2013두26118).

④ ○

> 행정심판법 제51조【행정심판 재청구의 금지】심판청구에 대한 재결이 있으면 그 재결 및 같은 처분 또는 부작위에 대하여 다시 행정심판을 청구할 수 없다.

✓ 기출체크

① 관련 기출

1. (甲은 단란주점영업을 하던 중 관할행정청으로부터 식품위생법 위반을 이유로 1개월의 영업정지처분을 받게 되었다. 이에 甲이 관할행정청을 피청구인으로 하여 취소심판을 제기한 경우에) 행정심판위원회가 1개월의 영업정지처분 취소재결을 내린 경우, 관할행정청은 취소재결 취소소송을 제기할 수 있다. (○ | ×) 　2024 소방간부

2. (식품접객업을 하는 甲은 청소년의 연령을 확인하지 않고 주류를 판매한 사실이 적발되어 관할행정청 乙로부터 식품위생법 위반을 이유로 영업정지 2개월을 부과받자 관할 행정심판위원회 丙에 행정심판을 청구하였다) 丙이 영업정지처분을 취소하는 재결을 할 경우, 乙은 이 인용재결의 취소를 구하는 행정소송을 제기할 수 없다. (○ | ×) 2023 지방직·서울시 9급

3. (자신이 소유한 모텔에서 성인 乙과 청소년 丙을 투숙시켜 이성 혼숙하도록 한 사실이 적발되어 A도 관할 B군 군수 丁으로부터 공중위생관리법에 따라 영업정지 3개월의 처분을 받은 甲이 처분의 취소를 구하는 행정심판을 청구하려는 경우) 행정심판위원회가 甲의 청구를 인용하는 재결을 한 경우, 丁이 인용재결의 취소를 구하는 행정소송을 제기할 수 있다. (○ | ×) 　2023 소방직 9급

② 관련 기출

4. (甲은 단란주점영업을 하던 중 관할행정청으로부터 식품위생법 위반을 이유로 1개월의 영업정지처분을 받게 되었다. 이에 甲이 관할행정청을 피청구인으로 하여 취소심판을 제기한 경우) 甲이 구술심리를 신청하는 경우 행정심판위원회는 구술심리를 하여야 한다. (○ | ×) 2024 소방간부

5. 행정심판의 심리는 당사자가 구술심리를 신청한 경우를 제외하고는 서면심리주의를 원칙으로 하고 있다. (○ | ×) 　2016 서울시 7급

6. 행정심판법은 구술심리를 원칙으로 하며, 당사자의 신청이 있는 때에는 서면심리로 할 것을 규정하고 있다. (○ | ×) 　2013 지방직(하) 7급

7. 행정심판의 심리는 구술심리 또는 서면심리로 한다. (○ | ×) 　2010 지방직 9급

8. 당사자가 구술심리를 신청하면 당사자주의에 의하여 구술심리를 하여야 하고 서면심리를 할 수는 없다. (○ | ×) 　2008 지방직 9급

③ 관련 기출

9. 행정심판에서는 항고소송에서와 달리 처분청이 당초 처분의 근거로 삼은 사유와 기본적 사실관계가 동일성이 인정되지 않는 다른 사유를 처분사유로 추가하거나 변경할 수 있다. (○ | ×) 　2018 국가직 9급

10. 행정처분의 취소를 구하는 항고소송에서 처분청은 당초 처분의 근거로 삼은 사유와 기본적 사실관계가 동일성이 있다고 인정되는 한도 내에서만 다른 사유를 추가 또는 변경할 수 있다는 법리는 행정심판단계에서도 그대로 적용된다. (○ | ×) 　2018 지방직 7급

11. 행정청은 당초 처분사유와 기본적 사실관계가 동일하지 아니한 처분사유를 행정소송계속 중에는 추가·변경할 수 없으나 행정심판단계에서는 추가·변경할 수 있다. (○ | ×) 　2017 지방직 7급

12. 처분사유의 추가·변경에 관한 법리는 행정심판의 단계에서도 적용된다. (○ | ×) 　2016 국회직 8급

④ 관련 기출

13. (행정)심판청구에 대한 재결이 있으면 그 재결 및 같은 처분 또는 부작위에 대하여 다시 행정심판을 청구할 수 없다. (○ | ×)
2023 지방직·서울시 7급, 2021 지방직·서울시 9급

14. (A행정청이 甲에게 한 처분에 대하여 甲은 B행정심판위원회에 행정심판을 청구하였다) B행정심판위원회의 재결에 고유한 위법이 있는 경우에는 甲은 다시 행정심판을 청구할 수 있다. (○ | ×)
2022 지방직·서울시 9급, 2017 국회직 8급

15. 개별법률에 특별규정이 없는 경우에 행정심판청구에 대한 재결이 있으면 그 재결 및 같은 처분 또는 부작위에 대하여 다시 행정심판을 청구할 수 있다. (○ | ×) 　2018 경행경채

16. 행정심판의 재결에 불복하는 경우 그 재결 및 같은 처분 또는 부작위에 대하여 다시 행정심판을 청구할 수 있다. (○ | ×) 　2017 교육행정직 9급

17. 심판청구에 대한 재결에는 기판력이 인정되지 않으므로 그 재결 및 같은 처분 또는 부작위에 대하여 다시 행정심판을 청구할 수 있다. (○ | ×)
2016 서울시 7급

정답　1. × 2. ○ 3. × 4. × 5. × 6. × 7. ○ 8. × 9. × 10. ○
11. × 12. ○ 13. ○ 14. × 15. × 16. × 17. ×

11
정답 ③

① ○

> 1. 건축주가 토지소유자로부터 토지사용승낙서를 받아 토지 위에 건축물을 건축하는 대물적 성질의 건축허가를 받았다가 착공에 앞서 건축주의 귀책사유로 해당 토지를 사용할 권리를 상실한 경우, 토지소유자가 건축허가의 철회를 신청할 수 있으며, 따라서 토지소유자의 신청을 거부한 행위는 항고소송의 대상이 된다.
> 2. 건축허가는 대물적 성질을 갖는 것이어서 행정청으로서는 허가를 할 때에 건축주 또는 토지소유자가 누구인지 등 인적 요소에 관하여는 형식적 심사만 한다. 건축주가 토지소유자로부터 토지사용승낙서를 받아 그 토지 위에 건축물을 건축하는 대물적 성질의 건축허가를 받았다가 착공에 앞서 건축주의 귀책사유로 해당 토지를 사용할 권리를 상실한 경우, 건축허가의 존재로 말미암아 토지에 대한 소유권행사에 지장을 받을 수 있는 토지소유자로서는 건축허가의 철회를 신청할 수 있다고 보아야 한다. 따라서 토지소유자의 위와 같은 신청을 거부한 행위는 항고소송의 대상이 된다.
> 3. 행정행위를 한 처분청은 비록 처분 당시에 별다른 하자가 없었고, 처분 후에 이를 철회할 별도의 법적 근거가 없더라도 원래의 처분을 존속시킬 필요가 없게 된 사정변경이 생겼거나 중대한 공익상 필요가 발생한 경우에는 그 효력을 상실케 하는 별개의 행정행위로 이를 철회할 수 있다. 다만, 수익적 행정행위를 취소 또는 철회하거나 중지시키는 경우에는 이미 부여된 국민의 기득권을 침해하는 것이 되므로, 비록 취소 등의 사유가 있다고 하더라도 그 취소권 등의 행사는 기득권의 침해를 정당화할 만한 중대한 공익상의 필요 또는 제3자의 이익을 보호할 필요가 있고, 이를 상대방이 받는 불이익과 비교·교량하여 볼 때 공익상의 필요 등이 상대방이 입을 불이익을 정당화할 만큼 강한 경우에 한하여 허용될 수 있다(대판 2017. 3. 15, 2014두41190).

② ○

> 「여객자동차 운수사업법」 제4조 제1항, 제50조 제2항 제1호, 제1항 제2호, 「여객자동차 운수사업법 시행규칙」 제12조 제1항, 「경기도 여객자동차 운수사업 관리 조례」 제15소, 「오산시 여객자동차 운수사업 관리 조례」 제18조, 제20조 제1항의 문언에, 침익적 행정행위의 근거가 되는 행정법규는 엄격하게 해석·적용하여야 한다는 점 등을 더하여 보면, 시·도지사나 시장·군수는 여객자동차 운수사업자가 '거짓이나 부정한 방법으로 지급받은 보조금'에 한하여 이를 반환할 것을 명하여야 하고, '정상적으로 지급받은 보조금'까지 반환할 것을 명할 수 있는 것은 아니지만, 보조금이 가분적 평가에 의하여 산정·결정된 것이 아니어서 보조금 중 '거짓이나 부정한 방법으로 지급받은 부분'과 '정상적으로 지급받은 부분'을 구분할 수 없고, 보조금이 거짓이나 부정한 방법에 의하여 일체로서 지급된 것이라고 판단할 수 있는 경우에는 보조금 전부를 거짓이나 부정한 방법으로 지급받은 것으로 보아야 한다(대판 2019. 1. 17, 2017두47137).

③ ✕

> 영유아보육법 제30조 제5항에 따라 평가인증을 철회하는 처분을 하면서, 원칙적으로 별도의 법적 근거 없이 평가인증의 효력을 과거로 소급하여 상실시킬 수는 없다.
> 영유아보육법 제30조 제5항 제3호에 따른 평가인증의 취소는 평가인증 당시에 존재하였던 하자가 아니라 그 이후에 새로이 발생한 사유로 평가인증의 효력을 소멸시키는 경우에 해당하므로, 법적 성격은 평가인증의 '철회'에 해당한다. 그런데 행정청이 평가인증을 철회하면서 그 효력을 철회의 효력발생일 이전으로 소급하게 하면, 철회 이전의 기간에 평가인증을 전제로 지급한 보조금 등의 지원이 그 근거를 상실하게 되어 이를 반환하여야 하는 법적 불이익이 발생한다. 이는 장래를 향하여 효력을 소멸시키는 철회가 예정한 법적 불이익의 범위를 벗어나는 것이다. 이처럼 행정청이 평가인증이 이루어진 이후에 새로이 발생한 사유를 들어 영유아보육법 제30조 제5항에 따라 평가인증을 철회하는 처분을 하면서도, 평가인증의 효력을 과거로 소급하여 상실시키기 위해서는, 특별한 사정이 없는 한 영유아보육법 제30조 제5항과는 별도의 법적 근거가 필요하다(대판 2018. 6. 28, 2015두58195).

④ ○

> 부담부 행정행위에 있어서 처분의 상대방이 부담을 이행하지 아니한 경우에 처분행정청으로서는 당해 처분을 취소(철회)할 수 있는 것이다(대판 1989. 10. 24, 89누2431).

✓ 기출체크

① 관련 기출

1. 건축허가는 대물적 성질을 갖는 것이어서 행정청은 그 허가를 할 때 건축주가 누구인가 등 인적 요소에 관하여는 형식적 심사만을 행한다. (○ | ✕)
   2025 변호사, 2022 지방직·서울시 9급, 2019 서울시 2회 7급

2. 건축주가 토지소유자로부터 토지사용승낙서를 받아 그 토지 위에 건축물을 건축하는 건축허가를 받았다가 그 착공에 앞서 건축주의 귀책사유로 해당 토지를 사용할 권리를 상실한 경우, 토지소유자는 그 건축허가의 철회를 신청할 수 있다. (○ | ✕)
   2025 소방간부

3. 다음 사례에 대한 설명으로 옳지 않은 것을 고르시오. (다툼이 있는 경우 판례에 의함)
   2022 국가직 9급

   > 건축주 甲은 토지소유자 乙과 매매계약을 체결하고 乙로부터 토지사용승낙서를 받아 乙의 토지 위에 건축물을 건축하는 건축허가를 관할 행정청인 A시장으로부터 받았다. 매매계약서에 의하면 甲이 잔금을 기일 내에 지급하지 못하면 즉시 매매계약이 해제될 수 있고 이 경우 토지사용승낙서는 효력을 잃으며 甲은 건축허가를 포기·철회하기로 甲과 乙이 약정하였다. 乙은 甲이 잔금을 기일 내에 지급하지 않자 甲과의 매매계약을 해제하였다.

   ① 착공에 앞서 甲의 귀책사유로 해당 토지를 사용할 권리를 상실한 경우, 乙은 A시장에 대하여 건축허가의 철회를 신청할 수 있다.
   ② 건축허가는 대물적 성질을 갖는 것이어서 행정청으로서는 그 허가를 할 때에 건축주 또는 토지소유자가 누구인지 등 인적 요소에 관하여는 형식적 심사만 한다.
   ③ A시장은 건축허가 당시 별다른 하자가 없었고 철회의 법적 근거가 없으므로 건축허가를 철회할 수 없다.
   ④ 철회권의 행사는 기득권의 침해를 정당화할 만한 중대한 공익상의 필요 또는 제3자의 이익을 보호할 필요가 있고, 공익상의 필요 등이 상대방이 입을 불이익을 정당화할 만큼 강한 경우에 한해 허용될 수 있다.

4. 건축주가 토지소유자로부터 토지사용승낙서를 받아 그 토지 위에 건축물을 건축하는 건축허가를 받았다가 착공하기 전에 건축주의 귀책사유로 그 토지사용권을 상실한 경우 토지소유자는 건축허가의 철회를 신청할 수 있고, 그 신청을 거부한 행위는 항고소송의 대상이 된다. (○ | ✕)
   2020 변호사

5. 건축주가 토지소유자로부터 토지사용승낙서를 받아 그 토지 위에 건축물을 건축하는 건축허가를 받았다가 착공에 앞서 건축주의 귀책사유로 해당 토지를 사용할 권리를 상실한 경우, 토지소유자의 건축허가 철회신청을 거부한 행위는 항고소송의 대상이 된다. (○ | ✕)
   2019 지방직·교육행정직 9급

③ 관련 기출

6. 구 영유아보육법상 어린이집 평가인증의 취소는 철회에 해당하므로, 평가인증의 효력을 과거로 소급하여 상실시키기 위해서는 특별한 사정이 없는 한 별도의 법적 근거가 필요하다. (○ | ×) 2022 소방직 9급

7. 보건복지부장관이 어린이집에 대한 평가인증이 이루어진 이후에 새로이 발생한 사유를 들어 영유아보육법 제30조 제5항에 따라 평가인증을 철회하는 처분을 하면서도, 그 평가인증의 효력을 과거로 소급하여 상실시키기 위해서는, 특별한 사정이 없는 한 영유아보육법 제30조 제5항과는 별도의 법적 근거가 필요하다. (○ | ×) 2020 지방직·서울시 7급

8. 甲은 영유아보육법에 따라 보건복지부장관의 평가인증을 받아 어린이집을 설치·운영하고 있다. 甲은 어린이집을 운영하면서 부정한 방법으로 보조금을 교부받아 사용하였고, 보건복지부장관은 이를 근거로 관련법령에 따라 평가인증을 취소하였다. 이에 대한 설명으로 옳은 것은? (다툼이 있는 경우 판례에 의함) 2019 국가직 9급
   ① 평가인증의 취소는 강학상 취소에 해당하며, 행정청이 평가인증취소처분을 하면서 별도의 법적 근거 없이도 평가인증의 효력을 취소사유 발생일로 소급하여 상실시킬 수 있다.
   ② 평가인증의 취소는 강학상 철회에 해당하며, 행정청이 평가인증취소처분을 하면서 별도의 법적 근거 없이는 평가인증의 효력을 취소사유 발생일로 소급하여 상실시킬 수 없다.
   ③ 평가인증의 취소는 강학상 취소에 해당하며, 행정청이 평가인증취소처분을 하면서 별도의 법적 근거 없이는 평가인증의 효력을 취소사유 발생일로 소급하여 상실시킬 수 없다.
   ④ 평가인증의 취소는 강학상 철회에 해당하며, 행정청이 평가인증취소처분을 하면서 별도의 법적 근거 없이도 평가인증의 효력을 취소사유 발생일로 소급하여 상실시킬 수 있다.

④ 관련 기출

9. 부담부 행정처분에 있어서 처분의 상대방이 부담(의무)을 이행하지 아니한 경우에 처분행정청으로서는 이를 들어 당해 처분을 취소(철회)할 수 있는 것이다. (○ | ×) 2024 지방직·서울시 7급

10. 부담부 행정처분에 있어서 처분의 상대방이 부담을 이행하지 아니한 경우에 처분청이 이를 들어 당해 처분을 철회할 수 없다. (○ | ×) 2024 지방직·서울시 9급

11. (A시장은 甲 소유 토지의 일부를 기부채납하는 조건(강학상 부담으로 본다)으로 甲이 신청한 개발제한구역 내의 토지형질변경행위허가를 한 후 甲과 기부채납 이행을 위한 증여계약을 체결하였다) 甲이 기부채납을 불이행할 경우, A시장은 토지형질변경행위허가를 철회할 수 있다. (○ | ×) 2021 행정사

12. 부담부 행정처분에 있어서 처분의 상대방이 부담을 이행하지 아니한 경우 처분행정청은 부담불이행을 이유로 당해 처분을 철회할 수 있다. (○ | ×) 2010 경행특채

정답 1. ○ 2. ○ 3. ③ 4. ○ 5. ○ 6. ○ 7. ○ 8. ② 9. ○ 10. × 11. ○ 12. ○

12 정답 ④

① ○

재개발조합을 상대로 조합원자격 유무에 관한 확인을 구하는 소송은 공법상 당사자소송이다.
구 도시재개발법(1995. 12. 29, 법률 제5116호로 전문개정되기 전의 것)에 의한 재개발조합은 조합원에 대한 법률관계에서 적어도 특수한 존립목적을 부여받은 특수한 행정주체로서 국가의 감독하에 그 존립목적인 특정한 공공사무를 행하고 있다고 볼 수 있는 범위 내에서는 공법상의 권리·의무관계에 서 있다. 따라서 조합을 상대로 한 쟁송에서 강제가입제를 특색으로 한 조합원의 자격 인정 여부에 관하여 다툼이 있는 경우에는 그 단계에서는 아직 조합의 어떠한 처분 등이 개입될 여지는 없으므로 공법상의 당사자소송에 의하여 그 조합원자격의 확인을 구할 수 있고 ……(대판 1996. 2. 15, 94다31235 전합)

② ○

1. 산업재해보상보험법 시행령 제34조 제3항 [별표 3] '업무상 질병에 대한 구체적인 인정기준'은 산업재해보상보험법 제37조 제1항 제2호에서 정한 '업무상 질병'에 해당하는 경우를 예시적으로 규정한 것이다.
2. 산업재해보상보험법 시행령 제34조 제3항 [별표 3] '인정기준'의 위임에 따른 「뇌혈관 질병 또는 심장질병 및 근골격계 질병의 업무상 질병 인정 여부 결정에 필요한 사항」(고용노동부 고시)은 대외적으로 국민과 법원을 구속하는 효력이 있는 규범이라고 볼 수 없다.
3. 근로복지공단이 처분 당시에 시행된 고용노동부 고시 「뇌혈관 질병 또는 심장 질병 및 근골격계 질병의 업무상 질병 인정 여부 결정에 필요한 사항」을 적용하여 한 산재요양 불승인처분에 대한 항고소송에서 법원이 해당 불승인처분 후 개정된 고용노동부 고시의 규정내용과 개정취지를 참작하여 상당인과관계 존부를 판단할 수 있다(대판 2023. 4. 13, 2022두47391).

③ ○

읍·면장에 의한 이장의 임명 및 면직은 행정처분이 아니라 공법상 계약 및 그 계약을 해지하는 의사표시이다(대판 2012. 10. 25, 2010두18963).

④ ×

1. 「도시 및 주거환경정비법」상의 주택재건축정비사업조합을 상대로 관리처분계획안에 대한 조합총회결의의 효력을 다투는 소송의 법적 성질은 행정소송법상 당사자소송이다.
2. 「도시 및 주거환경정비법」상의 주택재건축정비사업조합이 같은 법 제48조에 따라 수립한 관리처분계획에 대하여 관할행정청의 인가·고시가 있은 후에는 행정처분의 효력을 다투는 항고소송의 방법으로 관리처분계획의 취소 또는 무효확인을 구하여야 하고, 그와 별도로 행정처분에 이르는 절차적 요건 중 하나에 불과한 총회결의의 부분만을 따로 떼어내어 효력 유무를 다투는 확인의 소를 제기하는 것은 특별한 사정이 없는 한 허용되지 않는다(대판 2009. 9. 17, 2007다2428 전합).

✓ 기출체크

① 관련 기출

1. 재개발조합을 상대로 조합원자격 유무에 관한 확인을 구하는 소송(은 공법상 당사자소송이다) (O | X)   2022 군무원 9급

2. 재개발조합 조합원의 자격 인정 여부에 관한 다툼(은 당사자소송의 대상이다) (O | X)   2019 서울시 1회 7급

3. 구 도시재개발법상 재개발조합의 조합원자격 확인(은 당사자소송의 대상이다) (O | X)   2017 사회복지직 9급

④ 관련 기출

4. 「도시 및 주거환경정비법」상의 주택재건축정비사업조합을 상대로 관리처분계획안 또는 사업시행계획안에 대한 조합총회결의의 효력 등을 다투는 소송은 행정소송법상 당사자소송이다. (O | X)   2024 군무원 7급

5. 「도시 및 주거환경정비법」상 관리처분계획안에 대한 조합총회결의의 효력을 다투려는 조합원이 관리처분계획 인가 전에 주택재건축정비사업조합을 상대로 소송을 제기하는 경우(에는 행정소송법상 당사자소송으로 다투어야 한다) (O | X)   2024 변호사

6. 「도시 및 주거환경정비법」 등 관련법령에 의한 조합설립인가처분이 있은 후에 조합설립결의의 하자를 이유로 그 결의 부분만을 따로 떼어내어 무효 등 확인의 소를 제기하는 것이 허용되지 않는다. (O | X)   2023 군무원 9급

7. 「도시 및 주거환경정비법」상 행정주체인 주택재건축정비사업조합을 상대로 관리처분계획안에 대한 조합총회결의의 효력 등을 다투는 소송은 민사상 법률관계에 관한 것이므로 민사소송에 해당한다. (O | X)   2020 지방직·서울시 7급

8. 「도시 및 주거환경정비법」상 주택재건축정비사업조합을 상대로 관리처분계획안에 대한 조합총회결의의 효력 등을 다투는 소송은 행정소송법상 당사자소송에 해당한다. (O | X)   2019 국가직 9급, 2016 국가직 7급

9. 「도시 및 주거환경정비법」상 주택재건축정비사업조합을 상대로 관리처분계획안에 대한 조합총회결의의 효력 등을 다투는 소송은 관리처분계획의 인가·고시가 있은 이후라도 특별한 사정이 없는 한 허용되어야 한다. (O | X)   2019 지방직 7급

10. 「도시 및 주거환경정비법」상 관리처분계획안에 대한 조합총회결의의 효력을 다투는 소송(은 판례가 민사소송의 대상이라고 판단하고 있다) (O | X)   2018 서울시 9급

정답 1. O 2. O 3. O 4. O 5. O 6. O 7. X 8. O 9. X 10. X

---

13 정답 ③

① O

> **행정절차법 제22조【의견청취】** ① 행정청이 처분을 할 때 다음 각 호의 어느 하나에 해당하는 경우에는 청문을 한다.
> 1. 다른 법령 등에서 청문을 하도록 규정하고 있는 경우
> 2. 행정청이 필요하다고 인정하는 경우
> 3. 다음 각 목의 처분을 하는 경우
>   가. 인·허가 등의 취소
>   나. 신분·자격의 박탈
>   다. 법인이나 조합 등의 설립허가의 취소
> ② 행정청이 처분을 할 때 다음 각 호의 어느 하나에 해당하는 경우에는 공청회를 개최한다.
> 1. 다른 법령 등에서 공청회를 개최하도록 규정하고 있는 경우
> 2. 해당 처분의 영향이 광범위하여 널리 의견을 수렴할 필요가 있다고 행정청이 인정하는 경우
> 3. 국민생활에 큰 영향을 미치는 처분으로서 대통령령으로 정하는 처분에 대하여 대통령령으로 정하는 수 이상의 당사자 등이 공청회 개최를 요구하는 경우
> ③ 행정청이 당사자에게 의무를 부과하거나 권익을 제한하는 처분을 할 때 제1항 또는 제2항의 경우 외에는 당사자 등에게 의견제출의 기회를 주어야 한다.
> ④ 제1항부터 제3항까지의 규정에도 불구하고 제21조 제4항 각 호의 어느 하나에 해당하는 경우와 당사자가 의견진술의 기회를 포기한다는 뜻을 명백히 표시한 경우에는 의견청취를 하지 아니할 수 있다.

② O

> **행정절차법 제24조【처분의 방식】** ① 행정청이 처분을 할 때에는 다른 법령 등에 특별한 규정이 있는 경우를 제외하고는 문서로 하여야 하며, 다음 각 호의 어느 하나에 해당하는 경우에는 전자문서로 할 수 있다.
> 1. 당사자 등의 동의가 있는 경우
> 2. 당사자가 전자문서로 처분을 신청한 경우

③ X

> 처분서에 기재된 내용, 관계법령과 해당 처분에 이르기까지 전체적인 과정 등을 종합적으로 고려하여, 처분 당시 당사자가 어떠한 근거와 이유로 처분이 이루어진 것인지를 충분히 알 수 있어서 그에 불복하여 행정구제절차로 나아가는 데 별다른 지장이 없었던 것으로 인정되는 경우에는 처분서에 처분의 근거와 이유가 구체적으로 명시되어 있지 않았더라도 이를 처분을 취소하여야 할 절차상 하자로 볼 수 없다(대판 2019. 12. 13, 2018두41907).

④ O

> 특별한 사정이 없는 한 거부처분은 직접 당사자의 권익을 제한하는 것은 아니어서 신청에 대한 거부처분은 처분의 사전통지대상이 된다고 할 수 없다.
> 행정절차법 제21조 제1항은 행정청은 당사자에게 의무를 과하거나 권익을 제한하는 처분을 하는 경우에는 미리 처분의 제목, 당사자의 성명 또는 명칭과 주소, 처분하고자 하는 원인이 되는 사실과 처분의 내용 및 법적 근거, 그에 대하여 의견을 제출할 수 있다는 뜻과 의견을 제출하지 아니하는 경우의 처리방법, 의견제출기관의 명칭과 주소, 의견제출기한 등을 당사자 등에게 통지하도록 하고 있는바, 신청에 따른 처분이 이루어지지 아니한 경우에는 아직 당사자에게 권익이 부과되지 아니하였으므로 특별한 사정이 없는 한 신청에 대한 거부처분이라고 하더라도 직접 당사자의 권익을 제한하는 것은 아니어서 신청에 대한 거부처분을 여기에서 말하는 '당사자의 권익을 제한하는 처분'에 해당한다고 할 수 없는 것이어서 처분의 사전통지대상이 된다고 할 수 없다(대판 2003. 11. 28, 2003두674).

✓ 기출체크

① 관련 기출

1. 행정청이 당사자에게 의무를 과하거나 권익을 제한하는 처분을 하는 경우라도 당사자가 명백히 의견진술의 기회를 포기한다는 뜻을 표시한 경우에는 의견청취를 하지 않을 수 있다. (○ | ×) 2022 해경간부

2. 행정청의 처분으로 의무가 부과되거나 권익이 제한되는 경우라도 당사자가 의견진술의 기회를 포기한다는 뜻을 명백히 표시한 경우에는 의견청취를 생략할 수 있다. (○ | ×) 2022 · 2018 국가직 9급

3. 행정청은 법령상 청문실시의 사유가 있는 경우에도 당사자가 의견진술의 기회를 포기한다는 뜻을 명백히 표시한 경우에는 의견청취를 하지 않을 수 있다. (○ | ×) 2016 교육행정직 9급

4. 의견청취절차로서 의견제출권 및 청문권은 공권이기는 하지만 당사자의 의사에 의하여 의견청취를 아니할 수 있다. (○ | ×) 2009 관세사

② 관련 기출

5. 행정청이 처분을 할 때에는 다른 법령 등에 특별한 규정이 있는 경우를 제외하고는 문서로 하여야 하며, 전자문서로 하는 경우에는 당사자의 동의가 있어야 한다. (○ | ×) 2024 군무원 5급

6. 행정청이 처분을 할 때에는 문서로 하여야 하며, 당사자 등의 동의가 있는 경우에도 전자문서로는 할 수 없다. (○ | ×) 2023 군무원 5급

7. 행정청이 처분을 하는 때에는 다른 법령 등에 특별한 규정이 있는 경우를 제외하고는 문서로 하여야 하는 것이 원칙이다. (○ | ×) 2023 소방간부

8. 행정청이 처분을 할 때에는 다른 법령 등에 특별한 규정이 있는 경우를 제외하고는 당사자 등의 동의를 얻어 문서 또는 전자문서로 한다. (○ | ×) 2020 경행경채

③ 관련 기출

9. 처분서에 기재된 내용과 관계법령 및 해당 처분에 이르기까지의 전체적인 과정 등을 종합적으로 고려하여 처분 당시 당사자가 어떠한 근거와 이유로 처분이 이루어진 것인지를 충분히 알 수 있어서 그에 불복하여 행정구제절차로 나아가는 데에 별다른 지장이 없었더라도, 처분서에 처분의 근거와 이유가 구체적으로 명시되어 있지 않았다면 그 처분은 위법하다. (○ | ×) 2025 변호사

10. 처분서에 기재된 내용과 관계법령 및 당해 처분에 이르기까지 전체적인 과정 등을 종합적으로 고려하여, 처분 당시 당사자가 어떠한 근거와 이유로 처분이 이루어진 것인지를 충분히 알 수 있어서 행정구제절차로 나아가는 데에 별다른 지장이 없는 경우라면 처분서에 처분의 근거와 이유가 구체적으로 명시되어 있지 않았더라도 절차상 위법하지 않다. (○ | ×) 2024 소방간부

④ 관련 기출

11. 신청에 대한 거부처분은 특별한 사정이 없는 한 직접 당사자의 권익을 제한하는 것은 아니어서 처분의 사전통지대상이 된다고 할 수 없다. (○ | ×) 2024 국회직 9급

12. 신청에 따른 처분이 이루어지지 아니한 경우에는 아직 당사자에게 권익이 부과되지 아니하였으므로 특별한 사정이 없는 한 처분의 사전통지대상이 된다고 할 수 없다. (○ | ×) 2024 소방간부

13. 특별한 사정이 없는 한 신청에 대한 거부처분이라고 하더라도 직접 당사자의 권익을 제한하는 것은 아니어서 신청에 대한 거부처분은 사전통지대상이 된다고 할 수 없다. (○ | ×) 2023 서울시 지적 7급

14. 행정청은 거부처분을 할 경우에는 상대방에게 원칙적으로 사전통지를 하여야 한다. (○ | ×) 2023 군무원 7급

15. 신청에 대한 거부처분은 당사자의 권익을 제한하는 처분에 해당하므로 처분의 사전통지의 대상이 된다. (○ | ×) 2022 군무원 7급

16. 신청에 따른 처분이 이루어지지 아니한 경우에는 아직 당사자에게 권익이 부과되지 아니하였으므로 특별한 사정이 없는 한 신청에 대한 거부처분은 직접 당사자의 권익을 제한하는 것은 아니어서 처분의 사전통지대상이 된다고 할 수 없다. (○ | ×) 2021 지방직 · 서울시 7급, 2018 경행경채

정답 1. ○ 2. ○ 3. ○ 4. ○ 5. ○ 6. × 7. ○ 8. × 9. × 10. ○ 11. ○ 12. ○ 13. ○ 14. × 15. × 16. ○

14   정답 ③

① ○

> 1. 국민의 정보공개청구권은 법률상 보호되는 구체적인 권리이므로, 공공기관에 대하여 정보의 공개를 청구하였다가 공개거부처분을 받은 청구인은 행정소송을 통하여 그 공개거부처분의 취소를 구할 법률상 이익이 있고, 공개청구의 대상이 되는 정보가 이미 공개되어 있다거나 다른 방법으로 손쉽게 알 수 있다는 사정만으로 소의 이익이 없다거나 비공개결정이 정당화될 수 없다(대판 2007. 7. 13, 2005두8733 ; 대판 2010. 12. 23, 2008두13101 등 참조).
> 2. 또한 청구인이 공공기관에 대하여 정보공개를 청구하였다가 거부처분을 받은 이상, 그 자체로 공개거부처분의 취소를 구할 법률상 이익이 인정되고, 그 외에 추가로 어떤 법률상 이익이 있을 것을 요하지 않는다(대판 2003. 12. 12, 2003두8050 ; 대판 2004. 9. 23, 2003두1370 등 참조).
> 3. 감봉 1개월의 징계처분을 받은 원고가 징계위원들의 성명과 직위에 대한 정보공개청구를 하였다가 거부처분을 받은 사안에서, 비록 이 사건 징계처분에 대한 항고절차에서 원고가 징계위원회 구성에 절차상 하자가 있다는 점을 알게 되었다거나 이 사건 징계처분이 취소되었다고 하더라도, 그와 같은 사정들만으로 이 사건 처분의 취소를 구할 법률상 이익이 없다고 볼 수 없고, 피고가 원고의 정보공개청구를 거부한 이상 원고로서는 여전히 그 정보공개거부처분의 취소를 구할 법률상 이익을 갖는다고 할 것이다(대판 2022. 5. 26, 2022두34562).

② ○

> 1. 학교법인의 임시이사선임처분에 대한 취소소송 제기 후 소송계속 중 임시이사가 교체되어 새로운 임시이사가 선임된 경우, 당초의 임시이사선임처분의 취소를 구할 소의 이익이 있다(위법한 처분이 반복될 가능성이 있어서 소의 이익을 인정한 판결이다).
> 2. 취임승인이 취소된 학교법인의 정식이사들에 대해 원래 정해져 있던 임기가 만료되었다 하더라도 후임이사 선임시까지 직무수행에 관한 긴급처리권을 인정받을 수 있는 경우에는 그 임원취임승인취소처분의 취소를 구할 소의 이익이 있다.
> 비록 취임승인이 취소된 학교법인의 정식이사들에 대하여 원래 정해져 있던 임기가 만료되고 구 사립학교법(2005. 12. 29, 법률 제7802호로 개정되기 전의 것) 제22조 제2호 소정의 임원결격사유 기간마저 경과하였다 하더라도, 그 임원취임승인취소처분이 위법하다고 판명되고 나아가 임시이사들의 지위가 부정되어 직무권한이 상실되면, 그 정식이사들은 후임이사 선임시까지 민법 제691조의 유추적용에 의하여 직무수행에 관한 긴급처리권을 가지게 되고 이에 터잡아 후임 정식이사들을 선임할 수 있게 되는바, 이는 감사의 경우에도 마찬가지이다. …… 임시이사선임처분에 대하여 취소

를 구하는 소송의 계속 중 임기만료 등의 사유로 새로운 임시이사들로 교체된 경우, 선행 임시이사선임처분의 효과가 소멸하였다는 이유로 그 취소를 구할 법률상 이익이 없다고 보게 되면, 원래의 정식이사들로서는 계속 중인 소를 취하하고 후행 임시이사선임처분을 별개의 소로 다툴 수밖에 없게 되며, 그 별소 진행 도중 다시 임시이사가 교체되면 또 새로운 별소를 제기하여야 하는 등 무익한 처분과 소송이 반복될 가능성이 있으므로, …… 나아가 선행 임시이사선임처분의 취소를 구하는 소송 도중에 선행 임시이사가 후행 임시이사로 교체되었더라도 여전히 선행 임시이사선임처분의 취소를 구할 법률상 이익이 있다(대판 2007. 7. 19, 2006두19297 전합).

③ ✕

현역병입영대상자로 병역처분을 받은 자가 그 취소소송 중 모병에 응하여 현역병으로 자진입대한 경우 소의 이익이 없다.

현역병입영대상자로 병역처분을 받은 자가 그 취소소송 중 모병에 응하여 현역병으로 자진입대한 경우, 그 처분의 위법을 다툴 실제적 효용 내지 이익이 없다는 이유로 소의 이익이 없다(대판 1998. 9. 8, 98두9165).

④ ○

한국방송공사 사장에 대한 해임처분 무효확인 또는 취소소송계속 중 임기가 만료되어 해임처분의 무효확인 또는 취소로 지위를 회복할 수는 없다고 할지라도, 그 무효확인 또는 취소로 해임처분일부터 임기만료일까지 기간에 대한 보수지급을 구할 수 있는 경우에는 해임처분의 무효확인 또는 취소를 구할 법률상 이익이 있다(대판 2012. 2. 23, 2011두5001).

✓ 기출체크

② 관련 기출

1. 징계처분을 받은 군인 甲이 징계위원회 구성의 절차상 하자를 확인하기 위해 징계위원의 성명과 직위에 대한 공개를 청구하였으나 거부당하여 이에 대한 취소소송을 제기하였는데, 甲이 제기한 징계항고절차에서 징계위원회 구성에 하자가 있음을 알게 되었고, 그 하자를 이유로 해당 징계처분이 취소되었다면, 甲의 위 취소소송에서 정보의 공개를 구할 법률상 이익은 소멸한다. (○ | ✕) 2025 변호사

2. 견책의 징계처분을 받은 자가 소속 기관의 장에게 징계위원회에 참여한 징계위원의 성명과 직위에 대한 정보공개청구를 하였으나 해당 정보가 비공개대상이라는 이유로 거부된 경우, 그 견책처분에 대한 취소소송의 기각판결이 확정되었다면 정보공개거부처분의 취소를 구할 법률상 이익은 인정되지 않는다. (○ | ✕) 2024 국가직 7급

3. 학교법인 임원취임승인의 취소처분 후 그 임원의 임기가 만료되고 구 사립학교법 소정의 임원결격사유기간마저 경과한 경우에 취임승인이 취소된 임원은 취임승인취소처분의 취소를 구할 소의 이익이 없다. (○ | ✕) 2018 지방직 9급

4. 취임승인이 취소된 학교법인의 정식이사들에 대해 원래 정해져 있던 임기가 만료되면 그 임원취임승인취소처분의 취소를 구할 소의 이익이 없다. (○ | ✕) 2017 지방직 9급

5. 임원취임승인의 취소처분과 임시이사선임처분의 취소소송을 동시에 제기하여 소송계속 중 임시이사의 임기가 만료되고 새로운 임시이사가 선임된 경우(는 적법한 소로 볼 수 있다) (○ | ✕) 2012 국회직 8급

③ 관련 기출

6. 현역병입영대상자로 병역처분을 받은 자가 그 취소소송 도중에 모병에 응하여 현역병으로 자진입대한 경우에는 권리보호의 필요가 없는 경우로서 소의 이익을 인정할 수 없다. (○ | ✕) 2018 경행경채

7. 현역병입영대상으로 병역처분을 받은 자가 그 취소소송 중 모병에 응하여 현역병으로 자진입대한 경우 현역병입영처분의 취소를 구하는 소송은 소의 이익이 없다. (○ | ✕) 2014 사회복지직 9급

8. 현역병입영대상자로 병역처분을 받은 자가 그 취소소송 중 모병에 응하여 현역병으로 자진입대한 경우, 소의 이익이 없다. (○ | ✕) 2013 경행특채

④ 관련 기출

9. 乙은 해임처분 취소소송계속 중 임기가 만료되었으나 해임처분이 취소되면 해임처분일부터 임기만료일까지의 기간에 대하여 보수지급을 구할 수 있는 경우, 해임처분의 취소를 구할 법률상 이익이 있다. (○ | ✕) 2024 변호사

10. 해임처분 취소소송계속 중 임기가 만료되어 해임처분의 취소로 지위를 회복할 수는 없다고 할지라도, 그 취소로 해임처분일부터 임기만료일까지 기간에 대한 보수지급을 구할 수 있는 경우에는 해임처분의 취소를 구할 법률상 이익이 있으므로, 수소법원은 본안에 대하여 판단하여야 한다. (○ | ✕) 2022 국가직 9급

11. 한국방송공사 사장은 해임처분 무효확인 또는 취소소송계속 중 임기가 만료되어 해임처분의 무효확인 또는 취소로 지위를 회복할 수 없다고 할지라도, 그 무효확인 또는 취소로 해임처분일부터 임기만료일까지의 기간에 대한 보수지급을 구할 수 있는 경우에는 해임처분의 무효확인 또는 취소를 구할 법률상 이익이 있다. (○ | ✕) 2016 지방직 9급

정답 1. ✕ 2. ✕ 3. ✕ 4. ✕ 5. ○ 6. ○ 7. ○ 8. ○ 9. ○ 10. ○ 11. ○

15

정답 ④

① ✕

「공공기관의 정보공개에 관한 법률」제14조【부분공개】공개청구한 정보가 제9조 제1항 각 호의 어느 하나에 해당하는 부분과 공개 가능한 부분이 혼합되어 있는 경우로서 공개청구의 취지에 어긋나지 아니하는 범위에서 두 부분을 분리할 수 있는 경우에는 제9조 제1항 각 호의 어느 하나에 해당하는 부분을 제외하고 공개하여야 한다.

1. 법원이 행정기관의 정보공개거부처분의 위법 여부를 심리한 결과 공개를 거부한 정보에 비공개사유에 해당하는 부분과 그렇지 않은 부분이 혼합되어 있고, 공개청구의 취지에 어긋나지 않는 범위 안에서 두 부분을 분리할 수 있음을 인정할 수 있을 때에는 공개가 가능한 정보에 국한하여 일부취소를 명할 수 있다(대판 2009. 12. 10, 2009두12785).

2. 비공개대상정보에 해당하는 부분과 공개가 가능한 부분이 구별되고 이를 분리할 수 있는 경우, 판결의 주문에 행정청의 위 거부처분 중 공개가 가능한 정보에 관한 부분만을 취소한다고 표시하여야 한다(대판 2003. 3. 11, 2001두6425).

② ✕

공개청구의 대상이 되는 정보가 이미 다른 사람에게 공개되어 널리 알려져 있다거나 인터넷이나 관보 등을 통하여 공개되어 인터넷 검색이나 도서관에서의 열람 등을 통하여 쉽게 알 수 있다고 하여 소의 이익이 없다고 볼 수 없고 비공개결정이 정당화될 수도 없다(대판 2008. 11. 27, 2005두15694).

③ ✕

> (대학수학능력시험 수험생의 원점수정보에 관한 공개청구를 행정청이 거부한 사안에서) 공공기관에 의하여 전자적 형태로 보유·관리되는 정보가 정보공개청구인이 구하는 대로 되어 있지 않더라도, 청구인이 구하는 대로 편집이 가능하며 그러한 작업이 당해 기관의 업무수행에 큰 지장을 초래하지 아니한다면 공공기관이 공개청구대상정보를 보유·관리하고 있는 것으로 볼 수 있다(편저자 주 : 공개대상이라는 의미). 당해 기관에서 통상 사용되는 컴퓨터 하드웨어 및 소프트웨어와 기술적 전문지식을 사용하여 그 기초자료를 검색하여 청구인이 구하는 대로 편집할 수 있으며, 그러한 작업이 당해 기관의 컴퓨터 시스템 운용에 별다른 지장을 초래하지 아니한다면, 그 공공기관이 공개청구대상정보를 보유·관리하고 있는 것으로 볼 수 있고, 이러한 경우에 기초자료를 검색·편집하는 것은 새로운 정보의 생산 또는 가공에 해당한다고 할 수 없다(대판 2010. 2. 11, 2009두6001).

④ ○

> 청구인이 정보공개거부처분의 취소를 구하는 소송에서 공공기관이 청구정보를 증거 등으로 법원에 제출하여 법원을 통하여 그 사본을 청구인에게 교부 또는 송달되게 하여 결과적으로 청구인에게 정보를 공개하는 셈이 되었다고 하더라도, 이러한 우회적인 방법은 「공공기관의 정보공개에 관한 법률」이 예정하고 있지 아니한 방법으로서 「공공기관의 정보공개에 관한 법률」에 의한 공개라고 볼 수는 없으므로, 당해 정보의 비공개결정의 취소를 구할 소의 이익은 소멸되지 않는다.
> '이 사건 심리생리검사에서 질문한 질문내용 문서'를 공개하는 것은 심리생리검사업무에 현저한 지장을 초래한다고 인정할 만한 상당한 이유가 있다고 보아 이에 대한 비공개결정이 적법하다(대판 2016. 12. 15, 2012두11409·11416).

✓ 기출체크

① 관련 기출

1. 법원이 행정기관의 정보공개거부처분의 위법 여부를 심리한 결과 공개를 거부한 정보에 비공개사유에 해당하는 부분과 그렇지 않은 부분이 혼합되어 있고, 공개청구의 취지에 어긋나지 않는 범위 안에서 두 부분을 분리할 수 있더라도 공개가 가능한 정보에 국한하여 일부취소를 명할 수 없다. (○ | ✕)　　2024 지방직·서울시 7급

2. 정보공개거부처분 취소소송에서 공개청구의 취지에 어긋나지 아니하는 범위 안에서 공개를 거부한 정보가 비공개대상정보에 해당하는 부분과 공개가 가능한 부분으로 분리될 수 있다고 인정되면 법원은 공개가 가능한 부분을 특정하고 판결의 주문에 공개가 가능한 정보에 관한 부분만을 취소한다고 표시해야 한다. (○ | ✕)　　2023 국가직 7급

3. 정보공개를 거부한 비공개사유에 해당하는 부분과 그렇지 않은 부분이 혼합되어 있고, 공개청구의 취지상 두 부분을 분리할 수 있는 경우 법원은 공개가 가능한 정보에 국한하여 일부취소를 명할 수 있다. (○ | ✕)　　2022 서울시 지적 7급

4. (민간시민단체 A는 관할행정청 B에게 개발사업의 승인과 관련한 정보공개를 청구하였으나 B는 현재 재판 진행 중인 사안이 포함되어 있다는 이유로 「공공기관의 정보공개에 관한 법률」 제9조 제1항 제4호의 사유를 들어 A의 정보공개청구를 거부하였다) A가 공개청구한 정보의 일부가 「공공기관의 정보공개에 관한 법률」상 비공개사유에 해당하는 때에는 그 나머지 정보만을 공개하는 것이 가능한 경우라 하더라도 법원은 공개 가능한 정보에 관한 부분만의 일부취소를 명할 수는 없다. (○ | ✕)　　2022 국가직 9급

5. 정보공개거부처분 취소소송에 있어서 정보의 분리공개가 가능하다 하더라도 원고가 공개가 가능한 정보에 관한 부분만의 일부취소로 청구취지를 변경하지 않았다면 법원은 일부취소를 명할 수 없다. (○ | ✕)　　2022 국회직 8급

6. 법원이 행정기관의 정보공개거부처분의 위법 여부를 심리한 결과 공개를 거부한 정보에 비공개사유에 해당하는 부분과 그렇지 않은 부분이 혼합되어 있고, 공개청구의 취지에 어긋나지 않는 범위 안에서 두 부분을 분리할 수 있음을 인정할 수 있을 때에도 공개가 가능한 정보에 국한하여 정보공개거부처분의 일부취소를 명할 수는 없다. (○ | ✕)　　2021 지방직·서울시 7급

② 관련 기출

7. 이미 다른 사람에게 공개되어 널리 알려져 있거나 인터넷을 통해 공개되어 인터넷 검색 등을 통하여 쉽게 검색할 수 있는 경우에는 공개청구의 대상이 될 수 없다. (○ | ✕)　　2022 군무원 7급

8. 공개청구된 정보가 이미 인터넷을 통해 공개되어 인터넷 검색으로 쉽게 접근할 수 있는 경우에는 비공개결정이 정당화될 수 있다. (○ | ✕)　　2022 국회직 8급, 2021 국가직 7급

9. 공개청구의 대상이 되는 정보가 이미 다른 사람에게 공개되어 널리 알려져 있다거나 인터넷 등을 통하여 공개되어 인터넷 검색 등을 통하여 쉽게 알 수 있다는 사정만으로는 비공개결정이 정당화될 수 없다. (○ | ✕)　　2020 국가직 9급

10. 공개청구의 대상이 되는 정보가 이미 다른 사람에게 공개되어 널리 알려져 있다거나 인터넷 등을 통하여 공개되어 인터넷 검색 등을 통하여 쉽게 알 수 있다면 행정청의 정보비공개결정이 정당화될 수 있다. (○ | ✕)　　2020 지방직·서울시 9급, 2013 국회직 8급

③ 관련 기출

11. 전자적 형태로 보유·관리되는 정보의 경우에 그 정보가 청구인이 구하는 대로 되어 있지 않더라도 공개청구를 받은 공공기관이 공개청구대상정보의 기초자료를 검색하여 청구인이 구하는 대로 편집할 수 있으며, 그 작업이 당해 기관의 업무수행에 별다른 지장을 초래하지 않는다면 그 공공기관이 공개청구대상정보를 보유·관리하고 있는 것으로 볼 수 있다. (○ | ✕)　　2023 지방직·서울시 7급

12. 공공기관에 의하여 보유·관리되는 정보가 공개청구인이 구하는 대로 되어 있지 아니한 경우, 당해 정보가 전자적 정보로서 당해 기관에서 통상 사용되는 기술로 기초자료를 검색·편집할 수 있고 당해 기관의 컴퓨터 시스템 운용에 별다른 지장을 초래하는 것이 아니라도 공개청구의 대상이 될 수 없다. (○ | ✕)　　2022 경찰간부

13. 공개청구를 받은 공공기관이 공개청구대상정보의 기초자료를 전자적 형태로 보유·관리하고 있고, 당해 기관에서 통상 사용되는 컴퓨터 하드웨어 및 소프트웨어와 기술적 전문지식을 사용하여 그 기초자료를 검색하여 청구인이 구하는 대로 편집할 수 있으며, 그러한 작업이 당해 기관의 컴퓨터 시스템 운용에 별다른 지장을 초래하지 아니한다면, 그 공공기관이 공개청구대상정보를 보유·관리하고 있는 것으로 볼 수 있다. (○ | ✕)　　2021 경행경채

④ 관련 기출

14. 정보공개청구인이 제기한 정보공개거부처분 취소소송에서 해당 공공기관이 법원에 증거로 제출한 청구정보의 사본을 청구인이 송달받아 결과적으로 해당 공공기관이 정보공개청구인에게 정보를 공개하는 셈이 되었더라도, 해당 정보의 비공개결정의 취소를 구할 소의 이익은 소멸되지 않는다. (○ | ✕)　　2025 변호사

15. 정보공개거부처분의 취소를 구하는 행정소송에서 정보공개청구인이 정보공개거부처분을 받은 것 외에 추가로 법률상 이익이 있어야 하는 것도 아니며, 정보공개청구의 대상이 되는 정보가 이미 공개되어 있다는 사정만으로 소의 이익이 없는 것도 아니다. (○ | ×)   2024 국가직 7급

16. 청구인이 정보공개거부처분의 취소를 구하는 소송에서 공공기관이 청구정보를 증거 등으로 법원에 제출하여 법원을 통하여 그 사본을 청구인에게 교부 또는 송달되게 하여 결과적으로 청구인에게 정보를 공개하는 셈이 되었다면, 당해 정보의 비공개결정의 취소를 구할 소의 이익은 소멸된다. (○ | ×)   2024·2022 지방직·서울시 7급, 2018 국가직 7급

17. 청구인이 정보공개거부처분의 취소를 구하는 소송에서 공공기관이 청구정보를 증거 등으로 법원에 제출하여 법원을 통하여 그 사본을 청구인에게 교부 또는 송달되게 하여 결과적으로 청구인에게 정보를 공개하는 셈이 되었다면 이는 정보공개법에 의한 공개라고 볼 수 있다. (○ | ×)   2024 변호사

18. 정보비공개결정 취소소송에서 원고인 청구인이 소송과정에서 공공기관이 법원에 제출한 정보의 사본을 송달받은 경우, 그 정보의 비공개결정의 취소를 구할 소의 이익이 소멸한다. (○ | ×)   2023 국회직 8급

19. 정보비공개결정 취소소송에서 공공기관이 청구정보를 증거로 법원에 제출하여 법원을 통하여 그 사본을 청구인에게 교부되게 하여 정보를 공개하게 된 경우에는 비공개결정의 취소를 구할 소의 이익이 소멸한다. (○ | ×)   2022 해경간부

20. 정보공개거부처분 취소소송에서 행정기관이 청구정보를 증거 등으로 법원에 제출하여 결과적으로 청구인에게 정보를 공개하는 결과가 되었다고 하더라도, 당해 정보의 비공개결정의 취소를 구할 소의 이익은 소멸되지 않는다. (○ | ×)   2022 국가직 7급

21. 정보공개거부처분의 취소를 구하는 소송에서 공공기관이 청구정보를 증거 등으로 법원에 제출하여 법원을 통하여 그 사본을 청구인에게 교부 또는 송달되게 하여 청구인에게 정보를 공개하는 셈이 되었다면, 이러한 우회적인 방법에 의한 공개는 「공공기관의 정보공개에 관한 법률」에 의한 공개라고 볼 수 있다. (○ | ×)   2020 국가직 9급

정답 1. × 2. ○ 3. ○ 4. × 5. × 6. × 7. × 8. × 9. ○ 10. × 11. ○ 12. × 13. ○ 14. × 15. ○ 16. × 17. × 18. × 19. × 20. ○ 21. ×

16
정답 ②

① ⓐ 처분 × ⓑ 처분 ○ ⓒ 처분 ×

> 1. 구 국세징수법상 가산금 또는 중가산금의 고지는 항고소송의 대상이 되는 처분이 아니다(ⓐ).
> 구 국세징수법 제21조, 제22조(현행 삭제)가 규정하는 가산금 또는 중가산금은 국세를 납부기한까지 납부하지 아니하면 과세청의 확정절차 없이도 법률규정에 의하여 당연히 발생하는 것이므로 가산금 또는 중가산금의 고지가 항고소송의 대상이 되는 처분이라고 볼 수 없다(대판 2005. 6. 10, 2005다15482).
> 2. 공정거래위원회의 '표준약관 사용권장행위'는 항고소송의 대상이 되는 처분이다(ⓑ).
> 공정거래위원회의 '표준약관 사용권장행위'는 그 통지를 받은 해당 사업자 등에게 표준약관과 다른 약관을 사용할 경우 표준약관과 다르게 정한 주요 내용을 고객이 알기 쉽게 표시하여야 할 의무를 부과하고, 그 불이행에 대해서는 과태료에 처하도록 되어 있으므로, 이는 사업자 등의 권리·의무에 직접 영향을 미치는 행정처분으로서 항고소송의 대상이 된다(대판 2010. 10. 14, 2008두23184).
> 3. 공정거래위원회의 고발조치 및 고발의결은 행정기관 상호 간의 행위에 불과하므로 항고소송의 대상이 되는 행정처분이 아니다(ⓒ)(대판 1995. 5. 12, 94누13794).

② ⓐ 처분 ○ ⓑ 처분 ○ ⓒ 처분 ○

> 1. 국가인권위원회의 각하 및 기각결정은 법률상 신청권이 있는 피해자인 진정인의 권리행사에 중대한 지장을 초래하는 것으로서 항고소송의 대상이 되는 행정처분(ⓐ)에 해당하므로, 헌법소원의 보충성에 따라 그에 대한 다툼은 우선 행정심판이나 행정소송에 의하여야 할 것이다(헌재 2015. 3. 26, 2013헌마214 등).
> 2. 「진실·화해를 위한 과거사정리 기본법」제26조에 따른 진실·화해를 위한 과거사정리위원회의 진실규명결정은 항고소송의 대상이 되는 행정처분이다(ⓑ)(대판 2013. 1. 16, 2010두22856).
> 3. 구 「하도급거래 공정화에 관한 법률」제26조 제2항은 입찰참가자격제한 요청의 요건을 구 「하도급거래 공정화에 관한 법률 시행령」으로 정하는 기준에 따라 부과한 벌점의 누산점수가 일정 기준을 초과하는 경우로 구체화하고, 위 요건을 충족하는 경우 공정거래위원회는 법 제26조 제2항 후단에 따라 관계행정기관의 장에게 해당 사업자에 대한 입찰참가자격제한 요청 결정을 하게 되며, 이를 요청받은 관계행정기관의 장은 특별한 사정이 없는 한 그 사업자에 대하여 입찰참가자격을 제한하는 처분을 해야 하므로, 사업자로서는 입찰참가자격제한 요청 결정이 있으면 장차 후속처분으로 입찰참가자격이 제한될 수 있는 법률상 불이익이 존재한다. 이때 입찰참가자격제한 요청 결정이 있음을 알고 있는 사업자로 하여금 입찰참가자격제한처분에 대하여만 다툴 수 있도록 하는 것보다는 그에 앞서 직접 입찰참가자격제한 요청 결정의 적법성을 다툴 수 있도록 함으로써 분쟁을 조기에 근본적으로 해결하도록 하는 것이 법치행정의 원리에도 부합한다. 따라서 공정거래위원회의 입찰참가자격제한 요청 결정은 항고소송의 대상이 되는 처분에 해당한다(ⓒ)(대판 2023. 2. 2, 2020두48260).

③ ⓐ 처분 × ⓑ 처분 × ⓒ 처분 ○

> 1. 공무원이 소속 장관으로부터 받은 서면에 의한 경고가 국가공무원법상의 징계처분이나 행정소송의 대상이 되는 행정처분이라고 할 수 없어(ⓐ) 그 취소를 구할 법률상의 이익이 없다(대판 1991. 11. 12, 91누2700).
> 2. 교육부장관이 시·도 교육감에게 통보한 대학입시기본계획 내의 내신성적산정지침은 항고소송의 대상인 행정처분이 아니다(ⓑ)(대판 1994. 9. 10, 94두33).
> 3-1. 고시도 집행행위의 매개 없이 직접 국민의 권리·의무를 규율하는 경우 처분이 된다.
> 3-2. 보건복지부 고시인 「약제급여·비급여목록 및 급여상한금액표」는 다른 집행행위의 매개 없이 그 자체로서 국민건강보험가입자, 국민건강보험공단, 요양기관 등의 법률관계를 직접 규율하는 성격을 가지므로 항고소송의 대상이 되는 행정처분에 해당한다(ⓒ). 어떠한 고시가 일반적·추상적 성격을 가질 때에는 법규명령 또는 행정규칙에 해당할 것이지만, 다른 집행행위의 매개 없이 그 자체로서 직접 국민의 구체적인 권리·의무나 법률관계를 규율하는 성격을 가질 때에는 행정처분에 해당한다(대판 2006. 9. 22, 2005두2506).

④ ⓐ 처분 ○ ⓑ 처분 × ⓒ 처분 ×

> 1. 공법인인 총포·화약안전기술협회의 '회비납부통지'는 '부담금 부과처분'으로서 항고소송의 대상이 된다(ⓐ).

「총포·도검·화약류 등의 안전관리에 관한 법률 시행령」 제78조 제1항 제3호, 제79조 및 총포·화약안전기술협회(이하 '협회'라 한다) 정관의 관련규정의 내용을 위 법리에 비추어 살펴보면, 공법인인 협회가 자신의 공행정활동에 필요한 재원을 마련하기 위하여 회비납부의무자에 대하여 한 '회비납부통지'는 납부의무자의 구체적인 부담금액을 산정·고지하는 '부담금 부과처분'으로서 항고소송의 대상이 된다고 보아야 한다(대판 2021. 12. 30, 2018다241458).

2. 한국마사회의 조교사 및 기수 면허 부여 또는 취소는 행정처분이 아니다(ⓑ).
   한국마사회가 조교사 또는 기수의 면허를 부여하거나 취소하는 것은 경마를 독점적으로 개최할 수 있는 지위에서 우수한 능력을 갖추었다고 인정되는 사람에게 경마에서의 일정한 기능과 역할을 수행할 수 있는 자격을 부여하거나 이를 박탈하는 것에 지나지 아니하므로, 이는 국가 기타 행정기관으로부터 위탁받은 행정권한의 행사가 아니라 일반사법상의 법률관계에서 이루어지는 단체 내부에서의 징계 내지 제재처분이다(대판 2008. 1. 31, 2005두8269).

3. 과거에 법률에 의하여 당연퇴직된 공무원의 복직 또는 재임용신청에 대한 행정청의 거부행위는 항고소송의 대상이 되는 행정처분에 해당하지 아니한다(ⓒ)(대판 2005. 11. 25, 2004두12421).

✓ 기출체크

①-ⓐ 관련 기출

1. 구 국세징수법상 가산금 또는 중가산금의 고지는 항고소송의 대상이 되는 처분이 아니다. (O I ×)
   2023 지방직·서울시 9급

2. 구 국세징수법상 가산금은 국세를 납부기한까지 납부하지 아니하면 과세청의 확정절차 없이도 법률에 의하여 당연히 발생하는 것이므로 가산금의 고지는 항고소송의 대상이 되는 처분이라고 볼 수 없다. (O I ×)
   2019 국가직 9급

①-ⓑ 관련 기출

3. 구 「약관의 규제에 관한 법률」에 따른 공정거래위원회의 표준약관 사용권장행위(는 항고소송의 대상이 되는 처분에 해당한다) (O I ×)
   2019 서울시 9급

4. (판례에 따르면) 공정거래위원회의 '표준약관 사용권장행위'는 항고소송의 대상이 되는 행정처분이 아니다. (O I ×)
   2015 경행특채 1차

5. (판례에 의할 경우) 공정거래위원회의 표준약관 사용권장행위(는 항고소송의 대상이 될 수 있다) (O I ×)
   2014 국회직 8급

6. 공정거래위원회의 표준약관 사용권장행위는 처분이다. (O I ×)
   2014 경행특채 1차

①-ⓒ 관련 기출

7. 공정거래위원회의 고발조치(는 행정소송법상 '처분'에 해당한다) (O I ×)
   2019 서울시 1회 7급

8. 공정거래위원회의 고발조치는 사직당국에 대하여 형벌권행사를 요구하는 행정기관 상호 간의 행위로서 행정청의 의사결정이므로 항고소송의 대상이 되는 행정처분이다. (O I ×)
   2012 국회(속기·경위직) 9급

9. 행정소송으로 다툴 사안으로 옳지 않은 것은? (다툼이 있는 경우 판례에 의함)
   2012 국가직 7급
   ① 공정거래위원회의 고발조치 및 고발의결에 관한 소
   ② 국유재산의 관리청이 무단점유자에 대하여 하는 변상금 부과처분에 관한 소
   ③ 지방의회의장에 대한 불신임의결에 관한 소
   ④ 지방자치단체에 근무하는 청원경찰에 대한 징계처분에 관한 소

10. 공정거래위원회의 고발조치나 고발의결은 「독점규제 및 공정거래에 관한 법률」 제71조에서 위 기관의 고발을 동 법률위반죄의 소추요건으로 규정하고 있으므로 항고소송의 대상이 되는 처분에 해당한다. (O I ×)
    2010 국회속기직 9급

②-ⓐ 관련 기출

11. 국가인권위원회가 진정에 대하여 각하 및 기각결정을 할 경우 피해자인 진정인은 인권침해 등에 대한 구제조치를 받을 권리를 박탈당하게 되므로, 국가인권위원회의 진정에 대한 각하 및 기각결정은 처분에 해당한다. (O I ×)
    2019 국가직 9급

12. 국가인권위원회의 각하 및 기각결정은 항고소송의 대상이 되는 처분에 해당하지 아니하므로 헌법소원의 보충성요건을 충족하여 헌법소원의 대상이 된다. (O I ×)
    2017 국회직 8급

②-ⓑ 관련 기출

13. 「진실·화해를 위한 과거사정리 기본법」에 따른 과거사정리위원회의 진실규명결정은 피해자 등에게 진실규명 신청권 및 그 결정에 대한 이의신청권 등이 부여되고, 그 결정에서 규명된 진실에 따라 국가가 법률상 의무를 부담하게 된다는 점 등에서 항고소송의 대상이 된다. (O I ×)
    2022 소방간부

14. 「진실·화해를 위한 과거사정리 기본법」이 규정하는 진실규명결정은 국민의 권리·의무에 직접적으로 영향을 미치는 행위로서 항고소송의 대상이 된다. (O I ×)
    2018 경행경채 3차

②-ⓒ 관련 기출

15. 공정거래위원회가 「하도급거래 공정화에 관한 법률」 제26조(관계행정기관의 장의 협조)에 따라 관계행정기관의 장에게 한 원사업자 또는 수급사업자에 대한 입찰참가자격의 제한을 요청한 결정은 항고소송의 대상이 되는 처분에 해당한다. (O I ×)
    2024 국가직 7급

③-ⓑ 관련 기출

16. 교육부장관이 대학입시기본계획에서 내신성적산정기준에 관한 시행지침을 마련하여 시·도교육감에게 통보한 경우, 각 고등학교에서 위 지침에 일률적으로 기속되어 내신성적을 산정할 수밖에 없고 대학에서도 이를 그대로 내신성적으로 인정하여 입학생을 선발할 수밖에 없으므로 내신성적산정지침은 항고소송의 대상이 되는 행정처분에 해당한다. (O I ×)
    2024 지방직·서울시 9급

17. 교육부장관이 시·도교육감에게 통보한 내신성적산정지침은 행정조직 내부에서의 내부적 심사기준이라기보다는 그 지침으로 인해 국민의 권익에 대한 직접적·구체적 변동을 가져올 수 있는 점에서 항고소송의 대상이 되는 처분으로 보아야 한다. (O I ×)
    2024 소방간부

18. 교육부장관이 대학입시기본계획의 내용에서 내신성적산정기준에 관한 시행지침을 정한 경우, 각 고등학교는 이에 따라 내신성적을 산정할 수밖에 없어 이는 행정처분에 해당된다. (O I ×)
    2019 국가직 9급

19. 교육부장관이 내신성적산정기준의 통일을 기하기 위해 시·도교육감에게 통보한 대학입시기본계획 내의 내신성적산정지침(은 판례가 항고소송의 대상인 처분성을 부정한다) (O I ×)
    2017 서울시 9급

20. 교육부장관이 내신성적산정기준에 관한 시행지침을 마련하여 시·도교육감에게 통보한 것은 항고소송의 대상이 되는 행정처분으로 볼 수 없다. (O I ×)
    2016 경행경채

21. 교육부장관이 내신성적산정지침을 시·도교육감에게 통보한 것은 행정조직 내부에서 내신성적평가에 관한 심사기준을 시달한 것에 불과하여 위 지침을 행정처분으로 볼 수 없다. (O I ×)
    2015 경행특채 1차

③-ⓒ 관련 기출

22. 어떠한 고시가 일반적·추상적 성격을 가질 때에는 법규명령 또는 행정규칙에 해당할 것이지만, 다른 집행행위의 매개 없이 그 자체로서 직접 국민의 구체적인 권리·의무나 법률관계를 규율하는 성격을 가질 때에는 행정처분에 해당한다. (○ | ×)
   2024 변호사

23. 고시가 다른 집행행위의 매개 없이 그 자체로서 직접 국민의 구체적인 권리·의무나 법률관계를 규율하는 성격을 가질 때에는 항고소송의 대상이 되는 행정처분에 해당한다. (○ | ×)
   2023 행정사

24. 어떠한 고시가 다른 집행행위의 매개 없이 그 자체로서 직접 국민의 구체적인 권리·의무나 법률관계를 규율하는 성격을 가질 때에는 행정처분에 해당한다. (○ | ×)
   2021 국가직 7급

25. 보건복지부 고시인 구「약제급여·비급여목록 및 급여상한금액표」는 그 자체로서 국민건강보험가입자, 국민건강보험공단, 요양기관 등의 법률관계를 직접 규율하는 성격을 가지므로 항고소송의 대상이 되는 행정처분에 해당한다. (○ | ×)
   2018 국가직 9급

26. 행정규칙인 고시가 집행행위의 개입 없이도 그 자체로서 국민의 구체적인 권리·의무에 직접적인 변동을 초래하는 경우에는 항고소송의 대상이 된다. (○ | ×)
   2017 국회직 8급

④-ⓐ 관련 기출

27. 「총포·도검·화약류 등의 안전관리에 관한 법률」에 따른 총포·화약안전기술협회가 회비납부의무자에 대하여 한 회비납부통지는 항고소송의 대상이 되는 처분에 해당하지 않는다. (○ | ×)
   2023 소방직 9급

④-ⓑ 관련 기출

28. 한국마사회가 조교사 또는 기수의 면허를 부여하거나 취소하는 것은 국가 기타 행정기관으로부터 위탁받은 행정청으로서의 권한행사이다. (○ | ×)
   2024 변호사

29. 한국마사회가 조교사 또는 기수의 면허를 취소하는 것은 국가 기타 행정기관으로부터 위탁받은 행정권한의 행사가 아니라 일반사법상의 법률관계에서 이루어지는 단체 내부에서의 징계 내지 제재처분이다. (○ | ×)
   2022 국가직 7급

30. 한국마사회의 조교사나 기수에 대한 면허 취소·정지(는 취소소송의 대상이 되는 처분에 해당한다) (○ | ×)
   2022 군무원 9급

31. 한국마사회가 기수의 면허를 취소하는 것은 처분성이 인정된다. (○ | ×)
   2017 사회복지직 9급

32. (판례에 따르면) 한국마사회가 조교사 또는 기수의 면허를 부여하거나 취소하는 것은 일반사법상의 법률관계에서 이루어지는 단체 내부에서의 징계 내지 제재처분에 불과하다. (○ | ×)
   2015 경행특채 1차

④-ⓒ 관련 기출

33. 법률에 의하여 당연퇴직된 공무원의 복직 또는 재임용신청에 대한 행정청의 거부행위는 항고소송의 대상이 되는 행정처분에 해당한다. (○ | ×)
   2015 국회직 8급

정답 1.○ 2.○ 3.○ 4.× 5.○ 6.○ 7.× 8.× 9.① 10.×
11.○ 12.× 13.○ 14.○ 15.○ 16.× 17.○ 18.×
19.○ 20.○ 21.○ 22.○ 23.○ 24.○ 25.○ 26.○
27.× 28.× 29.○ 30.× 31.× 32.○ 33.×

---

17 정답 ②

① × 계고의 성질에 대해서 통설은 준법률행위적 행정행위인 통지에 해당하며 항고소송의 대상이 되는 행정처분이라고 본다. 한편, 판례도 계고에 대해 처분성을 인정한다. 다만, 반복된 계고의 경우, 즉 제2차·제3차의 계고 등에 대해서는 처분성을 부정한다.

> 계고처분 자체도 행정소송의 대상이 되나, 제2차·제3차의 계고처분은 새로운 철거의무를 부과한 것이 아니고, 다만 대집행기한의 연기통지에 불과하므로 행정처분이 아니다.
> 건물의 소유자에게 위법건축물을 일정 기간까지 철거할 것을 명함과 아울러 불이행할 때에는 대집행한다는 내용의 철거대집행 계고처분을 고지한 후 이에 불응하자 다시 제2차, 제3차 계고서를 발송하여 일정 기간까지의 자진철거를 촉구하고 불이행하면 대집행을 한다는 뜻을 고지하였다면 행정대집행법상의 건물철거의무는 제1차 철거명령 및 계고처분으로서 발생하였고 제2차, 제3차의 계고처분은 새로운 철거의무를 부과한 것이 아니고, 다만 대집행기한의 연기통지에 불과하므로 행정처분이 아니다(대판 1994. 10. 28, 94누5144).

② ○ 점유자의 퇴거 및 명도의무는 비대체적 의무이다. 따라서 대집행의 대상이 될 수 없다.

> 도시공원시설 점유자의 퇴거 및 명도의무는 대체적 작위의무가 아니므로 대집행의 대상이 되지 않는다.
> 도시공원시설인 매점의 관리청이 그 공동점유자 중의 1인에 대하여 소정의 기간 내에 위 매점으로부터 퇴거하고 이에 부수하여 그 판매시설물 및 상품을 반출하지 아니할 경우 이를 대집행하겠다는 내용의 계고처분의 목적이 된 의무는 그 주된 목적이 매점의 원형을 보존하기 위하여 원고가 설치한 불법시설물을 철거하고자 하는 것이 아니라, 매점에 대한 원고의 점유를 배제하고 그 점유이전을 받는 데 있다고 할 것인데, 이러한 의무는 그것을 강제적으로 실현함에 있어 직접적인 실력행사가 필요한 것이지 대체적 작위의무에 해당하는 것은 아니어서 직접강제의 방법에 의하는 것은 별론으로 하고 행정대집행법에 의한 대집행의 대상이 되는 것은 아니다(대판 1998. 10. 23, 97누157).

③ ×

> 계고시 상당한 기간을 부여하지 않은 경우 대집행영장으로 대집행의 시기를 늦추었다 하더라도 대집행계고처분은 상당한 이행기한을 정하여 한 것이 아니므로 위법하다.
> 행정대집행법 제3조 제1항은 행정청이 의무자에게 대집행영장으로써 대집행할 시기 등을 통지하기 위하여는 그 전제로서 대집행계고처분을 함에 있어서 의무이행을 할 수 있는 상당한 기간을 부여할 것을 요구하고 있으므로, 행정청인 피고가 의무이행기한이 1988. 5. 24.까지로 된 이 사건 대집행계고서를 5. 19. 원고에게 발송하여 원고가 그 이행종기인 5. 24. 이를 수령하였다면, 설사 피고가 대집행영장으로써 대집행의 시기를 1988. 5. 27. 15:00로 늦추었더라도 위 대집행계고처분은 상당한 이행기한을 정하여 한 것이 아니어서 대집행의 적법절차에 위배한 것으로 위법한 처분이라고 할 것이다(대판 1990. 9. 14, 90누2048).

④ ×

> 대집행계고를 함에 있어 대집행할 행위의 내용·범위가 반드시 대집행계고서에 의하여만 특정될 필요는 없고 계고예서, 기타 사정 등을 통해 알 수 있으면 족하다.
> 행정청이 행정대집행법 제3조 제1항에 의한 대집행계고를 함에 있어서는 의무자가 스스로 이행하지 아니하는 경우에 대집행할 행위의 내용 및 범위가 구체적으로 특정되어야 하나, 그 행위의 내용 및 범위는 반드시 대집행계고서에 의하여만 특정되어야 하는 것이 아니고, 계고처분 전후에 송달된 문서나 기타 사정을 종합하여 행위의 내용이 특

정되거나 실제 건물의 위치, 구조, 평수 등을 계고서의 표시와 대조·검토하여 대집행의무자가 그 이행의무의 범위를 알 수 있을 정도로 하면 족하다(대판 1996. 10. 11, 96누8086).

✔ 기출체크

① 관련 기출

1. 건물의 소유자에게 위법건축물을 일정 기간까지 철거할 것을 명함과 아울러 불이행할 때에는 대집행한다는 내용의 철거대집행 계고처분을 고지한 후 이에 불응하자 다시 제2차, 제3차 계고서를 발송하여 일정 기간까지의 자진철거를 촉구하고 불이행하면 대집행을 한다는 뜻을 고지한 경우, 제2차, 제3차의 계고처분은 새로운 철거의무를 부과한 것이 아니라 대집행기한을 연기통지한 것에 불과하다. (○ | ×)　　2023 국가직 9급

2. 위법건축물에 대한 철거명령 및 계고처분에 불응하자 제2차로 계고처분을 행한 경우, 제2차 계고처분은 항고소송의 대상인 행정처분에 해당한다. (○ | ×)　　2023 소방직 9급

3. 불법건축물 철거를 위하여 제1차 철거명령 및 계고처분, 제2차 계고처분, 제3차 계고처분이 발해진 경우 최후의 행정처분이 항고소송의 대상인 유일한 행정처분이 된다. (○ | ×)　　2022 경찰간부

4. 건물의 소유자에게 위법건축물을 일정 기간까지 철거할 것을 명함과 아울러 불이행하면 대집행한다는 내용의 계고처분을 고지한 후, 이에 불응하자 다시 제2차 계고서로 일정 기간까지의 철거를 촉구하고 불이행하면 대집행한다는 뜻을 고지하였다면, 행정대집행법상 건물철거의무는 제2차 계고처분으로 인하여 발생한다. (○ | ×)　　2022 국회직 8급

5. 대집행의 절차인 '대집행의 계고'의 법적 성질은 준법률행위적 행정행위이므로 계고 그 자체가 독립하여 항고소송의 대상이나, 제2차 계고는 새로운 철거의무를 부과하는 것이 아니고 대집행기한의 연기통지에 불과하므로 행정처분으로 볼 수 없다는 판례가 있다. (○ | ×)　　2021 소방직 9급

② 관련 기출

6. 토지의 명도의무는 특별한 사정이 없는 한 행정대집행법에 의한 대집행의 대상이 될 수 있다. (○ | ×)　　2024 소방직 9급

7. 토지·건물의 명도의무는 대체적 작위의무가 아니므로 대집행의 대상이 아니다. (○ | ×)　　2023 지방직·서울시 7급

8. 대집행은 대체적 작위의무의 불이행을 요건으로 하므로, 도시공원시설 점유자의 퇴거의무는 대집행의 대상이 되는 대체적 작위의무에 해당하지 않는다. (○ | ×)　　2023 군무원 7급

9. 토지나 건물의 인도·명도의무는 대집행의 대상이 될 수 없다. (○ | ×)　　2023 소방간부

10. 불법시설물의 철거는 대집행이 가능하지만, 점유를 이전하는 것은 비대체적인 것으로 행정대집행법에 의한 대집행의 대상이 되는 것은 아니다. (○ | ×)　　2022 서울시 지적 7급

11. 도시공원시설 점유자의 퇴거 및 명도의무는 행정대집행법에 의한 대집행의 대상이 아니다. (○ | ×)　　2021 지방직·서울시 9급, 2015 국회직 8급, 2015 지방직 7급

③ 관련 기출

12. 대집행계고처분에서 정한 의무이행기간의 이행종기인 날짜에 그 계고서를 수령하였고 행정청이 대집행영장으로써 대집행의 시기를 늦추었다고 하여도 대집행의 적법절차에 위배한 것으로 위법한 처분이다. (○ | ×)　　2021 군무원 7급

13. 대집행계고처분을 함에 있어서 의무이행을 할 수 있는 상당한 기간을 부여하지 아니하였다 하더라도, 행정청이 대집행계고처분 후에 대집행영장으로써 대집행의 시기를 늦추었다면 그 대집행계고처분은 적법한 처분이다. (○ | ×)　　2017 지방직(하) 9급

14. 계고시 상당한 기간을 부여하지 않은 경우 대집행영장으로 대집행의 시기를 늦추었다 하더라도 대집행계고처분은 상당한 이행기간을 정하여 한 것이 아니므로 위법하다. (○ | ×)　　2015 국회직 8급

15. 판례에 의하면 상당한 이행기간을 정하여 계고하지 않고 행한 행정대집행은 적법절차에 위반된 위법한 처분으로 본다. (○ | ×)　　2010 국가직 9급

16. 상당한 의무이행기간을 부여하지 않은 계고처분 후 대집행영장으로 대집행의 시기를 늦추더라도 그 계고처분은 적법절차에 위배한 것으로 위법한 처분이다. (○ | ×)　　2009 지방직 9급

④ 관련 기출

17. 행정대집행법에 의한 대집행계고를 함에 있어서는 그 행위의 내용 및 범위는 반드시 대집행계고서에 의하여서만 특정되어야 하는 것이 아니고 계고처분 전후에 송달된 문서나 기타 사정을 종합하여 행위의 내용이 특정되거나 대집행의무자가 그 이행의무의 범위를 알 수 있으면 족하다. (○ | ×)　　2025 소방간부

18. 계고를 함에 있어서 그 행위의 내용과 범위는 반드시 시정명령서나 대집행계고서에 의하여서만 특정되어야 하는 것은 아니고, 그 처분 전후에 송달된 문서나 기타 사정을 종합하여 이를 특정할 수 있으면 족하다. (○ | ×)　　2023 소방간부

19. 행정청이 대집행계고를 함에 있어서 대집행할 행위의 내용 및 범위는 대집행계고서 자체만으로 특정되어야 하는 것이지, 계고처분 전후에 송달된 문서 등을 종합하여 그 특정 여부를 판단할 것은 아니다. (○ | ×)　　2023 변호사

20. 행정청이 대집행에 대한 계고를 함에 있어서 의무자가 스스로 이행하지 아니하는 경우 대집행할 행위의 내용과 범위가 구체적으로 특정되어야 하지만, 그 내용 및 범위는 대집행계고서에 의하여서만 특정되어야 하는 것은 아니고 그 처분 전후에 송달된 문서나 기타 사정을 종합하여 이를 특정할 수 있으면 족하다. (○ | ×)　　2021 소방직 9급, 2019 서울시 2회 7급

21. 행정청이 계고를 함에 있어 의무자가 스스로 이행하지 아니하는 경우 대집행의 내용과 범위가 구체적으로 특정되어야 하며, 대집행의 내용과 범위는 반드시 대집행계고서에 의해서만 특정되어야 한다. (○ | ×)　　2020 지방직·서울시 9급

22. 대집행시에 대집행계고서에 대집행의 대상물 등 대집행 내용이 특정되지 않으면 다른 문서나 기타 사정을 종합하여 특정될 수 있다 하더라도 그 대집행은 위법하다. (○ | ×)　　2018 국회직 8급

정답　1. ○　2. ×　3. ×　4. ×　5. ○　6. ×　7. ○　8. ○　9. ○　10. ○
　　　11. ○　12. ○　13. ×　14. ○　15. ○　16. ○　17. ○　18. ○
　　　19. ×　20. ○　21. ×　22. ×

18

정답 ③

① ○ 처분사유에 관한 증명책임은 피고 행정청에 있다. 거부처분 취소소송에서도 그 처분사유에 관한 증명책임은 피고 행정청에 있다.

> 결혼이민[F-6 (다)목] 체류자격을 신청한 외국인에 대하여 행정청이 그 요건을 충족하지 못하였다는 이유로 거부처분을 하는 경우에는 '그 요건을 갖추지 못하였다는 판단', 다시 말해 '혼인파탄의 주된 귀책사유가 국민인 배우자에게 있지 않다는 판단' 자체가 처분사유가 된다. 부부가 혼인파탄에 이르게 된 여러 사정들은 그와 같은 판단의 근거가 되는 기초사실 내지 평가요소에 해당한다. 결혼이민[F-6 (다)목] 체류자격 거부처분 취소소송에서 원고와 피고 행정청은 각자 자신에게 유리한 평가요소들을 적극적으로 주장·증명하여야 하며, 수소법원은 증명된 평가요소들을 종합하여 혼인파탄의 주된 귀책사유가 누구에게 있는지를 판단하여야 한다. 수소법원이 '혼인파탄의 주된 귀책사유가 국민인 배우자에게 있다'고 판단하게 되는 경우에는, 해당 결혼이민[F-6 (다)목] 체류자격 거부처분은 위법하여 취소되어야 할 것이므로, 이러한 의미에서 결혼이민[F-6 (다)목] 체류자격 거부처분 취소소송에서도 그 처분사유에 관한 증명책임은 피고 행정청에게 있다고 보아야 한다(대판 2019. 7. 4, 2018두66869).

② ○

> 국민에게 일정한 이득과 권리를 취득하게 한 종전 행정처분을 취소할 수 있는 경우 및 취소해야 할 필요성에 대한 증명책임의 소재는 행정청에게 있다.
> 일정한 행정처분으로 국민이 일정한 이익과 권리를 취득하였을 경우에 종전 행정처분을 취소하는 행정처분은 이미 취득한 국민의 기존 이익과 권리를 박탈하는 별개의 행정처분으로 취소될 행정처분에 하자 또는 취소해야 할 공공의 필요가 있어야 하고, 나아가 행정처분에 하자 등이 있다고 하더라도 취소해야 할 공익상 필요와 취소로 당사자가 입게 될 기득권과 신뢰보호 및 법률생활안정의 침해 등 불이익을 비교·교량한 후 공익상 필요가 당사자가 입을 불이익을 정당화할 만큼 강한 경우에 한하여 취소할 수 있는 것이며, 하자나 취소해야 할 필요성에 관한 증명책임은 기존 이익과 권리를 침해하는 처분을 한 행정청에 있다(대판 2012. 3. 29, 2011두23375).

③ ✗

> 무효확인소송에서는 원고가 처분이 무효라는 것을 입증해야 한다.
> 행정처분의 당연무효를 구하는 소송에 있어서는 그 무효를 구하는 사람(원고)에게 그 행정처분에 존재하는 하자가 중대하고 명백하다는 것을 주장·입증할 책임이 있다(대판 1984. 2. 28, 82누154).

④ ○

> 행정청이 현장조사를 실시하는 과정에서 조사상대방으로부터 구체적인 위반사실을 자인하는 내용의 확인서를 작성받았다면, 그 확인서가 작성자의 의사에 반하여 강제로 작성되었거나 또는 내용의 미비 등으로 구체적인 사실에 대한 증명자료로 삼기 어렵다는 등의 특별한 사정이 없는 한 그 확인서의 증거가치를 쉽게 부정할 수 없다(대판 2017. 7. 11, 2015두2864).

✓ 기출체크

① 관련 기출

1. 결혼이민[F-6 (다)목] 체류자격을 신청한 외국인에 대하여 행정청이 그 요건을 충족하지 못하였다는 이유로 거부처분을 하는 경우 '그 요건을 갖추지 못하였다는 판단', 즉 '혼인파탄의 주된 귀책사유가 국민인 배우자에게 있지 않다는 판단' 자체가 처분사유가 되는바, 결혼이민[F-6 (다)목] 체류자격 거부처분 취소소송에서 그 처분사유에 관한 증명책임은 피고 행정청에 있다. (○ | ✗) 2023 지방직·서울시 9급

② 관련 기출

2. 국민에게 일정한 이익과 권리를 취득하게 한 종전 행정처분의 하자나 직권취소해야 할 필요성에 관한 증명책임은 기존 이익과 권리를 침해하는 처분을 한 행정청에 있다. (○ | ✗) 2023 경찰간부

3. 종전 행정처분에 하자가 있음을 전제로 직권으로 이를 취소하는 행정처분의 경우 하자나 취소해야 할 필요성에 관한 증명책임은 기존 이익과 권리를 침해하는 처분을 한 행정청에 있다. (○ | ✗) 2022 군무원 7급

4. 수익적 행정처분의 경우 상대방의 신뢰보호와 관련하여 직권취소가 제한되나 그 필요성에 대한 입증책임은 기존 이익과 권리를 침해하는 처분을 한 행정청에 있다. (○ | ✗) 2018 서울시 1회 7급

5. 일정한 행정처분으로 국민이 일정한 이익과 권리를 취득하였을 경우에 종전 행정처분에 하자가 있음을 전제로 직권으로 이를 취소하는 행정처분은 이미 취득한 국민의 기존 이익과 권리를 박탈하는 별개의 행정처분으로, 취소될 행정처분의 하자나 취소해야 할 필요성에 관한 증명책임은 기존 이익과 권리를 침해하는 처분을 한 행정청에 있다. (○ | ✗) 2016 경행경채

③ 관련 기출

6. 행정처분의 당연무효를 주장하여 그 무효확인을 구하는 행정소송에 있어서는 원고에게 그 행정처분이 무효인 사유를 주장·입증할 책임이 있다. (○ | ✗)
2024 국가직 7급, 2024 지방직·서울시 9급, 2017 국회직 8급, 2017 지방직 7급

7. 행정처분의 당연무효를 주장하여 그 무효확인을 구하는 행정소송에 있어서는 피고 행정청이 그 행정처분에 중대·명백한 하자가 없음을 주장·입증할 책임이 있다. (○ | ✗) 2016 지방직 9급

8. 행정처분의 당연무효를 주장하여 그 무효확인을 구하는 행정소송에 있어서는 행정청이 입증책임을 진다는 것이 판례의 입장이다. (○ | ✗) 2010 국가직 7급

정답 1. ○ 2. ○ 3. ○ 4. ○ 5. ○ 6. ○ 7. ✗ 8. ✗

19
정답 ①

① ○

> 세무조사가 과세자료의 수집 또는 신고내용의 정확성 검증이라는 본연의 목적이 아니라 부정한 목적을 위하여 행하여진 것이라면 이는 세무조사에 중대한 위법사유가 있는 경우에 해당하고 이러한 세무조사에 의하여 수집된 과세자료를 기초로 한 과세처분 역시 위법하다. 민사분쟁의 일방 당사자로부터 부탁을 받은 국세청 공무원이 세무조사를 통하여 반대 당사자를 압박하려는 목적으로 타인 명의로 직접 탈세제보를 하고, 이후 진행된 세무조사과정에서도 지속적으로 개입한 결과 수집된 과세자료를 기초로 이루어진 과세처분의 적법성이 문제된 사안에서, 이러한 세무조사는 세무공무원이 개인적 이익을 위하여 그 권한을 남용한 전형적 사례에 해당하여 위법하므로, 이에 기하여 이루어진 과세처분 역시 위법하다(대판 2016. 12. 15, 2016두47659).

② ×

> 위법한 세무조사에 기초하여 이루어진 부가가치세 부과처분은 위법하다. 납세자에 대한 부가가치세 부과처분이, 종전의 부가가치세 경정조사와 같은 세목 및 같은 과세기간에 대하여 중복하여 실시된 위법한 세무조사에 기초하여 이루어진 것이어서 위법하다고 한 원심의 판단을 수긍한다(대판 2006. 6. 2, 2004두12070).

③ ×

> 행정조사기본법 제15조【중복조사의 제한】① 제7조에 따라 정기조사 또는 수시조사를 실시한 행정기관의 장은 동일한 사안에 대하여 동일한 조사대상자를 재조사하여서는 아니 된다. 다만, 당해 행정기관이 이미 조사를 받은 조사대상자에 대하여 위법행위가 의심되는 새로운 증거를 확보한 경우에는 그러하지 아니하다.
> ② 행정조사를 실시할 행정기관의 장은 행정조사를 실시하기 전에 다른 행정기관에서 동일한 조사대상자에게 동일하거나 유사한 사안에 대하여 행정조사를 실시하였는지 여부를 확인할 수 있다.

④ ×

> 행정조사기본법 제28조【정보통신수단을 통한 행정조사】① 행정기관의 장은 인터넷 등 정보통신망을 통하여 조사대상자로 하여금 자료의 제출 등을 하게 할 수 있다.

✓ 기출체크

① 관련 기출

1. 세무조사가 과세자료의 수집 또는 신고내용의 정확성 검증이라는 본연의 목적이 아니라 부정한 목적을 위하여 행하여진 것이라면 이는 세무조사에 중대한 위법사유가 있는 경우에 해당하고, 이러한 세무조사에 의하여 수집된 과세자료를 기초로 한 과세처분 역시 위법하다. (○ | ×)
   2024 군무원 9급, 2022 소방직 9급, 2019 경행경채 2차, 2019 국가직 7급

2. 세무조사가 과세자료의 수집 또는 신고내용의 정확성 검증이라는 본연의 목적이 아니라 부정한 목적을 위하여 행하여진 경우, 세무조사에 의하여 수집된 과세자료를 기초로 한 과세처분 역시 위법하다. (○ | ×)
   2024 소방간부

3. 세무조사에 중대한 위법사유가 있는 경우 이러한 세무조사에 의하여 수집된 과세자료를 기초로 한 과세처분 역시 위법하다. (○ | ×) 2022 국가직 7급

4. 과세자료의 수집 또는 신고내용의 정확성 검증이라는 그 본연의 목적이 아니라 부정한 목적을 위하여 세무조사가 행하여진 것이라면 이러한 세무조사에 의하여 수집된 과세자료를 기초로 한 과세처분 역시 위법하다. (○ | ×) 2022 소방간부

② 관련 기출

5. 국세기본법이 정한 세무조사대상 선정사유가 없음에도 세무조사대상으로 선정하여 과세자료를 수집하고 그에 기하여 과세처분을 하는 것은 위법하다. (○ | ×) 2024 군무원 9급

6. 위법한 세무조사에 의하여 수집된 과세자료를 기초로 한 과세처분은 위법하다. (○ | ×) 2021 지방직·서울시 7급

7. 부가가치세 부과처분이 종전의 부가가치세 경정조사와 같은 세목 및 같은 과세기간에 대하여 중복하여 실시한 위법한 세무조사에 기초하여 이루어진 경우 그 과세처분은 위법하다. (○ | ×) 2019 지방직 7급

8. 위법한 세무조사를 통하여 수집된 과세자료에 기초하여 과세처분을 하였더라도 그러한 사정만으로 그 과세처분이 위법하게 되는 것은 아니다. (○ | ×) 2016 국가직 9급

9. 위법한 중복세무조사에 기초하여 이루어진 과세처분은 위법한 처분이다. (○ | ×) 2015 지방직 7급

③ 관련 기출

10. 행정기관이 이미 조사를 받은 조사대상자에 대하여 위법행위가 의심되는 새로운 증거를 확보한 경우를 제외하고는 정기조사 또는 수시조사를 실시한 행정기관의 장은 동일한 사안에 대하여 동일한 조사대상자를 재조사하여서는 아니 된다. (○ | ×) 2024 국회직 9급

11. 행정조사를 실시한 행정기관의 장은 이미 조사를 받은 조사대상자에 대하여 위법행위가 의심되는 새로운 증거를 확보한 경우에도 동일한 사안에 대하여 동일한 조사대상자를 재조사하여서는 아니 된다. (○ | ×) 2023 국회직 8급

12. (행정조사기본법) 제7조에 따라 정기조사 또는 수시조사를 실시한 행정기관의 장은 동일한 사안에 대하여 동일한 조사대상자를 재조사하여서는 아니 된다. 다만, 당해 행정기관이 이미 조사를 받은 조사대상자에 대하여 위법행위가 의심되는 새로운 증거를 확보한 경우에는 그러하지 아니하다. (○ | ×) 2022 서울시 지적 7급

13. 행정조사를 실시할 행정기관의 장은 행정조사를 실시하기 전에 다른 행정기관에서 동일한 조사대상자에게 동일하거나 유사한 사안에 대하여 행정조사를 실시하였는지 여부를 반드시 확인해야 한다. (○ | ×) 2020 경행경채

14. 정기조사 또는 수시조사를 실시한 행정기관의 장은 조사대상자의 자발적인 협조를 얻어 실시하는 경우가 아닌 한, 동일한 사안에 대하여 동일한 조사대상자를 재조사하여서는 아니 된다. (○ | ×) 2018 지방직 9급

15. 행정기관의 장은 당해 행정기관이 이미 조사를 받은 조사대상자에 대하여 위법행위가 의심되는 새로운 증거를 확보하는 경우에는 재조사할 수 있다. (○ | ×) 2018 서울시 2회 7급

④ 관련 기출

16. 행정기관의 장은 조사대상자의 신상이나 사업비밀 등이 유출될 우려가 있으므로 인터넷 등 정보통신망을 통하여 조사대상자로 하여금 자료의 제출 등을 하게 할 수 없다. (○ | ×) 2023 국가직 9급

정답 1. ○ 2. ○ 3. ○ 4. ○ 5. ○ 6. ○ 7. ○ 8. × 9. ○ 10. ○
11. × 12. ○ 13. × 14. × 15. ○ 16. ×

20

정답 ②

① ○ 무효인 행정행위는 불가쟁력이 발생하지 않으므로 쟁송제기기간의 제한을 받지 않아 언제든지 무효확인소송을 제기할 수 있다. 한편, 무효사유에 대해서 무효소송을 제기하는 경우에는 제소기간의 제한을 받지 않으나 이를 취소소송의 형식으로 다투는 경우, 이른바 무효선언을 구하는 의미의 취소소송에 있어서는 제소기간을 준수하여야 한다.

> 당연무효를 선언하는 의미의 취소청구소송(무효선언적 의미의 취소소송)을 제기함에 있어서는 제소기간의 제한이 있다.
> 행정처분의 당연무효를 선언하는 의미에서 그 취소를 구하는 행정소송을 제기하는 경우에는 전치절차와 그 제소기간의 준수 등 취소소송의 제소요건을 갖추어야 한다(대판 1987. 6. 9, 87누219).

② ×

> 행정처분이 있음을 안 날부터 90일을 넘겨 행정심판을 청구하였다가 부적법하다는 이유로 각하재결을 받은 후 재결서를 송달받은 날부터 90일 내에 원래의 처분에 대하여 취소소송을 제기한 경우, 취소소송의 제소기간을 준수한 것으로 볼 수는 없다(대판 2011. 11. 24, 2011두18786).

③ ○

> 행정소송법 제8조 제2항은 "행정소송에 관하여 이 법에 특별한 규정이 없는 사항에 대하여는 법원조직법과 민사소송법 및 민사집행법의 규정을 준용한다."라고 규정하고 있고, 민사소송법 제40조 제1항은 "이송결정이 확정된 때에는 소송은 처음부터 이송받은 법원에 계속된 것으로 본다."라고 규정하고 있다. 한편, 행정소송법 제21조 제1·4항, 제37조, 제42조, 제14조 제4항은 행정소송 사이의 소변경이 있는 경우 처음 소를 제기한 때에 변경된 청구에 관한 소송이 제기된 것으로 보도록 규정하고 있다. 이러한 규정내용 및 취지 등에 비추어 보면, 원고가 행정소송법상 항고소송으로 제기해야 할 사건을 민사소송으로 잘못 제기한 경우에 수소법원이 그 항고소송에 대한 관할을 가지고 있지 아니하여 관할법원에 이송하는 결정을 하였고, 그 이송결정이 확정된 후 원고가 항고소송으로 소변경을 하였다면, 그 항고소송에 대한 제소기간의 준수 여부는 원칙적으로 처음에 소를 제기한 때를 기준으로 판단하여야 한다(대판 2022. 11. 17, 2021두44425).

④ ○

> 행정심판 등 전심절차를 거친 경우에는 행정소송법 제20조가 정한 제소기간 내에 부작위법확인의 소를 제기하여야 한다.
> 부작위법확인의 소는 부작위상태가 계속되는 한 그 위법의 확인을 구할 이익이 있다고 보아야 하므로 원칙적으로 제소기간의 제한을 받지 않는다. 그러나 행정소송법 제38조 제2항이 제소기간을 규정한 같은 법 제20조를 부작위법확인소송에 준용하고 있는 점에 비추어보면, 행정심판 등 전심절차를 거친 경우에는 행정소송법 제20조가 정한 제소기간 내에 부작위법확인의 소를 제기하여야 한다(대판 2009. 7. 23, 2008두10560).

✔ 기출체크

① 관련 기출

1. 행정처분의 당연무효를 선언하는 의미에서 그 취소를 구하는 행정소송을 제기하는 경우 제소기간의 준수 등 취소소송의 제소요건을 갖추어야 하는 것은 아니다. (○ | ×) 2025 변호사

2. 무효확인을 구하는 의미의 취소소송은 허용되며 이때 제소기간의 제한을 받는다. (○ | ×) 2025 군무원 5급

3. 무효인 처분에 대해 무효선언을 구하는 의미의 취소소송을 제기하는 경우에는 제소기간의 제한이 없다. (○ | ×) 2025 소방간부, 2022 지방직·서울시 9급

4. 행정처분의 당연무효를 선언하는 의미에서 취소를 구하는 행정소송을 제기한 경우라면 제소기간의 준수 등 취소소송의 제소요건을 갖출 필요는 없다. (○ | ×) 2024 국회직 9급

5. 행정처분의 당연무효를 선언하는 의미에서 그 취소를 구하는 행정소송을 제기하는 경우에는 무효등확인소송과 같이 제소기간의 제한이 없는 것으로 본다. (○ | ×) 2024 국가직 7급

6. 행정처분의 당연무효를 선언하는 의미에서 취소를 구하는 행정소송을 제기한 경우에는 취소소송의 제소요건을 갖추어야 한다. (○ | ×) 2022 국가직 7급, 2019 국회직 8급

7. 무효인 행정행위에 대하여 무효의 주장을 취소소송의 형식(무효선언적 취소)으로 제기하는 경우에 있어서, 취소소송의 형식에 의하여 제기되었더라도 이러한 소송에 있어서는 취소소송의 제소요건의 제한을 받지 아니한다. (○ | ×) 2022 군무원 7급

8. (甲은 중대·명백한 하자가 있어 무효인 A처분에 대해 소송을 제기하려고 한다) 甲이 A처분에 대해 취소소송을 제기하는 경우 제소기간의 제한을 받지 않는다. (○ | ×) 2021 국회직 8급

② 관련 기출

9. 행정심판을 청구하였으나 심판청구기간을 도과하여 각하된 후 제기하는 취소소송은 재결서를 송달받은 날부터 90일 이내에 제기하면 된다. (○ | ×) 2021 국가직 9급

10. 처분이 있음을 안 날부터 90일을 넘겨 청구한 부적법한 행정심판청구에 대한 재결이 있은 후 재결서를 송달받은 날부터 90일 이내에 원래의 처분에 대하여 취소소송을 제기하면 취소소송은 제소기간을 준수한 것으로 본다. (○ | ×) 2020 경행경채

11. 행정처분이 있음을 안 날부터 90일을 넘겨 행정심판을 청구하였다가 각하재결을 받은 후 그 재결서를 송달받은 날부터 90일 내에 원래의 처분에 대하여 취소소송을 제기한 경우, 수소법원은 각하판결을 하여야 한다. (○ | ×) 2019 국가직 9급

12. 행정처분이 있음을 안 날부터 90일을 넘겨 행정심판을 청구하였다가 각하재결을 받은 후 그 재결서를 송달받은 날부터 90일 내에 원래의 처분에 대하여 취소소송을 제기한 경우, 취소소송의 제소기간을 준수한 것으로 볼 수 없다. (○ | ×) 2017 지방직 7급

③ 관련 기출

13. 항고소송으로 제기해야 할 사건을 민사소송으로 잘못 제기하였다가 이송결정에 따라 관할법원으로 이송된 뒤 항고소송으로 소변경을 하였다면, 그 항고소송에 대한 제소기간의 준수 여부는 소변경시를 기준으로 판단하여야 한다. (○ | ×) 2025 소방간부

14. 원고가 행정소송법상 항고소송으로 제기해야 할 사건을 민사소송으로 잘못 제기한 경우에 수소법원이 그 항고소송에 대한 관할을 가지고 있지 아니하여 관할법원에 이송하는 결정을 하였고, 그 이송결정이 확정된 후 원고가 항고소송으로 소변경을 하였다면, 그 항고소송에 대한 제소기간의 준수 여부는 원칙적으로 처음에 소를 제기한 때를 기준으로 판단하여야 한다. (○ | ×) 2023 군무원 9급

④ 관련 기출

15. 부작위법확인소송을 제기하는 경우에는 행정심판을 거친 경우에도 제소기간의 제한이 없다. (○ | ×) 2025 소방간부

16. 부작위법확인소송에서 부작위상태가 계속되는 한 그 위법의 확인을 구할 이익이 있다고 보아야 하므로 행정심판 등 전심절차를 거친 경우에도 제소기간에 관한 규정은 적용되지 않는다. (○ | ×) 2023 국가직 7급

17. 부작위위법확인의 소는 부작위상태가 계속되는 한 그 위법의 확인을 구할 이익이 있다고 보아야 하므로 원칙적으로 제소기간의 제한을 받지 않지만, 취소소송의 제소기간의 규정을 부작위위법확인소송에 준용하고 있는 점에 비추어 보면, 행정심판 등 전심절차를 거친 경우에는 취소소송의 제소기간 내에 부작위위법확인의 소를 제기하여야 한다. (○ | ×)

2023 군무원 5급

18. 부작위위법확인소송은 행정심판 등 전심절차를 거친 경우라 하더라도 행정소송법 제20조가 정한 제소기간 내에 제기해야 하는 것은 아니다. (○ | ×)

2022 국가직 7급

19. 부작위위법확인소송도 행정심판 등 전심절차를 거친 경우에는 (행정소송법) 제20조(제소기간)의 규정이 적용된다. (○ | ×) 　2021 경행경채

20. 부작위위법확인의 소는 부작위상태가 계속되는 한 그 위법의 확인을 구할 이익이 있다고 보아야 하므로 원칙적으로 제소기간의 제한을 받지 않는다. (○ | ×)

2020 군무원 7급

정답 1. × 2. ○ 3. × 4. × 5. × 6. ○ 7. × 8. × 9. × 10. ×
11. ○ 12. ○ 13. × 14. ○ 15. × 16. × 17. ○ 18. ×
19. ○ 20. ○

제 8 회 | 실전동형 모의고사 해설

문제 p.50

01	02	03	04	05	06	07	08	09	10
③	④	①	①	①	④	④	③	②	④
11	12	13	14	15	16	17	18	19	20
①	①	④	④	①	③	③	④	①	④

01
정답 ③

① ×

(甲주식회사가 교육환경보호구역에 해당하는 사업부지에 콘도미니엄을 신축하기 위하여 교육환경평가승인신청을 한 데 대하여, 관할 교육지원청 교육장이 甲회사에 "관광진흥법 제3조 제1항 제2호 (나)목에 따른 휴양콘도미니엄업이 「교육환경 보호에 관한 법률」에 따른 금지행위 및 시설로 규정되어 있지는 않으나 성매매 등에 대한 우려를 제기하는 민원에 대한 구체적인 예방대책을 제시하시기 바람."이라고 기재된 보완요청서를 보낸 후 교육감으로부터 "콘도미니엄업에 관하여 교육환경보호구역에서 금지되는 행위 및 시설에 관한 「교육환경 보호에 관한 법률」 제9조 제27호를 적용하라."는 취지의 행정지침을 통보받고 甲회사에 교육환경평가승인신청을 반려하는 처분을 한 사안에서) 위 처분은 신뢰의 대상이 되는 교육장의 공적 견해표명이 있었다고 보기 어렵고, 교육장의 교육환경평가승인이 공익 또는 제3자의 정당한 이익을 현저히 해할 우려가 있는 경우에 해당하므로 신뢰보호원칙에 반하지 않는다(대판 2020. 4. 29, 2019두52799).

② ×

과세관청이 납세자에게 신뢰의 대상이 되는 공적인 견해를 표명하였다는 사실에 대한 주장·입증책임은 납세자(원고)에게 있다(대판 1992. 3. 31, 91누9824).

③ ○

근로복지공단의 요양불승인처분에 대한 취소소송을 제기하여 승소확정판결을 받은 근로자가 요양으로 인하여 취업하지 못한 기간의 휴업급여를 청구한 경우, 그 휴업급여청구권이 시효완성으로 소멸하였다는 근로복지공단의 항변은 신의성실의 원칙에 반하여 허용될 수 없다. 채무자의 소멸시효에 기한 항변권의 행사도 우리 민법의 대원칙인 신의성실의 원칙과 권리남용금지의 원칙의 지배를 받으므로, 채무자가 시효완성 전에 채권자의 권리행사나 시효중단을 불가능 또는 현저히 곤란하게 하였거나 그러한 조치가 불필요하다고 믿게 하는 행동을 하였거나, 객관적으로 채권자가 권리를 행사할 수 없는 사실상의 장애사유가 있었거나, 일단 시효완성 후에 채무자가 시효를 원용하지 아니할 것 같은 태도를 보여 채권자로 하여금 그와 같이 신뢰하게 하였거나, 채권자를 보호할 필요성이 크고 같은 조건의 그 채권자들 중 일부가 이미 채무의 변제를 수령하는 등 채무이행의 거절을 인정함이 현저히 부당하거나 불공평하게 되는 등의 특별한 사정이 있는 경우에는, 채무자가 소멸시효의 완성을 주장하는 것이 신의성실의 원칙에 반하여 권리남용으로서 허용될 수 없다.
근로자가 입은 부상이나 질병이 업무상 재해에 해당하는지 여부에 따라 요양급여신청의 승인, 휴업급여청구권의 발생 여부가 차례로 결정되고, 따라서 근로복지공단의 요양불승인처분의 적법 여부는 사실상 근로자의 휴업급여청구권 발생의 전제가 된다고 볼 수 있는 점 등에 비추어, 근로자가 요양불승인에 대한 취소소송의 판결확정시까지 근로복지공단에 휴업급여를 청구하지 않았던 것은 이를 행사할 수 없는 사실상의 장애사유가 있었기 때문이라고 보아야 하므로, 근로복지공단의 소멸시효 항변은 신의성실의 원칙에 반하여 허용될 수 없다(대판 2008. 9. 18, 2007두2173 전합).

④ ×

동사무소 직원이 행정상 착오로 국적이탈을 사유로 주민등록을 말소한 것을 신뢰하여 만 18세가 될 때까지 별도로 국적이탈신고를 하지 않았던 사람이, 만 18세가 넘은 후 동사무소의 주민등록 직권 재등록사실을 알고 국적이탈신고를 하자 '병역을 필하였거나 면제받았다는 증명서가 첨부되지 않았다'는 이유로 반려한 처분은 신뢰보호의 원칙에 반하여 위법하다(대판 2008. 1. 17, 2006두10931).

✓ 기출체크

② 관련 기출

1. 납세자에게 신뢰의 대상이 되는 공적인 견해가 표명되었다는 사실은 과세처분의 적법성에 대한 증명책임이 있는 과세관청이 주장·입증하여야 한다. (○ | ×)
2022 소방간부

③ 관련 기출

2. 근로복지공단의 요양불승인처분의 적법 여부는 사실상 근로자의 휴업급여청구권 발생의 전제가 된다고 볼 수 있는 점 등에 비추어, 근로자가 요양불승인에 대한 취소소송의 판결확정시까지 근로복지공단에 휴업급여를 청구하지 않았던 것에 대한 근로복지공단의 소멸시효 항변은 신의성실의 원칙에 반하여 허용될 수 없다. (○ | ×)
2021 국회직 8급

④ 관련 기출

3. 행정청이 착오로 인하여 국적이탈을 이유로 주민등록을 말소한 행위를 법령에 따라 국적이탈이 처리되었다는 견해를 표명한 것으로 볼 수는 없으며, 상대방이 이러한 주민등록말소를 통하여 자신의 국적이탈이 적법하게 처리된 것으로 신뢰하였다고 하더라도 이는 보호할 가치 있는 신뢰에 해당하지 않는다. (○ | ×)
2022 소방간부

정답 1. × 2. ○ 3. ×

02

정답 ④

㉮ × 감액경정처분과 유사한 형태로서 감액되고 남은 당초 처분이 소송대상이 된다. 즉, 사안의 경우 3월 26일자 처분이 5월 20일자 처분에 의해 900만원으로 변경되었다. 이 경우 3월 26일자 처분이 900만원으로 변경(감액)된 채로 존재하는 것이 된다. 따라서 소송의 대상은 3월 26일자 처분이다.

> 과징금 부과처분의 하자로 과징금의 액수를 감액한 경우, 항고소송의 대상은 감액처분 후 남은 부분이다.
> 과세표준과 세액을 감액하는 경정처분은 당초의 부과처분과 별개 독립의 과세처분이 아니라 그 실질은 당초의 부과처분의 변경이고, 그에 의하여 세액의 일부취소라는 납세자에게 유리한 효과를 가져오는 처분이므로, 그 경정처분으로도 아직 취소되지 아니하고 남아 있는 부분이 위법하다 하여 다투는 경우, 항고소송의 대상은 당초의 부과처분 중 경정처분에 의하여 아직 취소되지 않고 남은 부분이고, 그 경정처분이 항고소송의 대상이 되는 것은 아니며, 이 경우 적법한 전심절차를 거쳤는지 여부도 당초 처분을 기준으로 판단하여야 한다(대판 2009. 5. 28, 2006두16403).

㉯ × 제소기간 준수 여부도 3월 26일자 처분을 기준으로 판단한다. 그런데 3월 26일자 처분에 대해서는 행정심판을 거쳤으므로 제소기간은 재결서의 정본을 송달받은 날로부터 90일, 재결이 있은 날로부터 1년이 된다. 그러므로 사안의 제소기간의 기산점은 재결서의 정본을 송달받은 날인 4월 23일이 된다.

> **행정소송법 제20조 【제소기간】** ① 취소소송은 처분 등이 있음을 안 날부터 90일 이내에 제기하여야 한다. 다만, 제18조 제1항 단서에 규정한 경우와 그 밖에 행정심판청구를 할 수 있는 경우 또는 행정청이 행정심판청구를 할 수 있다고 잘못 알린 경우에 행정심판청구가 있은 때의 기간은 재결서의 정본을 송달받은 날부터 기산한다.
> ② 취소소송은 처분 등이 있은 날부터 1년(제1항 단서의 경우는 재결이 있은 날부터 1년)을 경과하면 이를 제기하지 못한다. 다만, 정당한 사유가 있는 때에는 그러하지 아니하다.
> ③ 제1항의 규정에 의한 기간은 불변기간으로 한다.

㉰ ×

> 행정소송법 제14조에 의한 피고경정은 사실심변론종결시까지 허용된다.
> 행정소송법 제14조에 의한 피고경정은 사실심변론종결에 이르기까지 허용되는 것으로 해석하여야 할 것이고, 굳이 제1심 단계에서만 허용되는 것으로 해석할 근거는 없다(대결 2006. 2. 23, 2005부4).

㉱ × 원고가 피고를 잘못 지정한 경우의 피고의 경정은 원고의 신청이 있어야 한다.

> **행정소송법 제14조 【피고경정】** ① 원고가 피고를 잘못 지정한 때에는 법원은 원고의 신청에 의하여 결정으로써 피고의 경정을 허가할 수 있다.
> ④ 제1항의 규정에 의한 결정이 있은 때에는 새로운 피고에 대한 소송은 처음에 소를 제기한 때에 제기된 것으로 본다.

㉲ × 피고를 경정하는 것에 대한 허가결정이 있을 때에는 새로운 피고에 대한 소송은 처음에 소를 제기한 때(7월 10일)에 제기된 것으로 본다(위 ㉱ 해설 조문 참조). 따라서 허가결정 당시(경정시)에 이미 제소기간이 경과한 경우에도 처음에 소를 제기할 때 제소기간을 지켰으면 제소기간은 준수된 것이 된다.

✓ 기출체크

㉮㉯ 관련 기출

1. 감액경정처분이 있는 경우, 항고소송의 대상은 당초의 부과처분 중 경정처분에 의하여 아직 취소되지 않고 남은 부분이고, 적법한 전심절차를 거쳤는지 여부도 당초 처분을 기준으로 판단하여야 한다. (○ | ×)
   2019 지방직 7급

2. 산업재해보상보험법상 보험급여의 부당이득 징수결정의 하자를 이유로 징수금을 감액하는 경우 감액처분으로도 아직 취소되지 않고 남아 있는 부분이 위법하다 하여 다툴 때에는, 제소기간의 준수 여부는 감액처분을 기준으로 판단해야 한다. (○ | ×)
   2017 지방직 9급

3. 행정청이 금전부과처분을 한 후 감액처분을 한 경우에 감액되고 남은 부분이 위법하다고 다투고자 할 때에는 감액처분 자체를 항고소송의 대상으로 삼아야 한다. (○ | ×)
   2017 국가직(하) 7급

㉰ 관련 기출

4. 피고경정은 사실심은 물론 법률심인 상고심에서도 허용된다는 것이 판례의 입장이다. (○ | ×)
   2009 세무사

㉱ 관련 기출

5. 원고가 피고를 잘못 지정한 때에는 법원은 원고의 신청에 의하여 결정으로써 피고의 경정을 허가할 수 있다. (○ | ×)
   2012 국회(속기·경위직) 9급, 2009 세무사

6. 원고가 피고를 잘못 지정한 때에는 법원은 직권으로 피고를 경정하여야 한다. (○ | ×)
   2010 세무사

㉲ 관련 기출

7. 취소소송이 제기된 후에 피고를 경정하는 경우 제소기간의 준수 여부는 피고를 경정한 때를 기준으로 판단한다. (○ | ×)   2017 지방직(하) 9급

8. 피고경정의 결정이 있은 때에는 새로운 피고에 대한 소송은 처음에 소를 제기한 때에 제기된 것으로 본다. (○ | ×)
   2008 지방직 7급

정답 1. ○ 2. × 3. × 4. × 5. ○ 6. × 7. × 8. ○

03

정답 ①

㉮ ○ 법규명령의 위헌·위법 여부가 구체적 사건을 해결하기 위한 전제 문제로 되는 경우 헌법 제107조 제2항에서는 대법원이 최종적으로 심사한다고 규정함으로써 대법원 외에 지방법원·고등법원도 모두 심사주체가 될 수 있음을 밝히고 있다. 따라서 규범통제의 주체는 각급법원 모두가 될 수 있다.

> **헌법 제107조** ② '명령·규칙' 또는 처분이 헌법이나 법률에 위반되는 여부가 재판의 전제가 된 경우에는 대법원은 이를 최종적으로 심사할 권한을 가진다.

㉯ ○

> 법원이 법률 하위의 법규명령, 규칙, 조례, 행정규칙 등(이하 '규정'이라 한다)이 위헌·위법인지를 심사하려면 그것이 '재판의 전제'가 되어야 한다. 여기에서 '재판의 전제'란 구체적 사건이 법원에 계속 중이어야 하고, 위헌·위법인지가 문제된 경우에는 규정의 특정 조항이 해당 소송사건의 재판에 적용되는 것이어야 하며, 그 조항이 위헌·위법인지에 따라 그 사건을 담당하는 법원이 다른 판단을 하게 되는 경우를 말한다. 따라서 법원이 구체적 규범통제를 통해 위헌·위법으로 선언할

심판대상은, 해당 규정의 전부가 불가분적으로 결합되어 있어 일부를 무효로 하는 경우 나머지 부분이 유지될 수 없는 결과를 가져오는 특별한 사정이 없는 한, 원칙적으로 해당 규정 중 재판의 전제성이 인정되는 조항에 한정된다(대판 2019. 6. 13, 2017두33985).

㉰ ○

> **행정소송법 제6조【명령·규칙의 위헌판결 등 공고】** ① 행정소송에 대한 대법원판결에 의하여 명령·규칙이 헌법 또는 법률에 위반된다는 것이 확정된 경우에는 대법원은 지체 없이 그 사유를 행정안전부장관에게 통보하여야 한다.
> ② 제1항의 규정에 의한 통보를 받은 행정안전부장관은 지체 없이 이를 관보에 게재하여야 한다.

㉱ ✕

(구 법무사법 시행규칙 제3조 제1항 "법원행정처장은 법무사를 보충할 필요가 있다고 인정되는 경우에는 대법원장의 승인을 얻어 법무사시험을 실시할 수 있다."에 대한 헌법소원사건에서 동 규칙은 헌법소원의 대상이 된다고 판시하면서) 법규명령 등이 별도의 집행행위를 기다리지 않고 직접 기본권을 침해하는 것인 때에는 헌법소원심판의 대상이 될 수 있다.
헌법 제107조 제2항이 규정한 명령·규칙에 대한 대법원의 최종심사권이란 구체적인 소송사건에서 명령·규칙의 위헌 여부가 재판의 전제가 되었을 경우 법률의 경우와는 달리 헌법재판소에 제청할 것 없이 대법원이 최종적으로 심사할 수 있다는 의미이며, 동법 제111조 제1항 제1호에서 법률의 위헌 여부 심사권을 헌법재판소에 부여한 이상 통일적인 헌법해석과 규범통제를 위하여 공권력에 의한 기본권침해를 이유로 하는 헌법소원심판청구사건에 있어서 법률의 하위규범인 명령·규칙의 위헌 여부 심사권이 헌법재판소의 관할에 속함은 당연한 것으로서 동법 제107조 제2항의 규정이 이를 배제한 것이라고는 볼 수 없다. …… 헌법재판소법 제68조 제1항이 규정하고 있는 헌법소원심판의 대상으로서의 '공권력'이란 입법·사법·행정 등 모든 공권력을 말하는 것이므로 입법부에서 제정한 법률, 행정부에서 제정한 시행령이나 시행규칙 및 사법부에서 제정한 규칙 등은 그것들이 별도의 집행행위를 기다리지 않고 직접 기본권을 침해하는 것일 때에는 모두 헌법소원심판의 대상이 될 수 있는 것이다(헌재 1990. 10. 15, 89헌마178).

㉲ ✕

위헌·위법한 시행령의 무효를 선언한 대법원판결이 없는 상태에서 그러한 시행령에 근거하여 이루어진 처분은 원칙적으로 당연무효라고 할 수 없다.
일반적으로 시행령이 헌법이나 법률에 위반된다는 사정은 그 시행령의 규정을 위헌 또는 위법하여 무효라고 선언한 대법원의 판결이 선고되지 아니한 상태에서는 그 시행령 규정의 위헌 내지 위법 여부가 해석상 다툼의 여지가 없을 정도로 명백하였다고 인정되지 아니하는 이상, 객관적으로 명백한 것이라 할 수 없으므로, 이러한 시행령에 근거한 행정처분의 하자는 취소사유에 해당할 뿐 무효사유가 되지 아니한다(대판 2007. 6. 14, 2004두619).

💡 **참고** 위 판례는 시행령에 관한 판례이지만 조례의 경우도 마찬가지이다(대판 2009. 10. 29, 2007두26285 참조).

✓ 기출체크

㉮ 관련 기출
1. 대법원 이외의 각급법원도 구체적 규범통제의 방법으로 법규명령조항에 대한 위헌·위법 판단을 할 수 있다. (○ | ✕) 2023 지방직·서울시 9급

2. 명령·규칙 또는 처분이 헌법이나 법률에 위반되는 여부가 재판의 전제가 된 경우에는 대법원은 이를 최종적으로 심사할 권한을 가진다. (○ | ✕) 2014 경행특채 2차

3. 명령·규칙 또는 처분이 헌법이나 법률에 위반되는 여부가 재판의 전제가 된 경우에는 헌법재판소가 이를 최종적으로 심사할 권한을 가진다. (○ | ✕) 2011 국회직 8급

㉯ 관련 기출
4. 법원이 구체적 규범통제를 통해 위헌·위법으로 선언할 심판대상은, 해당 규정의 전부가 불가분적으로 결합되어 있어 일부를 무효로 하는 경우 나머지 부분이 유지될 수 없는 결과를 가져오는 특별한 사정이 없는 한, 원칙적으로 해당 규정 중 재판의 전제성이 인정되는 조항에 한정된다. (○ | ✕) 2024 국회직 8급, 2020 지방직·서울시 7급

5. 법원이 법률 하위의 법규명령이 위헌·위법인지를 심사하려면 그것이 재판의 전제가 되어야 하는데, 여기에서 재판의 전제란 구체적 사건이 법원에 계속 중이어야 하고, 위헌·위법인지가 문제된 경우에는 그 법규명령의 특정 조항이 해당 소송사건의 재판에 적용되는 것이어야 하며, 그 조항이 위헌·위법인지에 따라 그 사건을 담당하는 법원이 다른 판단을 하게 되는 경우를 말한다. (○ | ✕) 2023 국가직 7급

6. 법원이 구체적 규범통제를 통해 위헌·위법으로 선언할 심판대상은 원칙적으로 재판의 전제성이 인정되는 조항에 한정된다. (○ | ✕) 2023 행정사

㉰ 관련 기출
7. 명령·규칙의 위헌판결 등 공고(는 현행 행정소송법이 규정하고 있다) (○ | ✕) 2024 소방간부

8. 행정소송에 대한 대법원판결에 의하여 명령·규칙이 헌법 또는 법률에 위반된다는 것이 확정된 경우에는 대법원은 지체 없이 그 사유를 국무총리에게 통보하여야 한다. (○ | ✕) 2023 군무원 7급

9. 명령 등이 헌법이나 법률에 위반되어 대법원에서 무효라고 선언하여도 당해 사건에만 적용이 배제될 뿐 형식적으로는 존재하므로 판결확정 후 대법원은 행정안전부장관에게 통보하도록 하고 있다. (○ | ✕) 2018 소방직 9급

10. 행정소송법 제6조에 의하면 행정소송에 대한 대법원판결에 의하여 명령·규칙이 헌법 또는 법률에 위반된다는 것이 확정된 경우에는 대법원은 지체 없이 그 사유를 법무부장관에게 통보하여야 한다. (○ | ✕) 2017 경행경채

11. 행정소송에 대한 대법원판결에 의하여 명령·규칙이 헌법 또는 법률에 위반된다는 것이 확정된 경우에는 대법원은 지체 없이 그 사유를 행정안전부장관에게 통보하여야 하고, 그 통보를 받은 행정안전부장관은 지체 없이 이를 관보에 게재하여야 한다. (○ | ✕) 2014 지방직 7급

㉱ 관련 기출
12. 헌법재판소는 대법원규칙인 구 법무사법 시행규칙에 대해, 법규명령이 별도의 집행행위를 기다리지 않고 직접 기본권을 침해하는 것일 때에는 헌법 제107조 제2항의 명령·규칙에 대한 대법원의 최종심사권에도 불구하고 헌법소원심판의 대상이 된다고 한다. (○ | ✕) 2017 국가직 9급

13. 헌법재판소는 법규명령이 재판의 전제가 됨이 없이 직접 개인의 기본권을 침해하는 경우에는 헌법소원의 대상이 된다고 하였다. (○ | ✕) 2011 사회복지직 9급

14. 헌법 제107조 제2항이 규정한 명령·규칙에 대한 최종심사권은 대법원에 있기 때문에 명령·규칙 그 자체에 의하여 직접 기본권이 침해되었을지라도 헌법소원심판을 청구하는 것은 불가능하다는 것이 헌법재판소의 입장이다. (○ | ✕) 2011 경행특채

15. 명령·규칙에 대한 최종심사권을 대법원에 부여하고 있는 헌법 제107조와 관련하여 헌법재판소는 헌법재판소에 의한 법규명령에 대한 통제를 허용하고 있다. (○ l ×)
2011 지방직(하) 7급

16. 헌법 제107조 제2항에서 명령·규칙에 대한 위헌심사권을 법원에 부여하고 있기 때문에, 헌법재판소는 이에 대한 위헌심사권을 행사할 수 없다는 것이 헌법재판소의 입장이다. (○ l ×)
2009 국가직 9급

🚇 관련 기출

17. 일반적으로 시행령이 헌법이나 법률에 위반된다는 사정은 그 시행령 규정을 위헌 또는 위법하여 무효라고 선언한 대법원의 판결이 선고되지 아니한 상태에서는 그 시행령 규정의 위헌 내지 위법 여부가 해석상 다툼의 여지가 없을 정도로 명백하였다고 인정되지 아니하는 이상 객관적으로 명백한 것이라 할 수 없으므로 이러한 시행령에 근거한 행정처분의 하자는 취소사유에 해당할 뿐 무효사유가 된다고 볼 수는 없다. (○ l ×)
2023 국회직 8급

18. 행정처분의 근거법률이 헌법에 위반된다는 사정은 헌법재판소의 위헌결정이 있기 전까지는 객관적으로 명백한 것이라고 할 수는 없다. (○ l ×)
2022 경찰간부

19. 일반적으로 조례가 법률 등 상위법령에 위배된다는 사정은 그 조례의 규정을 위법하여 무효라고 선언한 대법원의 판결이 선고되지 아니한 상태에서는 그 조례규정의 위법 여부가 해석상 다툼의 여지가 없을 정도로 명백하였다고 인정되지 아니하는 이상 객관적으로 명백한 것이라 할 수 없으므로, 이러한 조례에 근거한 행정처분의 하자는 취소사유에 해당할 뿐 무효사유가 된다고 볼 수는 없다. (○ l ×)
2022 군무원 7급

20. 일반적으로 시행령이 헌법이나 법률에 위반된다는 사정은 그 시행령의 규정을 위헌 또는 위법하여 무효라고 선언한 대법원의 판결이 선고되지 않은 상태에서도 그 시행령 규정의 위헌 내지 위법 여부가 객관적으로 명백하다고 할 수 있으므로, 이러한 시행령에 근거한 행정처분의 하자는 무효사유에 해당한다. (○ l ×)
2018 국가직 9급

21. 조례가 법률 등 상위법령에 위배되면 비록 그 조례를 무효라고 선언한 대법원의 판결이 선고되지 않았더라도 그 조례에 근거한 행정처분은 당연무효가 된다. (○ l ×)
2018 국회직 8급

정답 1. ○ 2. ○ 3. × 4. ○ 5. ○ 6. ○ 7. ○ 8. × 9. ○ 10. ×
11. ○ 12. ○ 13. ○ 14. × 15. ○ 16. × 17. ○ 18. ○
19. ○ 20. × 21. ×

04
정답 ①

① ×

「공공기관의 정보공개에 관한 법률」상 비공개대상정보의 입법취지에 비추어 살펴보면, 같은 법 제7조 제1항 제5호(편저자 주: 개정 전의 조문내용이고 현재는 제9조 제1항에 해당)의 '감사·감독·검사·시험·규제·입찰계약·기술개발·인사관리·의사결정과정 또는 내부검토과정에 있는 사항'은 비공개대상정보를 예시적으로 열거한 것이라고 할 것이므로 의사결정과정에 제공된 회의 관련 자료나 의사결정과정이 기록된 회의록 등은 의사가 결정되거나 의사가 집행된 경우에는 더 이상 의사결정과정에 있는 사항 그 자체라고는 할 수 없으나, 의사결정과정에 있는 사항에 준하는 사항으로서 비공개대상정보에 포함될 수 있다(대판 2003. 8. 22, 2002두12946).

② ○

불기소처분기록이나 내사기록 중 피의자신문조서 등 조서에 기재된 피의자 등의 인적 사항 이외의 진술내용이 개인의 사생활의 비밀 또는 자유를 침해할 우려가 인정되는 경우 「공공기관의 정보공개에 관한 법률」 제9조 제1항 제6호 본문에서 정한 비공개대상정보에 해당한다(대판 2017. 9. 7, 2017두44558).

③ ○

지방자치단체의 도시공원에 관한 조례에서 규정된 도시공원위원회의 심의사항에 관하여 위 위원회의 심의를 거친 후 시장이나 구청장이 위 사항들에 대한 결정을 대외적으로 공표하기 전에 위 위원회의 회의 관련 자료 및 회의록이 공개된다면 업무의 공정한 수행에 현저한 지장을 초래한다고 할 것이므로, 위 위원회의 심의 후 그 심의사항들에 대한 시장 등의 결정의 대외적 공표행위가 있기 전까지는 위 위원회의 회의 관련 자료 및 회의록은 구 「공공기관의 정보공개에 관한 법률」 제7조 제1항 제5호에서 규정하는 비공개대상정보에 해당한다고 할 것이고, 다만 시장 등의 결정의 대외적 공표행위가 있은 후에는 이를 의사결정과정이나 내부검토과정에 있는 사항이라고 할 수 없고 위 위원회의 회의 관련 자료 및 회의록을 공개하더라도 업무의 공정한 수행에 지장을 초래할 염려가 없으므로, 시장 등의 결정의 대외적 공표행위가 있은 후에는 위 위원회의 회의 관련 자료 및 회의록은 같은 법 제7조 제2항에 의하여 공개대상이 된다고 할 것인바, 지방자치단체의 도시공원에 관한 조례안에서 공개시기 등에 관한 아무런 제한규정 없이 위 위원회의 회의 관련 자료 및 회의록은 공개하여야 한다고 규정하였다면 이는 같은 법 제7조 제1항 제5호에 위반된다고 할 것이다(대판 2000. 5. 30, 99추85).

④ ○

「공공기관의 정보공개에 관한 법률」 제9조 【비공개대상정보】 ① 공공기관이 보유·관리하는 정보는 공개대상이 된다. 다만, 다음 각 호의 어느 하나에 해당하는 정보는 공개하지 아니할 수 있다.
6. 해당 정보에 포함되어 있는 성명·주민등록번호 등 개인정보보호법 제2조 제1호에 따른 개인정보로서 공개될 경우 사생활의 비밀 또는 자유를 침해할 우려가 있다고 인정되는 정보. 다만, 다음 각 목에 열거한 사항은 제외한다.
가. 법령에서 정하는 바에 따라 열람할 수 있는 정보
나. 공공기관이 공표를 목적으로 작성하거나 취득한 정보로서 사생활의 비밀 또는 자유를 부당하게 침해하지 아니하는 정보
다. 공공기관이 작성하거나 취득한 정보로서 공개하는 것이 공익이나 개인의 권리구제를 위하여 필요하다고 인정되는 정보
라. 직무를 수행한 공무원의 성명·직위
마. 공개하는 것이 공익을 위하여 필요한 경우로서 법령에 따라 국가 또는 지방자치단체가 업무의 일부를 위탁 또는 위촉한 개인의 성명·직업

✓ 기출체크

① 관련 기출

1. 의사결정과정에 제공된 회의 관련 자료나 의사결정과정이 기록된 회의록은 의사가 결정되거나 의사가 집행된 경우에는 더 이상 의사결정과정에 있는 사항 그 자체라고는 할 수 없으므로 비공개대상정보에 포함될 수 없다. (○ l ×)
2022 지방직·서울시 7급

2. 의사결정과정에 제공된 회의 관련 자료나 의사결정과정이 기록된 회의록은 의사가 결정되거나 의사가 집행된 경우에도 비공개대상정보에 포함될 수 있다. (○ l ×)
2021 국가직 7급

3. 의사결정과정에 제공된 회의 관련 자료나 의사결정과정이 기록된 회의록 등은 의사가 결정되거나 의사가 집행된 경우에는 더 이상 의사결정과정에 있는 사항 그 자체라고는 할 수 없으나, 의사결정과정에 있는 사항에 준하는 사항으로서 비공개대상정보에 포함될 수 있다. (○ | ×)
2020 군무원 7급, 2020 군무원 9급

4. 판례에 의하면 의사결정과정이 기록된 정보는 의사가 결정된 후에도 비공개대상정보에 포함될 수 있다. (○ | ×) 2009 서울시 9급

② 관련 기출

5. 불기소처분의 기록 중 피의자신문조서 등에 기재된 피의자 등의 인적 사항 이외의 진술내용 역시 개인의 사생활의 비밀 또는 자유를 침해할 우려가 인정되는 경우 「공공기관의 정보공개에 관한 법률」상 비공개대상정보에 해당된다. (○ | ×) 2019 경행경채 2차

6. 불기소처분기록 중 피의자신문조서 등에 기재된 피의자 등의 인적 사항 이외의 진술내용이 개인의 사생활의 비밀 또는 자유를 침해할 우려가 인정된다면 비공개대상에 해당한다. (○ | ×) 2018 지방직 9급

③ 관련 기출

7. 도시공원위원회의 회의 관련 자료 및 회의록은 시장 등의 결정의 대외적 공표행위가 있은 후에는 이를 의사결정과정이나 내부검토과정에 있는 사항이라고 할 수 없고 위 위원회의 회의 관련 자료 및 회의록을 공개하더라도 업무의 공정한 수행에 지장을 초래할 염려가 없으므로 공개대상이 된다. (○ | ×) 2023 지방직·서울시 7급

④ 관련 기출

8. 공개하는 것이 공익을 위하여 필요한 경우로서 법령에 따라 국가가 업무의 일부를 위탁 또는 위촉한 개인의 성명·직업은, 공개되면 사생활의 비밀 또는 자유가 침해될 우려가 있다고 인정되더라도 공개대상정보에 해당한다. (○ | ×) 2022 해경간부, 2018 국가직 7급

9. 개인정보는 절대적 비공개대상정보이다. (○ | ×) 2012 사회복지직 9급

정답 1. × 2. ○ 3. ○ 4. ○ 5. ○ 6. ○ 7. ○ 8. ○ 9. ×

05
정답 ①

㉮ ○

> 죄형법정주의는 무엇이 범죄이며 그에 대한 형벌이 어떠한 것인가는 국민의 대표로 구성된 입법부가 제정한 법률로써 정하여야 한다는 원칙인데, 부동산등기특별조치법 제11조 제1항 본문 중 제2조 제1항에 관한 부분이 정하고 있는 과태료는 행정상의 질서유지를 위한 행정질서벌에 해당할 뿐 형벌이라고 할 수 없어 죄형법정주의의 규율대상에 해당하지 아니한다(헌재 1998. 5. 28, 96헌바83).

㉯ ×

> **질서위반행위규제법 제2조【정의】** 이 법에서 사용하는 용어의 뜻은 다음과 같다.
> 1. '질서위반행위'란 법률(지방자치단체의 조례를 포함한다. 이하 같다)상의 의무를 위반하여 과태료를 부과하는 행위를 말한다. 다만, 다음 각 목의 어느 하나에 해당하는 행위를 제외한다.
>   가. 대통령령으로 정하는 사법(私法)상·소송법상 의무를 위반하여 과태료를 부과하는 행위
>   나. 대통령령으로 정하는 법률에 따른 징계사유에 해당하여 과태료를 부과하는 행위

㉰ ○

> **질서위반행위규제법 제19조【과태료 부과의 제척기간】** ① 행정청은 질서위반행위가 종료된 날(다수인이 질서위반행위에 가담한 경우에는 최종행위가 종료된 날을 말한다)부터 5년이 경과한 경우에는 해당 질서위반행위에 대하여 과태료를 부과할 수 없다.

㉱ ○

> 과태료재판의 경우, 법원으로서는 기록상 현출되어 있는 사항에 관하여 직권으로 증거조사를 하고 이를 기초로 하여 판단할 수 있는 것이나, 그 경우 행정청의 과태료 부과처분사유와 기본적 사실관계에 있어서 동일성이 인정되는 한도 내에서만 과태료를 부과할 수 있다(대결 2012. 10. 19, 2012마1163).

㉲ ×

> **질서위반행위규제법 제12조【다수인의 질서위반행위 가담】** ① 2인 이상이 질서위반행위에 가담한 때에는 각자가 질서위반행위를 한 것으로 본다.
> ② 신분에 의하여 성립하는 질서위반행위에 신분이 없는 자가 가담한 때에는 신분이 없는 자에 대하여도 질서위반행위가 성립한다.
> ③ 신분에 의하여 과태료를 감경 또는 가중하거나 과태료를 부과하지 아니하는 때에는 그 신분의 효과는 신분이 없는 자에게는 미치지 아니한다.

✓ 기출체크

㉮ 관련 기출

1. 과태료는 행정상의 질서유지를 위한 행정질서벌에 해당할 뿐 형벌이라 할 수 없어 죄형법정주의의 규율대상에 해당하지 않는다. (○ | ×)
2021 소방직 9급

2. 과태료는 행정질서벌에 해당할 뿐 형벌이라고 할 수 없어 죄형법정주의의 규율대상에 해당하지 아니한다. (○ | ×) 2019 국가직 9급

3. 과태료는 행정상의 질서유지를 위한 행정질서벌에 해당할 뿐이므로 죄형법정주의의 규율대상에 해당하지 아니한다. (○ | ×) 2016 국가직 7급

㉯ 관련 기출

4. 지방자치단체의 조례상의 의무를 위반하여 과태료를 부과하는 행위는 질서위반행위에 해당되지 않는다. (○ | ×) 2019 지방직·교육행정직 9급

5. 민법상의 의무를 위반하여 과태료를 부과하는 행위는 질서위반행위규제법상 질서위반행위에 해당한다. (○ | ×) 2019 서울시 9급

6. 다음은 현행 질서위반행위규제법의 일부이다. 괄호 안에 공통적으로 들어갈 용어는? 2011 국가직 9급

> '질서위반행위'란 법률(지방자치단체의 조례를 포함한다. 이하 같다) 상의 의무를 위반하여 (　)을/를 부과하는 행위를 말한다. 다만, 다음 각 목의 어느 하나에 해당하는 행위를 제외한다.
> 가. 대통령령으로 정하는 사법(私法)상·소송법상 의무를 위반하여 (　)을/를 부과하는 행위
> 나. 대통령령으로 정하는 법률에 따른 징계사유에 해당하여 (　)을/를 부과하는 행위

① 가산금　　② 과태료
③ 부당이득세　④ 이행강제금

7. 질서위반행위란 '법률(조례를 포함한다)상의 의무를 위반하여 과태료를 부과하는 행위'를 말하고, 이에는 대통령령으로 정하는 법률에 따른 징계사유에 해당하여 과태료를 부과하는 행위가 포함된다. (○ | ×)
2009 국가직 7급

㉰ 관련 기출

8. 질서위반행위가 종료된 날부터 3년이 경과한 경우에는 해당 질서위반행위에 대하여 과태료를 부과할 수 없다. (○ | ×) 2022 국회직 8급

9. 행정청은 질서위반행위가 종료된 날부터 5년이 경과한 경우에는 해당 질서위반행위에 대하여 과태료를 부과할 수 없다. (○ | ×)
2015 국가직 7급, 2011 국회(속기·경위직) 9급

10. 행정청은 질서위반행위가 종료된 날부터 5년이 경과하면 과태료를 부과할 수 없다. (○ | ×) 2010 국회직 8급

11. 과태료처벌에 있어 공소시효나 형의 시효 및 국가재정법상의 국가의 금전채권에 관한 소멸시효의 규정이 적용된다. (○ | ×) 2010 지방직 7급

㉱ 관련 기출

12. 과태료재판의 경우, 법원으로서는 기록상 현출되어 있는 사항에 관하여 직권으로 증거조사를 하고 이를 기초로 하여 판단할 수 있는 것이나, 그 경우 행정청의 과태료 부과처분사유와 기본적 사실관계에서 동일성이 인정되는 한도 내에서만 과태료를 부과할 수 있다. (○ | ×)
2016 경행경채, 2014 국가직 7급

㉲ 관련 기출

13. 신분에 의하여 성립하는 질서위반행위에 신분이 없는 자가 가담한 때에는 신분이 없는 자에 대하여도 질서위반행위가 성립한다. (○ | ×)
2023 경찰간부, 2023 국가직 9급, 2018 지방직 7급

14. 신분에 의하여 성립하는 질서위반행위에 신분이 없는 자가 가담한 때에는 신분이 없는 자에 대하여는 질서위반행위가 성립하지 아니한다. (○ | ×)
2022 군무원 7급, 2018 소방직 9급, 2015 지방직 9급

정답 1. ○ 2. ○ 3. ○ 4. × 5. × 6. ② 7. × 8. × 9. ○ 10. ○
11. × 12. ○ 13. ○ 14. ×

06
정답 ④

① ×

> 국유재산(잡종재산(현 일반재산))의 매각 및 매각신청반려행위는 사법상의 행위에 불과하다(대판 1986. 6. 24, 86누171).

② ×

> 농지개량조합과 그 직원(조합원을 의미함)의 관계는 공법상의 특별권력관계로서 농지개량조합이 조합직원에 대하여 행한 징계처분은 행정소송의 대상이다(대판 1995. 6. 9, 94누10870).

③ ×

> 사립중학교에 대한 중학교 의무교육의 위탁관계는 초·중등교육법 제12조 제3항, 제4항 등 관련법령에 의하여 정해지는 공법적 관계이다(대판 2015. 1. 29, 2012두7387).

④ ○

> 지방자치단체가 일반재산을 입찰이나 수의계약을 통해 매각하는 것은 기본적으로 사경제주체의 지위에서 하는 행위이므로 원칙적으로 사적 자치와 계약자유의 원칙이 적용된다(대판 2017. 11. 14, 2016다201395).

✓ 기출체크

① 관련 기출

1. 국유재산법의 규정에 의하여 총괄청 또는 그 권한을 위임받은 기관이 국유재산을 매각하는 행위는 사경제주체로서 행하는 사법상의 법률행위에 지나지 아니한다. (○ | ×) 2015 국회직 8급

2. 국유임야대부·매각행위 및 대부계약에 의한 대부료 부과조치는 취소소송의 대상이 되는 처분에 해당하지 않는다. (○ | ×) 2012 지방직(상) 9급

② 관련 기출

3. 농지개량조합의 직원에 대한 징계처분은 처분성이 인정된다. (○ | ×)
2017 사회복지직 9급

4. 농지개량조합의 직원에 대한 징계처분(은 판례에 따를 때, 사법관계에 해당한다) (○ | ×) 2015 서울시 9급

5. 농지개량조합과 그 직원의 관계는 공법상 특별권력관계이다. (○ | ×)
2015 경행특채 1차, 2013 지방직(하) 7급, 2008 국가직 9급

③ 관련 기출

6. 중학교 의무교육의 위탁관계는 공법적 관계이다. (○ | ×) 2024 소방간부

7. 초·중등교육법상 사립중학교에 대한 중학교 의무교육의 위탁관계는 사법관계에 속한다. (○ | ×) 2020 국회직 8급, 2018 교육행정직 9급

④ 관련 기출

8. 지방자치단체가 일반재산을 입찰이나 수의계약을 통해 매각하는 것은 기본적으로 사경제주체의 지위에서 하는 행위이므로 원칙적으로 계약자유의 원칙이 적용된다. (○ | ×) 2022 서울시 지적 7급

9. 지방자치단체가 일반재산을 「지방자치단체를 당사자로 하는 계약에 관한 법률」에 따라 입찰이나 수의계약을 통해 매각하는 것은 지방자치단체가 우월적 공행정주체로서의 지위에서 행하는 행위이다. (○ | ×)
2021 군무원 7급

정답 1. ○ 2. ○ 3. ○ 4. × 5. ○ 6. ○ 7. × 8. ○ 9. ×

07
정답 ④

① ○

> 귀화신청인이 구 국적법 제5조 각 호에서 정한 귀화요건을 갖추지 못한 경우 법무부장관은 귀화 허부에 관한 재량권을 행사할 여지 없이 귀화불허처분을 하여야 한다(대판 2018. 12. 13, 2016두31616).

② ○ 재량의 일탈이란 법률의 외적 한계를 넘어 재량권이 행사된 경우를 말한다. 재량의 남용은 법률의 외적 한계는 넘지 않았으나 재량권을 부여한 법의 목적이나 평등의 원칙·비례의 원칙 등 내적 한계에 위배되는 경우의 재량권행사를 말한다. 재량권의 일탈 또는 남용은 법원의 심사대상이 된다(행정소송법 제27조). 그러나 재량의 한계 내에서의 행정청의 판단, 즉 합목적성 내지 공익성의 판단 등은 위법의 문제가 아니라 당·부당의 문제로서 행정심판의 대상은 되지만 법원의 심사대상은 되지 않는다.

> **행정소송법 제27조【재량처분의 취소】** 행정청의 재량에 속하는 처분이라도 재량권의 한계를 넘거나 그 남용이 있는 때에는 법원은 이를 취소할 수 있다.

③ ○

> 「가축분뇨의 관리 및 이용에 관한 법률」(이하 '가축분뇨법'이라 한다)의 입법목적, 가축분뇨법 제11조 제1항·제2항, 「가축분뇨의 관리 및 이용에 관한 법률 시행령」 제7조 제1항·제2항, 구 「가축분뇨의 관리 및 이용에 관한 법률 시행규칙」 제5조 제1항 제4호의 체제·형식과 문언, 특히 가축분뇨법 제11조 제1항·제2항에서 배출시설 설치허가와 변경허가의 기준을 따로 구체적으로 정하고 있지는 않은 사정 등을 종합하면, 가축분뇨법에 따른 처리방법 변경허가는 허가권자의 재량행위에 해당한다. 허가권자는 변경허가 신청내용이 가축분뇨법에서 정한 처리시설의 설치기준(제12조의2 제1항)과 정화시설의 방류수 수질기준(제13조)을 충족하는 경우에도 반드시 이를 허가하여야 하는 것은 아니고, 자연과 주변환경에 미칠 수 있는 영향 등을 고려하여 허가 여부를 결정할 수 있다(대판 2021. 6. 30, 2021두35681).

④ ×

> 재외동포에 대한 사증발급은 행정청의 재량행위에 속한다.
> 재외동포에 대한 사증발급은 행정청의 재량행위에 속하는 것으로서, 재외동포가 사증발급을 신청한 경우에 출입국관리법 시행령 [별표 1의2]에서 정한 재외동포체류자격의 요건을 갖추었다고 해서 무조건 사증을 발급해야 하는 것은 아니다. 재외동포에게 출입국관리법 제11조 제1항 각 호에서 정한 입국금지사유 또는 「재외동포의 출입국과 법적지위에 관한 법률」 제5조 제2항에서 정한 재외동포체류자격 부여 제외사유(예컨대 '대한민국 남자가 병역을 기피할 목적으로 외국 국적을 취득하고 대한민국 국적을 상실하여 외국인이 된 경우')가 있어 그의 국내 체류를 허용하지 않음으로써 달성하고자 하는 공익이 그로 말미암아 발생하는 불이익보다 큰 경우에는 행정청이 재외동포체류자격의 사증을 발급하지 않을 재량을 가진다(대판 2019. 7. 11, 2017두38874).

✓ 기출체크

① 관련 기출
1. 귀화신청인이 귀화요건을 갖추지 못한 경우 법무부장관은 재량권을 행사할 여지 없이 귀화불허처분을 하여야 한다. (○ | ×)   2022 경찰간부

② 관련 기출
2. 재량행위에 대한 법원의 심사는 재량권의 일탈 또는 남용 및 재량권의 한계 내에서의 행정청의 판단, 즉 합목적성 내지 공익성의 판단 등을 대상으로 한다. (○ | ×)   2023 국가직 7급

3. 행정청의 재량에 속하는 처분이라도 재량권이 한계를 넘거나 그 남용이 있을 때에는 법원은 이를 취소할 수 있다. (○ | ×)   2022 서울시 지적 7급

4. 재량권의 일탈이란 재량권의 내적 한계를 벗어난 것을 말하고, 재량권의 남용이란 재량권의 외적 한계를 벗어난 것을 말한다. (○ | ×)   2015 국가직 9급

③ 관련 기출
5. 「가축분뇨의 관리 및 이용에 관한 법률」에 따른 가축분뇨 처리방법 변경허가는 허가권자의 재량행위에 해당한다. (○ | ×)   2023 지방직·서울시 7급

④ 관련 기출
6. 재외동포에 대한 사증발급은 행정청의 기속행위에 속하는 것으로서, 재외동포가 사증발급을 신청한 경우에 구 출입국관리법 시행령 [별표 1의2]에서 정한 재외동포체류자격의 요건을 갖추었다면 사증을 발급해야 한다. (○ | ×)   2023 국가직 7급

📎 **정답** 1. ○ 2. × 3. ○ 4. × 5. ○ 6. ×

08   정답 ③

㉮ × 판례는 내용상의 하자에 대해서는 치유를 인정하지 않고 있다.

> (운송사업의 사업계획변경인가처분으로 종전 운행계통을 연장하여 종점을 새로 정하는 것이 노선면허가 없는 상태에서 운행계통을 연장·변경한 것이어서 위법하며 이는 내용상 하자로 하자가 치유되지 아니한다고 하면서) 하자가 행정처분의 내용에 관한 것인 경우에는 치유가 인정되지 않는다.
> 행정행위의 성질이나 법치주의의 관점에서 볼 때 하자 있는 행정행위의 치유는 원칙적으로 허용될 수 없을 뿐만 아니라 이를 허용하는 경우에도 국민의 권리와 이익을 침해하지 않는 범위에서 구체적 사정에 따라 합목적적으로 가려야 할 것이다. …… 사업계획변경인가처분에 관한 하자가 행정처분의 내용에 관한 것이고 새로운 노선면허가 소제기 이후에 이루어진 사정 등에 비추어 하자의 사후적 치유를 인정하지 아니한다(대판 1991. 5. 28, 90누1359).

㉯ ○ 행정행위의 하자가 치유되면 당해 행정행위는 치유시가 아니라 처음부터 하자가 없는 적법한 행정행위로서 그 효력이 발생한다. 즉, 하자의 치유는 소급효가 있다.

㉰ ○

> 납세의무자가 부과된 세금을 자진납부하였다 하여 세액산출근거가 누락된 납세고지서(현 납부고지서)에 의한 부과처분의 하자가 치유되는 것은 아니다.
> 세액산출근거가 기재되지 아니한 납세고지서(현 납부고지서)에 의한 부과처분은 강행법규에 위반하여 취소대상이 된다 할 것이므로 이와 같은 하자는 납세의무자가 전심절차에서 이를 주장하지 아니하였거나, 그 후 부과된 세금을 자진납부하였다거나, 또는 조세채권의 소멸시효 기간이 만료되었다 하여 치유되는 것이라고는 할 수 없다(대판 1985. 4. 9, 84누431).

㉱ ×

> 행정청이 식품위생법상의 청문절차를 이행함에 있어 청문서 도달기간을 다소 어겼지만 영업자가 이의하지 아니한 채 청문일에 출석하여 의견을 진술하고 변명하는 등 방어의 기회를 충분히 가졌다면 하자는 치유된다.
> 가령 행정청이 청문서 도달기간을 다소 어겼다 하더라도 영업자가 이에 대하여 이의하지 아니한 채 스스로 청문일에 출석하여 그 의견을 진술하고 변명하는 등 방어의 기회를 충분히 가졌다면 청문서 도달기간을 준수하지 아니한 하자는 치유되었다고 봄이 상당하다 할 것이다(대판 1992. 10. 23, 92누2844).

㉲ ○

> 재건축조합설립인가처분 당시 토지소유자 등의 동의율을 충족하지 못한 하자는 후에 토지소유자 등의 추가동의서가 제출되었다는 사정만으로 치유될 수 없다.
> 행정행위의 치유는 행정행위의 성질이나 법치주의 관점에서 볼 때 원칙적으로 허용될 수 없는 것이고, 예외적으로 행정행위의 무용한 반복을 피하고 당사자의 법적 안정성을 위해 이를 허용하는 때에도 국민의 권리나 이익을 침해하지 아니하는 범위에서 구체적 사정에 따라 합목적적으로 인정하여야 할 것이다. 사안의 경우 하자의 치유를 인정하면 토지 등 소유자에게 아무런 손해가 발생하지 않는다고 단정할 수 없다(대판 2013. 7. 11, 2011두27544).

✓ 기출체크

㉮ 관련 기출

1. 처분의 하자가 그 내용에 관한 것인 경우, 판례는 소제기 이후에도 하자의 치유가 가능한 것으로 본다. (○ | ×)   2019 서울시 1회 7급

2. 행정행위의 내용상의 하자에 대해서는 하자의 치유가 인정되지 않는다. (○ | ×)   2017 국가직(하) 9급

3. 행정행위의 내용상의 하자는 치유의 대상이 될 수 있으나, 형식이나 절차상의 하자에 대해서는 치유가 인정되지 않는다. (○ | ×)   2016 국가직 9급

㉯ 관련 기출

4. 행정행위의 하자가 치유되면 당해 행정행위는 처분 당시부터 하자가 없는 적법한 행정행위로 효력을 발생한다. (○ | ×)   2019 서울시 1회 7급

㉰ 관련 기출

5. 세액산출근거가 기재되지 아니한 납세고지서에 의한 부과처분은 강행법규에 위반하여 취소대상이 된다고 할 것이지만 이와 같은 하자는 납세의무자가 전심절차에서 이를 주장하지 아니하였거나, 그 후 부과된 세금을 자진납부하였다거나, 또는 조세채권의 소멸시효기간이 만료된 경우 치유된다. (○ | ×)   2023 국가직 9급

6. 세액산출근거가 기재되지 아니한 납세고지서에 의한 부과처분은 그 후 부과된 세금을 자진납부하였다거나, 또는 조세채권의 소멸시효기간이 만료되었다 하여 하자가 치유되는 것이라고는 할 수 없다. (○ | ×)   2021 지방직·서울시 9급

7. 납세의무자가 부과된 세금을 자진납부하였다고 하더라도 세액산출근거 등의 기재사항이 누락된 납세고지서(현 납부고지서)에 의한 과세처분의 하자는 치유되지 않는다. (○ | ×)   2017 국가직(하) 9급

8. 과세처분을 하면서 장기간 세액산출근거를 부기하지 아니한 경우에 납세자가 자진납부하였다면 처분의 위법성은 치유된다. (○ | ×)   2013 국가직 7급

㉱ 관련 기출

9. 행정청이 청문서 도달기간을 다소 어겼다 하더라도 영업자가 이에 대하여 이의하지 아니한 채 스스로 청문일에 출석하여 그 의견을 진술하고 변명하는 등 방어의 기회를 충분히 가졌다면 청문서 도달기간을 준수하지 아니한 하자는 치유된다. (○ | ×)   2025 소방간부, 2023 경찰간부, 2022 지방직·서울시 7급, 2016 지방직 9급, 2014 사회복지직 9급

10. 행정청이 청문서 도달기간을 어겼다면 당사자가 이에 대하여 이의하지 아니한 채 스스로 청문일에 출석하여 방어의 기회를 충분히 가졌더라도 청문서 도달기간을 준수하지 아니한 하자가 치유되는 것은 아니다. (○ | ×)   2024 지방직·서울시 9급

11. 행정청이 식품위생법상의 청문절차를 이행함에 있어 청문서 도달기간을 다소 어겼지만 영업자가 이의하지 아니한 채 청문일에 출석하여 의견을 진술하고 변명하는 등 방어의 기회를 충분히 가졌다면 청문서 도달기간을 준수하지 아니한 하자는 치유되었다고 본다. (○ | ×)   2020 국가직 9급

12. 행정청이 처분의 근거법률상 청문절차를 이행하는 과정에서 청문서 도달기간을 다소 어겼지만 당사자가 이의를 제기하지 않고 청문일에 출석하여 의견진술과 변명의 기회를 충분히 가졌다면 청문서 도달기간 미준수의 하자는 치유된 것으로 본다. (○ | ×)   2020 국회직 8급

㉲ 관련 기출

13. 재건축주택조합설립인가처분 당시 동의율을 충족하지 못한 하자는 후에 추가동의서가 제출되었다는 사정만으로 치유될 수 없다. (○ | ×)   2023 국회직 8급, 2018 서울시 2회 7급

14. 재건축조합설립인가처분 당시 동의율을 충족하지 못한 하자는 후에 추가동의서가 제출되었다는 사정만으로도 치유된다. (○ | ×)   2023 국가직 9급

15. 「도시 및 주거환경정비법」상 주택재건축사업의 추진위원회가 조합을 설립하고자 하는 때에는 토지소유자 등이 일정 수 이상 동의하여야 하는데, 조합설립인가처분이 이러한 요건을 충족하지 못한 상태에서 이루어졌다면 그러한 처분은 위법하고, 토지소유자 등의 추가동의서가 추후에 제출되어 법정요건을 갖추었다 할지라도 설립인가처분의 위법성이 치유되는 것은 아니다. (○ | ×)   2020 소방직 9급

16. 토지소유자 등의 동의율을 충족하지 못하였다는 주택재건축정비사업조합 설립인가처분 당시의 하자는 후에 토지소유자 등의 추가동의서가 제출되었다면 치유된다. (○ | ×)   2016 지방직 9급

정답 1. × 2. ○ 3. × 4. ○ 5. × 6. ○ 7. ○ 8. × 9. ○ 10. × 11. ○ 12. ○ 13. ○ 14. × 15. ○ 16. ×

09
정답 ②

① ×

> 가산세는 세법에서 규정하는 의무의 성실한 이행을 확보하기 위하여 세법에 따라 산출한 본세액에 가산하여 징수하는 독립된 조세로서, 본세에 감면사유가 인정된다고 하여 가산세도 감면대상에 포함되는 것이 아니고, 반면에 그 의무를 이행하지 아니한 데 대한 정당한 사유가 있는 경우에는 본세 납세의무가 있더라도 가산세는 부과하지 않는다(대판 2018. 11. 29, 2015두56120).

② ○

> 1. 세법상 가산세는 과세권의 행사 및 조세채권의 실현을 용이하게 하기 위하여 납세자가 정당한 이유 없이 법에 규정된 신고, 납세 등 각종 의무를 위반한 경우에 개별세법이 정하는 바에 따라 부과되는 행정상의 제재로서 납세자의 고의·과실은 고려되지 않는 것이고, 납세의무자가 그 의무를 알지 못한 것이 무리가 아니었다거나 그 의무의 이행을 당사자에게 기대하는 것이 무리라고 하는 사정이 있을 때 등 그 의무해태를 탓할 수 없는 정당한 사유가 있는 경우에는 이를 부과할 수 없다(대판 2003. 9. 5, 2001두403).
> 2. 법령의 부지 또는 오인은 그 정당한 사유에 해당한다고 볼 수 없다. 또한 납세의무자가 세무공무원의 잘못된 설명을 믿고 신고납부의무를 불이행하였다 하더라도 그것이 관계법령에 어긋나는 것임이 명백한 경우 '정당한 사유'가 있다고 할 수 없다(대판 2002. 4. 12, 2000두5944).

③ ×

> 체납자 등에 대한 공매통지는 공매의 절차적 요건에 해당하므로, 체납자 등에게 공매통지를 하지 않았거나 적법하지 않은 공매통지를 한 경우 그 공매처분은 위법하다. 다만, 체납자 등은 자신에 대한 공매통지의 하자만을 공매처분의 위법사유로 주장할 수 있을 뿐 다른 권리자에 대한 공매통지의 하자를 들어 공매처분의 위법사유로 주장하는 것은 허용되지 않는다(대판 2008. 11. 20, 2007두18154 전합).

④ ×

> (甲이 자신이 소유한 부동산에 대한 종합토지세 등을 납부하지 않자 관할행정청이 위 부동산을 압류한 후 한국자산관리공사에 공매를 의뢰하였고, 한국자산관리공사가 공매절차를 진행하여 乙에게 매각하는 결정을 한 사안에서) 공매대행사실의 통지는 세무서장이 아닌 한국자산

관리공사가 공매를 대행하게 된다는 사실을 체납자와 이해관계인에게 알려주는 데 불과한 점 등에 비추어, 관할행정청이 甲 또는 그 임차인에게 공매대행사실을 통지하지 않았다고 하더라도 그 후 공매통지서가 적법하게 송달되고 매수인이 매수대금을 납부하여 소유권이전등기까지 마쳤으므로 위와 같은 사정만으로 위 처분이 위법하게 된다고 볼 수 없고, 국세징수 관계법령상 공매예고통지에 관한 규정이 없고 공매예고통지는 공매사실 자체를 체납자에게 알려주는 것에 불과하므로 공매예고통지가 없었다는 이유만으로 위 처분이 위법하게 되는 것은 아니다(대판 2013. 6. 28, 2011두18304).

✔ 기출체크

① 관련 기출

1. 가산세는 세법에서 규정하는 의무의 성실한 이행을 확보하기 위하여 세법에 따라 산출한 본세액에 가산하여 징수하는 조세로서, 본세에 감면사유가 인정된다면 가산세도 감면대상에 포함된다. (○ | ×) 2023 국가직 7급

② 관련 기출

2. 가산세는 납세자가 정당한 이유 없이 법에 규정된 신고, 납세 등 각종 의무를 위반한 경우에 개별세법이 정하는 바에 따라 부과되는 행정상의 제재로서 납세자의 고의·과실 또한 중요한 고려요소가 된다. (○ | ×)
2023 국가직 7급

3. 세법상 가산세는 행정상 제재로서 납세자의 고의·과실은 고려되지 않으므로 설령 납세자에게 그 의무해태를 탓할 수 없는 정당한 사유가 있는 경우라도 이를 부과할 수 있다. (○ | ×) 2022 소방간부

4. 세법상 가산세는 납세의무자가 정당한 이유 없이 법에 규정된 신고, 납세 등 각종 의무를 위반한 경우에 법이 정하는 바에 따라 부과하는 행정상의 제재로서, 그 의무를 게을리한 점을 탓할 수 없는 정당한 사유가 있는 경우에는 부과할 수 없다. (○ | ×) 2021 경행경채

5. 세법상 가산세는 과세권 행사 및 조세채권 실현을 용이하게 하기 위하여 납세자가 징당한 이유 없이 법에 규정된 신고, 납세 등의 의무를 위반한 경우 개별세법에 따라 부과하는 행정상 제재로서, 납세자의 고의·과실은 고려되지 아니하고 법령의 부지·착오 등은 그 의무위반을 탓할 수 없는 정당한 사유에 해당하지 아니한다. (○ | ×) 2019 국가직 9급

6. 세법상 가산세를 부과할 때 납세자에게 조세납부를 거부 또는 지연하는 데 고의 또는 과실이 있었는지는 원칙적으로 고려하지 않지만, 납세의무자의 의무해태를 탓할 수 없는 정당한 사유가 있는 경우에는 가산세를 부과할 수 없다. (○ | ×) 2018 국가직 9급

③ 관련 기출

7. 체납자 등은 다른 권리자에 대한 공매통지의 하자를 들어 공매처분의 위법사유로 주장할 수 있다. (○ | ×) 2023 군무원 7급

8. 공매처분을 하면서 체납자에게 공매통지를 하지 않았거나 공매통지를 하였지만 그것이 적법하지 아니하다 하더라도 공매처분 자체는 위법하지 않다. (○ | ×) 2023 지방직·서울시 9급

9. 국세징수법상 체납자 등에 대한 공매통지는 체납자 등의 법적 지위나 권리·의무에 직접적인 영향을 주는 행정처분에 해당하지 아니하므로 공매통지가 적법하지 아니한 경우에도 그에 따른 공매처분이 위법하게 되는 것은 아니다. (○ | ×) 2018 지방직 9급

10. 국세징수법상 체납자에 대한 공매통지는 국가의 강제력에 의하여 진행되는 공매에서 체납자의 권리 내지 재산상의 이익을 보호하기 위하여 법률로 규정한 절차적 요건으로, 이를 이행하지 않은 경우 그 공매처분은 위법하다. (○ | ×) 2017 국가직 7급

11. 국세징수법상 공매처분을 하면서 체납자에게 공매통지를 하였다면 공매통지가 적법하지 않다 하더라도 공매처분에 절차상 하자가 있다고 할 수는 없다. (○ | ×) 2017 사회복지직 9급

정답 1. × 2. × 3. × 4. ○ 5. ○ 6. ○ 7. × 8. × 9. × 10. ○ 11. ×

10 정답 ④

① ○

법관이 행하는 재판사무의 특수성과 그 재판과정의 잘못에 대하여는 따로 불복절차에 의하여 시정될 수 있는 제도적 장치가 마련되어 있는 점 등에 비추어 보면, 법관의 재판에 법령규정을 따르지 않은 잘못이 있더라도 이로써 바로 재판상 직무행위가 국가배상법 제2조 제1항에서 말하는 위법한 행위로 되어 국가의 손해배상책임이 발생하는 것은 아니다. 법관의 재판상 직무행위로 인한 국가배상책임이 인정되려면 법관이 위법하거나 부당한 목적을 가지고 재판을 하였다거나 법이 법관의 직무수행상 준수할 것을 요구하고 있는 기준을 현저하게 위반하는 등 법관이 그에게 부여된 권한의 취지에 명백히 어긋나게 이를 행사하였다고 인정할 만한 특별한 사정이 있어야 한다(대판 2023. 6. 1, 2021다202224).

② ○

(甲도지사가 도에서 설치·운영하는 乙지방의료원을 폐업하겠다는 결정을 발표하고 그에 따라 폐업을 위한 일련의 조치가 이루어진 후 乙지방의료원을 해산한다는 내용의 조례를 공포하고 乙지방의료원의 청산절차가 마쳐진 사안에서) 국가배상법 제2조 제1항에 따른 국가배상책임이 성립하기 위해서 공무원의 직무집행이 위법하다는 점만으로는 부족하고 공무원의 위법한 직무집행으로 타인의 권리·이익이 침해되어 구체적 손해가 발생하여야 한다(대판 2016. 8. 30, 2015두60617).

③ ○

한미행정협정에 의하여 적용되는 국가배상법 제2조 소정의 '공무원이 그 직무를 집행함에 당하여'라고 함은 직무의 범위 내에 속하거나 직무와 밀접한 관련이 있는 것이라고 객관적으로 보여지는 행위를 함에 당하여라고 해석하여야 할 것인바, 미군부대 소속 선임하사관이 소속부대장의 명에 따라 공무차 예하부대로 출장을 감에 있어 부대에 공용차량이 없었던 까닭에 개인소유의 차량을 빌려 직접 운전하여 예하부대에 가서 공무를 보고나자 퇴근시간이 되어서 위 차량을 운전하여 집으로 운행하던 중 교통사고가 발생하였다면 위 선임하사관의 위 차량의 운행은 실질적·객관적으로 그가 명령받은 위 출장명령을 수행하기 위한 직무와 밀접한 관련이 있는 것이라고 보아야 한다(대판 1988. 3. 22, 87다카1163).

④ ×

인사업무 담당공무원이 다른 공무원의 공무원증 등을 위조한 행위에 대하여 실질적으로는 직무행위에 속하지 아니한다 할지라도 외관상으로 국가배상법 제2조 제1항의 직무집행관련성이 인정된다. 울산세관의 통관지원과에서 인사업무를 담당하면서 울산세관 공무원들의 공무원증 및 재직증명서 발급업무를 하는 공무원인 ○○○이 울산세관의 다른 공무원의 공무원증 등을 위조하는 행위는 비록 그것이 실질적으로는 직무행위에 속하지 아니한다 할지라도 적어도 외관상으로는 공무원증과 재직증명서를 발급하는 행위로서 직무집행으로 보여지므로 결국 소외인의 공무원증 등 위조행위는 국가배상법 제2조 제1항 소정의 공무원이 직무를 집행함에 당하여 한 행위로 인정되고 …… (대판 2005. 1. 14, 2004다26805)

✓ 기출체크

① 관련 기출

1. 법관의 재판에 법령의 규정을 따르지 아니한 잘못이 있는 경우에는 이로써 바로 그 재판상 직무행위가 국가배상법 제2조 제1항에서 말하는 위법한 행위로 되어 국가의 손해배상책임이 발생한다. (○ | ×)
   2020 군무원 7급

2. 법관의 재판행위가 위법행위로서 국가배상책임이 인정되려면 당해 법관이 위법 또는 부당한 목적을 가지고 재판하는 등 법관에게 부여된 권한의 취지에 명백히 어긋나게 이를 행사하였다고 인정할 특별한 사정이 있어야 한다. (○ | ×)
   2017 국가직(하) 7급

3. 법령의 규정을 따르지 아니한 법관의 재판상 직무행위는 곧바로 국가배상법 제2조 제1항에서 규정하고 있는 위법행위가 되어 국가의 손해배상책임이 발생한다. (○ | ×)
   2016 지방직 9급

② 관련 기출

4. 도지사에 의한 지방의료원의 폐업결정과 관련하여 국가배상책임이 성립하기 위하여서는 공무원의 직무집행이 위법하다는 점만으로는 부족하고 그로 인하여 타인의 권리·이익이 침해되어 구체적 손해가 발생하여야 한다. (○ | ×)
   2019 국회직 8급

④ 관련 기출

5. 인사업무 담당공무원이 다른 공무원의 공무원증 등을 위조한 행위에 대하여 실질적으로는 직무행위에 속하지 아니한다 할지라도 외관상으로는 국가배상법의 직무집행관련성이 인정된다. (○ | ×) 2024 지방직·서울시 7급

6. 공무원들의 공무원증 발급업무를 하는 공무원이 다른 공무원의 공무원증을 위조하는 행위는 실질적으로 직무행위에 속하지 아니하므로 외관상 국가배상법 제2조 제1항의 직무집행관련성이 부정된다. (○ | ×)
   2022 해경간부

7. 공무원들의 공무원증 발급업무를 하는 공무원이 다른 공무원의 공무원증을 위조하는 행위는 국가배상법상의 직무집행에 해당하지 않는다. (○ | ×) 2021 국가직 7급

8. 공무원증 발급업무를 담당하는 공무원이 대출을 받을 목적으로 다른 공무원의 공무원증을 위조하는 행위는 국가배상법 제2조 제1항의 직무집행관련성이 인정되지 않는다. (○ | ×)
   2021 소방직 9급

9. 인사업무 담당공무원이 다른 공무원의 공무원증 등을 위조한 행위는 실질적으로 직무행위에 속하지 아니한다 할지라도 외관상으로는 국가배상법상의 직무집행에 해당한다. (○ | ×)
   2018 지방직 7급

10. 직무행위인지 여부는 당해 행위가 현실적으로 정당한 권한 내의 것인지를 묻지 않는다. (○ | ×)
    2016 사회복지직 9급

정답 1. × 2. ○ 3. × 4. ○ 5. ○ 6. × 7. × 8. × 9. ○ 10. ○

11 정답 ①

① × 허가의 신청시와 처분시의 법령이 다른 경우 처분시의 법령을 적용함이 원칙이다.

> 신청 후 허가기준이 변경된 경우에는 원칙적으로 신청시가 아닌 처분시의 법령과 기준에 의해 처리되어야 한다.
> 허가 등의 행정처분은 원칙적으로 처분시의 법령과 허가기준에 의하여 처리되어야 하고 허가신청 당시의 기준에 따라야 하는 것은 아니며, 비록 허가신청 후 허가기준이 변경되었다 하더라도 그 허가관청이 허가신청을 수리하고도 정당한 이유 없이 그 처리를 늦추어 그 사이에 허가기준이 변경된 것이 아닌 이상 변경된 허가기준에 따라서 처분을 하여야 할 것인바 …… (대판 1996. 8. 20, 95누10877)

행정기본법 제14조【법적용의 기준】② 당사자의 신청에 따른 처분은 법령 등에 특별한 규정이 있거나 처분 당시의 법령 등을 적용하기 곤란한 특별한 사정이 있는 경우를 제외하고는 처분 당시의 법령 등에 따른다.

② ○

> 담배 일반소매인으로 지정되어 영업을 하고 있는 기존업자의 '신규 구내소매인'에 대한 이익은 반사적 이익으로서 기존업자는 신규 구내소매인 지정처분의 취소를 구할 원고적격이 없다.
> 일반소매인으로 지정되어 영업을 하고 있는 기존업자의 신규 구내소매인에 대한 이익은 법률상 보호되는 이익이 아니라 단순한 사실상의 반사적 이익이라고 해석함이 상당하므로, 기존 일반소매인은 신규 구내소매인 지정처분의 취소를 구할 원고적격이 없다(대판 2008. 4. 10, 2008두402).

🔍 **비교판례**
담배 일반소매인으로 지정되어 영업을 하고 있는 기존업자의 '신규업자(일반소매인)'에 대한 이익은 '법률상 보호되는 이익'에 해당한다.
담배 일반소매인의 지정기준으로서 일반소매인의 영업소 간에 일정한 거리제한을 두고 있는 것은 담배유통구조의 확립을 통하여 국민의 건강과 관련되고 국가 등의 주요 세원이 되는 담배산업 전반의 건전한 발전도모 및 국민경제의 이바지라는 공익목적을 달성하고자 함과 동시에 일반소매인 간의 과다경쟁으로 인한 불합리한 경영을 방지함으로써 일반소매인의 경영상 이익을 보호하는 데에도 그 목적이 있다고 보이므로, 일반소매인으로 지정되어 영업을 하고 있는 기존업자의 신규 일반소매인에 대한 이익은 단순한 사실상의 반사적 이익이 아니라 법률상 보호되는 이익이라고 해석함이 상당하다(대판 2008. 3. 27, 2007두23811).

💡 **참고** 두 판례는 서로 모순되는 것처럼 보인다. 그런데 일반소매인 간에는 법률에서 영업소 간의 거리제한규정을 두고 있으나, 구내소매인과 일반소매인 간에는 법률에서 영업소 간의 거리제한규정을 두고 있지 아니하다는 점 등을 고려하여 서로 다르게 판시한 것으로서 모순되는 판결이 아니다.

③ ○

> 한의사면허는 강학상 허가로서 한의사의 영업상 이익은 사실상 이익에 불과하므로, 한의사에게 한약조제시험을 통해 한약조제권을 인정받은 약사에 대한 합격처분의 효력을 다툴 원고적격이 없다.
> 한의사면허는 경찰금지를 해제하는 명령적 행위(강학상 허가)에 해당하고, 한약조제시험을 통하여 약사에게 한약조제권을 인정함으로써 한의사들의 영업상 이익이 감소되었더라도 이러한 이익은 사실상의 이익에 불과하고 약사법이나 의료법 등의 법률에 의하여 보호되는 이익이라고는 볼 수 없으므로, 한의사들이 한약조제시험을 통하여 한약조제권을 인정받은 약사들에 대한 합격처분의 무효확인을 구하는 당해 소는 원고적격이 없는 자들이 제기한 소로써 부적법하다(대판 1998. 3. 10, 97누4289).

④ ○

> 법령상 토사채취가 제한되지 않는 산림 내에서의 토사채취에 대하여 국토와 자연의 유지, 환경보전 등 중대한 공익상 필요를 이유로 그 허가를 거부할 수 있다.
> 산림 내에서의 토사채취는 국토 및 자연의 유지와 환경의 보전에 직접적으로 영향을 미치는 행위이므로 법령이 규정하는 토사채취의 제한지역에 해당하는 경우는 물론이거니와 그러한 제한지역에 해당하지 않더라도 허가관청은 토사채취허가신청 대상 토지의 형상과 위치 및 그 주위의 상황 등을 고려하여 국토 및 자연의 유지와 환경보전 등 중대한 공익상 필요가 있다고 인정될 때에는 그 허가를 거부할 수 있다(대판 2007. 6. 15, 2005두9736).

✓ 기출체크

① 관련 기출

1. 허가신청 후 허가기준이 변경되었다 하더라도 그 허가관청이 허가신청을 수리하고도 정당한 이유 없이 그 처리를 늦추어 그 사이에 허가기준이 변경된 것이 아닌 이상 변경되기 이전의 허가기준에 따라서 처분을 하여야 한다. (○ㅣ×) 2023 소방간부, 2022 군무원 9급

2. 허가신청 후 허가기준이 변경된 경우에는 원칙적으로 처분시의 기준인 변경된 허가기준에 따라서 처분하여야 한다. (○ㅣ×) 2022 소방직 9급

3. 허가의 신청 후 법령의 개정으로 허가기준이 변경된 경우에는 신청할 당시의 법령이 아닌 행정행위 발령 당시의 법령을 기준으로 허가 여부를 판단하는 것이 원칙이다. (○ㅣ×) 2021 소방직 9급

4. 허가 등의 행정처분은 원칙적으로 처분시의 법령과 허가기준에 의하여 처리되어야 하고 허가신청 당시의 기준에 따라야 하는 것은 아니며, 비록 허가신청 후 허가기준이 변경되었다 하더라도 그 허가관청이 허가신청을 수리하고도 정당한 이유 없이 그 처리를 늦추어 그 사이에 허가기준이 변경된 것이 아닌 이상 변경된 허가기준에 따라서 처분을 하여야 한다. (○ㅣ×) 2020 군무원 7급

5. (甲은 강학상 허가에 해당하는 식품위생법상 영업허가를 신청하였다) 甲이 허가를 신청한 이후 관계법령이 개정되어 허가요건을 충족하지 못하게 된 경우, 행정청이 허가신청을 수리하고도 정당한 이유 없이 그 처리를 늦추어 그 사이에 허가기준이 변경된 것이 아닌 이상 甲에게는 불허가처분을 하여야 한다. (○ㅣ×) 2019 지방직·교육행정직 9급

② 관련 기출

6. 담배소매인 중에서 구내소매인 지정처분의 취소를 구하는 일반소매인(은 판례상 취소소송에서 원고적격이 인정된다) (○ㅣ×) 2023 군무원 7급

7. 담배사업법은 일반소매인 사이에서는 그 영업소 간에 100m 이상의 거리를 유지하도록 하는 '일반소매인의 영업소 간에 거리제한' 규정을 두어 일반소매인 간의 과당경쟁으로 인한 불합리한 경영을 방지하고 있다. 한편 동법은 일반소매인과 구내소매인의 영업소 간에는 거리제한규정을 두지 않고, 동일 시설물 내 2개소 이상의 장소에 구내소매인을 지정할 수 있도록 규정하고 있다. 甲은 A시 시장으로부터 담배사업법상 담배 일반소매인으로서 지정을 받아 영업을 하고 있다. 이에 대한 설명으로 옳은 것만을 <보기>에서 모두 고른 것은? (주어진 조건 이외의 다른 조건은 고려하지 않으며, 다툼이 있는 경우 판례에 의함) 2020 국회직 8급

―보기―
㉠ 甲의 영업소에서 70m 떨어진 장소에 乙이 담배 일반소매인으로 지정을 받은 경우, 甲은 乙의 일반소매인 지정의 취소를 구할 원고적격이 있다.

㉡ 甲의 영업소에서 30m 떨어진 장소에 丙이 담배 구내소매인으로 지정을 받은 경우 甲이 원고로서 제기한 丙의 구내소매인 지정에 대한 취소를 구하는 소는 적법하고, 甲은 수소법원에 丙의 구내소매인 지정에 대한 집행정지신청을 할 수 있다.

㉢ 丁이 담배 일반소매인으로 지정을 받은 장소가 甲의 영업소에서 120m 떨어진 곳이자 丙이 담배 구내소매인으로 지정을 받은 곳에서 50m 떨어져 있다면, 甲과 丙이 공동소송으로 제기한 丁의 일반소매인 지정에 대한 취소소송에서 甲과 丙은 각각 원고적격이 있다.

① ㉠ ② ㉡ ③ ㉢
④ ㉠, ㉡ ⑤ ㉠, ㉢

8. 일반소매인으로 지정되어 영업을 하고 있는 기존업자의 신규 일반소매인에 대한 이익은 법률상 보호되는 이익이다. (○ㅣ×) 2016 사회복지직 9급

9. 영업소 간 거리제한규정을 위배하여 한 담배 일반소매인 지정처분에 대한 취소소송에서 기존의 일반소매인(은 판례가 원고적격이 있다고 본 경우이다) (○ㅣ×) 2012 국회직 8급

10. 담배 일반소매인으로 지정되어 있는 기존업자가 신규 담배 구내소매인 지정처분을 다투는 경우 원고적격이 있다. (○ㅣ×) 2014 서울시 9급

③ 관련 기출

11. 한의사면허는 강학상 특허에 해당하고, 한약조제시험을 통하여 약사에게 한약조제권을 인정함으로써 한의사들의 영업상 이익이 감소되었다면 이러한 이익은 약사법이나 의료법 등의 법률에 의하여 보호되는 법률상 이익이라 볼 수 있다. (○ㅣ×) 2024 소방간부

12. 한의사면허는 허가에 해당하고, 한약조제시험을 통해 약사에게 한약조제권을 인정함으로써 한의사들의 영업이익이 감소되었다고 하더라도 이는 법률상 이익침해라고 할 수 없다. (○ㅣ×) 2022 군무원 9급

13. 한의사들이 가지는 한약조제권을 한약조제시험을 통하여 약사에게도 인정함으로써 감소하게 되는 한의사들의 영업상 이익은 법률에 의하여 보호되는 이익이라 볼 수 없다. (○ㅣ×) 2021 군무원 9급

14. 한의사면허는 경찰금지를 해제하는 명령적 행위인 강학상 허가에 해당한다. (○ㅣ×) 2020 경행경채

15. 행정행위와 이에 대한 분류 또는 설명으로 가장 옳지 않은 것은? 2018 서울시 9급
① 한의사면허 : 진료행위를 할 수 있는 능력을 설정하는 설권행위
② 행정재산에 대한 사용허가 : 특정인에게 행정재산을 사용할 권리를 설정하여 주는 행위
③ 재개발조합설립에 대한 인가 : 공법인의 지위를 부여하는 설권적 처분
④ 재개발조합의 사업시행계획 인가 : 조합의 행위에 대한 보충행위

④ 관련 기출

16. 법령상 토사채취가 제한되지 않는 산림 내에서의 토사채취에 대하여 국토와 자연의 유지, 환경보전 등 중대한 공익상 필요를 이유로 그 허가를 거부하는 것은 재량권을 일탈·남용하여 위법한 처분이라 할 수 있다. (○ㅣ×) 2023 군무원 9급

정답 1. × 2. ○ 3. ○ 4. ○ 5. ○ 6. × 7. ① 8. ○ 9. ○ 10. ×
11. × 12. ○ 13. ○ 14. ○ 15. ① 16. ×

12 정답 ①

㉮ ○ 의료법 제33조 제3항에 따른 정신과의원 개설신고는 수리를 요하는 신고이다.

> 의료법에 따라 정신과의원을 개설하려는 자가 법령에 규정되어 있는 요건을 갖추어 개설신고를 한 때에, 행정청은 원칙적으로 이를 수리하여 신고필증을 교부하여야 하고, 법령에서 정한 요건 이외의 사유를 들어 의원급 의료기관 개설신고의 수리를 거부할 수는 없다. …… 원심판결 이유 중 원고의 개설신고가 '수리를 요하지 않는 신고'라는 취지로 판시한 부분은 적절하지 않으나, 피고가 법령에서 정하지 않은 사유를 들어 위 개설신고 수리를 거부할 수 없다고 보아 이 사건 반려처분이 위법하다고 판단한 원심의 결론은 정당하다(대판 2018. 10. 25, 2018두44302).

㉯ ○ 자기완결적 신고의 경우 적법한 신고가 있으면 행정청의 수리 여부와 무관하게 신고서가 접수기관에 도달한 때 신고의무가 이행된 것으로 본다.

> 골프장이용료 변경신고와 같은 「체육시설의 설치·이용에 관한 법률」 제18조(현 제20조)에 의한 행정청에 대한 신고에는 행정청의 수리행위가 필요 없다.
> 행정청에 대한 신고는 일정한 법률사실 또는 법률관계에 관하여 관계행정청에 일방적으로 통고를 하는 것을 뜻하는 것으로서 법에 별도의 규정이 있거나 다른 특별한 사정이 없는 한 행정청에 대한 통고로써 그치는 것이고 그에 대한 행정청의 반사적 결정을 기다릴 필요가 없는 것이므로, 「체육시설의 설치·이용에 관한 법률」 제18조에 의한 변경신고서는 그 신고 자체가 위법하거나 그 신고에 무효사유가 없는 한 이것이 도지사에게 제출하여 접수된 때에 신고가 있었다고 볼 것이고, 도지사의 수리행위가 있어야만 신고가 있었다고 볼 것은 아니다(대결 1993. 7. 6, 93마635).

㉰ ×

> 1. 원격평생교육신고의 반려행위는 항고소송의 대상이 되는 행정처분이다.
> 2. 통신매체를 이용하여 학습비를 받고 불특정 다수인에게 원격평생교육을 실시하기 위해 구 평생교육법 제22조 등에서 정한 형식적 요건을 모두 갖추어 신고한 경우, 행정청이 실체적 사유를 들어 신고수리를 거부할 수 없다.
> 구 평생교육법 제22조 제1·2·3항, 구 평생교육법 시행령 제27조 제1·2·3항에 의하면, 정보통신매체를 이용하여 학습비를 받지 아니하고 원격평생교육을 실시하고자 하는 경우에는 누구든지 아무런 신고 없이 자유롭게 이를 할 수 있고, 다만 위와 같은 교육을 불특정 다수인에게 학습비를 받고 실시하는 경우에는 이를 신고하여야 하나, 법 제22조가 신고를 요하는 제2항과 신고를 요하지 않는 제1항에서 '학습비' 수수 외에 교육대상이나 방법 등 다른 요건을 달리 규정하고 있지 않을 뿐 아니라 제2항에서도 학습비 금액이나 수령 등에 관하여 아무런 제한을 하고 있지 않은 점에 비추어 볼 때, 행정청으로서는 신고서 기재사항에 흠결이 없고 정해진 서류가 구비된 때에는 이를 수리하여야 하고, 이러한 형식적 요건을 모두 갖추었음에도 신고대상이 된 교육이나 학습이 공익적 기준에 적합하지 않는다는 등 실체적 사유를 들어 신고수리를 거부할 수는 없다(대판 2011. 7. 28, 2005두11784).

㉱ ○

> 장기요양기관의 폐업신고와 노인의료복지시설의 폐지신고는, 행정청이 관계법령이 규정한 요건에 맞는지를 심사한 후 수리하는 이른바 '수리를 필요로 하는 신고'에 해당한다. 그러나 행정청이 그 신고를 수리하였다고 하더라도, 신고서 위조 등의 사유가 있어 신고행위 자체가 효력이 없다면, 그 수리행위는 유효한 대상이 없는 것으로서, 수리행위 자체에 중대·명백한 하자가 있는지를 따질 것도 없이 당연히 무효이다(대판 2018. 6. 12, 2018두33593).

㉲ ×

> **행정절차법 제40조 【신고】** ① 법령 등에서 행정청에 일정한 사항을 통지함으로써 의무가 끝나는 신고를 규정하고 있는 경우 신고를 관장하는 행정청은 신고에 필요한 구비서류, 접수기관, 그 밖에 법령 등에 따른 신고에 필요한 사항을 게시(인터넷 등을 통한 게시를 포함한다)하거나 이에 대한 편람을 갖추어 두고 누구나 열람할 수 있도록 하여야 한다.
> ② 제1항에 따른 신고가 다음 각 호의 요건을 갖춘 경우에는 신고서가 접수기관에 도달된 때에 신고의무가 이행된 것으로 본다.
> 1. 신고서의 기재사항에 흠이 없을 것
> 2. 필요한 구비서류가 첨부되어 있을 것
> 3. 그 밖에 법령 등에 규정된 형식상의 요건에 적합할 것

✓ 기출체크

㉮ 관련 기출

1. 의료법에 따라 정신과의원을 개설하려는 자가 법령에 규정되어 있는 요건을 갖추어 개설신고를 한 경우 행정청은 원칙적으로 이를 수리하여 신고필증을 교부하여야 하고, 법령에서 정한 요건 이외의 사유를 들어 의원급 의료기관 개설신고의 수리를 거부할 수는 없다. (○ | ×)   2022 소방직 9급

2. 의료법 제33조 제3항에 따른 정신과의원 개설신고(는 수리를 요하는 신고이다) (○ | ×)   2020 경행경채 변형

3. 의료법에 따라 정신과의원을 개설하려는 자가 법령에 규정되어 있는 요건을 갖추어 개설신고를 한 경우라도 관할시장·군수·구청장은 법령에서 정한 요건 이외의 사유를 들어 의원급 의료기관 개설신고의 수리를 거부할 수 있다. (○ | ×)   2019 지방직 7급

㉯ 관련 기출

4. 골프장이용료 변경신고와 같은 구 「체육시설의 설치·이용에 관한 법률」 (1993. 3. 6. 법률 제4541호로 개정된 것) 제18조에 의한 신고는 행정청의 수리를 요한다. (○ | ×)   2018 경행경채 3차

5. 「체육시설의 설치·이용에 관한 법률」상 신고체육시설업에 대한 변경신고를 적법하게 하였으나, 관할행정청이 수리를 거부한 경우(에는 신고의 효과가 발생하지 않는다) (○ | ×)   2017 국가직(하) 7급

6. 구 「체육시설의 설치·이용에 관한 법률」에 의한 골프장이용료 변경신고서는 행정청에 제출하여 접수된 때에 신고가 있었다고 볼 것이고, 행정청의 수리행위가 있어야만 하는 것은 아니다. (○ | ×)   2014 국가직 9급

㉰ 관련 기출

7. 정보통신매체를 이용하여 학습비를 받고 불특정 다수인에게 원격평생교육을 실시하기 위해 구 평생교육법에서 정한 형식적 요건을 모두 갖추어 신고한 경우, 행정청은 신고대상이 된 교육이나 학습이 공익적 기준에 적합하지 않는다는 등의 실체적 사유를 들어 신고수리를 거부할 수 없다. (○ | ×)   2021 지방직·서울시 9급

8. 불특정 다수인을 대상으로 학습비를 받고 정보통신매체를 이용하여 원격평생교육을 실시하고자 하는 경우에는 누구든지 관계법령에 따라 이를 신고하여야 하나 신고서의 기재사항에 흠결이 없고 소정의 서류가 구비된 때에는 이를 수리하여야 한다. (○ | ×)   2019 국회직 8급

9. 정보통신매체를 이용하여 원격평생교육을 불특정 다수인에게 학습비를 받고 실시하기 위해 인터넷 침·뜸 학습센터를 평생교육시설로 신고한 경우, 관할행정청은 신고서 기재사항에 흠결이 없고 형식적 요건을 모두 갖추었더라도 신고대상이 된 교육이나 학습이 공익적 기준에 적합하지 않는다는 등의 실체적 사유를 들어 신고수리를 거부할 수 있다. (○ | ×)   2016 지방직 9급

㉣ 관련 기출

10. 수리를 필요로 하는 신고에서 신고서 위조 등의 사유가 있어 신고행위 자체가 효력이 없는데도 불구하고 행정청이 신고를 수리한 경우, 그 수리행위는 단순위법에 그칠 뿐 당연무효라고 할 수 없다. (○ㅣ×) 2025 변호사

11. 장기요양기관의 폐업신고와 노인의료복지시설의 폐지신고는 행정청이 그 신고를 수리한 경우, 신고서 위조 등의 사유가 있더라도 그대로 유효하다. (○ㅣ×) 2022 소방직 9급

12. 노인의료복지시설의 폐지신고는 수리를 필요로 하는 신고로서 행정청이 그 신고를 수리하였더라도 위조 등의 사유가 있어 신고행위 자체가 효력이 없다면, 그 수리행위는 수리행위 자체에 중대·명백한 하자가 있는지를 따질 것도 없이 당연히 무효이다. (○ㅣ×) 2022 소방간부

13. 장기요양기관의 폐업신고 자체가 효력이 없음에도 행정청이 이를 수리한 경우, 그 수리행위가 당연무효 되는 것은 아니다. (○ㅣ×) 2020 국가직 7급

㉤ 관련 기출

14. 법령 등에서 행정청에 일정한 사항을 통지함으로써 의무가 끝나는 자기완결적 신고의 경우, 신고서의 기재사항에 흠이 없고, 필요한 구비서류가 첨부되어 있고, 그 밖에 법령 등에 규정된 형식상의 요건에 적합하면 신고서가 접수기관에 도달된 때에 신고의무가 이행된 것으로 본다. (○ㅣ×) 2024 군무원 5급

15. 법령 등에서 행정청에 일정한 사항을 통지함으로써 의무가 끝나는 신고를 규정하고 있는 경우, 신고가 법령 등에 규정된 형식상의 요건에 적합하면 신고서가 접수기관에 도달된 때에 신고의무가 이행된 것으로 본다. (○ㅣ×) 2023 소방직 9급

16. 행정절차법은 '법령 등에서 행정청에 일정한 사항을 통지함으로써 의무가 끝나는 신고'에 대하여 '그 밖에 법령 등에 규정된 형식상의 요건에 적합할 것'을 그 신고의무 이행요건의 하나로 정하고 있다. (○ㅣ×) 2020 지방직·서울시 9급

17. 법령 등에서 행정청에 일정한 사항을 통지함으로써 의무가 끝나는 신고를 규정하고 있는 경우 신고가 본법(행정절차법) 제40조 제2항 각 호의 요건을 갖춘 경우에는 신고서가 접수기관에 발송된 때에 신고의무가 이행된 것으로 본다. (○ㅣ×) 2017 국가직 9급

18. 법령 등에서 행정청에 대하여 일정한 사항을 통지함으로써 의무가 끝나는 신고는 그 기재사항에 흠이 없고, 필요한 구비서류가 첨부되어 있으며, 기타 법령 등에 규정된 형식상의 요건에 적합할 때에는 신고서가 접수기관에 도달된 때에 신고의 의무가 이행된 것으로 본다. (○ㅣ×) 2015 국회직 8급, 2010 지방직 7급

정답 1. ○ 2. ○ 3. × 4. × 5. × 6. ○ 7. ○ 8. ○ 9. × 10. ×
11. × 12. ○ 13. × 14. ○ 15. ○ 16. ○ 17. × 18. ○

13 정답 ④

① ○

> 1. 교육인적자원부장관(현 교육부장관)의 국·공립대학총장들에 대한 학칙시정요구는 헌법소원의 대상이 되는 공권력행사에 해당한다.
> 2. 행정지도가 단순한 행정지도의 한계를 넘어 규제적·구속적 성격을 상당히 강하게 갖는 것이라면 헌법소원의 대상이 되는 공권력의 행사라고 볼 수 있다.
>
> 교육인적자원부장관의 대학총장들에 대한 이 사건 학칙시정요구는 고등교육법 제6조 제2항, 동법 시행령 제4조 제3항에 따른 것으로서 그 법적 성격은 대학총장의 임의적인 협력을 통하여 사실상의 효과를 발생시키는 행정지도의 일종이지만, 그에 따르지 않을 경우 일정한 불이익조치를 예정하고 있어 사실상 상대방에게 그에 따를 의무를 부과하는 것과 다를 바 없으므로 단순한 행정지도의 한계를 넘어 규제적·구속적 성격을 상당히 강하게 갖는 것으로서 헌법소원의 대상이 되는 공권력의 행사라고 볼 수 있다(헌재 2003. 6. 26, 2002헌마337 등).

② ○

> 토지거래계약신고에 관한 행정관청의 위법한 관행에 따라 토지의 매매가격을 허위로 신고한 행위라 하더라도 위법성이 조각되지 않아 형사처벌의 대상이 된다.
> 행정관청이 토지거래계약신고에 관하여 공시된 기준지가를 기준으로 매매가격을 신고하도록 행정지도하여 왔고 그 기준가격 이상으로 매매가격을 신고한 경우에는 거래신고서를 접수하지 않고 반려하는 것이 관행화되어 있다 하더라도 이는 법에 어긋나는 관행이라 할 것이므로 그와 같은 위법한 관행에 따라 허위신고행위에 이르렀다고 하여 그 범법행위가 사회상규에 위배되지 않는 정당한 행위라고는 볼 수 없다(대판 1992. 4. 24, 91도1609).

③ ○

> 노동부장관(현 고용노동부장관)이 2009. 4. 노동부 산하 7개 공공기관의 단체협약내용을 분석하여 2009. 5. 1.경 불합리한 요소를 개선하라고 요구한 행위(이하 '이 사건 개선요구'라 한다)가 공권력행사에 해당하지 않는다.
> 이 사건 개선요구는 그 자체로 일정한 법적 효과의 발생을 목적으로 하는 것은 아니고, 노동부가 그 소관 사무의 범위 안에서 이 사건 선진화계획을 실현하기 위하여 관련 공공기관에게 단체협약에 대하여 개선을 요구하여, 각 해당 공공기관의 장의 임의적 협력을 통하여 사실상의 효과를 발생시키고자 하는 것이므로, 그 법적 성질은 행정지도에 해당한다고 할 것이다. 다만, 단체협약의 분석기준 등을 공공기관 경영실적 평가 및 기관장 평가기준으로 활용한다고 기재한 부분이 있으나, 그와 같이 평가기준으로 활용한다는 것만으로 이 사건 개선요구를 따르지 않을 경우의 불이익을 명시적으로 예정하고 있다고는 보기 어렵고, 달리 단체교섭에 직접 개입하거나 이를 강제하는 내용은 없으며, 그 개선요구의 시행문에서도 '법과 원칙의 테두리 내에서' 개선하라는 일반적·추상적 표현을 하고 있을 뿐이다. 그렇다면, 이 사건 개선요구가 행정지도로서의 한계를 넘어 규제적·구속적 성격을 강하게 갖는다고 보기 어려우므로, 헌법소원의 대상이 되는 공권력의 행사에 해당한다고 볼 수 없다(헌재 2011. 12. 29, 2009헌마330 등).

④ ×

> 한계를 일탈한 위법한 행정지도로 인하여 상대방이 손해를 입은 경우 행정기관에게 손해를 배상할 책임이 있으나, 한계를 일탈하지 않은 행정지도로 인하여 상대방에게 손해가 발생한 경우라면 행정기관은 손해배상책임을 지지 않는다(대판 2008. 9. 25, 2006다18228).

✓ 기출체크

① 관련 기출

1. 교육인적자원부장관(현 교육부장관)의 대학총장들에 대한 학칙시정요구는 법령에 따른 것으로 행정지도의 일종이지만, 단순한 행정지도로서의 한계를 넘어 헌법소원의 대상이 되는 공권력의 행사라고 볼 수 있다. (○ | ×)　　2019 국가직 9급

2. 교육인적자원부장관(현 교육부장관)의 학칙시정요구는 대학총장의 임의적인 협력을 통하여 사실상의 효과를 발생시키는 행정지도의 일종이며, 설령 단순한 행정지도로서의 한계를 넘어 규제적·구속적 성격을 갖는다 하더라도 공권력의 행사로 볼 수 없다. (○ | ×)　　2018 경행경채

3. 교육인적자원부장관(현 교육부장관)의 국·공립대학총장들에 대한 학칙시정요구는 대학총장의 임의적인 협력을 통하여 사실상의 효과를 발생시키는 행정지도의 일종으로 헌법소원의 대상이 되는 공권력 행사라고 볼 수 없다. (○ | ×)　　2017 지방직(하) 9급

② 관련 기출

4. 위법한 행정지도에 따라 사인의 신고행위가 허위신고행위에 이르렀다면 원칙적으로 그 사인의 행위는 위법성이 조각된다. (○ | ×)　　2024 국회직 8급

5. 위법한 행정지도에 따라 행한 사인의 행위는 법령에 명시적으로 정함이 없는 한 위법성이 조각된다고 할 수 없다. (○ | ×)　　2018 서울시 1회 7급

6. 행정관청이 구 국토이용관리법 소정의 토지거래계약신고에 관하여 공시된 기준시가를 기준으로 매매가격을 신고하도록 행정지도를 하여 그에 따라 허위신고를 한 것이라 하더라도 이와 같은 행정지도는 법에 어긋나는 것으로서 그 범법행위가 정당화될 수 없다. (○ | ×)　　2017 지방직(하) 9급

7. 토지거래계약신고에 관한 행정관청의 위법한 관행에 따라 토지의 매매가격을 허위로 신고한 행위라 하더라도 사회상규에 위배되지 않는 정당행위라고 볼 수 없다. (○ | ×)　　2014 경행특채 1차

③ 관련 기출

8. 노동부장관(현 고용노동부장관)이 공공기관 단체협약내용을 분석하여 불합리한 요소를 개선하라고 요구한 행위는 행정지도로서의 한계를 넘어 규제적·구속적 성격을 강하게 갖는다고 할 수 없어 헌법소원의 대상이 되는 공권력의 행사에 해당한다고 볼 수 없다. (○ | ×)　　2017 지방직(하) 9급

④ 관련 기출

9. 행정지도가 강제성을 띠지 않은 비권력적 작용으로서 행정지도의 한계를 일탈하지 아니하였다면 그로 인하여 상대방에게 어떤 손해가 발생하였더라도 행정기관은 그에 대한 손해배상책임이 없다. (○ | ×)
2024 국회직 8급, 2024 지방직·서울시 9급, 2013 지방직 9급

10. 위법한 행정지도로 손해가 발생한 경우 국가 등을 상대로 손해배상을 청구할 수 있으나, 이 경우 국가배상법 제2조가 정한 배상책임의 요건을 갖추어야 한다. (○ | ×)　　2018 서울시 1회 7급

11. 행정지도의 한계 일탈로 인해 상대방에게 손해가 발생한 경우 행정기관은 손해배상책임이 없다. (○ | ×)　　2018 교육행정직 9급

정답　1. ○　2. ×　3. ×　4. ×　5. ○　6. ○　7. ○　8. ○　9. ○　10. ○
　　　11. ×

14　　　　　　　　　　　　　　　정답 ④

① ○ 대집행에 소요된 비용은 의무자가 부담한다. 행정청은 납기일을 정하여 실제에 요한 비용액에 대해 의무자에게 문서로써 납부를 명하고, 의무자가 납부하지 않을 때에는 국세징수법의 예에 의하여 강제징수할 수 있다.

> **행정대집행법 제2조 【대집행과 그 비용징수】** 법률(법률의 위임에 의한 명령, 지방자치단체의 조례를 포함한다. 이하 같다.)에 의하여 직접 명령되었거나 또는 법률에 의거한 행정청의 명령에 의한 행위로서 타인이 대신하여 행할 수 있는 행위를 의무자가 이행하지 아니하는 경우 다른 수단으로써 그 이행을 확보하기 곤란하고 또한 그 불이행을 방치함이 심히 공익을 해할 것으로 인정될 때에는 당해 행정청은 스스로 의무자가 하여야 할 행위를 하거나 또는 제3자로 하여금 이를 하게 하여 그 비용을 의무자로부터 징수할 수 있다.
>
> **제5조 【비용납부명령서】** 대집행에 요한 비용의 징수에 있어서는 실제에 요한 비용액과 그 납기일을 정하여 의무자에게 문서로써 그 납부를 명하여야 한다.

② ○ 대집행의 각 단계 행위(계고 ⇨ 통지 ⇨ 실행 ⇨ 비용납부명령)는 하자의 승계가 긍정된다. 따라서 후행처분에 대한 취소소송에서 선행처분의 위법성을 다툴 수 있다.

> 계고처분이 위법하다면 후행처분인 비용납부명령 그 자체에는 아무런 하자가 없다고 하더라도 비용납부명령의 취소를 구하는 소송에서 선행행위인 계고처분이 위법하므로 후행처분인 비용납부명령도 위법하다는 것을 주장할 수 있다(대판 1993. 11. 9, 93누14271).

③ ○

> 공유재산 대부계약의 해지에 따른 원상회복으로 행정대집행의 방법에 의하여 그 지상물을 철거시킬 수 있다.
> 공유재산의 점유자가 그 공유재산에 관하여 대부계약 외 달리 정당한 권원이 있다는 자료가 없는 경우 그 대부계약이 적법하게 해지된 이상 그 점유자의 공유재산에 대한 점유는 정당한 이유 없는 점유라 할 것이고, 따라서 지방자치단체의 장은 지방재정법 제85조에 의하여 행정대집행의 방법으로 그 지상물을 철거시킬 수 있다(대판 2001. 10. 12, 2001두4078).

④ ×

> 행정대집행이 실행완료된 경우 대집행계고처분의 취소를 구할 법률상 이익은 없다.
> 대집행계고처분 취소소송의 변론종결 전에 대집행영장에 의한 통지절차를 거쳐 사실행위로서 대집행의 실행이 완료된 경우에는 행위가 위법한 것이라는 이유로 손해배상이나 원상회복 등을 청구하는 것은 별론으로 하고 처분의 취소를 구할 법률상 이익은 없다(대판 1993. 6. 8, 93누6164).

✓ 기출체크

① 관련 기출

1. 대집행비용은 원칙상 의무자가 부담하며 행정청은 그 비용액과 납기일을 정하여 의무자에게 문서로 납부를 명하여야 한다. (○ | ×)　　2020 지방직·서울시 9급

2. 대집행의 소요비용은 행정청이 스스로 부담한다. (○ | ×)　　2013 서울시 9급

② 관련 기출

3. 대집행비용납부명령의 취소를 청구하는 소송에서 선행처분인 계고처분이 위법한 것이기 때문에 그 계고처분을 전제로 행하여진 대집행비용납부명령의 효력을 다툴 수 있다. (○ | ×)　　2023 소방간부

4. 대집행계고처분과 비용납부명령(은 하자의 승계가 인정된다) (○ | ×)
2022 군무원 7급

5. 계고처분과 대집행비용납부명령은 그 목적을 달리하여 별개의 법률효과를 발생시키는 처분이므로 이미 불가쟁력이 발생한 계고처분에 존재하는 하자를 이유로 아무런 하자가 없는 대집행비용납부명령의 효력을 다툴 수 없다. (○ | ×)
2022 소방간부

6. 후행처분인 대집행비용납부명령 취소청구소송에서 선행처분인 계고처분이 위법하다는 이유로 대집행비용납부명령의 취소를 구할 수 없다. (○ | ×)
2021 지방직·서울시 9급

7. 대집행절차상 계고, 대집행영장통지, 대집행비용납부명령 상호 간에는 선행행위의 하자가 후행행위에 승계된다. (○ | ×)
2016 서울시 7급

③ 관련 기출
8. 공유재산 대부계약해지에 따라 원상회복을 위하여 실시하는 지상물의 철거는 대집행의 대상이 아니다. (○ | ×)
2020 국회직 8급

9. 공유재산 대부계약이 적법하게 해지되었음에도 불구하고 공유재산의 점유자가 그 지상물을 점유하고 있는 경우, 지방자치단체의 장은 원상회복을 위해 행정대집행의 방법으로 그 지상물을 철거시킬 수는 없다. (○ | ×)
2017 지방직 7급

④ 관련 기출
10. 대집행의 실행이 완료된 경우에는 행위가 위법한 것이라는 이유로 손해배상이나 원상회복 등을 청구하는 것은 별론으로 하고 처분의 취소를 구할 법률상 이익은 없다. (○ | ×)
2024 군무원 9급

11. 대집행계고처분의 취소소송의 사실심변론종결 전에 대집행영장에 의한 통지절차를 거쳐 대집행실행이 완료된 경우 계고처분에 대한 취소소송의 법률상 이익이 인정된다. (○ | ×)
2023 군무원 7급

12. 대집행계고처분 취소소송의 변론종결 전에 사실행위로서 대집행의 실행이 완료된 경우에는 손해배상이나 원상회복 등을 청구하는 것은 별론으로 하고 대집행계고처분의 취소를 구할 법률상 이익은 없다. (○ | ×)
2021 국회직 8급

13. 건물철거 대집행계고처분 취소소송계속 중 건물철거대집행의 계고처분에 이어 대집행의 실행으로 건물에 대한 철거가 이미 사실행위로서 완료된 경우에는 원고로서는 계고처분의 취소를 구할 소의 이익이 없게 된다. (○ | ×)
2020 군무원 9급

14. 대집행계고처분 취소소송의 변론이 종결되기 전에 대집행영장에 의한 통지절차를 거쳐 사실행위로서 대집행의 실행이 완료된 경우에는 계고처분의 취소를 구할 법률상의 이익이 없다. (○ | ×)
2019 지방직·교육행정직 9급

15. 대집행의 실행이 완료된 경우에는 처분의 취소를 구할 법률상의 이익은 인정되지 않는다. (○ | ×)
2010 지방직 7급

정답 1. ○ 2. × 3. ○ 4. ○ 5. × 6. ○ 7. ○ 8. × 9. × 10. ○ 11. × 12. ○ 13. ○ 14. ○ 15. ○

15
정답 ①

① ×

> 행정처분의 무효확인 또는 취소를 구하는 소가 제소 당시에는 소의 이익이 있어 적법하였는데, 소송계속 중 해당 행정처분이 기간의 경과 등으로 그 효과가 소멸한 때에 처분이 취소되어도 원상회복이 불가능하다고 보이는 경우라도, 무효확인 또는 취소로써 회복할 수 있는 다른 권리나 이익이 남아 있거나 또는 그 행정처분과 동일한 사유로 위법한 처분이 반복될 위험성이 있어 행정처분의 위법성 확인 내지 불분명한 법률문제에 대한 해명이 필요한 경우에는 행정의 적법성 확보와 그에 대한 사법통제, 국민의 권리구제 확대 등의 측면에서 예외적으로 그 처분의 취소를 구할 소의 이익을 인정할 수 있다. 여기에서 '그 행정처분과 동일한 사유로 위법한 처분이 반복될 위험성이 있는 경우'란 불분명한 법률문제에 대한 해명이 필요한 상황에 대한 대표적인 예시일 뿐이며, 반드시 '해당 사건의 동일한 소송당사자 사이에서' 반복될 위험이 있는 경우만을 의미하는 것은 아니다(대판 2020. 12. 24, 2020두30450).

② ○

> 1. 행정처분의 직접 상대방이 아닌 자로서 그 처분에 의하여 자신의 환경상 이익이 침해받거나 침해받을 우려가 있다는 이유로 취소나 무효확인을 구하는 제3자는, 자신의 환경상 이익이 처분의 근거법규 또는 관련법규에 의하여 개별적·직접적·구체적으로 보호되는 이익, 즉 법률상 보호되는 이익임을 입증하여야 원고적격이 인정된다.
> 2. 행정처분의 근거법규 또는 관련법규에 그 처분으로써 이루어지는 행위 등 사업으로 인하여 환경상 침해를 받으리라고 예상되는 영향권의 범위가 구체적으로 규정되어 있는 경우에는, 그 영향권 내의 주민들은 특단의 사정이 없는 한 환경상 이익에 대한 침해 또는 침해우려가 있는 것으로 사실상 추정되어 원고적격이 인정된다.
> 3. 영향권 밖의 주민들은 당해 처분으로 인하여 그 처분 전과 비교하여 수인한도를 넘는 환경피해를 받거나 받을 우려가 있다는 자신의 환경상 이익에 대한 침해 또는 침해우려가 있음을 입증하여야만 법률상 보호되는 이익으로 인정되어 원고적격이 인정된다(대판 2009. 9. 24, 2009두2825).

③ ○ 행정기관은 원고가 될 수 있는 능력은 원칙적으로 없다. 다만, 다른 기관의 처분에 의해 국가기관이 권리를 침해받거나 의무를 부과받는 등 중대한 불이익을 받았음에도 그 처분을 다툴 별다른 방법이 없고, 그 처분의 취소를 구하는 항고소송을 제기하는 것이 유효·적절한 권익구제수단인 경우에는 국가기관에게 당사자능력과 원고적격을 인정하여야 한다는 것이 판례의 입장이다.

> 국가기관인 시·도선거관리위원회 위원장은 국민권익위원회가 그에게 소속 직원에 대한 중징계요구를 취소하라는 등의 조치요구를 한 것에 대해서 취소소송을 제기할 원고적격을 가진다.
> 국가기관 일방의 조치요구에 불응한 상대방 국가기관에 국민권익위원회법상의 제재규정과 같은 중대한 불이익을 직접적으로 규정한 다른 법령의 사례를 찾아보기 어려운 점, 그럼에도 乙(경기도선거관리위원회 위원장)이 국민권익위원회의 조치요구를 다툴 별다른 방법이 없는 점 등에 비추어 보면, 처분성이 인정되는 위 조치요구에 불복하고자 하는 乙로서는 조치요구의 취소를 구하는 항고소송을 제기하는 것이 유효·적절한 수단이므로 비록 乙(경기도선거관리위원회 위원장)이 국가기관이더라도 당사자능력 및 원고적격을 가진다고 보는 것이 타당하고, 乙이 위 조치요구 후 甲을 파면하였다고 하더라도 조치요구가 곧바로 실효된다고 할 수 없고 乙은 여전히 조치요구를 따라야 할 의무를 부담하므로 乙에게는 위 조치요구의 취소를 구할 법률상 이익(협의의 소의 이익)도 있다(대판 2013. 7. 25, 2011두1214).

④ ○ 지방자치단체가 행정처분의 상대방인 경우에는 해당 처분을 다툴 원고적격이 있다는 것이 판례의 입장이다.

1. 구 건축법 제29조 제1항에서 정한 건축협의의 취소는 처분에 해당한다.
2. 지방자치단체 등이 건축물 소재지 관할 허가권자인 지방자치단체의 장을 상대로 건축협의취소의 취소를 구할 수 있다.

구 건축법 제29조 제1항, 제2항, 제11조 제1항 등의 규정내용에 의하면, 건축협의의 실질은 지방자치단체 등에 대한 건축허가와 다르지 않으므로, 지방자치단체 등이 건축물을 건축하려는 경우 등에는 미리 건축물의 소재지를 관할하는 허가권자인 지방자치단체의 장과 건축협의를 하지 않으면, 지방자치단체라 하더라도 건축물을 건축할 수 없다. 그리고 구 지방자치법 등 관련법령을 살펴보아도 지방자치단체의 장이 다른 지방자치단체를 상대로 한 건축협의취소에 관하여 다툼이 있는 경우에 법적 분쟁을 실효적으로 해결할 구제수단을 찾기도 어렵다. 따라서 건축협의취소는 상대방이 다른 지방자치단체 등 행정주체라 하더라도 '행정청이 행하는 구체적 사실에 관한 법집행으로서의 공권력행사'(행정소송법 제2조 제1항 제1호)로서 처분에 해당한다고 볼 수 있고, 지방자치단체인 원고가 이를 다툴 실효적 해결수단이 없는 이상, 원고는 건축물 소재지 관할 허가권자인 지방자치단체의 장을 상대로 항고소송을 통해 건축협의취소의 취소를 구할 수 있다(대판 2014. 2. 27, 2012두22980).

✓ 기출체크

① 관련 기출

1. 취소소송계속 중에 처분청이 계쟁처분을 직권으로 취소하더라도, 동일한 소송당사자 사이에서 그 처분과 동일한 사유로 위법한 처분이 반복될 위험성이 있어 그 처분에 대한 위법성의 확인이 필요한 경우에는 그 처분의 취소를 구할 소의 이익이 있다. (○ | ×) 2023 국가직 7급

2. 행정처분이 취소되면 그 처분은 취소로 인하여 그 효력이 상실되어 더 이상 존재하지 않는 것이고, 그 처분을 대상으로 한 취소소송의 경우 원칙적으로 법률상 이익이 없다. (○ | ×) 2023 소방직 9급

3. 소송계속 중 처분청이 행정처분을 직권으로 취소하면 그 처분은 더 이상 존재하지 않게 되어 소의 이익이 없지만 예외적으로 취소를 통해 회복되는 권리나 이익이 남아 있는 경우에는 그 처분의 취소를 구할 소의 이익이 인정된다. (○ | ×) 2023 소방간부

4. 행정처분의 취소소송계속 중 처분청이 다툼의 대상이 되는 행정처분을 직권으로 취소하면 그 처분은 효력을 상실하여 더 이상 존재하지 않는 것이므로 존재하지 않는 처분을 대상으로 한 항고소송은 원칙적으로 소의 이익이 소멸하여 부적법하다. (○ | ×) 2022 군무원 9급

5. 처분청의 직권취소에도 불구하고 완전한 원상회복이 이루어지지 않아 무효확인 또는 취소로써 회복할 수 있는 다른 권리나 이익이 남아 있더라도 그 처분의 취소를 구할 소의 이익을 인정할 수 없다. (○ | ×) 2021 소방간부

② 관련 기출

6. 환경영향평가 대상지역 밖의 주민이라 할지라도 공유수면매립면허처분 등으로 인하여 그 처분 전과 비교하여 수인한도를 넘는 환경피해를 받거나 받을 우려가 있는 경우에는, 공유수면매립면허처분 등으로 인하여 환경상 이익에 대한 침해 또는 침해우려가 있다는 것을 입증함으로써 그 처분 등의 무효확인을 구할 원고적격을 인정받을 수 있다. (○ | ×) 2024 지방직·서울시 9급

7. 행정처분의 근거법규 또는 관련법규에 그 처분으로써 이루어지는 행위 등 사업으로 인하여 환경상 침해를 받으리라고 예상되는 영향권의 범위가 구체적으로 규정되어 있는 경우에는, 그 영향권 내의 주민들에 대하여는 특단의 사정이 없는 한 환경상 이익에 대한 침해 또는 침해우려가 있는 것으로 사실상 추정되어 원고적격이 인정된다. (○ | ×) 2023 변호사

8. 환경영향평가대상지역 안의 주민들에 대하여는 특단의 사정이 없는 한 환경상의 이익에 대한 침해 또는 침해우려가 있는 것으로 사실상 추정되어 공유수면매립면허처분 등의 무효확인을 구할 원고적격이 인정된다. (○ | ×) 2022 서울시 지적 7급

9. 행정처분의 근거법규 등에 그 처분으로써 이루어지는 행위 등 사업으로 인하여 환경상 침해를 받으리라고 예상되는 영향권의 범위가 구체적으로 규정되어 있는 경우에는, 그 영향권 내의 주민들의 환경상의 이익은 주민 개개인에 대하여 개별적으로 보호되는 직접적·구체적 이익이다. (○ | ×) 2012 지방직(하) 7급

10. 행정처분의 근거법규 또는 관련법규에 그 처분으로써 이루어지는 행위 등 사업으로 인하여 환경상 침해를 받으리라고 예상되는 영향권의 범위가 구체적으로 규정되어 있는 경우에도 환경상 이익에 대한 침해 또는 침해우려가 있는 것을 입증하여야만 원고적격이 인정된다. (○ | ×) 2012 지방직(하) 9급

③ 관련 기출

11. 경기도선거관리위원회 소속 공무원인 甲이 「부패방지 및 국민권익위원회의 설치와 운영에 관한 법률」에 따라 국민권익위원회에 신고를 하면서 신분보장조치를 요구하였고, 이에 국민권익위원회가 경기도선거관리위원회 위원장에게 甲에 대한 중징계요구를 취소하고 향후 신고로 인한 신분상 불이익 등을 주지 말 것을 요구하는 조치요구를 한 사안에서 이에 불복하는 경기도선거관리위원회 위원장(은 항고소송의 원고적격이 인정된다) (○ | ×) 2022 국회직 8급

12. 국민권익위원회가 「부패방지 및 국민권익위원회의 설치와 운영에 관한 법률」 소정의 조치를 요구한 경우에 그 요구에 불응하면 제재를 받을 수 있는데도 불구하고 기관소송을 제기할 수 없는 시·도선거관리위원회 위원장으로서는 그 요구에 대해 항고소송을 제기할 수 있다. (○ | ×) 2019 경행경채 2차

13. 국가기관인 시·도선거관리위원회 위원장은 국민권익위원회가 그에게 소속 직원에 대한 중징계요구를 취소하라는 등의 조치요구를 한 것에 대해서 취소소송을 제기할 원고적격을 가진다고 볼 수 없다. (○ | ×) 2016 국가직 9급

④ 관련 기출

14. 지방자치단체는 다른 지방자치단체장의 건축협의취소에 대하여 취소를 구할 법률상 이익이 없다. (○ | ×) 2023 경찰간부

15. 건축법상 지방자치단체를 상대방으로 하는 건축협의의 취소는 행정처분에 해당한다고 볼 수 없으므로 지방자치단체가 건축물 소재지 관할 건축허가권자를 상대로 항고소송을 통해 건축협의취소의 취소를 구할 수 없다. (○ | ×) 2022 지방직·서울시 7급

16. 건축물의 소재지를 관할하는 허가권자인 지방자치단체의 장이 국가의 건축협의를 거부한 행위는 항고소송의 대상인 거부처분에 해당한다. (○ | ×) 2021 군무원 7급

17. 지방자치단체가 건축물 소재지 관할 허가권자인 지방자치단체의 장을 상대로 건축협의취소의 취소를 구하는 사안에서의 지방자치단체(는 행정소송의 원고적격을 가지는 자에 해당한다) (○ | ×) 2019 국회직 8급

18. 지방자치단체 등이 건축물을 건축하기 위해 건축물 소재지 관할 허가권자인 지방자치단체의 장과 건축협의를 하였는데 허가권자인 지방자치단체의 장이 그 협의를 취소한 경우, 건축협의취소는 항고소송의 대상인 행정처분에 해당한다. (○ | ×) 2017 지방직 9급

정답 1. ○ 2. ○ 3. ○ 4. ○ 5. × 6. ○ 7. ○ 8. ○ 9. ○ 10. ×
11. ○ 12. ○ 13. × 14. × 15. × 16. ○ 17. ○ 18. ○

16
정답 ③

① ✕

> (중학교 의무교육의 단계적 실시에 관해 대통령령에 위임한 것과 관련하여) 다양한 사실관계를 규율하거나 사실관계가 수시로 변화할 수 있는 사안에 대해서는 그 성격상 명확성의 요구가 좀 더 완화될 수 있다. 다양한 사실관계를 규율하거나 사실관계가 수시로 변화될 것이 예상될 때에는 위임의 명확성의 요건이 완화되어야 한다. 따라서 중학교는 의무교육의 구체적인 실시시기와 절차 등을 하위법령에 위임하여 정하도록 함에 있어서는 막대한 재정지출을 수반하는 무상교육의 수익적 성격과 규율대상의 복잡다양성을 고려하여 위임의 명확성의 요구 정도를 완화하여 해석할 수 있는 것이다(헌재 1991. 2. 11, 90헌가27).

② ✕

> 행정각부의 장이 정하는 고시가 비록 법령에 근거를 둔 것이라고 하더라도 그 규정내용이 법령의 위임범위를 벗어난 것일 경우에는 법규명령으로서의 대외적 구속력을 인정할 여지는 없다(대결 2006. 4. 28, 2003마715).

③ ◯

> (두밀분교폐지조례 사건에서) 조례가 집행행위의 개입 없이도 그 자체로서 직접 국민의 구체적인 권리·의무나 법적 이익에 영향을 미치는 등의 법률상 효과를 발생하는 경우 그 조례는 항고소송의 대상이 되는 행정처분에 해당한다(대판 1996. 9. 20, 95누8003).

④ ✕ 위임명령은 법률 또는 상위명령에서 구체적으로 범위를 정하여 위임한 사항을 규정하는 명령을 말하며, 위임된 범위 내에서는 새로이 국민의 권리·의무에 관한 사항을 규정할 수 있다. 이에 반해, 집행명령은 법률 또는 상위법령의 집행을 위하여 필요한 세부적·기술적 사항을 규정하는 명령으로, 신고서의 양식과 법령을 시행하기 위한 세부적 사항을 규정할 뿐 새로이 국민의 권리·의무에 관한 사항을 규정할 수는 없다. 또한 집행명령은 위임명령과 달리 새로운 국민의 권리·의무에 관한 사항을 규정하는 것은 아니므로 개별적·구체적 법적 근거는 필요하지 않다.

✓ 기출체크

① 관련 기출
1. 위임입법의 구체성, 명확성의 요구 정도는 규율대상이 지극히 다양하거나 수시로 변화하는 성질의 것일 때에는 위임의 구체성, 명확성의 요건이 완화되어야 할 것이다. (◯ | ✕) 2024 군무원 9급
2. 위임입법에 있어 급부행정영역에서는 기본권침해영역보다는 위임의 구체성의 요구가 다소 약화되어도 무방하며, 다양한 사실관계를 규율하거나 사실관계가 수시로 변화될 것이 예상될 때에는 위임의 명확성의 요건이 완화된다. (◯ | ✕) 2021 변호사
3. 다양한 사실관계를 규율하거나 사실관계가 수시로 변화할 것이 예상되는 분야에서는 다른 분야에 비하여 상대적으로 입법위임의 명확성·구체성이 완화된다. (◯ | ✕) 2017 지방직 9급

② 관련 기출
4. 행정각부의 장이 정하는 특정 고시가 법령에 근거를 둔 것이라면, 설령 그 규정내용이 법령의 위임범위를 벗어난 것이더라도 법규명령으로서의 대외적 구속력을 인정할 수 있다. (◯ | ✕) 2025 소방간부
5. 행정각부의 장이 정하는 고시가 법령에 근거를 둔 것이라면, 그 규정내용이 법령의 위임범위를 벗어난 것이라도 법규명령으로서의 대외적 구속력이 인정된다. (◯ | ✕) 2023 지방직·서울시 7급
6. 법령의 규정이 특정 행정기관에게 법령내용의 구체적 사항을 정하도록 권한을 부여하여 특정 행정기관이 행정규칙을 정하였으나 그 행정규칙이 상위법령의 위임범위를 벗어났다면, 그러한 행정규칙은 대외적 구속력을 가지는 법규명령으로서의 효력이 인정되지 않는다. (◯ | ✕) 2022 소방직 9급
7. 고시가 비록 법령에 근거를 둔 것이더라도 규정내용이 법령의 위임범위를 벗어난 것일 경우에는 법규명령으로서의 대외적 구속력을 인정할 여지는 없다. (◯ | ✕) 2021 국가직 7급, 2019 서울시 2회 7급, 2016 국회직 8급
8. 행정각부의 장이 정하는 특정 고시가 비록 법령에 근거를 둔 것이더라도 규정내용이 법령의 위임범위를 벗어난 것일 경우 대외적 구속력을 인정할 수 있다. (◯ | ✕) 2020 지방직·서울시 9급
9. 법령에 근거를 둔 고시는 상위법령의 위임범위를 벗어난 경우에도 법규명령으로서 기능한다. (◯ | ✕) 2018 서울시 9급

③ 관련 기출
10. 조례가 집행행위의 개입 없이도 그 자체로서 직접 국민의 구체적인 권리·의무나 법적 이익에 영향을 미치는 등의 법률상 효과를 발생하는 경우 그 조례는 항고소송의 대상이 되는 행정처분에 해당하며, 이 경우 피고는 처분 등을 행한 행정청이 되어야 한다. (◯ | ✕) 2024 군무원 5급
11. 조례가 집행행위의 개입 없이도 그 자체로서 직접 국민의 권리·의무나 법적 이익에 영향을 미치는 등의 법률상 효과를 발생하는 경우 그 조례는 항고소송의 대상이 되는 행정처분에 해당한다. (◯ | ✕) 2022·2021 소방직 9급, 2017 국회직 8급
12. 조례가 집행행위의 개입 없이 직접 국민의 구체적 권리·의무에 영향을 미치는 등의 효과를 발생하면 그 조례는 항고소송의 대상이 된다. (◯ | ✕) 2018 서울시 2회 7급

④ 관련 기출
13. 상위법령의 집행을 위하여 필요한 경우에는 상위법령의 위임이 없더라도 집행명령으로 새로운 국민의 의무를 정할 수 있다. (◯ | ✕) 2023 행정사
14. 집행명령은 상위법령의 집행을 위해 필요한 사항을 규정한 것으로 법규명령에 해당하지만 법률의 수권 없이 제정할 수 있다. (◯ | ✕) 2020 국가직 7급
15. 집행명령은 상위법령의 집행에 필요한 세칙을 정하는 범위 내에서만 가능하고 새로운 국민의 권리·의무를 정할 수 없다. (◯ | ✕) 2019 지방직·교육행정직 9급
16. 상위법령의 시행에 관하여 필요한 절차 및 형식에 관한 사항을 규정하는 집행명령은 상위법령의 명시적 수권이 없는 경우에도 발할 수 있다. (◯ | ✕) 2015 서울시 9급
17. 집행명령은 새로운 법규사항을 규정하지 않으므로 법령의 수권 없이 제정될 수 있다. (◯ | ✕) 2012 사회복지직 9급

정답 1. ◯ 2. ◯ 3. ◯ 4. ✕ 5. ✕ 6. ◯ 7. ◯ 8. ✕ 9. ✕ 10. ◯ 11. ◯ 12. ◯ 13. ✕ 14. ◯ 15. ◯ 16. ◯ 17. ◯

17
정답 ③

① ○
> 철회권을 유보하였더라도 취소(철회)를 필요로 할 만한 공익상의 필요가 있는 경우에만 철회권을 행사할 수 있다.
> 취소(철회)권을 유보한 경우에 있어서도 무조건적으로 취소권을 행사할 수 있는 것이 아니고, 취소를 필요로 할 만한 공익상의 필요가 있는 경우에 한하여 취소권을 행사할 수 있다(대판 1964. 6. 9, 64누40 등).

② ○
> 매립지 일부에 대해 국가에 소유권을 귀속시킨 처분은 법률효과의 일부배제라는 부관을 붙인 것이다.
> 행정행위의 부관은 부담의 경우를 제외하고는 독립하여 행정소송의 대상이 될 수 없는 것인바, 행정청이 한 공유수면매립준공인가 중 매립지 일부에 대하여 한 국가귀속처분은 매립준공인가를 함에 있어서 매립의 면허를 받은 자의 매립지에 대한 소유권취득을 규정한 공유수면매립법 제14조(현「공유수면 관리 및 매립에 관한 법률」제46조)의 효과 일부를 배제하는 부관을 붙인 것이므로 이러한 행정행위의 부관에 대하여는 독립하여 행정소송의 대상으로 삼을 수 없다(대판 1991. 12. 13, 90누8503).

③ × 행정청은 처분에 재량이 있는 경우(재량행위)에 부관을 붙일 수 있고, 처분에 재량이 없는 경우(기속행위)에는 법률에 근거가 있는 경우에 부관을 붙일 수 있다(행정기본법 제17조 제1·2항).

> 건축허가를 하면서 일정 토지를 기부채납하도록 한 허가조건은 기속행위 내지 기속적 재량행위인 건축허가에 붙인 부담이거나 또는 법령상 아무런 근거가 없는 부관이어서 무효이다(대판 1995. 6. 13, 94다56883).

행정기본법 제17조【부관】 ① 행정청은 처분에 재량이 있는 경우에는 부관(조건, 기한, 부담, 철회권의 유보 등을 말한다. 이하 이 조에서 같다)을 붙일 수 있다.
② <u>행정청은 처분에 재량이 없는 경우에는 법률에 근거가 있는 경우에 부관을 붙일 수 있다.</u>

④ ○
> 1. 행정처분과 실제적 관련성이 없어 부관으로 붙일 수 없는 부담을 사법상 계약의 형식으로 행정처분의 상대방에게 부과할 수는 없다.
> 2. 공무원이 공법상의 제한을 회피할 목적으로 행정처분의 상대방과 사이에 사법상 계약을 체결하는 형식을 취하였다면 이는 법치행정의 원리에 반하는 것으로서 위법하다(대판 2009. 12. 10, 2007다63966).

✔ 기출체크

① 관련 기출
1. 철회권이 유보된 경우의 철회에는 이익형량의 원칙이 적용되지 않는다. (○ | ×) 2019 소방직 9급
2. 철회권유보의 경우 유보된 사유가 발생하였더라도 철회권을 행사함에 있어서는 이익형량에 따른 제한을 받게 된다. (○ | ×) 2015 사회복지직 9급
3. 행정행위의 부관으로 철회권의 유보가 되어 있는 경우라 하더라도 그 철회권의 행사에 대해서는 행정행위의 철회의 제한에 관한 일반원리가 적용된다. (○ | ×) 2013 국가직 9급
4. 행정청은 철회권이 유보되어 있는 경우에도 행정행위의 철회에 관한 일반원칙을 준수하여야 한다. (○ | ×) 2013 서울시 7급
5. 철회권이 유보된 경우라도 철회권의 행사는 그 자체만으로는 정당화되지 않고 그 외에 철회의 일반적 요건이 충족되어야 한다. (○ | ×) 2012 사회복지직 9급

② 관련 기출
6. 지방국토관리청장이 일부 공유수면매립지에 대하여 한 국가귀속처분은 매립준공인가를 함에 있어서 매립의 면허를 받은 자의 매립지에 대한 소유권취득을 규정한 구 공유수면매립법의 법률효과를 일부배제하는 부관을 붙인 것이다. (○ | ×) 2024 지방직·서울시 9급
7. 지방국토관리청장이 공유수면매립준공인가처분 중에서 일부 공유수면매립지에 대하여 한 국가귀속처분은 법률상 효과의 일부를 배제하는 부관으로 독립하여 행정소송의 대상이 된다. (○ | ×) 2023 군무원 7급
8. 행정청이 공유수면매립준공인가처분을 하면서 매립지 일부를 국가 소유로 귀속하게 한 것은 법률효과 일부를 배제하는 부관에 해당하고, 이러한 부관은 독립하여 행정소송의 대상이 될 수 없다. (○ | ×) 2023 국회직 8급, 2022 소방간부
9. 지방국토관리청장이 일부 공유수면매립지를 국가 또는 지방자치단체에 귀속처분한 것은 법률효과의 일부를 배제하는 부관을 붙인 것이므로 이러한 행정행위의 부관은 독립하여 행정쟁송대상이 될 수 없다. (○ | ×) 2020 지방직·서울시 9급
10. 지방국토관리청장이 일부 공유수면매립지에 대하여 한 국가 또는 직할시(현 광역시) 귀속처분은 법률효과의 일부배제에 해당하는 것으로 행정행위의 부관의 유형으로 볼 수 없다는 것이 판례의 태도이다. (○ | ×) 2020 소방직 9급
11. 공유수면매립준공인가처분을 하면서 매립지 일부에 대하여 한 국가 및 지방자치단체에의 귀속처분은 부관 중 부담에 해당하므로 독립하여 행정소송대상이 될 수 있다. (○ | ×) 2019 지방직·교육행정직 9급

③ 관련 기출
12. (甲은 아파트를 건설하고자 乙시장에게 주택법상 사업계획승인신청을 하였는데, 乙시장은 아파트단지 인근에 개설되는 자동차전용도로의 부지로 사용할 목적으로 甲 소유 토지의 일부를 아파트 사용검사시까지 기부채납하도록 하는 부담을 붙여 사업계획을 승인하였다) 만일 甲이 건축법상 기속행위에 해당하는 건축허가를 신청하였고, 乙시장이 건축허가를 하면서 법률의 근거 없이 기부채납 부담을 붙였다면 그 부담은 무효이다. (○ | ×) 2022 국회직 8급
13. (A행정청은 甲에게 처분을 하면서 법령에 근거 없이 일정 토지를 기부채납하도록 하는 부담을 붙였다) 처분이 기속행위라면 甲은 기부채납 부담을 이행할 의무가 없다. (○ | ×) 2021 국회직 8급
14. 건축허가를 하면서 일정 토지를 기부채납하도록 하는 내용의 허가조건을 붙였다면 원칙상 취소사유로 보아야 한다. (○ | ×) 2020 소방직 9급
15. 건축허가를 하면서 일정 토지를 기부채납하도록 하는 내용의 허가조건은 부관을 붙일 수 없는 기속행위 내지 기속적 재량행위인 건축허가에 붙인 부담이거나 또는 법령상 아무런 근거가 없는 부관이어서 무효이다. (○ | ×) 2012 국회(속기·경위직) 9급

④ 관련 기출
16. 행정처분과 실제적 관련성이 없어 부관을 붙일 수 없는 경우에도 사법상 계약의 형식으로 공법상 제한을 회피할 수 있다. (○ | ×) 2022 지방직·서울시 9급
17. 처분과 실제적 관련성이 없어 부관으로 붙일 수 없는 부담이라도 사법상 계약의 형식으로 처분의 상대방에게 부과할 수 있다. (○ | ×) 2021 지방직·서울시 9급

18. 행정처분과 부관 사이에 실제적 관련성이 있다고 볼 수 없는 경우, 공무원이 공법상의 제한을 회피할 목적으로 행정처분의 상대방과 사이에 사법상 계약을 체결하는 형식을 취하였더라도 법치행정의 원리에 반하는 것으로서 위법하다고 볼 수 없다. (O | X) 2021 국가직 9급

19. 행정처분과 실제적 관련성이 없어 부관으로 붙일 수 없는 부담이라고 하더라도 행정처분의 상대방에게 사법상 계약의 형식으로 이를 부과할 수 있다. (O | X) 2020 국가직 9급

20. 행정처분과 부관 사이에 실제적 관련성이 있다고 볼 수 없는 경우 공무원이 공법상의 제한을 회피할 목적으로 행정처분의 상대방과 사이에 사법상 계약을 체결하는 형식을 취하였다면 이는 법치행정의 원리에 반하는 것으로서 위법하다. (O | X) 2020 경행경채, 2019 국가직 7급

정답 1. X 2. O 3. O 4. O 5. O 6. O 7. X 8. O 9. O 10. X
11. X 12. O 13. O 14. O 15. O 16. X 17. O 18. X
19. X 20. O

18
정답 ④

① X ㉠ 신청내용을 모두 그대로 인정하는 처분인 경우, ㉡ 단순·반복적인 처분 또는 경미한 처분으로서 당사자가 그 이유를 명백히 알 수 있는 경우, ㉢ 긴급을 요하는 경우에는 이유제시의무가 면제되며, 위 ㉡, ㉢에 해당하는 경우 처분 후 당사자가 요청하는 경우에는 그 근거와 이유를 제시하여야 한다.

> **행정절차법 제23조 【처분의 이유제시】** ① 행정청은 처분을 할 때에는 다음 각 호의 어느 하나에 해당하는 경우를 제외하고는 당사자에게 그 근거와 이유를 제시하여야 한다.
> 1. 신청내용을 모두 그대로 인정하는 처분인 경우
> 2. 단순·반복적인 처분 또는 경미한 처분으로서 당사자가 그 이유를 명백히 알 수 있는 경우
> 3. 긴급히 처분을 할 필요가 있는 경우
> ② 행정청은 제1항 제2호 및 제3호의 경우에 처분 후 당사자가 요청하는 경우에는 그 근거와 이유를 제시하여야 한다.

② X

> 퇴직연금의 환수결정은 관련법령에 따라 당연히 환수금액이 정하여지는 것이므로, 당사자에게 의견진술의 기회를 주지 아니하여도 무방하다.
> 지급정지사유기간 중 퇴직연금수급자에게 지급된 퇴직연금의 환수결정은 당사자에게 의무를 과하는 처분이기는 하나, 관련법령에 따라 당연히 환수금액이 정하여지는 것이므로, 퇴직연금의 환수결정에 앞서 당사자에게 의견진술의 기회를 주지 아니하여도 행정절차법 제22조 제3항이나 신의칙에 어긋나지 아니한다(대판 2000. 11. 28, 99두5443).

③ X

> 행정청이 침해적 행정처분을 하면서 당사자에게 행정절차법상의 사전통지를 하거나 의견제출의 기회를 주지 않았다면, 사전통지를 하지 않거나 의견제출의 기회를 주지 않아도 되는 예외적인 경우에 해당하지 않는 한, 그 처분은 위법하여 취소를 면할 수 없다(대판 2020. 7. 23, 2017두66602).

④ O

> 교육부장관이 어떤 후보자를 총장 임용에 부적격하다고 판단하여 배제하고 다른 후보자를 임용제청하는 경우라면 배제한 후보자에게 연구윤리 위반, 선거부정, 그 밖의 비위행위 등과 같은 부적격사유가 있다는 점을 구체적으로 제시할 의무가 있다. 그러나 부적격사유가 없는 후보자들 사이에서 어떤 후보자를 상대적으로 더욱 적합하다고 판단하여 임용제청하는 경우라면, 이는 후보자의 경력, 인격, 능력, 대학운영계획 등 여러 요소를 종합적으로 고려하여 총장 임용의 적격성을 정성적으로 평가하는 것으로 그 판단결과를 수치화하거나 이유제시를 하기 어려울 수 있다. 이 경우에는 교육부장관이 어떤 후보자를 총장으로 임용제청하는 행위 자체에 그가 총장으로 더욱 적합하다는 정성적 평가결과가 당연히 포함되어 있는 것으로, 이로써 행정절차법상 이유제시의무를 다한 것이라고 보아야 한다. 여기에서 나아가 교육부장관에게 개별심사항목이나 고려요소에 대한 평가결과를 더 자세히 밝힐 의무까지 지는 것은 아니다(대판 2018. 6. 15, 2016두57564).

✓ 기출체크

① 관련 기출

1. 행정절차법상 행정청은 처분을 할 때에 단순·반복적인 처분 또는 경미한 처분으로서 당사자가 그 이유를 명백히 알 수 있는 경우에는 처분 후 당사자가 요청하더라도 당사자에게 그 근거와 이유를 제시하지 않아도 된다. (O | X) 2024 지방직·서울시 9급

2. 행정청이 당사자의 신청내용을 모두 그대로 인정하는 처분을 할 때 당사자에게 그 근거와 이유를 제시하여야 한다. (O | X) 2024 군무원 5급

3. 단순·반복적인 처분 또는 경미한 처분으로서 당사자가 그 이유를 명백히 알 수 있는 경우라 하더라도 처분 후 당사자가 요청하는 경우에는 행정청은 그 근거와 이유를 제시하여야 한다. (O | X) 2022 해경간부, 2018 국가직 9급

4. 행정청은 긴급히 처분을 할 필요가 있는 경우 당사자에게 처분의 근거와 이유를 제시하지 않아도 되지만, 처분 후 당사자가 요청하는 경우에는 그 근거와 이유를 제시하여야 한다. (O | X) 2022 국회직 8급, 2017 서울시 7급

5. 신청내용을 모두 그대로 인정하는 처분인 경우 이유제시의무가 면제되지만 처분 후 당사자가 요청하는 경우에는 그 근거와 이유를 제시하여야 한다. (O | X) 2012 국가직 9급

② 관련 기출

6. 공무원연금법상 퇴직연금의 환수결정은 당사자에게 의무를 과하는 처분이기는 하지만 퇴직연금의 환수결정에 앞서 당사자에게 의견진술의 기회를 주지 아니하여도 행정절차법에 어긋나지 아니한다. (O | X) 2023 지방직·서울시 7급

7. 관련법령에 따라 당연히 환수금액이 정하여지는 퇴직연금의 환수결정에 앞서 의견진술의 기회를 주지 아니하였다면 그 처분은 의견제출의 기회를 주지 않은 것으로서 위법하여 무효이다. (O | X) 2023 서울시 지적 7급

8. 퇴직연금의 환수결정은 당사자에게 의무를 과하는 처분이므로 퇴직연금의 환수결정에 앞서 당사자에게 의견진술의 기회를 주지 아니하면 절차의 하자가 있는 위법한 처분이 된다. (O | X) 2022 국회직 8급

9. 퇴직연금의 환수결정은 당사자에게 의무를 과하는 처분으로서 퇴직연금 환수결정에 앞서 당사자에게 의견진술의 기회를 주어야 한다. (O | X) 2022 소방간부

10. 법령에 따라 당연히 환수금액이 정해지더라도 퇴직연금의 환수결정에 앞서 당사자에게 의견진술의 기회를 주어야 한다. (○ | ×)
2019 서울시 2회 7급

④ 관련 기출

11. 교육부장관이 부적격사유가 없는 후보자들 사이에서 어떤 후보자를 상대적으로 더욱 적합하다고 판단하여 국립대학교의 총장으로 임용제청을 하였다면, 그러한 임용제청행위 자체로서 이유제시의무를 다한 것이다. (○ | ×)
2022 지방직·서울시 9급

12. 교육부장관이 관련법령에 따른 부적격사유가 없는 A와 B 총장후보자 가운데 A후보자가 상대적으로 더욱 적합하다고 판단하여 대통령에게 총장으로 A후보자를 임용제청한 경우, 교육부장관은 B후보자에게 개별심사 항목이나 총장 임용 적격성에 대한 정성적 평가결과를 구체적으로 밝힐 의무가 있다. (○ | ×)
2021 변호사

정답 1. × 2. × 3. ○ 4. ○ 5. × 6. ○ 7. × 8. × 9. × 10. × 11. ○ 12. ×

19
정답 ①

① ×
> 행정조사기본법 제24조 【조사결과의 통지】 행정기관의 장은 법령 등에 특별한 규정이 있는 경우를 제외하고는 행정조사의 결과를 확정한 날부터 7일 이내에 그 결과를 조사대상자에게 통지하여야 한다.

② ○
> 행정조사기본법 제4조 【행정조사의 기본원칙】 ⑤ 다른 법률에 따르지 아니하고는 행정조사의 대상자 또는 행정조사의 내용을 공표하거나 직무상 알게 된 비밀을 누설하여서는 아니 된다.

③ ○
> 행정조사기본법 제13조 【자료 등의 영치】 ② 조사원이 제1항에 따라 자료 등을 영치하는 경우에 조사대상자의 생활이나 영업이 사실상 불가능하게 될 우려가 있는 때에는 조사원은 자료 등을 사진으로 촬영하거나 사본을 작성하는 등의 방법으로 영치에 갈음할 수 있다. 다만, 증거인멸의 우려가 있는 자료 등을 영치하는 경우에는 그러하지 아니하다.

④ ○
> 행정조사기본법 제9조 【출석·진술 요구】 ③ 출석한 조사대상자가 제1항에 따른 출석요구서에 기재된 내용을 이행하지 아니하여 행정조사의 목적을 달성할 수 없는 경우를 제외하고는 조사원은 조사대상자의 1회 출석으로 당해 조사를 종결하여야 한다.

✓ 기출체크

① 관련 기출

1. 행정기관의 장은 법령 등에 특별한 규정이 있는 경우를 제외하고는 행정조사의 결과를 확정한 날부터 10일 이내에 그 결과를 조사대상자에게 통지하여야 한다. (○ | ×)
2023 국회직 8급

2. 행정기관의 장은 법령 등에 특별한 규정이 있는 경우를 제외하고는 행정조사의 결과를 확정한 날부터 7일 이내에 그 결과를 조사대상자에게 통지하여야 한다. (○ | ×)
2022 국가직 7급, 2021 국회직 8급, 2020 경행경채

② 관련 기출

3. 다른 법률에 따르지 아니하고는 행정조사의 대상자 또는 행정조사의 내용을 공표하거나 직무상 알게 된 비밀을 누설하여서는 아니 된다. (○ | ×)
2016 경행경채

③ 관련 기출

4. 조사원이 현장조사 중에 자료·서류·물건 등을 영치하는 경우에 조사대상자의 생활이나 영업이 사실상 불가능하게 될 우려가 있는 때에는 조사원은 증거인멸의 우려가 있는 경우가 아니라면 사진촬영 등의 방법으로 영치에 갈음할 수 있다. (○ | ×)
2018 국가직 7급

정답 1. × 2. ○ 3. ○ 4. ○

20
정답 ④

㉮㉰㉲ ○ ㉯㉱ ×

> 행정소송법 제18조 【행정심판과의 관계】 ① 취소소송은 법령의 규정에 의하여 당해 처분에 대한 행정심판을 제기할 수 있는 경우에도 이를 거치지 아니하고 제기할 수 있다. 다만, 다른 법률에 당해 처분에 대한 행정심판의 재결을 거치지 아니하면 취소소송을 제기할 수 없다는 규정이 있는 때에는 그러하지 아니하다.
> ② 제1항 단서의 경우에도 다음 각 호의 1에 해당하는 사유가 있는 때에는 행정심판의 재결을 거치지 아니하고 취소소송을 제기할 수 있다.
> 1. 행정심판청구가 있은 날로부터 60일이 지나도 재결이 없는 때 (㉮)
> 2. 처분의 집행 또는 절차의 속행으로 생길 중대한 손해를 예방하여야 할 긴급한 필요가 있는 때(㉰)
> 3. 법령의 규정에 의한 행정심판기관이 의결 또는 재결을 하지 못할 사유가 있는 때(㉲)
> 4. 그 밖의 정당한 사유가 있는 때
> ③ 제1항 단서의 경우에 다음 각 호의 1에 해당하는 사유가 있는 때에는 행정심판을 제기함이 없이 취소소송을 제기할 수 있다.
> 1. 동종사건에 관하여 이미 행정심판의 기각재결이 있은 때(㉯)
> 2. 서로 내용상 관련되는 처분 또는 같은 목적을 위하여 단계적으로 진행되는 처분 중 어느 하나가 이미 행정심판의 재결을 거친 때 (㉱)
> 3. 행정청이 사실심의 변론종결 후 소송의 대상인 처분을 변경하여 당해 변경된 처분에 관하여 소를 제기하는 때
> 4. 처분을 행한 행정청이 행정심판을 거칠 필요가 없다고 잘못 알린 때

✓ 기출체크

㉮㉯㉰㉱㉲ 관련 기출

1. 행정소송법상 필요적 전치주의가 적용되는 사안에서, 행정심판을 청구하여야 하나 당해 처분에 대한 행정심판의 재결을 거치지 아니하고 취소소송을 제기할 수 있는 경우에 해당하는 것은? 2017 지방직 9급
① 동종사건에 관하여 이미 행정심판의 기각재결이 있는 경우
② 서로 내용상 관련되는 처분 또는 같은 목적을 위하여 단계적으로 진행되는 처분 중 어느 하나가 이미 행정심판의 재결을 거친 경우
③ 처분의 집행 또는 절차의 속행으로 생길 중대한 손해를 예방하여야 할 긴급한 필요가 있는 경우
④ 처분을 행한 행정청이 행정심판을 거칠 필요가 없다고 잘못 알린 경우

2. 행정소송법 제18조 제3항에서 규정하고 있는 '행정심판을 거칠 필요가 없는 경우'가 아닌 것은? 　　　　　　　　　　　　　　2016 서울시 9급
   ① 동종사건에 관하여 이미 행정심판의 기각재결이 있은 때
   ② 서로 내용상 관련되는 처분 또는 같은 목적을 위하여 단계적으로 진행되는 처분 중 어느 하나가 이미 행정심판의 재결을 거친 때
   ③ 행정청이 사실심의 변론종결 후 소송의 대상인 처분을 변경하여 당해 변경된 처분에 관하여 소를 제기하는 때
   ④ 법령의 규정에 의한 행정심판기관이 의결 또는 재결을 하지 못할 사유가 있는 때

3. 필요적 행정심판전치일 경우에 행정심판을 제기함이 없이 취소소송을 제기할 수 있는 경우가 아닌 것은? 　　　　　　　　　2015 국가직 7급
   ① 동종사건에 관하여 이미 행정심판의 기각재결이 있은 때
   ② 처분을 행한 행정청이 행정심판을 거칠 필요가 없다고 잘못 알린 때
   ③ 처분의 집행 또는 절차의 속행으로 인하여 생길 중대한 손해를 예방하여야 할 긴급한 필요가 있는 때
   ④ 서로 내용상 관련되는 처분 또는 같은 목적을 위하여 단계적으로 진행되는 처분 중 어느 하나가 이미 행정심판의 재결을 거친 때

정답　1. ③　2. ④　3. ③

MEMO

2025 써니 행정법총론 실전동형 모의고사

부록

2025 써니 행정법총론 실전동형 모의고사

옳은 지문 워크북
제1~8회

제1회 | 옳은 지문

01

① 개성공단 전면중단 조치가 고도의 정치적 결단을 요하는 문제이기는 하나, 청구인들에게 기본권제한이 발생하였고 국민의 기본권제한과 직접 관련된 공권력의 행사는 헌법과 법률에 따라 결정하고 집행하도록 견제하는 것이 헌법재판소 본연의 임무이므로, 그 한도에서 헌법소원심판의 대상이 될 수 있다.

②-1 대통령의 비상계엄의 선포나 확대행위는 고도의 정치적·군사적 성격을 지니고 있는 행위이다.

②-2 다만, 비상계엄의 선포나 확대가 국헌문란의 목적을 달성하기 위해 행해진 경우에는 법원은 그 자체가 범죄행위에 해당하는지 여부에 대해 심사할 수 있다.

③-1 남북정상회담 개최는 고도의 정치적 성격을 지니고 있는 행위로서 그 당부를 심판하는 것은 사법권의 내재적·본질적 한계를 넘어서는 것이 된다(통치행위 인정).

③-2 남북정상회담의 개최과정에서 북한 측에 사업권의 대가 명목으로 송금(대북송금)한 행위는 사법심사의 대상이 된다(통치행위 부정).

④ 서훈취소가 대통령이 국가원수로서 행하는 행위라고 하더라도 법원이 사법심사를 자제하여야 할 고도의 정치성을 띤 행위라고 볼 수는 없다(통치행위 부정).

02

① 산업재해보상보험법 시행령 [별표 3] '업무상 질병에 대한 구체적인 인정기준'이 예시적 규정에 불과한 이상, 그 위임에 따른 고용노동부 고시는 행정내부적으로 업무처리지침이나 법령의 해석·적용기준을 정해주는 '행정규칙'이라고 보아야 한다.

② 특정 사안과 관련하여 법률에서 하위법령에 위임을 한 경우에 모법의 위임 범위를 확정하거나 하위법령이 위임의 한계를 준수하고 있는지 여부를 판단할 때에는, 하위법령이 규정한 내용이 입법자가 형식적 법률로 스스로 규율하여야 하는 본질적 사항으로서 의회유보의 원칙이 지켜져야 할 영역인지, 당해 법률규정의 입법목적과 규정내용, 규정의 체계, 다른 규정과의 관계 등을 종합적으로 고려하여야 한다.

③ 위임명령이 위임내용을 구체화하는 단계를 벗어나 새로운 입법을 한 것으로 평가할 수 있다면, 이는 위임의 한계를 일탈한 것으로서 허용되지 않는다.

④ 행정행위의 경우 하자의 정도에 따라 무효 또는 취소사유가 되지만, 법규명령은 하자가 있는 경우 무효가 된다.

03

①-1 행정행위의 효력을 부인하는 것이 형사소송에서 선결문제가 된 경우 형사법원은 공정력으로 인해 효력을 부인할 수 없다.

①-2 연령미달의 결격자인 피고인이 소외인(자신의 형)의 이름으로 운전면허시험에 응시·합격하여 교부받은 운전면허는 당연무효가 아니고 도로교통법 제65조 제3호의 사유에 해당함에 불과하여 취소되지 않는 한 유효하므로 피고인의 운전행위는 무면허운전에 해당하지 아니한다.

②③-1 위 ①에 반하여, 형사소송에서 위법성 확인이 선결문제인 경우, 형사법원은 행정행위의 위법성에 대해서는 심사할 수 있다.

②③-2 도시계획법 제78조 제1항에 정한 처분이나 조치명령을 받은 자가 이에 위반한 경우 같은 법 제92조에 정한 처벌을 하기 위하여는 그 처분이나 조치명령이 적법한 것이라야 하고, 그 처분이 당연무효가 아니라 하더라도 그것이 위법한 처분으로 인정되는 한 같은 법 제92조 위반죄가 성립될 수 없다.

②③-3 소하천정비법에 따라 행정청으로부터 시정명령을 받은 사람이 이를 위반한 경우, 그로 인하여 같은 법에서 정한 처벌을 하기 위해서는 그 시정명령이 적법해야 하고, 시정명령이 당연무효가 아니더라도 위법하다고 인정되는 한 그 위반죄가 성립될 수 없다.

④ 어느 행정처분이 당연무효임을 전제로 하여 민사소송을 제기한 때에는 그 행정처분의 당연무효인지의 여부가 선결문제이므로, 민사법원은 이를 심사하여 그 행정처분의 하자가 중대하고 명백하여 당연무효라고 인정될 경우에는 이를 전제로 하여 판단할 수 있다.

04

① 도시계획구역 내 생산녹지로 답(畓)인 토지에 대하여 종교회관 건립을 이용목적으로 하는 토지거래계약의 허가를 받으면서 담당공무원이 관련법규상 허용된다 하여 이를 신뢰하고 건축준비를 하였으나, 그 후 토지형질변경허가신청을 불허기한 것은 신뢰보호원칙에 반한다.

②-1 국가가 공무원임용결격사유가 있는 자에 대하여 결격사유가 있는 것을 알지 못하고 공무원으로 임용하였다가 사후에 결격사유가 있는 자임을 발견하고 공무원임용행위를 취소하는 것은 당사자에게 원래의 임용행위가 당초부터 당연무효이었음을 통지하여 확인시켜 주는 행위에 지나지 않는다.

②-2 따라서 이 경우 임용결격자는 신뢰보호원칙을 주장할 수 없다.

③ 입법예고를 통해 법령안의 내용을 국민에게 예고한 적이 있다고 하더라도 그것이 법령으로 확정되지 아니한 이상 국가가 이해관계자들에게 위 법령안에 관련된 사항을 약속하였다고 볼 수 없으며, 이러한 사정만으로 어떠한 신뢰를 부여하였다고 볼 수도 없다.

④ 행정청이 상대방에게 장차 어떤 처분을 하겠다고 확약 또는 공적인 의사표명을 하였다고 하더라도, 그 자체에서 상대방으로 하여금 언제까지 처분의 발령을 신청하도록 유효기간을 두었는데도 그 기간 내에 상대방의 신청이 없었다거나 확약 또는 공적인 의사표명이 있은 후에 사실적·법률적 상태가 변경되었다면, 그와 같은 확약 또는 공적인 의사표명은 행정청의 별다른 의사표시를 기다리지 않고 실효된다.

05

① 정보공개를 청구하는 자가 공공기관에 대해 정보의 사본 또는 출력물의 교부방법으로 공개방법을 선택하여 정보공개청구를 한 경우, 공개청구를 받은 공공기관은 원칙적으로 그 공개방법을 선택할 재량권이 없다.

②-1 공공기관이 보유·관리하는 정보는 공개하는 것이 원칙이나, 다른 법률 또는 법률에서 위임한 명령(국회규칙·대법원규칙·헌법재판소규칙·중앙선거관리위원회규칙·대통령령 및 조례로 한정한다)에 따라 비밀이나 비공개사항으로 규정된 정보는 비공개대상정보에 해당한다.

②-2 여기서 '법률에서 위임한 명령'은 정보의 공개에 관하여 법률의 구체적인 위임 아래 제정된 법규명령(위임명령)을 의미한다.
②-3 교육공무원법 제13·14조의 위임에 따라 제정된 교육공무원승진규정은 정보공개에 관한 사항에 관하여 구체적인 법률의 위임에 따라 제정된 명령이라고 할 수 없다.
②-4 따라서 교육공무원의 근무성적평정의 결과를 공개하지 아니한다고 규정하고 있는 교육공무원승진규정 제26조를 근거로 정보공개청구를 거부하는 것은 위법하다(공개대상).
③ 사면대상자들의 사면실시건의서와 그와 관련된 국무회의 안건자료에 관한 정보는 구「공공기관의 정보공개에 관한 법률」에서 정한 비공개사유에 해당하지 않는다(공개대상).
④-1「공공기관의 정보공개에 관한 법률」에 따르면 정보의 공개 및 우송 등에 드는 비용은 실비의 범위에서 청구인이 부담한다.
④-2 다만, 공개를 청구하는 정보의 사용목적이 공공복리의 유지·증진을 위하여 필요하다고 인정되는 경우에는 그 비용을 감면할 수 있다.

06

㉮-1 국가배상법 제9조는 배상심의회에 배상신청을 하지 않고도 손해배상청구소송을 제기할 수 있다고 하여 임의적 결정전치주의를 채택하고 있다.
㉮-2 한편, 국가배상법에 의한 배상심의회의 결정은 행정처분이 아니다.
㉯-1 공무원이 직무수행 중 불법행위로 타인에게 손해를 입힌 경우에 국가 등이 국가배상책임을 부담하는 외에 공무원 개인도 고의 또는 중과실이 있는 경우에는 불법행위로 인한 민사상 손해배상책임을 진다.
㉯-2 그러나 공무원에게 경과실뿐인 경우에는 공무원 개인은 손해배상책임을 부담하지 아니한다.
㉰㉱-1 경과실이 있는 공무원이 피해자에 대하여 손해배상책임을 부담하지 아니함에도 피해자에게 손해를 배상하였다면 그것은 채무자 아닌 사람이 타인의 채무를 변제한 경우에 해당한다.
㉰㉱-2 따라서 공무원이 직무수행 중 불법행위로 타인에게 손해를 입힌 경우, 피해자에게 손해를 직접 배상한 경과실이 있는 공무원은 원칙적으로 국가에 대하여 구상권을 취득한다.
㉲ 국가배상법에 따르면 생명·신체의 침해로 인한 국가배상을 받을 권리는 양도하거나 압류하지 못한다.

07

① '민주화운동 관련자 명예회복 및 보상심의위원회'에서 심의·결정을 받아야만 비로소 보상금 등의 지급대상자로 확정될 수 있다. 따라서 '민주화운동 관련자 명예회복 및 보상심의위원회'의 보상금 등의 지급대상자에 관한 결정은 국민의 권리·의무에 직접 영향을 미치는 행정처분이며, 보상금 지급신청을 기각하는 결정에 대한 불복을 구하는 소송은 항고소송이다.
② 국가의 부가가치세 환급세액 지급의무는 부당이득반환의무가 아니라 조세정책적 관점에서 인정되는 공법상 의무이므로, 납세의무자의 부가가치세 환급세액 지급청구는 당사자소송의 절차에 따라야 한다.
③ 구「도시 및 주거환경정비법」상 재개발조합과 조합장 또는 조합임원 사이의 선임·해임 등을 둘러싼 법률관계의 성질은 사법상의 법률관계이다. 따라서 그 조합장 또는 조합임원의 지위를 다투는 소송은 민사소송에 의하여야 한다.
④-1 구 공무원연금법상의 퇴직급여는 공무원연금관리공단(현 공무원연금공단)의 지급결정으로 구체적 권리가 발생하는 것이므로 공무원연금관리공단의 급여결정은 행정처분으로서 이에 대해서는 항고소송을 제기하여야 한다.

④-2 반면, 공무원연금관리공단이 공무원연금법령의 개정사실과 퇴직연금 수급자가 퇴직연금 중 일부 금액의 지급정지대상자가 되었다는 사실을 통보한 경우, 위 통보는 항고소송의 대상이 되는 처분이 아니다.
④-3 공무원연금관리공단이 퇴직연금 중 일부 금액에 대하여 지급거부의 의사표시를 한 경우, 그 의사표시가 항고소송의 대상이 되는 행정처분이 아니며, 이 경우 미지급퇴직연금의 지급을 구하는 소송은 공법상 당사자소송이다.

08

① 취소소송의 제소기간이 경과한 후, 취소사유에 해당하는 처분에 대해 무효확인소송을 제기한 경우 청구기각판결을 하여야 한다.
②-1 인가의 경우 기본행위가 무효임을 이유로 인가처분에 대한 무효확인을 구하는 것은 소의 이익이 없다고 보았으나, 수리처분의 경우 기본행위가 무효임을 이유로 수리처분의 무효확인을 구할 이익이 있다.
②-2 따라서 사업의 양도행위가 무효라고 주장하는 양도자가 양도·양수행위의 무효를 구함이 없이 사업양도·양수에 따른 허가관청의 지위승계신고수리처분의 무효확인을 구할 법률상 이익이 있다.
③-1 부작위위법확인의 소는 원칙적으로 제소기간의 제한을 받지 않는다.
③-2 다만, 행정심판 등 전심절차를 거친 경우에는 행정소송법 제20조가 정한 제소기간 내에 부작위위법확인의 소를 제기하여야 한다.
④ 동일한 행정처분에 대하여 무효확인의 소를 제기하였다가 그 후 그 처분의 취소를 구하는 소를 추가적으로 병합한 경우, 주된 청구인 무효확인의 소가 적법한 제소기간 내에 제기되었다면 추가로 병합된 취소청구의 소도 적법하게 제기된 것으로 볼 수 있다.

09

① 행정상 즉시강제는 법치국가의 요청인 예측가능성과 법적 안정성에 반하고 기본권침해의 소지가 큰 권력작용이므로, 행정강제는 행정상 강제집행을 원칙으로 하고 행정상 즉시강제는 예외적으로 인정되어야 한다.
② 즉시강제는 다른 수단으로는 행정목적을 달성할 수 없는 경우에만 허용되며, 이 경우에도 최소한으로만 실시하여야 한다.
③ 관계행정청이 등급분류를 받지 아니하거나 등급분류를 받은 게임물과 다른 내용의 게임물을 발견한 경우 관계공무원으로 하여금 이를 수거·폐기하게 할 수 있도록 한 구「음반·비디오물 및 게임물에 관한 법률」조항은 급박한 상황에 대처하기 위한 것으로서 그 불가피성과 정당성이 충분히 인정되는 경우이므로, 이 사건 법률조항이 비록 영장 없는 수거를 인정한다고 하더라도 이를 두고 헌법상 영장주의에 위배되는 것으로는 볼 수 없다.
④ 식품위생법상 영업소 폐쇄명령을 받은 후 계속하여 영업을 하는 경우에 행하는 영업소 폐쇄조치, 출입국관리법상의 각종 의무를 위반한 자에 대한 강제퇴거조치 등은 행정상 강제집행 중 직접강제에 해당한다.

10

①-1 행정청은 기본적 사실관계의 동일성이 있다고 인정되는 한도 내에서만 다른 처분사유를 추가·변경할 수 있다.
①-2 추가 또는 변경된 사유가 당초의 처분시 그 사유를 명기하지 않았을 뿐 처분시에 이미 존재하고 있었고 당사자도 그 사실을 알고 있었다 하여 당초의 처분사유와 동일성이 있는 것으로 볼 수는 없다.
②-1 처분사유 자체가 아니라 처분사유의 근거가 되는 기초사실 내지 평가요소에 지나지 않는 사정은 추가로 주장할 수 있다.

②-2 외국인 甲이 법무부장관에게 귀화신청을 하였으나 법무부장관이 '품행 미단정'을 불허사유로 국적법상의 요건을 갖추지 못하였다며 신청을 받아들이지 않는 처분을 하였는데, 법무부장관이 甲을 '품행 미단정'이라고 판단한 이유에 대하여 제1심 변론절차에서 자동차관리법위반죄로 기소유예를 받은 전력 등을 고려하였다고 주장한 후, 제2심 변론절차에 불법체류전력 등의 제반 사정을 추가로 주장한 경우 추가로 제시한 불법체류전력 등의 제반 사정은 처분사유의 근거가 되는 기초사실 내지 평가요소에 지나지 않으므로, 추가로 주장할 수 있다.

③-1 행정처분의 취소를 구하는 항고소송에서 처분청이 처분 당시에 적시한 구체적 사실을 변경하지 아니하는 범위 내에서, 처분의 근거법령만을 추가·변경하거나 당초의 처분사유를 구체적으로 표시하는 것에 불과한 경우, 새로운 처분사유의 추가·변경이 아니므로 원칙적으로 허용된다.

③-2 그러나 처분의 근거법령을 변경하는 것이 종전 처분과 동일성을 인정할 수 없는 별개의 처분을 하는 것과 다름없는 경우에는 허용될 수 없다.

④ 행정청은 기본적 사실관계의 동일성이 있다고 인정되는 한도 내에서만 다른 처분사유를 추가·변경할 수 있다고 할 것이나, 이는 사실심변론종결시까지만 허용된다.

11

① 구 「화물자동차 운수사업법 시행령」 제5조 제1항 [별표 1]의 '위반행위의 횟수에 따른 가중처분기준'이 적용되려면 실제 선행 위반행위가 있고 그에 대하여 유효한 제재처분이 이루어졌음에도 그 제재처분일로부터 1년 이내에 다시 같은 내용의 위반행위가 적발된 경우이면 족하다고 보아야 한다.

② 회사가 분할된 경우, 원칙적으로 신설회사에 대하여 분할하는 회사의 분할 전 법위반행위를 이유로 과징금을 부과할 수는 없다.

③-1 영업자지위승계신고를 수리하는 처분은 종전 영업자의 권익을 제한하는 처분이다.

③-2 따라서 종전 영업자는 그 처분에 대하여 직접 그 상대가 되는 자에 해당하고, 행정청으로서는 위 신고를 수리하는 처분을 함에 있어서 행정절차법 규정 소정의 당사자인 종전 영업자에 대하여 사전통지 등의 행정절차를 실시하고 처분을 하여야 한다.

④ 공중위생영업에 있어 그 영업을 정지할 위법사유가 있는 경우, 그 영업이 양도·양수되었다 하더라도 양수인에 대하여 영업정지처분을 할 수 있다.

12

①-1 '권한 있는' 행정청이 수립한 후행 도시계획에 선행 도시계획과 서로 양립할 수 없는 내용이 포함되어 있다면 특별한 사정이 없는 한 선행 도시계획은 후행 도시계획과 같은 내용으로 변경된 것으로 볼 수 있다.

①-2 후행 도시계획의 결정을 하는 행정청이 선행 도시계획의 결정·변경 등에 관한 '권한을 가지고 있지 아니한 경우' 선행 도시계획과 양립할 수 없는 내용이 포함된 후행 도시계획결정은 무효이다.

② 도시계획의 입안에 있어 공고 및 공람절차에 하자가 있는 도시계획결정은 위법하다.

③-1 도시계획구역 내 토지 등을 소유하고 있는 사람과 같이 도시계획시설결정에 이해관계가 있는 주민에게는 도시계획시설 입안권자에게 도시시설계획의 입안 내지 변경을 요구할 수 있는 법규상 또는 조리상의 신청권이 있다.

③-2 이러한 신청에 대한 거부행위는 항고소송의 대상이 되는 행정처분에 해당한다.

④ 일정한 행정처분을 구하는 신청을 할 수 있는 법률상 지위에 있는 자의 국토이용계획변경신청을 거부하는 것이 실질적으로 당해 행정처분 자체를 거부하는 결과가 되는 경우에는 예외적으로 그 신청인에게 국토이용계획변경을 신청할 권리가 인정된다.

13

① 신청에 의한 처분의 경우에는 신청에 대하여 일단 거부처분이 행해지면 그 거부처분이 적법한 절차에 의하여 취소되지 않는 한, 사유를 추가하여 거부처분을 반복하는 것은 존재하지도 않는 신청에 대한 거부처분으로서 당연무효이다.

②③-1 행정심판위원회가 행정심판청구사건의 재결이 있을 때까지 처분의 집행을 정지한다고 결정한 경우에는, 재결서 정본이 청구인에게 송달된 때 재결의 효력이 발생하므로 그때 집행정지결정의 효력이 소멸함과 동시에 처분의 효력이 부활한다.

②③-2 효력기간이 정해져 있는 제재적 행정처분에 대한 취소소송에서 법원이 본안소송의 판결선고시까지 집행정지결정을 하면, 처분에서 정해둔 효력기간은 판결선고시까지 진행하지 않다가 판결이 선고되면 그때 집행정지결정의 효력이 소멸함과 동시에 처분의 효력이 당연히 부활하여 처분에서 정한 효력기간이 다시 진행한다. 이는 처분에서 효력기간의 시기와 종기를 정해 두었는데, 그 시기와 종기가 집행정지기간 중에 모두 경과한 경우에도 특별한 사정이 없는 한 마찬가지이다.

④-1 효력기간이 정해져 있는 제재적 행정처분의 효력이 발생한 이후에도 행정청은 특별한 사정이 없는 한 상대방에 대한 별도의 처분으로써 효력기간의 시기와 종기를 다시 정할 수 있다. 이는 당초의 제재적 행정처분이 유효함을 전제로 그 구체적인 집행시기만을 변경하는 후속 변경처분(일부 변경처분)이다.

④-2 다만, 이러한 후속 변경처분권한은 특별한 사정이 없는 한 당초의 제재적 행정처분의 효력이 유지되는 동안에만 인정된다.

④-3 당초의 제재적 행정처분에서 정한 효력기간이 경과하면 그로써 처분의 집행은 종료되어 제재처분의 효력이 소멸하는 것이므로 그 후 동일한 사유로 다시 제재적 행정처분을 하는 것은 위법한 이중처분에 해당한다.

14

① 행정심판청구가 부적법하지 않음에도 각하한 재결은 심판청구인의 실체심리를 받을 권리를 박탈한 것으로서 원처분에 없는 고유한 하자가 있는 경우에 해당하고, 취소소송의 대상이 된다.

② 증액경정처분이 있는 경우, 원칙적으로는 당초 신고나 결정에 대한 불복기간의 경과 여부 등에 관계없이 증액경정처분만이 항고소송의 대상이 되고 납세의무자는 그 항고소송에서 당초 신고나 결정에 대한 위법사유를 주장할 수 있다.

③-1 과세표준과 세액을 감액하는 경정처분에 대해서 그 감액경정처분으로도 아직 취소되지 아니하고 남아 있는 부분을 다투는 경우, 항고소송의 대상은 당초의 부과처분 중 경정처분에 의하여 아직 취소되지 않고 남은 부분이다.

③-2 이 경우 적법한 전심절차를 거쳤는지 여부, 제소기간의 준수 여부도 당초 처분을 기준으로 판단하여야 한다.

④-1 과세관청의 원천징수의무자인 법인에 대한 소득금액변동통지는 항고소송의 대상이 되는 행정처분이다.

④-2 소득의 귀속자에 대한 소득금액변동통지는 원천납세의무자인 소득귀속자의 법률상 지위에 직접적인 법률적 변동을 가져오는 것이 아니므로, 항고소송의 대상이 되는 행정처분이라고 볼 수 없다.

15

- 甲-1 부작위의무 위반에 대해서는 작위의무로 전환한 후에 대집행을 할 수 있으며, 작위의무로 전환하기 위해서는 별도의 명문규정이 있어야 한다.
- 甲-2 대집행의 대상이 되는 의무는 공법(公法)상의 의무이며, 이러한 의무는 행정처분에 의해 부과되는 것이 원칙이지만 법령에 의해 직접 부과될 수도 있다.
- 甲-3 이 경우 법령에는 조례도 포함되므로 조례에 의해 직접 명령된 대체적 작위의무를 불이행한 경우도 대집행의 대상이 된다.
- 乙 우리 행정대집행법하에서는 의무를 명한 행정처분이 아직 다툴 수 있는 상태에 있더라도, 즉 불가쟁력이 발생되기 전이라도 대집행을 할 수 있다.
- 丙-1 이행강제금은 대체적 작위의무의 위반에 대하여도 부과될 수 있다.
- 丙-2 행정청은 대집행과 이행강제금을 선택적으로 활용할 수 있다고 할 것이며, 이처럼 그 합리적인 재량에 의해 선택하여 활용하는 이상 중첩적인 제재에 해당한다고 볼 수 없다.
- 丁-1 이행강제금(집행벌)은 과태료 부과의 경우와 달리 처벌이 아니므로 의무의 이행이 있기까지 반복적으로 부과할 수 있다.
- 丁-2 이행강제금(집행벌)과 행정벌은 목적에서 차이가 있으므로 양자를 병과하더라도 헌법에서 금지하는 이중처벌이 아니다.

16

- ① 구 하천법상 하천구역 편입토지 보상에 대한 손실보상청구권의 법적 성질은 공법상 권리로서 이에 따른 손실보상금의 지급을 구하거나 손실보상청구권의 확인을 구하는 소송은 당사자소송이다.
- ②-1 토지수용으로 인한 손실보상액 산정과 관련하여, 당해 사업으로 인한 개발이익은 피수용자의 객관적 재산가치에 포함되지 아니하므로 개발이익을 배제하는 것은 정당하다.
- ②-2 그러나 손실보상액 산정에 있어 당해 공공사업의 시행과 관련이 없는 다른 사업으로 인한 개발이익은 배제해서는 안 된다.
- ③ 토지의 문화적·학술적 가치는 특별한 사정이 없는 한 손실보상의 대상이 될 수 없다.
- ④-1 공공필요요건을 충족한다면 민간기업도 수용의 주체가 될 수 있다.
- ④-2 헌법재판소에 따르면 민간기업을 수용의 주체로 규정한 「산업입지 및 개발에 관한 법률」 제22조 제1항은 공공필요요건을 충족하므로 헌법 제23조 제3항에 위반되지 않는다.

17

- ①-1 재량행위의 경우 법률에 근거규정이 없더라도 부관을 부가할 수 있다.
- ①-2 기속행위의 경우 법률에 근거규정이 없는 한 부관을 붙일 수는 없고 붙였다 하더라도 무효가 된다.
- ①-3 건축허가를 하면서 일정 토지를 기부채납하도록 한 허가조건은 기속행위 내지 기속적 재량행위인 건축허가에 붙인 부담이거나 또는 법령상 아무런 근거가 없는 부관이어서 무효이다.
- ②-1 부담의 이행으로서 하게 된 사법상 매매 등의 법률행위는 부담을 붙인 행정처분과는 별개의 사법(私法)상 법률행위이다.
- ②-2 따라서 행정처분에 붙인 부담인 부관이 무효가 되더라도 그 부담의 이행으로 한 사법상 법률행위가 당연히 무효가 되는 것은 아니다.
- ②-3 또한 행정처분에 붙인 부담인 부관에 제소기간 도과로 불가쟁력이 생긴 경우에도 그 부담의 이행으로 한 사법상 법률행위의 효력을 다툴 수 있다.
- ③ 부담은 행정청이 행정처분을 하면서 일방적으로 부가할 수도 있지만 부담을 부가하기 이전에 상대방과 협의하여 부담의 내용을 협약의 형식으로 미리 정한 다음 행정처분을 하면서 이를 부가할 수도 있다.
- ④ 행정처분에 이미 부담이 부가되어 있는 상태에서 그 의무의 범위 또는 내용 등을 변경하는 부관의 사후변경은, 법률에 명문의 규정이 있거나 그 변경이 미리 유보되어 있는 경우 또는 상대방의 동의가 있는 경우에 한하여 허용되는 것이 원칙이지만, 사정변경으로 인하여 당초에 부담을 부가한 목적을 달성할 수 없게 된 경우에도 그 목적 달성에 필요한 범위 내에서 예외적으로 허용된다.

18

- ① 과학기술기본법령상 사업협약의 해지통보는 단순히 대등당사자의 지위에서 형성된 공법상 계약을 계약당사자의 지위에서 종료시키는 의사표시에 불과한 것이 아니라 행정청이 우월적 지위에서 연구개발비의 회수 및 관련자에 대한 국가연구개발사업 참여제한 등의 법률상 효과를 발생시키는 행정처분에 해당한다.
- ②-1 행정기본법은 "행정청은 법률로 정하는 바에 따라 완전히 자동화된 시스템(인공지능기술을 적용한 시스템을 포함한다)으로 처분을 할 수 있다."고 하여 자동적 처분을 규정하였다.
- ②-2 다만, 행정기본법은 "처분에 재량이 있는 경우는 그러하지 아니하다."라고 하여 기속행위의 경우에만 자동적 처분이 허용됨을 규정하고 있다.
- ③ 공정거래위원회가 부당한 공동행위를 한 사업자에게 과징금 부과처분(선행처분)을 한 뒤, 다시 자진신고 등을 이유로 과징금 감면처분(후행처분)을 한 경우 선행처분은 후행처분에 흡수되어 소멸하므로, 취소를 구하여야 할 처분은 후행처분이다.
- ④-1 위법한 행정지도에 따라 행한 사인의 행위는 법령에 명시적으로 정하지 않는 한 그 위법행위가 정당화될 수 없다.
- ④-2 토지거래계약신고에 관한 행정관청의 위법한 관행에 따라 토지의 매매가격을 허위로 신고한 행위라 하더라도 위법성이 조각되지 않아 형사처벌의 대상이 된다.

19

- ① 행위 자체의 외관이 객관적으로 관찰하여 공무원의 직무행위로 보일 때에는 그것이 실질적으로 직무행위가 아니거나 또는 행위자에게 주관적으로 공무집행의 의사가 없었다고 하더라도 그 행위는 직무행위에 해당한다.
- ② 공법인인 대한변호사협회의 장은 국가로부터 위탁받은 공행정사무인 '변호사등록에 관한 사무'를 수행하는 범위 내에서는 국가배상법 제2조에서 정한 공무원에 해당한다.
- ③-1 국가배상책임이 인정되기 위해서는 공무원이 직무상 의무를 위반한 행위와 피해자가 입은 손해 사이에 상당인과관계가 있어야 한다.
- ③-2 공무원에게 직무상 의무를 부과한 법령의 보호목적이 사회구성원 개인의 이익과 안전을 보호하기 위한 것이 아니고 단순히 공공일반의 이익이나 행정기관 내부의 질서를 규율하기 위한 것이라면, 공무원이 그 직무상 의무를 위반한 것을 계기로 하여 제3자가 손해를 입었다 하더라도 공무원이 직무상 의무를 위반한 행위와 제3자가 입은 손해 사이에는 법리상 상당인과관계가 있다고 할 수 없으므로 국가배상책임이 성립하지 않는다.
- ④ 어떠한 행정처분이 위법하다고 할지라도 그 자체만으로 곧바로 그 행정처분이 공무원의 고의 또는 과실로 인한 불법행위를 구성한다고 단정할 수는 없고, 공무원의 고의 또는 과실의 유무에 대하여는 별도의 판단을 요한다.

20

① 행정심판법에 따르면 법인이 아닌 사단 또는 재단으로서 대표자나 관리인이 정하여져 있는 경우에는 그 사단이나 재단의 이름으로 심판청구를 할 수 있다.

② 행정심판법에 따르면 ㉠ 감사원, 국가정보원장, 그 밖에 대통령령으로 정하는 대통령 소속 기관의 장, ㉡ 국회사무총장·법원행정처장·헌법재판소사무처장 및 중앙선거관리위원회사무총장, ㉢ 국가인권위원회, 그 밖에 지위·성격의 독립성과 특수성 등이 인정되어 대통령령으로 정하는 행정청 또는 그 소속 행정청의 처분 또는 부작위에 대한 행정심판의 청구에 대하여는 위의 각 행정청에 두는 행정심판위원회에서 심리·재결한다.

③-1 당사자의 신청을 거부하거나 부작위로 방치한 처분의 이행을 명하는 재결이 있으면 행정청은 지체 없이 이전의 신청에 대하여 재결의 취지에 따라 처분을 하여야 한다.

③-2 이 경우 당해 행정청이 처분을 하지 아니하는 때에는 행정심판위원회는 당사자가 신청하면 기간을 정하여 서면으로 시정을 명하고 그 기간 내에 이행하지 아니하면 직접처분을 할 수 있다.

④ 행정심판위원회는 직접처분을 하였을 때에는 그 사실을 해당 행정청에 통보하여야 하며, 그 통보를 받은 행정청은 행정심판위원회가 한 처분을 자기가 한 처분으로 보아 관계법령에 따라 관리·감독 등 필요한 조치를 하여야 한다.

제 2 회 | 옳은 지문

01

① 개인택시운송사업자에게 운전면허취소사유가 있으나 그에 따른 운전면허취소처분이 이루어지지 않은 경우 관할관청이 개인택시운송사업면허를 취소할 수 없다.
② 납세의무자에게 조세의 납부의무뿐만 아니라 스스로 과세표준과 세액을 계산하여 신고하여야 하는 의무까지 부과하는 경우에는 신고의무불이행에 따른 불이익의 내용도 법률로 정하여야 한다.
③ 토지 등 소유자가 도시환경정비사업을 시행하는 경우 사업시행인가 신청 시 요구되는 토지 등 소유자의 동의정족수를 정하는 것은 국민의 권리와 의무의 형성에 관한 기본적이고 본질적인 사항으로 법률유보 내지 의회유보의 원칙이 지켜져야 할 영역이다.
④ 지방의회의원에 대하여 유급보좌인력을 두는 것은 지방의회의원의 신분·지위 및 그 처우에 관한 현행 법령상의 제도에 중대한 변경을 초래하는 것으로서, 이는 개별지방의회의 조례로써 규정할 사항이 아니라 국회의 법률로써 규정하여야 할 입법사항이다.

02

①-1 일반적인 시민생활에 있어 도로를 이용만 하는 사람은 도로용도폐지를 다툴 법률상 이익이 없다.
①-2 도로의 용도폐지처분에 관하여 직접적인 이해관계를 가지는 사람이 개별적이고 구체적인 이익을 현실적으로 침해당한 경우에는 그 취소를 구할 법률상 이익이 있다.
②-1 경원자소송(競願者訴訟)에서는 법적 자격의 흠결로 신청이 인용될 가능성이 없는 경우를 제외하고는 경원자에 대하여 이루어진 허가 등 처분의 상대방이 아닌 자도 원칙적으로 그 처분의 취소를 구할 법률상 이익이 있다.
②-2 한편, 경원관계에 있는 경우, 허가 등 처분을 받지 못한 사람은 원칙적으로 자신에 대한 거부처분의 취소를 구할 원고적격과 소의 이익이 있다.
②-3 이 경우 자신에 대한 거부처분의 취소소송을 제기할 수도 있고 상대방에 대한 인·허가 등 처분의 취소소송을 제기할 수도 있다.
③ 헌법 제32조 제1항이 규정하는 근로의 권리는 사회적 기본권으로서 국가에 대하여 직접 일자리를 청구하거나 일자리에 갈음하는 생계비의 지급청구권을 의미하는 것이 아니라 고용증진을 위한 사회적·경제적 정책을 요구할 수 있는 권리에 그치며, 근로의 권리로부터 국가에 대한 직접적인 직장존속청구권이 도출되는 것도 아니다.
④ 사회권적 기본권의 성격을 갖는 공무원연금수급권은 헌법규정만으로는 이를 실현할 수 없고 그 구체적인 내용, 즉 수급요건, 수급권자의 범위 및 급여금액 등은 법률에 의하여 비로소 확정된다.

03

① 형벌법규의 경우 ㉠ 보충성(특히 긴급한 필요가 있거나 미리 법률로써 자세히 정할 수 없는 부득이한 사정이 있는 경우), ㉡ 구성요건의 구체성, ㉢ 형벌의 종류 및 상한과 폭의 명확성을 조건으로 위임입법이 허용된다.
②-1 법률이 공법적 단체 등의 정관에 자치법적 사항을 위임한 경우 헌법 제75조가 정하는 포괄위임입법금지원칙은 적용되지 않는다.
②-2 다만, 법률이 공법적 단체 등의 정관에 자치법적 사항을 위임한 경우에도 국민의 권리·의무에 관한 기본적이고 본질적인 사항까지 정관에 위임할 수는 없으며, 국회가 정해야 한다(의회유보원칙의 적용).
③-1 헌법이 인정하고 있는 위임입법의 형식은 열기적·한정적인 것이 아니라 예시적인 것이다.
③-2 따라서 법률에서 행정규칙에 위임할 수도 있으며, 이 경우 법률이 행정규칙에 위임하더라도 그 행정규칙은 위임된 사항만을 규율할 수 있으므로 국회입법의 원칙과 상치되지 않는다.
③-3 다만, 고시와 같은 형식으로 입법위임을 할 때에는 적어도 법령이 전문적·기술적 사항이나 경미한 사항으로서 업무의 성질상 위임이 불가피한 사항에 한정된다 할 것이고, 그러한 사항이라 하더라도 포괄위임금지의 원칙상 법률의 위임은 구체적·개별적으로 한정된 사항에 대하여 행하여져야 한다.
④-1 처벌법규나 조세법규와 같이 국민의 기본권을 직접적으로 제한하거나 침해할 소지가 있는 영역에서는 일반적인 급부행정의 영역에서보다 위임의 구체성·명확성의 요구가 강화된다.
④-2 보건위생 등 급부행정영역에서는 침해영역보다 구체성의 요구가 다소 약화되어도 무방하다.

04

① 부관은 ㉠ 해당 처분의 목적에 위배되지 아니할 것, ㉡ 해당 처분과 실질적인 관련이 있을 것, ㉢ 해당 처분의 목적을 달성하기 위하여 필요한 최소한의 범위일 것이라는 요건에 적합해야 한다.
② 도매시장법인 지정의 조건으로 소송이나 보상에 관한 부제소특약을 붙인 경우 부제소특약에 관한 부분은 개인적 공권인 소권을 당사자의 합의로 포기하는 것으로서 허용될 수 없다.
③ 행정처분과 실제적 관련성이 없어 부관으로 붙일 수 없는 부담을 사법상 계약의 형식으로 행정처분의 상대방에게 부과할 수는 없다.
④ 행정청이 수익적 행정처분을 하면서 사전에 상대방과 체결한 협약상의 의무를 부담으로 부가하였는데 부담의 전제가 된 주된 행정처분의 근거법령이 개정되어 부관을 붙일 수 없게 된 경우라도, 곧바로 부담의 효력이 소멸하는 것은 아니다.

05

① 어업권 우선순위결정은 확약에 해당하며, 확약에 대해서는 행정절차법 제40조의2에서 규정하고 있다.
②-1 어업권면허처분에 선행하는 우선순위결정은 확약에 불과하고 행정처분이 아니므로 공정력, 불가쟁력과 같은 효력은 인정되지 않는다.
②-2 우선순위결정이 잘못되었다는 이유로 종전의 어업권면허처분이 취소되면 행정청은 종전의 우선순위결정을 무시하고 다시 우선순위를 결정한 다음 새로운 우선순위결정에 기하여 새로운 어업권면허처분을 할 수 있다.
③ 구 「민원사무처리에 관한 법률」(민원사무처리법) 제19조 제1항에서 정한 사전심사결과 통보는 항고소송의 대상이 되는 행정처분에 해당하지 않는다.
④-1 법령 등에서 당사자가 신청할 수 있는 처분을 규정하고 있는 경우 행정청은 당사자의 신청에 따라 장래에 어떤 처분을 하거나 하지 아니할 것을 내용으로 하는 의사표시(확약)를 할 수 있다(행정절차법 제40조의2).
④-2 행정청은 확약을 한 후에 확약의 내용을 이행할 수 없을 정도로 법령 등이나 사정이 변경된 경우 또는 확약이 위법한 경우에 해당하는 경우에는 확약에 기속되지 아니한다.

06

① 과징금 부과처분은 원칙적으로 위반자의 고의·과실을 요하지 아니하나, 위반자의 의무해태를 탓할 수 없는 정당한 사유가 있는 등의 특별한 사정이 있는 경우에는 이를 부과할 수 없다.
② 법인의 대표자, 법인 또는 개인의 대리인·사용인 및 그 밖의 종업원이 업무에 관하여 법인 또는 그 개인에게 부과된 법률상의 의무를 위반한 때에는 법인 또는 그 개인에게 과태료를 부과한다.
③ 과징금 부과처분은 제재적 행정처분으로서 행정목적의 달성을 위하여 행정법규위반이라는 객관적 사실에 착안하여 가하는 제재이므로, 반드시 현실적인 행위자가 아니라도 법령상 책임자로 규정된 자에게 부과될 수 있다.
④ 과징금채무는 대체적 급부가 가능한 의무이므로 과징금을 부과받은 자가 사망한 경우 그 상속인에게 포괄승계된다.

07

①-1 통고처분을 할 것인지의 여부는 관세청장 또는 세관장의 재량에 맡겨져 있다.
①-2 따라서 관세청장 또는 세관장이 관세범에 대하여 통고처분을 하지 아니한 채 고발하였다는 것만으로 그 고발 및 이에 기한 공소의 제기가 부적법하게 되는 것은 아니다.
② 지방국세청장 또는 세무서장이 「조세범 처벌절차법」에 따라 통고처분을 거치지 아니하고 즉시 고발하였다면 이로써 조세범칙사건에 대한 조사 및 처분절차는 종료되고 형사사건절차로 이행되어 지방국세청장 또는 세무서장으로서는 동일한 조세범칙행위에 대하여 더 이상 통고처분을 할 권한이 없다.
③ 지방국세청장 또는 세무서장이 조세범칙행위에 대하여 고발을 한 후에 동일한 조세범칙행위에 대하여 통고처분을 하였더라도, 이는 법적 권한 소멸 후에 이루어진 것으로서 특별한 사정이 없는 한 효력이 없다.
④ 통고처분을 받은 자가 통고된 내용을 이행한 경우에는 확정판결과 동일한 효력이 발생하여 절차는 종료되며 일사부재리의 원칙이 적용되어 다시 형사소추할 수 없다.

08

㉮-1 이행강제금은 금전의 징수가 목적이 아니라 의무이행을 촉구하기 위한 것이므로 일단 의무이행이 있으면 비록 시정명령에서 정한 기간을 지나서 이행한 경우라도 이행강제금을 부과할 수 없다.
㉮-2 따라서 건축법상 시정명령을 받은 의무자가 이행강제금이 부과되기 전에 그 의무를 이행한 경우에는 비록 시정명령에서 정한 기간을 지나서 이행한 경우라도 이행강제금을 부과할 수 없다.
㉯-1 장기간 시정명령을 이행하지 아니하였으나 그 기간 중에 시정명령의 이행기회가 제공되지 아니하였다가 뒤늦게 이행기회가 제공된 경우, 이행기회가 제공되지 아니한 과거의 기간에 대한 이행강제금까지 한꺼번에 부과할 수는 없다.
㉯-2 이에 위반하여 이루어진 이행강제금 부과처분의 하자는 중대하고 명백하여 무효에 해당한다.
㉰-1 이행강제금은 대체적 작위의무의 위반에 대하여도 부과될 수 있다.
㉰-2 헌법재판소에 따르면 행정청은 대집행과 이행강제금을 선택적으로 활용할 수 있다고 할 것이며, 이처럼 그 합리적인 재량에 의해 선택하여 활용하는 이상 중첩적인 제재에 해당한다고 볼 수 없다.
㉱-1 이행강제금 부과처분에 대해 비송사건절차법에 의한 특별한 불복절차가 마련되어 있는 경우 그 이행강제금 부과처분은 항고소송의 대상이 되는 행정처분이 아니다.
㉱-2 농지법 제62조 제1항에 따른 이행강제금 부과처분에 불복하는 경우에는 비송사건절차법에 따른 재판절차가 적용되어야 하고, 행정소송법상 항고소송의 대상은 될 수 없다.

09

① 부작위에 대한 의무이행심판은 청구기간의 제한이 없지만, 거부처분에 대한 의무이행심판에는 청구기간의 제한이 있다.
② 행정심판위원회는 피청구인이 의무이행재결의 취지에 따른 처분을 하지 아니하면 청구인의 신청에 의하여 결정으로 상당한 기간을 정하고 피청구인이 그 기간 내에 이행하지 아니하는 경우에는 그 지연기간에 따라 일정한 배상을 하도록 명하거나 즉시 배상을 할 것을 명할 수 있다.
③④-1 거부처분에 대한 의무이행심판에 대해 인용재결이 있는 경우뿐만 아니라 거부처분에 대한 취소심판이나 무효등확인심판청구에서 인용재결이 있는 경우에도 처분청에게는 기속력의 내용으로서 재처분의무가 인정된다(행정심판법 제49조 제2항).
③④-2 그런데 재처분의무를 이행하지 않는 경우 재결의 기속력 확보수단으로서의 직접처분은 의무이행심판의 인용재결이 있는 경우에만 인정되며 거부처분에 대한 취소심판이나 무효등확인심판청구에서 인용재결이 있는 경우에는 인정되지 않는다.

10

① 행정심판법에서는 임시처분에 관한 규정을 두고 있으나, 행정소송법에서는 임시처분에 관한 규정을 두고 있지 않다.
② 집행정지는 본안소송의 계속이 그 요건이므로 본안소송이 취하되어 소송이 계속되지 아니한 것으로 되면 집행정지결정은 당연히 그 효력이 소멸되는 것이고 별도의 취소조치를 필요로 하는 것은 아니다.
③ 민사소송(집행)법상의 가처분은 항고소송에서 허용되지 않는다.
④ 제재처분에 대한 행정쟁송절차에서 처분에 대해 집행정지결정이 이루어졌더라도 본안에서 해당 처분이 최종적으로 적법한 것으로 확정되어 집행정지결정이 실효되고 제재처분을 다시 집행할 수 있게 되면, 처분청으로서는 당초 집행정지결정이 없었던 경우와 동등한 수준으로 해당 제재처분이 집행되도록 필요한 조치를 취하여야 한다.

11

①-1 행정처분의 근거법률에 의하여 보호되는 직접적이고 구체적인 이익이 있는 경우에는 행정소송법 제35조에 규정된 '무효확인을 구할 법률상 이익'이 있다고 보아야 한다.
①-2 이와 별도로 무효확인소송의 보충성이 요구되는 것은 아니므로 행정처분의 무효를 전제로 한 이행소송 등과 같은 직접적인 구제수단이 있는지 여부를 따질 필요가 없다.
② 甲도지사가 도에서 설치·운영하는 乙지방의료원을 폐업하겠다는 결정을 발표하고 그에 따라 폐업을 위한 일련의 조치가 이루어진 후 乙지방의료원을 해산한다는 내용의 조례를 공포하고 乙지방의료원의 청산절차가 마쳐진 사안에서, 甲도지사의 폐업결정은 입원환자들과 소속 직원들의 권리·의무에 직접 영향을 미치는 것이므로 항고소송의 대상에 해당한다.
③ 행정청이 당사자의 신청에 대하여 거부처분을 한 경우에는 부작위법확인소송의 대상인 부작위가 있다고 볼 수 없어 그 부작위법확인의 소는 부적법하다.
④ 소제기 후라도 행정청이 처분을 함으로써 부작위상태가 해소된 경우 부작위법확인소송은 소의 이익이 상실되어 각하된다.

12

① 법적으로 혼인한 상태가 아닌 대한민국 국적인 부와 중화인민공화국 국적인 모 사이에서 출생한 자에 대해 행정청이 공신력 있는 주민등록번호와 이에 따른 주민등록증을 부여한 행위는 대한민국 국적을 취득하였다는 공적인 견해의 표명을 한 것이라고 볼 수 있다.
② 폐기물처리업 사업계획에 대하여 적정통보를 한 것만으로 그 사업부지 토지에 대한 국토이용계획변경신청을 승인하여 주겠다는 취지의 공적인 견해표명을 한 것으로 볼 수 없다.
③ 위법한 행정처분이 수차례에 걸쳐 반복적으로 행하여졌다 하더라도 그러한 처분이 위법한 것인 때에는 행정청에 대하여 자기구속력을 갖게 된다고 할 수 없다.
④-1 주택사업계획승인을 하면서 주택사업과는 아무런 관련이 없는 토지를 기부채납하도록 하는 부관을 붙인 경우 그 부관은 부당결부금지원칙에 위반되어 위법하나, 당연무효라고 볼 수는 없다.
④-2 부당결부금지의 원칙에 위반한 위법한 부관이라도 그 하자가 중대하고 명백하지 않은 경우 당연무효사유라고 볼 수 없다.

13

①②-1 손해배상은 가해행위와 상당인과관계가 있는 손해를 대상으로 하지만, 결과제거청구권은 위법한 공행정작용으로 인한 직접적 결과의 제거만을 대상으로 하고 제3자의 행위 등에 의한 간접적인 결과의 제거는 대상이 되지 않는다.
①②-2 결과제거청구는 원래의 상태 또는 동일한 가치의 상태로 회복함이 사실상 가능하며, 법적으로 허용되고 의무자에게 기대 가능한 것을 내용으로 해야 한다.
③-1 결과제거청구권이 인정되기 위해서는 법률상 이익이 침해되어야 하며 반사적 이익, 사실상 이익 침해의 경우에는 결과제거청구권이 인정되지 않는다.
③-2 이때 법률상 이익이라 함은 재산적으로 가치 있는 것뿐만 아니라 명예·호평 등 정신적인 것까지도 포함한다.
④ 결과제거청구소송은 당사자소송으로 제기하여야 한다는 것이 일반적 견해이다.

14

① 불법행위를 이유로 배상하여야 할 손해는 현실로 입은 확실한 손해에 한한다.
②-1 공무원의 직무집행상의 과실이라 함은 공무원이 그 직무를 수행함에 있어 당해 직무를 담당하는 평균인이 보통(통상) 갖추어야 할 주의의무를 게을리한 것을 말한다.
②-2 한편, 가해공무원의 고의 또는 과실 여부가 소송에서 다투어지는 경우 입증책임은 피해자인 원고에게 있다.
③ 공무원의 중과실이란 공무원에게 통상 요구되는 정도의 상당한 주의를 하지 않더라도 약간의 주의를 한다면 손쉽게 위법·유해한 결과를 예견할 수 있는 경우임에도 만연히 이를 간과한 경우와 같이, 거의 고의에 가까운 현저한 주의를 결여한 상태를 의미한다.
④ 행정청이 관계법령의 해석이 확립되기 전에 어느 한 설을 취하여 업무를 처리한 것이 결과적으로 위법하게 되어 그 법령의 부당집행이라는 결과를 빚었다고 하더라도 처분 당시 그와 같은 처리방법 이상의 것을 성실한 평균적 공무원에게 기대하기 어려웠던 경우라면 공무원의 과실로 인한 것이라고 볼 수는 없다.

15

㉮ 구「공공용지의 취득 및 손실보상에 관한 특례법」에 의한 협의취득시 건물 소유자가 매매대상 건물에 대한 철거의무를 부담하겠다는 취지의 약정을 한 경우, 그 철거의무는 사법상 의무이므로 행정대집행법에 의한 대집행의 대상이 되지 않는다.
㉯-1 행정대집행의 대상이 되는 대체적 작위의무는 사법(私法)상 의무가 아니라 공법(公法)상 의무이어야 한다.
㉯-2 한편, 이때의 작위의무는 행정처분뿐만 아니라 법령(조례를 포함한다)에 의해 직접 부과될 수도 있다.
㉰-1 부작위의무위반행위에 대하여 대체적 작위의무로 전환하는 규정을 두고 있지 않는 경우, 부작위의무로부터 그 의무를 위반함으로써 생긴 결과를 시정하기 위한 작위의무를 당연히 끌어낼 수는 없다.
㉰-2 또한 부작위의무의 근거규정인 금지규정으로부터 작위의무, 즉 위반결과의 시정을 명하는 권한이 당연히 추론되는 것도 아니다.
㉰-3 즉, 부작위의무위반의 경우 작위의무를 끌어내기 위해서는(작위의무로 전환하기 위해서는) 별도의 명문규정이 있어야 한다.
㉱ 관계법령을 위반하여 장례식장 영업을 하고 있는 자의 장례식장 사용중지 의무는 비대체적 부작위의무로서 행정대집행법 제2조의 규정에 의한 대집행의 대상이 되지 않는다.
㉲ 대집행요건을 구비하였는지에 관한 주장 및 입증책임은 처분행정청에 있다.

16

①-1 헌법재판소에 따르면 헌법 제12조 제3항에서 규정하고 있는 영장주의란 형사절차와 관련하여 체포·구속·압수·수색의 강제처분을 할 때 신분이 보장되는 법관이 발부한 영장에 의하지 않으면 안 된다는 원칙이다.
①-2 따라서 영장주의는 형사절차가 아닌 징계절차에도 그대로 적용된다고 볼 수 없다.
②-1 행정절차법에 따르면 다수의 당사자 등이 공동으로 행정절차에 관한 행위를 하는 때에는 대표자를 선정할 수 있다.
②-2 이 경우 대표자는 각자 그를 대표자로 선정한 당사자 등을 위하여 행정절차에 관한 모든 행위를 할 수 있지만, 행정절차를 끝맺는 행위에 대하여는 당사자 등의 동의를 받아야 한다.

③-1 행정청은 당사자 등이 대표자를 선정하지 아니하거나 대표자가 지나치게 많아 행정절차가 지연될 우려가 있는 경우에는 그 이유를 들어 상당한 기간 내에 3인 이내의 대표자를 선정할 것을 요청할 수 있다.
③-2 이 경우 당사자 등이 그 요청에 따르지 아니하였을 때에는 행정청이 직접 대표자를 선정할 수 있다.
④ 다수의 대표자가 있는 경우 그중 1인에 대한 행정청의 행위는 모든 당사자 등에게 효력이 있다. 다만, 행정청의 통지는 대표자 모두에게 하여야 그 효력이 있다.

17

①-1 여러 처분사유에 관하여 하나의 제재처분을 하였을 때 그중 일부가 인정되지 않는다고 하더라도 나머지 처분사유들만으로도 처분의 정당성이 인정되는 경우에는 그 처분을 위법하다고 보아 취소하여서는 아니 된다.
①-2 행정청이 여러 개의 위반행위에 대하여 하나의 제재처분을 하였으나, 위반행위별로 제재처분의 내용을 구분하는 것이 가능하고 여러 개의 위반행위 중 일부의 위반행위에 대한 제재처분 부분만이 위법하다면, 법원은 그 제재처분 중 위법성이 인정되는 부분만 취소하여야 하고 그 제재처분 전부를 취소하여서는 아니 된다.
②-1 무효인 처분에 대해서는 하자의 치유가 인정되지 않는다.
②-2 따라서 징계처분이 중대하고 명백한 흠 때문에 당연무효의 것이라면 징계처분을 받은 자가 이를 용인하였다 하여 그 흠이 치유되는 것은 아니다.
③ 입지선정위원회의 구성방법과 절차가 주민대표나 주민대표 추천에 의한 전문가의 참여 없이 이루어지는 등 위법한 경우, 입지선정위원회는 의결기관으로서 그러한 의결에 터잡아 이루어진 폐기물처리시설 입지결정처분의 하자는 중대한 것이고 객관적으로도 명백하므로 무효사유에 해당한다.
④ 구 학교보건법상 학교환경위생정화구역의 금지행위 및 시설의 해제 여부에 관한 행정처분을 함에 있어 학교환경위생정화위원회의 심의를 누락한 행정처분에는 취소사유가 있다.

18

① 처분의 근거법령이 행정청에 처분의 요건과 효과 판단에 일정한 재량을 부여하였는데도, 행정청이 자신에게 재량권이 없다고 오인한 나머지 처분으로 달성하려는 공익과 그로써 처분 상대방이 입게 되는 불이익의 내용과 정도를 전혀 비교·형량하지 않은 채 처분을 하였다면, 이는 재량권 불행사로서 그 자체로 재량권 일탈·남용으로 해당 처분을 취소하여야 할 위법사유가 된다.
②-1 기속행위에 대한 사법심사는 그 법규에 대한 원칙적인 기속성으로 인하여 법원이 사실인정과 관련법규의 해석·적용을 통하여 일정한 결론을 도출한 후 그 결론에 비추어 행정청이 한 판단의 적법 여부를 독자의 입장에서 판정하는 방식에 의한다.
②-2 반면에, 재량행위에 대한 사법심사는 행정청의 재량에 기한 공익판단의 여지를 감안하여 법원이 독자의 결론을 도출함이 없이 당해 행위에 재량권의 일탈·남용이 있는지 여부를 심사한다.
③-1 행정청이 제재처분 양정을 하면서 공익과 사익의 형량을 전혀 하지 않았거나 이익형량의 고려대상에 마땅히 포함하여야 할 사항을 누락한 경우 또는 이익형량을 하였으나 정당성·객관성이 결여된 경우에는 제재처분은 재량권을 일탈·남용한 것이라고 보아야 한다.
③-2 처분 상대방에게 법령에서 정한 임의적 감경사유가 있는 경우에, 행정청이 감경사유까지 고려하고도 감경하지 않은 채 개별처분기준에서 정한 상한으로 처분을 한 경우에는 재량권을 일탈·남용하였다고 단정할 수는 없다.

③-3 그러나 행정청이 감경사유를 전혀 고려하지 않거나 감경사유에 해당하지 않는다고 오인하여 개별처분기준에서 정한 상한으로 처분을 한 경우에는 마땅히 고려대상에 포함하여야 할 사항을 누락하였거나 고려대상에 관한 사실을 오인한 경우에 해당하여 재량권을 일탈·남용한 위법한 처분이다.
④-1 「여객자동차 운수사업법」에 의한 마을버스운송사업면허는 재량행위이며, 마을버스 한정면허시 확정되는 마을버스노선을 정함에 있어서 기존 일반노선버스의 노선과의 중복 허용 정도에 대한 판단 또한 행정청의 재량에 속한다.
④-2 「여객자동차 운수사업법」에 의한 개인택시운송사업면허는 재량행위이며 그 면허기준 설정행위도 행정청의 재량에 속한다.

19

①-1 사인의 공법행위는 상대방에게 도달한 후에도 그에 의거한 행정행위가 성립하기 전에는 철회할 수 있음이 원칙이다.
①-2 행정절차법에 따르면 신청인은 처분이 있기 전에는 그 신청의 내용을 보완·변경하거나 취하(取下)할 수 있다.
①-3 공무원이 한 사직 의사표시의 철회나 취소는 그에 터잡은 의원면직처분이 있을 때까지 할 수 있는 것이고, 일단 면직처분이 있고 난 이후에는 철회나 취소할 여지가 없다.
②-1 공무원이 감사기관이나 상급관청 등의 강박에 의하여 사직서를 제출한 경우, 사직의 의사표시는 그 강박의 정도에 따라 무효 또는 취소가 된다.
②-2 강박의 정도가 의사결정의 자유를 박탈할 정도에 이른 것이라면 무효가 된다.
②-3 이에 반해, 의사결정의 자유를 제한하는 정도에 그친 것이라면 그 성질에 반하지 아니하는 한 의사표시에 관한 민법 제110조의 규정을 준용하여 그 효력을 따져보아야 한다.
③-1 민법상 비진의의사표시의 무효에 관한 규정은 사인의 공법행위에 적용되지 않는다.
③-2 따라서 일괄사표의 제출과 선별수리의 형식으로 공무원의 면직처분이 이루어졌다 해도 이러한 의원면직처분을 당연무효라고 할 수는 없다.
④-1 사인의 공법행위에는 법률에 특별한 규정이 없는 한 부관을 붙일 수 없음이 원칙이다.
④-2 사인의 공법행위에 대해서는 개별법률의 규정상〔예 병역법에 의한 징병검사(현 병역판정검사)의 대리금지〕또는 일신전속적 행위처럼 행위의 성질상 대리가 허용되지 않는 경우가 있다(예 선거, 투표).
④-3 그러나 일신전속적 성질을 가지지 않는 사인의 공법행위에 대해서는 대리가 허용되며(행정심판법 제18조), 그 경우 대리에 관한 민법 규정이 유추적용된다.

20

① 예산회계법(현 「국가를 당사자로 하는 계약에 관한 법률」)상 입찰보증금의 국고귀속조치는 민사소송의 대상이 된다.
② 지방자치단체가 사인과 체결한 시설(자원회수시설) 위탁운영협약은 사법상 계약에 해당한다.
③ 한국공항공단이 무상사용허가를 받은 행정재산에 대하여 하는 전대행위는 통상의 사인 간의 임대차와 다를 바가 없다(사법관계).
④ 공유재산의 관리청이 행하는 행정재산의 사용·수익에 대한 허가는 순전히 사경제주체로서 행하는 사법상의 행위가 아니라 관리청이 공권력을 가진 우월적 지위에서 행하는 행정처분으로서 특정인에게 행정재산을 사용할 수 있는 권리를 설정하여 주는 강학상 특허에 해당한다.

제 3 회 | 옳은 지문

01

①-1 법률의 유보에 있어서 법률은 원칙적으로 국회에서 법률제정의 절차에 따라 만들어진 형식적 의미의 법률을 의미한다.
①-2 따라서 국회의 의결을 거치지 않은 명령이나 불문법원으로서의 관습법은 법률유보원칙에서 말하는 '법률'에 포함되지 않는다.
② 행정권의 발동에는 조직법적 근거는 반드시 필요하므로 법률유보원칙에서 말하는 법적 근거는 조직규범 외에 작용규범(권한규범, 근거규범)을 의미한다.
③ 중요사항유보설을 취하는 판례에 따르면 오늘날 법률유보원칙은 단순히 행정작용이 법률에 근거를 두기만 하면 충분한 것이 아니라 국민의 기본권 실현에 관련된 영역에 있어서는 국민의 대표자인 입법자가 스스로 그 본질적 사항에 대하여 결정하여야 한다는 의회유보 요구까지 내포하고 있는 것으로 본다.
④-1 법률유보원칙은 '법률에 의한' 규율만을 뜻하는 것이 아니라 '법률에 근거한' 규율을 요청하는 것이다.
④-2 따라서 기본권제한의 형식이 반드시 법률의 형식일 필요는 없고 법률에 근거를 두면서 헌법 제75조가 요구하는 위임의 구체성과 명확성을 구비하기만 하면 위임입법에 의하여도 기본권제한을 할 수 있다.

02

①-1 수익적 행정처분을 구하는 신청에 대한 거부처분이 있은 후 당사자가 다시 신청을 한 경우에는 신청의 제목 여하에 불구하고 그 내용이 새로운 신청을 하는 취지라면 관할행정청이 이를 다시 거절하는 것은 새로운 거부처분이라고 보아야 한다.
①-2 나아가 어떠한 처분이 수익적 행정처분을 구하는 신청에 대한 거부처분이 아니라고 하더라도, 해당 처분에 대한 이의신청의 내용이 새로운 신청을 하는 취지로 볼 수 있는 경우에는, 그 이의신청에 대한 결정(기각결정 포함)의 통보를 새로운 처분으로 볼 수 있다.
②-1 처분의 당시에는 존재하였으나 행정청이 처분의 근거로 삼지 않았던 사유를 행정쟁송의 단계에서 추가하거나 그 내용을 변경하는 것을 처분사유의 추가·변경이라 한다.
②-2 산업재해보상보험법상 심사청구에 관한 절차는 스스로의 심사를 통하여 당해 처분의 적법성과 합목적성을 확보하도록 하는 근로복지공단 내부의 시정절차이다.
②-3 따라서 그 시정절차에서는 근로복지공단이 당초 처분의 근거로 삼은 사유와 기본적 사실관계의 동일성이 인정되지 않는 사유라고 하더라도 이를 처분의 적법성과 합목적성을 뒷받침하는 처분사유로 추가·변경할 수 있다.
③ 행정기본법상 이의신청에 대한 결과를 통지받은 후 행정심판 또는 행정소송을 제기하려는 자는 그 결과를 통지받은 날(동법 제36조 제2항에 따른 통지기간 내에 결과를 통지받지 못한 경우에는 같은 항에 따른 통지기간이 만료되는 날의 다음 날을 말한다)부터 90일 이내에 행정심판 또는 행정소송을 제기할 수 있다.
④-1 행정기본법에 따르면 행정청의 처분(행정심판법 제3조에 따라 같은 법에 따른 행정심판의 대상이 되는 처분)에 이의가 있는 당사자는 처분을 받은 날부터 30일 이내에 해당 행정청에 이의신청을 할 수 있다.
④-2 따라서 행정청의 부작위는 행정기본법에 따른 이의신청의 대상이 되지 않는다.

03

①-1 일반적으로 법률의 위임에 의하여 효력을 갖는 법규명령의 경우, 구법에 위임의 근거가 없어 무효였더라도 사후에 법개정으로 위임의 근거가 부여되면 그때부터는 유효한 법규명령이 된다.
①-2 그리고 구법의 위임에 의한 유효한 법규명령이 법개정으로 위임의 근거가 없어지게 되면 그때부터 무효인 법규명령이 된다.
①-3 따라서 어떤 법령의 위임근거 유무에 따른 유효 여부를 심사하려면 법개정의 전·후에 걸쳐 모두 심사하여야만 그 법규명령의 시기에 따른 유효·무효를 판단할 수 있다.
② 법규명령의 위임근거가 되는 법률에 대하여 위헌결정이 선고되면 그 위임에 근거하여 제정된 법규명령도 원칙적으로 효력을 상실한다.
③ 법률의 시행령이나 시행규칙의 내용이 모법의 입법취지와 관련조항 전체를 유기적·체계적으로 살펴보아 모법의 해석상 가능한 것을 명시한 것에 지나지 아니하거나 모법 조항의 취지에 근거하여 이를 구체화하기 위한 것인 때에는, 모법에 이에 관하여 직접 위임하는 규정을 두지 아니하였다고 하더라도 이를 무효라고 볼 수는 없다.
④-1 집행명령은 근거법령인 상위법령이 폐지되면 특별한 규정이 없는 한 실효된다.
④-2 그러나 상위법령이 개정됨에 그친 경우에는 성질상 이와 모순·저촉되지 아니하는 한 개정된 상위법령의 시행을 위한 집행명령이 새로 제정·발효될 때까지는 여전히 그 효력을 유지한다.

04

①-1 교부에 의한 송달은 수령확인서를 받고 문서를 교부함으로써 한다.
①-2 다만, 문서를 송달받을 자 또는 그 사무원 등이 정당한 사유 없이 송달받기를 거부하는 때에는 그 사실을 수령확인서에 적고, 문서를 송달할 장소에 놓아둘 수 있다(유치송달).
② 행정절차법에 따르면 송달받을 자의 주소 등을 통상의 방법으로 확인할 수 없는 경우와 송달이 불가능한 경우 중 어느 하나에 해당하는 경우에는 송달받을 자가 알기 쉽도록 관보, 공보, 게시판, 일간신문 중 하나 이상에 공고하고 인터넷에도 공고하여야 한다.
③ 망인에 대한 서훈취소는 유족에 대한 것이 아니므로 유족에 대한 통지에 의해서만 성립하여 효력이 발생한다고 볼 수 없고, 그 결정이 처분권자의 의사에 따라 상당한 방법으로 대외적으로 표시됨으로써 행정행위로서 성립하여 효력이 발생한다.
④-1 상대방 있는 행정처분은 상대방에게 고지되어야 원칙적으로 효력이 발생한다.
④-2 상대방 있는 행정처분이 상대방에게 고지되지 않았으나 상대방이 다른 경로를 통해 행정처분의 내용을 알게 된 경우라도, 행정처분의 효력이 발생하는 것은 아니다.

05

①-1 위헌법률에 기한 행정처분의 집행이나 집행력을 유지하기 위한 행위는 위헌결정의 기속력에 위반되어 허용되지 않는다.
①-2 조세부과의 근거가 되었던 법률규정이 위헌으로 선언된 경우, 조세채권의 집행을 위한 체납처분의 근거규정 자체에 대하여는 따로 위헌결정이 내려진 바 없다고 하더라도, 위헌결정 이후에 조세채권의 집행을 위한 새로운 체납처분에 착수하거나 이를 속행하는 것은 더 이상 허용되지 않는다.
①-3 과세처분 이후 조세부과의 근거가 되었던 법률규정에 대하여 위헌결정이 내려진 경우, 그 조세채권의 집행을 위한 체납처분(현 강제징수)은 당연무효가 된다.
②-1 위헌결정의 효력은 그 결정 이후에 당해 법률이 재판의 전제가 되었음을 이유로 법원에 제소된 일반사건에도 미친다.
②-2 다만, 이미 취소소송의 제기기간을 경과하여 확정력(불가쟁력)이 발생한 행정처분에는 위헌결정의 소급효가 미치지 않는다.
②-3 따라서 불가쟁력이 발생한 행정처분에 대하여 그 행정처분의 근거가 되는 법률이 위헌이라는 이유로 무효확인청구의 소가 제기된 경우에는 다른 특별한 사정이 없는 한 무효확인청구를 기각하여야 한다.
③ 헌법재판소에 따르면 처분의 근거가 되는 법률이 처분 이후에 위헌으로 선고된 경우, 그 행정처분을 무효로 하더라도 법적 안정성을 크게 해치지 않는 반면에 그 하자가 중대하여 그 구제가 필요한 경우에 대해서는 예외적으로 당연무효사유로 보아야 한다.
④ 조세의 과오납이 부당이득이 되기 위하여는 과세처분이 당연무효이어야 하고, 과세처분의 하자가 단지 취소사유에 불과할 때에는 과세관청이 이를 스스로 취소하거나 행정쟁송절차에 의하여 취소되지 않는 한 그로 인한 조세의 납부가 부당이득이 된다고 할 수 없다.

06

①-1 행정절차법에 따르면 행정청은 위반사실 등의 공표를 할 때에는 ㉠ 공공의 안전 또는 복리를 위하여 긴급히 공표를 할 필요가 있는 경우, ㉡ 해당 공표의 성질상 의견청취가 현저히 곤란하거나 명백히 불필요하다고 인정될 만한 타당한 이유가 있는 경우, ㉢ 당사자가 의견진술의 기회를 포기한다는 뜻을 명백히 밝힌 경우를 제외하고는 미리 당사자에게 그 사실을 통지하고 의견제출의 기회를 주어야 한다.
①-2 의견제출의 기회를 받은 당사자는 공표 전에 관할행정청에 서면이나 말 또는 정보통신망을 이용하여 의견을 제출할 수 있다.
②③-1 관할 지방병무청장이 병역의무 기피를 이유로 그 인적 사항 등을 공개할 대상자를 1차로 결정하고 그에 이어 병무청장의 최종 공개결정이 있는 경우, 항고소송의 대상이 되는 행정처분은 병무청장의 최종 공개결정으로 보아야 한다.
②③-2 이 경우 지방병무청장의 1차 공개결정이 별도로 항고소송의 대상이 되는 것은 아니다.
④-1 국가배상법상의 직무행위에는 권력적 작용뿐만 아니라 비권력적 공행정작용(관리작용)도 포함된다.
④-2 명단공표는 국가배상법상의 직무행위에 해당하므로 위법한 공표에 의해 명예·신용 등이 침해된 경우에는 행정상 손해배상을 청구할 수 있다.

07

①-1 행정상 즉시강제는 직접강제와는 달리 행정상 강제집행에 해당하지 않는다.
①-2 행정상 강제집행은 의무의 존재 및 그의 불이행을 전제로 하는 반면, 행정상 즉시강제는 의무의 존재 및 불이행을 전제로 하지 않는다는 점에서 구별된다.
② 행정상 즉시강제는 전형적인 침해적 작용으로서 엄격한 실정법적 근거를 요한다.
③-1 「경찰관 직무집행법」에 따르면 손실발생의 원인에 대하여 책임이 없는 자가 경찰관의 적법한 직무집행에 자발적으로 협조하거나 물건을 제공하여 생명·신체 또는 재산상의 손실을 입은 경우, 국가는 손실을 입은 자에 대하여 정당한 보상을 하여야 한다.
③-2 한편, 손실발생의 원인에 대하여 책임이 있는 자가 자신의 책임에 상응하는 정도를 초과하는 생명·신체 또는 재산상의 손실을 입은 경우에도 정당한 보상을 하여야 한다.
④ 사전영장주의원칙은 행정상 즉시강제를 포함한 인신의 자유를 제한하는 모든 국가작용의 영역에서 존중되어야 하나, 사전영장주의를 고수하다가는 도저히 그 목적을 달성할 수 없는 지극히 예외적인 경우에만 형사절차에서와 같은 예외가 인정된다.

08

① 국가나 지방자치단체가 행정절차를 진행하는 과정에서 주민들의 의견제출 등 절차적 권리를 보장하지 않은 위법이 있다고 하더라도 그 후 이를 시정하여 절차를 다시 진행한 경우, 이러한 조치로도 주민들의 절차적 권리 침해로 인한 정신적 고통이 여전히 남아 있다고 볼 특별한 사정이 있는 경우에 국가나 지방자치단체는 그 정신적 고통으로 인한 손해를 배상할 책임이 있다. 이때 특별한 사정이 있다는 사실에 대한 주장·증명책임은 이를 청구하는 주민들에게 있다.
② 지방자치단체가 옹벽시설공사를 업체에게 주어 공사를 시행하다가 사고가 일어난 경우, 옹벽이 공사 중이고 아직 완성되지 아니하여 일반공중의 이용에 제공되지 않았다면 국가배상법 제5조 소정의 영조물에 해당한다고 할 수 없다.
③-1 국가배상법 제5조와 관련하여 하자란 이용상태 및 정도가 제3자에게 사회통념상 참을 수 없는 피해를 입히는 경우까지 포함한다.
③-2 사격장에서 발생하는 소음 등으로 지역주민들이 입은 피해는 사회통념상 참을 수 있는 정도를 넘는 것으로서 사격장의 설치·관리에 하자가 있다.
④-1 소음 등을 포함한 공해 등의 위험지역으로 이주하여 들어가 거주하는 경우와 같이 위험의 존재를 인식하거나 과실로 인식하지 못하고 이주한 경우에는 손해배상액의 산정에 있어 형평의 원칙상 과실상계에 준하여 감경 또는 면제사유로 고려하여야 한다.
④-2 특히 소음 등의 공해로 인한 법적 쟁송이 제기되거나 그 피해에 대한 보상이 실시되는 등 피해지역임이 구체적으로 드러나고 또한 이러한 사실이 그 지역에 널리 알려진 이후에 이주하여 오는 경우에는 위와 같은 위험에의 접근에 따른 가해자의 면책 여부를 보다 적극적으로 인정할 여지가 있다.

09

① 중앙행정심판위원회의 위원장은 국민권익위원회의 부위원장 중 1명이 되며, 위원장이 없거나 부득이한 사유로 직무를 수행할 수 없거나 위원장이 필요하다고 인정하는 경우에는 상임위원(상임으로 재직한 기간이 긴 위원 순서로, 재직기간이 같은 경우에는 연장자 순서로 한다)이 위원장의 직무를 대행한다.
② 재결의 기속력은 재결의 주문 및 그 전제가 된 요건사실의 인정과 판단, 즉 처분 등의 구체적 위법사유에 관한 판단에만 미친다고 할 것이고, 종전 처분이 재결에 의하여 취소되었다 하더라도 종전 처분시와는 다른 사유를 들어서 처분을 하는 것은 기속력에 저촉되지 않는다.

③-1 일반적으로 행정처분이나 행정심판 재결이 불복기간의 경과로 인하여 확정될 경우 그 확정력은, 그 처분으로 인하여 법률상 이익을 침해받은 자가 당해 처분이나 재결의 효력을 더 이상 다툴 수 없다는 의미일 뿐이다.

③-2 또한 그 확정력에는 판결에 있어서와 같은 기판력이 인정되는 것은 아니어서 그 처분의 기초가 된 사실관계나 법률적 판단이 확정되고 당사자들이나 법원이 이에 기속되어 모순되는 주장이나 판단을 할 수 없게 되는 것은 아니다.

④ 행정심판법에 따르면 관계행정기관의 장이 특별행정심판 또는 행정심판법에 따른 행정심판절차에 대한 특례를 신설하거나 변경하는 법령을 제정·개정할 때에는 미리 중앙행정심판위원회와 협의하여야 한다.

10

① 당사자소송에 대하여는 행정소송법 제23조 제2항의 집행정지에 관한 규정이 준용되지 아니하므로, 행정소송법 제8조 제2항에 따라 민사집행법상 가처분에 관한 규정이 준용된다.

②-1 예방적 부작위소송, 이른바 금지청구소송은 허용되지 않는다.

②-2 따라서 신축건물의 준공처분을 하여서는 아니 된다는 내용의 부작위를 구하는 청구는 허용되지 않는다.

③-1 항고소송의 종류를 규정하고 있는 행정소송법 제4조를 예시규정으로 보는 견해는 의무이행소송을 긍정하나, 우리 판례는 행정청의 부작위에 대하여 일정한 처분을 하도록 하는 의무이행소송을 인정하지 않고 있다.

③-2 따라서 검사에게 압수물 환부를 이행하라는 청구에 관하여는 현행 행정소송법상 행정청의 부작위에 대하여 일정한 처분을 하도록 하는 의무이행소송은 허용되지 아니한다.

④-1 당사자소송으로서 법률관계 확인청구소송을 제기하는 경우 확인의 이익(즉시확정의 이익)이 요구된다는 것이 판례의 입장이다.

④-2 따라서 공법상 계약의 무효확인을 구하는 당사자소송의 청구는 다른 직접적인 구제방법이 있는 이상 확인의 이익, 즉 소송요건을 구비하지 못한 위법한 소송이 된다.

11

①-1 소송요건은 법원의 직권조사사항으로, 사실심변론종결시는 물론 상고심에서도 존속하여야 한다.

①-2 따라서 사실심에서 변론종결시까지 당사자가 주장하지 않던 직권조사사항에 해당하는 사항을 상고심에서 비로소 주장하는 경우 그 직권조사사항에 해당하는 사항은 상고심의 심판범위에 해당한다.

② 행정처분의 위법 여부는 행정처분이 있을 때의 법령과 사실상태를 기준으로 판단하여야 하며, 법원은 행정처분 당시 행정청이 알고 있었던 자료뿐만 아니라 사실심변론종결 당시까지 제출된 모든 자료를 종합하여 처분 당시 존재하였던 객관적 사실을 확정하고 그 사실에 기초하여 처분의 위법 여부를 판단할 수 있다.

③ 행정소송에 있어서도 처분권주의가 적용되므로 원고의 청구취지, 즉 청구범위·액수 등은 모두 원고가 청구하는 한도를 초월하여 판결할 수 없다.

④ 어떠한 처분에 법령상 근거가 있는지, 행정절차법에서 정한 처분절차를 준수하였는지는 본안에서 당해 처분이 적법한가를 판단하는 단계에서 고려할 요소이지, 소송요건심사단계에서 고려할 요소가 아니다.

12

㉮ 행정청의 행위가 '처분'에 해당하는지가 불분명한 경우에는 그에 대한 불복방법 선택에 중대한 이해관계를 가지는 상대방의 인식가능성과 예측가능성을 중요하게 고려하여 규범적으로 판단하여야 한다.

㉯ 상대방의 권리를 제한하는 행위라 하더라도 행정청 또는 그 소속 기관이나 권한을 위임받은 공공단체 등의 행위가 아닌 한 이를 행정처분이라고 할 수 없다.

㉰-1 거부처분의 처분성을 인정하기 위한 전제요건이 되는 신청권의 존부는, 구체적 사건에서 신청인이 누구인가를 고려하지 않고 관계법규의 해석에 의하여 일반국민에게 그러한 신청권을 인정하고 있는가를 살펴 추상적으로 결정되는 것이다.

㉰-2 이러한 신청권은 신청인이 그 신청에 따른 단순한 응답을 받을 권리를 넘어서 신청의 인용이라는 만족적 결과를 얻을 권리를 의미하는 것은 아니다.

㉰-3 국민이 어떤 신청을 한 경우에 그 신청의 근거가 된 조항의 해석상 행정발동에 대한 개인의 신청권을 인정하고 있다고 보여지면 그 거부행위는 항고소송의 대상이 되는 처분으로 보아야 할 것이고, 구체적으로 그 신청이 인용될 수 있는가 하는 점은 본안에서 판단하여야 할 사항이다.

㉱ 교도소장이 수형자 甲을 '접견내용 녹음·녹화 및 접견시 교도관 참여대상자'로 지정한 사안에서, 그 지정행위는 수형자의 구체적 권리·의무에 직접적 변동을 가져오는 행정청의 공법상 행위로서 항고소송의 대상이 되는 처분에 해당한다.

㉲ 어떠한 처분의 근거가 행정규칙에 규정되어 있다고 하더라도, 그 처분이 상대방에게 권리의 설정 또는 의무의 부담을 명하거나 기타 법적인 효과를 발생하게 하는 등으로 그 상대방의 권리·의무에 직접 영향을 미치는 행위라면, 이 경우에도 항고소송의 대상이 되는 행정처분에 해당한다.

13

① 수용재결에 불복하여 취소소송을 제기하는 때에는 이의신청을 거친 경우에도 수용재결을 한 중앙토지수용위원회 또는 지방토지수용위원회를 피고로 하여 수용재결의 취소를 구하여야 하고, 다만 이의신청에 대한 재결 자체에 고유한 위법이 있음을 이유로 하는 경우에는 그 이의재결을 한 중앙토지수용위원회를 피고로 하여 이의재결의 취소를 구할 수 있다.

② 구 하천법 제50조에 의한 하천수 사용권은 「공익사업을 위한 토지 등의 취득 및 보상에 관한 법률」 제76조 제1항이 손실보상의 대상으로 규정하고 있는 '물의 사용에 관한 권리'에 해당한다.

③-1 「공익사업을 위한 토지 등의 취득 및 보상에 관한 법률」에 따르면, 보상액의 산정은 협의에 의한 경우에는 협의성립 당시의 가격을, 재결에 의한 경우에는 수용 또는 사용의 재결 당시의 가격을 기준으로 한다.

③-2 보상액을 산정할 경우에 해당 공익사업으로 인하여 토지 등의 가격이 변동되었을 때에는 이를 고려하지 아니한다.

④ 공공용물에 대한 일반사용이 적법한 개발행위로 인해 제한됨으로써 입는 불이익은 손실보상의 대상이 되는 특별한 희생이 아니다.

14

① 법령의 해석이 복잡·미묘하여 어렵고 학설·판례가 통일되지 않을 때에 공무원이 신중을 기해 그중 어느 한 설을 취하여 처리한 경우에는 그 해석이 결과적으로 위법한 것이었다 하더라도 국가배상법상 공무원의 과실을 인정할 수 없다.

② 국가배상책임에 있어서 '법령위반'은 엄격한 의미의 법령위반뿐 아니라 인권존중, 권력남용금지, 신의성실과 같이 공무원으로서 마땅히 지켜야 할 준칙이나 규범을 지키지 아니하고 위반한 경우를 포함하여 널리 그 행위가 객관적인 정당성을 결여하고 있음을 뜻한다.

③ 규제권한을 행사하지 않은 것이 직무상 의무를 위반한 것으로 되어 위법한 것으로 평가되는 경우 과실도 인정된다.
④ 법률에서 군법무관의 보수의 구체적 내용을 시행령에 위임했음에도 불구하고 행정부가 정당한 이유 없이 시행령을 제정하지 않은 것은 불법행위에 해당하여 국가배상청구가 가능하다.

15

① 행정청에 처분을 구하는 신청은 문서로 하여야 한다. 다만, 다른 법령 등에 특별한 규정이 있는 경우와 행정청이 미리 다른 방법을 정하여 공시한 경우에는 그러하지 아니하다.
② 행정청은 신청에 구비서류의 미비 등 흠이 있는 경우에는 보완에 필요한 상당한 기간을 정하여 지체 없이 신청인에게 보완을 요구하여야 한다.
③ 행정청은 신청인의 편의를 위하여 다른 행정청에 신청을 접수하게 할 수 있다. 이 경우 행정청은 다른 행정청에 접수할 수 있는 신청의 종류를 미리 정하여 공시하여야 한다.
④-1 신청인의 행정청에 대한 신청의 의사표시는 명시적이고 확정적인 것이어야 한다.
④-2 신청인이 신청에 앞서 행정청의 허가업무담당자에게 신청서의 내용에 대한 검토를 요청한 것만으로는 다른 특별한 사정이 없는 한 명시적이고 확정적인 신청의 의사표시가 있었다고 하기 어렵다.

16

㉮-1 권한의 위임이 있는 경우 처분권한은 수임청에게 이전되므로 취소소송의 피고도 수임청이 된다.
㉮-2 내부위임의 경우에는 권한이 수임자에 이전되지 않으며 처분명의도 위임자의 명의로 하게 되므로 위임청이 피고가 된다.
㉮-3 사안의 경우, 환경부장관의 권한이 서울특별시장에게 적법하게 위임이 되었으니 처분권한은 수임청인 서울특별시장에게 이전되고, 다시 동작구청장에게 내부위임이 되었더라도 위임청인 서울특별시장의 명의로 처분을 하게 되므로 항고소송의 피고는 서울특별시장이 된다.
㉯-1 처분취소재결의 경우 재결의 형성력에 의해 행정처분은 별도의 처분을 기다릴 것 없이 당연히 효력이 소멸된다.
㉯-2 따라서 형성적 재결의 결과통보는 항고소송의 대상이 되는 행정처분이 아니다.
㉰ 행정소송법 제14조에 의한 피고경정은 사실심변론종결시까지 허용된다.
㉱ 행정소송법 제14조에 따르면 원고가 피고를 잘못 지정한 때에는 법원은 원고의 신청에 의하여 결정으로써 피고의 경정을 허가할 수 있다.
㉲-1 대리의 경우 권한이 대리청에 이전되지 않으며 처분명의도 피대리청(원래의 행정청)의 명의로 하게 되므로 원칙적으로 피대리청이 피고가 된다.
㉲-2 따라서 환경부장관이 서울특별시장에게 대리권한을 수여한 경우 서울특별시장이 대리관계를 표시하여 처분을 하였다면 피고는 환경부장관이 된다.

17

①-1 행정행위는 개별적·구체적 성격을 갖는 것이 일반적이지만 일반적·구체적 성격을 갖는 행위(이른바 일반처분)도 행정행위에 해당한다.
①-2 횡단보도의 설치행위는 수범자가 일반적이기는 하지만 장소적으로 특정된 것으로 구체적 성격(시간적 또는 장소적으로 특정)을 갖는다. 따라서 행정행위에 해당한다.
② 국립공원지정처분에 따라 공원관리청이 행한 경계측량 및 표지의 설치 등은 공원구역의 효율적인 보호·관리를 위하여 이미 확정된 경계를 인식·파악하는 사실상의 행위로 행정처분이 아니다.
③ 근로복지공단이 사업종류 변경결정을 하면서 개별사업주에 대하여 사전통지 및 의견청취, 이유제시 및 불복방법 고지가 포함된 처분서를 작성하여 교부하는 등 실질적으로 행정절차법에서 정한 처분절차를 준수함으로써 사업주에게 방어권 행사 및 불복의 기회가 보장된 경우에는, 그 사업종류 변경결정은 그 내용·형식·절차의 측면에서 단순히 조기의 권리구제를 가능하게 하기 위하여 행정소송법상 처분으로 인정되는 소위 '쟁송법적 처분'이 아니라, 개별·구체적 사안에 대한 규율로서 외부에 대하여 직접적 법적 효과를 갖는 행정청의 의사표시인 소위 '실체법적 처분'에 해당하는 것으로 보아야 한다.
④-1 행정행위가 공법상의 행위라는 것은 그 행위의 근거가 공법적이라는 것이지 그 행위의 효과가 공권이어야 한다는 의미는 아니다.
④-2 행정청이 특정인에게 사권인 어업권을 설정한 경우, 이는 공법인 수산업법에 근거한 행위로서 공법적 행위이다.
④-3 따라서 비록 어업권은 사권의 성질을 가지지만, 어업권을 설정하는 행위는 행정행위에 해당한다.

18

㉮-1 대통령령 형식의 제재적 처분기준은 법규명령으로서의 성질을 가지므로 대외적으로 국민이나 법원을 구속하는 힘을 가진다.
㉮-2 시행규칙(부령 또는 총리령) 형식으로 정해진 제재적 처분기준은 그 성질과 내용이 행정내부의 사무처리기준을 규정한 것에 불과하므로 행정규칙의 성질을 가지며 대외적으로 국민이나 법원을 구속하는 것은 아니다.
㉯ 구 청소년보호법 제49조 제1·2항의 위임에 따른 같은 법 시행령 제40조 [별표 6]의 위반행위의 종별에 따른 과징금처분기준은 법규명령이나, 처분기준에 규정된 금액은 정액이 아닌 최고한도액이라고 할 것이다.
㉰ 「공익사업을 위한 토지 등의 취득 및 보상에 관한 법률」은 협의취득의 보상액 산정에 관한 구체적 기준을 시행규칙에 위임하고 있고, 그 위임범위 내에서 해당 시행규칙은 토지에 건축물 등이 있는 경우에는 건축물 등이 없는 상태를 상정하여 토지를 평가하도록 규정하고 있는데, 그 시행규칙은 위 법률의 규정과 결합하여 대외적인 구속력을 가진다.
㉱ 구 「여객자동차 운수사업법 시행규칙」 제31조 제2항 제1호, 제2호, 제6호는 법 제11조 제4항의 위임에 따라 시외버스운송사업의 사업계획변경에 관한 절차, 인가기준 등을 구체적으로 규정한 것으로서, 대외적인 구속력이 있는 법규명령에 해당한다.
㉲-1 어떠한 고시가 일반적·추상적 성격을 가질 때에는 법규명령 또는 행정규칙에 해당할 것이지만, 다른 집행행위의 매개 없이 그 자체로서 직접 국민의 구체적인 권리·의무나 법률관계를 규율하는 성격을 가질 때에는 항고소송의 대상이 되는 행정처분에 해당한다.
㉲-2 항정신병 치료제의 요양급여 인정기준에 관한 보건복지부 고시는 다른 집행행위의 매개 없이 그 자체로서 제약회사, 요양기관, 환자 및 국민건강보험공단 사이의 법률관계를 직접 규율하므로 항고소송의 대상이 되는 행정처분에 해당한다.

19

① 행정관청이 국유재산을 매각하는 것은 사법상의 매매계약이지만, 귀속재산처리법에 의하여 귀속재산을 매각하는 것은 행정처분이지 사법상의 매매가 아니다.
② 국유재산의 무단점유자에 대한 변상금 부과처분에 의한 변상금 징수권은 공법상의 권리인 반면, 민사상 부당이득반환청구권은 사법상의 채권이다.
③ 낙찰자 결정의 법적 성질은 입찰과 낙찰행위가 있은 후에 더 나아가 본계약을 따로 체결한다는 취지로서 (사법상) 계약의 예약에 해당한다.
④ 개발부담금 부과처분이 취소된 경우, 그 과오납금에 대한 부당이득반환청구의 법률관계는 사법관계이다.

20

① 행정기본법에 따르면 행정청은 공익 또는 제3자의 이익을 현저히 해칠 우려가 있는 경우를 제외하고는 행정에 대한 국민의 정당하고 합리적인 신뢰를 보호하여야 한다.
②-1 헌법재판소의 위헌결정은 개인에 대해 공적인 견해를 표명한 것이라고 볼 수 없다.
②-2 헌법재판소의 위헌결정은 법원·국가기관·지방자치단체를 구속하므로 법원성을 가진다는 것과 구별해서 이해하기 바란다.
③ 행정규칙인 재량준칙이 공표된 것만으로는 신청인이 보호가치 있는 신뢰를 갖게 되었다고 볼 수 없다.
④ 법적으로 혼인한 상태가 아닌 대한민국 국적인 부와 중화인민공화국 국적인 모 사이에 출생한 甲과 乙이 출생신고에 따라 주민등록번호를 부여받고 가족관계등록부에 등록되었으며 각각 17세 때 주민등록증을 발급받았는데, 관할행정청이 '외국인 모와의 혼인외자 출생신고'라며 가족관계등록부를 말소하고 출입국관리 행정청이 부모들에게 甲과 乙에 대한 국적 취득 절차를 안내했음에도 이를 진행하지 않다가 성년이 된 후 국적법에 따라 국적보유 판정을 신청했으나, 법무부장관이 대한민국 국적 보유자가 아니라는 이유로 甲과 乙에게 국적비보유 판정을 한 사안에서, 위 판정은 甲과 乙의 신뢰에 반하여 이루어진 것으로 신뢰보호의 원칙에 위배된다.

제4회 | 옳은 지문

01

① 재량준칙이 공표된 것만으로는 자기구속원칙이 적용될 수 없고 재량준칙이 되풀이 시행되어 행정관행이 성립한 경우에 자기구속원칙이 적용될 수 있다.
②-1 당연무효인 징계처분의 하자는 피징계자의 인용으로 치유되지 않는다.
②-2 한편, 군사기밀 누설로 징계처분을 받은 피징계자가 징계처분에 중대하고 명백한 흠이 있음을 알면서도 퇴직시에 지급되는 퇴직금 등 급여를 지급받으면서 그 후 5년 이상이나 그 징계처분의 효력을 일체 다투지 아니하다가 비위사실에 대한 공소시효가 완성되어 더 이상 형사소추를 당할 우려가 없게 되자 새삼 위 흠을 들어 그 징계처분의 무효확인을 구하는 소를 제기하는 것은 신의칙에 반한다.
③ 과세관청이 비과세대상에 해당하는 것으로 잘못 알고 일단 비과세결정을 하였으나 그 후 과세표준과 세액의 탈루 또는 오류가 있는 것을 발견한 때에는, 이를 조사하여 다시 경정결정을 할 수 있다.
④-1 신뢰보호원칙이 성립하기 위해서는 선행조치에 관한 관계인의 신뢰가 보호가치 있는 것이어야 하므로 상대방 등에게 귀책사유가 있어서는 안 된다.
④-2 이때 귀책사유란 행정청의 견해표명의 하자가 상대방의 사실은폐나 기타 사기 등의 방법에 의한 신청행위 등 부정행위뿐만 아니라 부정행위가 없다고 하더라도 선행조치에 하자가 있음을 알았거나 하자를 과실로 알지 못한 경우 등을 포함한다.

02

① 외국인은 ㉠ 국내에 일정한 주소를 두고 거주하거나, ㉡ 학술·연구를 위하여 일시적으로 체류하거나, ㉢ 국내에 사무소를 두고 있는 법인 또는 단체에 해당하는 경우에 정보공개청구권자가 될 수 있다.
② 국가나 지방자치단체로부터 보조금을 받는 사회복지법인과 사회복지사업을 하는 비영리법인은 「공공기관의 정보공개에 관한 법률」상의 공공기관에 해당한다.
③-1 「공공기관의 정보공개에 관한 법률」에 따르면 공공기관은 청구인이 사본 또는 복제물의 교부를 원하는 경우에는 이를 교부하여야 한다.
③-2 공공기관은 공개대상정보의 양이 너무 많아 정상적인 업무수행에 현저한 지장을 초래할 우려가 있는 경우에는 해당 정보를 일정 기간별로 나누어 제공하거나 사본·복제물의 교부 또는 열람과 병행하여 제공할 수 있다.
④-1 외국 또는 외국기관으로부터 비공개를 전제로 정보를 입수하였다는 이유만으로 이를 공개할 경우 업무의 공정한 수행에 현저한 지장을 받을 것이라고 단정할 수는 없다.
④-2 따라서 외국 또는 외국기관으로부터 입수한 정보가 비공개를 전제로 하였다는 이유만으로는 비공개대상정보에 해당하지 않는다.

03

①-1 국가재정법상 금전급부의 발생원인에 관하여는 아무런 제한이 없다.
①-2 따라서 금전의 급부를 목적으로 하는 국가의 권리인 이상 국가의 사법상 행위에서 발생한 권리도 국가재정법상 시효에 관한 규정이 적용된다.
②-1 행정에 관한 기간의 계산에 관하여는 행정기본법 또는 다른 법령 등에 특별한 규정이 있는 경우를 제외하고는 민법을 준용한다.
②-2 기간을 일·주·월·연으로 정한 때에는 기간의 초일은 산입하지 않고 다음 날(익일)부터 기산함이 원칙이다.
③-1 법령 등 또는 처분에서 국민의 권익을 제한하거나 의무를 부과하는 경우의 기간의 계산은 기간을 일, 주, 월 또는 연으로 정한 경우에는 기간의 첫날을 산입하고 기간의 말일이 토요일 또는 공휴일인 경우에도 기간은 그 날로 만료한다.
③-2 다만, 위 기준에 따르는 것이 국민에게 불리한 경우에는 그러하지 아니하다.
④ 제3자가 체납자가 납부하여야 할 체납액을 체납자의 명의로 납부한 경우, 제3자는 국가에 대하여 부당이득반환을 청구할 수 없다.

04

① 아무런 권원 없이 국유재산에 설치한 시설물에 대하여 행정청이 행정대집행을 할 수 있음에도 민사소송의 방법으로 그 시설물의 철거를 구하는 것은 허용되지 않는다.
② 제3자가 아무런 권원 없이 국유재산에 설치한 시설물에 대해 행정청이 행정대집행을 실시하지 않는 경우 국유재산에 대한 사용청구권을 가진 사인은 국가를 대위하여 민사소송으로 그 시설물의 철거를 구할 수 있다.
③-1 대한주택공사(현 한국토지주택공사)가 법령에 의하여 대집행권한을 위탁받아 공무인 대집행을 실시하기 위하여 지출한 비용은 행정대집행법 절차에 따라 국세징수법의 예에 의하여 징수할 수 있다.
③-2 위 비용을 행정대집행법 절차에 따라 징수할 수 있음에도 민사소송절차에 의하여 그 비용의 상환을 청구할 수는 없다.
④ 행정대집행법에 따르면 비상시 또는 위험이 절박한 경우에 있어서 대집행의 급속한 실시를 요하여 계고 및 대집행영장에 의한 통지를 할 여유가 없을 때에는 그 수속을 거치지 아니하고 대집행을 할 수 있다.

05

①-1 허가는 법률행위를 대상으로 행해질 뿐만 아니라 사실행위를 대상으로 행해질 수도 있다.
①-2 반면에 인가는 법률행위만을 대상으로 한다.
② 토지거래허가는 강학상 인가이다.
③ 개발제한구역 안에서는 건축물의 건축 등의 개발행위는 원칙적으로 금지되고 예외적으로 허가에 의하여 그러한 행위를 할 수 있는 것이므로, 개발제한구역 안의 건축허가는 재량행위 내지 자유재량행위에 속한다.
④-1 건축허가는 일반적으로 기속행위이나, 토지의 형질변경행위를 수반하는 건축허가처럼 기속행위인 허가가 재량행위인 허가를 포함하는 경우에는 그 한도 내에서 재량행위가 된다.

④-2 또한 위락시설이나 숙박시설용 건축물에 대한 건축허가의 경우 교육환경과 주거환경과의 이익형량을 하여야 하므로 이 한도 내에서는 재량행위가 된다.

06

① 질서위반행위규제법에 따르면 과태료를 부과하기 위해서는 고의 또는 과실이 있어야 한다.
②-1 행정범의 경우에는 과실행위를 벌한다는 명문의 규정이 없는 경우에도 그 법률규정 중에 과실행위를 벌한다는 명백한 취지를 알 수 있는 경우에는 과실행위에 행정형벌을 부과할 수 있다.
②-2 구 대기환경보전법의 입법목적이나 관계규정의 취지 등을 고려하면 구 대기환경보전법에 따라 배출허용기준을 초과하는 배출가스를 배출하는 자동차를 운행하는 행위를 처벌하는 규정은 과실범의 경우에도 적용한다.
③-1 양벌규정에 의한 영업주의 처벌은 종업원의 처벌에 종속하는 것이 아니라 독립하여 그 자신의 종업원에 대한 선임·감독상의 과실로 인하여 처벌되는 것이다.
③-2 따라서 종업원의 범죄성립이나 처벌이 영업주 처벌의 전제조건이 될 필요는 없다.
④ 과태료와 형사처벌은 성질이나 목적을 달리하는 별개의 것이므로 행정법상의 질서벌인 과태료를 납부한 후 형사처벌을 한다고 하여 일사부재리의 원칙에 위반되는 것이라고 할 수 없다.

07

① 환경영향평가를 실시하여야 할 사업에 대하여 환경영향평가를 거치지 아니하고 승인 등의 처분을 한 경우, 그 처분은 당연무효이다.
② 구 환경영향평가법상 환경영향평가를 실시하여야 할 사업에 대하여 환경영향평가를 거쳤으나 그 환경영향평가의 내용이 부실한 경우, 그 부실의 정도가 환경영향평가를 하지 아니한 것과 다를 바 없는 정도의 것이 아닌 이상, 그 부실로 인하여 당연히 당해 승인 등 처분이 위법하게 되는 것은 아니다.
③-1 체납자 등에 대한 공매통지는 공매의 절차적 요건에 해당하므로, 체납자 등에게 공매통지를 하지 않았거나 적법하지 않은 공매통지를 한 경우 그 공매처분은 위법하다.
③-2 다만, 체납자 등에 대한 공매통지 없이 한 공매처분이 당연무효가 되는 것은 아니다.
④ 과세관청이 과세예고통지 후 과세전적부심사청구나 그에 대한 결정이 있기 전에 과세처분을 한 경우, 원칙적으로 절차상 하자가 중대·명백하여 과세처분은 무효가 된다.

08

①-1 위법과 고의·과실은 별개의 개념이다.
①-2 따라서 공무원이 행정규칙에 따라 처분을 한 경우 결과적으로 그 처분이 재량을 일탈·남용하여 위법하게 되었다고 하더라도 그 처분을 행한 공무원에게 직무집행상의 과실이 있다고 할 수는 없다.
② 공무원의 불법행위로 손해를 입은 피해자의 국가배상청구권의 소멸시효 기간이 지났으나 국가가 소멸시효 완성을 주장하는 것이 신의성실의 원칙에 반하는 권리남용으로 허용될 수 없어 배상책임을 이행한 경우에는, 그 소멸시효 완성 주장이 권리남용에 해당하게 된 원인행위와 관련하여 해당 공무원이 그 원인이 되는 행위를 적극적으로 주도하였다는 등의 특별한 사정이 없는 한, 국가가 해당 공무원에게 구상권을 행사하는 것은 신의칙상 허용되지 않는다고 봄이 상당하다.

③ 간접적인 영업손실도 일정한 요건을 갖춘 경우 특별한 희생이 되어 헌법 제23조 제3항에 규정한 손실보상의 대상이 된다.
④ 공익사업의 시행으로 토석채취허가를 연장받지 못한 경우 그로 인한 손실과 공익사업 사이에 상당인과관계는 인정되지 않으며 그 손실이 적법한 공권력의 행사로 가하여진 재산상의 특별한 희생으로서 손실보상의 대상이 되는 것도 아니다.

09

①-1 행정청은 필요한 처분기준을 해당 처분의 성질에 비추어 되도록 구체적으로 정하여 공표하여야 한다. 처분기준을 변경하는 경우에도 또한 같다.
①-2 다만, 처분기준을 공표하는 것이 해당 처분의 성질상 현저히 곤란하거나 공공의 안전 또는 복리를 현저히 해치는 것으로 인정될 만한 상당한 이유가 있는 경우에는 처분기준을 공표하지 아니할 수 있다.
②④-1 행정절차법에 따라 정하여 공표한 처분기준은, 그것이 해당 처분의 근거법령에서 구체적 위임을 받아 제정·공포되었다는 특별한 사정이 없는 한, 원칙적으로 대외적 구속력이 없는 행정규칙에 해당하는 것으로 보아야 한다.
②④-2 행정청이 행정절차법 제20조 제1항의 처분기준 사전공표의무를 위반하여 미리 공표하지 아니한 기준을 적용하여 처분을 하였다고 하더라도, 그러한 사정만으로 곧바로 해당 처분에 취소사유에 이를 정도의 흠이 존재한다고 볼 수 없다.
③ 사전에 공표한 심사기준을 심사대상기간이 이미 경과하였거나 상당 부분 경과한 시점에서 처분 상대방의 갱신 여부를 좌우할 정도로 중대하게 변경하는 것은 중대한 공익상 필요가 인정되거나 관계법령이 제·개정되었다는 등의 특별한 사정이 없는 한 허용되지 않는다.

10

①-1 행정심판청구는 엄격한 형식을 요하지 않는 서면행위이어서 청구서의 형식을 다 갖추지 않았더라도 권리 등을 침해당한 자로부터 처분의 취소 등을 구하는 서면이 제출된 경우, 표제 등을 불문하고 행정심판의 청구로 볼 수 있다.
①-2 따라서 처분에 대한 취소를 구하는 서면이 제출된 경우 비록 진정서라는 표제하에 제출되었다 하더라도 행정심판청구로 볼 수 있다.
② 행정처분의 직접 상대방이 아닌 제3자는 일반적으로 처분이 있는 것을 바로 알 수 없는 처지에 있으므로, 처분이 있은 날로부터 180일이 지나더라도 심판청구를 제기할 수 있었다고 볼 만한 특별한 사정이 없는 한 정당한 사유가 있는 것으로 보아 행정심판청구가 가능하다.
③-1 행정심판법에 따르면 재결은 피청구인 또는 행정심판위원회가 심판청구서를 받은 날부터 60일 이내에 하여야 한다.
③-2 다만, 부득이한 사정이 있는 경우에는 위원장이 직권으로 30일을 연장할 수 있다.
④-1 행정심판위원회는 피청구인이 의무이행재결의 취지에 따른 처분을 하지 아니하면 청구인의 신청에 의하여 결정으로 상당한 기간을 정하고 피청구인이 그 기간 내에 이행하지 아니하는 경우에는 그 지연기간에 따라 일정 배상을 하도록 명하거나 즉시 배상을 할 것을 명할 수 있다.
④-2 간접강제결정의 효력은 피청구인인 행정청이 소속된 국가·지방자치단체 또는 공공단체에 미치며, 결정서 정본은 민사집행법에 따른 강제집행에 관하여는 집행권원과 같은 효력을 가진다.

11

㉮-1 사립대학교도 국·공립대학교와 같이 「공공기관의 정보공개에 관한 법률」상 공공기관에 해당한다.

㉮-2 사립대학교가 국비의 지원을 받는 범위 내에서만 공공기관의 성격을 가진다고 볼 수 없다.

㉯ 정보공개를 요구받은 공공기관은 법률 제 몇 호의 비공개사유에 해당하는지를 주장·입증하여야 하며, 개괄적 사유만을 들어 공개를 거부할 수 없다.

㉰ 공공기관이 보유·관리하고 있는 정보가 제3자와 관련이 있는 경우, 제3자가 비공개를 요청하였다고 하여 「공공기관의 정보공개에 관한 법률」상 정보의 비공개사유에 해당하는 것은 아니다.

㉱ 실제로는 해당 정보를 취득 또는 활용할 의사가 전혀 없이 정보공개제도를 이용하여 사회통념상 용인될 수 없는 부당한 이득을 얻으려 하거나, 오로지 공공기관의 담당공무원을 괴롭힐 목적으로 정보공개청구를 하는 경우처럼 권리의 남용에 해당하는 것이 명백한 경우, 정보공개청구권의 행사를 허용해야 하는 것은 아니다.

㉲ 정보공개청구권자는 이해관계 유무와 관계없이 정보공개를 청구할 수 있고 정보공개청구에 대해 거부처분을 받은 경우 그 자체만으로 정보공개거부처분의 취소를 구할 법률상 이익이 있다.

12

㉮ 개발제한구역 중 일부취락을 개발제한구역에서 해제하는 내용의 도시관리계획변경결정에 대하여, 개발제한구역 해제대상에서 누락된 토지의 소유자는 위 결정의 취소를 구할 법률상 이익이 없다.

㉯-1 상수원보호구역 설정의 근거가 되는 규정이 보호하고자 하는 것은 상수원의 확보와 수질보전일 뿐이고, 그 상수원에서 급수를 받고 있는 지역주민들이 가지는 상수원의 오염을 막아 양질의 급수를 받을 이익은 상수원의 확보와 수질보호라는 공공의 이익이 달성됨에 따라 반사적으로 얻게 되는 이익에 불과하다.

㉯-2 따라서 상수원보호구역의 인근주민은 상수원보호구역지정해제를 다툴 원고적격이 없다.

㉰ 제약회사는 보건복지부 고시인 「약제급여·비급여목록 및 급여상한금액표」로 인하여 자신이 제조·공급하는 약제의 상한금액이 인하됨에 따라 법률상 이익이 침해당할 경우, 그 고시의 취소를 구할 원고적격이 있다.

㉱-1 법령이 특정한 행정기관으로 하여금 다른 행정기관에 제재적 조치를 취할 수 있도록 하면서, 그에 따르지 않으면 그 행정기관에 과태료 등을 부과할 수 있도록 정하는 경우, 권리구제나 권리보호의 필요성이 인정된다면 예외적으로 그 제재적 조치의 상대방인 행정기관에게 항고소송의 원고적격을 인정할 수 있다.

㉱-2 처분성이 인정되는 국민권익위원회의 조치요구에 불복하고자 하는 소방청장으로서는 조치요구의 취소를 구하는 항고소송을 제기하는 것이 유효·적절한 수단으로 볼 수 있으므로 소방청장은 예외적으로 당사자능력과 원고적격을 가진다.

㉲ 환경부장관이 생태·자연도 1등급으로 지정되었던 지역을 2등급 또는 3등급으로 변경하는 내용의 생태·자연도 수정·보완을 고시하자, 인근주민 甲이 생태·자연도 등급변경처분의 무효확인을 청구한 경우, 1등급 권역의 인근주민들이 가지는 이익은 환경보호라는 공공의 이익이 달성됨에 따라 반사적으로 얻게 되는 이익에 불과하므로 甲은 무효확인을 구할 원고적격이 없다.

13

① 처분청은 별도의 법적 근거가 없더라도 처분을 직권으로 취소할 수 있다. 이는 수익적 행정행위의 경우에도 마찬가지이다.

② 행정청은 위법 또는 부당한 처분의 전부나 일부를 소급하여 취소할 수 있다. 다만, 당사자의 신뢰를 보호할 가치가 있는 등 정당한 사유가 있는 경우에는 장래를 향하여 취소할 수 있다.

③ 처분청은 별도의 법적 근거가 없다 하더라도 원래의 처분을 그대로 존속시킬 필요가 없게 된 사정변경이 생겼거나 또는 중대한 공익상의 필요가 발생한 경우에는 행정행위를 철회하거나 변경할 수 있다.

④ 처분에 대한 취소소송이 진행 중이라도 그 부과권자로서는 위법한 처분을 스스로 취소하고 그 하자를 보완하여 다시 적법한 부과처분을 할 수도 있다.

14

① 처분사유의 추가·변경은 처분 자체는 그대로 두고 처분의 사유만 당초 처분시에 제시한 사유에서 다른 사유를 추가 또는 교체하는 것이다. 따라서 처분 그 자체가 변경되는 것은 아니므로 처분의 변경으로 인한 소변경을 신청할 필요는 없다.

② 처분청이 거부처분에 대한 항고소송에서 기존의 처분사유와 기본적 사실관계가 동일하지 않은 사유를 처분사유로 추가·변경한 것에 대하여 처분상대방이 추가·변경된 처분사유의 실체적 당부에 관하여 해당 소송과정에서 심리·판단하는 것에 명시적으로 동의하는 경우, 법원은 이를 예외적으로 허용할 수 있다.

③-1 판결에 의하여 취소되는 처분이 당사자의 신청을 거부하는 것을 내용으로 하는 경우에는 그 처분을 행한 행정청은 판결의 취지에 따라 다시 이전의 신청에 대한 처분을 하여야 한다.

③-2 한편, 판결의 취지에 따른다는 의미는 반드시 원고가 신청한 대로 재처분을 하여야 하는 것을 의미하지 않는다.

④ 종전 확정판결의 행정소송과정에서 한 주장 중 처분사유가 되지 아니하여 판결의 판단대상에서 제외된 부분을 행정청이 그 후 새로이 행한 처분의 적법성과 관련하여 새로운 소송에서 다시 주장하는 것은 위 확정판결의 기판력(편저자 주 : 기속력)에 저촉되지 않는다.

15

① 당사자의 신청에 따른 처분은 ㉠ 법령 등에 특별한 규정이 있거나 ㉡ 처분 당시의 법령 등을 적용하기 곤란한 특별한 사정이 있는 경우를 제외하고는 처분 당시의 법령 등에 따른다.

② 새로운 법령 등은 법령 등에 특별한 규정이 있는 경우를 제외하고는 그 법령 등의 효력발생 전에 완성되거나 종결된 사실관계 또는 법률관계에 대해서는 적용되지 아니한다.

③④-1 법령 등을 위반한 행위의 성립과 이에 대한 제재처분은 법령 등에 특별한 규정이 있는 경우를 제외하고는 법령 등을 위반한 행위 당시의 법령 등에 따른다.

③④-2 다만, 법령 등을 위반한 행위 후 법령 등의 변경에 의하여 그 행위가 법령 등을 위반한 행위에 해당하지 아니하거나 제재처분기준이 가벼워진 경우로서 해당 법령 등에 특별한 규정이 없는 경우에는 변경된 법령 등을 적용한다.

16

① 중앙행정기관, 중앙행정기관의 부속기관과 합의제 행정기관 또는 그 장에 대하여 취소소송을 제기하는 경우에는 대법원 소재지를 관할하는 행정법원에 제기할 수 있다.
② 토지의 수용 기타 부동산 또는 특정의 장소에 관계되는 처분 등에 대한 취소소송은 그 부동산 또는 장소의 소재지를 관할하는 행정법원에 이를 제기할 수 있다.
③ 행정소송법상 당사자소송에 해당하는 소송을 민사소송으로 제기한 경우 그러한 소송은 행정법원의 전속관할에 속하므로 관할법원에 이송하여야 한다.
④ 민사소송으로 제기할 사안을 당사자소송으로 제기하여 관할위반이 되었더라도 피고가 관할위반이라고 항변하지 아니하고 본안에 대하여 변론을 한 경우에는 법원에 변론관할이 생긴다.

17

① 체육시설의 회원을 모집하고자 하는 자의 '회원모집계획서 제출'은 수리를 요하는 신고이며, 이에 대한 시·도지사 등의 검토결과 통보는 수리행위로서 행정처분에 해당한다.
②-1 자기완결적 신고의 경우 적법한 신고가 있으면 행정청의 수리 여부와 무관하게 신고서가 접수기관에 도달할 때 신고의무가 이행된 것으로 본다.
②-2 따라서 적법한 신고가 있은 후라면 행정청이 수리를 하지 않았더라도 신고의 대상이 되는 행위를 한 것이 행정벌의 대상이 되지 않는다.
③ 구 유통산업발전법에 따른 대규모점포의 개설 등록은 이른바 '수리를 요하는 신고'로서 행정처분에 해당한다.
④-1 구 건축법 제9조(현 제14조)상의 신고를 함으로써 허가를 받은 것으로 간주되는 경우의 건축신고는 자기완결적 신고이다.
④-2 건축신고 반려행위는 항고소송의 대상이 된다.

18

① 행정소송법 소정의 제소기간 기산점인 '처분 등이 있음을 안 날'이란 통지, 공고 기타의 방법에 의하여 당해 처분이 있었다는 사실을 현실적으로 안 날을 의미하고 구체적으로 그 행정처분의 위법 여부를 판단한 날을 가리키는 것은 아니다.
② 행정심판을 제기하지 아니하거나 그 재결을 거치지 아니하는 사건에 대한 제소기간을 규정한 행정소송법 제20조 제2항에서 '처분이 있은 날'이라 함은 상대방이 있는 행정처분의 경우는 특별한 규정이 없는 한 의사표시의 일반적 법리에 따라 그 행정처분이 상대방에게 고지되어 효력이 발생한 날을 말한다.
③ 불특정 다수인에게 고시 또는 공고하는 경우 상대방이 고시 또는 공고사실을 현실적으로 알았는지와 무관하게 고시가 효력이 발생하는 날에 처분이 있음을 알았다고 보아야 한다.
④ 처분변경명령재결에 따른 변경처분의 경우 취소소송의 대상은 변경된 내용의 당초 처분이며 제소기간은 재결서의 정본을 송달받은 날로부터 90일 이내이다.

19

① 검사지원자 중 한정된 수의 임용대상자에 대한 임용결정만을 하는 경우 임용대상에서 제외된 자에 대하여 임용거부의 소극적 의사표시를 한 것이다.
② 법령상 검사임용신청 및 그 처리의 제도에 관한 명문의 규정이 없다고 하여도 조리상 임용권자는 임용신청자들에게 임용 여부의 응답을 해 줄 의무가 있다.
③-1 검사임용 여부는 임용권자의 자유재량에 속한다.
③-2 다만, 임용권자에게는 적어도 재량권의 한계일탈이나 남용이 없는 위법하지 않은 응답을 할 의무가 있고, 이에 대해 임용신청자로서도 재량권의 한계일탈이나 남용이 없는 적법한 응답을 요구할 권리가 있다.
④-1 검사임용에 있어서 임용권자가 임용 여부에 관하여 어떠한 내용의 응답을 할 것인지는 임용권자의 자유재량에 속하므로 일단 임용거부라는 응답을 한 이상 설사 그 응답내용이 부당하다고 하여도 사법심사의 대상으로 삼을 수 없는 것이 원칙이다.
④-2 다만, 재량권남용의 위법한 거부처분에 대하여는 항고소송으로서 그 취소를 구할 수 있다.

20

①-1 일부취소가 가능한 경우에는 원칙상 전부취소를 하여서는 안 되며 일부취소를 하여야 한다.
①-2 외형상 하나의 행정처분이라 하더라도 가분성이 있거나 그 처분대상의 일부가 특정될 수 있다면 그 일부만의 취소도 가능하고 그 일부의 취소는 당해 취소부분에 관하여 효력이 생긴다.
①-3 여러 개의 상이에 대한 국가유공자 요건 비해당처분에 대한 취소소송에서 그중 일부 상이가 국가유공자 요건이 인정되는 상이에 해당하고 나머지 상이는 해당하지 않는 경우, 국가유공자 요건 비해당처분 중 위 요건이 인정되는 상이에 대한 부분만을 취소하여야 할 것이고, 그 비해당처분 전부를 취소할 수는 없다.
② 처분 등을 취소하는 확정판결은 제3자에 대하여도 효력이 있다.
③-1 행정처분취소 확정판결은 형성력이 있으므로 행정청의 별도 취소절차 없이도 처분의 효력은 소멸한다.
③-2 또한 취소판결의 취소의 효과는 판결시가 아닌 처분시로 소급하며, 취소된 처분을 전제로 형성된 법률관계는 모두 효력을 상실한다.
④ 과세처분을 취소하는 판결이 확정되면 그 과세처분은 처분시에 소급하여 소멸하므로 그 뒤에 과세관청에서 그 과세처분을 경정하는 경정처분을 하였다면 이는 존재하지 않는 과세처분을 경정한 것으로서 그 하자가 중대하고 명백한 당연무효의 처분이다.

제 5 회 | 옳은 지문

01
- ㉮ 통고처분은 형식적 의미의 행정, 실질적 의미의 사법에 해당한다.
- ㉯ 시행령의 제정은 형식적 의미의 행정, 실질적 의미의 입법에 해당한다.
- ㉰ 집회의 금지통지는 형식적 의미의 행정, 실질적 의미의 행정에 해당한다.
- ㉱ 행정심판의 재결은 형식적 의미의 행정, 실질적 의미의 사법에 해당한다.
- ㉲ 일반법관의 임명은 형식적 의미의 사법, 실질적 의미의 행정에 해당한다.
- ㉳ 지방공무원의 임명은 형식적 의미의 행정, 실질적 의미의 행정에 해당한다.

02
- ㉮-1 주된 인·허가 행정청은 주된 인·허가를 하기 전에 관련 인·허가에 관하여 미리 관련 인·허가 행정청과 협의하여야 한다.
- ㉮-2 관련 인·허가 행정청과 협의된 사항에 대해서는 주된 인·허가를 받았을 때 관련 인·허가를 받은 것으로 본다.
- ㉯ 인·허가 의제요건에서 실체적 요건은 집중되지 않으므로 의제되는 법률에 규정된 실체적 요건까지 모두 구비된 경우에 한하여 주된 허가가 가능하다.
- ㉰ 주된 인·허가에 관한 사항을 규정하고 있는 법률에서 주된 인·허가가 있으면 다른 법률에 의한 인·허가를 받은 것으로 의제된다는 규정을 둔 경우, 주된 인·허가가 있으면 다른 법률에 의하여 인·허가를 받았음을 전제로 하는 그 다른 법률의 모든 규정들까지 적용되는 것은 아니다.
- ㉱-1 주된 인·허가가 거부된 경우라면 의제된 인·허가가 거부된 것으로 의제되지는 않는다.
- ㉱-2 건축불허가처분을 하면서 그 처분사유로 건축불허가사유뿐만 아니라 형질변경불허가사유나 농지전용불허가사유를 들고 있다고 하여 그 건축불허가처분 외에 별개로 형질변경불허가처분이나 농지전용불허가처분이 존재하는 것이 아니다.
- ㉲-1 인·허가가 의제되는 경우와 관련하여 건축불허가처분을 하면서 그 처분사유로 건축불허가사유뿐만 아니라 형질변경불허가사유나 농지전용불허가사유를 들고 있다고 하여 그 건축불허가처분에 관한 쟁송과는 별개로 형질변경불허가처분이나 농지전용불허가처분에 관한 쟁송을 제기하여 이를 다투어야 하는 것은 아니다.
- ㉲-2 건축불허가처분에 관한 쟁송에서 건축법상의 건축불허가사유뿐만 아니라 도시계획법상의 형질변경허가사유나 농지법상의 농지전용불허가사유에 관하여도 다툴 수 있는 것이다.

03
- ① 지방계약직 공무원에 대하여 특별한 약정이 없는 한 지방공무원법 등에 정한 징계절차에 의하지 않고 보수를 삭감할 수 없다.
- ②-1 행정청이 자신과 상대방 사이의 법률관계를 일방적인 의사표시로 종료시켰다고 하더라도 곧바로 의사표시가 행정청으로서 공권력을 행사하여 행하는 행정처분이라고 단정할 수는 없다.
- ②-2 중소기업 정보화지원사업을 위한 협약의 해지 및 그에 따른 환수통보는 공법상 계약에 따라 행정청이 대등한 당사자의 지위에서 하는 의사표시로 보아야 하고, 이를 행정처분에 해당한다고 볼 수는 없다.
- ③ 구 「산업집적활성화 및 공장설립에 관한 법률」에 따라 한국산업단지공단이 행한 입주변경계약취소는 행정청인 관리권자로부터 관리업무를 위탁받은 산업단지관리공단이 우월적 지위에서 입주기업체들에게 일정한 법률상 효과를 발생하게 하는 것으로서 항고소송의 대상이 되는 행정처분에 해당한다.
- ④-1 KAI(한국항공우주산업)와 체결한 '한국형 헬기 개발사업에 대한 물품·용역협약'은 공법상 계약이다.
- ④-2 국가 산하 중앙행정기관인 방위사업청과 개발협약을 체결한 상대방이 협약을 이행하는 과정에서 환율변동 및 물가상승 등 외부적 요인으로 발생한 초과비용 지급에 대한 소송은 행정소송에 의한다.

04
- ①-1 조세·형사·행형 및 보안처분에 관한 사항 등 행정조사기본법 제3조 제2항 각 호에 해당하는 경우에는 행정조사기본법을 적용하지 아니한다.
- ①-2 그러한 경우에도 행정조사의 기본원칙, 행정조사의 근거, 정보통신수단을 통한 행정조사에 관한 규정은 적용된다.
- ②-1 행정기관은 법령 등에서 행정조사를 규정하고 있는 경우에 한하여 행정조사를 실시할 수 있다.
- ②-2 그러나 조사대상자의 자발적인 협조를 얻어 실시하는 행정조사의 경우 행정기관은 법령에 근거가 없더라도 조사를 할 수 있다.
- ②-3 개별법령 등에서 행정조사를 규정하고 있는 경우에도 행정기관이 행정조사기본법 제5조 단서에서 정한 '조사대상자의 자발적인 협조를 얻어 실시하는 행정조사'를 실시할 수 있다.
- ③-1 행정기관의 장이 조사대상자의 자발적인 협조를 얻어 행정조사를 실시하고자 하는 경우 조사대상자는 문서·전화·구두 등의 방법으로 당해 행정조사를 거부할 수 있다.
- ③-2 자발적인 협조에 따라 실시하는 행정조사에 대해 조사대상자가 조사에 응할 것인지에 대한 응답을 하지 아니하는 경우 법령 등에 특별한 규정이 없는 한 조사를 거부한 것으로 본다.
- ④ 세무조사결정은 납세의무자의 권리·의무에 직접 영향을 미치는 공권력의 행사에 따른 행정작용으로서 항고소송의 대상이 되는 행정처분에 해당한다.

05
- ① 신뢰보호원칙의 적용요건인 행정청의 공적 견해표명이 있었는지를 판단할 때 행정조직상의 형식적인 권한분장에 구애될 것은 아니지만, 공적 견해표명이 있다고 인정하기 위해서는 적어도 담당자의 조직상 지위와 임무, 당해 언동을 하게 된 구체적인 경위 등에 비추어 그 언동의 내용을 신뢰할 수 있는 경우이어야 한다.
- ②-1 판례는 공적 견해표명에 따른 처분을 할 경우 이로 인하여 공익 또는 제3자의 정당한 이익을 현저히 해할 우려가 있는 경우가 아니어야 한다는 것을 신뢰보호원칙이 적용되기 위한 소극적 요건으로 보고 있다.

②-2 신뢰보호의 이익과 공익 또는 제3자의 이익이 충돌하는 경우 신뢰보호이익이 우선하는 것이 아니라 양자의 이익을 비교·형량하여야 한다.
③-1 신뢰보호원칙이 성립하기 위해서는 선행조치에 관한 관계인의 신뢰가 보호가치 있는 것이어야 하므로 상대방 등에게 귀책사유가 있어서는 안 된다.
③-2 이때 귀책사유란 행정청의 견해표명의 하자가 상대방의 사실은폐나 기타 사기 등의 방법에 의한 신청행위 등 부정행위뿐만 아니라 부정행위가 없다고 하더라도 선행조치에 하자가 있음을 알았거나 하자를 과실로 알지 못한 경우 등을 포함한다.
④-1 귀책사유의 유무는 상대방과 그로부터 신청행위를 위임받은 수임인 등 관계자 모두를 기준으로 판단하여야 한다.
④-2 따라서 행정행위의 상대방인 건축주뿐만 아니라 그로부터 위임을 받은 건축설계사 등 관계자에게 귀책사유가 있는 경우에도 신뢰보호원칙이 적용되지 아니한다.

06

① 주택재건축사업시행의 인가는 재량행위로서 이에 대하여 법령상의 제한에 근거하지 않더라도 공익상 필요 등에 의하여 필요한 범위 내에서 조건(부담)을 부과할 수 있다.
② 사도개설허가를 하면서 '공사기간을 준수할 것을 명'하였는바, 이러한 부관은 부담이므로 사도개설허가에서 정해진 공사기간 내에 사도로 준공검사를 받지 못한 경우라도 사도개설허가가 당연히 실효되는 것은 아니다.
③-1 객관적으로 처분 상대방이 이행할 가능성이 없는 조건을 붙여 행정처분을 하는 것은 법치행정의 원칙상 허용될 수 없다.
③-2 하나 이상의 필지의 일부를 하나의 대지로 삼으려는 건축허가신청에서 토지분할이 관계법령상 제한에 해당되어 명백히 불가능하다고 판단되는 경우, 건축행정청은 토지분할 조건부 건축허가를 거부하여야 한다.
④-1 면허 또는 허가에 붙이는 부관은 그 성질상 허가된 어업의 본질적 효력을 해하지 않는 한도의 것이어야 한다.
④-2 기선선망어업의 허가를 하면서 운반선, 등선 등 부속선을 사용할 수 없도록 제한한 부관은 그 어업허가의 목적 달성을 사실상 어렵게 하여 그 본질적 효력을 해하는 것이므로 위법하다.

07

㉮-1 행정절차법 제9조에서 자연인, 법인, 법인 아닌 사단 또는 재단, 그 밖에 다른 법령 등에 따라 권리의무의 주체가 될 수 있는 자 역시 '당사자 등'이 될 수 있다고 규정하고 있을 뿐, 국가를 '당사자 등'에서 제외하지 않고 있다.
㉮-2 행정절차법 제3조 제2항에서 행정절차법이 적용되지 않는 사항을 열거하고 있는데, '국가를 상대로 하는 행정행위'는 그 예외사유에 해당하지 않는다.
㉮-3 국가에 대한 행정처분을 함에 있어서도 사전통지, 의견청취, 이유제시와 관련한 행정절차법이 그대로 적용된다고 보아야 한다.
㉯-1 행정절차법 시행령 제2조 제8호는 '학교·연수원 등에서 교육·훈련의 목적을 달성하기 위하여 학생·연수생들을 대상으로 하는 사항'을 행정절차법의 적용이 제외되는 경우로 규정하고 있다.
㉯-2 그러나 육군3사관학교의 사관생도에 대한 퇴학처분과 같이 신분을 박탈하는 징계처분은 여기에 해당하지 않는다.
㉯-3 따라서 사관생도에 대한 퇴학처분에 행정절차법의 적용이 배제되는 것은 아니다.
㉰-1 공무원 인사관계법령에 의한 처분에 관한 사항이라 하더라도 그 전부에 대하여 행정절차법의 적용이 배제되는 것이 아니라, 성질상 행정절차를 거치기 곤란하거나 불필요하다고 인정되는 처분이나 행정절차에 준하는 절차를 거치도록 하고 있는 처분의 경우에만 행정절차법의 적용이 배제된다.
㉰-2 군인사법령에 의하여 진급예정자명단에 포함된 자에 대하여 의견제출의 기회를 부여하지 아니한 채 진급선발을 취소하는 처분을 한 것은 절차상 하자가 있어 위법하다.
㉱ 구 군인사법상 보직해임처분은 당해 행정작용의 성질상 행정절차를 거치기 곤란하거나 불필요하다고 인정되는 사항 또는 행정절차에 준하는 절차를 거친 사항에 해당하므로 처분의 근거와 이유제시 등에 관한 행정절차법의 규정이 적용되지 아니한다.
㉲-1 행정절차법에 따르면 '공정거래위원회의 의결·결정을 거쳐 행하는 사항'에는 행정절차법의 적용이 제외된다.
㉲-2 따라서 공정거래위원회의 시정조치 및 과징금 납부명령에 행정절차법 소정의 의견청취절차 생략사유가 존재한다고 하더라도, 공정거래위원회는 행정절차법을 적용하여 의견청취절차를 생략할 수는 없다.

08

①-1 헌법재판소 재판관이 청구기간 내에 제기된 헌법소원심판청구사건에서 청구기간을 오인하여 각하결정을 한 경우, 이에 대한 불복절차 내지 시정절차가 없는 때에는 국가배상책임이 인정된다.
①-2 헌법재판소 재판관의 위법한 직무집행의 결과 잘못된 각하결정을 함으로써 원고로 하여금 본안판단을 받을 기회를 상실하게 한 이상, 설령 본안판단을 하였더라도 어차피 청구가 기각되었을 것이라는 사정이 있다고 하더라도, 정신상 고통에 대하여는 위자료를 지급할 의무가 있다.
②-1 음주운전으로 적발된 주취운전자가 도로 밖으로 차량을 이동하겠다며 단속경찰관으로부터 보관 중이던 차량열쇠를 반환받아 몰래 차량을 운전하여 가던 중 사고를 일으킨 경우, 국가배상책임이 인정된다.
②-2 경찰관의 주취운전자에 대한 권한행사가 관계법률의 규정형식상 경찰관의 재량에 맡겨져 있다고 하더라도, 그러한 권한을 행사하지 아니한 것이 구체적인 상황하에서 현저하게 합리성을 잃어 사회적 타당성이 없는 경우에는 경찰관의 직무상 의무를 위배한 것으로서 위법하다.
③ 공무원에 대한 전보인사가 법령이 정한 기준과 원칙에 위배되거나 인사권을 다소 부적절하게 행사한 것으로 볼 여지가 있다 하더라도 그러한 사유만으로 그 전보인사가 당연히 불법행위를 구성한다고 볼 수는 없고, 인사권자가 당해 공무원에 대한 보복감정 등 다른 의도를 가지고 인사재량권을 일탈·남용하여 객관적 정당성을 상실하였음이 명백한 경우에 불법행위를 구성한다.
④ 「금융위원회의 설치 등에 관한 법률」의 입법취지 등에 비추어 볼 때 금융감독원에 금융기관에 대한 검사·감독의무를 부과한 법령의 목적이 금융상품에 투자한 투자자 개인의 이익을 직접 보호하기 위한 것이라고 할 수 없으므로, 피고 금융감독원 및 그 직원들의 위법한 직무집행과 해당 저축은행의 후순위사채에 투자한 원고들이 입은 손해 사이에 상당인과관계가 인정되지 않는다.

09

㉮ 자연인이 아닌 재단법인인 수녀원은 쾌적한 환경에서 생활할 수 있는 이익을 향수할 수 있는 주체가 아니므로 이를 침해받는다는 이유로 공유수면매립목적 변경승인처분의 무효확인을 구할 원고적격이 없다.
㉯ 구 주택법상 입주자나 입주예정자가 사용검사처분의 취소를 구할 법률상 이익은 없다.
㉰-1 법무사의 사무원 채용승인신청에 대하여 소속 지방법무사회가 '채용승인을 거부'하는 조치 또는 일단 채용승인을 하였다가 법무사규칙을 근거로 '채용승인을 취소'하는 조치는 항고소송의 대상인 처분에 해당한다.
㉰-2 위 조치에 대하여 처분 상대방인 법무사뿐만 아니라 그 때문에 사무원이 될 수 없게 된 사람에게도 항고소송을 제기할 원고적격이 인정된다.

㉣-1 국적법상 귀화불허가처분이나 출입국관리법상 체류자격변경불허가처분, 강제퇴거명령 등을 다투는 외국인은 대한민국에 적법하게 입국하여 상당한 기간을 체류한 사람이므로, 이미 대한민국과의 실질적 관련성 내지 대한민국에서 법적으로 보호가치 있는 이해관계를 형성한 경우이어서, 해당 처분의 취소를 구할 법률상 이익이 인정된다.

㉣-2 반면, 사증발급 거부처분을 다투는 외국인의 경우에는 대한민국과의 실질적 관련성 내지 대한민국에서 법적으로 보호가치 있는 이해관계를 형성한 경우는 아니어서 원칙적으로 그 거부처분의 취소를 구할 법률상 이익이 인정되지 않는다.

㉣-3 다만, 외국인이라고 하더라도 대한민국과의 실질적 관련성 내지 법적으로 보호가치가 있는 이해관계를 형성한 경우에는 사증발급 거부처분의 취소를 구할 원고적격이 인정된다.

㉤ 개발제한구역 안에서의 공장설립승인처분이 위법하다는 이유로 쟁송취소되었다고 하더라도 그 승인처분에 기초한 공장건축허가처분이 잔존하는 이상, 인근주민들은 여전히 공장건축허가처분의 취소를 구할 법률상 이익이 있다.

10

㉠ 거부처분에 대한 취소의 확정판결이 있음에도 행정청이 아무런 재처분을 하지 아니하거나, 행정청이 재처분을 하였더라도 그것이 종전 거부처분에 대한 취소의 확정판결의 기속력에 위반되어 당연무효인 경우라면 아무런 재처분을 하지 아니한 때와 마찬가지가 되어 행정소송법 소정의 간접강제 신청에 필요한 요건을 갖춘 것으로 보아야 한다.

㉡ 행정소송법에 따르면 거부처분취소판결의 취지에 따른 재처분의무를 이행하지 않는 경우 원고는 제1심 수소법원에 간접강제결정을 신청할 수 있고, 제1심 수소법원은 당사자의 신청에 의하여 결정으로써 상당한 기간을 정하고 행정청이 그 기간 내에 이행하지 아니하는 때에는 그 지연기간에 따라 일정한 배상을 할 것을 명하거나 즉시 손해배상을 할 것을 명할 수 있다.

㉢ 행정소송법 제34조 소정의 간접강제결정에 기한 배상금의 성질은 확정판결의 취지에 따른 재처분의 지연에 대한 제재나 손해배상이 아니고 재처분의 이행에 관한 심리적 강제수단에 불과한 것으로 보아야 한다.

㉣ 확정판결의 취지에 따른 재처분이 간접강제결정에서 정한 의무이행기한이 경과한 후에 이루어진 경우, 간접강제결정에 기한 배상금의 추심은 허용되지 않는다.

㉤ 행정소송법에 따르면 무효확인소송에서는 취소소송의 재처분의무에 관한 규정은 준용되나 간접강제에 관한 규정은 준용되지 않는다.

11

①-1 주민등록의 신고는 수리를 요하는 신고로서, 시장 등의 주민등록전입신고 수리 여부에 대한 심사는 주민등록법의 입법목적의 범위 내에서 제한적으로 이루어져야 한다.

①-2 따라서 전입신고를 수리함으로써 당해 지방자치단체에 미치는 영향 등과 같은 사유는 주민등록법이 아닌 다른 법률에 의하여 규율되어야 하고, 주민등록전입신고의 수리 여부를 심사하는 단계에서는 고려대상이 될 수 없다.

② 건축허가권자는 건축신고가 관계법령에서 정하는 명시적인 제한에 배치되지 않는 경우에도 건축을 허용하지 않아야 할 중대한 공익상 필요가 있는 경우에는 건축신고의 수리를 거부할 수 있다.

③-1 인·허가가 의제되는 건축신고는 일반적인 건축신고와는 달리 수리를 요하는 신고에 해당한다.

③-2 따라서 「국토의 계획 및 이용에 관한 법률」상의 개발행위허가로 의제되는 건축신고가 개발행위허가의 기준을 갖추지 못한 경우, 행정청이 수리를 거부할 수 있다.

④-1 신청과 관련하여 보완의 대상이 되는 흠은, 보완이 가능한 경우이어야 하고 그 내용도 형식적·절차적 요건이어야 한다.

④-2 실질적인 요건에 대하여는 원칙상 보완 또는 보정요구를 하여야 하는 것은 아니지만, 실질적인 요건에 흠이 있는 경우라도 그것이 민원인의 단순한 착오나 일시적인 사정에 의한 것이라면 보완의 대상이 된다.

④-3 따라서 건축불허가처분을 하면서 그 사유의 하나로 소방시설과 관련된 소방서장의 건축부동의 의견을 들고 있으나 그 보완이 가능한 경우, 보완을 요구하지 아니한 채 곧바로 건축허가신청을 거부한 것은 재량권의 범위를 벗어난 것으로 위법하다.

12

①-1 불가쟁력은 행정행위의 상대방 및 이해관계인에 대한 구속력인 반면, 불가변력은 처분청 등 행정기관에 대한 구속력으로 볼 수 있다.

①-2 성질 면에 있어서는 불가쟁력이 절차법적 효력인 반면, 불가변력은 실체법적 효력이라고 한다.

② 실질적 존속력(불가변력)은 해당 행정행위에만 인정되므로 동종의 행위라도 그 대상을 달리하는 경우에는 인정되지 않는다.

③-1 일반적으로 행정처분이나 행정심판재결이 불복기간의 경과로 인하여 확정될 경우 그 확정력은, 그 처분으로 인하여 법률상 이익을 침해받은 자가 당해 처분이나 재결의 효력을 더 이상 다툴 수 없다는 의미일 뿐이다.

③-2 또한 그 확정력에는 판결에 있어서와 같은 기판력이 인정되는 것은 아니어서 그 처분의 기초가 된 사실관계나 법률적 판단이 확정되고 당사자들이나 법원이 이에 기속되어 모순되는 주장이나 판단을 할 수 없게 되는 것은 아니다.

④ 제소기간이 도과하여 불가쟁력이 생긴 행정처분에 대하여는 법규에서 신청권을 규정하고 있거나 법령해석상 신청권이 인정될 수 있는 등 특별한 사정이 없는 한 신청권이 없다.

13

①-1 행정절차법 시행령 제13조 제2호에서 정한 '법원의 재판 또는 준사법적 절차를 거치는 행정기관의 결정 등에 따라 처분의 전제가 되는 사실이 객관적으로 증명되어 처분에 따른 의견청취가 불필요하다고 인정되는 경우'는 법원의 재판 등에 따라 처분의 전제가 되는 사실이 객관적으로 증명되면 행정청이 반드시 일정한 처분을 해야 하는 경우 등 의견청취가 행정청의 처분 여부나 그 수위 결정에 영향을 미치지 못하는 경우를 의미한다.

①-2 처분의 전제가 되는 '일부' 사실만 증명된 경우이거나 의견청취에 따라 행정청의 처분 여부나 처분 수위가 달라질 수 있는 경우라면 의견청취의 예외사유에 해당하지 않는다.

② 행정청이 침해적 행정처분을 하면서 당사자에게 사전통지를 하거나 의견제출의 기회를 주지 아니하였다면, 사전통지나 의견제출의 예외적인 경우에 해당하지 아니하는 한, 그 처분은 위법하여 취소를 면할 수 없다.

③-1 행정청은 당사자에게 의무를 부과하거나 권익을 제한하는 처분을 하는 경우에는 미리 처분하려는 원인이 되는 사실과 처분의 내용 및 법적 근거 및 이에 대한 의견을 제출할 수 있다는 뜻과 의견제출기한 등을 당사자 등에게 통지하여야 한다.

③-2 이 경우 의견제출에 필요한 기간은 10일 이상으로 고려하여 정하여야 한다.

④ 처분 당시 당사자가 어떠한 근거와 이유로 처분이 이루어진 것인지를 충분히 알 수 있어서 그에 불복하여 행정구제절차로 나아가는 데 별다른 지장이 없었던 것으로 인정되는 경우에는 처분서에 처분의 근거와 이유가 구체적으로 명시되어 있지 않았더라도 이를 처분을 취소하여야 할 절차상 하자로 볼 수 없다.

14

① 어떤 보상항목이 공익사업을 위한 토지 등의 취득 및 보상에 관한 법령상 손실보상대상에 해당함에도 관할 토지수용위원회가 사실을 오인하거나 법리를 오해함으로써 손실보상대상에 해당하지 않는다고 잘못된 내용의 재결을 한 경우에는, 사업시행자를 상대로 보상금증감소송을 제기하여야 한다.
②-1 손실보상은 토지소유자나 관계인에게 개인별로 하여야 한다.
②-2 다만, 개인별로 보상액을 산정할 수 없을 때에는 그러하지 아니하다.
③ 사업시행자는 동일한 사업지역에 보상시기를 달리하는 동일인 소유의 토지 등이 여러 개 있는 경우 토지소유자나 관계인이 요구할 때에는 한꺼번에 보상금을 지급하도록 하여야 한다.
④ 「공익사업을 위한 토지 등의 취득 및 보상에 관한 법률」에 따르면 사업시행자는 동일한 소유자에게 속하는 일단의 토지의 일부를 취득하거나 사용하는 경우 해당 공익사업의 시행으로 인하여 잔여지의 가격이 증가하거나 그 밖의 이익이 발생한 경우에도 그 이익을 그 취득 또는 사용으로 인한 손실과 상계할 수 없다.

15

① 폐기물관리법 관계법령에 의한 폐기물처리업 허가권자의 부적정통보는 행정처분이다.
② 「하도급거래 공정화에 관한 법률」상 벌점 부과행위는 입찰참가자격의 제한요청 등의 기초자료로 사용하기 위한 것이고 사업자의 권리·의무에 직접 영향을 미치는 행위라고 볼 수 없으므로 항고소송의 대상이 되는 행정처분에 해당하지 아니한다.
③-1 시험승진후보자명부에서의 삭제행위는 결국 그 명부에 등재된 자에 대한 승진 여부를 결정하기 위한 행정청 내부의 준비과정에 불과하다.
③-2 따라서 그 자체가 어떠한 권리나 의무를 설정하거나 법률상 이익에 직접적인 변동을 초래하는 별도의 행정처분이 된다고 할 수 없다.
④ 지적공부 소관청의 지목변경신청 반려행위는 항고소송의 대상이 되는 행정처분이다.

16

①-1 시행규칙(부령 또는 총리령) 형식으로 정해진 제재적 처분기준은 그 성질과 내용이 행정 내부의 사무처리기준을 규정한 것에 불과하므로 행정규칙의 성질을 가지며 대외적으로 국민이나 법원을 구속하는 것은 아니다.
①-2 따라서 이에 따른 처분의 적법 여부는 해당 규칙에 적합한 것인가의 여부에 따라 판단할 것이 아니라 상위법의 규정 및 그 취지에 적합한 것인가의 여부에 따라 판단하여야 한다.
①-3 법령의 위임이 없음에도 법령에 규정된 처분요건에 해당하는 사항을 부령에서 변경하여 규정한 경우에는 그 부령의 규정은 행정청 내부의 사무처리기준 등을 정한 것으로서 행정조직 내에서 적용되는 행정명령의 성격을 지닐 뿐 국민에 대한 대외적 구속력은 없다.
② 「국토의 계획 및 이용에 관한 법률 시행령」 제56조 제4항에 따라 국토교통부장관이 국토교통부 훈령으로 정한 '개발행위허가운영지침'은 세부적인 검토기준으로 이 지침의 법적 성격은 행정규칙에 불과하여 대외적 구속력이 없다.
③ 삼권분립의 원칙, 법치행정의 원칙을 당연한 전제로 하고 있는 우리 헌법 하에서 행정권의 행정입법 등 법집행의무는 헌법적 의무라고 보아야 한다.
④ 일반적·추상적 규범으로서의 법규명령은 원칙적으로 항고소송의 대상이 될 수 없지만, 처분적 성질을 가지는 경우(처분법규)에는 항고소송의 대상이 될 수 있다.

17

①-1 과세관청은 부과의 취소를 다시 취소함으로써 원부과처분을 다시 소생시킬 수는 없다.
①-2 따라서 납세의무자에게 종전의 과세대상에 대한 납부의무를 지우려면 다시 법률에서 정한 부과절차에 좇아 동일한 내용의 새로운 처분을 하여야 한다.
② 수익적 행정처분에 대한 취소권 등의 행사는 기득권의 침해를 정당화할 만한 중대한 공익상의 필요 또는 제3자의 이익보호의 필요가 있는 때에 한하여 허용될 수 있다는 법리는, 처분청이 수익적 행정처분을 직권으로 취소·철회하는 경우에 적용되는 법리일 뿐 쟁송취소의 경우에는 적용되지 않는다.
③-1 수익적 행정처분을 취소 또는 철회하는 경우에는 비록 취소 등의 사유가 있다고 하더라도 기득권의 침해를 정당화할 만한 중대한 공익상의 필요 또는 제3자의 이익보호의 필요가 있는 때에 한하여 상대방이 받는 불이익과 비교·교량하여 결정하여야 한다.
③-2 따라서 수익적 행정처분을 취소 또는 철회하는 처분으로 인하여 공익상의 필요보다 상대방이 받게 되는 불이익 등이 막대한 경우에는 재량권의 한계를 일탈한 것으로서 그 자체가 위법하다.
④-1 행정청은 당사자에게 권리나 이익을 부여하는 처분을 취소하려는 경우에는 취소로 인하여 당사자가 입게 될 불이익을 최소 달성되는 공익과 비교·형량하여야 한다.
④-2 다만, ㉠ 거짓이나 그 밖의 부정한 방법으로 처분을 받은 경우 또는 ㉡ 당사자가 처분의 위법성을 알고 있었거나 중대한 과실로 알지 못한 경우에는 그러하지 아니하다.

18

①-1 정보의 공개에 관하여는 다른 법률에 특별한 규정이 있는 경우에는 「공공기관의 정보공개에 관한 법률」의 적용이 배제되는바 형사소송법 제59조의2(재판확정기록의 열람·등사)는 구 「공공기관의 정보공개에 관한 법률」 제4조 제1항에서 정한 '정보의 공개에 관하여 다른 법률에 특별한 규정이 있는 경우'에 해당한다.
①-2 따라서 형사재판확정기록의 공개에 관하여는 「공공기관의 정보공개에 관한 법률」에 의한 공개청구가 허용되지 아니한다.
②-1 「공공기관의 정보공개에 관한 법률」에 따르면 공공기관이 보유·관리하는 정보는 공개하는 것이 원칙이나, 다른 법률 또는 법률에서 위임한 명령(국회규칙·대법원규칙·헌법재판소규칙·중앙선거관리위원회규칙·대통령령 및 조례로 한정한다)에 따라 비밀이나 비공개사항으로 규정된 정보는 비공개대상정보에 해당한다.
②-2 여기서 '법률에서 위임한 명령'은 법률의 위임규정에 의하여 제정된 대통령령, 총리령, 부령 전부를 의미한다기보다는 정보의 공개에 관하여 법률의 구체적인 위임 아래 제정된 법규명령(위임명령)을 의미한다.
③ 학교폭력대책자치위원회가 피해학생의 보호를 위한 조치, 가해학생에 대한 조치, 학교폭력과 관련된 분쟁의 조정 등에 관하여 심의한 결과를 기재한 회의록은 비공개대상정보에 해당한다.
④-1 교육공무원법 제13·14조의 위임에 따라 제정된 교육공무원승진규정은 정보공개에 관한 사항에 관하여 구체적인 법률의 위임에 따라 제정된 명령이라고 할 수 없다.
④-2 따라서 교육공무원의 근무성적평정의 결과를 공개하지 아니한다고 규정하고 있는 교육공무원승진규정 제26조를 근거로 정보공개청구를 거부하는 것은 위법하다(공개대상).

19

①-1 행정심판법은 당사자주의, 처분권주의를 원칙으로 한다.
①-2 다만, 행정심판법은 "위원회는 필요하면 당사자가 주장하지 아니한 사실에 대하여도 심리할 수 있다."라고 규정함으로써 직권심리주의도 가미하고 있다.
② 행정심판의 경우 불고불리의 원칙이 적용되므로 행정심판위원회는 심판청구의 대상이 되는 처분 또는 부작위 외의 사항에 대하여는 재결할 수 없다.
③ 행정심판의 재결에는 불이익변경금지의 원칙이 적용되어 행정심판위원회는 심판청구의 대상이 되는 처분보다 청구인에게 불리한 재결을 할 수 없다.
④-1 행정심판위원회는 취소심판의 청구가 이유 있다고 인정할 때에는 처분을 취소 또는 다른 처분으로 변경하거나 처분을 다른 처분으로 변경할 것을 피청구인에게 명한다.
④-2 현행 행정심판법에 취소명령재결은 존재하지 않는다.

20

① '기판력'이란 기판력 있는 전소 판결의 소송물과 동일한 후소를 허용하지 않음과 동시에, 후소의 소송물이 전소의 소송물과 동일하지는 않더라도 전소의 소송물에 관한 판단이 후소의 선결문제가 되거나 모순관계에 있을 때에는 후소에서 전소 판결의 판단과 다른 주장을 하는 것을 허용하지 않는 작용을 한다.
② 행정청이 처분 등을 취소 또는 변경함으로 인하여 청구가 각하 또는 기각된 경우에는 소송비용은 피고의 부담으로 한다.
③ 행정청이 관련법령에 근거하여 행한 공사중지명령의 상대방이 명령의 취소를 구한 소송에서 패소함으로써 그 명령이 적법한 것으로 이미 확정되었다면, 이후 이러한 공사중지명령의 상대방은 그 명령의 해제신청을 거부한 처분의 취소를 구하는 소송에서 그 명령의 적법성을 다툴 수 없다.
④-1 기속력은 판결의 주문과 이유에서 적시된 개개의 위법사유에만 미친다.
④-2 따라서 종전 처분이 판결에 의하여 취소되었더라도 종전 처분과 다른 사유를 들어서 새로이 처분을 하는 것은 기속력에 저촉되지 않는다.

제6회 | 옳은 지문

01

① 「개발이익환수에 관한 법률」에 정한 개발사업을 시행하기 전에, 행정청이 민원예비심사에 대하여 관련부서 의견으로 '저촉사항 없음'이라고 기재한 것은 공적인 견해표명에 해당하지 않는다.
② 과세관청이 납세의무자에게 부가가치세 면세사업자용 사업자등록증을 교부하거나 고유번호를 부여한 행위는 부가가치세를 과세하지 아니함을 시사하는 언동이나 공적인 견해표명을 한 것으로 볼 수 없다.
③-1 국세기본법 제18조 제3항에서 말하는 비과세관행이 성립하려면 상당한 기간에 걸쳐 과세를 하지 아니한 객관적 사실이 존재할 뿐만 아니라 과세관청 자신이 그 사항에 관하여 과세할 수 있음을 알면서도 어떤 특별한 사정 때문에 과세하지 않는다는 의사가 있어야 한다.
③-2 한편 공적 견해나 의사는 명시적 또는 묵시적으로 표시되어야 하지만, 묵시적 표시가 있다고 하기 위하여는 단순한 과세누락과는 달리 과세관청이 상당기간 불과세상태에 대하여 과세하지 않겠다는 의사표시를 한 것으로 볼 수 있는 사정이 있어야 한다.
④ 정구장시설 설치의 도시계획결정을 청소년수련시설 설치의 도시계획으로 변경한 경우, 사업시행자로 지정받을 것을 예상하고 정구장 설계비용 등을 지출한 자의 신뢰이익을 침해한 것으로 볼 수는 없다.

02

① 법령의 위임이 없음에도 법령에 규정된 처분요건에 해당하는 사항을 부령에서 변경하여 규정한 경우에는 그 부령의 규정은 행정청 내부의 사무처리기준 등을 정한 것으로서 행정조직 내에서 적용되는 행정명령의 성격을 지닐 뿐 국민에 대한 대외적 구속력은 없다.
② 법령에 반하는 위법한 행정규칙은 무효이므로 위법한 행정규칙을 위반한 것은 징계사유가 되지 않는다.
③-1 부작위위법확인소송의 대상은 처분, 즉 구체적 권리·의무에 관한 부작위이어야 하므로 추상적인 행정입법에 관한 부작위는 부작위위법확인소송의 대상이 되지 않는다.
③-2 따라서 법률의 명시적 위임에 의해 부령을 제정할 의무가 있음에도 불구하고 행정청이 부령을 제정하지 않고 있는 경우, 부작위위법확인소송을 통하여는 다툴 수 없다.
④ 법령보충규칙 또는 재량준칙이 그 정한 바에 따라 되풀이 시행되어 행정관행이 이룩되게 되면, 평등의 원칙이나 신뢰보호의 원칙에 따라 행정기관은 그 상대방에 대한 관계에서 그 규칙에 따라야 할 자기구속을 당하게 되는 경우에는 대외적인 구속력을 가지게 되며, 이러한 경우에는 헌법소원의 대상이 될 수도 있다.

03

① 허가의 효과는 허가를 한 행정청의 관할구역 내에서만 미치는 것이 원칙이지만, 예컨대 운전면허와 같이 허가의 성질상 관할구역 외에까지 그 효과가 미치는 경우도 있다.
② 산림훼손(산림형질변경) 금지 또는 제한지역에 해당하지 않더라도 중대한 공익상 필요가 있다고 인정될 때에는 허가관청은 산림훼손허가(산림형질변경허가)를 거부할 수 있고, 그 경우 법규에 명문의 근거가 없더라도 거부처분을 할 수 있다.
③ 건축허가권자는 신청이 법령상 요건을 구비한 경우 원칙적으로 건축허가를 하여야 하고, 중대한 공익상의 필요가 없는데도 관계법령에서 정하는 제한사유 이외의 사유를 들어 요건을 갖춘 자에 대한 허가를 거부할 수는 없다.
④ 난민인정에 관한 신청을 받은 행정청은 원칙적으로 법령이 정한 난민요건에 해당하는지를 심사하여 난민인정 여부를 결정할 수 있을 뿐이고, 이와 무관한 다른 사유를 들어 난민인정을 거부할 수는 없다.

04

① 행정청이 적법한 절차를 거쳐 도시계획결정 등의 처분을 하였다고 하더라도 이를 관보에 게재하여 고시하지 아니한 이상 대외적으로는 아무런 효력이 발생하지 아니한다.
②-1 행정계획에 광범위한 형성의 자유, 즉 계획재량이 인정된다 하더라도 이러한 재량 역시 법령 등을 위반할 수가 없으며, 공익과 사익 간, 공익 상호 간 및 사익 상호 간의 정당한 비교·교량(형량)이 행해질 것이 요구되는데, 이를 형량명령이라 한다.
②-2 행정주체가 구체적인 행정계획을 입안·결정할 때 가지는 형성의 자유의 한계에 관한 법리(형량명령)는 주민의 입안 제안 또는 변경신청을 받아들여 도시관리계획결정을 하거나 도시계획시설을 변경할 것인지를 결정할 때에도 동일하게 적용된다.
③ 비구속적 행정계획안이나 행정지침이라도 국민의 기본권에 직접적으로 영향을 끼치고, 앞으로 법령의 뒷받침에 의하여 그대로 실시될 것이 틀림없을 것으로 예상될 수 있을 때에는, 공권력행위로서 예외적으로 헌법소원의 대상이 될 수 있다.
④-1 산업단지개발계획상 산업단지 안의 토지소유자로서 산업단지개발계획에 적합한 시설을 설치하여 입주하려는 자에게 산업단지지정권자 또는 그로부터 권한을 위임받은 기관에 대하여 산업단지개발계획의 변경을 요청할 수 있는 법규상 또는 조리상 신청권이 있다.
④-2 따라서 이러한 신청에 대한 거부행위는 항고소송의 대상이 되는 행정처분에 해당한다.

05

① 내부위임을 받은 자는 자기의 명의로 처분을 할 권한이 없으므로 내부위임을 받은 자가 자신의 명의로 처분을 한 경우 이는 당연무효이다.
② 적법한 권한위임 없이 세관출장소장이 행한 관세부과처분은 그 하자가 중대하지만 객관적으로 명백하다고 할 수 없어 당연무효는 아니다.
③ 행정청이 사전환경성검토협의를 거쳐야 할 대상사업에 관하여 법의 해석을 잘못한 나머지 세부용도지역이 지정되지 않은 개발사업부지에 대하여 사전환경성검토협의를 할 여부를 결정하는 절차를 생략한 채 행한 승인 등의 처분은 그 하자가 중대한 하자라고 할 수 있으나, 객관적으로 명백하다고 할 수는 없어 무효가 아니다.

④-1 선행처분인 도시계획시설사업시행자 지정처분이 처분요건을 충족하지 못하여 당연무효인 경우, 후행처분인 도시계획시설사업의 시행자가 작성한 실시계획을 인가하는 처분도 무효이다.
④-2 국토의 계획 및 이용에 관한 법령이 정한 도시계획시설사업의 대상토지의 소유와 동의요건을 갖추지 못하였는데도 사업시행자로 지정한 경우, 하자가 중대하고 명백하다.

06

①-1 폐기물처리업자가 폐기물관리법령이 정한 재활용기준을 위반하였더라도 특별한 사정이 있어 폐기물처리업자의 의무위반을 탓할 수 없는 정당한 사유가 있는 경우에는 폐기물처리업자에 대하여 제재처분을 할 수 없다.
①-2 '의무위반을 탓할 수 없는 정당한 사유'가 있는지를 판단할 때에는 폐기물처리업자 본인이나 그 대표자의 주관적인 인식을 기준으로 하는 것이 아니라, 그의 가족, 대리인, 피용인 등과 같이 본인에게 책임을 객관적으로 귀속시킬 수 있는 관계자 모두를 기준으로 판단하여야 한다.
② 행정청이 여러 개의 위반행위에 대하여 하나의 제재처분을 하였으나, 위반행위별로 제재처분의 내용을 구분하는 것이 가능하고 여러 개의 위반행위 중 일부의 위반행위에 대한 제재처분 부분만이 위법하다면, 법원은 그 제재처분 중 위법성이 인정되는 부분만 취소하여야 하고 그 제재처분 전부를 취소하여서는 아니 된다.
③-1 행정기본법상 '제재처분'이란 법령 등에 따른 의무를 위반하거나 이행하지 아니하였음을 이유로 당사자에게 의무를 부과하거나 권익을 제한하는 처분을 말한다. 다만, 동법 제30조 제1항 각 호에 따른 행정상 강제는 제외한다.
③-2 제재처분의 근거가 되는 법률에는 제재처분의 주체, 사유, 유형 및 상한을 명확하게 규정하여야 한다. 이 경우 제재처분의 유형 및 상한을 정할 때에는 해당 위반행위의 특수성 및 유사한 위반행위와의 형평성 등을 종합적으로 고려하여야 한다.
④-1 행정청은 법령 등의 위반행위가 종료된 날부터 5년이 지나면 해당 위반행위에 대하여 제재처분(인·허가의 정지·취소·철회, 등록말소, 영업소 폐쇄와 정지를 갈음하는 과징금 부과를 말한다)을 할 수 없다.
④-2 다만, ㉠ 거짓이나 그 밖의 부정한 방법으로 인·허가를 받거나 신고를 한 경우, ㉡ 당사자가 인·허가나 신고의 위법성을 알고 있었거나 중대한 과실로 알지 못한 경우, ㉢ 정당한 사유 없이 행정청의 조사·출입·검사를 기피·방해·거부하여 제척기간이 지난 경우, ㉣ 제재처분을 하지 아니하면 국민의 안전·생명 또는 환경을 심각하게 해치거나 해칠 우려가 있는 경우에는 위반행위가 종료된 날부터 5년이 지난 후에도 제재처분을 할 수 있다.

07

①-1 재판행위로 인한 국가배상책임의 인정에 있어서 위법은 판결 자체의 위법이 아니라 법관의 재판상 직무수행에 있어서의 공정한 재판을 위한 직무상 의무의 위반으로서의 위법이다.
①-2 법관의 재판에 법령의 규정을 따르지 아니한 잘못이 있다 하더라도 이로써 바로 그 재판상 직무행위가 국가배상법 제2조 제1항에서 말하는 위법한 행위로 되어 국가의 손해배상책임이 발생하는 것은 아니다.
①-3 즉, 국가배상책임이 인정되려면 당해 법관이 위법 또는 부당한 목적을 가지고 재판을 하는 등 법관이 그에게 부여된 권한의 취지에 명백히 어긋나게 이를 행사하였다고 인정할 만한 특별한 사정이 있어야 한다.
②-1 장관으로부터 도지사를 거쳐 군수에게 재위임된 국가사무인 기관위임사무를 처리함에 있어서 군수가 고의 또는 과실로 타인에게 손해를 가한 경우, 원칙적으로 그 사무의 귀속주체인 국가가 손해배상책임을 진다.

②-2 한편, 군은 비용을 부담한다고 볼 수 있는 경우에 한하여 비용부담자로서 국가와 함께 손해배상책임을 진다.
③-1 어떠한 행정처분이 후에 항고소송에서 취소된 사실만으로 당해 행정처분이 곧바로 공무원의 고의 또는 과실로 인한 것으로서 불법행위를 구성한다고 단정할 수 없다.
③-2 어떠한 행정처분이 위법하다고 할지라도 그 자체만으로 곧바로 그 행정처분이 공무원의 고의 또는 과실로 인한 불법행위를 구성한다고 단정할 수는 없고, 공무원의 고의 또는 과실의 유무에 대하여는 별도의 판단을 요한다.
④ 위헌·무효임이 명백한 긴급조치 제9호의 발령부터 적용·집행에 이르는 수사, 재판 등 일련의 국가작용으로 인한 손해에 대해 국가배상책임이 인정된다.

08

① 허가취소처분을 영업정지처분으로 변경하거나 변경을 명령하는 경우 등과 같은 적극적 변경은 행정심판에서는 허용된다.
② 중앙행정심판위원회는 심판청구를 심리·재결할 때에 처분 또는 부작위의 근거가 되는 명령 등(대통령령·총리령·부령·훈령·예규·고시·조례·규칙 등을 말한다)이 법령에 근거가 없거나 상위법령에 위배되거나 국민에게 과도한 부담을 주는 등 크게 불합리하면 관계행정기관에 그 명령 등의 개정·폐지 등 적절한 시정조치를 요청할 수 있다.
③ 임시처분은 집행정지로 목적을 달성할 수 있는 경우에는 허용되지 않는다.
④ 처분청이 심판청구기간을 알리지 아니한 때의 심판청구기간은 처분의 상대방이 처분이 있음을 안 경우에도 당해 처분이 있었던 날부터 180일이 된다.

09

①-1 어떠한 고시가 일반적·추상적 성격을 가질 때에는 법규명령 또는 행정규칙에 해당할 것이지만, 다른 집행행위의 매개 없이 그 자체로서 직접 국민의 구체적인 권리·의무나 법률관계를 규율하는 성격을 가질 때에는 항고소송의 대상이 되는 행정처분에 해당한다.
①-2 항정신병 치료제의 요양급여 인정기준에 관한 보건복지부 고시는 다른 집행행위의 매개 없이 그 자체로서 제약회사, 요양기관, 환자 및 국민건강보험공단 사이의 법률관계를 직접 규율하므로 항고소송의 대상이 되는 행정처분에 해당한다.
② 방위사업법령 및 국방전력발전업무훈령에 따른 연구개발확인서 발급은 사업관리기관이 개발업체에게 수의계약의 방식으로 국방조달계약을 체결할 수 있는 지위가 있음을 인정해주는 확인적 행정행위로서 공권력의 행사인 처분에 해당하고, 연구개발확인서 발급거부는 신청에 따른 처분발급을 거부하는 거부처분에 해당한다.
③-1 근로복지공단이 사업주에 대하여 하는 '개별사업장의 사업종류변경결정'은 행정청이 행하는 구체적 사실에 관한 법집행으로서의 공권력의 행사인 처분에 해당한다.
③-2 근로복지공단의 사업종류변경결정에 따라 국민건강보험공단이 사업주에 대하여 하는 각각의 산재보험료 부과처분도 항고소송의 대상인 처분에 해당한다.
④ 각 군 참모총장이 '군인 명예전역수당 지급대상자 결정절차'에서 국방부장관에게 수당지급대상자를 추천하거나 신청자 중 일부를 추천하지 아니하는 행위는 행정기관 상호 간의 내부적인 의사결정과정의 하나일 뿐 그 자체만으로는 직접적으로 국민의 권리·의무가 설정, 변경, 박탈되거나 그 범위가 확정되는 등 기존의 권리상태에 어떤 변동을 가져오는 것이 아니므로, 항고소송의 대상이 되는 처분이 아니다.

10

- ㉮-1 무효등확인소송은 개별법에서 필요적(예외적) 행정심판전치주의를 규정하고 있는 경우에도 그 적용을 받지 않는다.
- ㉮-2 부작위위법확인소송에는 행정심판전치에 관한 규정이 준용된다.
- ㉯ 필요적(예외적) 행정심판전치주의가 적용되는 경우에는 처분의 상대방이 아닌 제3자가 취소소송을 제기하더라도 행정심판을 거쳐야 한다.
- ㉰ 행정심판전치주의가 적용되는 경우에 행정심판을 거치지 않고 소제기를 하였더라도 사실심변론종결 전까지 행정심판을 거친 경우 하자는 치유된 것으로 볼 수 있다.
- ㉱-1 행정심판전치주의의 요건을 충족하기 위하여는 행정심판청구가 적법하여야 한다.
- ㉱-2 제기기간을 도과한 행정심판청구의 부적법을 간과한 채 행정청이 실질적 재결을 한 경우라도, 행정소송의 전치요건은 충족된 것으로 볼 수 없다.
- ㉲-1 행정심판절차에서 주장하지 아니한 처분의 위법사유도 소송절차가 사실심변론종결 전이라면 소송절차에서 주장할 수 있다.
- ㉲-2 전심절차에서 주장하지 아니한 처분의 위법사유를 소송절차에서 새롭게 주장하였다고 하여 다시 그 처분에 대하여 별도의 전심절차를 거쳐야 하는 것은 아니다.

11

- ①-1 공정력은 취소쟁송제도를 전제로 한 것이므로, 행정행위(처분) 외에 취소쟁송의 대상이 되지 않는 법규명령(조례), 공법상 계약, 단순한 사실행위 및 사법(私法)행위에는 공정력이 인정되지 않는다.
- ①-2 따라서 위법한 조례는 무효가 된다고 보아야 한다.
- ②-1 헌법에 따르면 법률이 헌법에 위반되는 여부가 재판의 전제가 된 경우에 법원은 헌법재판소에 제청하여 그 심판에 의하여 재판한다.
- ②-2 이에 반해 명령·규칙 또는 처분이 헌법이나 법률에 위반되는 여부가 재판의 전제가 된 경우에는 대법원은 이를 최종적으로 심사할 권한을 가진다.
- ③ 행정행위의 하자가 취소사유에 불과한 때에는 처분이 취소되지 않는 한 그로 인한 이득은 법률상 원인 없는 이득, 즉 부당이득이 아니다.
- ④ 헌법 제107조 제2항에서는 명령·규칙에 대한 심사권을 규정하고 있는 바, 여기의 규칙에는 지방자치단체의 조례와 규칙이 포함된다.

12

- ① 사정판결은 원고의 청구가 이유 있는 경우에도(처분이 위법함에도) 공공의 복리를 위해 원고의 청구를 기각하는 판결이다.
- ② 당연무효의 행정처분을 소송목적물로 하는 행정소송에서는 존치시킬 효력이 있는 행정행위가 없기 때문에 행정소송법 제28조 소정의 사정판결을 할 수 없다.
- ③ 사정판결의 경우 처분의 위법성 판단기준시는 처분시이며, 공공복리의 필요성 판단기준시는 판결시(변론종결시)이다.
- ④-1 사정판결의 경우 그 판결의 주문에서 그 처분 등이 위법함을 명시하여야 한다.
- ④-2 사정판결의 경우 그 처분 등의 위법성에 대하여 기판력이 발생한다.

13

- ① 광주민주화운동 관련 보상금 지급에 관한 권리는 보상심의위원회의 결정에 의해 비로소 성립하는 것이 아니라 법에 의해 구체적 권리가 발생한 것이므로 당사자소송을 제기하여야 한다.
- ② 조세부과처분이 당연무효임을 전제로 하여 이미 납부한 세금의 반환을 청구하는 것은 민사상의 부당이득반환청구로서 민사소송절차에 따라야 한다.
- ③ 지방전문직 공무원 채용계약해지의 의사표시에 대하여는 대등한 당사자 간의 소송형식인 당사자소송으로 무효확인을 청구할 수 있다.
- ④ 환매권의 존부에 관한 확인을 구하는 소송 및 구 「공익사업을 위한 토지 등의 취득 및 보상에 관한 법률」 제91조 제4항에 따라 환매금액의 증감을 구하는 소송 역시 민사소송에 해당한다.

14

- ①-1 헌법 제23조 제3항은 "공공필요에 의한 재산권의 수용·사용 또는 제한 및 그에 대한 보상은 법률로써 하되, 정당한 보상을 지급하여야 한다."라고 규정하고 있다.
- ①-2 위의 규정은 보상청구권의 근거에 관하여서뿐만 아니라 보상의 기준과 방법에 관하여서도 법률의 규정에 유보하고 있는 것으로 보아야 한다.
- ② 개발제한구역지정으로 인하여 토지를 종래의 목적으로도 사용할 수 없거나 또는 더 이상 법적으로 허용된 토지이용의 방법이 없기 때문에 실질적으로 토지의 사용·수익의 길이 없는 경우에는 토지소유자가 수인해야 하는 사회적 제약의 한계를 넘는 것으로 보아야 한다.
- ③ 개발제한구역지정으로 인한 개발가능성의 소멸과 그에 따른 지가의 하락이나 지가상승률의 상대적 감소는 토지소유자가 감수해야 하는 사회적 제약의 범주에 속하는 것(합헌적인 것)이다.
- ④ 국토교통부가 2008. 8. 26. 언론을 통해 전국 5곳에 국가산업단지를 새로 조성한다는 내용을 발표한 것은 「공익사업을 위한 토지 등의 취득 및 보상에 관한 법률」 제70조 제5항에서 정한 '공익사업의 계획 또는 시행의 공고·고시'에 해당하지 않는다.

15

- ①-1 정기조사 또는 수시조사를 실시한 행정기관의 장은 동일한 사안에 대하여 동일한 조사대상자를 재조사하여서는 아니 된다.
- ①-2 다만, 당해 행정기관이 이미 조사를 받은 조사대상자에 대하여 위법행위가 의심되는 새로운 증거를 확보한 경우에는 그러하지 아니하다.
- ② 조사대상자의 자발적인 협조를 얻어 실시하는 행정조사의 경우에는 행정조사의 개시와 동시에 출석요구서 등을 조사대상자에게 제시하거나 행정조사의 목적 등을 조사대상자에게 구두로 통지할 수 있다.
- ③ 음주운전 여부에 대한 조사과정에서 운전자 본인의 동의를 받지 아니하고 또한 법원의 영장도 없이 채혈조사를 한 결과를 근거로 한 운전면허정지·취소처분은 특별한 사정이 없는 한 위법한 처분이다.
- ④-1 우편물 통관검사절차에서 이루어지는 우편물의 개봉, 시료채취, 성분분석 등의 검사는 수출입물품에 대한 적정한 통관 등을 목적으로 한 행정조사의 성격을 가지는 것으로서 수사기관의 강제처분이라고 할 수 없다.
- ④-2 따라서 압수·수색영장 없이 우편물의 개봉, 시료채취, 성분분석 등 검사가 진행되었다 하더라도 특별한 사정이 없는 한 위법하다고 볼 수 없다.

16

①-1 당사자 등은 처분 전에 그 처분의 관할행정청에 서면이나 말로 또는 정보통신망을 이용하여 의견제출을 할 수 있다.
①-2 당사자 등이 정당한 이유 없이 의견제출기한까지 의견제출을 하지 아니한 경우에는 의견이 없는 것으로 본다.
②-1 행정청은 신청인의 편의를 위하여 처분의 처리기간을 종류별로 미리 정하여 공표하여야 한다.
②-2 행정청이 처리기간이 지나 처분을 하였더라도 이를 처분을 취소할 절차상 하자로 볼 수 없다.
③-1 행정절차법에 따르면 행정청은 처분을 할 때에 당사자 등이 제출한 의견이 상당한 이유가 있다고 인정하는 경우에는 이를 반영하여야 한다.
③-2 한편, 당사자 등이 제출한 의견에 행정청이 기속되는 것은 아니다.
④-1 행정청이 문서에 의하여 처분을 한 경우 원칙적으로 그 처분서의 문언에 따라 어떤 처분을 하였는지를 확정하여야 한다.
④-2 다만, 그 처분서의 문언만으로는 행정청이 어떤 처분을 하였는지 불분명하다는 등 특별한 사정이 있는 때에는 처분경위, 처분청의 진정한 의사, 처분을 전후한 상대방의 태도 등 다른 사정을 고려하여 처분서의 문언과 달리 그 처분의 내용을 해석할 수도 있다.

17

㉮ 부령 형식으로 정해진 제재적 처분기준은 그 성질과 내용이 행정내부의 사무처리기준을 규정한 것에 불과하므로 행정규칙의 성질을 가지며 대외적으로 국민이나 법원을 구속하는 것은 아니다.
㉯-1 기속행위의 경우 법원이 일정한 결론을 도출한 후 그 결론에 비추어 행정청이 한 판단의 적법 여부를 독자의 입장에서 판정하는 방식에 의한다.
㉯-2 또한 재량행위의 경우 법원은 독자의 결론을 도출함이 없이 당해 행위에 재량권의 일탈·남용이 있는지 여부만을 심사하게 된다.
㉰ 행정규칙인 재량준칙이 정한 바에 따라 행정관행이 이룩되게 되면 평등원칙이나 신뢰보호원칙에 따라 행정기관은 그 규칙에 따라야 할 자기구속을 당하게 되고 그리한 경우 행정규칙은 대외적 구속력을 가지게 된다.
㉱ 제재적 행정처분이 그 처분에서 정한 제재기간의 경과로 인하여 그 효과가 소멸되었다 하더라도 그 처분이 후행처분의 가중적 요건사실이 되는 경우 선행처분의 취소를 구할 소의 이익이 있다.
㉲ 행정심판에서는 위법한 처분뿐만 아니라 부당한 처분도 취소할 수 있다.

18

①-1 행정행위의 자력집행력이란 행정행위에 의해 부과된 의무를 상대방이 이행하지 않는 경우에 행정청이 스스로 강제력을 발동하여 그 의무를 실현시키는 힘을 말한다.
①-2 자력집행력은 모든 행정행위에 인정되는 것이 아니라 개념상 상대방에게 어떤 의무를 부과하는 하명행위에 인정된다.
①-3 한편, 행정청이 자력집행을 함에 있어서는 하명의 근거 외에 자력집행력에 관한 별도의 법적 근거가 있어야만 자력집행을 할 수 있다.
② 운전면허취소처분을 받은 후 자동차를 운전하였으나 위 취소처분이 행정쟁송절차에 의하여 취소된 경우, 무면허운전이 성립되지 않는다.
③-1 요양급여비용청구권과 의사소견서 발급비용청구권은 공단의 지급결정에 의하여 구체적인 권리가 발생한다고 보아야 한다.
③-2 따라서 요양급여비용 지급결정이 취소되지 않았다면, 요양급여비용 지급결정이 당연무효라는 등의 특별한 사정이 없는 한 그 결정에 따라 지급된 요양급여비용이 법률상 원인 없는 이득이라고 할 수 없고, 국민건강보험공단의 요양기관에 대한 요양급여비용 상당 부당이득반환청구권도 성립하지 않는다.

④-1 일반적으로 행정처분이나 행정심판재결이 불복기간의 경과로 인하여 확정될 경우 그 확정력은, 그 처분으로 인하여 법률상 이익을 침해받은 자가 당해 처분이나 재결의 효력을 더 이상 다툴 수 없다는 의미일 뿐이다.
④-2 또한 그 확정력에는 판결에 있어서와 같은 기판력이 인정되는 것은 아니어서 그 처분의 기초가 된 사실관계나 법률적 판단이 확정되고 당사자들이나 법원이 이에 기속되어 모순되는 주장이나 판단을 할 수 없게 되는 것은 아니다.
④-3 따라서 산업재해요양보상급여취소처분이 쟁송기간의 경과로 더 이상 다툴 수 없게 된 경우에도 요양급여청구권의 부존재가 확정된 것은 아니므로 다시 요양급여청구를 할 수 있다.

19

① 재량과 판단여지를 구별하는 견해에 따르면 판단여지는 법률요건의 포섭단계에서 관련되는 문제이며 재량은 법률효과의 결정 내지 선택과 관련되는 문제가 된다는 점에서 양자를 구별하고 있다.
② 국가공무원법상 복직명령은 기속행위이므로, 국가공무원이 휴직사유가 소멸하였음을 이유로 복직신청을 한 경우 임용권자는 지체 없이 복직명령을 하여야 한다.
③ 공무원 임용을 위한 면접전형에서 임용신청자의 능력이나 적격성 등에 관한 판단은 면접위원의 자유재량에 속한다.
④ 행정청의 전문적인 정성적 평가 결과는 그 판단의 기초가 된 사실인정에 중대한 오류가 있거나 그 판단이 사회통념상 현저하게 타당성을 잃어 객관적으로 불합리하다는 등의 특별한 사정이 없는 한 법원이 그 당부를 심사하기에 적절하지 않으므로 가급적 존중되어야 한다.

20

① 지방자치단체가 일방 당사자가 되는 이른바 '공공계약'이 사경제의 주체로서 상대방과 대등한 위치에서 체결하는 사법상 계약에 해당하는 경우, 그에 관한 법령에 특별한 성함이 없나면 사석 사치와 계약자유의 원칙 등 사법의 원리가 그대로 적용된다.
② 사법인(私法人)인 학교법인과 학생의 재학관계는 사법상 계약에 따른 법률관계에 해당한다.
③ 수도법에 의하여 지방자치단체인 수도사업자가 그 수돗물의 공급을 받는 자에게 하는 수도료 부과·징수와 이에 따른 수도료 납부관계는 공법상의 권리·의무관계이므로, 이에 관한 분쟁은 행정소송의 대상이다.
④ 서울시립무용단원의 위촉은 공법상 계약이며, 그 해촉에 관한 분쟁은 행정소송인 공법상 당사자소송의 대상이 된다.

제7회 | 옳은 지문

01

㉮ 공무수탁사인은 수탁받은 공무를 수행하는 범위 내에서는 행정주체이고, 행정기본법·행정절차법이나 행정심판법과 행정소송법상으로는 행정청이기도 하다.

㉯ 공무수탁사인제도는 공권력행사의 권한을 사인에게 이전시키는 제도이므로 법적 근거가 필요하다.

㉰ 「도시 및 주거환경정비법」상 주택재건축정비사업조합은 공법인으로서 그 목적범위 내에서 행정주체의 지위를 갖는다.

㉱ 경찰과 한 용역계약에 의해 주차위반차량을 견인하는 민간사업자는 공무수탁사인이 아니라 사법상 계약에 의해 경영위탁을 받은 자에 불과하다.

㉲ 교육부장관(당시 문교부장관)의 권한을 재위임받은 공립교육기관의 장에 의하여 공립유치원의 임용기간을 정한 전임강사로 임용되어 지방자치단체로부터 보수를 지급받으면서 공무원복무규정을 적용받고 사실상 유치원교사의 업무를 담당하여 온 유치원교사의 자격이 있는 자에 대한 해임처분의 시정 및 수령지체된 보수의 지급을 구하는 소송은 행정소송의 대상이다.

02

①-1 행정소송법에 따르면 판결에 의하여 취소되는 처분이 당사자의 신청을 거부하는 것을 내용으로 하는 경우에는 그 처분을 행한 행정청은 판결의 취지에 따라 다시 이전의 신청에 대한 처분을 하여야 한다(행정소송법 제30조 제2항(취소판결 등의 기속력)).

①-2 이 경우 처분을 하지 아니하는 때에는 제1심 수소법원은 당사자의 신청에 의하여 결정으로써 상당한 기간을 정하고 행정청이 그 기간 내에 이행하지 아니하는 때에는 그 지연기간에 따라 일정한 배상을 할 것을 명하거나 즉시 손해배상을 할 것을 명할 수 있다(행정소송법 제34조 제1항(거부처분취소판결의 간접강제)).

①-3 위의 행정소송법 소정의 간접강제결정에 기한 배상금의 성질은 확정판결의 취지에 따른 재처분의 지연에 대한 제재나 손해배상이 아니고 재처분의 이행에 관한 심리적 강제수단에 불과한 것으로 보아야 한다.

①-4 따라서 확정판결의 취지에 따른 재처분이 간접강제결정에서 정한 의무이행기한이 경과한 후에 이루어진 경우, 간접강제결정에 기한 배상금의 추심은 허용되지 않는다.

②-1 취소소송에서 처분 등을 취소하는 확정판결의 기속력은 판결의 주문뿐만 아니라 그 전제가 되는 처분 등의 구체적 위법사유에 관한 이유 중의 판단에 대하여도 인정된다.

②-2 기속력은 판결주문 및 이유에서 판단된 처분 등의 구체적 위법사유에 미친다는 점에서 기판력이 판결의 주문에만 미치는 것과 구별된다.

③ 처분행정청을 피고로 하는 취소소송의 기판력은 당해 처분이 귀속하는 국가 또는 공공단체에 미친다.

④-1 기판력은 인용판결뿐만 아니라 청구기각판결에도 인정된다.

④-2 따라서 행정처분취소청구를 기각하는 판결이 확정되면 그 처분이 적법하다는 점에 관하여 기판력이 생기므로 원고가 다시 이를 무효라 하여 그 무효확인을 소구할 수는 없다.

④-3 즉, 처분취소소송에서 청구가 기각된 확정판결의 기판력은 그 처분의 무효확인소송에도 미친다.

03

① 수리를 요하는 신고에서 행정청의 수리 또는 수리의 거부는 준법률행위적 행정행위의 일종으로 항고소송의 대상인 처분에 해당한다.

② 수리대상인 기본행위가 존재하지 않거나 무효인 때에는 수리를 하였더라도 그 수리는 당연무효가 된다.

③-1 인가의 경우 기본행위가 무효임을 이유로 인가처분에 대한 무효확인을 구하는 것은 소의 이익이 없다고 보았으나, 수리처분의 경우 기본행위가 무효임을 이유로 수리처분의 무효확인을 구할 이익이 있다.

③-2 따라서 사업의 양도행위가 무효라고 주장하는 양도자가 양도·양수행위의 무효를 구함이 없이 사업양도·양수에 따른 허가관청의 지위승계신고수리처분의 무효확인을 구할 법률상 이익이 있다.

④-1 대물적 처분(대물적 허가 등)의 경우 명문의 규정이 없더라도 영업양도가 가능하며, 이 경우 양도인의 위법행위를 이유로 양수인에게 제재를 할 수 있다.

④-2 석유판매업허가는 대물적 허가로서 양도가 가능하므로 석유판매업이 양도된 경우, 양도인의 귀책사유로 양수인에게 제재를 가할 수 있다.

04

① 군인연금법이 정하고 있는 급여 중 사망보상금은 일실손해의 보전을 위한 것으로 불법행위로 인한 소극적 손해배상과 같은 종류의 급여이므로, 군복무 중 사망한 망인의 유족이 국가배상을 받은 경우 피고는 사망보상금에서 소극적 손해배상금 상당액을 공제할 수 있을 뿐, 이를 넘어 정신적 손해배상금 상당액까지 공제할 수는 없다.

② 국회의 입법행위는 그 입법내용이 헌법의 문언에 명백히 위배됨에도 국회가 '굳이 당해 입법을 한 것'과 같은 특수한 경우가 아닌 한, 국가배상법 제2조 제1항 소정의 위법행위에 해당하지 않는다.

③ 국가배상법상의 손해배상청구권은 상대방이 손해 및 가해자를 안 날로부터 3년간 이를 행사하지 아니하면 시효로 인하여 소멸한다.

④-1 형사상 범죄를 구성하지 아니하는 침해행위도 민사상 불법행위를 구성할 수 있다.

④-2 이에 따르면 경찰관이 범인을 제압하는 과정에서 총기를 사용하여 범인을 사망에 이르게 한 경우 형사상 무죄판결이 확정되더라도 국가배상책임은 인정될 수 있다.

05

① 재량행위에는 법령상 근거가 없더라도 그 내용이 적법하고 이행 가능하며 비례의 원칙 및 평등의 원칙에 적합하고 행정처분의 본질적 효력을 해하지 아니하는 한도 내에서 부관을 붙일 수 있다.
②③-1 부진정일부취소소송이란 부관이 붙은 행정행위 전체를 소송대상으로 하되 실질적으로는 부관만의 취소를 구하는 형태의 소송을 말하는바, 우리 판례는 부담 이외의 부관에 대해 부진정일부취소소송을 인정하고 있지 않다.
②③-2 즉, 부담을 제외한 나머지 부관에 대해서는 부관이 붙은 행정행위 전체의 취소를 통하여 부관을 다툴 수 있을 뿐, 부관만의 취소를 구할 수는 없다.
②③-3 어업면허처분을 함에 있어 그 면허의 유효기간을 1년으로 정한 경우, 위 면허의 유효기간은 행정행위의 부관이다.
②③-4 이러한 행정행위의 부관은 독립하여 행정소송의 대상이 될 수 없는 것이므로 위 어업면허처분 중 그 면허유효기간만의 취소를 구하는 청구는 허용될 수 없다.
④ 토지소유자가 토지형질변경행위허가에 붙은 기부채납의 부관에 따라 토지를 기부채납(증여)한 경우, 기부채납의 부관이 당연무효이거나 취소되지 않은 상태에서 그 부관으로 인하여 증여계약의 중요부분에 착오가 있음을 이유로 증여계약을 취소할 수 없다.

06

① 직무집행과 관련하여 공상을 입은 군인 등이 먼저 국가배상법에 따라 손해배상금을 지급받은 다음 「보훈보상대상자 지원에 관한 법률」이 정한 보상금 등 보훈급여금의 지급을 청구하는 경우, 국가배상법에 따라 손해배상을 받았다는 사정을 들어 보상금 등 보훈급여금의 지급을 거부할 수 없다.
② 군복무 중 사망한 군인 등의 유족이 국가배상법에 따른 손해배상금을 지급받은 경우, 군인연금법 제31조에서 정한 사망보상금을 지급받을 수 없다.
③ 이중배상금지에 관한 규정은 다른 법령에 의한 보상금청구권이 발생한 이상 실제로 보상금청구권을 행사하였는지 또는 행사하고 있는지 여부에 관계없이 적용된다고 보아야 하고 보상금청구권이 시효로 소멸된 경우에도 적용된다.
④ 헌법재판소는 국가배상법 제2조 제1항 단서(이중배상금지조항) 중 군인에 관련되는 부분을, 민간인인 공동불법행위자가 다른 공동불법행위자인 군인의 부담부분에 대해 국가에 대하여 구상권을 행사하는 것을 허용하지 않는다고 해석하는 한, 헌법에 위반된다는 입장이다.

07

① 민사소송에 있어서 어느 행정처분의 당연무효 여부가 선결문제로 되는 때에는 이를 판단하여 당연무효임을 전제로 판결할 수 있고 반드시 행정소송 등의 절차에 의하여 그 취소나 무효확인을 받아야 하는 것은 아니다.
② 과세처분의 하자가 취소사유에 불과한 때에는 처분이 취소되지 않는 한 그로 인한 이득은 법률상 원인 없는 이득, 즉 부당이득이 아니다.
③ 사위(詐僞) 기타 부정한 방법으로 수입면허를 받았다 하더라도 그 수입면허 당연무효가 아닌 한 관세법 소정의 무면허수입죄가 성립될 수 없다.
④-1 행정처분의 취소판결이 있어야만 그 행정처분이 위법임을 이유로 손해배상청구를 할 수 있는 것은 아니다.
④-2 즉, 손해배상청구소송에서 철거처분의 위법 여부가 선결문제인 경우 민사법원은 그 위법 여부를 판단하여 손해배상의 판결을 할 수 있다.

08

①-1 헌법 제23조 제3항이 규정하는 정당한 보상이란 원칙적으로 피수용재산의 객관적인 재산가치를 완전하게 보상하는 것이어야 한다는 완전보상을 뜻하는 것이다.
①-2 따라서 보상금액뿐만 아니라 보상의 시기나 방법 등에 있어서도 어떠한 제한을 두어서는 아니 된다.
①-3 다만, 개발이익은 그 성질상 완전보상의 범위에 포함되지 아니한다.
②-1 손실보상이 인정되기 위해서는 침해의 가능성만으로 충분하지 않고, 실질적이고 현실적인 피해가 발생해야 하며, 공익사업과 손실 사이에 상당인과관계가 있어야 한다.
②-2 따라서 공유수면매립면허의 고시가 있다고 하여 반드시 그 사업이 시행되고 그로 인하여 손실이 발생한다고 할 수 없으므로, 매립면허 고시 이후 매립공사가 실행되어 관행어업권자에게 실질적이고 현실적인 피해가 발생한 경우에만 구 공유수면매립법에서 정하는 손실보상청구권이 발생한다.
③ 하나의 재결에서 피보상자별로 여러 가지의 토지, 물건, 권리 또는 영업의 손실에 관하여 심리·판단이 이루어졌을 때, 피보상자 또는 사업시행자가 반드시 재결 전부에 관하여 불복하여야 하는 것은 아니며, 여러 보상항목들 중 일부에 관해서만 불복하는 경우에는 그 부분에 관해서만 개별적으로 불복의 사유를 주장하여 행정소송을 제기할 수 있다.
④-1 잔여지수용청구의 의사표시는 관할 토지수용위원회에 하여야 한다.
④-2 관할 토지수용위원회가 사업시행자에게 잔여지수용청구의 의사표시를 수령할 권한을 부여하였다고 인정할 만한 사정이 없는 한, 사업시행자에게 한 잔여지매수청구의 의사표시를 관할 토지수용위원회에 한 잔여지수용청구의 의사표시로 볼 수는 없다.

09

㉮ 허가는 그 근거가 된 법령에 의한 금지를 해제할 뿐이고 다른 법률에 의한 금지까지 해제하지는 않는 것이 원칙이다.
㉯ 인·허가 의제제도는 주된 허가를 담당하는 기관이 의제되는 인·허가에 관한 심사도 담당한다는 점에서 행정기관의 권한에 변경을 가져오므로 법률에 명시적 근거가 있어야 한다.
㉰ 인·허가 의제제도의 경우 주된 허가의 신청에 다른 인·허가 신청에 필요한 서류까지 첨부하여 주된 허가담당관청에만 신청하면 된다.
㉱-1 의제되는 인·허가 요건에 구속되어 주된 허가요건뿐만 아니라 의제되는 인·허가 요건까지 모두 구비한 경우에 주된 신청에 대한 허가를 할 수 있다고 보는 견해(실체집중 부정설)가 다수설의 태도이다.
㉱-2 따라서 채광계획 인가로 공유수면 점용허가가 의제될 경우, 공유수면점용불허가결정을 사유로 들어 채광계획을 인가하지 아니할 수 있다.
㉲-1 인·허가 의제의 경우 주된 허가신청에 대해 거부처분을 하면서 의제되는 인·허가와 관련된 사유를 그 근거로 제시한 경우에도, 거부처분의 상대방은 주된 허가거부처분을 대상으로 소송을 제기하여야 한다.
㉲-2 따라서 건축불허가처분을 하면서 건축불허가사유 외에 형질변경불허가사유나 농지전용불허가사유를 들고 있는 경우, 그 건축불허가처분에 관한 쟁송과는 별개로 형질변경불허가처분이나 농지전용불허가처분에 관한 쟁송을 제기하여 이를 다투어야 하는 것은 아니며, 그 건축불허가처분에 관한 쟁송에서 형질변경불허가사유나 농지전용불허가사유에 관하여도 다툴 수 있다.

10

① 인용재결이 있는 경우 처분청은 그러한 재결에 기속되므로 이에 불복하여 취소소송을 제기할 수 없다.
②-1 행정심판의 심리는 구술심리나 서면심리로 한다.
②-2 다만, 행정심판의 심리에 있어 당사자가 구술심리를 신청한 때에는 행정심판위원회는 서면심리만으로 결정할 수 있다고 인정하는 경우를 제외하고는 구술심리를 하여야 한다.
③ 항고소송에서 행정청이 처분의 근거사유를 추가하거나 변경하기 위한 요건인 '기본적 사실관계의 동일성'은 행정심판단계에서도 적용된다.
④ 행정심판법 제51조에서 "심판청구에 대한 재결이 있으면 그 재결 및 같은 처분 또는 부작위에 대하여 다시 행정심판을 청구할 수 없다."라고 규정하여 행정심판을 거친 사건에 대해서는 행정심판청구가 반복되는 것을 금지하고 있다.

11

①-1 건축허가는 대물적 성질을 갖는 것이어서 행정청으로서는 허가를 할 때에 건축주 또는 토지소유자가 누구인지 등 인적 요소에 관하여는 형식적 심사만 한다.
①-2 건축주가 토지소유자로부터 토지사용승낙서를 받아 토지 위에 건축물을 건축하는 대물적 성질의 건축허가를 받았다가 착공에 앞서 건축주의 귀책사유로 해당 토지를 사용할 권리를 상실한 경우, 토지소유자가 건축허가의 철회를 신청할 수 있으며, 따라서 토지소유자의 신청을 거부한 행위는 항고소송의 대상이 된다.
②-1 보조금 중 '거짓이나 부정한 방법으로 지급받은 부분'과 '정상적으로 지급받은 부분'을 구분할 수 있다면 '거짓이나 부정한 방법으로 지급받은 부분'에 한하여만 보조금을 환수하여야 한다.
②-2 보조금이 가분적 평가에 의하여 산정·결정된 것이 아니어서 보조금 중 '거짓이나 부정한 방법으로 지급받은 부분'과 '정상적으로 지급받은 부분'을 구분할 수 없고, 보조금이 거짓이나 부정한 방법에 의하여 일체로서 지급된 것이라고 판단할 수 있는 경우에는 보조금 전부를 거짓이나 부정한 방법으로 지급받은 것으로 보아야 한다.
③ 영유아보육법 제30조 제5항에 따라 평가인증을 철회하는 처분을 하면서, 원칙적으로 별도의 법적 근거 없이 평가인증의 효력을 과거로 소급하여 상실시킬 수는 없다.
④ 부담부 행정행위에 있어서 처분의 상대방이 부담을 이행하지 아니한 경우에 처분행정청으로서는 당해 처분을 철회할 수 있다.

12

① 재개발조합을 상대로 조합원자격 유무에 관한 확인을 구하는 소송은 공법상 당사자소송이다.
②-1 산업재해보상보험법 시행령 [별표]상 '업무상 질병에 대한 구체적인 인정기준'은 동법에서 정한 '업무상 질병'에 해당하는 경우를 예시적으로 규정한 것이다.
②-2 산업재해보상보험법 시행령 [별표]상 '인정기준'의 위임에 따른 「뇌혈관 질병 또는 심장 질병 및 근골격계 질병의 업무상 질병 인정 여부 결정에 필요한 사항」(고용노동부 고시)은 대외적으로 국민과 법원을 구속하는 효력이 있는 규범이라고 볼 수 없다(행정규칙).
②-3 근로복지공단이 처분 당시에 시행된 고용노동부 고시 「뇌혈관 질병 또는 심장 질병 및 근골격계 질병의 업무상 질병 인정 여부 결정에 필요한 사항」을 적용하여 한 산재요양불승인처분에 대한 항고소송에서 법원이 해당 불승인처분 후 개정된 고용노동부 고시의 규정내용과 개정취지를 참작하여 상당인과관계 존부를 판단할 수 있다.
③ 읍·면장에 의한 이장의 임명 및 면직은 행정처분이 아니라 공법상 계약 및 그 계약을 해지하는 의사표시이다.
④-1 「도시 및 주거환경정비법」상의 주택재건축정비사업조합을 상대로 관리처분계획안에 대한 조합총회결의의 효력을 다투는 소송의 법적 성질은 행정소송법상 당사자소송이다.
④-2 「도시 및 주거환경정비법」상의 주택재건축정비사업조합이 같은 법 제48조에 따라 수립한 관리처분계획에 대하여 관할행정청의 인가·고시가 있은 후에는 항고소송의 방법으로 관리처분계획의 취소 또는 무효확인을 구하여야 하고, 관리처분계획안에 대한 총회결의의 무효확인을 구할 수는 없다.

13

① 행정절차법에 따르면 당사자가 의견진술의 기회를 포기한다는 뜻을 명백히 표시한 경우에는 의견청취(청문, 공청회, 의견제출 등)를 하지 아니할 수 있다.
② 행정청이 처분을 할 때에는 다른 법령 등에 특별한 규정이 있는 경우를 제외하고는 문서로 하여야 하지만 ㉠ 당사자 등의 동의가 있는 경우, ㉡ 당사자가 전자문서로 처분을 신청한 경우에는 전자문서로 할 수 있다.
③ 처분서에 기재된 내용, 관계법령과 해당 처분에 이르기까지 전체적인 과정 등을 종합적으로 고려하여, 처분 당시 당사자가 어떠한 근거와 이유로 처분이 이루어진 것인지를 충분히 알 수 있어서 그에 불복하여 행정구제절차로 나아가는 데 별다른 지장이 없었던 것으로 인정되는 경우에는 처분서에 처분의 근거와 이유가 구체적으로 명시되어 있지 않았더라도 이를 처분을 취소하여야 할 절차상 하자로 볼 수 없다.
④-1 행정청은 당사자에게 의무를 부과하거나 권익을 제한하는 처분을 하는 경우에는 미리 처분의 제목, 당사자의 성명 또는 명칭과 주소 등을 당사자 등에게 통지하여야 한다.
④-2 특별한 사정이 없는 한 거부처분은 직접 당사자의 권익을 제한하는 것은 아니어서 신청에 대한 거부처분은 처분의 사전통지대상이 된다고 할 수 없다.

14

① 징계처분에 대한 항고절차에서 징계위원회 구성에 절차상 하자가 있다는 점을 알게 되었다거나 이 사건 징계처분이 취소되었다고 하더라도, 그와 같은 사정들만으로 정보공개거부처분의 취소를 구할 법률상 이익이 없다고 볼 수 없다.
② 학교법인의 임시이사선임처분에 대한 취소소송 제기 후 소송계속 중 임시이사가 교체되어 새로운 임시이사가 선임된 경우, 당초의 임시이사선임처분의 취소를 구할 소의 이익이 있다(위법한 처분이 반복될 가능성이 있어서 소의 이익을 인정한 판결).
③ 현역병입영대상자로 병역처분을 받은 자가 그 취소소송 중 모병에 응하여 현역병으로 자진입대한 경우는 소의 이익이 없다.
④ 해임처분 무효확인 또는 취소소송계속 중 해당 공무원의 임기가 만료되어 해임처분의 무효확인 또는 취소로 지위를 회복할 수 없다고 할지라도, 그 무효확인 또는 취소로 해임처분일부터 임기만료일까지 기간에 대한 보수지급을 구할 수 있는 경우에는 해임처분의 무효확인 또는 취소를 구할 법률상 이익이 있다.

15

①-1 「공공기관의 정보공개에 관한 법률」에 따르면, 공개청구한 정보가 비공개대상정보에 해당하는 부분과 공개 가능한 부분이 혼합되어 있는 경우로서 공개청구의 취지에 어긋나지 아니하는 범위에서 두 부분을 분리할 수 있는 경우에는 비공개대상정보에 해당하는 부분을 제외하고 공개하여야 한다.

①-2 따라서 공개를 거부한 정보에 비공개대상정보에 해당하는 부분과 공개가 가능한 부분이 구별되고 이를 분리할 수 있는 경우 법원은 공개가 가능한 정보에 관한 부분만을 취소해야 한다.

①-3 이 경우 판결의 주문에 행정청의 거부처분 중 공개가 가능한 정보에 관한 부분만을 취소한다고 표시하여야 한다.

② 공개청구의 대상이 되는 정보가 이미 다른 사람에게 공개되어 널리 알려져 있다거나 인터넷이나 관보 등을 통하여 공개되어 인터넷 검색이나 도서관에서의 열람 등을 통하여 쉽게 알 수 있다고 하여도 소의 이익이 없다고 할 수 없고 비공개결정이 정당화될 수도 없다.

③ 공공기관에 의하여 전자적 형태로 보유·관리되는 정보가 정보공개청구인이 구하는 대로 되어 있지 않더라도, 청구인이 구하는 대로 편집이 가능하며 그러한 작업이 당해 기관의 업무수행에 큰 지장을 초래하지 아니한다면 공공기관이 공개청구대상정보를 보유·관리하고 있는 것으로 볼 수 있다.

④ 청구인이 정보공개거부처분의 취소를 구하는 소송에서 공공기관이 청구정보를 증거 등으로 법원에 제출하여 법원을 통하여 그 사본을 청구인에게 교부 또는 송달되게 하여 결과적으로 청구인에게 정보를 공개하는 셈이 되었다고 하더라도, 이러한 우회적인 방법은 「공공기관의 정보공개에 관한 법률」이 예정하고 있지 아니한 방법으로서 「공공기관의 정보공개에 관한 법률」에 의한 공개라고 볼 수는 없으므로, 당해 정보의 비공개결정의 취소를 구할 소의 이익은 소멸되지 않는다.

16

①-ⓐ 구 국세징수법상 가산금 또는 중가산금의 고지는 항고소송의 대상이 되는 처분이 아니다.

①-ⓑ 공정거래위원회의 '표준약관 사용권장행위'는 항고소송의 대상이 되는 처분이다.

①-ⓒ 공정거래위원회의 고발조치 및 고발의결은 행정기관 상호 간의 행위에 불과하므로 항고소송의 대상이 되는 행정처분이 아니다.

②-ⓐ 국가인권위원회의 각하 및 기각결정은 법률상 신청권이 있는 피해자인 진정인의 권리행사에 중대한 지장을 초래하는 것으로서 항고소송의 대상이 되는 행정처분에 해당한다.

②-ⓑ 「진실·화해를 위한 과거사정리 기본법」 제26조에 따른 진실·화해를 위한 과거사정리위원회의 진실규명결정은 항고소송의 대상이 되는 행정처분이다.

②-ⓒ 구 「하도급거래 공정화에 관한 법률」 제26조 제2항에 따른 공정거래위원회의 관계행정기관의 장에게 한 입찰참가자격제한 등 요청결정은 항고소송의 대상이 되는 행정처분에 해당한다.

③-ⓐ 공무원이 소속 장관으로부터 받은 '서면에 의한 경고'는 국가공무원법상의 징계처분이나 행정소송의 대상이 되는 행정처분이라고 할 수 없다.

③-ⓑ 교육부장관이 시·도교육감에게 통보한 대학입시기본계획 내의 내신성적산정지침은 항고소송의 대상인 행정처분이 아니다.

③-ⓒ-1 어떠한 고시가 일반적·추상적 성격을 가질 때에는 법규명령 또는 행정규칙에 해당할 것이지만, 다른 집행행위의 매개 없이 그 자체로서 직접 국민의 구체적인 권리·의무나 법률관계를 규율하는 성격을 가질 때에는 항고소송의 대상이 되는 행정처분에 해당한다.

③-ⓒ-2 보건복지부 고시인 「약제급여·비급여목록 및 급여상한 금액표」는 다른 집행행위의 매개 없이 그 자체로서 국민건강보험가입자, 국민건강보험공단, 요양기관 등의 법률관계를 직접 규율하는 성격을 가지므로 항고소송의 대상이 되는 행정처분에 해당한다.

④-ⓐ 공법인인 총포·화약안전기술협회의 '회비납부통지'는 '부담금 부과처분'으로서 항고소송의 대상이 된다.

④-ⓑ 한국마사회가 조교사 또는 기수의 면허를 부여하거나 취소하는 것은 일반사법상의 법률관계에서 이루어지는 단체 내부에서의 징계 내지 제재처분일 뿐 행정처분이 아니다.

④-ⓒ 과거에 법률에 의하여 당연퇴직된 공무원의 복직 또는 재임용신청에 대한 행정청의 거부행위는 당연퇴직의 효과가 계속하여 존재한다는 것을 알려주는 일종의 안내에 불과하여 당연퇴직된 공무원의 실체상 권리관계에 직접적인 변동을 일으키는 것으로 볼 수 없으므로, 항고소송의 대상이 되는 행정처분에 해당하지 아니한다.

17

①-1 계고는 준법률행위적 행정행위인 통지로서 처분성이 있다.

①-2 다만, 제2차·제3차의 계고처분은 새로운 철거의무를 부과한 것이 아니고, 대집행기한의 연기통지에 불과하므로 행정처분이 아니다.

②-1 대집행의 대상이 되는 의무는 대체적인 (작위)의무에 한정된다.

②-2 따라서 비대체적 작위의무(병역의무, 증인의 출석의무 등 타인이 대신할 수 없는 의무)의 경우에는 대집행을 할 수 없다.

②-3 토지·건물의 점유이전의무는 토지·건물을 점유하고 있는 사람의 퇴거를 필요로 하는데, 이는 대체적 작위의무라고 할 수 없으므로 대집행의 대상이 될 수 없다.

②-4 마찬가지로 도시공원시설 점유자의 퇴거 및 명도의무는 대체적 작위의무가 아니므로 대집행의 대상이 되지 않는다.

③ 계고시 상당한 기간을 부여하지 않은 경우 대집행영장으로 대집행의 시기를 늦추었다 하더라도 대집행계고처분은 상당한 이행기한을 정하여 한 것이 아니므로 위법하다.

④-1 행정청이 대집행의 계고를 함에 있어서는 의무자가 이행해야 할 행위와 의무불이행시 대집행할 행위의 내용과 범위가 구체적으로 특정되어야 한다.

④-2 다만, 특정 여부는 반드시 대집행계고서만으로 판단할 것은 아니고 그 처분 전후에 송달된 문서나 기타 사정을 종합하여 행위의 내용이 특정되거나 대집행의무자가 그 이행의무의 범위를 알 수 있을 정도면 족하다.

18

①-1 처분사유에 관한 증명책임은 피고 행정청에 있다.

①-2 거부처분 취소소송에서도 그 처분사유에 관한 증명책임은 피고 행정청에 있다.

② 국민에게 일정한 이득과 권리를 취득하게 한 종전 행정처분을 취소할 수 있는 경우 및 취소해야 할 필요성에 대한 증명책임의 소재는 행정청에 있다.

③ 행정처분의 당연무효를 구하는 소송에 있어서도 그 무효를 구하는 사람(원고)에게 그 행정처분에 존재하는 하자가 중대하고 명백하다는 것을 주장·입증할 책임이 있다.

④ 행정청이 현장조사과정에서 조사상대방으로부터 구체적인 위반사실을 자인하는 내용의 확인서를 작성받았다면, 작성자의 의사에 반하여 강제로 작성되었거나 구체적인 사실에 대한 증명자료로 삼기 어렵다는 등의 특별한 사정이 없는 한 그 증거가치를 쉽게 부정할 수 없다.

19

- ①-1 세무조사가 과세자료의 수집 또는 신고내용의 정확성 검증이라는 본연의 목적이 아니라 부정한 목적을 위하여 행하여진 것이라면 이는 세무조사에 중대한 위법사유가 있는 경우에 해당한다.
- ①-2 이 경우 위법한 세무조사에 의하여 수집된 과세자료를 기초로 한 과세처분 역시 위법하다.
- ② 과세관청이 위법한 중복세무조사를 기초로 발령한 부가가치세 부과처분은 위법한 처분이다.
- ③-1 정기조사 또는 수시조사를 실시한 행정기관의 장은 동일한 사안에 대하여 동일한 조사대상자를 재조사하여서는 아니 된다.
- ③-2 다만, 당해 행정기관이 이미 조사를 받은 조사대상자에 대하여 위법행위가 의심되는 새로운 증거를 확보한 경우에는 그러하지 아니하다.
- ④ 행정기관의 장은 인터넷 등 정보통신망을 통하여 조사대상자로 하여금 자료의 제출 등을 하게 할 수 있다.

20

- ① 무효사유에 해당하는 처분에 대해 취소소송을 제기하는 경우에도 제소기간의 준수 등 취소소송의 제소요건을 갖추어야 한다.
- ② 행정처분이 있음을 안 날부터 90일을 넘겨 행정심판을 청구하였다가 부적법하다는 이유로 각하재결을 받은 후 재결서를 송달받은 날부터 90일 내에 원래의 처분에 대하여 취소소송을 제기한 경우, 취소소송의 제소기간을 준수한 것으로 볼 수는 없다.
- ③ 원고가 행정소송법상 항고소송으로 제기해야 할 사건을 민사소송으로 잘못 제기한 경우에 수소법원이 그 항고소송에 대한 관할을 가지고 있지 아니하여 관할법원에 이송하는 결정을 하였고, 그 이송결정이 확정된 후 원고가 항고소송으로 소변경을 하였다면, 그 항고소송에 대한 제소기간의 준수 여부는 원칙적으로 처음에 소를 제기한 때를 기준으로 판단하여야 한다.
- ④-1 부작위위법확인의 소는 부작위상태가 계속되는 한 그 위법의 확인을 구할 이익이 있다고 보아야 하므로 원칙적으로 제소기간의 제한을 받지 않는다.
- ④-2 그러나 행정심판 등 전심절차를 거친 경우에는 행정소송법 제20조가 정한 제소기간 내에 부작위위법확인의 소를 제기하여야 한다.

제 8 회 | 옳은 지문

01

① 관할 교육지원청 교육장이 교육환경평가승인신청에 대한 보완요청서에 "휴양콘도미니엄업이 「교육환경 보호에 관한 법률」에 따른 금지행위 및 시설로 규정되어 있지 않다."는 의견을 밝힌 것은 교육장이 최종적으로 교육환경평가를 승인하겠다는 취지의 공적 견해를 표명한 것이라고 볼 수 없다.

② 과세관청이 납세자에게 신뢰의 대상이 되는 공적인 견해를 표명하였다는 사실에 대한 주장·입증책임은 납세자(원고)에게 있다.

③ 근로복지공단의 요양불승인처분에 대한 취소소송을 제기하여 승소확정판결을 받은 근로자가 요양으로 인하여 취업하지 못한 기간의 휴업급여를 청구한 경우, 그 휴업급여청구권이 시효완성으로 소멸하였다는 근로복지공단의 항변은 신의성실의 원칙에 반하여 허용될 수 없다.

④ 동사무소 직원이 행정상 착오로 국적이탈을 사유로 주민등록을 말소한 것을 신뢰하여 만 18세가 될 때까지 별도로 국적이탈신고를 하지 않았던 사람이, 만 18세가 넘은 후 동사무소의 주민등록 직권 재등록사실을 알고 국적이탈신고를 하자 "병역을 필하였거나 면제받았다는 증명서가 첨부되지 않았다."는 이유로 반려한 처분은 신뢰보호의 원칙에 반하여 위법하다.

02

㉮ 일부인용재결의 경우 일부인용되고 남은 원처분이 소송의 대상이 된다.

㉯ 행정심판을 거쳐 취소소송을 제기하는 경우 취소소송은 재결서의 정본을 송달받은 날부터 90일 이내에 제기하여야 하고, 재결서의 정본을 송달받지 못한 경우에는 재결이 있은 날부터 1년 이내에 제기하여야 한다.

㉰ 행정소송법 제14조에 의한 피고경정은 사실심변론종결시까지 허용된다.

㉱ 행정소송법 제14조에 따르면 원고가 피고를 잘못 지정한 때에는 법원은 원고의 신청에 의하여 결정으로써 피고의 경정을 허가할 수 있다.

㉲ 피고경정결정이 있으면 새로운 피고에 대한 소송은 처음에 소를 제기한 때에 제기된 것으로 본다.

03

㉮-1 헌법 제107조 제2항에 따르면 명령·규칙 또는 처분이 헌법이나 법률에 위반되는 여부가 재판의 전제가 된 경우에는 대법원은 이를 최종적으로 심사할 권한을 가진다.

㉮-2 동 규정은 각급법원은 모두 명령·규칙의 위헌·위법 여부를 심사할 수 있되, 다만 최종적 심사권한은 대법원에 있다는 의미이다.

㉯ 법원이 구체적 규범통제를 통해 위헌·위법으로 선언할 심판대상은, 해당 규정의 전부가 불가분적으로 결합되어 있어 일부를 무효로 하는 경우 나머지 부분이 유지될 수 없는 결과를 가져오는 특별한 사정이 없는 한, 원칙적으로 해당 규정 중 재판의 전제성이 인정되는 조항에 한정된다.

㉰-1 행정소송에 대한 대법원판결에 의하여 명령·규칙이 헌법 또는 법률에 위반된다는 것이 확정된 경우에는 대법원은 지체 없이 그 사유를 행정안전부장관에게 통보하여야 한다.

㉰-2 이 경우 통보를 받은 행정안전부장관은 지체 없이 이를 관보에 게재하여야 한다.

㉱ 법규명령이 별도의 집행행위를 기다리지 않고 직접 기본권을 침해하는 것인 때에는 헌법소원심판의 대상이 될 수 있다.

㉲-1 일반적으로 시행령이 헌법이나 법률에 위반된다는 사정은 그 시행령의 규정을 위헌 또는 위법하여 무효라고 선언한 대법원의 판결이 선고되지 아니한 상태에서는 그 시행령 규정의 위헌 내지 위법 여부가 해석상 다툼의 여지가 없을 정도로 명백하였다고 인정되지 아니하는 이상, 객관적으로 명백한 것이라 할 수 없다.

㉲-2 따라서 이러한 시행령에 근거한 행정처분의 하자는 취소사유에 해당할 뿐 무효사유가 되지 아니한다.

04

① 의사결정과정에 제공된 회의 관련 자료나 의사결정과정이 기록된 회의록 등은 의사가 결정되거나 의사가 집행된 경우에는 더 이상 의사결정과정에 있는 사항 그 자체라고는 할 수 없으나, 의사결정과정에 있는 사항에 준하는 사항으로서 비공개대상정보에 포함될 수 있다.

② 불기소처분기록이나 내사기록 중 피의자신문조서 등 조서에 기재된 피의자 등의 인적 사항 이외의 진술내용이 개인의 사생활의 비밀 또는 자유를 침해할 우려가 인정되는 경우 「공공기관의 정보공개에 관한 법률」 제9조 제1항 제6호 본문에서 정한 비공개대상정보에 해당한다.

③ 도시공원위원회의 회의 관련 자료 및 회의록은 시장 등의 결정의 대외적 공표행위가 있은 후에는 이를 의사결정과정 내지 내부검토과정에 있는 사항이라고 할 수 없고 위 위원회의 회의 관련 자료 및 회의록을 공개하더라도 업무의 공정한 수행에 지장을 초래할 염려가 없으므로 공개대상이 된다.

④-1 「공공기관의 정보공개에 관한 법률」에 따르면 공공기관이 보유·관리하는 정보에 포함되어 있는 성명·주민등록번호 등 개인정보보호법에 따른 개인정보로서 공개될 경우 사생활의 비밀 또는 자유를 침해할 우려가 있다고 인정되는 정보는 공개하지 아니할 수 있다(비공개대상).

④-2 다만, 공개하는 것이 공익을 위하여 필요한 경우로서 법령에 따라 국가 또는 지방자치단체가 업무의 일부를 위탁 또는 위촉한 개인의 성명·직업의 경우는 제외한다(공개대상).

05

㉮ 과태료는 행정상의 질서유지를 위한 행정질서벌에 해당할 뿐 형벌이라고 할 수 없어 죄형법정주의의 규율대상에 해당하지 아니한다.

㉯-1 질서위반행위규제법에서 말하는 '질서위반행위'란 법률(지방자치단체의 조례를 포함한다)상의 의무를 위반하여 과태료를 부과하는 행위를 말한다.

㉯-2 ㉠ 대통령령으로 정하는 사법(私法)상·소송법상 의무를 위반하여 과태료를 부과하는 행위, ㉡ 대통령령으로 정하는 법률에 따른 징계사유에 해당하여 과태료를 부과하는 행위는 질서위반행위규제법에서 말하는 질서위반행위에 해당하지 않는다.

㉢ 행정청은 질서위반행위가 종료된 날(다수인이 질서위반행위에 가담한 경우에는 최종행위가 종료된 날을 말한다)부터 5년이 경과한 경우에는 해당 질서위반행위에 대하여 과태료를 부과할 수 없다.
㉣ 과태료재판의 경우, 법원으로서는 기록상 현출되어 있는 사항에 관하여 직권으로 증거조사를 하고 이를 기초로 하여 판단할 수 있는 것이나, 그 경우 행정청의 과태료 부과처분사유와 기본적 사실관계에 있어서 동일성이 인정되는 한도 내에서만 과태료를 부과할 수 있다.
㉤ 신분에 의하여 성립하는 질서위반행위에 신분이 없는 자가 가담한 때에는 신분이 없는 자에 대하여도 질서위반행위가 성립한다.

06

① 국유재산(잡종재산(현 일반재산))의 매각 및 매각신청 반려행위는 사법상의 행위에 불과하다.
② 농지개량조합과 그 직원(조합원을 의미함)의 관계는 공법상의 특별권력관계로서 농지개량조합이 조합직원에 대하여 행한 징계처분은 행정소송의 대상이다.
③ 사립중학교에 대한 중학교 의무교육의 위탁관계는 초·중등교육법 제12조 제3항, 제4항 등 관련법령에 의하여 정해지는 공법적 관계이다.
④ 지방자치단체가 일반재산을 입찰이나 수의계약을 통해 매각하는 것은 기본적으로 사경제주체의 지위에서 하는 행위이므로 원칙적으로 계약자유의 원칙이 적용된다.

07

① 귀화신청인이 구 국적법 제5조 각 호에서 정한 귀화요건을 갖추지 못한 경우 법무부장관은 귀화 허부에 관한 재량권을 행사할 여지 없이 귀화불허처분을 하여야 한다.
②-1 재량의 일탈이란 법률의 외적 한계를 넘어 재량권이 행사된 경우를 말한다. 재량의 남용은 법률의 외적 한계는 넘지 않았으나 재량권을 부여한 법의 목적이나 평등의 원칙·비례의 원칙 등 내적 한계에 위배되는 경우의 재량권행사를 말한다.
②-2 재량권의 일탈 또는 남용은 법원의 심사대상이 된다(행정소송법 제27조).
②-3 그러나 재량권의 한계 내에서의 행정청의 판단, 즉 합목적성 내지 공익성의 판단 등은 위법의 문제가 아니라 당·부당의 문제로서 행정심판의 대상은 되지만 법원의 심사대상은 되지 않는다.
③ 「가축분뇨의 관리 및 이용에 관한 법률」에 따른 가축분뇨 처리방법 변경허가는 허가권자의 재량행위에 해당한다.
④ 재외동포에 대한 사증발급은 행정청의 재량행위에 속한다.

08

㉮ 절차상·형식상의 하자에 대해서는 하자의 치유가 인정되나, 내용상의 하자에 대해서는 하자의 치유가 인정되지 않는다.
㉯ 행정행위의 하자가 치유되면 당해 행정행위는 치유시가 아니라 처음부터 하자가 없는 적법한 행정행위로서 그 효력이 발생한다.
㉰-1 세액산출근거가 기재되지 아니한 납세고지서(현 납부고지서)에 의한 부과처분은 강행법규에 위반하여 취소대상이 된다.
㉰-2 이와 같은 하자는 납세의무자가 전심절차에서 이를 주장하지 아니하였거나, 그 후 부과된 세금을 자진납부하였다거나, 또는 조세채권의 소멸시효기간이 만료되었다 하여 치유되는 것은 아니다.
㉱ 행정청이 식품위생법상의 청문절차를 이행함에 있어 청문서 도달기간을 다소 어겼지만 영업자가 이의하지 아니한 채 청문일에 출석하여 의견을 진술하고 변명하는 등 방어의 기회를 충분히 가졌다면 하자는 치유된다.
㉲ 재건축조합설립인가처분 당시 토지소유자 등의 동의율을 충족하지 못한 하자는 후에 토지소유자 등의 추가동의서가 제출되었다는 사정만으로 치유될 수 없다.

09

① 가산세는 세법에서 규정하는 의무의 성실한 이행을 확보하기 위하여 세법에 따라 산출한 본세액에 가산하여 징수하는 독립된 조세로서, 본세에 감면사유가 인정된다고 하여 가산세도 감면대상에 포함되는 것이 아니다.
②-1 가산세를 부과함에 있어 고의·과실은 고려되지 않는다.
②-2 다만, 의무불이행에 정당한 사유가 있는 경우에는 가산세를 부과할 수 없다.
③-1 체납자 등에 대한 공매통지는 공매의 절차적 요건에 해당하므로, 체납자 등에게 공매통지를 하지 않았거나 적법하지 않은 공매통지를 한 경우 그 공매처분은 위법하다.
③-2 다만, 체납자 등은 자신에 대한 공매통지의 하자만을 공매처분의 위법사유로 주장할 수 있을 뿐 다른 권리자에 대한 공매통지의 하자를 들어 공매처분의 위법사유로 주장하는 것은 허용되지 않는다.
④ 관할행정청이 체납자인 부동산소유자에게 한국자산관리공사의 공매대행 사실을 통지하지 않았다거나 공매예고통지가 없었다는 이유만으로 매각처분이 위법하게 되는 것은 아니다.

10

①-1 법관의 재판에 법령규정을 따르지 않은 잘못이 있더라도 이로써 바로 재판상 직무행위가 국가배상법 제2조 제1항에서 말하는 위법한 행위로 되어 국가의 손해배상책임이 발생하는 것은 아니다.
①-2 법관의 재판상 직무행위로 인한 국가배상책임이 인정되려면 법관이 위법하거나 부당한 목적을 가지고 재판을 하였다거나 법이 법관의 직무수행상 준수할 것을 요구하고 있는 기준을 현저하게 위반하는 등 법관이 그에게 부여된 권한의 취지에 명백히 어긋나게 이를 행사하였다고 인정할 만한 특별한 사정이 있어야 한다.
② 국가배상법 제2조 제1항에 따른 국가배상책임이 성립하기 위해서는 공무원의 직무집행이 위법하다는 점만으로는 부족하고 공무원의 위법한 직무집행으로 타인의 권리·이익이 침해되어 구체적 손해가 발생하여야 한다.
③ 미군부대 소속의 선임하사관이 공무차 개인소유차를 운전하고 출장을 갔다가 퇴근하기 위하여 운행하던 중 사고가 발생한 경우, 그 차량의 운전행위는 국가배상법 제2조 소정의 직무집행행위에 속한다.
④-1 통설 및 판례는 '직무를 집행하면서'와 관련하여 외형설을 취하고 있다.
④-2 인사업무 담당공무원이 다른 공무원의 공무원증 등을 위조한 행위에 대하여 실질적으로는 직무행위에 속하지 아니한다 할지라도 외관상으로 국가배상법 제2조 제1항의 직무집행관련성이 인정된다.

11

- ①-1 신청 후 허가기준이 변경된 경우에는 원칙적으로 신청시가 아닌 처분시의 법령과 기준에 의해 처리되어야 한다.
- ①-2 허가신청 후 허가기준이 변경되었다 하더라도 그 허가관청이 허가신청을 수리하고도 정당한 이유 없이 그 처리를 늦추어 그 사이에 허가기준이 변경된 것이 아닌 이상 변경된 허가기준에 따라서 처분하여야 한다.
- ②-1 담배 일반소매인으로 지정되어 영업을 하고 있는 기존업자의 '신규 구내소매인'에 대한 이익은 반사적 이익이다.
- ②-2 담배 일반소매인으로 지정되어 영업을 하고 있는 기존업자의 '신규 일반소매인'에 대한 이익은 법률상 보호되는 이익이라는 판례와 구별하기 바란다.
- ③ 한의사면허는 강학상 허가로서 한의사의 영업상 이익은 사실상 이익에 불과하므로 한의사에게 한약조제시험을 통해 한약조제권을 인정받은 약사에 대한 합격처분의 효력을 다툴 원고적격이 없다.
- ④ 법령상 토사채취가 제한되지 않는 산림 내에서의 토사채취에 대하여 국토와 자연의 유지, 환경보전 등 중대한 공익상 필요를 이유로 그 허가를 거부할 수 있다.

12

- ㉮-1 의료법에 따른 정신과의원 개설신고는 수리를 요하는 신고이다.
- ㉮-2 의료법에 따라 정신과의원을 개설하려는 자가 법령에 규정되어 있는 요건을 갖추어 개설신고를 한 경우 행정청은 원칙적으로 이를 수리하여 신고필증을 교부하여야 하고, 법령에서 정한 요건 이외의 사유를 들어 의원급 의료기관 개설신고의 수리를 거부할 수는 없다.
- ㉯-1 자기완결적 신고의 경우 적법한 신고가 있으면 행정청의 수리 여부와 무관하게 신고서가 접수기관에 도달한 때 신고의무가 이행된 것으로 본다.
- ㉯-2 따라서 골프장이용료 변경신고와 같은 「체육시설의 설치·이용에 관한 법률」 제18조(현 제20조)에 의한 행정청에 대한 신고의 경우 그 신고 자체가 위법하거나 그 신고에 무효사유가 없는 한 이것이 도지사에게 제출하여 접수된 때에 신고가 있었다고 볼 것이고, 도지사의 수리행위가 있어야만 신고가 있었다고 볼 것은 아니다.
- ㉰-1 자기완결적 신고인 원격평생교육신고의 반려행위는 항고소송의 대상이 되는 행정처분이다.
- ㉰-2 통신매체를 이용하여 학습비를 받고 불특정 다수인에게 원격평생교육을 실시하기 위해 구 평생교육법 제22조 등에서 정한 형식적 요건을 모두 갖추어 신고한 경우, 행정청이 실체적 사유를 들어 신고수리를 거부할 수 없다.
- ㉱-1 장기요양기관의 폐업신고와 노인의료복지시설의 폐지신고는 수리를 필요로 하는 신고이다.
- ㉱-2 행정청이 그 신고를 수리하였더라도 위조 등의 사유가 있어 신고행위 자체가 효력이 없다면, 그 수리행위는 수리행위 자체에 중대·명백한 하자가 있는지를 따질 것도 없이 당연히 무효이다.
- ㉲ 행정절차법에 따르면 법령 등에서 행정청에 대하여 일정한 사항을 통지함으로써 의무가 끝나는 신고의 경우 요건을 갖춘 경우에는 신고서가 접수기관에 도달된 때에 신고의무가 이행된 것으로 본다.

13

- ①-1 행정지도가 단순한 행정지도의 한계를 넘어 규제적·구속적 성격을 상당히 강하게 갖는 것이라면 헌법소원의 대상이 되는 '공권력의 행사'라고 볼 수 있다.
- ①-2 교육인적자원부장관(현 교육부장관)의 국·공립대학총장들에 대한 학칙시정요구는 헌법소원의 대상이 되는 공권력행사에 해당한다.
- ②-1 위법한 행정지도에 따라 행한 사인의 행위는 법령에 명시적으로 정하지 않는 한 그 위법행위가 정당화될 수 없다.
- ②-2 토지거래계약신고에 관한 행정관청의 위법한 관행에 따라 토지의 매매가격을 허위로 신고한 행위라 하더라도 위법성이 조각되지 않아 형사처벌의 대상이 된다.
- ③ 노동부장관(현 고용노동부장관)이 공공기관 단체협약내용을 분석하여 불합리한 요소를 개선하라고 요구한 행위는 행정지도로서의 한계를 넘어 규제적·구속적 성격을 강하게 갖는다고 할 수 없어 헌법소원의 대상이 되는 공권력의 행사에 해당하지 않는다.
- ④ 한계를 일탈한 위법한 행정지도로 인하여 상대방이 손해를 입은 경우 행정기관에게 손해를 배상할 책임이 있으나, 한계를 일탈하지 않은 행정지도로 인하여 상대방에게 손해가 발생한 경우라면 행정기관은 손해배상책임을 지지 않는다.

14

- ①-1 대집행에 소요된 비용은 의무자가 부담한다.
- ①-2 행정청은 납기일을 정하여 실제에 요한 비용액에 대해 의무자에게 문서로써 납부를 명하고, 의무자가 납부하지 않을 때에는 국세징수법의 예에 의하여 강제징수할 수 있다.
- ②-1 대집행의 각 단계 행위(계고 ⇨ 통지 ⇨ 실행 ⇨ 비용납부명령)는 하자의 승계가 긍정된다.
- ②-2 따라서 계고처분이 위법하다면 비용납부명령 자체는 아무런 하자가 없다고 하더라도 대집행비용납부명령의 취소를 구하는 소송에서 선행행위인 계고처분이 위법하므로 후행처분인 대집행비용납부명령도 위법하다는 것을 주장할 수 있다.
- ③ 공유재산 대부계약의 해지에 따른 원상회복으로 행정대집행의 방법에 의하여 그 지상물을 철거시킬 수 있다.
- ④ 행정대집행이 실행완료된 경우 대집행계고처분의 취소를 구할 법률상 이익은 없다.

15

①-1 행정처분의 무효확인 또는 취소를 구하는 소가 소송계속 중 해당 행정처분이 기간의 경과 등으로 그 효과가 소멸하여 원상회복이 불가능하더라도, 회복할 수 있는 다른 권리나 이익이 남아 있거나 동일한 사유로 위법한 처분이 반복될 위험성이 있어 행정처분의 위법성 확인 내지 불분명한 법률문제에 대한 해명이 필요한 경우에는 예외적으로 소의 이익을 인정할 수 있다.

①-2 '그 행정처분과 동일한 사유로 위법한 처분이 반복될 위험성이 있는 경우'란 불분명한 법률문제에 대한 해명이 필요한 상황에 대한 대표적인 예시일 뿐이며, 반드시 '해당 사건의 동일한 소송당사자 사이에서' 반복될 위험이 있는 경우만을 의미하는 것은 아니다.

② 행정처분의 근거법규 또는 관련법규에 그 처분으로써 이루어지는 행위 등 사업으로 인하여 환경상 침해를 받으리라고 예상되는 영향권의 범위가 구체적으로 규정되어 있는 경우에는, 그 영향권 내의 주민들은 특단의 사정이 없는 한 환경상 이익에 대한 침해 또는 침해우려가 있는 것으로 사실상 추정되어 원고적격이 인정된다.

③-1 국가기관은 항고소송의 원고가 될 수 있는 능력이 원칙적으로 없다.

③-2 다만, 다른 기관의 처분에 의해 국가기관이 권리를 침해받거나 의무를 부과받는 등 중대한 불이익을 받았음에도 그 처분을 다툴 별다른 방법이 없고, 그 처분의 취소를 구하는 항고소송을 제기하는 것이 유효·적절한 권익구제수단인 경우에는 국가기관에게 당사자능력과 원고적격을 인정하여야 한다.

③-3 국가기관인 시·도선거관리위원회 위원장은 국민권익위원회가 그에게 소속 직원에 대한 중징계요구를 취소하라는 등의 조치요구를 한 것에 대해서 취소소송을 제기할 원고적격을 가진다.

④-1 국가나 지방자치단체가 행정처분의 상대방인 경우에는 해당 처분을 다툴 원고적격이 있다.

④-2 구 건축법 제29조 제1항에서 정한 건축협의의 취소는 처분에 해당한다.

④-3 지방자치단체인 원고가 이를 다툴 실효적 해결수단이 없는 이상, 원고는 건축물 소재지 관할 허가권자인 지방자치단체의 장을 상대로 항고소송을 통해 건축협의취소의 취소를 구할 수 있다.

16

① (중학교 의무교육의 단계적 실시에 관해 대통령령에 위임한 것과 관련하여) 다양한 사실관계를 규율하거나 사실관계가 수시로 변화할 수 있는 사안에 대해서는 그 성격상 위임의 명확성의 요건이 좀 더 완화될 수 있다.

② 행정각부의 장이 정하는 고시가 비록 법령에 근거를 둔 것이라고 하더라도 그 규정내용이 법령의 위임범위를 벗어난 것일 경우에는 법규명령으로서의 대외적 구속력을 인정할 여지는 없다.

③-1 일반적·추상적 규범으로서의 법규명령은 '처분 등'의 개념에 포함되지 않으므로 원칙적으로 항고소송의 대상이 될 수 없다.

③-2 다만, 법규명령이 구체성을 갖는 경우, 즉 처분적 성질을 가지는 경우(처분법규)에는 항고소송의 대상이 될 수 있다.

③-3 따라서 조례가 집행행위의 개입 없이도 그 자체로서 직접 국민의 구체적인 권리·의무나 법적 이익에 영향을 미치는 등의 법률상 효과를 발생시키는 경우 그 조례는 항고소송의 대상이 되는 행정처분에 해당한다.

④-1 위임명령은 수권(위임)의 범위 내에서 국민의 권리 또는 의무에 관한 새로운 사항을 정할 수 있으나, 집행명령은 법률 또는 상위법령의 집행을 위하여 필요한 세부적·기술적 사항을 규정할 뿐 새로이 국민의 권리 또는 의무에 관한 새로운 사항을 정할 수 없다.

④-2 위임명령을 제정하기 위해서는 법률 또는 상위명령의 개별적 수권(위임)이 있어야 하나, 집행명령의 경우 법률 또는 상위명령의 개별적·구체적 근거는 필요하지 않다.

17

① 철회권을 유보하였더라도 취소(철회)를 필요로 할 만한 공익상의 필요가 있는 경우에만 철회권을 행사할 수 있다.

②-1 부관 중 부담의 경우만 주된 행정행위와 독립하여 항고소송의 대상이 된다.

②-2 따라서 법률효과의 일부배제는 독립하여 행정소송의 대상이 될 수 없다.

③-1 재량행위에 대해서는 법령에 근거가 없어도 부관을 붙일 수 있다.

③-2 기속행위에는 법률에서 명시적으로 부관을 붙일 수 있는 근거가 있으면 부관을 붙일 수 있으나, 법령에 근거가 없다면 부관을 붙일 수 없고 붙였다 하더라도 무효이다.

③-3 건축허가를 하면서 일정 토지를 기부채납하도록 한 허가조건은 기속행위 내지 기속적 재량행위인 건축허가에 붙인 부담이거나 또는 법령상 아무런 근거가 없는 부관이어서 무효이다.

④ 행정처분과 부관 사이에 실제적 관련성이 있다고 볼 수 없는 경우 공무원이 공법상의 제한을 회피할 목적으로 행정처분의 상대방과 사이에 사법상 계약을 체결하는 형식을 취하였다면 이는 법치행정의 원리에 반하는 것으로서 위법하다.

18

①-1 행정절차법에 따르면 행정청은 처분을 할 때에는 ㉠ 신청내용을 모두 그대로 인정하는 처분인 경우, ㉡ 단순·반복적인 처분 또는 경미한 처분으로서 당사자가 그 이유를 명백히 알 수 있는 경우, ㉢ 긴급히 처분을 할 필요가 있는 경우를 제외하고는 당사자에게 그 근거와 이유를 제시하여야 한다.

①-2 위 ㉡, ㉢의 경우에 처분 후 당사자가 요청하는 경우에는 그 근거와 이유를 제시하여야 한다.

② 퇴직연금의 환수결정은 관련법령에 따라 당연히 환수금액이 정하여지는 것이므로 퇴직연금의 환수결정에 앞서 당사자에게 행정절차법상의 의견진술기회를 주어야 하는 것은 아니다.

③ 행정청이 침해적 행정처분을 함에 있어서 당사자에게 사전통지를 하거나 의견제출의 기회를 주지 아니하였다면 사전통지를 하지 않거나 의견제출의 기회를 주지 아니하여도 되는 예외적인 경우에 해당하지 아니하는 한 그 처분은 위법하여 취소를 면할 수 없다.

④-1 교육부장관이 부적격사유가 없는 후보자들 사이에서 어떤 후보자를 상대적으로 더욱 적합하다고 판단하여 국립대학교의 총장으로 임용제청을 하였다면, 그러한 임용제청행위 자체로서 이유제시의무를 다한 것이라고 보아야 한다.

④-2 이 경우 교육부장관에게 개별심사항목이나 고려요소에 대한 평가결과를 더 자세히 밝힐 의무까지는 없다.

19

① 행정기관의 장은 법령 등에 특별한 규정이 있는 경우를 제외하고는 행정조사의 결과를 확정한 날부터 7일 이내에 그 결과를 조사대상자에게 통지하여야 한다.
② 다른 법률에 따르지 아니하고는 행정조사의 대상자 또는 행정조사의 내용을 공표하거나 직무상 알게 된 비밀을 누설하여서는 아니 된다.
③-1 조사원이 자료 등을 영치하는 경우에 조사대상자의 생활이나 영업이 사실상 불가능하게 될 우려가 있는 때에는 조사원은 자료 등을 사진으로 촬영하거나 사본을 작성하는 등의 방법으로 영치에 갈음할 수 있다.
③-2 다만, 증거인멸의 우려가 있는 자료 등을 영치하는 경우에는 그러하지 아니하다.
④ 출석한 조사대상자가 출석요구서에 기재된 내용을 이행하지 아니하여 행정조사의 목적을 달성할 수 없는 경우를 제외하고는 조사원은 조사대상자의 1회 출석으로 당해 조사를 종결하여야 한다.

20

행정심판을 제기하되 재결을 거칠 필요가 없는 경우	행정심판을 제기함이 없이 취소소송을 제기할 수 있는 경우
㉠ 행정심판청구가 있는 날로부터 60일이 지나도 재결이 없는 때 ㉡ 처분의 집행 또는 절차의 속행으로 생길 중대한 손해를 예방하여야 할 긴급한 필요가 있는 때 ㉢ 법령의 규정에 의한 행정심판기관이 의결 또는 재결을 하지 못할 사유가 있는 때 ㉣ 그 밖의 정당한 사유가 있는 때	㉠ 동종사건에 관하여 이미 행정심판의 기각재결이 있는 때(동일한 행정처분에 의하여 여러 사람이 동일한 의무를 부담하는 경우 그 중 한 사람이 행정심판을 제기하여 기각판결을 받은 때) ㉡ 서로 내용상 관련되는 처분 또는 같은 목적을 위하여 단계적으로 진행되는 처분 중 어느 하나가 이미 행정심판의 재결을 거친 때(납세고지(현 납부고지)처분에 대해 행정심판을 거친 이상 가산금 및 중가산금 징수처분에 대한 행정소송을 제기함에 있어서 별도로 전심절차를 거칠 필요가 없다(대판 1986. 7. 22, 85누297)) ㉢ 행정청이 사실심의 변론종결 후 소송의 대상인 처분을 변경하여 당해 변경된 처분에 관하여 소를 제기하는 때 ㉣ 처분을 행한 행정청이 행정심판을 거칠 필요가 없다고 잘못 알린 때(처분청이 아닌 행정심판업무 담당 공무원이 잘못 알린 경우도 포함)

써니 행정법총론 실전동형 모의고사

OMR 답안지
* 정답을 마킹해 보세요.

제1회	제2회	제3회	제4회
01 ① ② ③ ④	01 ① ② ③ ④	01 ① ② ③ ④	01 ① ② ③ ④
02 ① ② ③ ④	02 ① ② ③ ④	02 ① ② ③ ④	02 ① ② ③ ④
03 ① ② ③ ④	03 ① ② ③ ④	03 ① ② ③ ④	03 ① ② ③ ④
04 ① ② ③ ④	04 ① ② ③ ④	04 ① ② ③ ④	04 ① ② ③ ④
05 ① ② ③ ④	05 ① ② ③ ④	05 ① ② ③ ④	05 ① ② ③ ④
06 ① ② ③ ④	06 ① ② ③ ④	06 ① ② ③ ④	06 ① ② ③ ④
07 ① ② ③ ④	07 ① ② ③ ④	07 ① ② ③ ④	07 ① ② ③ ④
08 ① ② ③ ④	08 ① ② ③ ④	08 ① ② ③ ④	08 ① ② ③ ④
09 ① ② ③ ④	09 ① ② ③ ④	09 ① ② ③ ④	09 ① ② ③ ④
10 ① ② ③ ④	10 ① ② ③ ④	10 ① ② ③ ④	10 ① ② ③ ④
11 ① ② ③ ④	11 ① ② ③ ④	11 ① ② ③ ④	11 ① ② ③ ④
12 ① ② ③ ④	12 ① ② ③ ④	12 ① ② ③ ④	12 ① ② ③ ④
13 ① ② ③ ④	13 ① ② ③ ④	13 ① ② ③ ④	13 ① ② ③ ④
14 ① ② ③ ④	14 ① ② ③ ④	14 ① ② ③ ④	14 ① ② ③ ④
15 ① ② ③ ④	15 ① ② ③ ④	15 ① ② ③ ④	15 ① ② ③ ④
16 ① ② ③ ④	16 ① ② ③ ④	16 ① ② ③ ④	16 ① ② ③ ④
17 ① ② ③ ④	17 ① ② ③ ④	17 ① ② ③ ④	17 ① ② ③ ④
18 ① ② ③ ④	18 ① ② ③ ④	18 ① ② ③ ④	18 ① ② ③ ④
19 ① ② ③ ④	19 ① ② ③ ④	19 ① ② ③ ④	19 ① ② ③ ④
20 ① ② ③ ④	20 ① ② ③ ④	20 ① ② ③ ④	20 ① ② ③ ④
_____ 문항 / 20문항	_____ 문항 / 20문항	_____ 문항 / 20문항	_____ 문항 / 20문항

제5회 / 제6회 / 제7회 / 제8회 답안카드

문항	제5회	제6회	제7회	제8회
01	① ② ③ ④	① ② ③ ④	① ② ③ ④	① ② ③ ④
02	① ② ③ ④	① ② ③ ④	① ② ③ ④	① ② ③ ④
03	① ② ③ ④	① ② ③ ④	① ② ③ ④	① ② ③ ④
04	① ② ③ ④	① ② ③ ④	① ② ③ ④	① ② ③ ④
05	① ② ③ ④	① ② ③ ④	① ② ③ ④	① ② ③ ④
06	① ② ③ ④	① ② ③ ④	① ② ③ ④	① ② ③ ④
07	① ② ③ ④	① ② ③ ④	① ② ③ ④	① ② ③ ④
08	① ② ③ ④	① ② ③ ④	① ② ③ ④	① ② ③ ④
09	① ② ③ ④	① ② ③ ④	① ② ③ ④	① ② ③ ④
10	① ② ③ ④	① ② ③ ④	① ② ③ ④	① ② ③ ④
11	① ② ③ ④	① ② ③ ④	① ② ③ ④	① ② ③ ④
12	① ② ③ ④	① ② ③ ④	① ② ③ ④	① ② ③ ④
13	① ② ③ ④	① ② ③ ④	① ② ③ ④	① ② ③ ④
14	① ② ③ ④	① ② ③ ④	① ② ③ ④	① ② ③ ④
15	① ② ③ ④	① ② ③ ④	① ② ③ ④	① ② ③ ④
16	① ② ③ ④	① ② ③ ④	① ② ③ ④	① ② ③ ④
17	① ② ③ ④	① ② ③ ④	① ② ③ ④	① ② ③ ④
18	① ② ③ ④	① ② ③ ④	① ② ③ ④	① ② ③ ④
19	① ② ③ ④	① ② ③ ④	① ② ③ ④	① ② ③ ④
20	① ② ③ ④	① ② ③ ④	① ② ③ ④	① ② ③ ④
	_____ 문항 / 20문항	_____ 문항 / 20문항	_____ 문항 / 20문항	_____ 문항 / 20문항

한눈에 보는 빠른 정답

제1회 실전동형 모의고사

나의 점수 _____점

빠른 정답									
01	02	03	04	05	06	07	08	09	10
②	④	④	④	③	①	③	②	④	①
11	12	13	14	15	16	17	18	19	20
①	④	①	①	④	④	②	①	④	②

제2회 실전동형 모의고사

나의 점수 _____점

빠른 정답									
01	02	03	04	05	06	07	08	09	10
④	④	③	④	②	①	②	④	③	④
11	12	13	14	15	16	17	18	19	20
②	②	④	①	②	③	④	③	②	④

제3회 실전동형 모의고사

나의 점수 _____점

빠른 정답									
01	02	03	04	05	06	07	08	09	10
④	③	④	②	④	④	③	①	①	①
11	12	13	14	15	16	17	18	19	20
④	①	④	①	②	①	③	④	③	①

제4회 실전동형 모의고사

나의 점수 _____점

빠른 정답									
01	02	03	04	05	06	07	08	09	10
③	④	④	③	①	②	③	②	②	③
11	12	13	14	15	16	17	18	19	20
①	②	①	②	③	④	④	④	①	④

제 5 회 실전동형 모의고사

나의 점수 _____ 점

빠른 정답									
01	02	03	04	05	06	07	08	09	10
④	④	④	②	③	②	②	④	③	③
11	12	13	14	15	16	17	18	19	20
①	④	③	④	②	③	④	②	③	③

제 6 회 실전동형 모의고사

나의 점수 _____ 점

빠른 정답									
01	02	03	04	05	06	07	08	09	10
②	③	④	③	②	②	④	④	④	②
11	12	13	14	15	16	17	18	19	20
①	②	③	②	③	②	①	④	②	③

제 7 회 실전동형 모의고사

나의 점수 _____ 점

빠른 정답									
01	02	03	04	05	06	07	08	09	10
③	④	③	③	①	④	②	②	①	②
11	12	13	14	15	16	17	18	19	20
③	④	③	③	④	②	②	③	①	②

제 8 회 실전동형 모의고사

나의 점수 _____ 점

빠른 정답									
01	02	03	04	05	06	07	08	09	10
③	④	①	①	①	④	④	③	②	④
11	12	13	14	15	16	17	18	19	20
①	①	④	④	①	③	③	④	①	④

MEMO

MEMO

2025년도 국가공무원 9급 공개경쟁채용 필기시험 답안지

컴퓨터용 검정색사인펜만 사용

※ 시험감독관 사임
(응답한 표시가 기재되어 있지 배부됩니다.)

성 명	홍길동
자필성명	본인 성명 기재
응시직렬	행정(일반행정 전국:일반)
응시지역	서울

[필적감정용 기재]
* 아래 예시문을 옮겨 기재하시기 바랍니다.
예시: 본인은 ○○○(응시자성명)임을 확인함

기 재 란

책 형: ●

생년월일: 020131
응시번호: 6020124 (7)

제1과목
문번				
1	①	②	③	④
2	①	②	③	④
3	①	②	③	④
4	①	②	③	④
5	①	②	③	④
6	①	②	③	④
7	①	②	③	④
8	①	②	③	④
9	①	②	③	④
10	①	②	③	④
11	①	②	③	④
12	①	②	③	④
13	①	②	③	④
14	①	②	③	④
15	①	②	③	④
16	①	②	③	④
17	①	②	③	④
18	①	②	③	④
19	①	②	③	④
20	①	②	③	④

제2과목
(문번 1~20, 각 ①②③④)

제3과목
(문번 1~20, 각 ①②③④)

제4과목
(문번 1~20, 각 ①②③④)

제5과목
(문번 1~20, 각 ①②③④)

응시자 준수사항

□ 답안지 작성요령

※ 다음 사항을 준수하지 않을 경우에 발생하는 불이익은 응시자에게 귀책사유가 있으므로 기재된 내용대로 이행하여 주시기 바랍니다.

1. 득점은 OCR 스캐너 판독결과에 따라 산출합니다.
   "컴퓨터용 흑색 사인펜"을 사용하여 반드시 <보기>의 올바른 표기 방식으로 답안을 작성하여야 합니다.
   답안을 전부 채우지 않고 점만 찍어 표기한 경우, 번점 등으로 두 개 이상의 답란에 표기된 경우,
   농도가 엷은 컴퓨터용 흑색 사인펜을 사용하여 답안을 흐리게 표기한 경우 올바른 표기 방식을
   따르지 않아 발생할 수 있는 불이익(득점 불인정 등)은 응시자 본인에게 책임이 있음을 유의하시기 바랍니다.

   <보기> 올바른 표기 : ●   잘못된 표기 : ⊘ ⊗ ● ◐ ◯ ⊕ ● ③

2. 색체볼펜, 연필, 사프펜 등 펜이 종류와 상관없이 예비표기를 하여 중복 답안으로 판독된
   경우에는 불이익을 받을 수 있으므로 각별히 주의하시기 바랍니다.

3. 답안지를 받으면 상단에 인쇄된 성명, 응시직렬, 응시지역, 시험장소, 응시번호, 생년월일이
   응시자 본인 정보와 일치하는지 확인하시기 바랍니다.

   가. (책 형) 응시자는 시험 시작 전 감독관 지시에 따라 문제책 앞면에 인쇄된 책형을
   확인한 후, 답안지 책형란에 해당 책형(1개) "●"로 표기하여야 합니다.

   나. (필적감정용 기재) 예시문과 동일한 내용을 본인의 필적으로 직접 작성하여야 합니다.

   다. (자필성명) 본인의 한글성명을 정자로 직접 기재하여야 합니다.

   ※ 책형 및 인적사항을 기재하지 않을 경우 불이익(당해시험 무효처리 등)을 받을 수
   있습니다.

   라. (교체답안지 작성) 답안지를 교체하면 반드시 교체답안지 상단 책형란에 해당 책형
   (1개)을 "●"로 표기하고, 필적감정용 기재란, 성명, 자필성명,
   응시직렬, 응시지역, 시험장소, 응시번호, 생년월일을 빠짐없이
   작성(표기)하여야 하며, 작성한 답안지는 1인 10매만 유효합니다.

4. 시험이 시작되면 문제책 편철과 표지의 과목순서 간의 일치 여부, 문제 누락 · 파손 등
   문제책 인쇄상태를 반드시 확인하여야 합니다.

5. 답안은 반드시 문제책 표지의 과목순서에 맞추어 표기하여야 하며, 과목 순서를 바꾸어
   표기한 경우에도 문제책 표지의 과목 순서대로 채점되므로 각별히 유의하시기 바랍니다.

6. 답안은 매 문항마다 반드시 하나의 답만을 골라 그 숫자에 "●"로 표기하여야 하며,
   답란을 잘못 표기하였을 경우에는 답안을 수정하거나 답안지를 교체하여 작성할 수 있습니다.
   - 답안을 수정하는 경우에는 응시자 본인이 가져온 수정테이프만을 사용하여 해당
     부분을 완전히 지우고 부착된 표기가 떨어지지 않도록 눌러주어야
     합니다.(수정액 또는 수정스티커 등은 사용 불가).
   - 불완전한 수정테이프의 사용 또는 불완전한 수정처리로 인해 발생하는 모든 문제는
     응시자 본인에게 책임이 있습니다.

7. 답안지는 훼손 · 오염되거나 구겨지지 않도록 주의하여야 하며, 특히 답안지 상단의
   타이밍마크(■■■■)를 절대 훼손해서는 안됩니다.

□ 부정행위 금지

※ 다음 사항을 위반할 경우 공무원임용시험령 제51조(부정행위자 등에 대한
조치)에 따라 그 시험의 정지, 무효, 합격취소, 5년간 공무원임용시험 응시자격
정지 등의 불이익 처분을 받게 됩니다.

1. 시험시작 전까지 문제 내용을 보아서는 안 됩니다.

2. 시험기간 중 통신, 계산 또는 검색 기능이 있는 일체의 전자기기(휴대전화, 태블릿PC, 스마트워
   치, 스마트밴드, 이어폰, 전자담배, 전자계산기, 디지털카메라, MP3플레이어, DMB플레이어 등)를
   소지할 수 없습니다.

3. 응시표 출력사항 외 시험과 관련된 사항이 인쇄 또는 메모되어 있는 응시표를 시험시간 중
   소지하고 있는 경우 당해시험 무효 처분을 받을 수 있으며, 특히 부정한 자료로 판단되는
   경우에는 5년간 공무원임용시험 응시자격 정지 처분을 받을 수 있습니다.

4. 시험 중 물품(수정테이프, 컴퓨터용 흑색 사인펜 등)을 빌리거나 빌려주는 행위는
   부정행위로 간주될 수 있습니다.

5. 시험종료 후 계속하여 답안지를 작성하거나, 시험감독관의 답안지 제출 지시에
   불응할 경우에는 무효처분을 받게 됩니다.

6. 답안, 책형 및 인적사항 등 모든 기재(표기) 사항 작성은 시험종료 전까지 해당 시험실에서
   완료하여야 하며, 끝났더라도 시험종품 시험감독관의 지시가 있을 때까지 퇴실할 수
   없으며, 배부된 모든 답안지는 반드시 제출해야합니다.

7. 그 밖에 공고문의 응시자 준수사항이나 시험감독관의 정당한 지시 등을 따르지 않을
   경우 부정행위자로 간주될 수 있습니다.